Obra Completa de C.G. Jung
Volume 2

Estudos experimentais

Comissão responsável pela organização do lançamento da
Obra Completa de C.G. Jung em português:
Dr. Léon Bonaventure
Dr. Leonardo Boff
Dora Mariana Ribeiro Ferreira da Silva
Dra. Jette Bonaventure

A comissão responsável pela tradução da Obra Completa de C.G. Jung sente-se honrada em expressar seu agradecimento à Fundação Pro Helvetia, de Zurique, pelo apoio recebido.

Dados Internacionais de Catalogação na Publicação (CIP)
(Câmara Brasileira do Livro, SP, Brasil)

Jung, Carl Gustav, 1875-1961.
　　Estudos experimentais / C.G. Jung; tradução Edgar Orth. –
3. ed. – Petrópolis, RJ: Vozes, 2012.
　　Título original: Experimentelle Untersuchungen.
　　Bibliografia.

　　16ª reimpressão, 2023.

　　ISBN 978-85-326-1630-2
　　1. Jung, Carl Gustav, 1875-1961　2. Psicanálise
3. Psicoterapia　I. Título.

95-4888　　　　　　　　　　　　　　　　　　　　CDD-150.1954

Índices para catálogo sistemático:
1. Jung, Carl Gustav: Psicologia analítica 150.1954.
2. Psicologia junguiana 150.1954.

C.G. Jung

Estudos experimentais

2

Petrópolis

© 1979, Walter-Verlag, AG Olten

Tradução do original em alemão intitulado
Experimentelle Untersuchungen

Editores da edição suíça:
Marianne Niehus-Jung
Dra. Lena Hurwitz-Eisner
Dr. Med. Franz Riklin
Lilly Jung-Merker
Dra. Fil. Elisabeth Rüf

Direitos exclusivos de publicação em língua portuguesa:
1986, Editora Vozes Ltda.
Rua Frei Luís, 100
25689-900 Petrópolis, RJ
www.vozes.com.br
Brasil

Todos os direitos reservados. Nenhuma parte desta obra poderá ser reproduzida ou transmitida por qualquer forma e/ou quaisquer meios (eletrônico ou mecânico, incluindo fotocópia e gravação) ou arquivada em qualquer sistema ou banco de dados sem permissão escrita da editora.

CONSELHO EDITORIAL
Diretor
Volney J. Berkenbrock

Editores
Aline dos Santos Carneiro
Edrian Josué Pasini
Marilac Loraine Oleniki
Welder Lancieri Marchini

Conselheiros
Elói Dionísio Piva
Francisco Morás
Gilberto Gonçalves Garcia
Ludovico Garmus
Teobaldo Heidemann

Secretário executivo
Leonardo A.R.T. dos Santos

Tradução: Edgar Orth
Revisão literária: Lúcia Mathilde Endlich Orth
Revisão técnica: Dra. Jette Bonaventure

Diagramação: AG.SR Desenv. Gráfico
Capa: 2 estúdio gráfico

ISBN 978-85-326-2424-6 (Obra Completa de C.G. Jung)

ISBN 978-85-326-1630-2 (Brasil)
ISBN 3-530-40702-X (Suíça)

Este livro foi composto e impresso pela Editora Vozes Ltda.

Sumário

Prefácio dos editores, 7

I. Estudos diagnósticos de associações, 9
   I. Investigações experimentais sobre associações de pessoas sadias (em coautoria com Franz Riklin), 11
   II. Análise das associações de um epiléptico, 223
   III. O tempo de reação no experimento de associações, 249
   IV. Observações experimentais sobre a faculdade da memória, 307
   V. Psicanálise e o experimento de associações, 331
   VI. O diagnóstico psicológico da ocorrência, 362
   VII. Associação, sonho e sintoma histérico, 401
   VIII. A importância psicopatológica do experimento de associações, 455
   IX. Distúrbios de reprodução no experimento de associações, 474
   X. O método das associações, 490
   XI. A constelação familiar, 517

II. Pesquisas psicofísicas, 531
   XII. Sobre os epifenômenos psicofísicos no experimento de associações, 533
   XIII. Investigações psicofísicas com o galvanômetro e o pneumógrafo em pessoas normais e doentes mentais (em coautoria com Frederick Peterson), 543

XIV. Pesquisas adicionais sobre o fenômeno galvânico, pneumográfico e a respiração em pessoas normais e doentes mentais (em coautoria com Charles Ricksher), 608

Apêndice, 637

XV. Dados estatísticos de um recrutamento, 639

XVI. Novos aspectos da psicologia criminal. Uma contribuição ao método empregado no diagnóstico psicológico da ocorrência, 642

XVII. Os métodos psicológicos de pesquisa utilizados na clínica psiquiátrica de Zurique, 654

XVIII. Exposição sumária da teoria dos complexos, 655

XIX. Sobre o diagnóstico psicológico da ocorrência, 662

Referências, 673

Índice onomástico, 683

Índice analítico, 687

Prefácio dos editores

O uso criativo que Jung fez dos experimentos de associação era parte de uma pesquisa pioneira em andamento na clínica de Burghölzli em Zurique sob a égide rigorosa de Eugen Bleuler no início deste século. As pesquisas de Freud, conhecidas na época, mas pouco aceitas, estavam obviamente na consciência de Jung quando observou o comportamento, a princípio confuso, das associações. Mas, em vez de rejeitar tudo como simples anomalias ou "ausência de uma reação", aplicou o método interpretativo e formulou a "teoria dos complexos". Resgatou, assim, o método das associações do "pedantismo científico... e revestiu-o novamente com a vitalidade e o interesse da vida real"[1]. Os estudos contidos neste volume representaram, em sua época, um avanço revolucionário no emprego de técnicas experimentais. Todos os escritos de Jung que tratam de seu ponto de partida experimental e do respectivo método estão reunidos neste volume. Outro trabalho de grande importância, em que foram usados incidentalmente os experimentos, foi incluído no volume 3 da Obra Completa: é a famosa pesquisa sobre a *dementia praecox*[2]. Em *Sobre a simulação de distúrbio mental* (vol. I), Jung utiliza a classificação superficial e mais formal de associações e, num trabalho posterior, *Considerações gerais sobre a teoria dos complexos* (vol. VIII) expõe suas reflexões maduras sobre o lugar que os estudos das associações ocupam em sua concepção geral das estruturas e processos psíquicos. Talvez a descrição mais viva da teoria das associações se encontre nas *Tavistock Lectures* (1936)[3], volume XVIII.

---

1. MACE, A.A. "On the Eightieth Birthday of C.G.Jung". *Journal of Analytical Psychology*, I/2, 1956. Londres.
2. "A psicologia da *dementia praecox*: um ensaio" (1907). In: JUNG, C.G. *Psicogênese das doenças mentais*. Petrópolis: Vozes, 1968 [OC, 3].
3. "Fundamentos da Psicologia Analítica" [OC, 18].

O conteúdo principal deste volume são as seis contribuições de Jung aos célebres *Estudos diagnósticos de associações*. As experiências que fundamentam os estudos foram realizadas na clínica psiquiátrica da Universidade de Zurique, sob a direção de Jung, a partir de 1902. Naquela época, Jung era assistente-chefe em Burghölzli, onde se encontrava esta clínica. Seu diretor era Eugen Bleuler. Os estudos foram publicados entre 1904 e 1910 em *Journal für Psychologie und Neurologie*. Incluíam também contribuições de Bleuler, Franz Riklin, K. Wehrlin, Emma Fürst, Ludwig Binswanger e Hermann Nunberg[4]. Foram reimpressos em dois volumes nos anos de 1906 e 1909.

Os capítulos XII (Sobre os epifenômenos psicofísicos no experimento de associações), XIII (Investigações psicofísicas com o galvanômetro e o pneumógrafo em pessoas normais e doentes mentais), XIV (Outras investigações sobre o fenômeno galvânico e a respiração em pessoas normais e doentes mentais) – dos quais não se encontrou um texto em alemão – e os capítulos X (O método das associações) e XI (A constelação familiar) – dos quais só se encontraram textos parciais em alemão – foram traduzidos do inglês por Sabine Lucas, tendo o máximo cuidado em verificar a literatura e a terminologia especializada daquela época. Além disso, procuraram os editores a assessoria do professor Dr. C. A. Meier, de Zurique – sem dúvida um dos peritos mais competentes neste campo ao tempo da publicação deste volume. Agradecemos aos dois o dedicado e esmerado trabalho. Agradecemos também à senhora Magda Kerényi que novamente se encarregou com competência dos índices de pessoas e analítico.

Janeiro de 1979

Os editores

---

[4]. Cf. referência ao final do volume. Jung publicou dois resumos dos *Estudos*: a) A pedido do psicólogo francês Alfred Binet, uma "Analyse bibliographique" do vol. I de *Estudos diagnósticos de associações*, em *L'Année psychologique*, XIV, 1908, p. 453-455. Paris; b) sob o título "Referate über psychologische Arbeiten zchweizerischer Autoren (bis Ende 1909)", em *Jahrbuch für psychoanalytische und psychopathologische Forschungen*, II, 1910, p. 366-374. Leipzig/Viena. [Cf. Oc, 18].

I
Estudos diagnósticos de associações

I
Investigações experimentais sobre associações de pessoas sadias[*]

Em coautoria com FRANZ RIKLIN

Já faz tempo que nesta clínica se vem dando maior atenção ao processo das associações. A fim de produzir um material de uso científico neste campo, meu preclaro diretor, o professor Bleuler, fez uma lista de 156 palavras-estímulo e com ela fez experiências em todos os tipos de psicose. Nestas experiências, porém, manifestou-se bem cedo grande dificuldade. Não havia meio de distinguir com certeza e numericamente as associações das pessoas doentes daquelas das pessoas normais. Também não havia estudo algum que informasse sobre os limites dentro dos quais oscila a dimensão normal e que estabelecesse normas para a casualidade aparentemente caótica das associações. Para remediar de alguma forma esta lacuna e, assim, aplanar o caminho da pesquisa experimental das associações patológicas, concebi o plano de reunir um material mais vasto sobre associações de pessoas sadias e ao mesmo tempo estudar suas condições principais. Levei este plano adiante juntamente com meu colega Dr. Riklin.

---

[*] Publicado originalmente em *Journal für Psychologie und Neurologie*, III, 1904, p. 55-83, 145-164, 193-214, 238-308. Leipzig; e IV, 1905, p. 24-76 e 109-123. Depois em: *Diagnostische Assoziationsstudien. Beiträge zur experimentellen Psychopathologie*, organizado por JUNG, C.G. vol. I. Leipzig: [s.e.], 1906; reedições em 1911 e 1915, p. 7-145 (primeira colaboração). – Franz Riklin (1878-1938) era na época assistente em Burghölzli, Zurique. Assinou como coautor.

2   O procedimento geral de nossas experiências foi o seguinte: Inicialmente coletamos associações num número maior de pessoas sadias com a intenção de examinar as reações para ver, primeiramente, se havia certa regularidade em geral e, depois, se apareciam regularidades individuais, isto é, se era possível encontrar certos tipos reativos. A este experimento agregamos um segundo, de natureza psicológica geral:

3   O mecanismo das associações é um processo psíquico muito fugaz e variável; está sob a influência de inúmeros eventos psíquicos que fogem ao controle objetivo. Entre os fatores psíquicos que maior influência exercem sobre o mecanismo das associações, ocupa lugar especial a *atenção*. É o fator que, em primeiro lugar, dirige e modifica o processo associativo, mas é também o fator psíquico que mais facilmente se deixa submeter ao experimento. É também aquele aparelho delicado e emocional que reage, por primeiro, em estados físicos e psíquicos anormais, modificando, assim, a *performance* associativa.

4   A atenção é um mecanismo infindamente complicado que liga com inúmeros fios o processo associativo a todos os outros fenômenos representados na consciência, sejam de proveniência psíquica ou somática. Se conhecermos os efeitos da atenção sobre o processo associativo, então conheceremos também, ao menos em traços gerais, os efeitos correspondentes de cada um dos eventos psíquicos que a atenção é capaz de afetar.

5   Estas considerações nos levaram a pesquisar experimentalmente as influências da atenção sobre o processo associativo com a esperança de podermos esclarecer, do modo mais exato possível, sobretudo as seguintes questões:

1. Quais são as leis que regem as oscilações associativas dentro dos limites da pessoa normal?

2. Quais são os efeitos diretos da atenção sobre o processo associativo? E especialmente: Diminui a valência da associação com o distanciamento do foco visual da consciência?

6   Nossas experiências revelaram uma série de fatos que não apenas nos animam a prosseguir no caminho iniciado até o campo patológico, mas também, segundo cremos, nos capacitam para tanto.

C.G. Jung

1ª PARTE

I. Procedimento geral das experiências

As experiências foram realizadas alternadamente pelos dois autores e de forma tal que cada um deles pudesse fazer a série toda com as respectivas pessoas experimentais. Participaram das experiências ao todo 38 pessoas: nove homens cultos, catorze mulheres cultas, sete homens incultos e oito mulheres incultas, numa faixa etária entre 20 e 50 anos. Tomou-se o cuidado de selecionar, na medida do possível, pessoas normais; mas encontramos dificuldades inesperadas sobretudo entre os cultos, pois exatamente neste nível o conceito de normalidade mediana pode ser muito elástico. Contudo, acreditamos não nos termos afastado demais da norma na seleção das pessoas experimentais. Damos em detalhe os números de cada pessoa e acrescentaremos uma breve caracterização da personalidade, o que facilitará a compreensão de possíveis anomalias. Naturalmente, os dois autores aplicaram as experiências um ao outro.

Na anotação das associações nos restringimos totalmente àquelas que foram produzidas em resposta a uma palavra-estímulo. Empregamos um total de 400 palavras-estímulo diferentes. Gramaticalmente classificadas, ficaram assim:

Substantivos	231
Adjetivos	69
Verbos	82
Advérbios e numerais	18

Não se fez questão do número de sílabas; as palavras-estímulo tinham de uma a três sílabas. Também não foram ordenadas em categorias determinadas, como o fez por exemplo Sommer. Ao contrário, tomou-se cuidado para que não houvesse uma sequência de palavras-estímulo semelhantes na forma ou no sentido, a fim de evitar que a pessoa experimental se fixasse num determinado tópico após duas ou três reações. Por infeliz acaso aconteceu que entre as primeiras 100 palavras-estímulo houvesse em torno de 30 que facilmente podiam ser associadas segundo coexistência espáciotemporal e na segunda centena havia apenas em torno de 20, o que ocasionou notável diferença das associações de coexistência entre a primeira e segunda centenas. A ausência de palavras-estímulo dessa espécie é suprida por verbos. Deu-se especial importância à total exclusão de palavras difíceis e raras para evitar que ocorressem erros ou reações retardadas devido ao desconhecimento por parte da pessoa experimental. Por isso as palavras-estímulo foram tiradas, enquanto possível, da linguagem cotidiana.

10 Esta consideração foi muito apropriada, pois, na maioria de nossas pessoas experimentais, tivemos que operar sob condições linguísticas algo anormais. Como é sabido, na Suíça alemã a linguagem comum é o dialeto suíço-alemão e respectivos dialetos que não só diferem bastante do alemão clássico, mas também apresentam diferenças fonéticas ponderáveis entre si. Na escola, a criança aprende o alemão clássico quase como uma língua estrangeira. Mais tarde, os cultos conseguem um conhecimento e prática bastante completos da língua alemã. Mas o inculto, se não permanecer por longo tempo na Alemanha, só conserva, na melhor das hipóteses, aquelas frases em alemão que aprendeu na escola, nada ou quase nada acrescentando a este aprendizado. Contudo, conhece o alemão clássico em sua forma impressa ou manuscrita e também entende o falado, mas nem sempre é capaz de falar o alemão clássico de modo fluente e correto.

11 Por isso tentamos várias vezes lhe dizer a palavra-estímulo na forma dialetal, mas logo percebemos que os incultos entendiam menos e assimilavam com mais dificuldade a palavra no dialeto do que a palavra em alemão clássico e se esforçavam por reagir em alemão clássico. Este fenômeno algo paradoxal explica-se pelo fato de o alemão suíço ser uma língua puramente acústico-motora que raras vezes é lida ou escrita. Todos os impressos e manuscritos são em alemão clássico. O suíço, portanto, não está acostumado a experimentar suas palavras individualmente, mas só as conhece em conexão acústico-motora com outras. Se tiver que dizer uma palavra sozinha, sem artigo, escolherá quase sempre a forma do alemão clássico. Por isso abandonamos em nossas experiências o uso de palavras-estímulo na forma dialetal. Na grande maioria dos casos houve uma reação em

alemão clássico correto; mas algumas reações em dialeto foram aceitas como válidas. Obviamente as reações foram anotadas por escrito na forma em que foram dadas. As pessoas que nunca haviam participado de semelhantes experimentos foram esclarecidas, logo de início, sobre o significado delas e, com exemplos práticos, foi-lhes demonstrado como deveriam reagir. Não poucas das pessoas incultas acreditavam que se trataria de uma espécie de jogo de perguntas e respostas onde o importante seria encontrar uma palavra com conexão adequada a uma palavra-estímulo: por exemplo, cama-camaleão, redondo-redondeza. As experiências só começavam depois de se ter certeza de que a pessoa havia entendido o experimento. Queremos ressaltar que não apareceu nenhum caso de pessoa que não entendesse o assunto e que a falta de inteligência em geral foi bem menos perturbadora do que a emoção, sobretudo uma estupidez emocional bastante comum. É digno de nota o fato de muitos dos incultos se apresentarem com certo "ar de escola" e assumirem uma postura que pretendia ser correta e cerimoniosa.

Organizamos nossas experiências da seguinte forma: *Em primeiro lugar* foram anotadas 200 reações sem qualquer outra exigência. O tempo de reação foi medido com um relógio que registrava quintos de segundos e que acionávamos ao ser pronunciada a reação[1]. Naturalmente não tivemos a pretensão de haver medido tempos psicológicos complicados com este procedimento tão simples. Estávamos apenas interessados em ter uma ideia geral do tempo médio e aproximado de reação, o que em muitos casos é importante e, não raro, também proveitoso para a classificação da associação.

Após 200 reações, estas eram classificadas, na medida do possível, com o auxílio das pessoas experimentais. Isto sempre foi feito com as pessoas cultas; com as incultas, que raramente tinham qualquer capacidade introspectiva, era impossível. Em associações particularmente estranhas, o nosso único recurso era deixar que explicassem a conexão. O resultado da experiência foi dividido numa primeira e numa segunda centena e foi anotado separadamente. Enquanto

---

1. Um trabalho posterior abordará as medições do tempo (*O tempo de reação no experimento de associações*, cap. III deste volume). Os tempos não foram medidos em todas as pessoas experimentais.

possível, foi controlado objetiva e subjetivamente o estado psíquico da pessoa experimental durante a experiência. Se, por qualquer razão, ocorresse uma fadiga fisiológica, a segunda série de experiências era adiada para o dia seguinte. Com as pessoas cultas não houve praticamente cansaço durante a primeira série, de modo que a segunda série podia ser realizada imediatamente depois.

A *segunda* série de experiências consistiu de 100 reações que foram anotadas sob condições de distração interna. Pedia-se à pessoa que concentrasse sua atenção ao máximo no chamado "fenômeno A" (Cordes) e ao mesmo tempo reagisse, o mais rápido possível, isto é, com a mesma presteza da primeira experiência. Por "fenômeno A" entendemos, com Cordes[2], a soma daqueles fenômenos psicológicos que são produzidos diretamente pela percepção do estímulo acústico. Para controlar se a pessoa experimental prestara atenção no fenômeno A, tinha que descrevê-lo após a reação, e isto era anotado junto à reação. Terminada a experiência, nova classificação era feita. Nestas experiências só podiam participar pessoas cultas e dessas, infelizmente, só algumas selecionadas, por haver necessidade de certo treinamento psicológico para se poder observar com atenção os fenômenos psíquicos próprios de cada um.

A *terceira* série de experiências às vezes só era feita no dia seguinte. Consistia de 100 reações e era realizada sob a condição de distração externa. Conseguia-se a distração da seguinte maneira: a pessoa experimental tinha que traçar a lápis linhas de aproximadamente um centímetro de comprimento ouvindo as batidas de um metrônomo. As batidas para as primeiras 50 reações eram de 60 por minuto e para as demais 50, de 100 por minuto. O resultado classificatório das primeiras 50 reações foi anotado separadamente das 50 restantes, mas devido à facilidade comparativa tudo foi considerado como 100. Com algumas poucas pessoas, o metrônomo foi acelerado a cada 25 reações, para excluir uma habitualidade rápida demais. Nesses casos o ritmo foi elevado de 60 para 72 batidas, e de 100 para 108 batidas por minuto.

---

2. CORDES, G. "Experimentelle Untersuchungen über Associationen". In: WUNDT, W. *Philosophische Studien*. XVII. Leipzig: [s.e.], 1901, p. 30.

Infelizmente, o fator da habitualidade desempenha, assim mesmo, papel importante nessas experiências, como se pode esperar de antemão. Muitas pessoas se acostumam bem depressa a uma atividade puramente mecânica na qual só muda o ritmo das batidas na segunda fase. E difícil produzir outros estímulos perturbadores de igual continuidade e regularidade sem recorrer a um momento de representação verbal, ainda mais quando não pretendem exigir muito em termos de inteligência e força de vontade de pessoas experimentais incultas.

Na procura de um adequado estímulo perturbador, tínhamos a preocupação de excluir tudo o que pudesse ter qualquer influência excitante sobre representações verbais. Acreditamos ter excluído esta influência através do nosso procedimento experimental.

Por meio dessas experiências foram obtidas de cada pessoa experimental uma média de 300 a 400 associações. Tentamos ainda complementar nosso material em outras direções para conseguir certa ligação com os resultados de Aschaffenburg e, para isto, colhemos associações em algumas de nossas pessoas experimentais em evidente estado de fadiga. Foi possível obter essas reações em seis pessoas. Associações foram colhidas também de uma pessoa experimental em estado de sonolência matinal, após uma noite bem dormida, onde o fator cansaço estava excluído. Em outra pessoa experimental foram colhidas associações quando se encontrava em estado de forte indisposição (irritabilidade) sem fadiga.

E desse modo chegamos a um número redondo de 12.400 associações.

II. Classificação

1. Em geral

Todos que trabalharam praticamente com associações, defrontaram-se com a penosa e desagradável tarefa de classificar os resultados da experiência. Cordes[3] tem razão em princípio quando diz que nas experiências antigas de associação prevalecia a falsa suposição de que o fenômeno psíquico inicial correspondia à palavra-estímulo e que a

---

3. Ibid., p. 33.

conexão entre palavra-estímulo e reação seria uma "associação". Esta concepção muito simples é também muito pretensiosa, pois afirma que na conexão dos dois signos linguísticos é dada também a conexão psíquica (a associação). Evidentemente não partilhamos desse ponto de vista; vemos na palavra-estímulo tão só o estímulo no sentido mais estrito, na reação apenas um sintoma de processos psíquicos sobre cuja natureza nos abstemos de formular um julgamento. Não queremos, pois, reivindicar que as reações que descrevemos sejam associações no sentido estrito; perguntamo-nos inclusive se não seria melhor deixar completamente de lado a palavra "associação" e falar de "reação linguística", pois a conexão externa entre a palavra-estímulo e a reação é grosseira demais para dar um quadro absolutamente preciso dos processos psíquicos extremamente complicados que são as associações. As reações a palavras-estímulo só representam de maneira incompleta e distante a conexão psíquica. Quando descrevemos e classificamos as conexões expressas verbalmente, não estamos classificando as associações propriamente ditas mas apenas seus sintomas objetivos a partir dos quais só é possível reconstruir conexões psíquicas com muita cautela. Somente nas pessoas experimentais psicologicamente bem formadas, a reação é aquilo que deveria ser, isto é, a reprodução da ideia repentina mais próxima; em todas as outras, uma tendência nítida de construir algo se mistura à reação, de modo que esta é em muitos casos o produto de um processo reflexivo, portanto de uma série inteira de associações. No nosso experimento de associações provocamos unilateralmente uma excitação do organismo linguístico. Quanto mais unilateral for esta excitação, maior será o número de conexões linguísticas que aparecerá na reação. Como veremos, isto acontece sobretudo com as pessoas cultas porque delas se pode esperar a priori uma diferenciação mais refinada dos mecanismos psíquicos e, por isso, maior habilidade do uso isolado deles. Mas isto não nos deve induzir à falsa conclusão de que a pessoa culta tenha maior número de associações externas de ideias do que a inculta[4]. A diferença é mais psicológica, pois nas pessoas incultas há uma

---

4. Ranschburg (com Bálint) diz que nas pessoas incultas predominam as associações internas. Cf. RANSCHBURG, P. & BÁLINT, E. "Über quantitative und qualitative Veränderungen geistiger Vorgänge im hohen Greisenalter. Experimentelle Untersuchungen". *Allgemeine Zeitschrift für Psychiatrie und psychischgerichtliche Medizin*, LVII, 1900, p. 689-718. Berlim

participação bem maior dos outros fatores psíquicos do que nas pessoas cultas. Voltaremos ao assunto na segunda parte deste trabalho.

Enquanto soubermos muito pouco sobre a conexão dos eventos psíquicos temos que nos abster de formular os princípios para uma classificação dos fenômenos externos a partir de dados psíquicos internos. Por isso, contentamo-nos com uma classificação simples, em princípio lógica, e à qual, segundo nossa opinião e por precaução, deveríamos limitar-nos por tanto tempo até que estivéssemos em condições de derivar leis empíricas a partir de associações psíquicas[5]. Os princípios lógicos da classificação tinham que ser adaptados às condições especiais da experiência, ou seja, à reação verbal. Por isso na classificação das associações tínhamos que considerar não só a qualidade lógica mas, sempre que possível, também todas as circunstâncias externas que haveriam de ocorrer devido a este ordenamento da experiência. O emprego do mecanismo cerebral acústico-verbal evidentemente não deixou de influenciar as associações. A associação puramente intrapsíquica não pode tornar-se o objeto de outra consciência sem transposição para o simbolismo corrente da linguagem. Mas com isso acrescenta-se um elemento totalmente novo à pura associação que vai exercer grande influência sobre ela. Em primeiro lugar haverá uma determinação no sentido da facilidade verbal, isto é, a "lei da frequência", ensinada por James Mill e de validade geral, vai atuar seletivamente sobre a reação com mais força ainda na direção daquilo a que a pessoa está acostumada. Por isso um dos principais princípios de nossa classificação será o da facilidade verbal[6].

Na classificação das associações seguimos essencialmente o esquema de Kraepelin-Aschaffenburg. Demos preferência a este siste-

---

5. Também Aschaffenburg se manifesta com muita cautela neste sentido e se limita totalmente à relação entre estímulo e reação, como se reflete no falar. Acha importante frisar isto, uma vez que a reação linguística nem sempre coincide com a reação simultânea interna. Cf. ASCHAFFENBURG, G. "Experimentelle Studien über Associationen". In: KRAEPELIN, E. *Psychologische Arbeiten*. Leipzig: [s.e.]. Vol. I, 1896, p. 220.

6. Trautscholdt diz: "Em primeiro e predominante lugar está em toda relação a prática ou o costume que facilitam de tal forma as associações que ao final ocorrem quase mecanicamente, não entrando em cogitação qualquer outra". Cf. TRAUTSCHOLDT, M. Experimentelle Untersuchungen über die Association der Vorstellungen. In: WUNDT, W. (org.). *Philosophische Studien*. I. Leipzig: [s.e.], 1883, p. 221.

ma porque nos pareceu o mais adequado heuristicamente. Quando Ziehen chama de "errada" a tentativa de classificação de Kraepelin-Achaffenburg, está usando uma expressão forte demais. Ninguém afirma que a classificação de Aschaffenburg seja exaustiva; nem Ziehen afirmaria isto de sua própria classificação.

A classificação de Ziehen abriu sem dúvida valiosas perspectivas, mas também não é plenamente satisfatória. Antes de tudo, a distinção entre "associação saltadora" e "associação de julgamento" é bastante dúbia se depender completamente da presença ou ausência da cópula, fato que Claparède[7] também critica. Inicialmente deveria ser provada a completa falha do esquema de Aschaffenburg, o que não aconteceu; ao contrário, os resultados baseados nesta classificação são animadores, de modo que é possível continuar a usá-la por mais algum tempo; contudo, é preciso ter em mente que é algo unilateral, mas isto também se pode dizer dos demais esquemas de classificação. A acusação de que o esquema de Aschaffenburg seja unilateralmente lógico não procede, pois considera tanto os dados lógicos como também a conexão intuitiva e respectivamente sensória do contato das coisas bem como o fator linguístico. Com referência a reações na forma de frases, o esquema é por assim dizer impotente. Mas quanto a isso observe-se que em pessoas sadias quase não ocorrem frases. Merece ser lembrado um fator de grande importância prática: O esquema de Aschaffenburg foi testado com grande quantidade de material, parte dele patológico, e se mostrou útil. Sua *condido sine qua non* não é o interrogatório subsequente da pessoa experimental sobre o fenómeno da reacção, como nos esquemas de Ziehen, Mayer e Orth e Claparède; permite também, ao menos aproximadamente, uma classificação correta sem o concurso da pessoa experimental, o que é de grande importância em observações psicopatológicas.

Uma vez que considerávamos nosso trabalho apenas como preliminar para experiências psicopatológicas, não hesitamos em dar preferência ao esquema de Aschaffenburg. Os esquemas de Müns-

---

7. CLAPARÈDE, E. *L'Association des idées*. Paris:[s.e.], 1903, p. 218 (ZIEHEN, G.T. "Die Ideenassoziation des Kindes". *Sammlung von Abhandiungen aus dem Gebiete der pädagogischen Psychologie und Physiologie*, I/6, III/4), 1898/1900, p. 15s. e 24s. Berlim).

terberg e Bourdon pareceram-nos demasiadamente unilaterais do ponto de vista lógico; a eles se aplica a crítica de Ziehen de serem não psicológicos, porque abstraem totalmente do conteúdo. A proposição muito sutil e perspicaz de Claparède[8] merece séria consideração, mas talvez tivesse que ser testada num material amplo para verificar sua aplicabilidade.

Nas tentativas de classificação de associações acústico-verbais nunca se deve esquecer que não estamos examinando imagens, mas símbolos verbais. O exame da associação é propriamente indireto e está exposto a inúmeras fontes de erros e possibilidades de equívocos, causadas pela imprevisível complicação do processo.

Em nosso experimento examinamos os resultados de toda uma série de processos psíquicos de percepção, apercepção, de associação intrapsíquica, compreensão verbal e de expressão motora. Cada um desses atos deixa seus rastos na reação. Em vista da grande importância psíquica da motilidade, especialmente da função da fala, é preciso reconhecer à linguagem e ao exercício linguístico papel principal na formação da reação. É este fator sobretudo que deve ser levado em conta na classificação. Pode-se criticar este princípio de classificação por introduzir uma dimensão extremamente variável e indeterminável nos cálculos. Devemos admitir que o exercício verbal é um fator extremamente variável, que muitas vezes causa dificuldades no caso concreto e que, por isso, sofre grande prejuízo também o caráter lógico da classificação. Com isso entra algo de arbitrário na classificação que se gostaria de evitar. Mas pelos motivos acima expostos, decidimo-nos – na falta de coisa melhor – por este modo de classificação, tomando como orientação algumas regras empíricas das quais falaremos depois.

Por causa dessas limitações e de uma consideração, a mais ampla possível, da pessoa experimental, esperamos ter evitado a suposta arbitrariedade no emprego desse princípio.

Na nomenclatura a seguir (fuga de ideias, associação etc.) é preciso lembrar sempre que, segundo ficou dito acima, entendemos por

---

8. CLAPARÈDE, E. *L'Association des idées*. Op. cit., p. 226.

isso em primeiro lugar fenômenos de linguagem, a partir dos quais tomamos a liberdade de tirar conclusões para os eventos psíquicos. Mas tínhamos plena consciência de estarmos examinando uma área psíquica relativamente bem delimitada, isto é, as associações que na maioria das vezes se processam através do mecanismo da fala. Portanto, ao falarmos de fuga de ideias, entendemos com isso o fenômeno da fala, isto é, uma expressão externa de processos internos. Naturalmente o evento psíquico não precisa expressar-se *in toto* sob a forma de associações de palavras, mas apenas em sinais linguísticos daquele tipo quando isto afeta o mecanismo da fala. No estado de fuga de ideias, o pensar propriamente dito apresentaria um quadro bem diferente se pudesse manifestar-se diretamente. Assim, por exemplo, a fuga de ideias, resultante de partes de imagens predominantemente visuais é um campo bem especial que dificilmente consegue manifestar-se o bastante e é, por isso, pouco acessível ao exame externo; sobretudo em doentes maníacos é inacessível ao exame, via de regra, devido à excitação linguística. Teremos ocasião de discutir a forma visual da fuga de ideias em outra publicação futura[9].

2. Classificação especial

A. Associação interna[10]

a. Coordenação. Sob este título classificamos todas as associações que estão ligadas por qualquer agregação, supraordenação, subordinação ou contraste. A casuística dessas associações requer a seguinte classificação especial das coordenações:

---

9. (Até agora não se encontrou esta publicação.)
10. Ziehen (*Leitfaden der physiologischen Psychologie in 15 Vorlesungen*. 2. ed. Jena: [s.e.], 1893, p. 145) argumenta contra a "Associação interna" e dá como exemplo: *prazer-querer, coração-paixão*, dizendo que estas chamadas associações internas são puramente externas, limitadas que estão quase exclusivamente à semelhança de som. Podemos dar razão a Ziehen, pois ninguém pretenderia chamar os exemplos trazidos de associações internas. Endossamos a teoria de Wundt de que a afinidade associativa é o princípio da associação interna e a prática é o princípio da associação externa (ou semelhança = associação interna; contiguidade = associação externa).

α) Agregação. Os dois elementos estão ligados por uma semelhança de conteúdo ou de natureza, isto é, existe na base deles um conceito geral em que ambos estão contidos:

(Acumulação de água)
mar – lago

(fruta)
cereja-maçã

(medida)
comprido – estreito

(injustiça ou vício)
injusto – deslealdade

A associação por agregação não precisa ocorrer sempre dentro do âmbito de um conceito genérico, claro e comum, mas pode resultar também de uma semelhança mais ou menos vaga. A semelhança pode ser muito grande, a ponto de diferenciar-se muito pouco da identidade como, por exemplo, *ser indulgente – tolerância*[11]. Mas a semelhança pode ser também muito longínqua, de modo que o elemento comum das duas ideias não seja algo essencial, mas um atributo mais ou menos casual da imagem-estímulo. Nestes casos a reação parece estar ligada à palavra-estímulo de maneira bem frouxa e distingue-se desse modo das outras agregações. A distância da associação é, por assim dizer, bem maior. Por isso é possível separar de certa forma essas agregações das acima mencionadas. Podemos distinguir duas categorias entre as frouxamente ligadas:

---

11. Amável-gentil, cabelo-fio.

1. A imagem-estímulo está ligada à reação por meio de um atributo significativo, mas, de resto, fortuito:

Pai (preocupado)	preocupação
Jogo (da criança?)	juventude
Guerra (Liga pela paz)	Bertha von Suttner[12]
Assassino (enforcar)	forca
Frase (contém algo)	conteúdo
Estrela (romântico, noite?)	romantismo

2. A imagem-estímulo está ligada à reação por um atributo acidental, externo, na maioria das vezes quase coexistente:

Lápis (longo)	comprimento
Céu (azul)	cor
Mar (fundo)	profundidade
Mesa (forma especial)	estilo

Esses dois modos de agregação podemos chamá-los de "agregação por afinidade interna ou externa". Sem dúvida a primeira categoria contém agregações mais significativas do que a segunda, o que justifica os termos "interna" e "externa". A coexistência dos atributos da segunda categoria indica que a formação dessas agregações se deve às associações externas.

Como último grupo de coordenações gostaríamos de propor a "agregação através de exemplo". Esta categoria contém em primeiro lugar reações que essencialmente nada mais são do que inversões dos dois modos acima referidos:

Preocupação	pai (do pai)
Conteúdo	frase (da frase)
Cor	céu (do céu)
Aflição	mulher idosa (mulher idosa tem aflição)

Há uma série de reações a adjetivos e verbos que, apesar de não estarem gramaticalmente numa relação de coordenação com a pala-

---

12. (A baronesa von Suttner, 1843-1914, escritora e pacifista, recebeu em 1905 o prêmio Nobel da paz.)

vra-estímulo, talvez possam ser melhor incluídas no grupo das agregações, especialmente naquelas dos exemplos a seguir:

Ceder	pacífico
Prestar atenção	esperto
Desprezar	maldade
Estrangeiro	imigrante
Rezar	piedoso
Ajudar	pessoa boa

Se permitida a expressão, estas associações poderiam ser chamadas "analíticas"; são conceitos dados já quase implicitamente com a palavra-estímulo em relação à qual estão numa espécie de sub ou supraordenação. Mas sendo difícil, quando não impossível, distinguir perfeitamente esta relação nos casos concretos e, além disso, não sendo possível aplicar o conceito do todo e da parte a adjetivos e verbos, incluímos também essas reações nas "agregações através de exemplo", pois entre os substantivos possíveis sempre aparecem nas reações alguns típicos. Com isto as próprias reações são muito gerais e dependem intimamente da palavra-estímulo.

A classificação especial das agregações seria portanto a seguinte:

1. Por conceito genérico comum
2. Por semelhança
3. Por afinidade interna
4. Por afinidade externa
5. Através de exemplo

Exemplos:

1. Pai	tio
2. Pai	Deus
3. Pai	preocupação
4. Pai	nossa casa
5. Prestar atenção	esperto

37   É preciso acrescentar ainda que, com esta classificação, não fica exaurida a rica variedade das agregações. Em indivíduos que associam intensamente segundo constelações subjetivas, é possível ainda uma série de agregações diferentes que não se deixa incluir em nenhuma dessas categorias. Nesses casos, pode-se reconhecer a própria incapacidade e contentar-se simplesmente com a classificação "coordenação". Podemos consolar-nos com a ideia de que as possibilidades do indivíduo são incalculáveis e que jamais se descobrirá um esquema que possa classificar típica e absolutamente todas as associações. Mas existe também certo número de agregações que, sem forçar, pode ser acomodado sob diversos subtítulos, pois não possui caráter claramente definido; pode-se deixar aqui a classificação em suspenso ou associar eventualmente a reação àquele tipo com o qual tenha mais semelhança. As designações acima não querem ser categorias de obrigatoriedade absoluta, mas apenas nomes para tipos descobertos empiricamente, mas que ocasionalmente podem interpenetrar-se sem maiores empecilhos. Mais do que isto não é possível esperar da situação atual da teoria das associações.

38   β) Subordinação. A reação é considerada como parte ou subconceito da palavra-estímulo.

    árvore   faia

39   Aqui incluímos também todas as reações que especificam a palavra-estímulo, isto é, que representam casos especiais das ideias gerais de estímulo:

    Casa   a casa na rua X
    Cavalo   o cavalo do senhor X
    Estação de trem   Baden

40   Em alguns casos pode haver dúvida se a associação deve ser tida como subordinação ou como predicado:

    Comida   de hoje (comida)

41   γ) Supraordenação. A reação é considerada como o todo ou como o conceito geral da palavra-estímulo:

    Ofen*   cidade
    Gato   animal

---

* Ofenpest = Nome alemão para Budapest.

Também aqui é difícil a separação do predicado, por exemplo *treze – número de azar*. Neste caso, *número de azar* é conceito geral e, como tal, inclui *treze* com outros números de azar? A nosso ver, trata-se neste caso de um predicado; por outro lado, incluiríamos a associação de Aschaffenburg *batismo – costume antigo* nas supraordenações, pois *costume antigo* é um conceito geral que engloba ainda muitos outros subconceitos.

δ) Contraste. O conceito de contraste se entende sem qualquer dificuldade. Mas bem difícil é a classificação e avaliação dos contrastes. Eles são em geral imagens estreitamente vinculadas não só do ponto de vista conceitual, mas também perceptivo e, sobretudo, linguístico. Existem até mesmo línguas onde só há uma palavra para exprimir contrastes típicos. Nos inícios da fala e do pensar consciente, deve ter sido um trabalho psíquico importante separar os contrastes linguística e conceitualmente. Hoje em dia, porém, temos esse trabalho dos antigos já pronto na linguagem e ele nos é ensinado desde a mais tenra idade juntamente com os primeiros conceitos da linguagem, com as primeiras canções e trechos de leitura. Para esses conceitos estreitamente vinculados possuímos um bom treinamento linguístico que muitas vezes ainda se apoia em citações e rimas:

Tristeza	alegria
Sofrimento	prazer
Bem	mal
Acre	doce
Claro	escuro

Sauersüss (acre-doce) e *helldunkel* (claro-escuro) são inclusive palavras de uso comum na língua alemã. Por esta razão relacionamos grande número dos contrastes comuns com as associações externas. Incluímos aqui apenas associações linguisticamente não ensaiadas como:

Amigável	furioso
Bom	depravado
Animal	planta
Inteligência	estupidez
Vingança	perdoar

Apesar dessa classificação especializada das coordenações ainda existem associações neste campo que não podem ser classificadas sob nenhum subgrupo. Para estas, sobra simplesmente a denominação geral "coordenação", por exemplo, a associação *alto – seda*. A palavra-estímulo *alto* (*hoch* em alemão) foi entendida como nome próprio e a pessoa com este nome tinha uma loja de tecidos de seda, daí a reação *seda*. Não pode tratar-se de mera coexistência; a reação consiste antes de uma especificação e de uma coexistência espacial, sendo por isso uma formação bastante complicada. Poderíamos eventualmente elencá-la sob o título "agregação por afinidade externa", mas com pouca certeza. Por isso, o mais seguro é admitir que estas coordenações não podem ser classificadas além do que já foram.

44   O que foi dito acima pode ser resumido no seguinte esquema:

Coordenação
- α) Agregação
  1. Por um conceito genérico comum
  2. Por semelhança
  3. Por afinidade interna
  4. Por afinidade externa
- β) Subordinação
  1. Subordinação propriamente dita
  2. Especificação
- γ) Supraordenação
- δ) Contraste
- ε) Coordenação de qualidade duvidosa

45   b. Predicado. Seguindo Aschaffenburg, incluímos aqui todos os julgamentos, propriedades e atividades que de alguma forma se referem à ideia-estímulo como sujeito ou objeto. (Resumido por Kraepelin sob a denominação "relações predicativas"[13].)

46   Os julgamentos que em primeiro lugar interessam aqui podem ser divididos, segundo Kant, em analíticos e sintéticos[14]. Este princípio lógico de classificação tem valor para nós só na medida em que no julgamento analítico se produz uma parte do conceito, isto é, um predicado

---

13. Apud ASCHAFFENBURG, G. "Experimentelle Studien über Associationen". Op. cit., p. 222.

14. *Crítica da razão pura*: "No juízo analítico não vou além do conceito dado para chegar a alguma decisão sobre ele. Se o juízo for positivo, só atribuo a este conceito o que nele já foi pensado; se for negativo, só excluo dele o contrário. Mas no juízo sintético devo ir além do conceito dado, para considerar em relação a ele algo bem diferente do que nele foi cogitado".

que necessariamente vem junto com o conceito. Portanto, só é dado aquilo que já está implicitamente existindo. Mas no julgamento sintético se acrescenta algo ao conceito que ainda não está necessariamente contido nele. No que se refere ao rendimento associativo, o julgamento sintético está, pois, *cum grano salis*, acima do analítico. Examinando esta questão mais de perto, perceberemos (enquanto este modo de classificação puder ser aplicado na prática!) que, nas reações simples de julgamento, o julgamento analítico consiste principalmente na denominação de uma propriedade coexistente e sensoriamente evidente, ao passo que o julgamento sintético é na maioria dos casos um julgamento de valor com uma referência ao eu mais ou menos forte. Portanto vemos aqui um relacionamento análogo àquele que existe entre "agregação através de afinidade externa" e "através de afinidade interna". Na associação *lápis – comprimento*, comprimento está contido necessariamente no conceito ou é coexistente, ao passo que em *pai – preocupação* o conceito preocupação acrescenta algo novo e causa, portanto, uma modificação de conceito. Poderíamos admitir sem mais a classificação das reações de julgamento em analíticas e sintéticas se não se apresentasse uma dificuldade prática de certa monta: Não temos como saber, no caso individual, se o predicado analítico é parte necessária do conceito ou não. A solução desse problema só pode ser experimentada se conseguirmos distinguir, no caso individual, entre uma ideia concreta e geral. Ziehen evidentemente acha que pode fazê-lo por um interrogatório direto, inclusive em crianças. Consideramos não só este método como inseguro demais, mas também difícil demais a distinção entre ideia concreta e geral. Se der nome a uma imagem interna, então ela consistirá da condensação de várias imagens da memória, cujo aspecto mais concreto ou mais geral dependerá de diferenças mínimas da vivacidade sensual. Em muitos casos, inclusive pessoas de boa formação psicológica ficariam embaraçadas se tivessem que decidir se na associação *casa – telhado* pensaram num telhado bem definido ou num telhado em geral. É lógico que estamos longe de negar a existência de ideias gerais; mas no caso concreto do experimento acústico-verbal não podemos evitar a suspeita de que as chamadas "ideias gerais" sejam meras palavras que não possuem conteúdo individual porque são menos conceitos gerais e mais formações linguístico-motoras em que participam muito pouco as outras impressões dos sentidos.

47   Para responder à pergunta se o julgamento é analítico ou sintético, devemos estar bem informados se o pensamento foi concreto ou geral. Por exemplo, *cobra – verde* é objetivamente bem sintético, pois não se associa necessariamente o verde à cobra; somente no caso da ideia de uma cobra bem determinada deve o verde já estar implícito, e neste caso teríamos um julgamento analítico. Desconsiderando estas restrições, há outras dificuldades práticas que proíbem este modo de classificação.

48   Para chegar a uma classificação especial dos predicados, precisamos considerar suas diversas possibilidades:

1. A palavra-estímulo é um substantivo, a reação é um adjetivo.

2. A palavra-estímulo é um adjetivo, a reação é um substantivo.

49   Não temos razão alguma para separar esses dois casos nem as outras formas de relação predicativa:

1. A palavra-estímulo é um sujeito, a reação é uma função ativa ou passiva dele.

2. A palavra-estímulo é função ativa ou passiva da reação.

Ou:

3. A palavra-estímulo é um objeto, a reação é a atividade referente a ele.

4. A palavra-estímulo é uma atividade, a reação é seu objeto.

50   Tomemos as primeiras formas: a concatenação de substantivo e adjetivo. Há que distinguir principalmente duas possibilidades:

51   α) O adjetivo designa uma propriedade essencial e internamente importante da imagem-estímulo. Pode-se denominar esta espécie de predicado de "interna". Sem forçar, é possível dividi-la em dois grupos:

1. Julgamento objetivo:

Cobra	venenosa	Guerra	sangrenta
Copo	quebradiço	Avó	idosa
Agradável	primavera	Inverno	frio
Sede	intensa		

Estes predicados designam certos acessórios essenciais e importantes da imagem-estímulo. Seu caráter puramente objetivo é que os distingue do segundo grupo.

2. Julgamento de valor:

Pai	bom	Aluno	aplicado
Fedor	desagradável	Soldado	corajoso
Montar	perigoso	Lenha	útil
Montanha	bela	Assassino	infame
Livro	interessante	Água	refrescante

Nestas reações manifesta-se com maior ou menor intensidade o elemento pessoal: quando a referência ao eu é claramente expressa na forma de desejo ou rejeição, de modo bem subjetivo, pode-se falar então diretamente de "predicados egocêntricos". Não gostaríamos, porém, de separar como grupo autônomo estas reações dos julgamentos de valor, por razões que daremos abaixo. Também incluímos nos julgamentos de valor reações como:

Ferro	metal útil
água	um dos elementos químicos mais interessantes
Cafajeste	vergonha

Julgamentos de valor que se expressam sob a forma de uma atividade como, por exemplo:

Fumar	fede
Maçã	tem gosto bom

enquadram-se melhor entre os predicados.

Também incluímos nos julgamentos de valor reações nas quais um valor não é afirmado mas exigido:

Bons	deveríamos ser
Aplicado	o aluno deve ser
Ameaçar	não se deve

Essas reações não são muito frequentes em pessoas normais; só as mencionamos para não omitir nada.

β) O adjetivo significa uma propriedade externa, pouco significativa, eventualmente coexistente e sensoriamente evidente da imagem-estímulo. Esta espécie de predicados gostaríamos de designar como "externa":

Dente	saliente
Água	cheia de ondas
Árvore	marrom
Caderno	azul
Sal	granulado

56 Avaliamos a relação predicativa entre o adjetivo como palavra-estímulo e o substantivo como reação de acordo com os princípios acima expostos. Portanto, na classificação, consideramos quase equivalentes *verde – campina e campina – verde*.

57 As interjeições que Aschaffenburg classifica, com certa razão, entre os predicados, nós as consideramos de outro modo (cf. abaixo).

58 Outro subgrupo de predicados é composto pelas "relações entre substantivo e verbo".

59 α) A relação sujeito. O substantivo enquanto palavra-estímulo ou reação é sujeito de certa atividade:

Resina	gruda
Caçador	atirar
Cozinhar	mãe

60 β) A relação objeto. O substantivo enquanto palavra-estímulo ou reação é objeto de certa atividade:

Porta	abrir
Recrutar	soldados
Limpar	metal
Garganta	sufocar

61 Os predicados, até agora mencionados, muitas vezes não podem ser facilmente distinguidos das "agregações através de exemplo", acima mencionadas, quando a parte atributiva é palavra-estímulo. Para este diagnóstico consideramos decisivo o esforço evidente da pessoa experimental para encontrar uma palavra-reação, respectivamente um substantivo, o mais apropriado e geral possível ao sentido da palavra-estímulo como em:

Rezar	pessoa piedosa
Desprezar	maldade
Ceder	pacífico

Consideramos, por isso, *limpar – metal* como relação objeto, mas *limpar – metal brilhoso* como agregação através de exemplo.

As especificações de lugar, tempo, meio e finalidade (as "associações por finalidade" de Ranschburg[15]) estão conectadas algo frouxamente com o grupo dos predicados.

Lugar: ir	à cidade
Tempo: comer	12 horas
Meio: bater	com a bengala
Finalidade: lenha	para queimar

Nessas reações é possível ficar em dúvida se devem ser consideradas como especificação e, portanto, pertencerem às subordinações. Na maioria dos casos, porém, a decisão será simples, de modo que o erro não será tão grande. As definições ou explicações da palavra-estímulo que em geral ocorrem raramente, mantêm certa conexão com o grupo acima referido e, por isso, as colocamos também no grupo das relações predicativas:

Porta	substantivo
Azul	adjetivo
Estrela	corpo celeste

Portanto, as relações predicativas se apresentam da seguinte forma:

Relações predicativas
- I. Substantivo e adjetivo
  - α) Predicado interno
    - 1. Julgamento objetivo
  - β) Predicado externo
    - 2. Julgamento de valor
- II. Substantivo e verbo
  - α) Relação sujeito
  - β) Relação objeto
- III. Determinação de lugar, tempo, meio e finalidade
- IV. Definição

---

15. RANSCHBURG, P. & BÁLINT, E. "Über quantitative und qualitative Veränderungen geistiger Vorgänge im hohen Greisenalter. Experimentelle Üntersuchungen". Op. cit., p. 715.

65   c. Dependência causal (Münsterberg). A palavra-estímulo e a reação estão unidas através de uma conexão causal:

Sofrimento   lágrimas
Cortar   doloroso

B. Associações externas

66   a. Coexistência. A conexão da coexistência é a contiguidade ou a simultaneidade, o que significa que o vínculo entre os dois conceitos não é exclusivamente a semelhança ou a afinidade, mas também a coexistência temporal ou a sucessão imediata. A coexistência espacial está incluída na contiguidade temporal, pois a coexistência espacial resulta das impressões sucessivas dos sentidos:

Tinta	caneta	Alunoprofessor
Mesa	cadeira	Cabofaca
Lampião	família	Mesasopa
Mãe	filho	Natalpinheirinho
Estabelecimento	guarda	Domingoigreja

Também incluímos aqui reações como:

Montar	cavalo	montarsela
Olho	ver	ouvidoouvir
Lápis		
Papel		
Caderno		
Contar	escrever	
Calcular		
Escola		

As associações com *escrever* são complexos de recordações da escola cuja vinculação é condicionada pela simultaneidade; os demais exemplos se referem a imagens de reação que estão ligadas à imagem-estímulo por coexistência essencial.

67   b. Identidade. A reação não significa deslocamento ou desenvolvimento ulterior do sentido, mas é uma expressão mais ou menos sinônima para a palavra-estímulo.

α) A expressão sinônima provém da mesma linguagem que a palavra-estímulo:

Magnífico	esplêndido
Prestar atenção	atentar para
Brigar	rixa

β) A expressão sinônima provém de outra língua que a palavra-estímulo, ou seja, é uma tradução:

| Selo | timbre |
| Domingo | dimanche |

c. Formas linguístico-motoras. Ziehen[16]: "Complemento associativo da palavra" e "Vinculação corrente da palavra"; Kraepelin-Aschaffenburg[17]: "Reminiscências linguísticas"; Trautscholdt[18]: "Associação de palavras". Neste subgrupo de associações externas reunimos todas as conexões de imagens que foram mais ou menos mecanizadas pelo treinamento verbal, ainda que lógica e historicamente tenham talvez outro significado, podendo por isso ser inseridas em qualquer outro tipo acima indicado. Ao falarmos dos contrastes, já mencionamos uma série de reações que consideramos fruto do treinamento verbal e, portanto, mecanizadas. Nós as classificamos no grupo das:

α) Conexões linguísticas ensaiadas

1. Contrastes simples:

| Escuro | claro | Doce | amargo |
| Branco | preto | Igual | desigual |

---

16. ZIEHEN, G.T. "Die Ideenassoziation des Kindes". Op. cit., p. 28s.
17. ASCHAFFENBURG, G. "Experimentelle Studien über Associationen". Op. cit., p. 223.
18. TRAUTSCHOLDT, M. "Experimentelle Untersuchungen über die Association der Vorstellungen". Op. cit., p. 242s.

2. Expressões correntes:

Fome	padecer	Algo	mais
Bens	de raiz	Violência	empregar
Maior	tornar-se	Pão	ganhar
Alhos	e bugalhos	Cabeça	abaixar
Agradecimento	fazer	Ave	avestruz
Galante	ser	Água	beber
Pesar	preocupação	Nadar	saber
Mundo	e pessoas	Bonde	andar
Velho	alquebrado	Passear	ir
Justiça	praticar	Náusea	causar
Chegar	ir	Gato	rato
Espaço	tempo	Informar	com cuidado

72 β) Provérbios e citações

Em toda parte	em lugar nenhum	Guerra	e paz
Liberdade	igualdade	Mais	luz
Em toda parte	estou em casa	Pão	peixe
Olho	dente	Fazer	deixar
Felicidade	frágil		

73 γ) Composição de palavras

1. A palavra-reação completa a palavra-estímulo e forma uma palavra composta

Mesa	perna da	Sangue	de barata
Agulha	fundo da	Livro	marcador de
Rede	gancho da	Cabeça	lenço de
Piano	tocador de	Dente	dor de
Vingança	sede de	Associação	de mulheres

A reação também pode ocorrer de tal forma que repita a palavra-estímulo

Lágrima	lágrima de crocodilo	Chapa	chapada
Bater	rebater	Barra	barraca
Sentir	consentir	Mente	mentecapto

2. A reação é essencialmente mera alteração sintática da palavra-estímulo (Wreschner[19], *Associação por semelhança de flexão*).

Morrer	morto	Amor	amar
Martelar	martelo	Coche	cocheiro
Achar	achado	Assassino	assassinar

δ) Lembramos ainda um grupo pequeno de reações que podemos denominar prematuro.

Vermelho escuro	brilhante
Devagar	curto
Magnífico	pequeno

ε) As interjeições que ocorrem raramente foram colocadas na categoria das "conexões linguístico-motoras" ainda que, conforme acentua Aschaffenburg, signifiquem um predicado. Justificamos nossa interpretação apontando para a forma verbal altamente imperfeita da reação e que, além do mais, contém um elemento motor muito forte:

Magnífico	ah!
Feder	eca!
Amar	oh!

C. Reações de som

O conteúdo desse grupo corresponde ao de Aschaffenburg – que ele chamou "Palavras-estímulo que só atuam através de som" (L. c. p. 231).

a. Complementação da palavra. Interpretamos estas palavras da mesma forma que Aschaffenburg, pois só incluímos aqui reações que completam a palavra-estímulo formando nova palavra indivisível:

Milagre	-iro
Amor	-oso
Extra	-ção
Mole	-cagem

---

19. WRESCHNER, A. "Eine experimentelle Studie Über die Assoziation in einem Falle von Idiotie". *Allgemeine Zeitschrift für Psychiatrie und psychischgerichtliche Medizin*, LVII, 1900, p. 241-339, p. 241. Berlim.

Também consideramos complementação de palavra, um acréscimo à palavra-estímulo para formar um nome próprio:

    Paca   -embu
    Mato   -Grosso

78   b. Som. A reação é condicionada exclusivamente pelo som da palavra-estímulo completa ou do começo dela:

    Schlauch (mangueira)   Schlaufe (laço)*
    eckig (anguloso)   Ekkehart (sobrenome)
    Gesetz (lei)   Gesang (canto)
    rosten (enferrujar)   Roastbeef (rosbife)
    Absicht (intenção)   Apfel (maçã)

79   c. Rimas:

    Traum (sonho)   Schaum (espuma)
    Herz (coração)   Schmerz (sofrimento)
    scheiden (separar)   meiden (evitar)
    Kaiser (imperador)   heiser (rouco)
    krank (doente)   Schrank (armário)

80   Não vale a pena dividir sons e rimas em "com sentido e sem sentido", conforme o fez Aschaffenburg, devido à raridade com que ocorrem os "sem sentido". Por isso nos abstivemos de fazê-lo.

D. Grupo residual

81   Neste grupo, numericamente pequeno, reunimos algumas reações que não se incluem no esquema em geral e que possuem entre si uma conexão bem limitada.

82   a. Associação indireta. Conforme se sabe, Aschaffenburg confronta a maneira indireta de reagir com todas as outras reações que ele considera "diretas". Rejeitamos esta equiparação altamente des-

---

* Mantivemos em alemão as palavras relacionadas por Jung. A tradução pura e simples das palavras desvirtuaria os exemplos, cuja importância está precisamente no som. E o som da palavra em alemão nada tem a ver com sua versão portuguesa. O leitor, com base nas explicações, poderá encontrar exemplos adequados em língua portuguesa.

proporcional em quantidade porque em pessoas incultas nunca se sabe quantos conteúdos diferentes de consciência existem entre a palavra-estímulo e a reação. Nem *nós* sabemos dizer com exatidão quantas constelações conscientes, semiconscientes ou inconscientes influenciam nossas reações. Não queremos entrar aqui na controvérsia acadêmica sobre a associação indireta (isto é, se o elo intermédio é consciente ou inconsciente); limitamo-nos a constatar, nos limites de nossa experiência, o fenômeno do modo indireto de reagir. Chamamos "associação indireta" aquele modo de reagir que só pode ser entendido pressupondo-se um elo intermediário, diferente da palavra-estímulo e da reação. Distinguimos cinco formas:

α) Conexões mediante conceito intermediário comum: 83

É preciso observar que nestas associações o elo intermediário é em geral bem consciente. Esta espécie de reação é bastante rara e ocorre quase só em indivíduos do tipo acentuadamente visual. 84

β) Mudança centrífuga de som (associação "parafásico-indireta", de Aschaffenburg). Há uma reação interna que é clara e apropriada em maior ou menor grau, mas que, no processo da enunciação, é substituída por uma associação ensaiada de som parecido. Chama- 85 mos, por isto, este grupo de associações indiretas de "mudança centrífuga de som":

Entschluss	schliessen	kleiden	übermässig
(resolução)	(fechar)	(vestir)	(demasiado)
(entschliessen)		(Überrock)	
(decidir-se)		(sobretudo, casaco)	
trotzig	leichtsinnig	Verein	Umgebung
(teimoso)	(leviano)	(sociedade)	(meio ambiente)
(eigensinnig)		Union	
(cabeçudo)		(união)	
zanken	spotten	Erde	Haus
(brigar)	(zombar)	(Terra)	(casa)
(Disput)		(Haufen)	
(disputa)		(monte)	
Haar	blau	Porträt	Festung
(cabelo)	(azul)	(retrato)	(fortaleza)
(blond)		(befestigt)	
(louro)		(preso)	
Opfer	kastrieren	Liebe	Fass
(sacrifício)	(castrar)	(amor)	(barril)
(Kasten, Sakristei)		(Hass)	
(caixão, sacristia)		(ódio)	
Ohren	Typhus	Paar	Hut
(ouvidos)	(tifo)	(par)	(chapéu)
(Tuben)		(Schuh)	
(tubos)		(sapato)	

86   Codes quer ver excluídas estas reações das indiretas, e com certa razão se considerarmos o seu ponto de vista: A associação interna direta parece uma associação genuína e não uma associação de som; existe, portanto, uma intenção perfeitamente apropriada e direta mas que, no momento da enunciação, muda-se para uma semelhança de som em detrimento do sentido. Estas mudanças só ocorrem quando a imagem interna a ser expressa não possui a necessária intensidade de atenção para introduzir o mecanismo verbal a ser usado. Desvios para caminhos laterais só ocorrem quando aquilo que deve ser expresso tem acento muito fraco. Uma acentuação muito fraca deve ser considerada como tomada de consciência muito obscura. Acha-

mos, portanto, que o elo intermediário, apesar da intenção correta, ficou anormalmente na sombra, o que aliás concorda plenamente com as informações das pessoas experimentais que conseguem observar a si mesmas. Algumas só tinham a sensação de não haverem dito a coisa certa, não estando pois em condição de indicar o elo intermediário. Para avaliar a reação parece-nos irrelevante se a mudança para uma semelhança de som, no caso de consciência muito obscura de um elo associativo, acontece na estação emissora ou receptora.

γ) Mudança centrípeta de som. A palavra-estímulo é internamente substituída por uma semelhança de som que, por sua vez, condiciona a reação. Neste caso, o elo intermediário é geralmente semiconsciente ou inconsciente. Note-se que em todos os casos aqui classificados a palavra-estímulo foi entendida corretamente, de modo que não se trata de simples mal-entendido:

reiten	arm	Malz	Essig
(cavalgar)	(pobre)	(malte)	(vinagre)
(reich)		(Salz)	
(rico)		(sal)	
wälzen	Rätsel	träge	Last
(rolar)	(charada)	(preguiçoso)	(carga)
(Welt)		(Träger)	
(mundo)		(carregador)	
stark	Baum	rosten	Pferd
(forte)	(árvore)	(enferrujar)	(cavalo)
(Schlag)		(Ross)	
(golpe)		(cavalo)	
Glas	Himmel	Raum	Kamin
(vidro)	(céu)	(espaço)	(chaminé)
(klar)		(Rauch)	
(claro)		(fumaça)	
Malz	Müller	Strich	können
(malte)	(moleiro)	(traço)	(poder)
(mahlen)		(stricken)	
(moer)		(tricotar)	
Politik	gross	wälzen	Geschichte
(política)	(grande)	(rolar)	(história)
(Polizist)		(Welt)	
(policial)		(mundo)	

Strich	Nadel	lieben	sterben
(traço)	(agulha)	(amar)	(morrer)
(Strick)		(stieben)	
(corda)		(dispersar)	

Ehre	beissen	Mappe	Landkarte
(honra)	(morder)	(maleta)	(mapa)
(bär-beissig)		(Mass)	
(resmungão)		(medida)	

88   Segundo nossa experiência, a grande maioria das associações indiretas são mudanças devidas ao som. Também se aplica aqui o que dissemos, no parágrafo anterior, sobre a consciência dos elos intermediários. A ocorrência das associações de som indica uma falta de carga emocional[20] da palavra-estímulo. A reação ao elo intermediário de som é também consequência de insuficiente carga emocional da palavra-estímulo. Neste caso, segundo nossa experiência, a associação de som é tão imprecisa quanto a palavra-estímulo e, no primeiro momento, a pessoa experimental está inclusive insegura quanto à espécie de palavra-estímulo. A reação é inervada antes que o ato de apercepção se realize[21].

89   δ) Mudança centrífuga e centrípeta através de complementação da palavra ou de associação linguístico-motora:

Normal	Filter	kochen	Kutscher
(normal)	(filtro)	(cozinhar)	(cocheiro)
	(-lösung)		(Köchin)
	(solução)		(cozinheira)
falsch	Treuheit	Geiz	Kranker
(falso)	(fidelidade)	(avareza)	(paciente)

---

20. Respectivamente intensidade de atenção.

21. Münsterberg acha que a excitação externa não só desperta associações depois de convertida num processo consciente, mas que existe entre o estímulo externo e a excitação central consciente um estágio intermédio não consciente, onde se realiza uma atividade associativa não atingida pela consciência (*Beiträge zur experimentellen Psychologie*. Vol. IV. Friburgo em Brisgóvia: [s.e.], 1889-1892, p. 7). Münsterberg, porém, nega, por descuido, a ocorrência de associações indiretas através de elos intermediários inconscientes (p. 9).

	(treu)		(Ksankhaft)
	(fiel)		(doentio)
Ratten	giftig	Ärmel	Fuss
(ratos)	(venenoso)	(braçadeira)	(pé)
	(Gift)		(Arm)
	(veneno)		(braço)
entsetzlich	grau	Maler	schön
(horrível)	(cinza)	(pintor)	(bonito)
	(Grauen)		(malt)
	(horrorizar-se)		(pintado)
Anstand	Streik	mündig	Zähne
(decência)	(greve)	(emancipado)	(dentes)
	(Ausstand)		(Mund)
	(greve)		(boca)
Kopf	Stock	dauernd	Gutachten
(cabeça)	(andar)	(duradouro)	(laudo)
	Haubenstock		(geisteskrank)
	(cobertura)		(demente)
Engel	Herz	wälzen	rund
(anjo)	(coração)	(rolar)	(redondo)
	(hard)		(Walze)
	(duro)		(cilindro)
reinlich	Floh	Löwe	beissen
(limpo)	(pulga)	(leão)	(morder)
	(unreinlich)		(-nzahn)
	(sujo)		(dente-de-)

ε) Mudança através de maior número de elos intermediários. Os elos intermediários podem ser associações mecânicas mas também podem ser de alto valor. As reações dessa categoria são muito raras e, geralmente, de origem anormal. No meio dessas reações podem misturar-se todos os tipos acima descritos: 90

Tinte (tinta)   sauer (ácida)
(rot = vermelho   Lakmus = tornassol)
Vogel (pássaro)   Maus (camundongo)
(flattert = esvoaça Fleder – morcego = Fledermaus)
leise (silencioso) gross (grande)
(Läuse = piolhos   klein = pequeno)

> Rache (vingança)   Richter (juiz)
> (recht = correto   richtig = exato)
> zähe (tenaz)   Kopfweh (dor de cabeça)
> (Zahn = dente   weh = doloroso)
> Reiz (estímulo)   ling
> (-end = encantador   Früh– = primavera)

91   Não entraremos mais a fundo aqui na teoria das associações indiretas no experimento acústico-linguístico. Basta dizer por ora que estão intimamente vinculadas às mudanças na concentração.

92   b. Reação sem sentido. Em momentos de emoção, ou respectivamente de embaraço, acontecem reações que não são palavras nem associações.

93   Separamos, é claro, dos simples sons as assonâncias como associações de som. Entre as palavras não associadas não existe praticamente nenhuma que tenha origem inexplicável. São em geral nomes de objetos do meio ambiente ou impressões fortuitas que não têm vinculação com a palavra-estímulo. Reações isoladas e sem sentido são perseverações do tipo b (ver abaixo).

94   c. Falha. É assim que chamamos a ausência de uma reação. A causa da ausência geralmente é emotiva.

95   d. Repetição da palavra-estímulo. É um grupo bem pequeno que poderia muito bem ser incluído na categoria das falhas. Contudo, existem indivíduos normais que não conseguem deixar de repetir depressa para si a palavra-estímulo e só então reagir. É um fenômeno que se pode observar também fora desse experimento, em conversas comuns. Este modo de reagir não foi incluído em nenhuma categoria normal. Também a repetição da palavra-estímulo é um fenômeno emotivo (Wreschner[22] é da mesma opinião).

96   Com isso terminaria a classificação específica das associações. Só restam alguns pontos de vista gerais que contribuem para a qualificação das associações.

---

22. WRESCHNER, A. "Eine experimentelle Studie über die Assoziation in einem Falle von Idiotie". Op. cit.

E. A reação egocêntrica

Chama a atenção no experimento que há certos indivíduos que têm nítida tendência de construir referências ao eu e também de externar juízos altamente subjetivos e claramente influenciados pelo desejo ou pelo medo. Estas reações têm algo de individualmente característico e são marcantes em certas personalidades.

a. Referência direta ao eu:

avó	eu
dançar	eu não gosto
injusto	eu não fui
louvor	para mim
calcular	eu não sei

b. Julgamentos subjetivos de valor:

vadiar	agradável
calcular	penoso
sangue	horroroso
piano	horrendo
amor	tolo

F. Perseveração[23]

Por perseveração entende-se um fenômeno de persistência[24] que consiste em a associação precedente condicionar a subsequente. Em princípio só levamos em consideração o efeito sobre a reação imediatamente posterior. Excluímos assim o efeito que vai além de uma rea-

---

23. ASCHAFFENBURG, G. *Associationen aufvorher vorgekommene Worte*. P. 231.

24. Empregamos o termo "perseveração" no sentido das pesquisas de Müller e Pilzecker em "Experimentelle Beitrage zur Lehre vom Gedächtnis". *Zeitschrift für Psychologie und Physiologie der Sinnesorgane*, volume complementar I, 1900. Leipzig, e designamos com isso só a persistência da ideia anterior enquanto se manifesta na reação subsequente. O termo é puramente formal e não pretende explicar nada. Deixamos em aberto a questão se a "perseveração" é um processo cortical ou celular (nutricional) (Gross) ou se é a consequência de uma constelação associativa especial. Queremos frisar, no entanto, que nosso termo não tem relação nenhuma com a "perseveração" dos processos orgânicos cerebrais nem com a hipotética "função secundária das células cerebrais" que explicaria o efeito psicológico posterior da imagem vetorial (cf. MÜLLER, G.E., na bibliografia ao final do volume).

ção não influenciada, pois preferimos incluir semelhante influência no conceito genérico da constelação. Com isso não queremos prejulgar o fenômeno da perseveração. Mas temos que alertar para o fato de a perseveração poder ser condicionada tanto por causas psicofísicas, até agora desconhecidas, quanto por constelações especiais de sentimentos. Na prática é preciso distinguir dois casos de perseveração:

101   a. A reação condicionada é uma associação à correspondente palavra-estímulo:

inverno — patins
lago — gelo

derreter — quente
devagar — fogo

água — queda
dançar — cair

102   b. A reação condicionada não é associação à palavra-estímulo correspondente:

tampa — caixa
ratos — cesto

de mansinho — ela chegou
galante — escada acima

103   Se um complexo com intensa carga emocional dominar a consciência no ato do experimento, serão assumidas no complexo séries mais longas de palavras-estímulo heterogêneas, sendo cada reação condicionada pela palavra-estímulo + constelação do complexo. Quanto mais forte a constelação do complexo, tanto mais a imagem-estímulo está sujeita ao fenômeno da assimilação (Wundt). Isto significa que não será compreendida em seu sentido próprio e usual, mas num sentido especial, adaptado ao complexo.

G. Repetições

104   Em cada experiência foram contadas as mesmas reações; a primeira e segunda centena no estado normal foram contadas em sepa-

rado. Poderia-se eventualmente distinguir entre repetição de conteúdo e de forma estilística especial. Mas uma vez que em indivíduos normais só acontecem raramente reações particularmente estereotipadas, construídas com palavras auxiliares, decidimos não contar a repetição de forma.

H. A conexão linguística

É fato comprovado que as associações não estão ligadas entre si apenas por meio do sentido, ou respectivamente pelas leis fundamentais da associação – contiguidade e semelhança – mas também por certos princípios puramente externos e acústico-motores. Ao que sei, foi Bourdon o primeiro a abordar experimentalmente a questão. Em sua admirável obra *Recherches sur la succession des phénomènes psychologiques*[25] descreve experiências com conexões fonéticas da associação. Tomou da parte superior de cada página, de livros escolhidos ao acaso, o primeiro substantivo, adjetivo ou verbo. Desse modo comparou 500 pares de palavras. O total dos pares foneticamente semelhantes foi 312, considerando haver semelhança fonética quando as palavras tinham em comum um ou mais elementos fonéticos. É preciso observar, porém, que Bourdon interpretou esta semelhança de maneira algo ampla, por exemplo, *toi* e *jouer* por causa do som "w" (!). Bourdon estudou especialmente a "ressemblance phonétique", "graphique" (uma ou mais letras em comum) e "syllabique" (uma sílaba em comum). Encontrou os seguintes números proporcionais:

Ressemblance phonétique	0,629
Ressemblance graphique	0,888
Ressemblance syllabique	0,063

---

25. BOURDON, B. "Recherches sur la succession des phénomènes psychologiques". *Revue philosophique de France et de l'étranger*, XXXV, 1893, p. 225s.

106   Bourdon concluiu: "Entretanto continua valendo que as palavras se associam entre si mais por seu significado do que por sua semelhança fonética"[26].

107   De acordo com estas pesquisas, reunimos um grupo que contém fatores linguísticos externos.

108   a. A mesma forma gramatical. Simplesmente contamos quantas vezes a forma da palavra era a mesma na palavra-estímulo e na reação, ou seja, quantas vezes ocorriam juntos substantivo-substantivo e adjetivo-adjetivo. Chegamos a esta questão observando que existiam neste sentido variações individuais muito grandes.

109   b. O mesmo número de sílabas. Contamos quantas vezes a palavra-estímulo e a reação têm o mesmo número de sílabas, com o objetivo de encontrar algo mais preciso sobre a influência do ritmo.

110   c. Concordância fonética.

1. Consonância. Contamos quantas vezes a primeira sílaba da palavra-estímulo e da reação concordavam ao menos quanto à vogal.

2. Aliteração. Aqui contamos quantas vezes a palavra-estímulo e a reação aliteravam na primeira vogal ou consoante.

3. A mesma terminação. Aqui examinamos a influência fonética da terminação da palavra-estímulo sobre a terminação da reação e, respectivamente, a tendência à rima. Portanto, só foi contada a concordância na sílaba final.

Resumo

111   *A. Associação interna*

a. Coordenação

α) Agregação

1. Por conceito genérico comum
2. Por semelhança
3. Por afinidade interna
4. Por afinidade externa
5. Através de exemplo

---

26. Ibid., p. 238: "Il reste néanmoins vrai que les mots s'associent entre eux plutôt par leur signification que par leur ressemblance phonétique".

β) Subordinação
  1. Subordinação propriamente dita
  2. Especificação
 γ) Supraordenação
 δ) Contraste
 ε) Coordenação de qualidade duvidosa
b. Relação predicativa
 I Substantivo e adjetivo
  α) Predicado interno
   1. Julgamento objetivo
   2. Julgamento de valor
  β) Predicado externo
 II Substantivo e verbo
  α) Relação sujeito
  β) Relação objeto
 III Determinação de lugar, tempo, meio e finalidade
 IV Definição ou explicação
c. Dependência causal

B. Associação externa

a. Coexistência
b. Identidade
c. Forma linguístico-motora
 α) Conexão linguística ensaiada
  1. Contrastes simples
  2. Expressões correntes
 β) Provérbios e citações
 γ) Composição e mudança de palavras
 δ) Reação prematura
 ε) Interjeição

C. Reações de sons
a. Complementação da palavra
b. Som
c. Rima

D. Grupo residual
a. Associação indireta
  α) Conexão mediante conceito intermediário comum
  β) Mudança de som
    1. Centrífuga
    2. Centrípeta
  γ) Mudança por complementação de palavra ou por forma linguístico-motora
  δ) Mudança através de maior número de elos intermediários
b. Reação sem sentido
c. Falha
d. Repetição da palavra-estímulo

E. Reação egocêntrica
a. Referência direta ao eu
b. Julgamento subjetivo de valor

F. Perseveração
a. Conexão com a palavra-estímulo
b. Nenhuma conexão com a palavra-estímulo

G. Repetição da reação

H. Conexão linguística
a. A mesma forma gramatical
b. O mesmo número de sílabas
c. Aliteração
d. Consonância
e. A mesma terminação

Classificamos nosso material de acordo com os princípios colocados neste esquema. Para não complicar desnecessariamente a exposição dos resultados através de um amontoado de números, as tabelas contidas na segunda parte desse trabalho só apresentam os números dos grupos principais; assim o vasto material foi agrupado de modo bem mais claro do que se fossem apresentados todos os números dos subgrupos. Por razões de ordem científica, sentimo-nos obrigados a revelar com clareza nosso procedimento que nos levou a classificar as associações neste ou naquele grupo principal. Além disso, pareceu-nos ser de interesse geral demonstrar as diversas possibilidades empíricas das associações, ao menos enquanto nos eram conhecidas.

Portanto, nossos números só se referem aos seguintes grupos principais:

I Associação interna
   1. Coordenação
   2. Relação predicativa
   3. Dependência causal

II Associação externa
   1. Coexistência
   2. Identidade
   3. Forma linguístico-motora

III Reação de som
   1. Complementação de palavra
   2. Som
   3. Rima

IV Grupo residual
   1. Reação indireta
   2. Reação sem sentido
   3. Falha
   4. Palavra-estímulo repetida

A. Perseveração
B. Reação egocêntrica
C. Repetição

D. Conexão linguística
1. A mesma forma gramatical
2. O mesmo número de sílabas
3. Aliteração
4. Consonância
5. A mesma terminação

2ª PARTE
RESULTADOS DOS EXPERIMENTOS

a. Resultados das Pessoas Experimentais Individuais

114   As pessoas experimentais reagiram de maneira bem diferente aos estímulos perturbadores. Como já dissemos, o mais difícil foi produzir a distração interna. Não foi possível obtê-la em todas as pessoas cultas. Melhor desempenho foi conseguido com a distração externa através das batidas do metrônomo. Mas também aqui verificou-se grande diferença entre as pessoas experimentais. Devido a isso, pareceu-nos por bem apresentar todos os números de cada pessoa. E, assim, infelizmente, não foi possível evitar o acúmulo de tabelas. Todos os números representam percentagens.

1. MULHERES CULTAS

14 pessoas com 4.046 reações

115   *Pessoa experimental 1.* Em geral o caráter dessas associações é bastante objetivo e praticamente sem influência de constelações subjetivas. No estado normal, as associações externas superam as internas. Entre a primeira e a segunda centena das reações normais aparece uma clara diferença, havendo um aumento de 9% no grupo de som. Esta mudança nós a atribuímos a um certo "cansaço" na tomada da segunda centena que psicologicamente nada mais é do que um re-

Pessoa experimental 1
aproximadamente 22 anos de idade, muito inteligente

Associações	Normal		Distração		
Qualidade especial	1ª centena	2ª centena	Interna	Externa Metrônomo 60	Metrônomo 100
Coordenação	26	21	16	4	12
Relação predicativa	14	14	2	4	2
Dependência causal	2	1	–	–	2
Coexistência	20	10	10	2	–
Identidade	1	7	4	8	–
Formas linguístico-motoras	36	36	54	20	38
Complementação de palavra	1	1	6	8	2
Som	–	8	6	34	38
Rima	–	1	–	6	–
Indireta	–	–	–	4	–
Sem sentido	–	–	2	4	6
Falha	–	–	–	–	–
Repetição da palavra-estímulo	–	–	–	6	–
Reação egocêntrica	1	–	–	–	–
Perseveração	1	–	2	6	4
Repetições	5	8	2	0	6
A mesma forma gramatical	67	58	64	56	54
O mesmo número de sílabas	43	41	56	60	42
Aliteração	10	12	12	42	48
Consonância	12	15	16	52	52
A mesma terminação	10	6	10	14	6
Associações internas	42	36	18	8	16
Associações externas	57	53	68	30	38
Reações de som	1	10	12	48	40
Número de associações	100	100	50	50	50

laxamento da atenção[27]. Não se pode falar aqui de um cansaço fisiológico que, segundo demonstrou Aschaffenburg, traria um aumento semelhante de associações de som. Para isso é muito pequeno o esforço psicológico anterior. Por outro lado, é possível identificar o relaxamento do interesse com o cansaço no sentido de Kraepelin[28].

116   As colunas após aquelas do estado normal descrevem a mudança da associação sob a influência da atenção artificialmente perturbada. Do ponto de vista puramente dinâmico poderíamos dizer que a "energia associativa" (Ranschburg[29]) foi desviada de tal forma para outro campo que apenas fração dela ainda está disponível para a reação. E, assim, é dada uma associação barata ou fácil, ou seja, fortemente canalizada porque a estimulação de mecanismos cerebrais, preparados e acostumados requer uma soma menor de energia do que uma canalização de conexões relativamente novas e desacostumadas. Sob este prisma é fácil entender o aumento das formas linguístico-motoras em torno de 18% na distração interna[30]; mais difícil é entender a proveniência das inúmeras reações de som na distração externa. Aschaffenburg acha que se pode responsabilizar a excita-

---

27. Aschaffenburg diz: "Nossa atenção é tão inconstante e as mudanças não controláveis e inevitáveis de nossa vida psíquica são tão grandes que não deveríamos usar pequenas séries experimentais... Por outro lado, não devemos esquecer que no decorrer de experimentos mais longos ocorrem fenômenos de fadiga, de modo que não temos o direito de, numa série de 200 reações, comparar as 25 primeiras associações com as 25 últimas, sem levar em conta este fato" ("Experimentelle Studien über Associationen". I, p. 217). Aschaffenburg observou, portanto, o mesmo fenômeno, mas não o interpretou direito, a nosso ver.

28. *Der psychologiscke Versuch in der Psychiatrie*, p. 53. Kraepelin distingue claramente entre "lassidão" (*Müdigkeit*) e "fadiga" (*Ermüdung*). Considera a lassidão como uma espécie de sinal de advertência, um sentimento subjetivo, que geralmente, mas não sempre, desenvolve-se a partir da fadiga real.

29. RANSCHBURG, P. & HAJOS, L. *Beiträge zur Psychologie des hysterischen Geisteszustandes*. Leipzig/Viena: [s.e.], 1897.

30. ASCHAFFENBURG, G. "Experimentelle Studien über Associationen". Op. cit., p. 239. No momento do surgimento da associação externa predomina o costume linguístico, enquanto mais tarde, na reflexão, desenvolve-se muitas vezes a tendência secundária de coordenar.

ção motora – que ocorre na mania, esgotamento[31] e intoxicação alcoólica – pelo surgimento das reações de som[32]. Mas ficou provado que a fuga de ideias, ou modos de associação semelhantes à fuga de ideias, também podem ocorrer sem excitação motora como, por exemplo, na epilepsia (Heilbronner[33]), catatonia e estupor maníaco[34].

Em nosso experimento, a excitação motora está praticamente excluída. (O movimento de escrever, que poderia ser interpretado eventualmente como "excitação motora" está excluído na distração interna cujos resultados coincidem com aqueles da distração externa.) Portanto, não é possível demonstrar nenhuma conexão das reações de som com a excitação motora; a causa de seu aparecimento está muito mais na diminuição da atenção. A distração atua primeiramente de modo inibidor sobre o desenvolvimento da associação interna ("de alto valor") e provoca o surgimento da externa, isto é, das formas mais mecânicas de associação e, em seguida, da reação de som em grande quantidade. No decorrer da exposição do experimento teremos várias oportunidades de chamar a atenção para a mudança da forma associativa na direção das associações externas, isto é, mecanizadas. Podemos dizer que, quando a experiência é bem-sucedida, esta mudança só acontece por exceção.

117

É impressionante que nesta óbvia tendência para reações mecanizadas a associação de som também seja claramente favorecida. Mas, segundo nossa experiência até agora, as associações de som não são mecanizadas; aparentemente são associações não canalizadas. A nosso ver, as associações de som são as associações mais primitivas de

118

---

31. "Com a expressão *esgotamento*, designa-se simplesmente um maior grau de perda de nossas energias mentais e físicas" (ASCHAFFENBURG, G. "Experimentelle Studien über Associationen". II. Op. cit., p. 47).

32. "A finalidade de produzir impulsos motores deve ser considerada como o momento essencial do surgimento de um número de associações de som que ultrapassa a norma" (Id., ibid., p. 69). Cf. tb. os trabalhos de Smith, Fürer e Rudin sobre o efeito do álcool. In: KRAEPELIN, E. (org.). *Psychologische Arbeiten*. Leipzig/Berlim: W. Engelmann/J. Springer, 1896/1928.

33. "Über epileptische Manie nebst Bemerkungen uber die Ideenflucht". *Monatsschrift für Psychiatrie und Neurologie*, XIII, 1903, p. 193-209, 269-290. Berlim.

34. Além disso existem também manias puras que, mesmo no estágio de retrocesso, ainda apresentam clara fuga de ideias, tendo plena calma e motilidade.

semelhança e ocupam posição um pouco superior a da simples repetição. Desde a mais remota juventude já não são praticadas, mas sempre estimuladas levemente no ato de falar, elas se impõem logo que um distúrbio qualquer impeça os graus de associação mais próximos e elevados (engano no falar e no ouvir). Devido à sua inconveniência para o ato normal de pensar, são constantemente reprimidas e existem via de regra fora da consciência.

119   O aumento das formas linguístico-motoras e das reações de som nós o denominamos "achatamento do tipo de reação". A associação atenta que se encontra no foco da consciência não é associação de som (a não ser que seja buscada propositalmente); mas se acontecer que a atenção se dirija a outra atividade, ou seja, que a reação psíquica se mova para fora do foco da consciência, manifestam-se todas aquelas associações que estavam reprimidas no ato da reação claramente consciente. Voltaremos com mais detalhes à importância dessa hipótese para a patologia da associação.

120   Sendo ruim a atenção, o conceito-estímulo não é elevado ao grau de clareza total ou, em outras palavras, permanece na periferia do campo consciente, sendo percebido apenas por causa de sua aparência externa como som. A causa dessa percepção deficiente está na fraqueza de sua carga emocional que, por sua vez, depende do distúrbio da atenção. Todo processo aperceptivo de um estímulo acústico começa no nível da percepção puramente sonora. A partir de cada um desses níveis podem ser externadas associações se os centros linguísticos estiverem prontos para descarregar. O fato de isto normalmente não ocorrer deve-se à inibição exercida pela atenção dirigida, ou seja, à elevação do limiar de estímulo para todas as formas inferiores e desnorteadas de associação.

121   Neste caso é digna de nota a grande frequência de reações sem sentido, chegando a 6% na distração externa. Em parte são devidas a fortes perseverações, como, por exemplo:

| intenção | mal-humorado ("percebe-se a intenção" etc.) |
| salvar | a arte (arte poética) |

| forte | poderoso |
| ódio | grandioso |

e, em parte, à distração causada pela falta de costume de ouvir o barulho do metrônomo, por exemplo:

aparência – ritmo.

Mostra, de certa forma, esta reação que o estímulo perturbador atuou de modo bem forte sobre esta pessoa experimental. A partir dessa diminuição de intensidade da atenção, é possível explicar também o número excepcionalmente grande de reações de som. A predominância gradual dos fatores acústico-linguísticos é ilustrada também pelo sensível aumento dos números nas colunas da aliteração e consonância; também se verifica um incremento de palavras com o mesmo número de sílabas. Não é fácil explicar o aumento das perseverações na distração; talvez se deva isto à falta de associações causada pela distração. Parece-nos digno de nota que a distração externa neste caso é progressiva. Para demonstrar a progressão usamos os sons. Dividimos cada um dos dois experimentos da distração externa em três partes e contamos as associações de som em cada parte. 122

A progressão é a seguinte: 123

primeiro experimento: 5, 5, 7

segundo experimento: 5, 6, 8

Pessoa experimental 2. O caráter geral das associações é objetivo. As associações externas superam apenas de leve as internas. Neste caso parece que a distração interna atuou de modo mais intenso. A partir da 1ª centena aumentam constantemente as reações de som. O grupo de conexão linguística apresenta, em comparação com o caso anterior, certas diferenças na distração. A identidade na forma gramatical mostra evidente aumento e cresce também em geral a identidade no número de sílabas. Mas diminuem um pouco a consonância e a aliteração. Fogem evidentemente ao nosso conhecimento as causas individuais dessa diferença. 124

Pessoa experimental 2
24 anos aproximadamente, inteligente, letrada

Associações	Normal		Distração		
				Externa	
Qualidade especial	1ª centena	2ª centena	Interna	Metrônomo 60	Metrônomo 100
Coordenação	27	14	10	16	16
Relação predicativa	18	26	18	18	20
Dependência causal	1	3	–	2	–
Coexistência	24	16	11	22	8
Identidade	2	1	4	18	12
Formas linguístico-motoras	21	36	50	16	36
Complementação de palavra	–	1	2	2	6
Som	–	1	1	–	2
Rima	–	–	–	2	–
Indireta	3	1	2	2	–
Sem sentido	–	–	–	–	–
Falha	4	1	1	2	–
Repetição da palavra-estímulo	–	–	1	–	–
Reação egocêntrica	1	1	–	–	–
Perseveração	1	1	2	2	4
Repetições	–	4	–	2	–
A mesma forma gramatical	55	47	63	76	64
O mesmo número de sílabas	31	24	29	36	40
Aliteração	12	15	10	2	6
Consonância	12	17	17	8	12
A mesma terminação	4	9	14	6	8
Associações internas	46	43	28	36	36
Associações externas	47	53	65	56	56
Reações de som	–	2	3	4	8
Número de associações	100	100	100	50	50

É impressionante o número relativamente grande de falhas cujo máximo ocorre na primeira centena. Das quatro falhas da primeira centena, três recaem sobre palavras-estímulo com carga emocional. Na segunda centena só há uma falha, ao mesmo tempo porém há muitos predicados, especialmente julgamentos de valor. Isto parece indicar que as falhas são um fenômeno essencialmente emotivo, são inibições emocionais por assim dizer que desaparecem na segunda centena com o surgimento facilitado e mais familiar de julgamentos subjetivos. Como no caso anterior, há um aumento sensível de perseveração.

Note-se que neste caso o máximo de associações indiretas coincide com o mínimo de reações de som e, inversamente, o máximo de reações de som coincide com o mínimo de reações indiretas. Conforme se mostrará depois, esta correlação provavelmente não é fortuita.

A natureza da distração interna, que teve mais êxito nesta pessoa experimental do que na anterior, merece algumas observações. Intencionalmente dirigimos a atenção da pessoa sobretudo para imagens visuais porque, segundo nossa opinião, são elas os fenômenos sensórios que mais frequentemente acompanham o experimento de associações, e também porque ocorrem com grande vivacidade na maioria das pessoas experimentais. Mas a capacidade de observar corretamente e relatar estes fenômenos é muito rara. A pessoa experimental l, por exemplo, deu informações bastante insatisfatórias sob este aspecto, ao passo que a pessoa experimental 2 observou na maioria das vezes com mais cuidado e pôde, assim, dar informações claras. O experimento pode ser melhor explicado através de exemplos:

    canto   canto artístico

Logo após captar a palavra-estímulo, a pessoa experimental vê uma cena de *Tannhäuser* num determinado palco;

    lareira   fogo

vê certa imagem memorizada de uma cena ao redor da lareira em Londres;

    telha   telhado

vê telhados vermelhos;

    viagem   itinerário

vê um viajante inglês;

 maçã   árvore

vê um quadro: Eva com a maçã;

 honra   sentimento (de)

vê a imagem recentemente memorizada de uma cena do livro *Ehre* (Honra), escrito por Sudermann;

 vela (de barco)   pano

vê um barco a vela;

 conduta   norma

vê a imagem recente de seu irmão mais novo na escola de dança e de conduta;

 modesto   modéstia

vê a imagem de determinada moça;

 plantas   riqueza

vê determinado livro ilustrado com desenhos de plantas;

 caminho   indicador de

vê uma encruzilhada;

 sossegado   descanso sossegado

vê determinado gatinho;

 música   prazer

vê o interior de determinado salão de concertos (memória recente).

128 Estes exemplos mostram que as reações são muito simples e na maior parte das vezes são formas linguístico-motoras. As imagens internas encontram-se em certa conexão associativa com a reação. De acordo com a informação da pessoa experimental, elas ocorrem juntamente com a reação, quando não antes dela. A nosso ver, as reações são na maioria das vezes associações mecânicas laterais que foram estimuladas, por assim dizer, por uma estação intermédia no caminho para uma reação maior. A imagem-estímulo não atingiu o grau de clareza total porque lhe faltou a energia necessária para seu surgimento ou, para não usar os termos de Herbart, permaneceu imóvel na periferia do campo da consciência, devido à inibição oriunda da clara imagem visual. Os exemplos a seguir mostram este

permanecer imóvel da reação juntamente com a clareza plena da imagem visual:

    elogio   elogio ao cantor

a pessoa experimental vê determinado professor que lhe faz elogios;

    costumes   bons costumes

vê o quadro de uma comunidade camponesa suíça, de "costumes" tradicionais;

    igual   igual combina com igual

vê escrita a operação aritmética 2 x 2 = 4

    Esticar   esticador de gatos
                                  (*Katzenstrecker*)

vê uma tira de borracha esticada (*Katzenstrecker* é um apelido pejorativo do habitante de Luzerna);

    duro   duro de coração

vê uma dura manilha de esgoto;

    pedra   bode (*Stein – Bock*)

vê uma coleção de minerais

    mudança   tempo (*Wechsel – Zeit*)

vê um formulário cambial (*Wechsel*);

    moda   manequim

vê uma jovem elegante

    turvo   olhos

vê uma paisagem turva, chuvosa (constelação do dia do experimento);

    espelho   liso

vê a vitrine de um determinado comerciante de espelhos;

    para frente   marchar

vê um exemplar do jornal *Para frente*;

    baixo   cortar

vê um tamborete baixo em determinado salão.

    Nestas reações está praticamente quebrada a conexão entre reação e imagem interna. A reação provém em geral mecanicamente de um nível inferior do processo de apercepção, enquanto que a ima-

| | Pessoa experimental 2
21 anos aproximadamente, inteligente, letrada ||||||
| Associações | Normal || Distração ||||
Qualidade especial	1ª centena	2ª centena	Interna	Externa Metrônomo 60	Externa Metrônomo 100	Fadiga
Coordenação	8	9	19	14	14	4
Relação predicativa	16	22	13	22	4	1
Dependência causal	–	–	2	–	–	–
Coexistência	22	7	4	–	2	10
Identidade	3	12	6	10	6	2
Formas linguístico-motoras	46	44	26	32	54	40
Complementação de palavra	1	2	5	10	10	–
Som	–	–	15	6	6	1
Rima	3	1	9	–	–	25
Indireta	1	3	1	–	2	3
Sem sentido	–	1	–	6	2	12
Falha	–	–	–	–	–	–
Repetição da palavra-estímulo	–	–	–	–	–	–
Reação egocêntrica	–	1	–	–	–	–
Perseveração	1	2	1	2	–	–
Repetições	7	12	6	8	8	8
A mesma forma gramatical	63	50	62	52	54	70
O mesmo número de sílabas	52	46	60	44	50	73
Aliteração	6	4	16	14	12	18
Consonância	24	7	35	18	30	47
A mesma terminação	13	20	22	20	16	44
Associações internas	24	31	34	36	18	5
Associações externas	71	63	36	42	62	52
Reações de som	4	3	29	16	16	26
Número de associações	100	100	100	50	50	100

gem interna representa em geral uma apercepção bem diferente da palavra-estímulo.

A imagem visual também pode ser estimulada por um estado inferior da apercepção, como aparece nos exemplos a seguir:

    número   número, quantidade (*Zahl – Menge*)

vê um dente (*Zahn*) extraído há pouco;

    querer   você deve (*wollen – du must*)

vê um pelego lanudo (*wolliges*).

Pessoa experimental 3. O caráter das associações é objetivo. Predominam bastante as associações externas e, dentre essas, as formas linguístico-motoras. As duas tentativas de distração tiveram grande êxito, sobretudo a da distração interna que provocou o surgimento de 29% de reações de som. Algumas reações sob efeito da distração interna são de interesse:

    tampa   rampa (rima sem sentido)

a pessoa experimental vê uma jarra de cerveja com tampa;

    salão   pescoço (*Halle – Hals*)

vê determinado salão de espera na estação ferroviária;

    queda   quadro

vê uma cachoeira;

    pedra   perna (*Stein – Bein*)

vê a pintura da pequena cidade "Stein am Rhein".

O fato de o número de associações internas ter permanecido, assim mesmo, acima do nível normal na distração interna e na primeira metade da distração externa pode ser atribuído ao fato de que a diminuição artificial da atenção não foi uniforme e duradoura, mas diminui de tempos em tempos, havendo pois reações normais. As reações obtidas da mesma pessoa experimental em estado de forte fadiga mental e física dão um quadro mais homogêneo de superficialidade associativa. Conforme estes resultados, o estado de fadiga significa para o experimento nada mais do que uma diminuição uniforme da atenção cujo efeito sobre a associação em nada se diferencia dos resultados obtidos nos experimentos de distração. Nem na constituição mais refinada das associações individuais, impossível de ser enumerada e dimensionada, não se percebe diferença, a não ser em algumas poucas reações onde o conteúdo vem condicionado pela constelação especial da fadiga. Como se deduz de nossas observações a seguir e das pesquisas de Aschaffenburg, não se constata no estado de fadiga nenhuma mudança específica, a não ser a superficialidade. Pode-se explicar facilmente a superficialidade do tipo reativo na fadiga como sendo devida a uma diminuição da atenção. Temos motivos suficientes para supor que a superficialidade do tipo reativo – constatada pela escola de Kraepelin – no estado de intoxicação alcoólica e de excitação maníaca, nada mais é do que um sintoma de distúrbio da atenção. A conexão com a excitação motora, sugerida por Aschaffenburg, é, a nosso ver, apenas indireta: a excitação motora diminui a intensidade da atenção e, assim, produz a superficialidade das associações. A perturbação da atenção através da excitação motora é fato empírico e, nas circunstâncias mencionadas, recebeu o nome de "Ablenk-barkeit" ("distraibilidade"). Uma vez que a atenção enquanto estado emocional está vinculada também a certos processos somáticos, sobretudo musculares, a diminuição de sua estabilidade pode ser atribuída à excitação motora. Portanto, não tem razão Aschaffenburg quando coloca a excitação motora como causa direta da superficialidade da reação, pois esta excitação está ausente em toda uma série de tipos reativos anormalmente superficiais. Mas todos estes estados têm em comum um distúrbio da atenção que provavelmente é sempre a causa imediata de todos os tipos de associação, semelhantes à fuga de ideias[35]. A origem do distúrbio da atenção é obviamente bem distinta, ou seja, é bem específica de cada processo individual; pode fundar-se numa excitação motora, numa perda ou diminuição de sentimentos cinestéticos, numa elevação do limiar de estimulação muscular, numa excitação emocional ou numa divisão psicológica (como em nossos experimentos).

133   A dimensão extremamente variável da intensidade de atenção acarreta em todos os experimentos de associação com álcool e fadiga um erro impressionante e difícil de avaliar, de modo que, no estágio

---

35. Está errado Aschaffenburg ("Experimentelle Studien Über Associationen". II, p. 52) quando diz, por exemplo, que as descrições de Nordau se referem a hipomaníacos; referem-se, antes, ao grupo mais geral de indivíduos incapazes de concentração, com um tipo superficial de associações.

atual de nossas experiências, é impossível dizer algo positivo sobre a abrangência do distúrbio das associações provocado por álcool etc. Se fôssemos tirar conclusões das porcentagens que aparecem no experimento sob fadiga acima, diríamos que a pessoa experimental se encontrava em estado psicótico. Segundo a teoria de Aschaffenburg, uma pessoa com apenas 5% de associações internas e 27% de reações de som apresenta o estado de forte embriaguez, de grave mania ou de esgotamento totalmente anormal. Porém, a intensidade dessa superficialidade pode ser facilmente explicada pelo fato de se ter associado à forte e normal fadiga uma grande sonolência. A diminuição da atenção com aumento sistemático do limiar externo da estimulação, fato característico desse estado, deve ser considerada (por analogia aos experimentos de distração) como uma das principais causas da superficialidade[36]. A intensidade da sonolência é algo incomensurável; quanto de sonolência se misturou aos estados de fadiga examinados por Aschaffenburg?

A sonolência não é fenômeno apenas somático-fisiológico, mas até certo ponto também psicológico, que pode ser descrito quase sob a denominação de "auto-hipnose". É, antes de tudo, um evento psicológico que tem lugar no campo da atenção, sendo estimulada principalmente por sensações somáticas comuns, mas que também pode ser produzida por simples sugestão. O mesmo vale para o efeito do álcool. Em boa parte os efeitos do álcool, sobretudo no começo da narcose, podem ser puramente sugestivos; contudo, é preciso ter em conta que o álcool pode ter efeitos bem diferentes, dependendo da disposição do indivíduo. Pode-se excluir ou avaliar os efeitos sugestivos do álcool no experimento de álcool? A nosso ver, não é possível. Por isso é preciso ter muita cautela nos experimentos psicológicos de álcool. Portanto, o distúrbio da atenção nos experimentos de fadiga e álcool não precisa ter sempre suas raízes na excitação motora, mas pode ser muito bem derivado de causas sugestivas.

Voltemos ao nosso experimento. A forte supremacia das associações externas pode ser atribuída a uma diminuição momentânea da

---

36. Cf. tb. o experimento no estado de sonolência da pessoa experimental 1 do grupo dos homens cultos.

atenção. Mas a causa do tipo reativo superficial pode também ser mais profunda. Pode haver indivíduos que, devido a anomalias congênitas ou adquiridas, tenham um modo mais superficial de associação do que outros; eventualmente, esta anomalia pode estar também no campo da atenção, de modo que a fadiga se apresente mais rapidamente do que em outras pessoas. Os números da irmã da mãe da pessoa experimental 3 são interessantes neste aspecto como observações da psicologia familiar.

136   A *pessoa experimental 4* é irmã da pessoa experimental 3 e tem aproximadamente 20 anos de idade. As associações têm em geral caráter objetivo; as externas preponderam claramente e, entre essas, sobretudo as formas linguístico-motoras. Correspondentemente numerosas são também as reações de som, de modo que o tipo do estado normal se parece com o resultado de um experimento de distração. No experimento de distração interna encontra-se um aumento inesperado das associações internas a par de clara multiplicação das reações de som. De acordo com a nossa experiência, é anormal a superficialidade do experimento sob condições normais; precisamos, por isso, admitir para este estado um distúrbio da atenção. A pessoa experimental é um "tipo motor" declarado; de outros experimentos psicológicos realizados com esta pessoa, constatou-se que as partes motoras da percepção superam de longe as outras partes dos sentidos[37]. Também externamente a disposição motora se mostra numa grande vivacidade de movimentos e numa capacidade de expressão motora muito desenvolvida. Aqui é preciso sublinhar que a motilidade ativa ultrapassa em muito os limites da inervação consciente e se manifesta em automatismos motores que são inervados por complexos psicológicos inconscientes. Entre as reações do estado normal encontram-se dois automatismos linguísticos que se referem provavelmente a um complexo inconsciente. Este complexo está intimamente relacionado à emoção de uma história de casamento em trâmite na época. Temos portanto duas razões prováveis para o tipo de

---

37. Com isso não se diz, porém, que alguma excitação motora seja responsável pelo tipo superficial de reação. Nas personalidades com tendência motora, os fatores motores talvez desempenhem papel independente na combinação palavra-imagem, facilitando a disposição de falar.

Pessoa experimental 4 e 5
(irmã e mãe da pessoa 3)

	P.E. 4			P.E. 5	
Associações	Normal		Distração	Normal	
Qualidade especial	1ª centena	2ª centena	Interna	1ª centena	2ª centena
Coordenação	3	8	16	24	17
Relação predicativa	7	8	8	10	7
Dependência causal	–	–	1	1	0
Coexistência	8	6	3	8	8
Identidade	2	4	1	6	13
Formas linguístico-motoras	67	56	39	46	45
Complementação de palavra	4	8	14	3	4
Som	3	5	9	–	3
Rima	2	1	2	–	–
Indireta	2	3	5	1	2
Sem sentido	1	–	1	1	1
Falha	1	–	–	–	–
Repetição da palavra-estímulo	–	1	1	–	–
Reação egocêntrica	–	–	–	–	–
Perseveração	1	–	2	1	2
Repetições	9	7	4	9	5
A mesma forma gramatical	61	51	53	82	66
O mesmo número de sílabas	48	47	35	51	38
Aliteração	13	11	13	5	12
Consonância	14	19	24	16	17
A mesma terminação	11	14	7	18	10
Associações internas	10	16	25	35	24
Associações externas	77	66	43	60	66
Reações de som	9	14	25	3	7
Número de associações	100	100	100	100	100

reação extremamente superficial: a disposição motora forte e anormalmente autônoma, e uma emoção parcialmente reprimida no inconsciente. Certamente esta última é a maior responsável pela superficialidade.

137 (Levaria muito longe se quiséssemos entrar em detalhes sobre a psicologia individual desse caso. Provavelmente o faremos em outro contexto.)

138 O aumento das associações internas no experimento com distração é um fenômeno que voltaremos a encontrar numa outra pessoa experimental de caráter diferente[38] que, sob condições normais, também apresentou um tipo anormalmente superficial. Não temos outra explicação para a melhoria do tipo reativo no caso presente do que dizer que a atenção, ligada ao complexo emocional sob condições normais, foi libertada pelas condições do experimento – novas para a pessoa experimental – e, portanto, pôde ser usada. Contudo, ocorreram grandes oscilações de atenção, o que é comprovado pelo grande número de reações de som a par das associações internas relativamente numerosas[39].

139 Peculiaridade especial dessa pessoa experimental é a ocorrência ocasional de fortes sinestesias (audição colorida) que influenciam a reação.

Exemplos sob condições normais:

| beijar (*küssen*) | amarelo |

"ü" é amarelo para a pessoa experimental;

| miséria (*Elend*) | alguma coisa vermelha |

"e" é vermelho;

| indolente (*träge*) | azul |

"a" é azul

140 Exemplo sob distração

| orgia | orgia |

---

38. Cf. pessoa experimental 2 do grupo dos homens cultos.
39. Cf. pessoas experimentais 1 e 2 dos homens cultos.

a pessoa experimental vê uma massa amarela;
   piedoso   bem-aventurado
vê alguma coisa amarela.

Muito estranha é a pessoa experimental que tem o mesmo tipo reativo da pessoa experimental 4, inclusive o tipo "motor" e sinestesias bem vivas mas que, eventualmente, não aparecem nas reações.

Merecem menção os seguintes fenômenos no experimento com distração:

   Storch (cegonha)   *enbein* (perna de)
a pessoa experimental vê uma torre de igreja;
   hemmen (travar)   *let* (Hamlet)
vê um freio de roda;
   Fall (queda)   *zbein* (*Falzbein* = espátula)
vê um muro do qual se pode cair;
   vermelho   vinho
vê uma bola vermelha;
   Fass (barril)   *ter* (*Vater* = pai)
vê uma determinada adega.

Segundo informações da pessoa experimental, a imagem visual enche completa e exclusivamente a consciência; com isso a reação verbal flui quase involuntariamente, tocando apenas de leve a consciência. Os exemplos acima mostram de novo e claramente o caráter puramente mecânico da reação verbal.

Pessoa experimental 5 é a mãe das pessoas 3 e 4. Quantitativamente o tipo reativo apresenta grande semelhança com o da pessoa experimental 3 e 4. Também é grande a semelhança qualitativa no tocante ao caráter objetivo das reações. Bem acentuadas são as formas linguístico-motoras nessas três pessoas. Característica desse tipo familiar é a manifestação de reações de som no estado normal, o que distingue este tipo de outros. Para facilidade de comparação, damos os números principais dessas pessoas sob condições normais:

	Associações internas	Associações externas	Reações de som
Mãe	29,5%	62,0%	5,0%
Filha mais velha	27,5%	67,0%	3,5%
Filha mais nova	13,0%	71,5%	11,5%

145   Chamamos a atenção para o grau crescente de superficialidade na filha mais nova. Se os números dissessem respeito ao mesmo indivíduo, poderíamos crer que se tratasse de um experimento com distração. Talvez seja casual este comportamento, mas pode ser também que tenha causas psicológicas mais profundas. Lembramos uma observação feita por Ranschburg[40]: constatou 11,8% de associações internas a mais em pessoas idosas do que em jovens.

146   *Pessoa experimental 6.* Predominam as associações externas sob condições normais. A 2ª centena mostra leve aumento das associações externas e um expressivo aumento das reações de som. A qualidade das associações se afasta bastante dos tipos objetivos até agora mencionados, uma vez que nesta pessoa experimental há reações individuais de caráter bem subjetivo; são em parte julgamentos de valor com viva carga emocional:

aluno	cansativo	sapo	amável
escola	bela	livro	interessante
pai	bom	piano	horrível

147   Por outro lado, são os predicados que designam as propriedades das coisas que são evidentes em maior ou menor grau aos sentidos. Na 2ª centena há um aumento das coordenações de 9 para 14 e uma diminuição das relações predicativas de 32 para 14 e, com isso, altera-se a qualidade das reações, pois assumem um caráter bem mais objetivo com tendência a conexões verbosas e sem importância. A diminuição das relações predicativas deve ser atribuída a um recuo dos julgamentos subjetivos de valor. Por isso também a qualidade mais refinada das reações mostra um recuo acentuado de interesse. Apresenta-se claramente o relaxamento da atenção na queda das reações

---

40. RANSCHBURG, P. & BÁLINT, E. "Über quantitative und qualitative Veränderungen geistiger Vorgänge im hohen Greisenalter. Experimentelle Üntersuchungen". Op. cit., p. 689.

Pessoa experimental 6
aproximadamente 35 anos de idade, inteligente, bem letrada, aptidão poética

Associações	Normal			Distração	
					Externa
Qualidade especial	1ª centena	2ª centena	Interna	Metrônomo 60	Metrônomo 100
Coordenação	9	14	8	8	6
Predicado	32	14	30	24	36
Dependência causal	1	–	–	–	–
Coexistência	12	18	14	16	10
Identidade	2	6	2	6	2
Formas linguístico-motoras	39	39	40	34	42
Complementação de palavra	–	1	–	2	–
Som	–	4	–	4	2
Rima	4	2	–	2	2
Indireta	1	2	2	2	–
Sem sentido	–	–	–	–	–
Falha	–	–	2	–	–
Repetição da palavra-estímulo	–	–	2	–	–
Reação egocêntrica	10	4	6	8	4
Perseveração	–	–	–	2	4
Repetições	15	5	4	4	4
A mesma forma gramatical	43	52	48	46	40
O mesmo número de sílabas	50	33	36	42	42
Aliteração	11	13	6	8	2
Consonância	26	28	12	12	10
A mesma terminação	8	10	6	2	8
Associações internas	42	28	38	32	42
Associações externas	53	63	56	56	54
Reações de som	4	7	–	8	4
Número de associações	100	100	100	50	50

egocêntricas de 10 para 4. De acordo com os resultados, os experimentos com distração devem ser considerados um fracasso. Objetivamente isto se mostra também no fato de a pessoa experimental ter sido incapaz de acompanhar simultaneamente as batidas do metrônomo e reagir; ou cessava o movimento de escrever no momento da reação ou o tempo da reação se prolongava até o próximo intervalo das batidas, quando se dava a reação com atenção redobrada. A única influência perturbadora foi o fenômeno da perseveração que, significativamente, só ocorria na distração externa.

148   O interesse pessoal quase inatingido ao tempo da distração externa é bem ilustrado pelo número relativamente grande de reações egocêntricas. Abstemo-nos de julgar o quanto a conexão verbal, por consonância relativamente forte, sob condições normais, é causada pela constelação da atividade poética. Muitas reações dessa pessoa revelaram uma forte predisposição visual. Segundo as informações da própria pessoa experimental, cada imagem-estímulo se apresentava a ela como um quadro bem determinado. O caráter totalmente individual das reações distingue esta pessoa experimental das outras e a diferencia das pessoas experimentais de que se falou acima. É interessante ver se este tipo é acidental ou se tem origem na família. Felizmente estamos em condições de responder a esta questão.

149   *Pessoa experimental 7.* O número de associações internas supera bastante o das externas. O número de relações predicativas é muito grande. A maior parte são julgamentos subjetivos de valor, tendo alguns forte carga emocional como:

cozinhar	trabalhoso
água	formidável
estrela	magnífica
cavalgar	perigoso
prisão	horrível

Aproximadamente 40% das reações trazem caráter egocêntrico de desejo ou defesa.

150   *Pessoa experimental 8.* As associações internas são mais numerosas do que as externas. Também esta pessoa apresenta um tipo reativo muito subjetivo que se manifesta sobretudo no grande número de relações predicativas e especialmente nos inúmeros julgamentos subjetivos de valor. Também o número de reações egocêntricas é bastante alto.

Desses números e da qualidade individual das reações emerge uma clara afinidade familiar. Por isso podemos concluir com grande probabilidade que o tipo reativo subjetivo da pessoa experimental 6 não se fundamenta no acaso mas na predisposição familiar. Interessa conhecer também os aspectos quantitativos dessa família, principalmente se, no caso da pessoa mais jovem, podemos comprovar proporção análoga no que diz respeito ao fenômeno da superficialidade, encontrado na família das pessoas 3, 4 e 5. Para isso apresentamos um quadro dos principais resultados numéricos dessas pessoas experimentais no estado normal:

151

Pessoa experimental 7 (mãe da 6)
mais de 50 de idade, culta

Associações	Normal
Qualidade especial	1ª centena
Coordenação	9
Predicado	61
Dependência causal	8
Coexistência	12
Identidade	3
Formas linguístico-motoras	4
Complementação de palavra	–
Som	–
Rima	–
Indireta	–
Sem sentido	1
Falha	–
Repetição da palavra-estímulo	–
Reação egocêntrica	40
Perseveração	3
Repetições	25
A mesma forma gramatical	45
O mesmo número de sílabas	22
Aliteração	–
Consonância	9
A mesma terminação	–
Associações internas	78
Associações externas	19
Reações de som	–
Número de associações	76

Pessoa experimental 8 (irmã mais velha da pessoa 6) aproximadamente 38 anos de idade, culta	
Associações	Normal
Qualidade especial	1ª centena
Coordenação	6
Predicado	49
Dependência causal	1
Coexistência	18
Identidade	1
Formas linguístico-motoras	20
Complementação de palavra	–
Som	–
Rima	1
Indireta	1
Sem sentido	1
Falha	–
Repetição da palavra-estímulo	–
Reação egocêntrica	15
Perseveração	–
Repetições	14
A mesma forma gramatical	29
O mesmo número de sílabas	33
Aliteração	10
Consonância	10
A mesma terminação	1
Associações internas	56
Associações externas	39
Reações de som	1
Número de associações	78

	Associações internas	Associações externas	Reações de som	Reações egocêntricas
Mãe	75%	19%	0%	40%
Filha mais velha	56%	39%	1%	15%
Filha mais nova	35%	58%	5,5%	7%

Estes números indicam uma perfeita analogia com o comportamento constatado nas pessoas 3, 4 e 5. Também aqui o quadro geral parece um experimento com distração que vai até a inversão da relação entre associações internas e externas. Há um correspondente aumento das reações de som bem como um decréscimo das reações egocêntricas, o que – como ficou demonstrado na pessoa experimental 6 – exprime de certa forma o grau de interesse pessoal. Esta impressionante analogia entre os dois tipos familiares parece ser algo mais do que simples acaso. Infelizmente nosso material não é suficiente para esclarecer estas observações. Uma afirmação e interpretação conclusivas desse fato manifesto precisam aguardar os resultados de uma pesquisa, atualmente em andamento e baseada em material especialmente coletado para isso.

O tipo reativo das últimas três pessoas experimentais é bem característico e generalizado. O que o distingue de outros, menos definidos, são os numerosos predicados, entre os quais há muitos julgamentos subjetivos de valor. Chamamos a este tipo de tipo predicado. As três pessoas experimentais a seguir são outros exemplos desse tipo.

Pessoa experimental 9. É clara a predominância das relações predicativas em todas as fases do experimento. Não pôde ser produzida a distração interna, pois a pessoa não era capaz de dividir sua atenção. O experimento com distração externa fracassou de todo porque esta pessoa, à semelhança da pessoa 6, não conseguia realizar duas tarefas ao mesmo tempo, apresentando no experimento o mesmo comportamento que a pessoa 6. Apenas nos maiores números da conexão verbal através de número de sílabas, aliteração e consonância pôde ser percebido um certo deslocamento da reação para o lado mecânico.

Três das quatro falhas sob condições normais foram devidas a palavras-estímulo com carga emocional (*injusto, rico, estúpido*).

Pessoa experimental 1
aproximadamente 22 anos de idade, muito inteligente

Associações	Normal		Distração	
			Externa	
Qualidade especial	1ª centena	2ª centena	Metrônomo 60	Metrônomo 100
Coordenação	4	19	18	22
Predicado	37	37	38	34
Dependência causal	5	2	2	–
Coexistência	26	14	14	14
Identidade	1	3	4	12
Formas linguístico-motoras	25	23	20	18
Complementação de palavra	–	–	2	–
Som	–	–	–	–
Rima	–	–	–	–
Indireta	–	–	–	–
Sem sentido	–	–	–	–
Falha	2	2	2	–
Repetição da palavra-estímulo	–	–	–	–
Reação egocêntrica	3	4	–	–
Perseveração	2	1	–	–
Repetições	13	10	6	4
A mesma forma gramatical	29	33	20	46
O mesmo número de sílabas	38	34	56	54
Aliteração	10	6	8	16
Consonância	15	12	10	20
A mesma terminação	3	8	8	16
Associações internas	46	58	58	56
Associações externas	52	40	38	44
Reações de som	–	–	2	–
Número de associações	100	100	50	50

Pessoa experimental 10
aproximadamente 20 anos de idade, inteligente, muito letrada

Associações	Normal		Distração		
			Externa		
Qualidade especial	1ª centena	2ª centena	Metrônomo 60	Metrônomo 100	Fadiga
Coordenação	8	16	6	10	12
Predicado	31	17	38	34	30
Dependência causal	1	–	–	–	–
Coexistência	14	13	10	4	12
Identidade	3	11	18	14	6
Formas linguístico-motoras	31	35	18	20	30
Complementação de palavra	–	–	–	–	1
Som	1	–	–	4	–
Rima	–	–	2	–	1
Indireta	1	1	–	–	2
Sem sentido	–	–	–	4	2
Falha	8	6	6	10	3
Repetição da palavra-estímulo	–	–	2	–	1
Reação egocêntrica	9	2	–	4	3
Perseveração	–	–	4	2	2
Repetições	16	5	18	14	18
A mesma forma gramatical	48	51	44	42	48
O mesmo número de sílabas	36	33	46	40	41
Aliteração	10	3	8	10	8
Consonância	7	9	14	12	13
A mesma terminação	5	8	18	16	18
Associações internas	40	33	44	44	42
Associações externas	48	59	46	38	48
Reações de som	1	–	2	4	2
Número de associações	100	100	50	50	100

156   A predominância média das associações internas sobre as externas é notória numa pessoa experimental culta. O tipo reativo é misto e nem de longe apresenta o caráter extremamente subjetivo das pessoas experimentais 6, 7 e 8.

157   *Pessoa experimental 10.* Em média as relações predicativas superam várias vezes em número as coordenações. Com referência ao fracasso da distração, é preciso afirmar o mesmo que aconteceu com as pessoas experimentais 6 e 9. O tipo reativo, sobretudo na 1ª centena sob condições normais, é algo subjetivo, o que se comprova também pelos 9% de reações egocêntricas. As perseverações só ocorrem na distração. Da mesma forma como na pessoa 9, há um aumento na associação por número de sílabas e por consonância, o que pode ser atribuído a uma leve dissociação. Impressionante é o número elevado de falhas em todas as fases do experimento. Das 14 falhas no estado normal, 10 coincidem com palavras-estímulo de carga emocional (*dever, injusto, violência, ameaçar, sofrer* etc.); em duas outras reações de falha, a carga emocional da palavra-estímulo é apenas provável. É preciso dizer que a pessoa experimental é levemente histérica porquanto tem sonhos sonambúlicos. Por causa dessa anormalidade, explicamos o número elevado de falhas. Tentaremos provar esta hipótese numa publicação, em preparo, sobre as anomalias de associação na histeria[41].

158   *Pessoa experimental 11.* A pessoa experimental é um tipo predicado notório, de caráter subjetivo com inúmeros julgamentos de valor. Chama a atenção uma forte sonolência na 2ª centena que deve ser atribuída a um tédio manifesto e objetivamente constatável. Por isso, a 2ª centena já não corresponde ao estado normal mas a um experimento com distração. Se, apesar disso, compararmos o tipo reativo desta pessoa com o da filha – a pessoa experimental 10 – encontraremos o mesmo fenômeno de antes, ou seja, que o tipo reativo da filha é mais superficial do que o da mãe.

---

41. Em seus experimentos com pessoas normais, Aschaffenburg tinha somente uma pessoa que produzia um número alarmante de falhas; era um rapaz sonhador, aéreo e poeta (op. cit., III, p. 243) [A alusão no texto se refere ao cap. VII deste volume.]

	Associações internas	Associações externas
Mãe	51%	43,5%
Filha	36%	53,5%

Aproveitamos o ensejo para repetir que, apesar dessa coincidência, o fenômeno pode ser puramente casual, necessitando por isso de cuidadosa verificação.

Apresentamos ainda os números de três outras pessoas experimentais: A *pessoa experimental 12* é uma senhora do Norte da Alemanha. É impressionante o grande número de frases corriqueiras. A distração interna fracassou. A distração externa mostra um claro distúrbio de atenção. O tipo reativo é objetivo.

A *pessoa experimental 13* estava muito acanhada e, por isso, o grande número de repetições da palavra-estímulo. A distração foi de certa forma conseguida somente quando o metrônomo dava 100 batidas. Mas apesar disso os movimentos de escrever eram deficientes.

Apresentamos os números da pessoa experimental 14 só por uma questão de integralidade. O tipo reativo é objetivo. A distração interna aconteceu com deficiência. Seu efeito é incerto pois, devido à omissão da 2ª centena de reações normais, não temos informação sobre o grau de variação em pessoas normais. Por razões externas, não pôde ser obtida a 2ª centena.

Resumo do grupo de mulheres cultas

Infelizmente o material coletado neste grupo é algo desigual no tocante às relações quantitativas. As relações verbais, no entanto, são muito uniformes: somente uma das 14 pessoas experimentais é do Norte da Alemanha. As demais são suíças cuja linguagem coloquial é o dialeto. O grau cultural é em geral bem elevado, tendo duas delas formação acadêmica. Seis dominam, além da língua materna, mais uma ou duas outras línguas. Dez são pessoas de muita leitura. Em dez pessoas foram realizados experimentos com distração: em cinco com distração interna e externa, em duas com distração apenas interna e em três apenas externa. Em quatro casos houve resultados positivos com a distração externa e em três com a distração interna. Teve sucesso parcial um caso com distração externa e interna.

Pessoa experimental 11 (mãe do anterior)
muito inteligente, culta, letrada, aproximadamente 56 anos de idade

Associações	Normal	
Qualidade especial	1ª centena	2ª centena
Coordenação	5	4
Predicado	56	35
Dependência causal	2	–
Coexistência	4	4
Identidade	–	1
Formas linguístico-motoras	28	50
Complementação de palavra	3	4
Som	–	–
Rima	–	–
Indireta	1	–
Sem sentido	–	–
Falha	–	1
Repetição da palavra-estímulo	–	–
Reação egocêntrica	6	5
Perseveração	1	–
Repetições	5	4
A mesma forma gramatical	27	34
O mesmo número de sílabas	37	41
Aliteração	11	3
Consonância	8	14
A mesma terminação	1	10
Associações internas	63	39
Associações externas	32	55
Reações de som	3	4
Número de associações	96	96

Pessoa experimental 12
aproximadamente 40 anos de idade, muito inteligente, letrada

Associações	Normal			Distração	
				Externa	
Qualidade especial	1ª centena	2ª centena	Interna	Metrônomo 60	Metrônomo 100
Coordenação	23	12	15	12	2
Predicado	1	6	19	6	8
Dependência causal	1	1	–	–	–
Coexistência	34	18	18	22	6
Identidade	7	6	9	4	10
Formas linguístico-motoras	34	56	34	52	70
Complementação de palavra	–	–	–	–	–
Som	–	–	–	–	–
Rima	–	1	1	2	2
Indireta	–	–	–	–	–
Sem sentido	–	–	–	–	–
Falha	–	–	4	–	2
Repetição da palavra-estímulo	–	–	–	–	–
Reação egocêntrica	–	–	–	–	–
Perseveração	1	–	–	2	–
Repetições	6	5	5	–	2
A mesma forma gramatical	57	92	64	82	56
O mesmo número de sílabas	50	52	57	56	38
Aliteração	5	4	10	–	4
Consonância	16	18	12	20	12
A mesma terminação	25	16	12	18	20
Associações internas	25	19	34	18	10
Associações externas	75	80	61	78	86
Reações de som	–	1	1	2	2
Número de associações	100	100	100	50	50

Pessoa experimental 13
aproximadamente 22 anos de idade, inteligente, cultura geral

Associações	Normal		Distração	
			Externa	
Qualidade especial	1ª centena	2ª centena	Metrônomo 60	Metrônomo 100
Coordenação	11	21	22	10
Predicado	18	19	20	14
Dependência causal	5	1	2	–
Coexistência	10	10	16	20
Identidade	3	12	16	16
Formas linguístico-motoras	46	31	14	34
Complementação de palavra	–	1	–	–
Som	–	–	–	–
Rima	–	1	–	–
Indireta	–	–	–	–
Sem sentido	–	–	–	–
Falha	6	–	6	–
Repetição da palavra-estímulo	–	4	4	6
Reação egocêntrica	–	–	–	–
Perseveração	–	–	–	–
Repetições	9	11	4	2
A mesma forma gramatical	61	60	56	68
O mesmo número de sílabas	43	43	42	42
Aliteração	8	3	8	6
Consonância	10	14	8	14
A mesma terminação	11	12	18	16
Associações internas	34	41	44	24
Associações externas	59	53	46	70
Reações de som	–	2	–	–
Número de associações	100	100	50	50

Pessoa experimental 14
aproximadamente 22 anos de idade, inteligência média, culta

Associações	Normal	
Qualidade especial	1ª centena	2ª centena
Coordenação	29	9
Predicado	1	10
Dependência causal	–	1
Coexistência	31	12
Identidade	2	12
Formas linguístico-motoras	34	51
Complementação de palavra	–	1
Som	2	–
Rima	1	2
Indireta	–	–
Sem sentido	–	–
Falha	–	2
Repetição da palavra-estímulo	–	–
Reação egocêntrica	–	–
Perseveração	–	–
Repetições	14	1
A mesma forma gramatical	95	69
O mesmo número de sílabas	59	40
Aliteração	10	9
Consonância	15	22
A mesma terminação	24	7
Associações internas	30	20
Associações externas	67	75
Reações de som	3	3
Número de associações	100	100

164   A distração fracassou em quatro casos e, desses, três eram tipos declaradamente predicado. (Todos os tipos predicado que tomaram parte nos experimentos com distração apresentaram um fenômeno de distração bem menor do que as demais pessoas experimentais.) Das seis pessoas com idade superior a 30 anos, três apresentaram uma predominância média das associações internas sobre as externas. E das oito pessoas com idade inferior a 30 anos, somente uma apresentou predominância das associações internas sobre as externas.

2. HOMENS CULTOS

Nove pessoas experimentais com 3793 associações

165   *Pessoa experimental 1.* Nesta pessoa foram tomadas reações em quatro estados diferentes de atenção perturbada: em estados de distração interna, externa, de fadiga e de sonolência após o despertar pela manhã. O tipo reativo é muito superficial como indica a relação entre as associações internas e externas, 15:78 e 29:65. As reações mostram um caráter bem objetivo, quase exclusivamente verbal. Os experimentos com distração não mudam muito na relação entre as associações internas e externas; por outro lado, a progressão das reações de som ilustra o crescente distúrbio da atenção que atingiu o máximo no segundo experimento com distração externa. A fadiga que, neste caso, não foi muito grande, não apresentou mudança no tipo. Mas o estado de sonolência causou um distúrbio de atenção que ultrapassou de longe o efeito da segunda distração externa. A pessoa experimental sentia forte sonolência de manhã, após trabalho mental à noite, e era difícil fazê-la acordar de todo. As reações foram tomadas enquanto a pessoa estava na cama e havia sido acordada suavemente pouco antes. A pessoa fora previamente avisada sobre a realização do experimento. Os dois experimentos foram realizados em dias diferentes, com intervalo de uma semana. Os números mostram que é uma pessoa excessivamente superficial. As reações de som são muito numerosas, sobretudo as rimas. Os números das conexões verbais são muito elevados. O quadro deste tipo de reação mostra, por assim dizer, completo isolamento da reação relativamente aos mecanismos verbais mais primitivos. A fadiga está completamente excluí-

Pessoa experimental 1
inteligente, muito culta, 28 anos de idade

Associações Qualidade especial	Normal 1ª centena	Normal 2ª centena	Distração Interna	Distração Externa 1ª parte	Distração Externa 2ª parte	Sonolência Fadiga	Sonolência 1ª parte	Sonolência 2ª parte
Coordenação	9	13	4	10	12	10,2	2	–
Predicado	6	16	19	10	4	10,2	5	2
Dependência causal	–	–	–	–	–	–	–	1
Coexistência	18	5	6	8	4	14,1	14	6
Identidade	6	8	5	10	2	2,5	5	2
Formas linguístico-motoras	54	52	56	46	54	53,8	40	51
Complementação de palavra	1	–	8	4	12	2,5	2	2
Som	–	–	2	6	2	–	4	5
Rima	4	4	1	2	8	2,5	20	21
Indireta	2	2	1	2	4	–	2	2
Sem sentido	–	–	–	2	–	3,8	–	–
Falha	–	–	–	–	–	–	–	–
Repetição da palavra-estímulo	–	–	–	–	–	–	–	–
Reação egocêntrica	1	–	3	–	–	–	–	–
Perseveração	–	–	2	2	–	2	4	–
Repetições	5	5	2	6	2	6	9	2
A mesma forma gramatical	73	47	47	54	46	63	59	60
O mesmo número de sílabas	53	45	49	46	42	44	61	58
Aliteração	7	6	5	10	4	4	17	9
Consonância	15	23	16	24	20	5	32	36
A mesma terminação	19	15	9	18	18	14	33	36
Associações internas	15	29	23	20	16	20,4	7	3
Associações externas	78	65	67	64	60	70,4	59	59
Reações de som	5	4	11	12	22	5	27	32
Número de associações	100	100	100	50	50	78	78	78

da neste caso; há apenas uma diminuição da atenção ativa, o que é normal ao término do sono. Pelo que sabemos, a atenção fica totalmente suprimida durante o sono. Se conseguíssemos que alguém dormindo (não um sonâmbulo) fornecesse reações, certamente o único resultado seriam associações de som. Em nossa opinião, deveria ter o mesmo resultado uma concentração absoluta e indesviável da atenção para dentro. Também aqui temos a satisfação de trazer um caso comprovador.

166   É o caso de uma pessoa experimental N., profundamente abalada por emoções fora do comum. Como sintoma principal externava uma falta quase total de capacidade de atenção. Não revelava a ninguém a causa das emoções. No experimento a que se submeteu, sem haver interesse científico, produziu, além de algumas reações inexplicáveis (sem sentido?), quase só reações de rima e de som.

167   Gostaríamos de comparar este caso com um experimento com distração interna, prolongado por vários dias. A atenção está totalmente presa ao complexo interno e com carga emocional,[42] do qual não pode libertar-se por fatos mais ou menos sem importância. Sua atenção é, portanto, anormalmente pequena para com tudo o que não se refere ao complexo. Foge naturalmente à avaliação o quanto esta obstrução é consciente. Conforme relatou esta pessoa, tinha, no início do experimento, certas ideias, vivamente carregadas e pertencentes ao complexo, que procurava sempre de novo reprimir, pois temia que elas se manifestassem na reação. A partir da segunda terça parte do experimento, só permaneceu na consciência a carga emocional do complexo, sem aquelas ideias vivas que o acompanhavam. As próximas coisas que ocorriam a esta pessoa eram apenas sons. As palavras-estímulo só lhe causavam impacto devido ao som e nunca por causa do sentido.

168   Estas observações mostram claramente que a reação de som depende, sobretudo no tipo reativo superficial, do distúrbio da atenção. Mas como explicar o tipo anormalmente superficial? Tratava-se

---

42. Por "complexo com carga emocional" designamos a totalidade de ideias que se referem a um determinado evento com carga emocional. A seguir empregaremos a expressão "complexo" sempre neste sentido.

de pessoa com formação psicológica e que mostrou grande interesse no experimento. O tipo reativo superficial poderia estar ligado ao fato de muitas pessoas cultas considerarem o experimento como algo apenas verbal e, mantendo uma constante disposição verbal, procuram responder à palavra-estímulo com a primeira palavra que lhes ocorre, sem atender para o sentido da palavra-estímulo; assim procedem porque lhes parece óbvio que uma palavra-estímulo isolada não pode ter significado especial. É desse modo que explicamos a forte predominância de conexões verbais e de som. Todas as pessoas experimentais que se deixam influenciar mais pelo sentido do que pela simples palavra formam de preferência associações internas. A captação do sentido da palavra-estímulo é diferente em cada pessoa. De acordo com nossa experiência existem dois tipos principais: 1. A pessoa experimental procura fazer justiça ao sentido da maneira mais objetiva possível; por isso constrói na reação alguma conexão geral ou especial e de significado objetivo; a reação é na maioria das vezes uma relação coordenativa. 2. A pessoa experimental se esforça por designar adequadamente o objeto expresso pela palavra-estímulo e que ela imagina da maneira mais clara possível. Diz algo a respeito da palavra-estímulo empregando para tanto a forma de um predicado. Por isso a reação é, na maioria das vezes, uma relação predicativa.

Isto pressuposto, o tipo reativo superficial de certas pessoas cultas não deve ser considerado como resultado de algum distúrbio de atenção, mas como um "fenômeno de atitude" (BLEULER). Acompanhando Bleuler, entendemos por fenômeno de atitude a manifestação de um tipo reativo aparentemente anormal devido à preferência intencional por determinado modo de reação. Devemos porém sublinhar que este modo não é algo escolhido ao acaso mas vem motivado pela conformação psicológica da pessoa experimental. Quanto mais intensa a atitude em relação ao efeito sonoro da palavra-estímulo, tanto mais superficial deverá tornar-se o tipo reativo, pois, através da atenção especialmente orientada, a pessoa há de acentuar e privilegiar tanto mais as associações primitivas que estão reprimidas no ato normal de falar. E assim pode surgir na apresentação numérica dos resultados do experimento um quadro bastante paradoxal que só podemos entender com base nos pressupostos acima. O caso a seguir (2) ilustra esta possibilidade.

170   *Pessoa experimental 2.* Encontramos também nesta pessoa um tipo reativo muito superficial sob condições normais, o que vem ilustrado principalmente pelo elevado número de reações de som. A superficialidade aumenta muito no experimento com distração interna, ao passo que se verifica impressionante "melhoria" da reação no experimento com distração externa, quando o número das associações internas ultrapassa em muito o número delas sob condições normais. Mas a "melhoria" fica demonstrada claramente pelo recuo e, posteriormente, pelo desaparecimento das reações de som.

171   Este resultado, que é único em nossos experimentos, merece discussão. Ao falar da pessoa experimental 4 das mulheres cultas, já mencionamos a pessoa atualmente em foco. A pessoa experimental 4 apresentou um quadro semelhante; lá consideramos como causa do tipo reativo superficial uma emoção reprimida. Lembramos também o belo resultado obtido na apresentação da pessoa experimental 1 dos homens cultos. A emoção recente e muito forte que havia tomado conta da pessoa experimental N. foi a causa direta da predominância das reações de som. A emoção estava reprimida pois não se manifestava diretamente na reação, mas só indiretamente, através de uma divisão da atenção. Devemos também atribuir uma situação psicológica semelhante à pessoa experimental 4 das mulheres cultas e, assim, explicar o tipo superficial. O fato de a pessoa experimental 4 das mulheres cultas e a pessoa experimental 2 dos homens cultos apresentarem o mesmo tipo talvez seja mera coincidência fortuita.

172   Talvez a emoção esteja completamente excluída na pessoa experimental 2. Por isso devemos procurar outra causa para o tipo superficial. Vamos encontrá-la no fenômeno de atitude. Esta pessoa tem excelente formação psicológica e, além disso, extraordinária capacidade de concentração. De início voltou a atenção totalmente para o fenômeno sonoro da palavra-estímulo e, por isso, reproduziu sempre a associação que primeiro lhe ocorreu. Se nossos pressupostos sobre as associações mais próximas da percepção da palavra-estímulo estiverem corretas, estas não poderão ser outras senão as conexões verbais primitivas e sons. Explica-se desta forma e sem maior dificuldade o tipo anormalmente superficial sob condições normais.

Pessoa experimental 2
inteligente, muito culta, 47 anos de idade

Associações	Normal		Distração			
			Interna	Externa		
Qualidade especial	1ª centena	2ª centena	Interna	1ª parte	2ª parte	Fadiga
Coordenação	16	15	12	20	20	10,2
Relação predicativa	6	5	6	12	2	–
Dependência causal	–	–	–	4	2	8
Coexistência	4	6	8	14	8	5
Identidade	6	8	2	10	10	6
Formas linguístico-motoras	51	45	38	28	58	38
Complementação de palavra	2	1	–	–	–	2
Som	8	10	24	6	–	24
Rima	1	3	–	–	–	2
Indireta	6	6	10	4	–	1
Sem sentido	–	1	–	–	–	–
Falha	–	–	–	–	–	–
Repetição da palavra-estímulo	–	–	–	2	–	–
Reação egocêntrica	–	–	–	–	–	5
Perseveração	1	1	–	–	–	–
Repetições	3	13	8	4	6	10
A mesma forma gramatical	75	63	62	70	74	58
O mesmo número de sílabas	48	37	42	48	56	41
Aliteração	25	22	38	16	6	28
Consonância	25	23	38	24	16	23
A mesma terminação	14	12	10	10	12	10
Associações internas	22	20	18	36	24	18
Associações externas	61	59	48	52	76	49
Reações de som	11	14	24	6	–	28
Número de associações	100	100	100	50	50	78

173   A superficialidade aumenta no experimento com distração interna. A pessoa realizou esta experiência de maneira exemplar; a concentração sobre o fenômeno da distração foi excelente bem como o relatório sobre ele. Por isso não temos razão para, neste caso, pensar em distúrbio de atenção; o tipo superficial desse experimento deve ser atribuído à diminuição da atenção; sua raiz é diferente daquela do experimento sob condições normais; portanto não é um fenômeno de atitude.

174   Na maioria das pessoas experimentais a distração externa atua de forma perturbadora sobre a atenção e por isso causa superficialidade; no caso presente a atuação parece ser oposta. O estado normal se caracteriza pelo fenômeno de atitude: a atenção está voltada exclusivamente para o aspecto verbal. Esta atitude é então perturbada pela distração externa e a pessoa experimental entra numa outra relação com a palavra-estímulo, isto é, a exclusiva observação do fenômeno sonoro é perturbada e, com isso, fica prejudicada a produção das associações mais próximas e primitivas. Se as associações, sempre reprimidas sob condições normais, caírem de volta na repressão, então as seguintes devem ser associações condicionadas pelo sentido da palavra-estímulo, ou seja, deve diminuir o número das reações de som e aumentar o número das associações internas. Este é o caso aqui.

175   Os números do estado de fadiga apresentam visível concordância com os da distração interna. Julgando pelo aspecto externo, poderíamos diagnosticar uma fadiga bem grande. Mas não era o caso. A fadiga não foi de forma alguma anormalmente forte, mas apenas um cansaço noturno relativamente leve que, segundo informação da pessoa experimental, não influenciou subjetivamente a reação de forma marcante.

176   Neste caso trata-se novamente de um fenômeno de atitude e não de um distúrbio de atenção. O fato de a atitude ser aparentemente mais intensa neste estado deve-se provavelmente ao fato de a pessoa experimental enquanto "motora" estar bastante excitada motoramente no estado de certa fadiga. Na excitação motora geral participa naturalmente também a motilidade verbal, reagindo o mecanismo da fala com muita facilidade a estímulos adequados. Esta cir-

Pessoa experimental 3
inteligente, aproximadamente 26 anos de idade

Associações	Normal	
Qualidade especial	1ª centena	2ª centena
Coordenação	9	9
Predicado	23	26
Dependência causal	–	–
Coexistência	21	5
Identidade	–	10
Formas linguístico-motoras	41	41
Complementação de palavra	2	4
Som	–	–
Rima	–	2
Indireta	2	2
Sem sentido	–	–
Falha	2	1
Repetição da palavra-estímulo	–	–
Reação egocêntrica	3	3
Perseveração	5	–
Repetições	9	5
A mesma forma gramatical	44	49
O mesmo número de sílabas	44	46
Aliteração	6	4
Consonância	14	9
A mesma terminação	2	13
Associações internas	32	35
Associações externas	62	56
Reações de som	2	6
Número de associações	100	100

	Pessoa experimental 4 médico, 36 anos de idade			
Associações	Normal			
Qualidade especial	1ª centena	2ª centena	Distração interna	Fadiga
Coordenação	24	14	7	4
Predicado	23	13	11	–
Dependência causal	–	3	–	–
Coexistência	15	12	5	9
Identidade	–	8	–	–
Formas linguístico-motoras	28	39	31	20
Complementação de palavra	1	–	16	16
Som	2	4	20	27
Rima	–	–	2	8
Indireta	7	6	7	8
Sem sentido	–	1	1	1
Falha	–	–	–	–
Repetição da palavra-estímulo	–	–	–	–
Reação egocêntrica	1	1	–	–
Perseveração	3	–	1	2
Repetições	2	–	–	–
A mesma forma gramatical	42	57	45	47
O mesmo número de sílabas	33	30	47	53
Aliteração	15	22	32	26
Consonância	18	27	41	39
A mesma terminação	6	11	6	21
Associações internas	47	30	18	4
Associações externas	43	59	36	29
Reações de som	3	4	38	58
Número de associações	100	100	100	100

cunstância poderia ter coincidido neste caso com a atitude especial e, assim, ter como resultado natural maior número de conexões puramente mecânicas.

Como se pode esperar de um tipo desses, o pessoal e o subjetivo retrocedem, com raras exceções, no que diz respeito à qualidade das reações.

Pessoa experimental 3. O tipo reativo é bastante superficial. Nas associações internas temos a presença marcante dos predicados. Quase sem exceção, os predicados têm caráter objetivo. Conforme indica o número das reações egocêntricas, há relativamente poucos aspectos subjetivos nas reações. Mas como tipos predicados quase nunca deixam de apresentar constelações com carga emocional, também aqui se percebe nas reações um pequeno complexo com carga emocional. O experimento foi realizado num dia bem quente. Entre as repetições encontramos duas vezes *neve* e *suar*. Além disso, houve as seguintes perseverações:

1. forno	quente
2. passear	quente
3. (–	–)
4. água	banhar-se
5. dançar	suar

A pessoa experimental 4 sentiu-se indisposta durante o experimento sob condições normais. Por causa de doença não pôde ser realizado o experimento com distração externa. As 100 associações realizadas sob "fadiga" foram tomadas após uma noite cheia de eventos e passada em claro.

A distração interna e a fadiga apresentaram uma admirável coincidência: diminuição das associações internas, aumento das externas e sobretudo das associações de som e da complementação de palavras, incremento das associações com "o mesmo número de sílabas" ao passo que os números da "mesma forma gramatical" permaneceram praticamente ininfluenciados. Na 1ª centena do experimento sob condições normais predominaram as associações internas sobre as externas (47 : 43); na 2ª centena modificou-se o quadro (30 : 59). O aumento constante da complementação de palavras e das reações de som no experimento com distração interna fica bem demonstrado se contarmos separadamente essas reações em cada terça parte das 100 associações. Temos então o seguinte:

    primeira terça parte: 2 complementações de palavra,
                           6 associações de som
    segunda terça parte: 5 complementações de palavra,
                           7 associações de som
    terceira terça parte: 9 complementações de palavra,
                           9 associações de som

181   Os predicados já diminuem na 2ª centena do experimento sob condições normais, diminuem mais ainda sob distração interna e desaparecem completamente sob fadiga. As rimas têm certa importância apenas no experimento sob fadiga; sob distração interna só encontramos duas e sob condições normais nenhuma.

Constelações e complexos

182   Encontramos na pessoa experimental 4 um número relativamente grande de associações que só se explicam pelas vivências de tempos recém-passados e do presente; tivemos, por exemplo, *anel-jardim*: à época do experimento foi encontrado um anel de ouro no jardim da instituição em que a pessoa trabalhava e cujo proprietário ainda não fora encontrado.

183   Ou *roupas-Stapfer*: um paciente de nome Stapfer causava-lhe sérios aborrecimentos porque mandava fazer roupas e, depois, via nelas tantos defeitos que se recusava a usá-las; isto causava mal-estar junto a alfaiates e outros fornecedores.

184   Ou *lápis-Kohinoor*: conhecera apenas ao tempo do experimento as qualidades positivas dessa marca de lápis.

185   Ou *homicida-Kaufmann*: ao tempo do experimento, este nosso colega tinha que dar um parecer médico sobre um indiciado de nome Kaufmann e que teria cometido homicídio quando se encontrava sob efeito de drogas.

Este tipo de associações é causado por evidentes constelações (ZIEHEN), referindo-se a vivências relativamente recentes, subjetivas e provavelmente com carga emocional[43]. 186

Em algumas pessoas experimentais (por exemplo nas pessoas 2 e 4 do grupo das mulheres incultas) não encontramos nada disso, ou muito pouco. Estas pessoas reagem de modo bem objetivo e nada revelam de pessoal nas associações individuais. Associam, por exemplo: *rio-torrente, estudante-mocinha, mesa-soalho, lamparina-óleo, montanha-vale, beijar-sorrir, assaltar-prender, bater-morder, prisão-castigo* etc. 187

Há outras pessoas experimentais que também fazem associações objetivas, mas às vezes encontramos entre elas, apesar de sua objetividade, algumas que permitem concluir algo sobre a pessoa, sem contudo revelar nada sobre a personalidade interior. Por exemplo, das associações reunidas a seguir é fácil descobrir o enfermeiro (pessoa 4 do grupo dos homens incultos): *Ir buscar-correr, feder-ar poluído, informar-relatório, prisão-asilo, doente-melancólico, pecado-correr, liberdade-convalescença, consciência-beber* ou *sobriedade* etc. 188

Em todo caso a constelação desempenha papel ainda bem indireto nestas associações. 189

Encontramos, então, pessoas experimentais, ou seja, associações em que predominam as vivências individuais e não as constelações momentâneas. Por exemplo (a pessoa experimental 5, do grupo dos homens cultos): 190

lago (*See*)	*Untersee* (a pessoa esteve vez por outra neste lago)
pai (*Vater*)	avô – *Grossvater* (a pessoa ainda tinha avô vivo)
montanha	*Glärnisch* (a pessoa esteve lá uma vez, sem que a estada tenha significado algo especial para ela)

---

43. Sabemos que nenhuma reação é arbitrária, mas que todas, mesmo as mais objetivas, são determinadas por constelações bem definidas. Existe, porém, grande diferença, por exemplo, entre associar a *assassino-Meier*, significando com isso uma pessoa bem definida, e *assassino-criminoso*, o que exprime uma ideia geral. Esta diferença nós a destacaremos usando o termo "constelação".

cabelo	loção capilar (a pessoa preparava às vezes loção capilar na drogaria para pacientes)
doce (*süss*)	*Süsskind* (sobrenome de alguém sem importância maior para a pessoa experimental)
batatas	plantação de fumo (lembrança casual de uma viagem entre Basileia e Heidelberg)
café	Brasil (a pessoa tomou às vezes café brasileiro)

Trata-se aqui principalmente de lembranças subjetivas.

191 Se avançarmos um passo, encontraremos as constelações propriamente ditas que mencionamos pela primeira vez quando tratamos da pessoa experimental 4 do grupo dos homens cultos. Pessoas com muitas constelações normalmente possuem também muitas lembranças (por exemplo as pessoas experimentais 4 e 5 do grupo dos homens cultos).

192 Em algumas pessoas se apresenta um grupo próprio de constelações por influência do meio ambiente no qual se realiza o experimento. As palavras-reação *tapete, flores, tinteiro, calendário, livros, caneta, paisagem, telefone, papel de parede, cortina, espelho, sofá* etc. normalmente se referem a objetos presentes na sala em que se realiza o experimento, mesmo que sejam associadas a uma palavra-estímulo bem adequada; a pessoa experimental não precisa necessariamente ver os objetos, basta que saiba que eles se encontram na respectiva sala (ver pessoa experimental 2 do grupo das mulheres incultas).

193 Na patologia – estupidez normal, imbecil, histérica – encontramos casos bem nítidos desse tipo de associações[44].

194 Se a palavra-estímulo evocar uma imagem subjetiva e emocionalmente carregada com a reação correspondente, estaremos diante de um tipo especial de associações de constelação, ou seja, o egocêntrico (ver as associações egocêntricas na primeira parte deste trabalho). Na

---

44. Cf. "Sobre a simulação de distúrbio mental". In: JUNG, C.G. *Estudos psiquiátricos*. Petrópolis: Vozes, 1966 [OC, 1, p. 155].

pessoa experimental 4 encontramos poucas dessas associações, por exemplo: *piano-horrível* (a pessoa sofre muito devido ao martelar do piano de uma vizinha sem grandes dotes musicais). Ou *vadiar-glorioso*; o egocentrismo desta reação é perfeitamente compreensível numa pessoa muito ocupada que espera com ansiedade as férias que se aproximam.

Em alguns casos a reação egocêntrica pode ser diretamente substituída por uma reação de falha (ver definição na primeira parte deste trabalho). Não é verdade que não haja reação alguma, mas devido a uma inibição consciente ou inconsciente não se chega a pronunciar uma palavra-reação. Provavelmente nem todas as falhas têm esta origem, mas sem dúvida a grande maioria.

Falhas são cometidas, por exemplo, por meninas quando as palavras-estímulo tocam no campo sexual como no caso de *amar, beijar, acariciar, escolher, fidelidade* etc. Muitas vezes não chega a haver falhas, mas a associação por exemplo de *amar-irmão* leva um tempo de reação bastante longo de modo que o experimentador, após alguma prática, logo descobre quem está oculto atrás desse irmão insuspeito.

As associações *casamento-infelicidade* e *beijar-nunca*, entre outras, na pessoa experimental 5 do grupo dos homens cultos têm um significado bem análogo; a pessoa estava passando por um período de ansiedade quanto a esta questão.

Pode acontecer que numa pessoa um complexo de ideias com carga emocional predomine de tal forma e tenha tal influência que se produz grande quantidade de constelações, falhas e reações com longo tempo de reação, todas elas referindo-se a este complexo. As pessoas experimentais 5, 6, 7 e 8 do grupo dos homens cultos vão nos dar oportunidade de voltar a este tipo especial de constelações, ou seja, às constelações de complexos; a maioria dos complexos que se fez presente até agora nos experimentos de associação refere-se à sexualidade direta ou transposta. Voltaremos aos efeitos dos complexos quando falarmos das associações dos histéricos.

Na pessoa experimental 4 deste grupo foi possível comprovar, além de muitas reminiscências, 15 constelações na primeira centena do experimento sob condições normais, 4 na segunda centena, 1 sob distração interna e 12 sob fadiga. No experimento sob condições normais, trata-se muitas vezes do nome de pessoas determinadas, por exemplo, de pacientes que são lembrados devido à palavra-estímulo: *roupas-Stapfer*, *guarda-Baum* (Baum é o nome de certo guarda), *dente (Zahn)-Göschenen* (a pessoa tivera uma discussão em Göschenen sobre o poeta Zahn).

200   Também na pessoa experimental 5 deste grupo a constelação se expressa através de nomes próprios. Sob fadiga, quando aumentam as constelações na pessoa experimental 4 do grupo dos homens cultos, elas consistem quase sempre no seguinte: a reação é um nome próprio mas que está vinculado à palavra-estímulo somente por semelhança de som. Em contraste com a vinculação interna entre *roupas-Stapfer* está, por exemplo, a vinculação puramente sonora de *Stahl(aço)-Stapfer*.

201   Foi considerado como de fadiga o estado em que se encontrava a pessoa experimental às dez horas da noite após um dia cheio de trabalho.

202   Não é clara a relação das associações internas com as externas nos diversos experimentos. O máximo de externas (61%) foi encontrado sob fadiga; assim mesmo é apenas pouco maior do que o número na primeira centena do experimento sob condições normais (57%). A este máximo de associações externas corresponde um mínimo de associações de som.

203   A distração interna apresentou-se mais forte do que a externa. As primeiras 50 associações com distração externa foram tomadas com o metrônomo batendo 60 vezes por minuto; as segundas 50 com 100 batidas e as últimas 85 com 108 batidas. À distração interna corresponde um máximo nas colunas: associações de som, o mesmo número de sílabas, a mesma forma gramatical, aliteração e consonância.

204   Na distração externa as associações de som diminuem progressivamente e as indiretas aumentam progressivamente; este é um fato com que nos defrontaremos mais vezes no experimento com distração. Na última terça parte do experimento sob distração interna, a pessoa experimental ficou mais apática, como que hipnoide. Número e intensidade das imagens visuais diminuíram, ao passo que se multiplicaram as associações de som como se vê a seguir:

primeira terça parte: 3 associações de som
segunda terça parte: 6 associações de som
terceira terça parte: 18 associações de som.

O número de perseverações flutua dentro dos limites considerados normais. Citamos como exemplos:

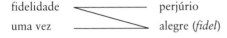

fidelidade ——————— perjúrio
uma vez ——————— alegre (*fidel*)

A origem dessas perseverações é óbvia; *fidel* é, por um lado, uma associação de som com *fidèle*, sendo esta uma tradução de "fiel"; ou:

| frutas | Thurgau |
| (falsch) falso | Falk (falcão) |

A família obtém suas frutas de Thurgau e de um senhor Falk. *Falk* é associação de som da segunda palavra-estímulo e uma coexistência com relação à primeira; ou:

amar ——————— Stern (estrela)
filho ——————— Isaac

Stern é o sobrenome de uma jovem judia. Isaac, o filho de Abraão, é uma associação não diretamente sugerida pela simples palavra, mas bastante comum. Com relação a *Stern* a associação é interna; ou

| Alt | Uchtspringe |
| Freiheit (liberdade) | em Altmann |

Alt, como todos sabem, é diretor em Uchtspringe[45]. Freiheit é o nome de um pico dos montes Altmann na região de Säntis. Trata-se, portanto, de uma perseveração de natureza puramente externa.

---

45. (Clínica psiquiátrica da Saxônia, conhecida por seus métodos avançados).

	Pessoa experimental 5 médico, 25 anos de idade						
Associações	Normal			Distração			
				Externa			
Qualidade especial	1ª centena	2ª centena	Interna	60	100	108	Fadiga
				batidas do			
				metrônomo			
Coordenação	19	27	11	20	20	–	20
Predicado	9	20	10	12	6	10	13
Dependência causal	–	1	2	–	–	2	1
Coexistência	11	13	8	2	2	6	5
Identidade	5	10	7	–	2	12	6
Formas linguístico-motoras	41	17	30	34	32	40	50
Complementação de palavra	3	–	–	–	2	1	1
Som	6	6	27	20	14	5	1
Rima	–	–	1	–	–	1	–
Indireta	6	5	6	12	12	18	–
Sem sentido	–	1	1	–	10	–	1
Falha	–	–	–	–	–	–	–
Repetição da palavra-estímulo	–	–	–	–	–	–	–
Reação egocêntrica	–	–	2	2	8	–	–
Perseveração	–	4	–	2	2	–	1
Repetições	3	2	3	4	8	21	8
A mesma forma gramatical	60	59	66	52	52	50	50
O mesmo número de sílabas	28	27	50	46	46	36	37
Aliteração	14	14	38	36	18	15	8
Consonância	30	23	43	28	30	20	20
A mesma terminação	11	9	11	4	4	9	6
Associações internas	28	48	23	32	26	12	34
Associações externas	57	40	45	36	36	58	61
Reações de som	9	6	28	20	16	7	2
Número de associações	100	100	100	50	50	85	78

Sob distração interna encontramos em nossa pessoa experimental um exemplo de perseveração duradoura de imagens visuais aparecendo junto com a reação. As palavras-reação estão ligadas à palavra-estímulo apenas pelo som:

malte (*Malz*)	pintor (*Maler*)	visual: cervejaria
onipotência (*Allmacht*)	Halma (um jogo)	visual: um tonel com malte
fonte (*Quelle*)	a casa junto à fonte	visual: naquela região, onde havia sempre forte cheiro de malte, a pessoa experimental via em sua juventude muitas vezes carretas de malte.

Após a primeira reação *Malz-Maler*, a pessoa experimental não conseguiu repetir sua palavra-reação – ela a havia esquecido; durante o processo associativo sua atenção estava mais voltada para a associação visual do que para a reação verbal. Por razões semelhantes encontramos este esquecimento da palavra-estímulo ou da palavra-reação com mais frequência nos casos patológicos de estupidez emocional e histeria.

Fenômenos de complexos e o inconsciente

Perpassando as associações de nossas pessoas experimentais, somente o observador experiente notará os fenômenos de complexos, que são muito importantes em indivíduos normais, como base de comparação com indivíduos patológicos, onde os complexos têm papel relevante. Infelizmente os tempos de reação não foram medidos no material da pessoa experimental 5, agora utilizado.

O material não provém apenas dos experimentos com a pessoa experimental 5, usado previamente em nosso trabalho, mas também de alguns experimentos anteriores. Foi levantado o seguinte:

Em 17/09, 78 associações sem fadiga (não utilizadas no trabalho)
Em 27/12, 78 associações sem fadiga (idem)
Em 27/12, outras 78 associações sob fadiga (utilizadas no trabalho)
Em 22/2 (ano seguinte), 156 associações sob fadiga (não utilizadas)
Em 19/08, 200 associações sem fadiga (utilizadas)

Em 19/08, 100 associações com distração interna
Em 25/08, 185 associações com distração externa.

210   Durante o tempo dos experimentos, a pessoa experimental tinha sentimentos especiais para com uma jovem senhora. Para entender os experimentos é preciso lembrar que o rapaz ainda não havia superado a fase de conflitos internos e, por ter tido uma formação cristã rígida, sua inclinação por uma moça judia o preocupava demais. Vamos chamá-la Alice Stern: atenderemos assim às exigências da verdade tanto quanto for necessário para o experimento. No experimento de 17/09 encontramos as seguintes constelações de complexos:

1. casamento	infelicidade
2. vem	vem comigo (1)
3. sofrer	ó Deus, sim!
4. aflição	quem não passou noites de aflição!
5. beijar	nunca
6. jogo	doces jogos joguei contigo (2)
7. sofá	um determinado *chaise-longue* (na sala da jovem senhora)
8. amar	é inútil
9. fidelidade	namorada
10. grinalda	grinalda nupcial (recordada com a respectiva melodia)
11. esperança	deverás em nossa vida (continuação: trazer amor e consolo).

211   Os números l, 5 e 8 são desejos encobertos, ainda que a forma externa seja a negação. Os números 2, 4, 6, 10 e 11 são citações de canções. O número 6 é continuação do número 2, uma citação de *Erlkönig*.

212   Impressionante é que nas outras 78 associações só ocorra uma única citação:

    dever (ser obrigado a)   nenhuma pessoa deve dever[46]

---

46. (LESSING, *Nathan der Weise*, 1, 3).

e que as citações nas associações da pessoa experimental são em geral muito raras. Por isso o complexo se serve de uma forma de reação que não é usual a esta pessoa. Na verdade, ela só conseguiu armazenar na memória – para sua própria vergonha – este pequeno fragmento de *Erlkönig*: "Vem comigo... doces jogos jogarei contigo". Da "Jungfern-kranz" (grinalda nupcial) também conhece a melodia toda, mas do texto só este pedaço: "Teceremos para você a grinalda nupcial"[47]. Voltaremos mais tarde, num trabalho sobre associações histéricas, ao surgimento totalmente inconsciente e automático de melodias e textos – e desses muitas vezes só fragmentos. (cf. fenômeno semelhante na pessoa experimental 3 do grupo das mulheres incultas).

No primeiro experimento, em 27/12, a pessoa fez, entre outras, as seguintes associações:

1. isto	isto, isto, isto e isto, isto é um fim penoso
2. você	sim... eu
3. separar	dói
4. estrela (*Stern*)	hm!
5. jogo	diversão (com longo tempo de reação)
6. coração	(a pessoa experimental pediu para não pronunciar a reação! Teria sido *Stern*)

As associações 1, 2, 3, 4 e 6 explicam-se por si mesmas após o que já ficou dito. O longo tempo de reação, ocorrido de repente, é suspeito.

No experimento de 27/12, sob fadiga, chamam atenção as seguintes associações tomadas a partir do contexto:

1. beijar	ontem
2. amar	ontem
3. já (*schon*)	ontem (antes veio a palavra-estímulo "lágrimas" (*Tränen*), *a pessoa acreditou ter ouvido schön* (belo); pode ser que se trate aqui de uma perseveração da metafonia)

---

47. (Da ópera de Weber, *Der Freischütz*).

4. milagre	ontem
5. rezar	ontem

216   Os tempos de reação foram bem curtos. A pessoa experimental teve a impressão de que a reação lhe escapou sem querer. Em todo o experimento nenhuma outra reação se repetiu, a não ser *Kraut* (com *Kartoffel* e *sauer*) duas vezes. Também nos demais experimentos as repetições foram raras.

217   Todas as palavras-estímulo mencionadas pertencem àquelas que têm íntima relação com o complexo *Stern*. A palavra *schon* (já) foi entendida como *schön* (belo), precedida de *Tränen* (lágrimas). Conforme podemos nos lembrar bem, especialmente os exemplos 4 e 5 foram reações que naquela época estavam mais intimamente vinculadas ao complexo (religião). *Beijar* e *ontem* não devem ser considerados como recordação; sua relação não foi dessa natureza. Não se pode afirmar com certeza se o inconsciente tomou a liberdade de usar a reação *ontem* (*gestern*) simbolicamente, por causa da segunda sílaba (*stern*), ou se esta palavra tem alguma conexão com o fato de este experimento ter sido realizado logo após os feriados de Natal, durante os quais o sujeito se alegrou muito devido a um pequeno presente que recebeu da jovem em questão. Mas é impressionante demais que esta palavra, e somente esta, repita-se tantas vezes no experimento como reação às palavras-estímulo do complexo. Ela substitui as citações do experimento anterior. Neste experimento não há nenhuma.

218   O experimento de 22/02 do ano seguinte realizou-se sob fadiga. São dignas de nota as seguintes associações:

canção	Lore; uma citação complexa ("De todas as moças etc. gosto mais de Lore"; a vogal *o* aparece no verdadeiro prenome dissílabo da referida jovem; os dois nomes têm um som bem parecido)
sacrifício	cachorro (aparentemente reação sem sentido)
casamento	carneiro (*Hammel*)

uma perseveração da reação. Na combinação *sacrifício-carneiro-casamento* o complexo certamente tem algum papel; nesta conexão explica-se sem mais a perseveração no experimento sob condições normais de 19/08:

| amar ────────────┐ | *Stern* (estrela) |
| filho ────────────┘ | Isaac! |

Uma associação é sem sentido: *rico-ontem*; provavelmente a palavra *ontem* apareceu aqui como associação de embaraço que se tornou estereótipo; ocorre de novo neste experimento em *povo – ontem*: também aqui só é possível fazer conjeturas; talvez o conceito "judeu" seja o termo de ligação. A associação *jogo – pais* pode ser explicada como indireta; o elo de ligação que neste caso foi inconsciente é a citação: "Ó querida criança, vem comigo! Belos jogos..." cujo significado chegamos a conhecer acima. Ainda houve as seguintes associações:

hospedaria	Zum Stern (neste caso a pessoa estava consciente do complexo)
beijar	juntos
amar	rosas
separar	doloroso
cortar	dói
acariciar	dói
bater	dói
cantar	dói

As quatro primeiras associações fazem parte do complexo, as subsequentes são provavelmente repetições estereotipadas de "separar dói"; também aqui as repetições devem ser consideradas como efeitos do complexo.

De resto, poucas repetições ocorreram.

Nos experimentos com distração não houve uma clara manifestação do complexo.

Pessoa experimental 6. Na segunda metade do experimento sob condições normais aumentam:

1. as associações internas de 49 para 54%, enquanto diminuem as externas,

2. as associações de som de 2 para 6%,

3. as perseverações de 6 para 8%,

Pessoa experimental 6 professor de História, 25 anos de idade		
Associações	Normal	
Qualidade especial	1ª centena	2ª centena
Coordenação	19	21
Predicado	28	32
Dependência causal	2	1
Coexistência	15	2
Identidade	–	–
Formas linguístico-motoras	20	19
Complementação de palavra	2	5
Som	–	1
Rima	–	–
Indireta	–	–
Sem sentido	1	5
Falha	10	11
Repetição da palavra-estímulo	–	–
Reação egocêntrica	14	27
Perseveração	6	8
Repetições	6	15
A mesma forma gramatical	46	26
O mesmo número de sílabas	28	15
Aliteração	5	6
Consonância	8	14
A mesma terminação	1	–
Associações internas	49	54
Associações externas	35	21
Reações de som	2	6
Número de associações	78	78

4. as reações egocêntricas de 14 para 27%,
5. as constelações de 56 para 73%
6. as repetições de 6 para 15%

Superam de muito a média: 224
   as associações internas
   as perseverações
   as associações egocêntricas
   as falhas
   os predicados (ver o capítulo sobre as médias)

As reações linguístico-motoras permaneceram quase iguais nas 225
duas metades; associações indiretas estão ausentes.

Os números acima indicam que a pessoa experimental reage de 226
modo bem subjetivo e que, por analogia, é possível suspeitar além
disso de um complexo. O alto número de constelações (56 e 73%)
fala a favor dessa possibilidade. Se as analisarmos, veremos que se referem principalmente a *escola* e *noiva*. A pessoa experimental é um
professor apaixonado e, por outro lado, o complexo *noiva, casamento* etc. tem papel preponderante em suas reações, sobretudo na segunda metade onde os fenômenos subjetivos são mais numerosos.

Na primeira metade referem-se: 227
26% das reações à escola e 21 % ao complexo de noiva;
na segunda metade:
21% das reações à escola e 24% ao complexo de noiva.

Acresce ainda que as falhas, duas a três na primeira metade, e a 228
maioria delas, na segunda metade, referem-se ao complexo de noiva
como, por exemplo, as falhas após as palavras-estímulo *acariciar, doente, sofrer* e *beijar*.

De mais a mais, o complexo se manifesta bem mais abertamente 229
do que na pessoa experimental anterior; está menos reprimido e não
se serve de citações de cantigas como na pessoa anterior. Os complexos de escola e noiva estão diretamente vinculados na pessoa experimental 6, pois acalenta o sonho de se poder casar em breve e que sua
esposa vai assumir um posto importante na instituição.

230   Entre as 13 repetições na primeira metade aparece 4 vezes o nome da instituição, 2 vezes um acontecimento importante da escola e 3 vezes o nome da noiva. Nas reações da segunda metade aparece 7 vezes o nome da noiva, 2 vezes a palavra *filho*, o que faz supor que ele estava pensando na futura paternidade. As outras repetições se referiam principalmente a assuntos da escola; 3 vezes a pessoa experimental se contrariou por causa de palavras-estímulo que lhe pareceram absurdas e reagiu, aborrecido, dizendo a cada vez *asneira!*

231   Com duas exceções, as perseverações se referiam a assuntos familiares e da escola.

232   Finalmente, seguem alguns exemplos dessas associações de complexo:

avó	S. vai ser (S. é o nome da noiva)
rabugento	eu como professor, segundo afirmação de S.
chegar	escrito para S.
ano	casarei (em dois anos)
domingo	S. vem
beijar	(a pessoa experimental não quer reagir)
naturalmente	(não quer reagir)
amar	S.
lágrimas	ela chorou (S.)
fidelidade	S.
uma vez	S.
esperança	temos para casar
pequeno	filho (!)
rezar	nunca o farei (imagem de criança rezando)
querido	filho
onde?	na cama
velho	S.
anel	no noivado
acariciar	(inicialmente não quis reagir) S.
filho	meu, no futuro
doce	qualidade de chocolate recebido de S.
cavalgar	M. (lugar onde mora S. que vai para casa a cavalo)
simpática	a família de S.
três	membros da família (são três na família de S.)

As palavras-estímulo abrangidas por uma chave tiveram esta sequência no experimento. 233

Com o aumento do conteúdo subjetivo e emocional no decurso do experimento, também aumenta a valência das reações individuais conforme mostram os números. 234

Pessoa experimental 7[48]. Na segunda centena do experimento sob condições normais defrontamo-nos com um máximo de coordenações, relações predicativas e de associações internas em geral, enquanto que diminuíam muito as associações externas. Este máximo também se estende às perseverações e associações egocêntricas. 235

Em comparação com os valores médios nos homens cultos, os predicados, a soma das associações internas em geral, bem como as perseverações e reações egocêntricas estão muito acima da média, na segunda centena e na razão seguinte: 236

predicados	42: 19,7
associações internas em geral	62: 36,7
perseverações	40:2,4
reações egocêntricas	19:2,8

enquanto que os demais números pouco divergem da média. Com a 15ª palavra-estímulo da segunda centena (*beijar*) começam as reações de complexo, inicialmente ainda interrompidas por outras; depois o complexo persevera uma vez por 26 associações, e então novamente com interrupções, para, no final da segunda centena, desaparecer totalmente. Ao todo encontramos como máximo 50% de constelações de complexo na segunda centena do experimento sob condições normais, na primeira centena 13%, sob distração interna 5% e sob distração externa 8%. Já na pessoa experimental 6 do grupo dos homens cultos, encontramos um inchaço das reações de complexo na segunda centena do experimento sob condições normais. O surgimento do complexo – neste caso provocado por uma palavra-estímulo adequada *beijar* – causou logo um forte aumento das associações internas, provavelmente devido a uma estimulação intensa da aten-

---

48. As reações dessa pessoa experimental são tratadas em detalhe na seção sobre as médias, tipo constelação de complexos, § 429s.

Pessoa experimental 7
estudante de medicina, 23 anos de idade

Associações	Normal			Distração	
				| Externa |	
Qualidade especial	1ª centena	2ª centena	Interna	Metrônomo 60	Metrônomo 100
Coordenação	19	20	7	12	8
Predicado	16	42	26	20	14
Dependência causal	–	–	3	2	–
Coexistência	24	5	10	30	22
Identidade	5	3	5	10	4
Formas linguístico-motoras	29	23	22	12	38
Complementação de palavra	–	–	–	–	–
Som	2	3	18	4	6
Rima	–	1	–	–	–
Indireta	2	1	3	2	6
Sem sentido	3	2	6	8	–
Falha	–	–	–	–	–
Repetição da palavra-estímulo	–	–	–	–	–
Reação egocêntrica	4	19	2	–	2
Perseveração	4	40	5	4	10
Repetições	8	8	8	4	4
A mesma forma gramatical	58	26	32	62	42
O mesmo número de sílabas	34	22	35	50	52
Aliteração	12	8	31	12	10
Consonância	18	13	33	16	8
A mesma terminação	6	5	2	–	–
Associações internas	35	62	36	34	22
Associações externas	58	31	37	52	64
Reações de som	2	4	18	4	6
Número de associações	100	100	100	50	50

ção. O fato de corresponder à manifestação do complexo um aumento das associações internas é prova de que nossa classificação é até certo ponto correta e natural. Quanto maior for a carga emocional das palavras-estímulo para o indivíduo e quanto maior for a atenção envolvida nas palavras-estímulo, tanto mais aumentarão em número as associações internas. Este fenômeno é exatamente o oposto do fenômeno da distração. Devido à invasão de um complexo emocional que absorve a personalidade toda, a atenção melhora porque está mais voltada para o sentido da palavra-estímulo.

Se a atenção for desviada do experimento por um complexo com carga emocional e não pela distração externa, como, por exemplo, na pessoa experimental 4, acima referida (experimento após noite em claro e cheia de acontecimentos), que estava sob o efeito de forte emoção, então teremos o contrário dos fenômenos que descrevemos há pouco com relação à pessoa experimental 7: diminuem as associações internas e o resultado é muito semelhante ao de um experimento com distração interna ou externa. 237

Temos, por isso, na segunda centena o surgimento e perseveração de um complexo com intensa carga emocional; ao contrário do fenômeno que geralmente ocorre na segunda centena, acontece então um aumento, em vez de diminuição, das associações internas, de predicados etc. O fato de haver entre as palavras-estímulo da segunda centena do experimento sob condições de normalidade mais dessas palavras que estimulam ideias com leve carga emocional não tem maior importância neste caso – como também no caso da pessoa experimental 6 deste grupo – pois o complexo se manifesta também com palavras-estímulo aparentemente bem indiferentes. 238

É notável que nas constelações de complexos as reações ocorram facilmente em forma de frases, enquanto que nas demais associações isto se dá raramente. 239

Na distração o complexo já não desempenha papel algum. Na distração interna encontramos um máximo de reações de som (18), o que supera em pouco a média em homens cultos. 240

Na primeira parte sob distração externa encontramos um máximo de reações com "a mesma forma gramatical" (62) e "o mes- 241 mo número de sílabas" (50), ao passo que na primeira parte sob distração interna temos um máximo de aliterações (31) e consonâncias (33%).

242 *Pessoa experimental 8.* Associações internas: Diminuição na segunda centena do experimento sob condições normais, o que se acentua ainda mais na distração.

Associações externas: Aumento na segunda centena e na distração. Os predicados e as constelações diminuem sobretudo na segunda centena.

Formas linguístico-motoras: Aumento na segunda centena e na segunda metade sob distração; aqui encontramos um máximo delas.

Repetições e falhas são encontradas principalmente na segunda centena do experimento sob condições normais; além disso aumentam, na distração, a mesma forma gramatical, o mesmo número de sílabas, aliterações, consonâncias e a mesma terminação.

243 Na segunda parte sob distração há uma melhora nas associações (talvez por causa do costume com a distração): leve aumento das associações internas, predicados, ausência das reações de som, leve aumento das constelações, leve diminuição da mesma forma gramatical, mesmo número de sílabas, consonância e mesma terminação; por outro lado, aumento das formas linguístico-motoras e, devido a isso, das associações externas; também ocorrem aqui principalmente as perseverações.

244 Quase todas as constelações são condicionadas pelo amor ou pela profissão. Encontramos:

>na primeira centena do experimento sob condições normais 44%
>na segunda centena do experimento sob condições normais 20%
>na primeira metade sob distração 6%
>na segunda metade sob distração 14%

Estudos experimentais

Pessoa experimental 8
químico, 24 anos de idade

Associações	Normal		Distração	
			Externa	
Qualidade especial	1ª centena	2ª centena	Metrônomo 60	Metrônomo 100
Coordenação	21	18	24	16
Predicado	20	14	2	10
Dependência causal	2	2	–	2
Coexistência	18	11	16	16
Identidade	5	9	24	10
Formas linguístico-motoras	26	32	28	44
Complementação de palavra	–	–	2	–
Som	2	2	4	–
Rima	1	–	–	–
Indireta	2	1	–	2
Sem sentido	1	1	–	–
Falha	2	9	–	–
Repetição da palavra-estímulo	–	1	–	–
Reação egocêntrica	3	5	2	2
Perseveração	2	1	–	4
Repetições	11	12	8	2
A mesma forma gramatical	37	54	86	70
O mesmo número de sílabas	35	34	58	42
Aliteração	7	5	8	8
Consonância	7	11	24	12
A mesma terminação	9	8	24	12
Associações internas	43	34	26	28
Associações externas	49	52	68	70
Reações de som	3	2	6	–
Número de associações	100	100	50	50

245   Dignas de nota são as seguintes perseverações, condicionadas por um complexo:

1.
- dama — do coração
- ombro — folha
- trançar — entrelaçar (a pessoa experimental imagina uma situação erótica)

2.
- praça — prefeitura
- gramado — praça; também esta perseveração não é fortuita. Uma história erótica bem determinada e muito significativa para a pessoa experimental está ligada à praça da prefeitura.

246   As falhas se manifestam de duas formas na pessoa experimental 8: às vezes falha a reação verbal e em seu lugar aparecem, por exemplo, uma imagem visual ou uma representação emocional bem vivas que a pessoa descreve posteriormente.

247   Nos outros grupos há inibições porque surgem determinadas lembranças eróticas.

248   Na distração não ocorrem falhas. As reações egocêntricas predominam no experimento sob condições normais e se referem principalmente a coisas eróticas.

249   Dentre as palavras-reação repetidas somente *brilhante*, *bom* e *belo* aparecem mais de duas vezes.

250   O complexo. O complexo erótico se apossou de grande número de reações: comprovadamente um total de 30 no experimento sob condições normais e 10 na segunda metade sob distração, ou seja, 15% no experimento sob condições normais e 20% na segunda metade sob distração; na primeira metade, onde a distração é mais completa, não há nenhuma. O complexo é pouco reprimido; ao contrário, é bem manifesto.

A diminuição progressiva das associações de som no curso da 251
distração externa e o aumento das associações indiretas correspondem à regra por nós suposta (cf. "Médias").

Pessoa experimental 9. Os números mostram um fenômeno mui- 252
to pequeno de distração. O comportamento das associações internas e externas pouco muda no experimento sob distração de modo que, por exemplo, a variação entre os resultados dos dois experimentos sob fadiga é maior do que a variação entre experimento sob condições normais e distração. Por outro lado, as associações de som aumentam consideravelmente na distração, à semelhança do que aconteceu com a pessoa experimental 5 deste grupo; aqui como lá houve poucas associações de som na fadiga.

As associações sob fadiga foram tomadas das duas pessoas expe- 253
rimentais em condições bem semelhantes (fadiga normal após um dia de trabalho médico, às 10 horas da noite), ao passo que as associações sob fadiga da pessoa experimental 4 deste grupo foram precedidas de uma noite em claro com forte demanda psíquica devida à emoção. Encontramos aqui um aumento de associações de som na fadiga.

É possível que o resultado insignificante da distração na pessoa 254
experimental 9 esteja ligado ao fato de o número das associações internas já ser bastante pequeno no experimento sob condições normais (24, ou seja, 26%, ao invés de 36% como na média para homens cultos) e o número das associações externas ser bastante grande (72, ou seja, 69%, em vez de 52,7%, como na média para homens cultos). O número das associações internas no experimento sob condições normais é quase tão grande quanto a média numérica das associações internas na distração (em homens cultos).

No primeiro experimento sob fadiga, o efeito desta é visível, no 255
segundo, não.

Na distração, os números referentes à aliteração e consonância 256
aumentaram sensivelmente, como nas pessoas 4 e 8 deste grupo.

O número de repetições está acima da média; há um número re- 257
lativamente grande de palavras que são repetidas duas vezes, mas bem poucas palavras que são repetidas mais vezes. Em quase todos os experimentos, encontramos, entre as repetidas, palavras como *agradável, desagradável, de boa vontade, a contragosto, amável* e outras

	Pessoa experimental 9 médico, 25 anos de idade						
Associações	Normal		Distração			Fadiga	
				Externa			
Qualidade especial	1ª centena	2ª centena	Interna	Metrônomo 60	Metrônomo 100	1º experimento	2º experimento
Coordenação	9	9	11	12	8	13	13
Predicado	14	17	18	16	16	6	20
Dependência causal	1	–	–	–	–	–	1
Coexistência	24	7	–	8	14	7	12
Identidade	5	19	8	2	10	9	5
Formas linguístico-motoras	43	43	55	56	42	61	49
Complementação de palavra	–	–	2	–	–	–	–
Som	–	3	4	6	2	1	–
Rima	1	–	–	–	–	–	–
Indireta	2	1	–	–	4	1	–
Sem sentido	1	–	2	–	4	1	–
Falha	–	–	–	–	–	–	–
Repetição da palavra-estímulo	–	–	–	–	–	–	–
Reação egocêntrica	3	3	–	–	–	–	–
Perseveração	5	1	2	2	–	1	4
Repetições	16	15	22	12	10	18	18
A mesma forma gramatical	57	51	47	42	50	67	59
O mesmo número de sílabas	42	42	45	32	28	45	48
Aliteração	8	6	20	22	28	20	11
Consonância	14	10	28	26	38	21	14
A mesma terminação	12	10	12	10	14	12	10
Associações internas	24	26	29	28	24	19	34
Associações externas	72	69	63	66	66	77	66
Reações de som	1	3	6	6	2	1	–
Número de associações	100	100	100	50	50	156	156

parecidas. Não queremos abordar aqui os casos individuais de repetições e perseverações porque não indicam ideias de óbvia carga emocional como em casos anteriores; contudo, não falta a elas também este pano de fundo.

As constelações são bastante raras. Também aqui encontramos uma diminuição de associações de som e aumento das associações indiretas na segunda parte da distração externa. 258

Comentários gerais sobre o grupo experimental dos homens cultos

Tivemos à nossa disposição 9 pessoas experimentais com idade entre 23 e 47 anos, num total de 3793 associações. Com 5 pessoas foram realizados experimentos sob distração interna e externa; com uma pessoa, só sob distração interna, com outra só sob distração externa e com duas não houve experimento com distração. Também foram tomadas associações sob fadiga em 5 pessoas e, em uma, no estado de sonolência. Todas as pessoas do grupo têm formação acadêmica. São: 6 médicos, 1 estudante de medicina, 1 professor do nível secundário e 1 químico. Todos são suíços de fala alemã. 259

Apenas uma pessoa é do tipo predicado (3). Infelizmente não conseguimos realizar com ela nenhum experimento com distração. 260

Em 4 casos, o experimento com distração interna teve êxito; característico é em geral o forte aumento das reações de som; menos frequente é a diminuição das associações internas com aumento das externas. Num caso (2) o resultado foi diferente do esperado; em outro (9) não houve nenhum resultado preciso; a pessoa experimental já tinha, no experimento sob condições normais, um mínimo de associações internas e um máximo de externas. 261

A distração externa teve pleno êxito em 2 casos; em outros 2 o resultado foi modesto e em 1 caso (9) novamente não se pôde constatar nenhum resultado preciso. Em geral a distração interna atua mais intensamente do que a externa. Essas pessoas experimentais sempre conseguiram realizar as condições experimentais da distração interna. 262

263   Em 3 dos 5 casos, as associações procedentes da fadiga deram resultados semelhantes aos da distração. Num dos casos (4) isto ficou bem claro; mas é possível que a fadiga não tenha sido responsável, ou não só ela, por este fato, uma vez que a pessoa experimental teve, na noite que passou em claro, uma experiência muito agitada e provavelmente estava ainda com o pensamento nela (distraída) durante o experimento.

264   O experimento sob sonolência com a pessoa l também deu um resultado semelhante ao do experimento com distração.

265   Em 4 pessoas experimentais (5, 6, 7 e 8) encontramos, no decorrer do experimento, sobretudo sob condições normais, extensos fenômenos de complexos. Nas primeiras 3 (5, 6 e 7) observamos que as associações internas aumentam na segunda centena do experimento sob condições normais e que as externas diminuem, isto é, aconteceu o contrário do que se esperava. Ao mesmo tempo encontramos um aumento das constelações de complexos. No experimento com distração, as constelações de complexos normalmente diminuem ou desaparecem.

266   A pessoa experimental não precisa estar consciente dos fenômenos de complexos e estes só emergem quando o material associativo é elaborado e classificado estatisticamente. Mesmo nas pessoas experimentais sem este tipo declarado de complexo são encontrados muitas vezes fenômenos mais leves de complexos como, por exemplo, na pessoa 4 (ver abaixo os exemplos de tipos associativos, referidos em detalhe) ou na pessoa 2 quando, ao se traçar uma curva dos tempos de reação, aparecem algumas associações com carga emocional bem antigas. Todo prolongamento do tempo de reação, mesmo dentro de limites normais (dos quais a pessoa não tem consciência), significa, tanto quanto sabemos até agora, que a respectiva palavra-estímulo atingiu um complexo com carga emocional. Mais tarde nos pronunciaremos sobre estas experiências.

3. MULHERES INCULTAS

8 pessoas experimentais com 2400 associações[49]

Pessoa experimental 1. Como nas pessoas incultas em geral, encontramos aqui um número relativamente maior de reações internas e menor número de reações linguístico-motoras do que em pessoas cultas. O aumento das associações internas, sobretudo dos predicados na segunda centena do experimento sob condições normais pode ser atribuído novamente à intensa participação pessoal, após a pessoa se haver acostumado ao experimento. Já encontramos mais vezes este fenômeno.

A distração teve êxito, mas não foi extraordinária. Aumentaram as associações externas; surgiram associações de som e indiretas que estavam totalmente ausentes no experimento sob condições normais. Também aumentaram muito as perseverações.

Outros motivos explicam o pequeno efeito da distração: A pessoa experimental tem um número relativamente grande de reações predicativas sem pertencer diretamente ao tipo predicado; este último se distingue precisamente por um fenômeno menor de distração. Muitas vezes a pessoa acha difícil dividir sua atenção reagindo ao mesmo tempo ao metrônomo e à palavra-estímulo. Em segundo lugar, os experimentos com mulheres incultas nos deram a impressão de que a divisão da atenção é mais difícil para elas do que para as cultas. Aquelas ficam completamente absortas no experimento e trabalham com a atenção bem concentrada. Quanto mais forte o instrumento da distração, mais esforço fazem para se concentrar. Em terceiro lugar, sabemos que neste caso o experimento teve um efeito psíquico muito forte sobre a pessoa experimental.

As emoções, relacionadas com um complexo da pessoa, e, em parte, só mitigadas há pouco tempo, passaram ao primeiro plano influenciando fortemente as reações. O experimento foi uma revivescência de um complexo que já se tornara de certa forma latente. Acontece, por isso, que encontramos mesmo no experimento sob

---

[49]. Por razões técnicas não pôde ser realizado o experimento com distração interna em nenhuma das pessoas experimentais incultas.

Pessoa experimental 1
enfermeira, 18 anos de idade, suíça, formação de 2º grau

Associações	Normal		Distração	
			Externa	
Qualidade especial	1ª centena	2ª centena	Metrônomo 60	Metrônomo 100
Coordenação	23	20	16	14
Predicado	23	37	20	22
Dependência causal	2	1	–	–
Coexistência	28	14	38	30
Identidade	1	5	2	2
Formas linguístico-motoras	23	23	14	30
Complementação de palavra	–	–	–	–
Som	–	–	6	2
Rima	–	–	–	–
Indireta	–	–	2	2
Sem sentido	–	–	–	–
Falha	–	–	–	–
Repetição da palavra-estímulo	–	–	–	–
Reação egocêntrica	3	–	–	–
Perseveração	1	–	4	4
Repetições	11	9	14	2
A mesma forma gramatical	60	53	68	58
O mesmo número de sílabas	36	44	48	46
Aliteração	16	7	4	12
Consonância	15	11	12	8
A mesma terminação	5	6	10	8
Associações internas	48	58	36	36
Associações externas	52	42	54	62
Reações de som	–	–	6	2
Número de associações	100	100	50	50

distração grande número de claras reações de complexo, o que, no demais, é muito raro.

Os fenômenos de complexos requerem uma breve e esclarecedora anamnese de nossa pessoa experimental. Era de família camponesa e, aos 17 anos, tornou-se enfermeira, após ter ficado trancada em casa durante um ano devido ao término de um caso amoroso. O pai irascível nada queria saber desse relacionamento e, certa vez, houve uma cena na qual ele a amaldiçoou por ter ousado contradizê-lo. Uma queimadura no rosto, acompanhada de grande susto, e uma aborrecida doença lhe deram oportunidade de, pouco antes da tomada das associações, reavivar o sofrimento psíquico através de reflexão profunda. O próprio experimento foi outra oportunidade para exacerbar as tristes recordações; o efeito inclusive durou mais tempo, prova de que esses experimentos são reagente poderoso, sobretudo em pessoas incultas, e de que um complexo com carga emocional pode absorver e usar com grande afinidade uma quantidade imensa de palavras ou ideias-estímulo. Agora, meio ano após a realização do experimento, a referida pessoa se posiciona mais objetivamente diante do complexo, ainda que este continue atuando com certo vigor. Quando, naquela época, ao trazer suas explicações, colocava o maior peso de sua infelicidade na maldição do pai, agora já não esconde as conexões eróticas mais profundas quando deve comentar suas reações. Impressionante é a memória dela com referência a cada uma das reações que produziu naquela época.

O número claramente demonstrável das constelações de complexos é em porcentagem:

	1ª metade	2ª metade
No experimento normal	15	21
sob distração	16	14

Como já dissemos, é raro encontrar constelações de complexos na distração e quase nunca nesta quantidade. Com isso naturalmente a distração fica muito prejudicada. O máximo de constelações de complexos na segunda centena do experimento sob condições normais nós o explicamos, como em outros casos, por uma mudança de atitude devido à familiaridade com o experimento durante seu decurso.

273   Talvez para chamar menos atenção ou talvez por custar menos esforço, o complexo manifesta sentimentos íntimos através de clichês já prontos como citações, textos de canções, títulos de histórias e outros.

As citações são muitas vezes máscaras. Nós também as usamos neste sentido em nosso dia a dia. Cantamos certas canções quando estamos com determinado humor, muitas vezes porque não queremos expressar os pensamentos que subjazem a este humor; isto é, portanto, mascaração. Ou a canção e a citação são usadas para exagerar sentimentos que estão presentes apenas de modo rudimentar e, talvez assim, acender uma faísca desse sentimento; basta lembrar os hinos patrióticos e os poemas para celebrar aniversários, ocasiões especiais e festas. Exemplos:

    venha   à campina

A citação provém da história do aluno preguiçoso que deseja desencaminhar para a vadiagem o aluno aplicado; o preguiçoso se torna um vagabundo e o aplicado, o persistente se torna um professor respeitado. Para a pessoa experimental esta citação tem outro pano de fundo. Não é sem razão que a campina aparece duas vezes como reação no experimento sob condições normais: no pomar da casa de seus pais existe uma árvore bonita rodeada de grama; aqui ficava sonhando muitas vezes e, enquanto observava os trens que iam e vinham numa ferrovia próxima, fazia planos espetaculares de viagens. Após o penoso desfecho de seu caso amoroso, a pessoa experimental teve um sonho realizador de desejos: *Estava deitada ao lado de seu namorado na granja do pomar*. Deste sonho ela se lembra sempre com alegria. À palavra-estímulo *sonho* reage imediatamente com a palavra *alegria* e seus olhos brilham ao se lembrar deste sonho de desejo. Outras citações:

    em casa   é belo

refere-se a uma canção cujo sentido é claro. Ainda:

    uma vez   eu fui feliz

Certa vez a pessoa experimental ouviu uma catatônica perigosa e estúpida cantar:

    Outrora fui bem feliz
    Agora não sou mais
    O amor feiticeiro me enganou demais.

Durante as três associações seguintes ficou presa ao complexo:

uma vez	eu fui feliz
milagre	do amor
sangue	da expiação (pensa na maldição do pai)
grinalda	morte (durante meses ficou ansiando pela morte; por várias semanas comia quase nada a fim de adoecer e, consequentemente, emagreceu bastante. Após o experimento que fez reviver o complexo – especialmente depois de uma visita a seu lar que fez logo a seguir – começou também a comer pouco, estando conosco, e a emagrecer até que descobríssemos o assunto e lhe fizéssemos ver o absurdo desse comportamento).

Em outras ocasiões, citava o título de histórias cujo conteúdo se relacionava com seu complexo. Exemplo:

    sete   irmãos

"Os sete irmãos" é o título de uma história na qual é recompensado o amor dadivoso de irmãos[50]. A associação que imediatamente se seguiu foi:

    doente   meu irmão

As citações, seis ao todo, só aparecem no experimento sob condições normais, como na pessoa experimental 5 do grupo dos homens cultos, e se referem sem mais ao complexo.

Já trouxemos anteriormente dois exemplos em que o complexo causou a fixação numa ideia. Ocorrem ainda outros como, por exemplo, a perseveração

    amigável ——————— amizade
    três   ——————— amigos

A pessoa experimental tem profunda necessidade de amizade; mas sempre houve decepções, seu melhor amigo casou-se com outra moça.

---

50. Após o rompimento da relação, a única pessoa a quem confiava seu eu mais íntimo era seu irmão.

277 Outro exemplo tirado do experimento com distração:

    campina ──────┐ o pomar
    trazer   ──────┘ as maçãs

278 Não se trata de perseveração direta da reação, mas da imagem da situação subjacente. No decorrer do trabalho colocaremos também estas formas sob o conceito da perseveração. A conexão entre *campina* e *pomar* se tornou evidente depois do que expusemos acima. As maçãs provêm naturalmente do mesmo pomar.

279 Das 4 (= 8%) perseverações no experimento sob distração só uma se refere provavelmente ao complexo.

280 Repetições: No experimento sob condições normais 7 palavras-reação ocorrem mais vezes (de 2 a 5 vezes); ao menos 13 dessas 17 palavras se referem, quanto ao conteúdo, ao complexo. No experimento com distração (100 reações) há oito palavras-reação que aparecem mais vezes (de 2 a 3 vezes). O comportamento, expresso em percentuais, é quase o mesmo que no experimento sob condições normais (2 x 8 = 16). Dessas, certamente 4 (8%) se referem ao complexo.

281 É impressionante o número de vezes que se repete a palavra *pessoa* como reação. Oito vezes em 300 associações (sob condições normais e com distração); em sete vezes trata-se de reações que certamente têm a ver com o complexo. Com a palavra *pessoa* tem-se em mira indivíduos bem determinados e, às vezes, a própria pessoa experimental.

282 Muitas vezes encontramos também a palavra-reação a *pessoa* como conceito genérico, com significado bem concreto em relação ao complexo. Exemplos:

    Decência   a pessoa
    ruim   a pessoa

283 A pessoa experimental pensa numa pessoa bem determinada, uma amiga que tem papel relevante no complexo. Sob o aspecto moral não é intocável; tem um filho ilegítimo e outras coisas mais. Nas reações com a palavra *pessoa*, deve-se entender que se trata muitas vezes desta amiga que, apesar de sua vida frívola, teve mais sorte no amor do que a pessoa experimental bem mais séria. Exemplo:

    preguiçosa   a pessoa
    virtude   das pessoas

Neste exemplo temos inclusive uma perseveração da mesma palavra-reação donde se deduz que a carga emocional dessa ideia foi muito intensa.

Na mesma linha de mascaração da constelação de complexo, encontramos muitas vezes o emprego do artigo definido na reação. Nossa pessoa experimental empregou, por exemplo, no experimento sob condições normais, 26 vezes o artigo na reação; 17 dessas reações se referem com certeza ao complexo. Na distração, este procedimento é menos enfático.

Voltamos a encontrar este fenômeno em outras pessoas experimentais. Para ilustrar as reações de complexo, temos alguns exemplos pertinentes:

decente	a pessoa (ver acima)
tomar cuidado	a pessoa
ruim	a pessoa
rezar	o piedoso (referindo-se a si mesma; rezou muito nos tempos difíceis)
⎰ milagre	do amor (referindo-se a si); também expiação
⎱ sangue	da expiação (julga-se culpada em relação ao pai; aqui temos uma perseveração da forma externa da reação)
presságio	do castigo (no mesmo sentido; a reação seria gramaticalmente absurda e só se explica pela suposição de que estamos tratando provavelmente com um efeito retardado da forma de reação anterior. Esta reação está separada das reações acima por algumas outras).
normal	a pessoa (alguma bem determinada)
campina	pomar ⎱ (ver explicação dessas associações acima)
trazer	as maçãs ⎰
meigo	o pai
esperta	a serpente (pessoas bem definidas)
⎰ bem disposto	o aluno ⎱ (nestas duas associações, ela pensou o
⎱ ordem	aplicado ⎰ especialmente em seu amigo da juventude)
raivosa	a pessoa (pensou em seu pai)

e assim por diante[51].

---

51. As chaves à esquerda das palavras-estímulo significam que no experimento estas palavras se seguiram imediatamente.

286   No experimento com distração, a pessoa experimental não entendeu várias palavras como: *ódio, amor, arrependimento, queda, agradável, moeda, copo, martelar, entrada, orelhas, inibir.*

287   Na análise mostrou-se logo que a pessoa experimental não conseguia ou não queria entender a primeira série das palavras-estímulo devido à atuação, meio consciente e meio inconsciente, de seu complexo. Segundo informações dela, todas estas palavras-estímulo atingiam profundamente o complexo que ela queria reprimir.

288   As palavras-estímulo da segunda série não foram realmente entendidas devido à perturbação acústica do metrônomo. Ela encontrou assim um modo novo de esconder seu complexo de maneira aparentemente discreta; o modo é bem adequado à situação, pois, como demonstra a segunda série de palavras-estímulo – que não tocam no complexo – é fácil não entender ou entender erradamente palavras-estímulo ao som constante do metrônomo no experimento com distração. (Para compensar isto, foi introduzida no experimento outra palavra-estímulo.)

289   O não querer entender corresponde a uma repressão mais ou menos consciente do complexo; em princípio não há diferença com relação aos casos (histeria!) onde o não reagir ou o reagir erradamente ocorrem involuntariamente.

290   Entre as reações de complexos temos um grupo bem grande de reações mascaradas de complexos. Em nossa pessoa experimental a mascaração, tanto quanto pudemos constatar, foi obtida da seguinte forma:

1. Por citações (canções, títulos de livros, citações de textos de livros).

2. Pelo uso de conceitos moderados e gerais com significado bem especial na linha do complexo.

3. Pelo acréscimo do artigo. A reação recebe assim um aspecto aparentemente mais objetivo; parece então como a resposta ensaiada de um aluno das séries primárias.

4. Pela não compreensão de palavras-estímulo que tocam no complexo.

291   Finalmente é preciso observar que nas reações de complexo muitas vezes ocorrem tempos de reação anormalmente longos; infelizmente não foram feitas medições sistemáticas de tempo com esta pessoa, de modo que não vamos abordar mais a fundo esta questão.

Pessoa experimental 2. Em primeiro lugar chama a atenção o elevado número referente à coordenação e coexistência, tanto no experimento sob condições normais quanto no experimento com distração. Em parte está muito acima da média. Por outro lado, o número de reações predicativas e linguístico-motoras é relativamente pequeno, abaixo da média, sobretudo o das reações predicativas. Estes números se explicam provavelmente pelo modo de reação extraordinariamente objetivo e uniforme que parece pouco turvado pelo complexo.

Apenas algumas reações apresentam um tempo mais longo de reação. De acordo com nossa experiência, reações com um tempo maior do que cinco segundos são suspeitas de se referirem a constelações com carga emocional.

Na nossa pessoa experimental tivemos, no experimento sob condições normais, 12 associações com um tempo de reação superior a cinco segundos e no experimento com distração, apenas 3.

Nos exemplos a seguir, com tempos de reação prolongados, esta demora pode ser considerada como efeito de um complexo erótico:

casamento	senhorita	6,8 segundos
beijar	rir	6,0
amar	com prazer	5,6
enfermeiro	armário	8,0
sonho	cesta	6,4
madura	fruta	6,6
abençoar	receber	5,8[52]

A pessoa experimental reage normalmente com vigor a insinuações de natureza erótica e fica vermelha com facilidade. Quanto aos três primeiros exemplos, ela mesma disse que ficou constrangida em responder às palavras-estímulo. Para a palavra-estímulo *enfermeiro* ficou constrangida também em dizer "enfermeira" – a primeira reação que lhe ocorreu – evidentemente porque pensou logo numa relação erótica. Procurou, então, em volta de si e falou o primeiro objeto que viu na sala: *armário*.

---

52. As reações entre aproximadamente 1 e 2 segundos são consideradas normais.

Pessoa experimental 2
inteligente, mas não culta, 22 anos de idade, enfermeira, do Sul da Alemanha

Associações	Normal		Distração	
			Externa	
Qualidade especial	1ª centena	2ª centena	Metrônomo 60	Metrônomo 100
Coordenação	33	34	18	22
Predicado	3	9	2	4
Dependência causal	–	1	4	2
Coexistência	36	25	28	34
Identidade	6	11	24	18
Formas linguístico-motoras	15	16	20	18
Complementação de palavra	–	–	–	–
Som	–	1	2	–
Rima	–	3	2	2
Indireta	4	–	–	–
Sem sentido	3	–	–	–
Falha	–	–	–	–
Repetição da palavra-estímulo	–	–	–	–
Reação egocêntrica	–	1	–	–
Perseveração	–	–	–	–
Repetições	5	8	–	–
A mesma forma gramatical	91	78	92	88
O mesmo número de sílabas	67	56	58	48
Aliteração	8	7	2	2
Consonância	7	18	22	14
A mesma terminação	22	19	22	16
Associações internas	36	44	24	28
Associações externas	57	52	72	70
Reações de som	–	4	4	2
Número de associações	100	100	50	50

Quanto à palavra-estímulo *sonho*, um pensamento erótico a impediu de reagir imediatamente. Em vez de reagir adequadamente, deixou-se novamente distrair pelo meio ambiente, viu a cesta de lixo na sala e falou *cesta*. Houve, portanto, uma reação sem sentido, devido à influência do complexo. Nas reações *madura – fruta* (ela havia pensado inicialmente em *Frucht* e não *Obst*) e *abençoar – receber* trata-se obviamente também do mesmo embaraço sexual.

Tanto quanto sabemos também das experiências da patologia, a distração por objetos do meio ambiente é um fenômeno que deve ser considerado, aqui como lá, como efeito da emoção[53]. No constrangimento ou perplexidade, que se manifestam quando a palavra-estímulo evoca ideias com carga emocional que a pessoa experimental tenta reprimir consciente ou inconscientemente, esta se deixa distrair completamente pelo meio ambiente e reage dizendo simplesmente o nome de um objeto que está à sua volta. Em certos históricos, por exemplo, este fenômeno é bem marcante.

Dentre as 16 palavras-reação que se repetem no experimento sob condições normais, ressaltamos: *aplicado* (5 vezes), *bom* (3 vezes), *bem-comportado* (2 vezes), *correto* (2 vezes); as outras se repartem entre diversas ideias. Percebe-se aqui, por assim dizer, a moral elevada da pessoa experimental. É característico que estas indicações de subjetividade desapareçam na distração.

Na classificação foi algo difícil traçar com segurança os limites entre coordenações e coexistências.

No mais, vale dessa pessoa experimental que ela pertence a tipo reativo muito objetivo, pouco influenciado por constelações, tipo este que vamos encontrar novamente na pessoa experimental 4 deste grupo.

As reações a seguir ilustram de certa forma o tipo reativo geral e objetivo da pessoa experimental:

mole	duro	parque	jardim
juventude	velhice	vidraça	ferro
aflição	preocupação	sofá	cadeira
janela	vidro	desenhar	pintar

---

53. Cf. "estupidez emocional", em *Sobre a simulação de distúrbio mental*. In: JUNG, C.G. *Estudos psiquiátricos*. Petrópolis: Vozes, 1966 [OC, 1, p. 155].

errado	certo	astro	lua
doce	amargo	fidelidade	obediência
largo	estreito	saquear	prender
mel	abelha	liberdade	solidão
limpar	lavar	arrependimento	medo
construção	parede	cegonha	pombo
manga	vestido	bicicleta	carro

303   O número excepcionalmente alto de reações com a mesma forma gramatical está em paralelo com as inúmeras coordenações e coexistências, o que confirma o acima dito.

304   A distração é bem óbvia. Há diminuição das associações internas e aumento das externas. Reações de som só temos na segunda centena do experimento sob condições normais e na distração; por sua vez, associações indiretas, só na primeira centena, de modo que a regra[54] por nós pressuposta de reciprocidade entre associações indiretas e de som parece estar novamente confirmada aqui.

305   Diga-se de passagem que a pessoa experimental se submeteu com grande interesse ao experimento e, mesmo na distração, esforçou-se ao máximo para empenhar toda a sua atenção naquilo que lhe era pedido.

306   *Pessoa experimental 3.* Apresenta tendência bem clara de produzir rimas que aumenta no experimento com distração, sobretudo na segunda metade.

307   O fenômeno usual da distração não se manifestou ainda que a pessoa experimental não pertencesse ao tipo predicado. Também a marcação das batidas do metrônomo foi muito irregular. Os predicados aumentaram na distração e as associações externas, sobretudo as reações linguístico-motoras, diminuíram; somente as reações de som continuaram aumentando.

308   As constelações são encontradas principalmente na segunda centena do experimento sob condições normais e na primeira metade do experimento com distração. O último fato mostra que o experimento com distração teve, apesar de tudo, êxito parcial, pois, com exceção da pessoa experimental l deste grupo, onde o experimento com

---

54. Cf. adiante, seção "Cálculo das médias", § 405 (6).

distração foi igualmente insatisfatório, as constelações desapareceram quase completamente nas demais pessoas experimentais quando estavam distraídas.

Pessoa experimental 3
enfermeira, 22 anos, suíça, com escola secundária

Associações	Normal		Distração	
			Externa	
Qualidade especial	1ª centena	2ª centena	Metrônomo 60	Metrônomo 100
Coordenação	20	16	22	8
Predicado	5	11	16	18
Dependência causal	1	1	2	–
Coexistência	24	10	18	8
Identidade	4	6	10	14
Formas linguístico-motoras	43	47	24	36
Complementação de palavra	1	1	–	2
Som	–	–	2	2
Rima	1	2	2	8
Indireta	–	5	2	2
Sem sentido	–	–	2	2
Falha	1	1	–	–
Repetição da palavra-estímulo	–	–	–	–
Reação egocêntrica	1	–	–	2
Perseveração	2	2	2	–
Repetições	6	5	8	4
A mesma forma gramatical	75	50	76	60
O mesmo número de sílabas	48	39	56	46
Aliteração	9	8	6	2
Consonância	13	9	18	16
A mesma terminação	13	11	12	20
Associações internas	26	28	40	26
Associações externas	71	63	52	58
Reações de som	2	3	4	12
Número de associações	100	100	50	50

309   Vejamos alguns exemplos: À palavra-estímulo *lampião* reagiu, após 20 segundos, com *lampião de querosene*. Pouco antes tivera o agradável sonho de que, ao invés da refeição das 9 horas – que raramente tomava – ganharia um lampião novo para seu quarto, o que sempre desejou.

    janela   vidraça, 10 segundos
        (nesse meio-tempo pensou em "vitrine")

310   A pessoa experimental pensou numa grande casa comercial com belas vitrines. Fora por muito tempo enfermeira particular da esposa do dono de uma casa semelhante e ficara muito ligada à sua antiga paciente. A expressão "vitrine" havia aprendido com a irmã da paciente. Pode-se ver como expressões aparentemente insignificantes são determinadas de alguma maneira pela ideia coincidente.

    bater   6 horas, 2 segundos

311   A pessoa experimental fazia seu trabalho de noite, numa enfermaria, tendo que acordar sempre às 6 horas do anoitecer.

312   A reação

    pintar   peintre, 6,8 segundos

com prolongado tempo de reação, refere-se à estadia de um ano na Suíça francesa. A pessoa experimental, moça muito jovem naquela época, teve como admirador um pintor; queria fazer uma pintura dela. Na palavra-reação *peintre*, além da mascaração da constelação através de uma associação bem superficial, está presente mais outra constelação, pois a pessoa experimental usa nesta ocasião, juntamente com a lembrança de uma vivência erótica na Suíça francesa, também uma palavra francesa. No experimento com distração reagiu de novo

    pintor   peintre, 13,0 segundos

com a mesma constelação. São dignos de nota os tempos de reação caracteristicamente longos nos dois lugares.

313   As seguintes reações ocorrem em rápida sucessão:

    casamento   amanhã, 2,2 segundos
    vem   amanhã, 1,4 segundos

    Esta repetição não é casual. A pessoa experimental festejou seu aniversário no dia imediato ao do experimento sob condições normais. Estava feliz e queria sair, pois fora convidada para isto, mas queria receber em casa todas as congratulações, entre as quais contava com uma carta de seu amado.

Encontramos também as seguintes reações: 314

| rico | de amor, 2,0 segundos |
| pobre | de virtudes, 2,2 segundos |

A primeira é uma citação da novela de Ernst Zahn, *Albin Indergand*. Trata-se de uma história de amor e tem para a pessoa experimental o sentido de uma citação de complexo, conforme já expusemos antes ao falar da pessoa experimental 5 do grupo dos homens cultos e da pessoa experimental l do grupo das mulheres incultas. A segunda é análoga mas com forma original. A pessoa experimental pensou neste caso em outra enfermeira com a qual tivera, no dia anterior, uma conversa sobre o tema "amor" e esta manifestara uma atitude bem menos idealista sobre o assunto do que ela. A palavra-estímulo *pobre* associou-se com a palavra-estímulo anterior *rico* e com a reação de carga emocional a ela ligada, tornando-se então consciente do contraste entre seu ideal de amor e o da outra enfermeira. Pela reação *pobre em virtudes* entendia a outra enfermeira.

A mesma ideia deu ensejo à seguinte citação: 315

| desprezar | imaginas tu, 2,2 segundos |

O texto da citação é este:

Talvez imaginas
que devesse odiar a vida
(fugir para o deserto
porque nem todos os germes
de sonhos chegaram a madurar) GOETHE, *Prometeu*

A pessoa experimental só conhece os dois primeiros versos, a parte entre parênteses havia esquecido. Pensava neste momento na outra enfermeira e em sua visão rasteira do tema "amor". Disso se deduz que expressões e citações parecidas se associam a complexos com carga emocional ajudando a criar o material verbal inconsciente, infindo e utilizado pelos complexos com carga emocional, dando, por exemplo, ao poeta a possibilidade de inúmeras variações sobre uma mesma ideia.

316   Outra citação:

        enfim   não dura para sempre, 5,6 segundos

refere-se também a seu complexo de amor. O tempo de reação é espantosamente longo. A pessoa experimental pensou no "irmão de uma amiga" que se tornou o seu preferido; esperava ansiosamente por notícias se havia aceito um trabalho fora do país ou não e desejava que não fosse para lá.

317   À palavra-estímulo *beijar* reagiu em tom de surpresa: *beijar, sim, não posso dizer, nós estivemos falando sobre algo*. Refere-se àquela conversa com a outra enfermeira, quando esta disse que beijar era nojento. À palavra-estímulo *tempo*, reagiu assim:

        tempo   de acordo com, 2,0 segundos

A reação, depois de mais uma, foi esta:

        comandar   de acordo com, 3,8 segundos

318   Com a palavra-estímulo *comandar* veio à mente da pessoa experimental uma enfermeira mais velha, responsável por um pavilhão todo. Um pequeno incidente naqueles dias fez a pessoa pensar: "Ela nos comanda em tudo". A palavra *comandar* lhe trouxe esta ideia, mas não a pôde expressar; em seu lugar apresentou-se a palavra-reação *de acordo com*, empregada um pouco antes, que tinha sentido com a palavra *tempo*, mas com *comandar* só tinha um sentido muito remoto. Portanto, a lacuna na reação produzida pela emoção foi preenchida por uma palavra-reação há pouco empregada. Fenômeno semelhante já constatamos na pessoa experimental 5 do grupo dos homens cultos que, no experimento com fadiga, respondia sempre com *ontem* a uma série de palavras-estímulo que tocavam no complexo.

319   A reação

        amar   necessitado de, 4,0 segundos

veio acompanhada de uma repentina mudança na expressão do rosto. Este fenômeno se relaciona com seu complexo amoroso e, para nós, é importante porque encontramos fenômenos de reação semelhantes (mudança da expressão facial, repentino falar baixinho) na patologia onde se trata de complexos emocionalmente importantes.

Em 320
    escolher   critério, 3,2 segundos

a pessoa experimental pensou que é preciso ser muito criterioso na escolha do marido; ela pensou que se deve ter um bom critério quando se é obrigado a fazer uma escolha.

A reação 321
    esperança   não permite que alguém
                                naufrague, 1,8 segundos

é uma citação da carta que lhe escreveu há pouco aquele pintor (le peintre) da Suíça ocidental e da qual se depreende que ele ainda não havia perdido a esperança de conquistá-la.

Na reação 322
    amado   vazio, 3,0 segundos

a pessoa experimental colocou acento especial; refere-se à sua própria vida amorosa e precisa ser colocada bem perto da reação acima mencionada

    amar   necessitado de, 0,4 segundos

com mudança da expressão facial.

A reação 323
    preguiçoso   por quê, 1,8 segun-dos

é outra citação. Literalmente o texto-base é o seguinte:

    A menina chegou perto da aranha
    e esta lhe disse: Por que tão tarde?
    Já faz três horas que estou a tecer.
    Veja com que delicadeza está trançada!

Na palavra-estímulo *preguiçoso* está resumido o conteúdo desses versos. Além disso a reação está determinada pelo som nas palavras-estímulo tarde (*spät*) e trançada (*gedreht*). Ocorreu no subconsciente uma condensação (Freud) óbvia da situação e da forma aparente na palavra *träge* (preguiçoso); isto fica provado também pelo fato de o tempo de reação ser bastante curto e, portanto, não haver tempo para procura de citações. Percebe-se também que o subconsciente ou o inconsciente gostam de associar citações ou complexos e muitas vezes de forma tal que fragmentos de citações e de canções tomados ao acaso, e cuja continuação a pessoa experimental desconhece, são diretamente ligados ao complexo. No nosso caso, por exemplo, a pessoa não sabe de cor o poema.

324 Temos que provar ainda que por trás dessa citação está uma correspondente ideia com carga emocional.

325 O verso, tirado de um poema da escola, corresponde bem à situação com carga emocional surgida na época. Conforme se disse, a pessoa experimental fazia seu trabalho de noite numa enfermaria. Durante o dia dormia. De manhã era substituída por outra enfermeira que fazia o mesmo trabalho durante o dia. Nos últimos dias tinha se irritado várias vezes porque aquela enfermeira se atrasava para substituí-la. A expressão disso temos na reação acima.

326 Por trás da reação aparentemente sem importância e impessoal algo importante, 1,2 segundos esconde-se a lembrança da festa de aniversário do dia seguinte.

327 Não houve reação para a palavra-estímulo *cortejar*. A causa disso é novamente a conversa sobre o amor com aquela enfermeira. Esta lhe contara que certa vez escrevera a uma obscura agência matrimonial e recebera a indicação de um viúvo como bom partido. Esta ideia desagradou muito à pessoa experimental.

328 À palavra-estímulo *fazer* reagiu com *deixar de fazer* (1,0 segundo). Sob esta reação superficial está outra vez mascarada a lembrança daquela conversa sobre o amor.

329 Quando um complexo se esconde atrás de citações semelhantes ou de reações superficiais, então o tempo de reação é normalmente curto: enquanto nas assim chamadas falhas a atenção é totalmente absorvida pelo complexo que deve ser reprimido, isto é, deve ficar oculto à própria consciência ou ao experimentador, aqui ocorre uma divisão da atenção. Uma parte se volta para a reação verbal e assume então um caráter bem superficial (linguístico-motor, de som); a outra parte se ocupa da ideia com carga emocional. Esta parte é muitas vezes reprimida, não chega claramente à consciência. Esta interpretação é confirmada também pela frequente observação de que estas citações e reações superficiais são produzidas às vezes com a expressão facial mais indiferente do mundo, ainda que o observador saiba que elas se referem a um complexo com intensa carga emocional e por ele são condicionadas.

A parte principal de um complexo com carga emocional é separa- 330
da e reprimida para fora da consciência. Ao mesmo tempo a cadeia de
ideias que se desenvolve *conscientemente* contém, como representante
do complexo, apenas uma citação por exemplo; ela aparece após um
tempo de reação bem curto e indica ao perito que sob este manto um
complexo importante está exercendo sua influência no inconsciente.

Em outros casos, onde a emoção já se manifesta na qualidade da 331
reação (entonação, expressão), esta separação não se verifica, a reação fica mais difícil e o tempo de reação se prolonga (ver por exemplo a reação *amar – necessitado de*, 4,0 segundos, desta nossa pessoa
experimental).

No experimento com distração encontramos, em nossa pessoa 332
experimental 3 do grupo das mulheres incultas, entre as poucas
palavras-estímulo que foram repetidas mais vezes (bicicleta, Zurique, claro, triste), duas em que a causa provável da repetição é um
complexo.

Nas reações 333

| veículo | roda |
| bonde | bicicleta |

esclareceu posteriormente a pessoa experimental que seu namorado
andava muitas vezes de bicicleta, o que logo lhe ocorreu quando ouviu as palavras-estímulo; nas reações

| incêndio | Zurique |
| estação de trem | Zurique |

lembrou-se de que na conversa sobre o amor defendera diante da outra enfermeira a cidade de Zurique e seus habitantes.

As reações:

| movido | triste |
| ameno | triste |

estão ligadas a incidentes em sua família

Nas reações:

| pecado | mundo, 0,8 segundos |
| arrependimento | morte, 1,2 segundos |

lembrou-se de um acidente ocorrido há pouco: uma paciente ingeriu lisofórmio de uma vasilha de instrumentos. Não houve sequelas graves, mas a história aconteceu na enfermaria onde a pessoa experimental trabalhava, deixando-lhe uma impressão dolorosa e um grande sentimento de culpa; explica-se assim a perseveração nas reações acima.

334 *Pessoa experimental 4.* O resultado do experimento tem grande semelhança com o da pessoa experimental 2 deste grupo. O fenômeno da distração não foi tão evidente (a pessoa empenhou toda a sua atenção em ambos os experimentos). As reações do grupo de som estão completamente ausentes e o número das formas linguístico-motoras é pequeno. O número das coexistências é elevado. Os predicados são escassos, faltam reações egocêntricas, o que indica uma compreensão muito objetiva das palavras-estímulo. As cifras da mesma forma gramatical da palavra-estímulo e da palavra-reação são excepcionalmente altas, como no caso 2 deste grupo. Portanto nossa pessoa experimental também pertence ao tipo reativo bem objetivo sem a presença demonstrável de constelações. Muitas associações tiveram um tempo de reação mais prolongado sem que pudéssemos dar uma explicação posterior para o fato. Não possuímos uma análise mais detalhada.

335 *Pessoa experimental 5.* Os predicados são relativamente poucos (no experimento sob condições normais temos por exemplo apenas 8,5% em vez de 20,4%, que é a média para mulheres incultas). Também as coordenações estão abaixo da média, tanto no experimento sob condições normais quanto no experimento com distração, ao passo que as reações linguístico-motoras estão acima da média para mulheres incultas. Estas apresentaram 24% no experimento sob condições normais e 28,8% com distração externa. No cômputo geral estamos diante de um caso com relativamente poucas associações internas e muitas externas.

336 Ainda que, ou precisamente por que o tipo reativo em geral parecesse algo superficial, o experimento com distração teve êxito; normalmente mulheres incultas com muitos predicados são difíceis de serem levadas à distração. Mesmo que na segunda parte da

distração, as associações externas não sejam mais numerosas do que na primeira centena do experimento sob condições normais, as associações internas diminuíram claramente, tendo-se multiplicado as reações de som.

Na segunda centena do experimento sob condições normais, temos um aumento das associações internas. Ao mesmo tempo, como sói acontecer muitas vezes, temos um aumento de constelações que provavelmente é a causa dessa mudança, conforme demonstrado por diversos casos. (Nisto deve influir também o fato de que entre as palavras-estímulo da segunda centena haja mais dessas palavras próprias a despertar ideias com carga emocional do que na primeira centena.) Pode-se comprovar, na primeira centena do experimento sob condições normais, 6 constelações; na segunda centena, 10 e no experimento com distração, 2. No experimento com distração diminuem muito. Trata-se quase exclusivamente de constelações de complexos. 337

O complexo está ligado a um caso amoroso com final desagradável: a pessoa experimental foi abandonada deslealmente por seu namorado após longo relacionamento. 338

Os longos tempos de reação (a maioria com mais de 5 segundos) restringem-se quase exclusivamente a essas constelações de complexos. Exemplos: 339

zelador	enfermeiro	11,4 seg. (o namorado era zelador)
coração	estômago	6,4
acariciar	amar	5,6
partir	ir	5,6
amado	zangado	8,8
liberdade	preso	6,0

Pessoa experimental 4 e 5
enfermagem, 23 e 28 anos de idade, suíças, escolaridade média

	Pessoa 4				Pessoa 5			
Associações	Normal		Distração		Normal		Distração	
			Externa				Externa	
Qualidade especial	1ª centena	2ª centena	1ª metade	2ª metade	1ª centena	2ª centena	1ª metade	2ª metade
Coordenação	46	46	54	26	21	32	14	16
Predicado	4	2	–	6	9	8	4	6
Dependência causal	1	3	–	–	1	1	–	–
Coexistência	30	15	18	32	32	15	14	12
Identidade	4	13	16	18	6	8	12	8
Formas linguístico-motoras	14	18	12	18	30	32	50	48
Complementação de palavra	–	–	–	–	–	–	–	–
Som	–	–	–	–	–	2	2	8
Rima	–	–	–	–	–	–	2	–
Indireta	1	2	–	–	–	–	–	2
Sem sentido	–	1	–	–	–	1	–	–
Falha	–	–	–	–	1	1	2	–
Repetição da palavra-estímulo	–	–	–	–	–	–	–	–
Reação egocêntrica	–	–	–	–	–	–	–	–
Perseveração	–	1	–	–	–	–	–	2
Repetições	8	5	6	4	10	9	0	2
A mesma forma gramatical	85	86	96	90	76	69	68	70
O mesmo número de sílabas	60	53	58	56	54	43	48	42
Aliteração	11	6	8	2	16	19	28	28
Consonância	15	7	10	8	14	21	30	36
A mesma terminação	25	17	12	24	17	14	12	22
Associações internas	51	51	54	32	31	41	18	22
Associações externas	48	46	46	68	68	55	76	68
Reações de som	–	–	–	–	–	2	4	8
Número de associações	100	100	50	50	100	100	50	50

desprezar	respeitado	18,4
laço	romper	5,2
falso	falsidade	7,2

A pessoa experimental não quis dar maiores explicações sobre a pequena quantidade restante de constelações e de longos tempos de reação que não podia ser atribuída sem mais ao complexo; por isso esta quantidade é ainda mais suspeita. 340

Encontramos aqui novamente a maneira especial da manifestação do complexo: os prolongados tempos de reação. (Com isto não se quer dizer que estes tempos prolongados não posam ocorrer em outros casos como, por exemplo, com palavras-estímulo mais difíceis ou pouco usuais.) 341

Também já encontramos tempos de reação prolongados como fenômenos de complexos (pessoa experimental 3 e 4 deste grupo); aqui eles são as características quase exclusivas de complexos. Eles passam para as chamadas "falhas" onde não ocorre nenhuma reação verbal. 342

A repetição de palavras-estímulo se limita quase exclusivamente ao experimento sob condições normais e atinge 16 palavras diferentes; a maioria designa coisas da vida cotidiana de uma enfermeira. 343

Pessoa experimental 6. Um olhar sobre a relação dos predicados com as coordenações nos mostra que a pessoa experimental deve ser incluída no tipo predicado. De acordo com a regra válida para o tipo predicado, não encontramos um efeito claro da distração. Reações de som e associações indiretas só ocorrem na primeira parte do experimento com distração. As reações egocêntricas estão bem representadas e uniformemente divididas. O número mais alto de associações internas e o mais baixo de externas ocorrem de novo na segunda centena do experimento sob condições normais. Ali encontramos também um máximo de falhas (7), quase todas causadas por um complexo. Infelizmente a pessoa experimental nos ficou devendo uma explicação exata e seu caráter retraído não nos permitiu insistir no assunto. Disse apenas que por trás das falhas e dos longos tempos de reação estavam na maioria das vezes lembranças de eventos marcantes em sua família. Algumas vezes também foram responsáveis por isso palavras incomuns. 344

Pessoa experimental 7. A distração teve êxito claro; caracterizou-se principalmente pela diminuição das coordenações e aumento 345

Pessoa experimental 6 e 7
enfermeiras, 18 e 27 anos de idade, suíças, escolaridade média

Associações	Pessoa 6				Pessoa 7			
	Normal		Distração Externa		Normal		Distração Externa	
Qualidade especial	1ª centena	2ª centena	1ª metade	2ª metade	1ª centena	2ª centena	1ª metade	2ª metade
Coordenação	22	19	14	12	19	30	4	8
Predicado	27	45	50	48	32	32	36	16
Dependência causal	1	1	–	–	2	1	–	–
Coexistência	31	14	6	12	26	12	10	6
Identidade	2	3	6	10	2	4	6	2
Formas linguístico-motoras	16	11	18	18	18	18	36	66
Complementação de palavra	–	–	–	–	–	–	–	–
Som	–	–	2	–	–	–	–	2
Rima	–	–	–	–	–	–	–	–
Indireta	–	–	4	–	–	–	–	–
Sem sentido	–	–	–	–	–	–	4	–
Falha	1	7	–	–	1	3	–	–
Repetição da palavra-estímulo	–	–	–	–	–	–	4	–
Reação egocêntrica	3	2	2	2	–	–	–	–
Perseveração	7	1	2	–	2	–	8	14
Repetições	13	11	14	6	14	9	18	4
A mesma forma gramatical	50	29	28	32	31	35	38	60
O mesmo número de sílabas	37	24	48	52	53	43	20	14
Aliteração	6	3	6	6	13	9	28	30
Consonância	9	5	12	6	15	12	34	30
A mesma terminação	–	2	2	4	6	11	20	28
Associações internas	50	65	64	60	53	63	40	24
Associações externas	49	28	30	40	46	34	52	74
Reações de som	–	–	2	–	–	–	–	2
Número de associações	100	100	50	50	100	100	50	50

das formas linguístico-motoras; os predicados são algo numerosos mas praticamente estáveis. A maioria das perseverações ocorreu no experimento com distração, sobretudo na segunda centena. Não houve reações egocêntricas. Pelo tipo de reações não ficou patente se nas associações dessa pessoa as constelações ou complexos tinham algum papel. É mais fácil tirar algumas conclusões dos tempos de reação, uma vez que parte dos tempos mais longos se apresentava quando se diziam palavras-estímulo provocativas:

beijar	beijo da manhã,	8,4 seg.
lembrar	carta,	11,0
ruim		(falha)
maltrapilho	sem meios,	12,6

Falta-nos, porém, uma análise psicológica mais exata desse caso. No experimento com distração ocorrem repetições da forma da reação; na maioria das vezes trata-se de reações na forma de uma frase simples como, por exemplo:

pecado	a pessoa peca
arrependimento	a pessoa se arrepende
amor	as pessoas amam
forte	as pessoas são fortes
ódio	as pessoas odeiam etc.

Não se verificam aqui tempos de reação estranhamente longos. Não é possível estabelecer se esta repetição da forma, sobretudo da palavra *pessoa* indica fenômenos de complexos semelhantes aos que encontramos na pessoa experimental 1 deste grupo.

Vistas de fora, as associações de nossa pessoa experimental dão uma impressão bem objetiva, sem muitas constelações subjetivas. Mas os tempos de reação bastante variáveis e muitas vezes bem longos indicam que por trás das reações aparentemente objetivas podem ser encontradas provavelmente constelações de complexos. Por razões práticas não foi possível em todos os casos fazer uma análise psicológica detalhada como aconteceu felizmente em alguns casos.

Pessoa experimental 8. O característico das reações está na grande predominância dos predicados que compõem a maioria do alto número de associações internas. Há clara tendência para juízos de valor que não possuem, no entanto, caráter expressamente subjetivo (egocêntrico). Percebe-se nas reações uma participação intensa no experimento, com muita atenção no sentido da palavra-estímulo. Manifesta-se assim claramente, apesar de certa restrição e reserva, o conteúdo mais íntimo das ideias. A pessoa experimental é uma empregada doméstica muito competente e prática, muito religiosa e pensa em casar-se. Nas reações no estado normal repetiram-se as seguintes:

Pessoa experimental 8
empregada doméstica, 27 anos de idade, suíça, escolaridade média, bastante inteligente

Associações	Normal		Distração	
			Externa	
Qualidade especial	1ª centena	2ª centena	1ª metade	2ª metade
Coordenação	10	13	10	20
Predicado	48	32	37	32
Dependência causal	–	–	–	2
Coexistência	11	4	14	4
Identidade	2	5	2	2
Formas linguístico-motoras	23	42	25	32
Complementação de palavra	–	2	2	2
Som	–	–	–	2
Rima	–	–	2	–
Indireta	–	–	2	–
Sem sentido	–	–	–	–
Falha	6	1	6	4
Repetição da palavra-estímulo	–	–	–	–
Reação egocêntrica	–	–	2	–
Perseveração	–	1	–	–
Repetições	15	15	8	2
A mesma forma gramatical	38	38	34	40
O mesmo número de sílabas	42	36	44	54
Aliteração	3	11	6	8
Consonância	11	15	10	8
A mesma terminação	6	8	4	6
Associações internas	58	45	47	54
Associações externas	36	51	41	38
Reações de som	–	2	4	4
Número de associações	100	100	50	50

prático	2 vezes	bom	3 vezes
casa	2 vezes	belo	4 vezes
quarto	2 vezes	magnífico	3 vezes
igreja	2 vezes	homem	3 vezes
Deus	2 vezes	criança	5 vezes

Pouco antes da tomada das associações, foi atacada por um cão enorme e levou grande susto.

A reação *cão* repetiu-se quatro vezes. Uma vez perseverou fortemente na imagem do cão.

rosnar	cão
nó	os nós da pata do cão

Além disso, repetiu-se duas vezes a reação *lobo*. À palavra-estímulo *astuto* reagiu com a palavra *lobo*, mas declarou espontaneamente que a primeira palavra que lhe ocorreu foi "raposa". Estas reações e repetições mostram claramente a presença de complexos com carga emocional e, por conseguinte, uma forte participação da personalidade.

O experimento com distração que, além do mais, foi realizado com deficiência, não teve efeito algum. Por isso temos aqui também o mesmo comportamento característico como nos tipos predicado descritos acima.

As inúmeras falhas constatadas nesta pessoa experimental estão assim distribuídas: das 7 falhas no experimento sob condições normais, 5 recaem sobre palavras-estímulo com evidente carga emocional (*coração, costume, hipócrita, fiel, rico, vingança* etc.). Nas duas séries de experimentos com distração, as falhas (10 numa série e 5 na outra) referem-se 8% a palavras-estímulo com carga emocional numa série, e 4% na outra – prova a mais de que a maioria das falhas pode ser atribuída a causas emocionais.

Resumo do grupo das mulheres incultas

No grupo das mulheres incultas temos 8 pessoas experimentais com idade de 18 a 28 anos com um total de 2.400 associações. De cada uma tomamos 200 associações sob condições normais e 100 com distração externa.

A maioria das pessoas era bastante inteligente. Mais da metade frequentam, além da escola de primeiro grau, também a de segundo grau. Sete falam comumente o dialeto suíço, somente uma fala um dialeto do sul da Alemanha (próximo ao alemão clássico). Sete são enfermeiras e uma é empregada doméstica. Duas reagem conforme o tipo predicado; em ambas o experimento com distração não obteve êxito. Numa terceira pessoa experimental, também com várias reações predicativas, mas sem pertencer diretamente ao tipo predicado, o experimento com distração também falhou, em parte porque a pessoa, para não ter sua atenção desviada, não traçou regularmente todos os riscos ao som do metrônomo por ocasião de muitas palavras-estímulo. O experimento com distração teve êxito apenas parcial numa pessoa com muitas coordenações e com falta de constelações. Ela praticamente dobrou seu esforço no experimento com distração para prestar atenção tanto às palavras-estímulo quanto às batidas do metrônomo.

357 Nas 4 pessoas restantes, o experimento com distração foi bem-sucedido, ainda que no geral também estas pessoas tenham empenhado toda a sua força e se tenham esforçado bem mais do que no experimento sob condições normais porque tinham mais dificuldade do que as pessoas cultas de dividir sua atenção. De todos os grupos, o que menos conseguiu dividir a atenção foi o grupo das mulheres incultas. Como fenômenos de distração, as associações de som têm papel bem menor do que nos grupos das pessoas cultas. Duas dessas pessoas pertencem a um tipo puramente objetivo, com poucos predicados, com nenhuma constelação por assim dizer, e com um número muito alto de palavras-reação com o mesmo número de sílabas que a palavra-estímulo. Em duas outras pessoas experimentais (l e 3) predominam sobretudo os fenômenos de complexos nas mais diversas formas. Em 3 pessoas foi possível observar um aumento das associações internas e diminuição das externas na segunda centena do experimento sob condições normais; também se constatou que os fenômenos de complexos eram mais óbvios na segunda centena do experimento sob condições normais, enquanto que diminuíam na distração. Nos casos mais evidentes, por exemplo, na pessoa experimental l, a manifestação do complexo na segunda centena do experimento sob condições normais certamente independe do aumento de palavras-estímulo com carga emocional. Ele se manifesta também com palavras-estímulo que para outras pessoas não têm esta peculiaridade.

4. HOMENS INCULTOS

No grupo dos homens incultos, fizemos uma tabulação apenas sumária dos seis primeiros casos; as colunas omitidas não têm interesse especial. No que se refere especificamente ao grupo das formas linguístico-motoras, obtivemos os seguintes valores médios dos quais nenhuma das seis pessoas experimentais se desviou consideravelmente: primeira centena do experimento sob condições normais 27, segunda centena 30, primeira metade com distração externa 22, segunda metade 34. Constelações claras de complexos são difíceis de comprovar e em quase todos os casos nos falta uma análise mais profunda.

Pessoa experimental 1. As associações externas superam as internas, mas não tanto quanto nas pessoas cultas. O efeito da distração é patente: na segunda centena do experimento sob condições normais vemos o número de associações internas cair e o das externas aumentar um pouco. Surpreendentemente alto é o número de falhas e reações egocêntricas (4, 8, 6, 4); ultrapassam a média dessas formas de reação. Por falta de análise mais precisa, não é possível detectar o significado das falhas em cada associação. Associações claras de constelações não se encontram por assim dizer; também os tempos de reação – desconsiderando as poucas falhas – não denunciam nenhuma constelação de complexos; variam entre limites estreitos, 0,6 a 2,6 segundos.

Pessoa experimental 2. Predomínio das associações externas sobre as internas, como no caso precedente. Na segunda centena do experimento sob condições normais há aumento das associações internas e diminuição das externas. Pudemos explicar este fenômeno – nos casos em que o encontramos nos demais grupos até agora – quase sem exceção, pelo fato de os complexos de associação com carga emocional se manifestarem com mais clareza. Provavelmente é o caso aqui, embora as associações de constelações não sejam muito claras aqui e só possuímos uma análise parcial. A soma dos tempos de reação na segunda centena é maior do que na primeira; os tempos de reação mais prolongados aparecem com maior frequência. Na segunda centena encontramos significativamente a reação *família-sozinho* após 4,4 segundos, o tempo de reação mais longo verificado nesta pessoa.

O jovem é noivo de uma enfermeira. Uma série de reações com tempo de reação algo prolongado é provavelmente determinada por este complexo de ideias.

362   Os fenômenos mais fortes de distração são encontrados na primeira parte do experimento com distração, onde também se verificam 6 associações de som.

363   Indícios de constelações foram encontrados em nossa pessoa experimental em reações particulares que se referem ao serviço militar:

Pessoas experimentais 1-6, enfermeiros
1) 40 anos, suíço, formação em escola primária, com razoável leitura;
2) 25 anos, alemão do sul, formação em escola primária;
3) 54 anos, formação em escola secundária, inteligente, um pouco neurastênico;
4) 37 anos, formação em escola primária;
5) 30 anos;
6) 34 anos, formação em escola secundária

	Pessoa exp. 1				Pessoa exp. 2				Pessoa exp. 3			
Associações	Normal		Distração Externa		Normal		Distração Externa		Normal		Distração Externa	
Qualidade especial	1ª centena	2ª centena	1ª metade	2ª metade	1ª centena	2ª centena	1ª metade	2ª metade	1ª centena	2ª centena	1ª metade	2ª metade
Coordenação	34	12	16	16	32	37	24	20	5	22	10	12
Predicado	12	28	18	10	1	4	2	8	17	16	12	30
Associações internas	49	41	34	26	33	42	26	28	23	38	22	42
Associações externas	50	51	62	60	64	53	64	66	75	59	56	48
Reações de som	–	–	–	–	2	1	6	–	–	1	4	2
Grupo residual	1	8	2	14	1	4	4	6	2	2	18	8
Número de associações	100	100	50	50	100	100	50	50	100	86	50	50

	Pessoa exp. 4				Pessoa exp. 5				Pessoa exp. 6			
Coordenação	15	15	22	10	32	16	18	12	46	27	30	22
Predicado	31	28	20	16	3	5	–	2	9	11	6	10
Associações internas	49	46	44	26	35	21	18	14	56	40	38	32
Associações externas	48	48	46	68	63	78	68	80	40	56	56	58
Reações de som	1	1	4	–	1	1	8	4	1	1	–	2
Grupo residual	2	5	6	6	1	–	6	2	3	3	6	8
Número de associações	100	100	50	50	100	100	50	50	100	100	50	50

Estudos experimentais

aluno   soldado
fiel   soldado
Reihe   Glied (*in Reihe und Glied* = em fileira)

Outras associações se referem com muita probabilidade ao seu noivado e à noiva:

querido	confiar	1,6 seg.
esperança	finalmente	1,6
grinalda	diadema	3,2
fidelidade	deixar viajar	2,4
em toda parte	sozinho	?
família	sozinho	4,4
partir	encontrar-se	1,6

Estes tempos de reação algo longos, se comparados aos de outras associações, confirmam esta suposição. Não foram encontradas citações ou algo semelhante nesta pessoa nem na precedente.

Pessoa experimental 3. O experimento com distração não teve bom êxito, mas é preciso considerar que o uso de associações que pertencem ao grupo dos sons e grupo residual é mais frequente no experimento com distração do que no experimento sob condições normais, enquanto as reações egocêntricas desapareceram no experimento com distração; estes fenômenos podem ser considerados mais ou menos como efeitos da distração. Não foram encontradas associações manifestas de constelações e de complexos.

Pessoa experimental 4. Esta pessoa pode ser incluída no tipo predicado. Apesar disso pode ser notado um certo efeito da distração: vemos em nossa tabela diminuir consideravelmente as associações internas; um aumento sensível das associações externas só o encontramos na segunda parte do experimento com distração; por outro lado, vemos na primeira parte do experimento com distração um máximo de reações de som. Estão totalmente ausentes perseverações e reações egocêntricas. Não encontramos associações claras de constelações. Tomamos este caso – como poderíamos ter tomado qualquer outro acima mencionado deste grupo – para nossa discussão sobre constelações e complexos (cf. parágrafo 182 e seguintes) como exemplo daqueles casos em que encontramos as primeiras constelações e/ou reminiscências subjetivas.

367   *Pessoa experimental 5.* As associações internas diminuem neste caso como nos primeiros casos deste grupo. Especialmente os predicados são em número bem reduzido. Efeitos claros da distração: diminuem consideravelmente as associações internas tanto na segunda centena do experimento sob condições normais quanto principalmente na segunda metade do experimento com distração. Sons, rimas, reações indiretas e sem sentido são numerosos, sobretudo na primeira parte do experimento com distração. Na segunda parte diminuem outra vez um pouco, mas em contrapartida se acentua ao máximo a diminuição das associações internas e o aumento das externas. Os números para a mesma forma gramatical são espantosamente altos (86 na primeira centena do experimento sob condições normais, 44 na segunda centena; em torno de 88 nas duas metades do experimento com distração) como no caso seguinte e nos casos 2 e 4 do grupo das mulheres incultas. Acompanhando esta constatação, estão ausentes as associações egocêntricas, as associações de constelações passam totalmente para o plano de fundo e não podem ser reconhecidas claramente, como acontece nos casos mencionados.

368   Na segunda parte do experimento com distração aparece certo número de repetições, provavelmente devido ao embaraço e como fenômeno da distração.

17[55]	porta	castelo (ou fechadura)
55	saguão	saguão de castelo
57	ponte	ponte de castelo
69	escudo	escudo de castelo
81	adega	porta da adega
87	corredor	porta

369   *Pessoa experimental 6.* Entre as associações internas bastante abundantes encontram-se principalmente as coordenações, ao passo que os predicados não são muito numerosos. As formas linguístico-motoras são relativamente poucas. Um olhar sobre a relação entre as associações internas e externas mostra imediatamente que o experimento com distração teve êxito; já na segunda centena do experi-

---

[55]. Os números se referem à ordem das palavras-estímulo no formulário; é só para mostrar a que intervalos estas repetições ocorrem.

mento sob condições normais há que registrar um deslocamento desses números no sentido de uma distração.

Esta pessoa experimental se parece com a pessoa 5 deste grupo e com as pessoas experimentais 4 e 2 do grupo das mulheres incultas devido à proeminência das coordenações e do número de associações com a mesma forma gramatical, devido à diminuição de relações predicativas e à ausência quase total de reações egocêntricas e de associações de constelações. Trata-se de um tipo reativo bem objetivo e regular. 370

Todavia o presente caso se distingue dos demais pelo predomínio das subordinações e definições dentro das coordenações, ao passo que as outras, sobretudo três das acima mencionadas, produziram mais propriamente agregações. 371

Palavra-estímulo	Pessoa experimental 2	Pessoa experimental 4	Pessoa experimental 5	Pessoa experimental 6
	(mulheres incultas)		(Homens incultos)	
domingo	terça-feira	segunda-feira	segunda-feira	dia santo
aluno	menina	professor	professor	garoto
cabeça	pé	braço	pescoço	parte da pessoa
tinta	caneta	caneta	lápis	material para escrever
pão	carne	queijo	farinha	gênero alimentício
lampião	óleo	vela	luz	objeto de quarto
árvore	cadeira(?)	arbusto	arbusto	planta
lenha	carvão	carvão	carvão	material para queimar
giz	caneta	caneta	quadro-negro	objeto de escola
fruta	ameixa	maçã	verdura	frutas
capacete	luva	espada	couraça	cobertura da cabeça

372 *Pessoa experimental 7.* Talvez se possa incluir esta pessoa no tipo predicado ainda que os predicados não predominem na segunda centena. Espantosamente numerosas são as coexistências. Nenhuma reação do grupo de som. Notável é o número de falhas no grupo residual. O máximo (5) ocorre na segunda centena do experimento sob condições normais. Espantoso é o surgimento repentino de 6% de repetições da palavra-estímulo na segunda parte do experimento com distração. Lá encontramos também 2% de perseverações. Na segunda centena do experimento sob condições normais aumenta o número das associações internas e diminui o das externas, fato este que já constatamos mais vezes em conexão com o aparecimento de constelações de complexos. Apesar de ser um tipo predicado, o experimento com distração foi bem-sucedido. Caiu sempre mais o número de associações internas e subiu o das externas. Sobretudo os predicados diminuíram consideravelmente no experimento com distração.

373 Não foi possível dar posteriormente o número exato de novas constelações, contudo existe uma série de constelações além de grande quantidade de reminiscências de assuntos aprendidos na escola secundária.

São dignas de nota certas associações com longo tempo de reação como, por exemplo:

caderno	quadrado	7,4 seg.
livro	interessante	10,1
teimoso	o inimigo	17,2
acariciar	*caresser* (francês)	6,4
mal	demônio	10,4
maligno	demônio	28,0
chegar	o perigo amarelo	8,4
beijar	Oberon	6,8
amar	mãe	13,0
querida	mãe	9,0
desconhecido	um poema	11,0
enojar-se	sujo	6,8

374 No experimento com distração as reações com tempo muito longo são poucas. Provavelmente uma análise mais acurada teria encontrado por trás dessas reações um ou mais complexos. O erotismo, a

Pessoa experimental 3
enfermeira, 22 anos, suíça, com escola secundária

Associações	Normal		Distração	
			Externa	
Qualidade especial	1ª centena	2ª centena	Metrônomo 60	Metrônomo 100
Coordenação	13	22	26	12
Predicado	35	26	12	14
Dependência causal	–	1	–	–
Coexistência	26	10	22	12
Identidade	3	2	14	8
Formas linguístico-motoras	22	34	22	44
Complementação de palavra	–	–	–	–
Som	–	–	–	–
Rima	–	–	–	–
Indireta	–	–	–	–
Sem sentido	–	–	–	–
Falha	1	5	4	4
Repetição da palavra-estímulo	–	–	–	6
Reação egocêntrica	2	–	–	–
Perseveração	–	–	–	2
Repetições	12	5	–	–
A mesma forma gramatical	44	48	82	64
O mesmo número de sílabas	32	30	40	40
Aliteração	12	15	12	16
Consonância	17	18	26	22
A mesma terminação	2	13	10	14
Associações internas	48	49	38	26
Associações externas	51	46	58	64
Reações de som	–	–	–	–
Número de associações	100	100	50	50

escola e o medo de pequena cirurgia foram provavelmente as razões determinantes do prolongamento dos tempos de reação.

Resumo do grupo dos homens incultos

375   No grupo dos homens incultos temos 7 pessoas experimentais com 2.086 associações. Todas são bastante inteligentes mas, com exceção da pessoa 6 – que possui formação em escola secundária – e da pessoa 7 – que está cursando escola técnica – só frequentaram a escola primária. Quatro deles são suíços alemães e falam o dialeto comum; um é do sul da Alemanha, mas já vive há muito tempo na Suíça, sendo-lhe por isso bastante familiar o dialeto. Só um deles fala o dialeto da Suábia que se aproxima do alemão clássico. Um deles, o estudante de escola técnica, fala em casa o alemão clássico.

376   Duas pessoas experimentais podem ser incluídas no tipo predicado; como na maioria das pessoas desse tipo, a distração não teve êxito num dos casos, mas no outro sim. Numa das pessoas experimentais que já no experimento sob condições normais produziu relativamente poucas associações internas e muitas externas, também não teve bom êxito a distração. Em todas as outras, o efeito do experimento com distração foi evidente (em todas as pessoas experimentais desse grupo só foi considerada a distração externa).

377   Associações de som como sinal da distração nunca ocorreram na mesma medida que nas pessoas cultas.

378   Duas pessoas experimentais (5 e 6 deste grupo) pertencem a um tipo com muitas coordenações, poucos predicados e muitas reações com a mesma forma gramatical; caracterizam-se ao mesmo tempo pela ausência de reações egocêntricas e de constelações. Encontramos este tipo também no grupo das mulheres incultas (as pessoas 2 e 4). No mais, todo o grupo dos homens incultos se caracteriza pelo fato de haver poucas constelações e complexos nas associações, sendo possível apenas presumi-los; isto não exclui absolutamente que, dentro de limites estreitos, as oscilações dos tempos de reação revelem uma atuação de complexos. Neste grupo só encontramos excepcionalmente citações e reações semelhantes, indicadoras de comple-

xos. Uma exceção constitui o mais novo do grupo, o aluno da escola técnica. Reage com muitas reminiscências subjetivas e um número de constelações que podem ser consideradas em parte como constelações de complexos.

Nas pessoas experimentais 2, 3 e 7 encontramos um aumento das associações internas na segunda centena do experimento sob condições normais. Não pode ser dito com certeza em todos os casos se este aumento deve ser explicado como efeito de complexos. 379

No geral, os homens incultos se distinguem das mulheres incultas, nos nossos experimentos, pelo fato de manifestarem menos do que elas sua subjetividade e seus sentimentos. Esta diferença quase não existe nas pessoas experimentais cultas. Encontramos entre os homens cultos praticamente a mesma quantidade de tipos bem subjetivos e que reagem com força emocional como entre as mulheres; neste aspecto os homens cultos têm mais traços femininos do que os incultos. 380

Finalmente não nos parece supérfluo dizer mais uma vez que o grande número de complexos que descobrimos em nossas pessoas experimentais seja de natureza erótica. Isto não surpreende uma vez que o amor e a sexualidade desempenham papel muito importante na vida humana. 381

b. Cálculo das médias

1. Experimento sob condições normais

Após termos examinado as pessoas experimentais individualmente, falta estudar as inter-relações das reações grupais. Nos indivíduos, a relação dos números oscila muito conforme indicam as tabelas apresentadas. Causa fundamental dessas oscilações, além dos motivos propriamente individuais, é a intensidade da atenção, cujo efeito já mencionamos várias vezes. O fato de alguns indivíduos reagirem principalmente com associações internas e outras com externas é sobretudo um fenômeno de atenção. Toda pessoa capaz de falar possui o domínio sobre todas as qualidades diferentes de associação; a qualidade das associações que produz depende na maioria das vezes ape- 382 nas do grau de atenção que foi investido na palavra-estímulo. Sempre que nosso experimento com distração teve êxito, isto é, sempre que as condições do experimento se verificaram de acordo com a intenção dos experimentadores, apareceu o mesmo e inequívoco fenômeno: aumentaram as associações externas e as reações de som à custa das associações internas, isto é, houve um deslocamento na direção do acostumado e canalizado e, portanto, das conexões mecanizadas, concretas ou verbais. Com o aumento da distração, aumenta também o efeito da "law of frequency" (lei da frequência), ao passo que tudo o que estava muitas vezes unido espacial e temporalmente chega à desarticulação. Com a diminuição da força de atenção das ideias, os elementos mais próximos (sobretudo linguísticos) recebem maior valência e respectivamente um valor limiar mais baixo, chegando assim à reprodução.

383 Não podemos abordar aqui as diversas teorias psicológicas da atenção. Entendemos a atenção como um estado que surge no complexo de associações, se caracteriza-se em última análise por tensão muscular e fornece ao complexo acentuado a base psicofísica. A estabilização da ideia acentuada no campo da consciência parece ser a finalidade do eco físico. Provavelmente é através da conexão somática que a ideia acentuada ou o "sentimento" que a substitui se mantém em foco no meio das outras. Torna-se uma "ideia diretiva" (respectivamente "sentimento diretivo"). Dela resultam dois tipos de efeitos:

1. *promovendo* todas as ideias associadas, principalmente todas as que estão associadas com direção;

2. *inibindo* todas as ideias não associadas, especialmente as não associadas com direção.

384 Se a intensidade da atenção for aumentada para uma ideia não associada, a ideia direcional será também reprimida para fora do ponto central, isto é, perde em intensidade. Os efeitos dela resultantes diminuem igualmente em intensidade; e assim a diferença no valor limiar de todas as outras associações fica menor. A escolha direcional fica mais difícil e mais sujeita à influência da lei da frequência; isto significa que todas as associações que, através de prática e hábito, constituem o conteúdo maior da consciência e por isso possuem o menor valor limiar entram para o primeiro plano. A lei da frequência assume então o papel antes desempenhado pela ideia direcional.

Com base na práxis de nossos experimentos isto não significa outra coisa senão isto: as ideias já automatizadas e condensadas na linguagem se associam ao esforço da pessoa para assimilar a palavra-estímulo e elaborá-la.

No ato da apercepção e da elaboração ulterior da palavra-estímulo, todas essas conexões puramente linguísticas são reprimidas de forma que, em parte, manifestam-se de modo bem suave e vago e, em parte, permanecem totalmente inconscientes. Se as conexões linguísticas entrarem no campo da consciência, as associações mais elevadas serão rechaçadas para a sombra; em parte repercutem de forma suave, em parte transcorrem de modo inconsciente (ou segundo Wundt, de modo "despercebido"). (É possível que nem se formem, mas é difícil demonstrá-lo.) Mas com os mecanismos linguísticos o processo reativo ainda não chegou a seu grau mais baixo; a simples repetição ou a reação de som é reprimida durante a reação linguística mecânica. Se eliminarmos, através da diminuição constante da atenção, os mecanismos linguísticos que, na maioria dos casos, ainda possuem algum valor significativo, surgem então as reações de som; estas representam o grau mais baixo da reação linguística e, portanto, ficam por muito tempo abaixo do limiar da consciência na vida cotidiana. No processo infantil do desenvolvimento da fala, as reações de som desempenham ainda um papel bem grande; mas são progressivamente reprimidas e entram numa inconsciência habitual da qual só podem ser trazidas à tona, sob condições normais, com certo esforço.

Deliberadamente só falamos do efeito da distração sobre as funções linguísticas. Para completar, acrescentamos que a lei da frequência também se aplica à seleção das imagens internas. Surpresos ficamos com o fato de no estado de distração interna (N. B. muito mais frequentemente do que no estado normal) emergirem recordações antigas, da infância, mesmo com relação a assuntos bem vulgares.

Nas descrições individuais chamamos a atenção para a semelhança do fenômeno da distração com a reação maníaca. As reações do estado da distração em nada se diferenciam das reações maníacas, conforme constatado por Aschaffenburg e por nós próprios em muitas associações maníacas. Liepmann que numa recente publicação[56]

---

56. LIEPMANN, H. *Über Ideenflucht. Begriffsbestimmung und psychologische Analyse*. Halle: [s.e.], 1904.

explica a fuga de ideias como consequência do distúrbio da atenção, chegou a um ponto de vista semelhante ao nosso. Considerações semelhantes às que Liepmann faz em seu escrito já norteavam há muito tempo os nossos experimentos. Os resultados de nossas experiências confirmam os pontos de vista de Liepmann. No tocante ao mecanismo psicológico da fuga de ideias, nossos pontos de vista coincidem perfeitamente com os de Liepmann. Por isso indicamos o escrito citado.

388   Aschaffenburg nos informa ainda sobre outro tipo reativo, semelhante ao maníaco: o tipo da fadiga. Outras pesquisas, levadas a efeito sob a direção de Kraepelin, mencionam resultados semelhantes sob a influência do álcool. Como é do conhecimento geral, Aschaffenburg responsabiliza a excitação motora pelo surgimento das reações de som. Pode-se objetar sem mais a esta concepção que as condições descritas são caracterizadas em grande parte pelo distúrbio da atenção. Nossas experiências mostraram que as reações de som foram causadas – quase exclusivamente, poderíamos dizer – pelos distúrbios da atenção. Provavelmente a excitação motora é um sintoma colateral que, no melhor dos casos, pode ser a causa do distúrbio da atenção. Este parece ser o caso também na fadiga e no alcoolismo. Para a fuga de ideias deve ser considerado ainda outro fator como causa do distúrbio da atenção, isto é, a excitação específica cuja natureza ainda nos é bastante obscura do ponto de vista psicológico. O distúrbio da atenção devido à excitação motora na fadiga e no alcoolismo poderia ser entendida assim: os correlatos físicos do fenômeno da atenção, as tensões musculares, sofrem, sob o influxo da excitação motora, certa redução em sua duração e certa variabilidade anormal em sua constituição. A base psicológica das ideias acentuadas recebe, assim, um grau de instabilidade que é representado psiquicamente como fraqueza das ideias direcionais. Segundo os princípios de Liepmann, é dessa fraqueza da ideia direcional que resulta a fuga de ideias que no experimento de associações se manifesta como reação de som etc. No experimento acústico-linguístico existe a possibilidade de a excitação motora que, obviamente, transmite-se também ao sistema linguístico-motor, fomentar a liberação de reações mecânicas; mas nunca é a única causa delas.

389   De acordo com o acima dito, podemos esperar a ocorrência de um tipo reativo superficial, respectivamente reações de som, sempre que houver um distúrbio da atenção; ou vice-versa, quando houver reações de som podemos supor um distúrbio da atenção.

Este fato nos parece de grande valor diagnóstico e, além disso, é 390
condição indispensável para o entendimento das reações em geral.

Devido à grande variação dos números referentes a cada indivíduo, é 391
difícil uma visão geral deles: construímos, por isso, algumas tabelas onde
são apresentadas as médias aritméticas de certos grupos e, para maior facilidade de comparação, foram apresentadas em porcentagens. Estamos
conscientes de que um cálculo de médias com relações quantitativas tão
delicadas é um empreendimento ousado. Mesmo que a relação quantitativa dos grupos individuais entre si seja um tanto quanto oscilante, estamos convencidos de que ao menos os números principais, ou seja, das
associações internas e externas e das reações de som podem dar um quadro bastante preciso do modo da reação. A inter-relação quantitativa de
certos grupos especiais, por exemplo, especialmente das coexistências,
está sujeita em parte à influência de certas fontes de erros, provindas da
escolha das palavras-estímulo. É óbvio que reações a palavras que são exclusivamente substantivos apresentarão números diferentes do que reações a palavras de categorias gramaticais diversas. Mesmo assim nossos
números relativos mantêm seu valor, pois todas as pessoas experimentais foram submetidas ao mesmo esquema de palavras-estímulo.

Classificamos nosso material segundo critérios diversos; interes- 392
sou-nos principalmente a relação entre as pessoas cultas e incultas.
Aschaffenburg encontrou em suas pessoas experimentais cultas um predomínio relativamente forte das associações externas sobre as internas.
Por sua vez Ranschburg e Bálint encontraram nas pessoas incultas um
forte predomínio das associações internas. Apresentamos a seguir as tabelas da primeira e segunda centena das associações sob condições normais.

Nossas *pessoas experimentais incultas* eram quase todos enfer- 393
meiros e enfermeiras da clínica. Temos que reconhecer que esta escolha não foi das melhores pois entre o pessoal da enfermagem há muitos que estão acima do baixo nível médio de formação. Talvez fosse
melhor substituir a designação de "inculto" por "semiculto". O nível
de formação e de inteligência dos homens era em geral um pouco
mais alto do que o das mulheres.

As mulheres apresentam um número relativamente alto de asso- 394
ciações internas; o número de associações internas aumenta conside-

A. Pessoas incultas

	Homens		Mulheres	
Qualidade especial	1ª centena	2ª centena	1ª centena	2ª centena
Coordenação	24,2 ⎫	26,2 ⎫	25,2 ⎫	21,5 ⎫
Predicado	18,8 ⎬ 44,0	22,0 ⎬ 49,3	15,4 ⎬ 41,7	16,8 ⎬ 39,4
Dependência causal	1,0 ⎭	1,1 ⎭	1,1 ⎭	1,1 ⎭
Coexistência	27,2 ⎫	13,6 ⎫	21,7 ⎫	13,0 ⎫
Identidade	3,3 ⎬ 52,8	6,8 ⎬ 46,1	7,8 ⎬ 55,7	12,2 ⎬ 55,7
Formas linguístico-motoras	22,3 ⎭	25,7 ⎭	26,2 ⎭	30,5 ⎭
Complementação de palavra	0,2 ⎫	0,0 ⎫	– ⎫	– ⎫
Som	– ⎬ 0,3	0,3 ⎬ 1,4	0,7 ⎬ 0,7	0,5 ⎬ 0,6
Rima	0,1 ⎭	0,6 ⎭	– ⎭	0,1 ⎭
Indireta	0,6 ⎫	0,8 ⎫	0,5 ⎫	1,2 ⎫
Sem sentido	0,3 ⎬ 2,1	0,2 ⎬ 2,6	0,1 ⎬ 1,4	0,2 ⎬ 3,6
Falha	1,2 ⎭	1,6 ⎭	0,8 ⎭	2,2 ⎭
Repetição da palavra-estímulo	–	–	–	–
Reação egocêntrica	0,8	0,8	2,0	1,5
Perseveração	1,5	0,6	1,0	0,4
Repetições	10,2	8,8	14,1	10,5
A mesma forma gramatical	63,2	54,7	60,1	58,4
O mesmo número de sílabas	49,9	42,2	41,1	37,0
Aliteração	10,2	8,7	9,0	9,0
Consonância	12,3	12,2	11,1	14,0
A mesma terminação	11,7	11,0	16,4	16,2
Total de Associações	800	800	700	700
Total de pessoas experimentais	8		7	

B. Pessoas cultas

	Homens		Mulheres	
Qualidade especial	1ª centena	2ª centena	1ª centena	2ª centena
Coordenação	13,4 ⎫	14,0 ⎫	16,1 ⎫	16,5 ⎫
Predicado	21,8 ⎬ 36,9	18,6 ⎬ 33,2	17,3 ⎬ 34,0	22,2 ⎬ 39,5
Dependência causal	1,7 ⎭	0,6 ⎭	0,6 ⎭	0,8 ⎭
Coexistência	16,5 ⎫	11,2 ⎫	18,2 ⎫	7,5 ⎫
Identidade	2,7 ⎬ 57,2	6,7 ⎬ 58,9	3,2 ⎬ 56,6	8,3 ⎬ 49,0
Formas linguístico-motoras	38,0 ⎭	41,0 ⎭	35,2 ⎭	33,2 ⎭
Complementação de palavra	1,0 ⎫	2,0 ⎫	1,1 ⎫	1,1 ⎫
Som	0,3 ⎬ 2,1	1,9 ⎬ 4,5	1,5 ⎬ 3,3	2,3 ⎬ 4,0
Rima	0,8 ⎭	0,6 ⎭	0,7 ⎭	0,6 ⎭
Indireta	0,9 ⎫	1,0 ⎫	2,8 ⎫	2,2 ⎫
Sem sentido	0,1 ⎬ 2,9	0,1 ⎬ 2,4	0,7 ⎬ 5,2	1,2 ⎬ 6,1
Falha	1,9 ⎬	0,9 ⎬	1,7 ⎬	2,6 ⎬
Repetição da palavra-estímulo	– ⎭	0,4 ⎭	– ⎭	0,1 ⎭
Reação egocêntrica	2,7	1,5	3,6	2,6
Perseveração	0,8	0,5	3,1	1,8
Repetições	8,0	6,5	7,5	7,6
A mesma forma gramatical	53,9	54,0	52,1	46,1
O mesmo número de sílabas	43,9	39,2	37,0	32,6
Aliteração	9,0	7,8	9,2	8,8
Consonância	14,6	15,2	15,1	16,2
A mesma terminação	9,8	11,3	8,2	8,8
Total de Associações	1100	1100	800	800
Total de pessoas experimentais	11		8	

ravelmente na segunda metade do experimento e, com isso, apresentam um crescimento dos predicados. Além disso há um aumento do grupo residual e das relações de som. Existe provavelmente uma conexão entre o aumento dos predicados e das formas linguístico-motoras e a diminuição da identidade na forma gramatical. Os números da conexão linguística são muito altos.

395 Os homens mostram em geral um tipo reativo mais superficial do que as mulheres. A segunda centena não difere muito da primeira; apenas o número das associações indiretas e da consonância mostra uma elevação bastante notável.

396 O aumento das falhas na segunda centena em ambos os grupos pode ser atribuído ao infeliz acaso de que nesta centena o número de palavras-estímulo com carga emocional era maior do que na primeira centena. Como já vimos, as falhas recaem na maioria das vezes sobre palavras-estímulo com carga emocional. Note-se que os homens apresentam maior número de reações egocêntricas do que as mulheres, bem como um número significativamente menor de predicados.

397 As reações egocêntricas, isto é, o afluxo de desejos e apreciações pessoais estão provavelmente em conexão com o número de perseverações; este número é algo mais elevado nas mulheres do que nos homens, modifica-se porém de acordo com a diminuição dos julgamentos egocêntricos, circunstância que se comprovará também mais adiante. Atribuímos isto ao fato de que principalmente as reações com carga emocional têm uma tendência à perseveração, conforme já referimos várias vezes ao tratar dos casos individuais.

398 Em primeiro lugar chama aqui a atenção o tipo em geral mais superficial das reações. Quase todas as *pessoas experimentais* possuem *alto nível de formação*; também as mulheres, com raras exceções, têm nível cultural elevado.

399 A diferença entre as pessoas experimentais masculinas e femininas não é considerável com referência aos três primeiros grupos, com exceção de leve predomínio das associações internas nos homens sobre estas associações nas mulheres; e aí têm lugar especial as coordenações. Por outro lado, diferenças consideráveis aparecem no grupo residual, onde se evidencia sobretudo o elevado número de associações indiretas nos homens, superando em mais do que o dobro o das mulheres. A média das reações de som nos homens é algo maior do

que nas mulheres. Também se encontra aqui a relação inversa das associações indiretas e das reações de som da qual falamos acima.

	Mulheres		Homens	
	1ª centena	2ª centena	1ª centena	2ª centena
Reações de som	2,9	2,4	5,2	6,1
Associações indiretas	0,9	1,0	2,8	2,2

Discutiremos este fenômeno ao abordar as médias com distração.

Também aqui as reações egocêntricas dos homens superam as das mulheres. O número de perseverações corresponde ao das reações egocêntricas, como nas pessoas incultas – mais uma prova da natureza quase sempre emocional das perseverações (N.B. somente no experimento sob condições normais).

C. Média das pessoas experimentais cultas e incultas

Qualidade especial	Homens		Mulheres	
Coordenação	15,0		24,2	
Predicado	19,3	35,8	18,2	43,4
Dependência causal	0,9		1,0	
Coexistência	13,3		18,8	
Identidade	5,2	55,3	7,5	52,4
Formas linguístico-motoras	36,8		26,1	
Complementação de palavra	1,3		0,1	
Som	1,5	3,4	0,3	0,5
Rima	0,6		0,1	
Indireta	1,7		0,7	
Sem sentido	0,5	4,0	0,1	2,2
Falha	1,7		1,4	
Repetição da palavra-estímulo	0,1		–	
Reação egocêntrica	2,4		1,1	
Perseveração	1,5		0,8	
Repetições	7,3		10,9	
A mesma forma gramatical	51,5		59,2	
O mesmo número de sílabas	38,2		42,5	
Aliteração	8,7		9,3	
Consonância	10,2		12,3	
A mesma terminação	9,5		13,8	
Total de Associações	3800		3000	
Total de pessoas experimentais	19		15	

401   As diferenças que separam as pessoas cultas das incultas podem ser melhor vistas ao colocarmos lado a lado os números das médias dos dois grupos.

402   *As pessoas experimentais cultas* apresentam um tipo claramente mais superficial do que as *incultas*. Se quisermos expressar mais vivamente a diferença, poderíamos dizer: em contraste com as pessoas incultas, as cultas apresentam um fenômeno de distração.

403   Supondo que os números das pessoas incultas sejam os de uma pessoa experimental no experimento sob condições normais, então os números das pessoas cultas se comportarão como os de um experimento com distração. As reações de som e os números do grupo residual são proporcionalmente aumentados conforme já constatamos repetidas vezes nos relatos dos casos individuais.

404   Donde provém esta diferença? Não se pode admitir que as pessoas cultas pensem realmente de modo mais superficial do que as incultas; seria um contrassenso. Podemos admitir que pensem mais superficialmente do que as incultas apenas no experimento. Isto nos parece ser de fato o caso e a partir disso nos parece também ser possível explicar o tipo reativo.

405   Como prova desta suposição, aduzimos os seguintes pontos:

1. A coincidência na forma gramatical e no número de sílabas da palavra-estímulo e da reação é bem maior nas pessoas incultas. Este fato parece evidenciar que a pessoa inculta se agarra mais à palavra-estímulo e por ela é mais influenciada do que a pessoa culta.

2. O número de reações sem sentido é bem menor na pessoa inculta. Ela se controla mais e presta, portanto, mais atenção à sua reação.

3. A pessoa inculta supera a pessoa culta, sobretudo no número de coordenações. Isto quer dizer que se esforça mais do que a pessoa culta para entender bem o sentido da palavra-estímulo.

4. A pessoa inculta supera a pessoa culta no número de coexistências que se compõem principalmente de concepções espaciais. Isto significa que a pessoa inculta se esforça por imaginar claramente o objeto designado pela palavra-estímulo, devendo por isso associar naturalmente o que é coexistente com ele. A pessoa culta, no entanto, tem menos coexistências porque se contenta em conectar formas linguísticas.

5. A pessoa inculta tem por assim dizer quase a metade de reações egocêntricas a menos do que a pessoa culta. Isto indica que ela se permite menos desejos e avaliações subjetivas e também permite menos que sejam reveladas. Ela se esforça para dar à palavra-estímulo uma interpretação a mais objetiva possível.

6. Uma das provas mais importantes é o número quase sete vezes maior de reações de som nas pessoas cultas. Aqui se manifesta da maneira mais clara a indolência. A pessoa experimental que presta muita atenção quase não produz reações de som[57].

Por estas razões temos como certo que a diferença entre o tipo reativo culto e inculto – até o ponto indicado por estes números – é simplesmente funcional e significa apenas um fenômeno de atenção.

Se for permitido avaliar o grau de atenção de acordo com os números da reação de som, do grupo residual e das formas linguístico-motoras, as mulheres incultas ocupam o lugar mais alto na produção de atenção e os homens cultos o mais baixo. Este fato se torna evidente se dividirmos os grupos por sexo e os examinarmos segundo os pontos de vista mencionados.

Donde provém esta diferença de atenção[58] entre pessoas cultas e incultas? Há vários fatores a considerar:

1. Este experimento é algo estranho à pessoa inculta. Naturalmente lhe parecerá mais estranho e mais difícil do que à pessoa culta. Esta tem melhores condições de entender o alcance do experimento e certamente vai sentir-se bem mais à vontade numa atividade intelectual do que a pessoa inculta. A excitação provocada pelo experimento será bem maior e mais geral na pessoa inculta e por isso reagirá com maior esforço.

2. São proclamadas à pessoa experimental palavras sem qualquer conexão frasal. Em condições normais, quando se proclama alguma coisa a alguém, trata-se em geral de ordem ou pergunta. Ao contrário da pessoa culta, a inculta não está acostumada a lidar com palavras isoladas, ainda mais quando nunca aprendeu em livros uma língua es-

---

57. Com exceção naturalmente de pessoas com disposição específica.
58. Com isso deve se entender apenas uma diferença de atenção no sentido quantitativo e não uma diferença qualitativa.

trangeira. Por isso a palavra-estímulo tem algo de estranho para a pessoa inculta. Devido ao costume, ela a entende instintivamente no sentido de uma pergunta, com a intensidade de atenção necessária para produzir uma resposta adequada. Para a pessoa inculta a palavra-estímulo é quase sempre algo para o qual constrói alguma conexão frasal e, então, dá a resposta[59].

3. A pessoa inculta só conhece, por assim dizer, palavras numa conexão frasal, sobretudo quando aparecem como fenômeno acústico. Na conexão frasal as palavras sempre têm sentido; por isso a pessoa inculta identifica a palavra menos como simples "palavra" ou signo linguístico e mais como significado. Portanto ela entende palavras isoladas segundo seu valor semântico e numa conexão frasal fictícia, ao passo que a pessoa culta considera a palavra-estímulo como simples "palavra", sem valor semântico especial[60].

409 Resumindo podemos dizer que a pessoa inculta, devido à sua menor formação acadêmica, apresenta uma compreensão mais limitada do experimento, especialmente da palavra-estímulo, do que a pessoa culta que considera a coisa de modo bem mais frio e objetivo. Em outras palavras, a pessoa inculta mostra certa tendência de assimilar a palavra-estímulo no sentido de uma pergunta porque o mais comum é que palavras ditas a alguém em voz alta sejam perguntas.

410 Esta atitude para com a palavra-estímulo se manifesta claramente em certos casos patológicos onde o experimento de associações nada mais é do que 2 x 200 sentenças de uma longa conversa sobre um tema com carga emocional. Dessas considerações pode-se deduzir que a pessoa inculta presta mais atenção porque é mais influenciada pelo sentido da palavra-estímulo do que a pessoa culta.

---

59. Podemos afirmar em geral: quanto mais inculta e menos inteligente a pessoa experimental, tanto mais entenderá a palavra-estímulo no sentido de uma pergunta. Isto aparece de modo mais claro nos idiotas que, com pouquíssimas exceções, sempre consideram a palavra-estímulo como pergunta, reagindo então com uma definição ou explicação.

60. O mesmo acontece aos cultos com palavras de uma língua que nunca viram escritas. Quando as palavras-estímulo são ditas no dialeto, também as pessoas cultas têm às vezes dificuldade em entendê-las, pois estão acostumadas a ouvir palavras em dialeto só no contexto frasal.

A diferença entre pessoas cultas e incultas reside no modo diverso de interpretarem a palavra-estímulo. Este princípio diferenciador nos abre a possibilidade de distinguir, ainda que bem vagamente, dois grupos. Esta distinção é tão geral que não leva em consideração outras diferenças mais essenciais nos tipos reativos. Por isso nos esforçamos por encontrar outros princípios mais sutis de classificação. Colocamos a pergunta: Existem ainda outros fatores gerais – excluído o fenômeno da atenção – que influenciam visivelmente a reação? 411

Um fator principal está na disposição caracterológica individual. A diferença, acima apontada, da interpretação é uma disposição intelectual ou associativa que pode ser a mesma em indivíduos com os caracteres mais diversos. O mesmo não acontece quando se trata do caráter. A partir de nossos experimentos podemos identificar sobretudo dois tipos bem caracterizados: 412

1. Um tipo que emprega na reação subjetiva experiências muitas vezes carregadas de emoção.

2. Um tipo cujas reações mostram um procedimento objetivo e impessoal.

O primeiro tipo se caracteriza pela manifestação de reminiscências de cunho pessoal que trazem muitas vezes forte carga emocional. O segundo tipo junta palavra com palavra ou conceito com conceito, desempenhando o pessoal um papel bem subalterno na reação. Podemos chamar este tipo, de objetivo. 413

Na prática podemos dividir o tipo 1 em três grupos: 414

a) A imagem-estímulo que emana da palavra-estímulo atua principalmente através de sua carga emocional. Geralmente a carga emocional da imagem-estímulo ativa todo um complexo de memórias a ela pertencente. A reação se processa então sob a constelação deste complexo. Na prática, a pessoa experimental deste tipo pode ser distinguida das outras ao menos em seus extremos. Chamamos este tipo de tipo constelação de complexos.

b) A imagem evocada pela palavra-estímulo é uma memória individual geralmente tirada da vida cotidiana. A reação contém esta imagem ou, ao menos, é fortemente constelada por ela. Chamamos este tipo de tipo constelação simples[61].

c) A imagem evocada pela palavra-estímulo atua por meio de um ou de outro atributo a ela associado (em parte aspectos sensoriais da imagem e em parte cargas emocionais). Provavelmente a imagem-estímulo se manifesta com muita plasticidade neste tipo; ora uma, ora outra característica irrompe para o primeiro plano e condiciona a reação; e assim traz consigo normalmente um predicado do objeto designado pela palavra-estímulo. Chamamos este tipo de tipo predicado.

415 A característica comum dos tipos descritos em a), b) e c), em oposição ao tipo objetivo (2.) é uma forte acentuação da parte da reação que é individual, pessoal e independente da palavra-estímulo. Podemos afirmar, pois, que a diferença entre o tipo 1 e 2 é o egocentrismo da atitude.

416 Os pontos de vista apresentados esclarecem as leis psicológicas gerais que comandam nosso experimento. Mas com isso não foram ainda reveladas as raízes donde se originam as complicações das reações.

417 No tocante à atitude egocêntrica pressupomos tacitamente que a reação é um símbolo mais ou menos claro de processos internos. Enquanto soubermos que a pessoa experimental se manifesta livremente, podemos manter esta suposição *cum grano salis*. Mas o quadro reativo muda assim que a atitude egocêntrica fomenta complexos com carga emocional que a pessoa experimental não quer revelar[62]. Isto acontece principalmente no tipo constelação de complexos. A palavra-estímulo faz, por exemplo, emergir o complexo de um amor infeliz que é conservado oculto ao máximo. Se a pessoa experimental reagir de acordo com suas imagens internas, externará na

---

61. Frisamos de novo que com esta classificação só queremos assinalar as diferenças claras e óbvias no modo de reação. Sabemos muito bem que, basicamente, toda pessoa experimental pertence de fato, por exemplo, ao tipo constelação de complexos, pois nenhuma reação é arbitrária mas irremediavelmente condicionada pelo passado psicológico da pessoa. Com nossa classificação só queremos esclarecer o mais ou o menos do condicionamento subjetivo na medida em que se manifesta claramente nas reações.

62. Inúmeros experimentos nos convenceram de que este não querer revelar não é sempre um não querer consciente, mas frequentes vezes uma inibição inconsciente que, na maioria dos casos, também produz um prolongamento do tempo de reação.

reação parte de seu complexo que, assim, ficará revelado. A ocultação de uma emoção é sempre caracterizada por atitude bem especial, por um estado emocional bem próprio. Se não houver uma crítica consciente, talvez a parte emergente do complexo seja novamente reprimida pelo sentimento orientador, presente na consciência, de não querer revelar e do qual emanam inibições muito bem sintonizadas. Naturalmente o processo de repressão pode ocorrer num nível bem mais consciente (ou mais inconsciente, como na histeria). No lugar da imagem reprimida do complexo é externada outra associação condizente com o sentimento momentâneo de orientação.

Assim fica encoberta, para fora, a verdadeira associação interna e mantido o segredo. Pode ser extremamente difícil para o experimentador que não goza da plena confiança da pessoa experimental discernir em certos casos se houve ocultação ou não. O discernimento pode ser mesmo impossível em pessoas com alto grau de autodomínio. Mas, na maioria dos casos, as pessoas experimentais se traem em pouco tempo. De acordo com as leis mencionadas acima, deve haver certos fenômenos que revelam o complexo reprimido. Não vamos considerar aqui o prolongamento do tempo de reação que ocorre com grande regularidade[63].

A repressão se revela:

1. Por uma montagem incomum e suspeita da reação que não se explica pela simples palavra-estímulo mas cujo caráter deve ter sido constelado por algum X. Às vezes este X pode ser deduzido diretamente do caráter tipicamente forçado da reação. Muitas vezes estas reações se manifestam em forma de frases.

2. Pelo fenômeno da atenção. Uma pessoa experimental que interpreta a palavra-estímulo como "pergunta" e que, portanto, reproduz uma série de associações de boa qualidade reage de repente com um som ou com outra associação extremamente superficial, estando ausente qualquer distúrbio externo. Este resultado é suspeito; deve ter havido um distúrbio interno, uma distração interna. Talvez a pessoa experimental não dê nenhuma informação. Com uma palavra-estí-

---

[63]. Um trabalho posterior vai informar sobre o comportamento dos tempos de reação (cap. III deste volume).

mulo semelhante o fenômeno se repete. Podemos então ter certeza de que existe algo por detrás. Esta suspeita raras vezes nos enganou. Emergiu de repente um complexo, atraiu sobre si certo grau de atenção e neste meio-tempo houve a reação; e, devido ao distúrbio da atenção, a reação só pôde ser superficial.

3. Por uma falha. O complexo emergente absorveu toda a atenção de modo que a reação foi esquecida ou, por falta de qualquer associação, não pôde ser produzida.

4. Por uma perseveração. Neste caso a reação crítica pode ser bastante dissimulada, mas a subsequente tem um caráter anormal, tendo a reação precedente assumido o papel da constelação X. O fator perseverante é a emoção estimulada pela associação precedente[64].

5. Pela assimilação da palavra-estímulo. Por nenhuma razão plausível a palavra-estímulo é interpretada num sentido especial e raro ou é mal compreendida de modo estranho e no sentido de uma ideia com carga emocional que satisfaz a consciência[65].

Os pontos acima mencionados são os critérios principais de um complexo oculto[66].

Demos propositalmente grande ênfase a estes fenômenos psicológicos sutis porque os processos emocionais cujas pegadas persegui-

---

64. Uma pessoa experimental, cuja vida íntima está fortemente afetada por um assunto financeiro desagradável, reagiu no tempo normal a *doente* com *pobre* e na reação seguinte *Stolz* (orgulho) – *Bolz* (seta), com tempo prolongado de reação. Sem razão aparente, a reação foi uma rima sem sentido. As associações de som e as rimas só aconteciam nesta pessoa experimental em lugares "críticos". *Pobre* tem um sentido emocional bem próprio para esta pessoa; a atenção ficou presa ao complexo atingido, o que resultou em distúrbio na reação subsequente devido à distração interna.

65. A pessoa mencionada na nota anterior reagiu a *compaixão* com *pobres* (*pobre* tem carga emocional típica). A associação subsequente foi *amarelo-muito*. Temos novamente uma perseveração do complexo financeiro, sendo *gelb* (amarelo) assimilado imediatamente a *Geld* (dinheiro), ainda que a pessoa estivesse bem familiarizada com todas as palavras-estímulo de nossa lista.

66. Em algumas pessoas experimentais também as repetições têm certo significado como expressão indireta do complexo. (Chamamos a atenção para isso várias vezes na parte específica sobre este assunto.) Certas palavras que estão mais ou menos intimamente associadas ao complexo, ou que indiretamente o representam, são repetidas diversas vezes.

mos com maior cuidado na reação normal desempenham o papel preponderante na reação patológica, conforme mostraremos em detalhes mais tarde. O que talvez releguemos na reação normal como sutilezas há de revelar-se como fator importantíssimo nas reações patológicas. Por ora damos grande importância ao conhecimento de que as reações são um teste extraordinariamente sutil dos processos emocionais em particular e da resposta individual da pessoa sob experimento em geral.

Para ilustrar nossas considerações, apresentamos as associações dos seis tipos principais.

1. Tipo objetivo

a) Reações de pessoa experimental cuja atitude é essencialmente objetiva. Concomitantemente temos como pano de fundo a interpretação da palavra-estímulo como pergunta. Há uma tendência de simplesmente justapor palavras, em parte segundo a lei da semelhança e em parte de acordo com as conexões verbais correntes.

Pessoa experimental l do grupo dos homens cultos:

natal	páscoa	cozinhar	comer
domingo	segunda-feira	água	beber
inverno	primavera	dançar	música
lago	mar	gato	rato
aluno	professor	dúzia	às dúzias
pai	mãe	escuro	claro
mesa	perna (da mesa)	coração	dor
cabeça	pano de	passarinho	ninho
tinta	caneta	branco	preto
agulha	suporte	jogo	cartas
pão	ganhar	imperador	Guilherme
lampião	quebra-luz	lua	luar
árvore	golpe	bater	atirar
montanha	verde	incendiar	casa
sonho	espuma	estrela	cadente
(Traum)	*(Schaum)*		
caderno	faca	acariciar	gato
papel	pedaço de	grandioso	magnífico

livro	ler	criança	cachorro
escola	frequentar	doce	amargo
cantar	escrever	cavalgar	andar de carro
anel	dedo	amigável	grosseiro
dente	tempo	cortar	faca
janela	moldura	coroa	reino
sapo	perna	áspero	perna
flor	cálice	prisão	cárcere
igreja	pedra	partir	evitar
		(*scheiden*)	(*meiden*)
clínica	enfermeiro	doente	fraco
piano	tocar	canção	canto
Ofen*	cidade	batata	salgar
passear	ir	ter preguiça	poltrona
café	tomar	milagres	sobre milagres
sacrifício	fazer	sangue	vingança
casamento	festa	coroa	atleta
avó	avô	escolher	eleição
mau	arteiro	direito	força
aplaudir	mãos	dever	ninguém deve dever**
ano	mês		
ameaçar	punho	esperança	não se deixa frustrar
rico	pobre		
sofrer	alegria	pequeno	meu
		(*klein*)	(*mein*)
olho	dente	injusto	infidelidade
juventude	jogo	mundo	mágoa
		(*Welt*)	(*Schmerz*)
		(*Weltschmerz* = melancolia)	
restaurante	galeto	estranho	desconhecido
família	escândalo	rosnar	cachorro
aflição	preocupação	nó	bengala
prestar atenção	atentar para	fruta	comer

---

* (Cf. § 427***).
** (Cf. § 212, nota 46).

Estudos experimentais

punho *(Faust)*	Goethe	falso	raposa
povo	rebelião	capacete	enfeite
assassino	sangue	feno	palha
em toda parte	estou em casa	limpo *(reinlich)*	demasiado *(peinlich)*
calcular	medir	presumir	W. (nome de um conhecido que levantou determinada hipótese)
beijar	boca		
ruim	certo		
(schlecht)	*(recht)*		
maduro	fruta	laço	de amor
chão firme	encontrar	jogo	das ondas
caminhada	a Canossa	cabeça	cheia de sangue e feridas
brigar	conflito	em casa	é bom
azul	vermelho	sebe	espinho
sofá	estar deitado	indolente	preguiçoso
selvagem	animal	vinagre	azedo
lágrimas	derramar	quente	frio
fidelidade	alemã	armadilha	corda
uma vez	nenhuma vez	enojar-se	horrendo
resina	aderir	buscar	trazer
garganta	enrolar	cérebro	formação
íngreme	montanha	precisar	poder
embalo	balançar	selo	timbre
giz	escrever		

A pessoa experimental é médico, por isso aparecem certos termos técnicos como *agulha-suporte* e *cérebro-formação*. Não incluímos estas reações, consteladas pela profissão, entre as "constelações" no sentido mais estrito da palavra. Tais reações não são subjetivas, isto é, próprias apenas de um indivíduo, mas fazem parte de toda uma profissão. A única constelação subjetiva é tão somente *presumir*-W.

b) Reações de pessoa experimental cuja atitude é objetiva e para a qual o significado da palavra-estímulo é mais importante do que para a pessoa precedente. A tendência é dar uma reação a mais correta possível.

Pessoa experimental 4 do grupo das mulheres incultas:

mesa	cadeira	piano	violino
cabeça	braço	samambaia	roseira
tinta	caneta	passear	pular
agulha	linha	água	vinho
pão	queijo	dançar	cantar
lampião	vela	dúzia	dez
árvore	arbusto	coração	quente
montanha	vale	pássaro	gato
cabelo	fio	nadar	andar
lenha	carvão	jogo	cantar
sal	farinha	imperador	rei
sonho	sono	lua	estrela
caderno	livro	bater	morder
papel	material	teimoso	gentil
livro	jornal	incendiar	apagar
escola	igreja	astro	sol
cantar	alegrar-se	acariciar	bater
aro	anel	grandioso	maravilhoso
dente	boca	criança	mulher
janela	assoalho	cavalgar	andar em veículo
sapo	cegonha	amável	irado
flor	capim	lima	martelo
ameixa	pêssego	coroa	capacete
instituição	escola	pintar	óleo
agradecer	de nada	fita	material
áspero	liso	solo	chão
feder	degustar	passeio	pular
prisão	cárcere	brigar	em paz
separar	reunir	sofá	cadeira
doente	sadio	amar	odiar
batata	pão	selvagem	domesticado
armadilha	pegar	lágrimas	rir
enojar-se	provar	poupar	melhor
vadiar	trabalhar	milagre	natureza
café	leite	sangue	pessoa
sacrifício	salvador	grinalda	flores
casamento	enterro	escolher	encontrar
irado	satisfeito	direito	errado
soldado	civil	força	voluntária

aplaudir	cantar	vingança	paz
ameaçar	bater	esperança	alegria
comportamento	cortês	rezar	crer
cair	chão	liberdade	preso
sofrer	sadio	mundo	povo
juventude	velhice	estranho	em casa
hospedaria	hotel	rosnar	morder
família	homem	nó	barbante
prestar atenção	ouvir	falso	fiel
punho	mão	capacete	espada
povo	economia doméstica (subentendida está a família)	prato feno puro	bandeja capim limpo
assassino	ladrão	presumir	duvidar
em toda parte	aqui	cabeça	braço
beijar	lisonjear	em casa	fora de casa
mau	bom	vinagre	vinho
maduro	amargo (subentende-se doce)	resina impulso	piche lançar

426   A pessoa experimental é enfermeira em nossa clínica. Estão completamente ausentes fatores subjetivos nas reações. O tom é extremamente objetivo e calmo. Ao contrário da pessoa precedente, aqui o fator decisivo é o significado da palavra-estímulo, o que se manifesta já nos muitos contrastes.

2. Atitude egocêntrica

a. Tipo constelação simples

427   Reações de pessoa experimental contendo inúmeras experiências subjetivas. A atitude é egocêntrica pois a palavra-estímulo suscita principalmente lembranças subjetivas.

Pessoa experimental 4 do grupo dos homens cultos:

pai	apreensivo (a pessoa é pai de recém-nascido)
cabeça	redonda
tinta	azeda (implícito está *vermelho/tintura*)
agulha	fundo da
pão	fábrica mecânica de pão
lampião	dá cheiro
árvore *(Baum)*	F. (nome de um conhecido, ligado a certa experiência)
montanha *(Berg)*	Üetliberg
cabelo	queda de
sal	Rheinfelden (lá existem salinas)
madeira	ébano
sonho	R. (nome de um colega que se ocupava na época com análise de sonhos)
papel	fraude (papel no sentido de documentos de inquérito sobre um caso de fraude)
livro *(Buch)*	(*Buch-stabe*, letra do alfabeto)
lápis	Kohinoor (a pessoa usava esta marca)
escola	Sch. (nome do lugar onde a pessoa frequentou a escola)
cantar	Srta. B. (nome de cantora que estava na clínica nesta época)
anel	jardim da clínica (nesta época foi encontrado um anel no jardim da clínica)
dente *(Zahn)*	Göschenen (o escritor Zahn mora em Göschenen)
janela	abertura
sapo	perereca
flor	rosa
ameixa	saborosa
clínica	R. (certa clínica para crianças retardadas)
enfermeiro	B. (nome de um enfermeiro)
avenca	tênia
Ofen	Pest***
passear	L. (nome de um paciente que gostava de passear)
cozinhar	curso de culinária
água	abastecimento
dançar	sala de concertos (salão onde se realizavam as danças na clínica)

*** (Ofenpest = nome alemão de Budapeste).

escuro	câmara (a pessoa experimental é fotógrafo amador apaixonado)
coração	taquicardia
pássaro	patas (entenda-se *garras*)
nadar	L. (nome de paciente que ia muitas vezes à piscina)
branco *(weiss)*	malária (paciente com sobrenome Weiss sofria de malária)
jogo	halma (jogo de mesa muito popular na clínica)
treze	estenografia (entenda-se *escrever*. A pessoa experimental se ocupava muito com estenografia)
sofá	travesseiro
mil	Basileia (um companheiro de estudos de Basileia tinha o nome de "Tausig", forma dialetal de "Tausend". A palavra-estímulo foi dita no alemão clássico, mas entendida na forma dialetal pela pessoa)
amar	bola
filho	filhinho (a pessoa é pai de recém-nascido)
selvagem *(wild)*	dentista ("Wild" é o sobrenome de um dentista)
lágrimas	vale
guerra	tumulto
fiel	cachorrinho
uma vez	novamente estenografia (cf. acima)
milagre	Lourdes
sangue	inglês (na Inglaterra não se pode dizer esta palavra)
direito	e dever
dever	Lessing (deve-se subentender a célebre citação de Lessing)
vingança	sede
esperança	gravidez (esta constelação se entende pela explicação dada acima)
pequeno *(klein)*	enfermeiro (Klein é o sobrenome de um enfermeiro)
rezar	igreja
liberdade	estátua (a pessoa experimental esteve na América e admirou sobretudo Nova Iorque)
injusto	aprisionar (constelação devida ao tratamento diário com pacientes desordeiros)
vadiar	maravilhoso
café	moca
sacrifício	L. (nome de um doente que gostava de pintar cenas de sacrifício)
casamento	sem álcool (a pessoa experimental é abstêmia)

avó	falecida
mau (bös)	R. (nome de um paciente com deficiência moral)
precisar	B. (nome de um colega)
ano	e dia
ameaçar	Drohweber (apelido de um paciente que fazia frequentes ameaças)
azedo	fermento
juventude	Munique (jornal "Juventude")
família	dia da
preocupação	preocupadamente
prestar atenção	experimento de associação (constelação momentânea)
natureza	R. (nome de um paciente)
povo	*Psicologia dos povos*, de Wundt (obra recentemente adquirida pela clínica)
assassino	G. (nome de um assassino que estava na clínica para receber um parecer médico)
em toda parte	super-homem
calcular	régua de cálculo
série	M. (nome de pessoa que fizera uma piada sobre a palavra "série")
terra	e chão
jogo (*Spiel*)	coisa (*Zeug, Spielzeug* = brinquedo)
braço	W. (nome de paciente que machucara o braço)
azul	Gruta em Capri
estranho	estrangeiro
rosnar	buldogue
nó	Suíça oriental (lembrança dos tempos de estudante)
fruta	roubar
falso	armadilha
capacete (*Helm*)	casa (*Haus, Helmhaus* = edifício público em Zurique)
miséria	fome
feno (*Heu*)	Heustrich (nome de um balneário)
framboesa	parque (as framboesas no pomar da clínica)
em casa	jornal (de nome "Daheim")
vinagre	feito em casa
armadilha	ratoeira
garganta	epiglote
bater (*schlagen*)	(nome de médico que apanhou de um paciente)
estrela (*Stem*)	C (Stern é o sobrenome de um paciente que está na ala C)
acariciar	gatinho

grandioso (*grossartig*)	Grossmann (sobrenome de paciente mas que foi lembrado apenas como associação de som)
doce	banana (cf. a reação *madeira-ébano*. A pessoa experimental fizera há pouco conferências sobre viagens à África)
amigável (*freundlich*)	H. (sobrenome de um conhecido)
pairar (*schweben*)	S. (sobrenome de conhecido aeronauta)
crânio	occiput
áspero (*rauh*)	A. 1 (Rau é o sobrenome de paciente internado na ala A.1)
avisar	enfermeiro
prisão	quartel da polícia
separar	ácido sulfúrico
doente	diabetes

O característico deste tipo está na manifestação de muitas experiências subjetivas que são em grande parte recentes e pertencem ao viver cotidiano. É natural que, apesar do caráter bem objetivo das constelações, ocorram algumas que pertencem ao complexo com carga emocional. Mas, em comparação com as outras, são bem raras e bem escondidas. A recente alegria de ser pai se manifesta em algumas reações: *pai – apreensivo, esperança – gravidez, filho – filhinho*. Este diminutivo com carga emocional parece-nos repercutir na reação algo estranha *acariciar – gatinho, fiel – cachorrinho*. 428

b. Tipo constelação de complexos

1. Reações de pessoa experimental onde aparece abertamente um complexo com carga emocional. O sentido da palavra-estímulo é colocado em relação com o complexo. 429

Pessoa experimental 7 do grupo dos homens cultos:

madeira	pilha
sonho	estudos (constelação simples)
caderno	caneta
papel	linha
lápis	grande
escola	banco
cantar	coro

anel	no dedo
dente	dentes
janela	moldura
sapo	pula
flor	cepa
clínica	grande
piano	não sei tocar
enfermeiro	B. (nome de certo enfermeiro)
fogão	lenha
passear	caminho longo
dançar	hotel F. (certo hotel onde se dançava)
escuro	quarto
coração	vermelho
pássaro	penas
nadar	movimento
jogo	crianças
imperador	Guilherme
bater	surrar
incendiar	S. (nome de um incendiário)
estrela (*Stern*)	senhorita Stern (determinada pessoa)
grandioso	oh!
filho	filhos
vermelho-escuro	novamente oh!
cavalgar	hipódromo
amigável	muito gentil
coroa	rainha
áspero	mesa
feder	eca!
penetrante	dolorido
separar	W. (nome de certo paciente cujo casamento terminou)
batata	mingau
vadiar	bonito
zangado	não sou
venha	ao teatro X (certo teatro)
ano	1904
família	V. (a própria família da pessoa experimental)
prestar atenção	eu deveria
finalmente	vai terminar
povo	muito valor

assassino	em C (certo assassino doente mental que está na ala C da clínica)	
em toda parte	está K. (nome de um catatônico que se movimenta)	
calcular	não sei	
beijar	sempre de novo	Complexo
naturalmente	formidável	de um
ruim	não	romance
		terminado
tempo	agora não	há
maduro	estou ficando	pouco
fileira	soldados	
chão	e terra	
jogo	criança	
pobre	miserável	
brigar	que nada!	
sofá	sentar macio	
amar	ah!	
filho	pai e filho (devido a seu romance, nossa pessoa teve discussões desagradáveis com sua família)	
selvagem	mãe (*wild* = furioso; a palavra é aqui assimilada no complexo no sentido típico da expressão dialetal)	
lágrimas	ela as tem agora (isto é, a amada abandonada)	
proteção	não lhe posso dar	
guerra	se ao menos houvesse	
fidelidade	não guardei	
uma vez	e nunca mais	
milagre	deveria acontecer	
sangue	é anêmica	
grinalda	sobre o caixão de defunto	
escolher	um outro	
ir embora	não preciso	
razão	ela não tem	
ter que fazer	não preciso	
violência	não cometo contra ela	
vingança	jamais!	
esperança	não sei	
pequeno	não!	
rezar	talvez	

gostar	gosto dela
lã	vestido de mulher
velho	talvez
liberdade	ela poderia ter
injusto	não fui
mundo	amplo
estranho	ela é agora
giz	ela é professora
rosnar	cachorro poodle
nó	bengala
falso	louro (entenda-se "uma senhora" que é falsa e loura)
capacete	proteção contra fogo
roupas	vestido de mulher
de mansinho	vem ela chegando
elegantemente	escada acima
prato	sobre a mesa
miséria	ela chora
feno	dentro dele está deitado um camponês
framboesa	no mato
em casa	em D. (lar da amada)
sebe	cerca
indolente	às vezes (significa que ela às vezes é indolente)
procurar	por uma mulher
quente	amor
consciência	sim, na supraconsciência
vinagre	azedo
armadilha	cair nela
enojar-se	sim, assim e assim
tumulto	por isso não há nenhum
resina (*Harz*)	cabelo (*Haare*)
enfeitar-se	sim, de forma bela e galante
agouro	ruim

430   O característico desse modo de reagir é o surgimento de um complexo com intensa carga emocional. A palavra-estímulo é assimilada no sentido de uma pergunta; por isso o experimento traz a marca de uma conversa em que a pessoa experimental tem pouca consciência da situação do momento. Isto explica o caráter algo anormal de uma conversa desse tipo. O modo de reagir pode ser explicado por uma sensibilidade psicológica muito forte. As interjeições relati-

vamente numerosas e as relações egocêntricas, inclusive fora do complexo, apontam para isso. O egocentrismo da pessoa experimental emerge nitidamente em tudo. Ela é perfeitamente sadia do ponto de vista mental e talvez tivesse apresentado em outros tempos um tipo bem mais objetivo. O caráter anormal da reação deve ser atribuído apenas à emoção passageira, mas dominante. Afirmamos desde já que este estado anormal, causado pela emoção, é o protótipo normal da anomalia histérica de reação.

2. Bom exemplo de um complexo que surge disfarçadamente é a *pessoa experimental 1 do grupo das mulheres incultas*. Remetemos às associações já referidas detalhadamente naquela ocasião. 431

c. Tipo predicado

Reações de pessoa experimental que avalia o objeto da palavra-estímulo a partir de um ponto de vista pessoal. 432

Pessoa experimental 7 do grupo das mulheres cultas:

lago	bela natureza
aluno	aplicado
pai	algo maravilhoso, bom, santo
agulha	trabalho
pão	o melhor alimento
lampião	trabalho
árvore	algo belo
montanha	formidável, mais bonito é escalar
cabelo	cobertura da cabeça
sal	alimento forte
lenha	fogo
sonho	muitas vivências
caderno	muito trabalho para as crianças
papel	abençoado, porque nele escrevemos
livro	alegria
escola	alegria
cantar	bonito
anel	algo bobo
dente	alegre pelo fato de não se ter mais
sapo	algo desnecessário
flor	alegria
cereja	boa fruta
clínica	estreita

piano	em geral complicado
enfermeiro	respeito
avenca	mato bonito
forno	formidável no inverno frio
passear	às vezes é necessário
cozinhar	trabalhoso
água	formidável
dançar	gostoso, quando se é jovem
gato	bajulador
dúzia	exato, ordem
escuro	horrível
coração	bater
pássaro	formidável, voar
nadar	formidável
branco	duro, deslumbrante
jogo	alegrar-se
treze	desajeitado
lua	bela
bater	desnecessário
acender	arte, até a gente aprender
estrela	magnífica
grandioso	pomposo
criança	dádiva de Deus
doce	agradável
cavalgar	perigoso
amigável	obrigação
coroa	desnecessária
áspero	inverno
feder	às vezes, gás
estridente	doer
doente	doer

433   O característico desse modo de reagir é uma participação pessoal inusitadamente forte, o que leva a uma avaliação constante do objeto e, na maioria das vezes, com relação à sua própria pessoa.

II. Diferenças sexuais no experimento sob condições normais

434   Consideramos nossos números individuais também do ponto de vista das diferenças sexuais e calculamos as médias correspondentes.

D. Diferenças sexuais no experimento sob condições normais

Qualidade especial	Homens		Mulheres	
Coordenação	19,8		19,4	
Predicado	17,9	38,6	20,3	40,7
Dependência causal	0,9		1,0	
Coexistência	15,0		17,1	
Identidade	7,8	58,0	4,8	53,6
Formas linguístico-motoras	31,2		31,7	
Complementação de palavra	0,5		0,9	
Som	1,2	2,0	0,6	2,0
Rima	0,3		0,5	
Indireta	1,6		0,8	
Sem sentido	0,5	3,9	0,1	2,4
Falha	1,8		1,4	
Repetição da palavra-estímulo	0		0,1	
Reação egocêntrica	2,2		1,3	
Perseveração	1,5		0,8	
Repetições	9,9		8,2	
A mesma forma gramatical	54,3		56,4	
O mesmo número de sílabas	37,0		43,7	
Aliteração	9,1		8,9	
Consonância	14,0		13,5	
A mesma terminação	12,4		10,9	
Total de Associações	3000		3800	

435   Examinando os números, vemos que há uma diferença mínima entre os sexos. Com raras exceções, os números coincidem no essencial; em todos os casos faltam as claras diferenças numéricas que separam, por exemplo, o grupo das pessoas cultas do grupo das incultas. Nos homens o tipo é algo mais superficial do que nas mulheres; os homens apresentam um pouco mais de associações de som e de associações indiretas, fenômeno que pode estar ligado diretamente ao tipo mais superficial. O número maior de reações egocêntricas e perseverações parece, de acordo com estudos anteriores, depender do comportamento mais desembaraçado dos homens. A diferença nos números quanto à coincidência da mesma forma gramatical e mesmo número de sílabas é análoga à respectiva diferença entre pessoas cultas e incultas, e pode ser atribuída ao fato de em nossas pessoas experimentais masculinas, sobretudo nas incultas, o nível cultural ser um pouco mais elevado do que nas correspondentes pessoas experimentais femininas. Nada de típico para a psicologia da mulher pôde ser obtido dos números do experimento sob condições normais, o que não quer dizer que não existam diferenças. Naturalmente nosso método de investigação é muito rude para descobrir diferenças tão sutis.

III. Médias dos experimentos com distração

436   Apresentamos aqui algumas tabelas das médias do experimento com distração. Para facilitar a comparação, colocamos ao lado a média do experimento sob condições normais.

437   Os números do experimento com distração mostram um tipo progressivamente mais superficial do que os do experimento sob condições normais. A mudança principal está bem clara: as associações internas de alto valor diminuem na distração enquanto que aumentam as associações externas e as reações de som.

438   Examinando os números das associações internas veremos que as mulheres desse grupo têm números maiores do que os homens. Os números mais baixos são os dos homens. A observação de que as mulheres começam com um número mais elevado de associações internas no estado normal só vale para as mulheres incultas. As mulheres cultas têm um tipo reativo um pouco mais superficial sob condições normais do que os homens cultos. O fato de o número de associações

E_1 Médias dos experimentos com distração: mulheres incultas

	Distração externa		
Qualidade especial	Normal	Metrônomo 60	Metrônomo 100
Coordenação	25,2 ⎫	19,0 ⎫	15,7 ⎫
Predicado	20,4 ⎬ 46,6	20,6 ⎬ 40,3	19,0 ⎬ 35,2
Dependência causal	1,0 ⎭	0,7 ⎭	0,5 ⎭
Coexistência	20,4 ⎫	18,2 ⎫	18,5 ⎫
Identidade	5,0 ⎬ 49,4	9,7 ⎬ 52,2	9,2 ⎬ 61,0
Formas linguístico-motoras	24,0 ⎭	24,3 ⎭	33,3 ⎭
Complementação de palavra	0,3 ⎫	0,2 ⎫	0,7 ⎫
Som	0,1 ⎬ 0,7	1,7 ⎬ 2,9	2,0 ⎬ 3,7
Rima	0,3 ⎭	1,0 ⎭	1,2 ⎭
Indireta	0,7 ⎫	1,2 ⎫	0,7 ⎫
Sem sentido	0,2 ⎬ 2,3	0,7 ⎬ 3,4	0,2 ⎬ 1,4
Falha	1,4 ⎬	1,0 ⎬	0,5 ⎬
Repetição da palavra-estímulo	0 ⎭	0,5 ⎭	0 ⎭
Reação egocêntrica	0,5	0,5	0,5
Perseveração	1,0	2,0	2,5
Repetições	9,5	8,5	3,0
A mesma forma gramatical	58,9	62,5	62,2
O mesmo número de sílabas	46,0	47,5	44,7
Aliteração	8,4	11,0	11,2
Consonância	12,2	18,5	15,7
A mesma terminação	11,3	11,7	16,0
Total de Associações	1600	400	400
Total de pessoas experimentais	8	8	8

E_2 Médias do experimento com distração: homens incultos

Distração externa

Qualidade especial	Normal	Metrônomo 60	Metrônomo 100
Coordenação	23,3 ⎫	20,8 ⎫	14,8 ⎫
Predicado	16,1 ⎬ 40,5	10,0 ⎬ 30,8	12,8 ⎬ 27,6
Dependência causal	1,1 ⎭	0 ⎭	0 ⎭
Coexistência	17,3 ⎫	19,1 ⎫	12,5 ⎫
Identidade	10,0 ⎬ 55,6	17,4 ⎬ 58,5	15,1 ⎬ 63,3
Formas linguístico-motoras	28,3 ⎭	22,0 ⎭	35,7 ⎭
Complementação de palavra	0 ⎫	0 ⎫	0 ⎫
Som	0,6 ⎬ 0,6	1,4 ⎬ 3,1	0,8 ⎬ 1,0
Rima	0 ⎭	1,7 ⎭	0,2 ⎭
Indireta	0,8 ⎫	3,4 ⎫	1,4 ⎫
Sem sentido	0,1 ⎬ 2,4	1,1 ⎬ 6,4	2,0 ⎬ 7,6
Falha	1,5 ⎪	1,4 ⎪	2,2 ⎪
Repetição da palavra-estímulo	0 ⎭	0,5 ⎭	2,0 ⎭
Reação egocêntrica	1,7	0	0
Perseveração	0,7	0,5	0
Repetições	12,3	5,1	4,0
A mesma forma gramatical	59,5	67,7	64,5
O mesmo número de sílabas	39,0	45,7	48,2
Aliteração	9,2	8,0	12,4
Consonância	12,5	23,4	18,8
A mesma terminação	16,3	14,3	18,2
Total de Associações	1400	350	350
Total de pessoas experimentais	7	7	7

F_1 *Médias do experimento com distração: mulheres cultas*

Qualidade especial	Normal	Distração interna Metrô. 60	Distração externa Metrô. 100	
Coordenação	13,7 ⎫	14,0 ⎫	11,7 ⎫	11,5 ⎫
Predicado	20,2 ⎬ 35,0	15,0 ⎬ 29,5	21,2 ⎬ 33,6	19,0 ⎬ 30,7
Dependência causal	1,1 ⎭	0,5 ⎭	0,7 ⎭	0,2 ⎭
Coexistência	13,8 ⎫	10,0 ⎫	12,7 ⎫	8,0 ⎫
Identidade	4,7 ⎬ 58,0	4,3 ⎬ 44,8	10,5 ⎬ 48,9	9,0 ⎬ 56,0
Formas linguístico-motoras	39,5 ⎭	30,5 ⎭	25,7 ⎭	39,0 ⎭
Complementação de palavra	1,5 ⎫	4,5 ⎫	3,0 ⎫	2,2 ⎫
Som	1,1 ⎬ 3,3	5,1 ⎬ 11,6	5,5 ⎬ 10,2	6,5 ⎬ 9,2
Rima	0,7 ⎭	2,0 ⎭	1,7 ⎭	0,5 ⎭
Indireta	0,9 ⎫	1,6 ⎫	1,0 ⎫	0,2 ⎫
Sem sentido	0,1 ⎬ 2,6	0,5 ⎬ 3,8	1,2 ⎬ 5,7	1,5 ⎬ 3,9
Falha	1,4 ⎬	1,1 ⎬	2,0 ⎬	1,5 ⎬
Repetição da palavra-estímulo	0,2 ⎭	0,6 ⎭	1,5 ⎭	0,7 ⎭
Reação egocêntrica	2,1	1,0	1,2	1,0
Perseveração	0,6	1,0	2,2	1,7
Repetições	7,2	3,5	6,5	5,0
A mesma forma gramatical	53,9	59,0	54,0	53,0
O mesmo número de sílabas	41,5	45,5	47,7	43,5
Aliteração	8,4	11,1	11,7	12,5
Consonância	14,9	19,3	19,0	20,6
A mesma terminação	10,5	11,8	11,7	13,0
Total de Associações	2200	500	400	400
Total de pessoas experimentais	11	6	8	8

F_2 *Médias do experimento com distração: homens cultos*

Qualidade especial	Normal	Distração interna	Distração externa Metrô. 60	Metrô. 100
Coordenação	16,3 ⎫	8,6 ⎫	15,6 ⎫	10,8 ⎫
Predicado	19,7 ⎬ 36,7	15,0 ⎬ 24,4	12,0 ⎬ 28,0	10,4 ⎬ 21,8
Dependência causal	0,7 ⎭	0,8 ⎭	0,4 ⎭	0,6 ⎭
Coexistência	12,8 ⎫	6,1 ⎫	12,8 ⎫	12,0 ⎫
Identidade	5,7 ⎬ 52,7	4,5 ⎬ 49,2	9,2 ⎬ 57,2	6,6 ⎬ 61,4
Formas linguístico-motoras	34,2 ⎭	38,6 ⎭	35,2 ⎭	42,8 ⎭
Complementação de palavra	1,1 ⎫	4,3 ⎫	1,2 ⎫	2,6 ⎫
Som	1,9 ⎬ 3,6	15,8 ⎬ 20,7	8,0 ⎬ 9,6	3,8 ⎬ 8,2
Rima	0,6 ⎭	0,6 ⎭	0,4 ⎭	1,8 ⎭
Indireta	2,5 ⎫	4,5 ⎫	3,2 ⎫	6,2 ⎫
Sem sentido	0,9 ⎬ 5,5	1,6 ⎬ 6,1	2,0 ⎬ 5,2	1,8 ⎬ 8,0
Falha	2,1 ⎬	0 ⎬	0 ⎬	0 ⎬
Repetição da palavra-estímulo	0 ⎭	0 ⎭	0 ⎭	0 ⎭
Reação egocêntrica	2,8	1,1	0,8	1,6
Perseveração	2,4	1,6	2,0	3,0
Repetições	7,5	3,8	6,8	6,2
A mesma forma gramatical	49,1	50,5	59,2	51,8
O mesmo número de sílabas	35,0	44,6	46,4	41,0
Aliteração	9,0	27,3	17,6	13,2
Consonância	15,6	33,3	23,6	20,6
A mesma terminação	8,5	8,3	11,2	10,0
Total de Associações	1600	550	250	435
Total de pessoas experimentais	8	6	5	5

internas não cair tanto nas mulheres como nos homens significa que as mulheres corresponderam menos às intenções do experimento do que os homens. A comparação das diferenças para menos das associações internas mostra claramente o menor interesse das mulheres.

Infelizmente não é possível apresentar as restantes diferenças com a mesma evidência, pois se dividem em três grupos cujo conteúdo é de valor psicológico diverso. Por isso o número das associações internas é a melhor e mais simples medida do grau de distração. As diferenças mostram certa concordância em relação aos homens, ao passo que a diferença para menos das mulheres incultas é maior do que a das mulheres cultas, o que indica uma adaptação melhor das mulheres incultas ao experimento.

439

	Cultos		Incultos
	Distração interna	Distração externa	Distração externa
Mulheres	- 5,5	- 2,8	- 8,8
Homens	- 12,3	- 11,8	- 11,3

Diferença para menos das associações internas

Realmente as diferenças para mais apresentam no grupo das reações de som novamente um aumento mais significativo nas mulheres cultas do que nas incultas:

440

	Mulheres incultas	Mulheres cultas
Diferença para mais das reações de som	2,6	8,3 e 6,4

A causa desta contradição poderia ser esta: a atitude das mulheres cultas para com o experimento com distração é bem mais variável do que a das mulheres incultas. Ambos os grupos realizaram as instruções do experimento – traçar linhas e reagir ao mesmo tempo – com mais dificuldade do que os homens. Se compararmos, por exemplo, as diferenças dos homens cultos e das mulheres cultas no experimento com distração interna, perceberemos logo o efeito mais completo da distração sobre os homens. A única diferença essencial nos

441

dois grupos femininos poderia estar no fato de as mulheres cultas estarem em condições, ao menos temporariamente, de dividir sua atenção.

442   Parece-nos que temos aqui uma certa diferença no modo de reagir do homem e da mulher, diferença essa que pode ser determinada quantitativamente. Mas como, pela limitação do material, não estão excluídos erros, colocamos esta observação sob discussão posterior.

443   Os números dos grupos individuais do esquema mostram algumas oscilações que necessitam de explicação. Enquanto as coordenações diminuem quase sempre uniformemente com a distração, os predicados apresentam na distração um comportamento algo diferente em homens e mulheres:

	Cultos	Incultos
	Distração externa	Distração externa
Mulheres	- 0,2	- 0,6
Homens	- 8,5	- 4,7

Diferença para menos dos predicados

444   A tabela mostra que na distração a diminuição dos predicados é menor nas mulheres do que nos homens. É bom lembrar aqui a hipótese levantada, quando discutimos o tipo predicado, da vivacidade primária e sensória das imagens-estímulo que convida os predicados. Esta peculiaridade psicológica se manifesta naturalmente também no estado de uma tentativa de divisão da atenção; ela estorvará esta tentativa pois, sem interferência da atenção ativa, as imagens primariamente vívidas absorvem o interesse e, assim, perturbam ou dificultam a divisão da atenção planejada pela instrução do experimento. Podemos observar claramente este fenômeno no resultado da distração do tipo predicado para o qual remetemos o leitor. Entre as mulheres encontramos um número bastante elevado de tipos predicado, o que poderia ser a causa da afirmação aparentemente mais segura dos predicados. Em contrapartida à diminuição das associações internas, aparece um aumento correspondente das associações externas, na medida em que este aumento não é influenciado por um surgimento mais forte de reações de som. Os três grupos não participam de modo igual no aumento das associações externas. Vemos, inclusive, que o número de coexistências mostra uma tendência a diminuir. Apresentamos esquematicamente as diferenças:

Incultos		Cultos	
Mulheres	Homens	Mulheres	Homens
-2,0	-1,5	-3,4	-0,4

Diferença entre experimento normal e distração no tocante às coexistências

Contra as expectativas, são todas diferenças para menos. Isto mostra que as coexistências não tomam parte no aumento das associações externas. Se recordarmos a explicação acima de que as coexistências nascem muitas vezes do esforço de captar exatamente o conteúdo da palavra-estímulo, então se torna compreensível a diminuição no experimento com distração. A coexistência é de certa forma um grau anterior da associação interna e por isso toma parte na diminuição desta. 445

O grupo das identidades e o grupo das formas linguístico-motoras mostram em geral um aumento que, no entanto, é prejudicado por um forte crescimento das reações de som, causando uma diminuição dos dois grupos sobretudo no grupo das mulheres cultas. Esta oscilação pode ser explicada pela irregularidade, muitas vezes constatada, da distração. É notável o pequeno número de complementações de palavras nas pessoas incultas. Acreditamos que seja responsável por isso a pouca facilidade verbal, sobretudo a falta de treinamento no alemão clássico. Talvez experimentos com alemães incultos, principalmente com alemães do Norte, mostrem outros números. As reações de som são bem mais frequentes nas pessoas experimentais cultas do que nas incultas. 446

Comportamento peculiar mostram as associações indiretas. Já apontamos anteriormente uma relação inversa de seu aumento com as associações de som. Em nossas médias chama a atenção em primeiro lugar uma dependência do grau da distração: 447

	Incultos		Cultos	
	Mulheres	Homens	Mulheres	Homens
Condições normais	0,7	0,8	0,9	2,5
Distração	0,9	2,4	0,9	4,6

448 Mostram esses números que no experimento sob condições normais as pessoas incultas produzem em média menos associações indiretas do que as cultas e que as mulheres produzem menos do que os homens. Na distração mostra-se ainda mais claramente a aversão das mulheres pelas associações indiretas. Enquanto que no experimento sob condições normais se verifica um decisivo aumento nos homens, a média se mantém constante nas mulheres cultas e, nas incultas, há apenas um aumento insignificante. Neste aspecto deve haver uma diferença marcante entre os sexos, cuja natureza nos é desconhecida por ora. A natureza das associações indiretas, acima discutida (sobretudo reações de som como elos intermediários) deixa transparecer sem mais uma dependência da distração. Com o aumento das reações de som poderíamos, portanto, esperar um aumento de associações indiretas. Por motivos de clareza, retomamos brevemente os números respectivos:

	Incultos				Cultos			
	Mulheres		Homens		Mulheres		Homens	
	R. som	R. ind.	R. som	R. ind.	R. som	R. ind.	R. som	R. ind.
Sob condições normais	0,7	0,7	0,6	0,8	3,3	0,9	3,6	2,5
Distração externa I	2,9	1,2	3,1	3,4	10,2	1,0	9,6	3,2
Distração externa II	3,7	0,7	1,0	1,4	9,2	0,2	8,2	6,2
Distração interna (sob com cultos)	–	–	–	–	11,6	1,6	20,7	4,5

449 Ainda que nestes números apareça em geral o aumento simultâneo, acima mencionado, das reações de som e das associações indiretas na distração, não procede o paralelismo entre os dois grupos em alguns lugares. Se houvesse um paralelismo entre os dois grupos, deveria-se esperar que o máximo de associações indiretas coincidisse às vezes com o máximo de reações de som. Mas obviamente não é o caso. Verificando nos números do experimento com distração o máximo das associações indiretas, vemos que só em dois casos os máximos coincidem. Com o máximo de reações de som não coincide um

aumento correspondente de associações indiretas. Portanto não existe uma conexão simples e clara no sentido de uma proporcionalidade direta. Também para uma relação inversa, os números não fornecem um ponto de apoio facilmente perceptível. Somente o grupo dos homens cultos apresenta uma coincidência de um máximo notório de associações indiretas com o mínimo de reações de som, o que é todavia um fato digno de registro. Nos dois grupos femininos constatamos que as associações indiretas ficam muito atrás das reações de som. Nos homens cultos, ao aumento significativo de reações de som, de 3,6% sob condições normais para 20,7% com distração, corresponde um aumento de apenas 2% de associações indiretas, enquanto seu máximo coincide, como já ficou dito, com o mínimo de reações de som. Este comportamento das associações indiretas parece indicar uma certa interdependência dos dois grupos; nós achamos que um surgimento maior de associações indiretas prejudica sobretudo o grupo das reações de som. Considerando o grupo das associações de som em sua relação com as associações indiretas, temos o seguinte quadro:

	Incultos				Cultos			
	Mulheres		Homens		Mulheres		Homens	
	R. som	R. ind.	R. som	R. ind.	R. som	R. ind.	R. som	R. ind.
Distração externa I	1,7	1,2	1,4	3,4	5,5	1,0	8,0	3,2
Distração externa II	2,0	0,7	0,8	1,4	6,5	0,2	3,8	6,2

O comportamento das meras associações de som mostra, com uma exceção, a relação inversa entre os dois grupos. A escolha das associações de som para fins da demonstração não foi aleatória; elas são a parte principal de todo o grupo de som e, ao mesmo tempo, são aquelas associações que ficam reprimidas no estado normal, o que não se aplica, por exemplo, a todas as rimas. E precisamente este fato de que as meras associações de som ficam reprimidas no estado normal tem o maior significado para a explicação da relação inversa. Os elos intermédios das associações indiretas, que não são declarados e que são, na maioria das vezes, totalmente inconscientes, constituem, na grande maioria dos casos, associações de som. No estado normal as associações de som sempre sofrem inibições; uma vez que são, via de regra, totalmente inúteis para o processo associativo, são também excluídas. Sempre haverá certa tendência de reprimir os sons; será tanto mais forte quanto menor for o distúrbio da atenção e será tanto mais fraca quanto maior a distração. Portanto, com o aumento da distração, a reação é mais influenciada pelo som até que finalmente só um som é associado. Entre a influência sonora e associação de som chega um ponto cm que a associação de som, apesar de não conseguir superar a inibição encontrada, influencia exclusivamente o sentido da próxima reação, interrompendo a conexão entre a palavra-estímulo e a reação, não importando se a associação subconsciente de som surja de modo centrípeto ou centrífugo. Esta associação mediadora de som que atinge quase o valor limiar da reação conduz à formação da associação indireta. Evidentemente os elos intermédios nem sempre precisam ser associações de som; precisam apenas reunir em si tanta inibição de forma a permanecerem abaixo do valor limiar da reação. Consideramos, pois, a associação indireta como um sintoma de repressão de associações inferiores que alcançam quase o valor limiar da reação[67]. A partir deste ponto de vista é possível entender facilmente a relação aparentemente inversa entre associação de som e associações indiretas: se predominar a associação de som, devemos concluir que as inibições para com os sons sumiram; e com isso são eliminadas também as repressões e consequentemente as associações indiretas. Se o número de associações de som diminuir, é sinal de que aumentam as inibições, sendo pois dadas as condições para o surgimento das associações indiretas. As associações indiretas são portanto um fenômeno de transição que alcança seu ponto ótimo num certo

---

[67]. Note-se que esta descrição da associação indireta não possui mais do que o valor de uma hipótese de trabalho. De boa vontade colocamos nossos números e interpretação para discussão ulterior, na esperança de que a colaboração de muitos pesquisadores consiga resolver a contento esta questão.

grau de distração. Isto explica também o aumento aparentemente proporcional às reações de som e a diminuição posterior em proporção inversa após ter sido ultrapassado o ponto crítico[68].

Claparede, que abordou de outro ângulo a questão das associações indiretas acredita serem elas o "resultado do concurso de várias associações intermediárias, todas muito fracas para se tornarem conscientes"[69]. Concordamos plenamente com esta opinião, inclusive com base em nossos resultados experimentais. A tendência procedente da imagem-estímulo para formar uma associação com sentido inibe o surgimento da associação de som. Ambas, porém, são muito fracas para chegarem a uma reação. Se predominar a associação de som, não ligada por seu sentido à imagem-estímulo, então surge a associação indireta; caso contrário é uma reação que, mesmo fortemente influenciada pelo som, é contudo plena de sentido. A opinião de Piéron[70], de que o terceiro elo da associação indireta tenha maior interesse para o indivíduo do que o elo intermediário não coincide com os nossos resultados experimentais. No entanto, o ponto de vista de Piéron tem algo de sedutor e é válido para todos aqueles casos em que o estímulo externo é assimilado inconscientemente como um complexo intensamente carregado e que preenche a consciência do indivíduo. (Esta outra possibilidade de uma associação indireta será por nós tratada num trabalho posterior.) Na maioria dos casos, porém, o ponto de vista de Piéron não se aplica ao sem-número de associações indiretas da vida cotidiana. De vários exemplos citamos ape-

451

---

68. O surgimento de associações indiretas sob a influência de um distúrbio da atenção já é conhecido há mais tempo de outra fonte. A denominação tangencial de quadros no delírio alcoólico (Bonhöffer), na mania epilética (Heilbronner), em certos estados catatônicos e histéricos etc. nada mais é do que associação indireta que não se produz, como no nosso experimento, através de um deslocamento sobre uma semelhança de som, mas através de um deslocamento sobre uma semelhança de imagem. Ela é neste caso um epifenômeno da fuga de ideias na esfera visual e corresponde em todos os pontos aos fenômenos que demonstramos na esfera acústico-linguística.
69. *L'Association des idées*. Op. cit., p. 184; e "Association médiate dans l'évocation volontaire". *Archives de psychologie de la Suisse romande*, III, 1904, p. 202. Genebra. (Resultado do encontro de várias associações indiretas, sendo cada uma delas individualmente muito fraca para se tornar consciente.)
70. PIÉRON, H. "L'Association médiate". *Revue philosophique de France et de l'étranger*, XXVIII, 1903, p. 147. Paris.

nas uma observação muito instrutiva de nossa própria experiência[71]. Um dos autores deste trabalho fumava um charuto quando, de repente, percebeu que não tinha mais fósforo consigo. Tinha pela frente uma longa viagem de trem e se havia munido de um bom "havana" para fumá-lo durante a viagem. Concluiu que deveria acender este charuto naquele que estava terminando. Satisfeito com esta conclusão, deixou o pensamento vagar para outras coisas. Pelo espaço de aproximadamente um minuto olhou pela janela a paisagem observando-a com atenção; de repente percebeu que pronunciara sem querer e bem baixinho a palavra "Bunau-Varilla". Era este o nome de um conhecido agitador panamenho que vivia em Paris. O observador havia lido este nome alguns dias antes no jornal Matin. Parecendo-lhe que este nome nada tinha a ver com o conteúdo da consciência, voltou para ele sua atenção e observou o que lhe ocorria neste processo (portanto, o método de Freud da associação espontânea). Imediatamente lhe ocorreu "Varinas", depois "Manila" e também "Cigarrillo" e, com isso, um vago sentimento de um ambiente sul-americano; o elo seguinte, bem claro, foi o charuto havana e a lembrança de que este charuto fora o conteúdo da penúltima cadeia de ideias. Os elos intermédios "Varinas" e "Manila" são marcas de fumo e tinham para o narrador o som de algo espanhol; "Cigarrillo" era o nome espanhol para cigarro; o observador havia fumado "cigarrillos" com fumo Manila numa colônia espanhola mas não na América do Sul. Apesar disso, "cigarrillo" evocava a pálida ideia de algo sul-americano. Ao olhar pela janela, o observador não tivera a menor sensação de semelhante linha de pensamento; sua atenção estava totalmente concentrada na paisagem. A linha inconsciente de pensamento, que levou à formação de "Bunau-Varilla", foi a seguinte: charuto havana – cigarrillo com um pano de fundo espanhol – sul-americano – uma recordação de viagem com cigarrillo-Manila – marca hispano-americana de fumo "Varinas" – ("Varinas" e "Manila" condensadas pelo mecanismo do sonho em) "Varilla" = Bunau-Varilla. Razão suficiente para o prosseguimento subconsciente do pensamento do charuto foi que o observador se havia mentalizado para não esquecer de acender o charuto havana no anterior ainda

---

71. (Viagem de núpcias de Jung, 1903. Cf. *A psicologia da dementia praecox*. Cit. §. 110.)

aceso. Segundo Piéron, "Bunau-Varilla" deveria ser o elo final, com carga emocional, desejado pelo observador. Mas isto na verdade ele não é; é mero produto de condensação formado pela concorrência de vários elos intermediários muito fracos (conforme a interpretação de Claparède). Este mecanismo é um automatismo linguístico-motor que se manifesta muitas vezes em pessoas normais. (Em certas pessoas histéricas isto ocorre com frequência fora do comum.) O processo subconsciente de associações movimenta-se por semelhanças de imagens e sons; todas as associações que se processam no subconsciente, isto é, fora do âmbito da atenção acontecem assim (com exceção de certos processos sonambúlicos). Por ocasião de sua comunicação sobre Jerusalem[72], Wundt chama o elo intermédio de "despercebido" em contrapartida a "inconsciente"; não vemos nisso uma objeção real, mas apenas o jogo de palavras. Não é de admirar que Scripture[73] chegue a resultados duvidosos em seus experimentos sobre associações indiretas e que Smith[74] e Münsterberg[75] não cheguem a resultado algum, pois seus experimentos foram ordenados de tal forma a não favorecerem a produção de associações indiretas. A auto-observação atenta no dia a dia fornece as melhores associações indiretas[76]. Segundo nossa experiência, as associações indiretas verbais surgem principalmente nos experimentos com distração.

---

72. WUNDT, W. "Sind die Mittelglieder einer mittelbaren Assoziation bewusst oder unbewusst"? In: WUNDT, W. (org.). *Philosophische Studien*. X. Leipzig: [s.e.], 1892 • JERUSALEM, W. "Ein Beispiel von Association durch unbewusste Mittelglieder". In: WUNDT, W. (org.). *Philosophische Studien*. Op. cit.

73. SCRIPTURE, E.W. "Über den assoziativen Verlauf der Vorstellungen". In: WUNDT, W. (org.). *Philosophische Studien*. VII. Leipzig: [s.e.], 1889.

74. SMITH, W. *Zur Frage der mittelbaren Assoziation*. Leipzig: [s.e.], 1894 [dissertação].

75. SCRIPTURE, E.W. "Über den assoziativen Verlauf der Vorstellungen". Op. cit., p. 9. Münsterberg esclarece com ênfase: "Não existem associações indiretas através de elos intermédios". Só não existem nos experimentos dele.

76. Alguns bons exemplos de associações indiretas encontram-se in: CORDES, G. "Experimentelle Untersuchungen über Associationen". In: WUNDT, W. *Philosophische Studien*. XVII. Leipzig: [s.e.], 1901, p. 70s. A suposição de que os elos intermediários das associações indiretas sejam fenômenos inconscientes é para Cordes uma "construção teórica que nunca poderá ser comprovada empiricamente, pois fenômenos psíquicos inconscientes não são suscetíveis de experimentação". O autor revogaria esta afirmação apodítica se conhecesse alguma coisa das experiências do hipnotismo.

452 Como era de se esperar, as reações sem sentido mostram um aumento na distração.

453 As falhas, cuja natureza é as mais das vezes emotiva como ficou patente nas descrições individuais, desaparecem na distração dos homens cultos. De resto apresentam um padrão constante. Ao abordarmos a média do tipo predicado, voltaremos a este grupo.

454 Comportamento semelhante ao das reações sem sentido tem a repetição da palavra-estímulo; ela também aumenta na distração.

455 Reunimos os últimos grupos no chamado grupo residual com a intenção original de congregar aí os fenômenos subsidiários anormais do experimento de associações. A partir do número desse grupo esperávamos obter um certo coeficiente do estado emocional em que a pessoa seria colocada pelo experimento. O motivo de incluirmos também as associações indiretas neste grupo deve-se à suposição, não totalmente improvável, de que nas associações indiretas, devido à sua proveniência de deslocamentos de som, tenhamos realmente experimentos falhos. Obviamente consideramos as reações sem sentido, bem como os dois últimos grupos, como experimentos falhos. Nesta interpretação tivemos o suporte de certas experiências no campo patológico, mais precisamente nos fenômenos de associação no caso de estupidez emocional[77], onde os números desse grupo aumentam consideravelmente. Os resultados de nossa experiência não confirmaram a suposição inicial de que as associações indiretas fossem de natureza emocional. Isto, porém, não se verificou nos outros três grupos. A natureza da emoção desses três grupos precisa ser melhor examinada. De acordo com nossa experiência, as reações sem sentido e as repetições da palavra-estímulo nascem via de regra da estupefação que é condicionada pela maneira como está organizado o experimento, ao passo que a maioria das falhas se baseia na emoção, evocada pelo despertar de complexos com intensa carga emocional. Neste caso pode ficar totalmente excluída a estupefação provocada pela maneira como foi ordenado o experimento. Por isso é questionável a inclusão das falhas no grupo residual. Substituímos o nome "grupo emocional", inicialmente previsto para este grupo, pela denominação in-

---

77. Cf. "Sobre a simulação de distúrbio mental". In: JUNG, C.G. *Estudos psiquiátricos*. Petrópolis: Vozes, 1966. OC, 1, § 349 e 354.

diferente de "grupo residual". A soma dos números desse grupo se deve a motivos de clareza, com plena consciência de seu caráter provisório e inadequado. Todos os que já fizeram trabalho experimental e principalmente com material tão complexo sabem que se deve pagar caro e só se aprende depois o que se deveria ter sabido antes.

As reações egocêntricas que são, de certa forma, um indicador de reações com carga emocional mostram um comportamento na distração que é melhor demonstrado quando visto em quadro comparativo com as diferenças do experimento sob condições normais:

	Incultos		Cultos	
	Mulheres	Homens	Mulheres	Homens
Número de reações egocêntricas no experimento sob condições normais	+0,5	+1,7	+2,1	+2,8
Diferença na distração	0	-1,7	-1,0	-1,6

As diferenças acima mostram que, de acordo com o nosso material, as diferenças para menos são maiores nos homens do que nas mulheres e que, apesar de as mulheres não apresentarem egocentrismo mais forte do que os homens no experimento sob condições normais, sob distração elas o mantêm mais firmemente do que os homens.

Com relação às perseverações já demonstramos várias vezes que existe certa dependência de cargas emocionais. Atribuímos a causa de seu aumento frequente na distração à falta de associação com atenção desviada. Obviamente misturam-se aqui condições diversas e complicadas que não conseguimos separar de imediato. O quadro a seguir das diferenças com relação ao experimento sob condições normais mostra o comportamento das perseverações na distração:

Incultos		Cultos	
Mulheres	Homens	Mulheres	Homens
+1,2	-0,4	+1,1	-0,2

Fica patente que na distração as perseverações diminuem nos homens e aumentam nas mulheres.

O número das reações egocêntricas nos dá uma medida aproximada de quantas referências ao eu com carga emocional ocorrem entre as reações[78]; o número das perseverações nos apresenta algo semelhante, mas numa forma menos direta.

461 Como vimos antes, a influência da distração sobre a reação é menor nas mulheres. Disso é possível concluir que a atenção feminina se mostra menos divisível no que diz respeito ao nosso experimento. A isso pode estar ligada a menor mudança no número de reações egocêntricas nas mulheres. Se o número de reações egocêntricas apresenta apenas leve tendência de diminuição, é de se esperar que as perseverações tenham comportamento semelhante. Mas, ao contrário, elas inclusive aumentam. Explicamos isto pelo fato de no vazio associativo, criado artificialmente pela distração, poderem persistir mais facilmente do que em outros lugares os conteúdos da consciência com carga emocional. Não sabemos, no entanto, por que exatamente as mulheres têm tendência de perseverar na distração. Talvez isto dependa do fato de elas terem sentimentos mais intensos.

462 A menor divisibilidade da atenção feminina pode ter as seguintes causas:

1. Já falamos que algumas pessoas (tipos predicado) têm basicamente imagens internas bem mais vivas do que outras. "Imagens mais vivas" são aquelas que concentraram em si maior intensidade de atenção ou, em outras palavras, aquelas que surgem ao mesmo tempo com várias outras associações por elas evocadas. Quanto maior um complexo de associação, tanto mais é envolvido também o "complexo do eu". Por isto se compreende que com a vivacidade das imagens internas cresça não só o número dos predicados internos, mas também e sobretudo o número dos juízos subjetivos de valor, respectivamente das reações egocêntricas.

2. A vivacidade da imagem interna não é sempre um fenômeno primário e involuntário, mas pode ser também artificial, quando a atenção é propositalmente dirigida para ela ou, em outros termos, quando numerosas associações novas acompanham uma imagem que aparece com poucas associações colaterais. Este processo é apenas estimulado pela imagem que aparece; é realizado por um outro comple-

---

[78]. Nas mulheres não se manifestam livremente todas as relações egocêntricas pela simples razão de os experimentadores serem do sexo masculino.

xo de associações que ocupa a consciência naquele instante. A vivacidade da imagem interna é, portanto, primária e involuntária num caso e, no outro caso, é secundária e proposital. A última modalidade está então sob a influência de algum fenômeno intelectual diverso, presente naquele instante.

3. Se as imagens internas forem basicamente bem vivas e plásticas, isto é, se aparecerem de antemão com muitas associações colaterais ao mesmo tempo, devem ter sempre determinado efeito sobre a atenção e, por isso, dificultam ou impedem sua divisão de acordo com o grau da vivacidade. Este é o caso do tipo predicado, como ainda veremos.

4. Se, devido à influência de um complexo de associação já presente, as imagens internas forem artificialmente bem vivas ou plásticas, só dependerá da estabilidade desse complexo verificar se é possível ou não a divisão da atenção.

5. Não temos base para afirmar que nas mulheres em geral as imagens internas sejam basicamente mais vivas do que nos homens. (Se fosse o caso, todas as mulheres deveriam ser do tipo predicado.) Temos, porém, como ficou dito acima, fundados motivos para afirmar que as reações relativamente valiosas das pessoas incultas, principalmente das mulheres incultas, residem numa vivacidade produzida (quase) intencionalmente pela imagem-estímulo. O complexo de associação responsável por isto é a concepção especial que as pessoas incultas têm do experimento de associações. Devido à influência dessa imagem dominante interpretam a palavra-estímulo mais do ponto de vista do sentido e por isso devem dar mais atenção à imagem-estímulo e menos à distração, conforme indicam os nossos números. O fato de serem novamente as mulheres incultas que menos se sujeitam à distração concorda com a realidade de que são elas que estão mais fortemente sob a influência dessa concepção especial do experimento. Mas o fato de também as mulheres cultas apresentarem uma tendência de sujeitar-se menos à distração do que os homens não pode ser atribuído a esta concepção especial do experimento; deve ser referido à circunstância já mencionada de que entre nossas pessoas experimentais (mulheres cultas) há um número relativamente grande de tipos predicado que não apresentam, por assim dizer, nenhum fenômeno de distração. Daremos, por isso, na tabela G, os números médios daquelas mulheres cultas que não são tipos predicado.

G. Mulheres cultas, com exceção dos tipos predicado

Distração externa

Qualidade especial	Normal	Metrônomo 60	Metrônomo 10
Coordenação	15,2 ⎫	13,5 ⎫	10,8 ⎫
Predicado	14,0 ⎬ 30,2	14,0 ⎬ 28,3	9,6 ⎬ 20,8
Dependência causal	1,0 ⎭	0,8 ⎭	0,4 ⎭
Coexistência	15,3 ⎫	12,4 ⎫	7,2 ⎫
Identidade	4,8 ⎬ 62,6	11,2 ⎬ 50,4	8,8 ⎬ 62,8
Formas linguístico-motoras	42,5 ⎭	26,8 ⎭	46,8 ⎭
Complementação de palavra	1,5 ⎫	4,0 ⎫	3,6 ⎫
Som	1,4 ⎬ 3,7	8,0 ⎬ 14,0	9,2 ⎬ 13,2
Rima	0,8 ⎭	2,0 ⎭	0,4 ⎭
Indireta	1,0 ⎫	1,2 ⎫	1,6 ⎫
Sem sentido	0,1 ⎬ 2,4	2,0 ⎬ 5,0	0 ⎬ 3,2
Falha	0,9 ⎪	1,6 ⎪	0,4 ⎪
Repetição da palavra-estímulo	0,4 ⎭	0,2 ⎭	1,2 ⎭
Reação egocêntrica	0,3	0,4	1,6
Perseveração	0,7	2,4	0
Repetições	6,9	4,8	3,6
A mesma forma gramatical	41,8	63,2	42,4
O mesmo número de sílabas	60,1	47,6	57,2
Aliteração	8,5	13,2	15,2
Consonância	14,7	21,2	24,0
A mesma terminação	12,6	15,2	13,2
Total de Associações	1200	250	250
Total de pessoas experimentais	6	5	5

Desses números é possível deduzir que não são as mulheres em si que têm menor capacidade de divisão do que os homens, mas que foi exclusivamente o tipo predicado a influenciar muito a média das mulheres cultas. Nossos números mostram um claro fenômeno de distração que em nada fica atrás do dos homens. 463

A repetição de reações idênticas diminui com a distração; as razões disso são facilmente compreensíveis. 464

Os números da conexão verbal crescem na distração, mostrando quantitativamente a influência sobre a reação de fatores mais externos e mecânicos. É notável que não só no experimento sob condições normais as pessoas incultas apresentem maior concordância quantitativa na forma gramatical do que as cultas, mas também que o experimento com distração atue sobre aquelas com maior intensidade do que sobre estas, ainda que as pessoas incultas apresentem um fenômeno de distração algo menor. As diferenças abaixo[79] mostram isso claramente: 465

	Mulheres	Homens
Incultos	+ 3,4	+ 6,6
Cultos	+1,4	+4,7

O número da concordância na forma gramatical começa nas pessoas incultas não apenas num nível mais elevado, mas também aumenta na distração bem mais do que o número correspondente nas pessoas cultas. A razão disso talvez esteja no fato de as pessoas cultas terem à sua disposição diversas frases correntes, mesmo sob distração. 466

Os números relativos à concordância no número de sílabas, aliteração, consonância etc. mostram um comportamento que dispensa maiores comentários. 467

A diminuição geral dos números da conexão verbal na segunda parte sob distração está ligada à diminuição das reações de som. Esta mudança pode ser atribuída ao costume, quando os fatores individuais da distração mais intensa começam a retroceder. 468

---

79. Diferenças entre o número da mesma forma gramatical no experimento sob condições normais eo número médio dos experimentos com distração.

IV. Média do tipo predicado no experimento sob condições normais e na distração

469   Apresentamos a seguir as médias de todas aquelas pessoas experimentais que designamos como tipos predicado. Incluímos neste tipo todas as pessoas experimentais em que prevaleceram as associações internas sobre o grupo das formas linguístico-motoras; o número de predicados é na média o dobro do número das coordenações. Entre as pessoas usadas para o cálculo das médias estão sete mulheres e dois homens[80].

470   Para fins de comparação, colocamos ao lado do tipo predicado a média de todos os outros tipos. A diferença é espantosa. Sob efeito da distração, o tipo predicado não apresenta mudança digna de nota: o tipo predicado não divide sua atenção, ao passo que todos os outros tipos se mostram vulneráveis de alguma forma ao estímulo perturbador. Este fato é muito estranho.

471   Conforme já dissemos, os indivíduos pertencentes ao tipo predicado tem, segundo nossa hipótese, imagens internas basicamente vivas sobre as quais se fixa involuntariamente a atenção já no instante de seu aparecimento (ao contrário da vivacidade deliberadamente produzida). Observamos em nosso material que entre as reações do tipo predicado se encontravam, além de muitos juízos de valor, quantidade muito grande de predicados que indicam propriedades sensórias do objeto da palavra-estímulo, sobretudo propriedades visuais. Algumas pessoas experimentais disseram que recebiam às vezes imagens bem plásticas[81]. Sobre esta observação baseamos a teoria do tipo predicado.

---

80. Da tripla família de tipo predicado somente uma pessoa experimental foi considerada.

81. Estas imagens plásticas correspondem mais ou menos às "imagens individuais" de Ziehen. De propósito nada perguntamos sobre isto no experimento para evitar que, através dessa sugestão, a atenção fosse imediatamente dirigida para lá. Em muitas pessoas basta pequeno esforço da atenção para produzir de imediato imagens bem plásticas. Neste caso são reprimidas somente as imagens verbais vagas e gerais, o que pode acontecer meio inconscientemente, sobretudo com pessoas experimentais não treinadas, havendo uma sugestão correspondente. Não sabemos se a vivacidade, supostamente especial, das imagens é uma constante nesta pessoa experimental ou se ela só se manifesta na hora do experimento.

H. Média do tipo predicado

	Distração externa		
Qualidade especial	Normal	Metrônomo 60	Metrônomo 100
Coordenação	12,5 ⎫	14,8 ⎫	13,1 ⎫
Predicado	32,1 ⎬ 45,7	31,2 ⎬ 46,5	30,5 ⎬ 43,8
Dependência causal	1,1 ⎭	0,5 ⎭	0,2 ⎭
Coexistência	13,5 ⎫	13,7 ⎫	11,7 ⎫
Identidade	4,1 ⎬ 48,6	8,0 ⎬ 44,9	8,5 ⎬ 49,3
Formas linguístico-motoras	31,0 ⎭	23,2 ⎭	29,1 ⎭
Complementação de palavra	0,8 ⎫	0,8 ⎫	0,2 ⎫
Som	0,3 ⎬ 1,5	1,4 ⎬ 3,0	1,1 ⎬ 1,5
Rima	0,4 ⎭	0,8 ⎭	0,2 ⎭
Indireta	0,8 ⎫	1,7 ⎫	0,2 ⎫
Sem sentido	0 ⎬ 3,2	0,2 ⎬ 4,6	1,1 ⎬ 4,6
Falha	2,4 ⎟	2,5 ⎟	2,5 ⎟
Repetição da palavra-estímulo	0 ⎭	0,2 ⎭	0,8 ⎭
Reação egocêntrica	3,6	1,7	1,4
Perseveração	0,8	1,1	1,1
Repetições	9,9	8,0	4,8
A mesma forma gramatical	40,7	43,1	45,4
O mesmo número de sílabas	37,3	44,0	47,4
Aliteração	7,9	8,8	10,8
Consonância	12,9	15,4	14,2
A mesma terminação	6,7	7,7	11,1
Total de Associações	1792	350	350
Total de pessoas experimentais	9	7	7

I. Média do tipo não predicado

Distração externa

Qualidade especial	Normal		Metrônomo 60		Metrônomo 100	
Coordenação	21,5		18,0		14,3	
Predicado	13,5	36,0	11,3	29,9	10,8	25,4
Dependência causal	1,0		0,6		0,3	
Coexistência	17,2		16,0		12,2	
Identidade	7,3	58,2	13,2	57,2	10,8	62,8
Formas linguístico-motoras	33,7		28,0		39,8	
Complementação de palavra	0,8		1,3		1,7	
Som	1,1	2,5	4,7	7,5	4,2	7,0
Rima	0,6		1,5		1,1	
Indireta	1,5		2,2		1,9	
Sem sentido	0,3	2,9	1,2	5,1	1,3	4,7
Falha	1,0		0,8		0,8	
Repetição da palavra-estímulo	0,1		0,9		0,7	
Reação egocêntrica	1,0		0,6		0,7	
Perseveração	0,9		1,8		1,9	
Repetições	8,5		6,5		4,0	
A mesma forma gramatical	62,1		66,9		63,8	
O mesmo número de sílabas	42,9		47,3		43,5	
Aliteração	9,4		12,4		14,1	
Consonância	14,4		22,4		20,8	
A mesma terminação	14,0		15,4		16,6	
Total de Associações	4586		1000		1085	
Total de pessoas experimentais	23		20		20	

Uma imagem interna é viva se as associações imediatamente ligadas a ela repercutirem na mente. As associações mais próximas na imagem de um objeto concreto são os aspectos sensórios: o aspecto visual, acústico, tátil e motor. Uma imagem viva encontra-se no estado de atenção[82]. Quanto mais viva a imagem, mais fortes serão as inibições que dela emanam para tudo o que não é associado e, por isso, menor se tornará a capacidade de divisão da atenção. Encontramos na ausência quase total do fenômeno da distração no tipo predicado a prova de que nossa concepção está correta. O tipo predicado não consegue dividir sua atenção porque suas imagens internas, fundamentalmente vivas, necessitam tanto de sua atenção que associações de menor importância (que perfazem o fenômeno da distração) não conseguem vir à tona.

472

A partir de nossa hipótese é possível explicar todas as peculiaridades do tipo predicado.

473

1. O grande número de predicados. As pessoas experimentais designam uma característica bem especial da imagem interna e usam para isso naturalmente o predicado. Deve-se atribuir o número de predicados principalmente ao grande número de associações internas. O comportamento das associações internas com relação às externas lembra o que ocorreu nas pessoas incultas. No entanto, só existe em comum o grau de atenção empregado. Os predicados são mantidos também na distração, fato que consideramos prova segura da natureza involuntária da plasticidade da imagem.

2. O grande número de reações egocêntricas. Quanto maior a vivacidade da imagem ou quanto maior o complexo de associação presente na consciência num dado momento, tanto mais deve isto estimular e absorver em si as associações que constituem a consciência da personalidade para, através desta síntese, permanecer consciente. Por isso o complexo emergente de associação deve ser acrescido de uma série de referências pessoais que, neste caso, serão consideradas como propriedades bem surpreendentes da imagem e se transformarão em reações. É assim que se originam as reações egocêntricas.

---

82. Isto é, concentra a atenção sobre si.

3. O número relativamente grande de falhas. Falhas são geralmente resultado da reação devido ao estímulo de um complexo com forte carga emocional prendendo de tal forma a atenção que nenhuma outra reação tem lugar. E óbvio que, devido à maior vivacidade da imagem, são estimulados no tipo predicado mais complexos com carga emocional do que em outros tipos. Segue também necessariamente de nossos pressupostos que na distração a tendência a falhas é maior. Se o mínimo da atenção livre que ainda estiver disponível além da que está fixa pela imagem for solicitada por uma atividade (marcar as batidas do metrônomo), nada mais resta para produzir a reação; e nenhuma diminuição das falhas pode resultar disso.

474 Ressalta dos números do experimento com distração que o tipo predicado não é apenas uma atitude fortuita e momentânea, mas é uma característica psicológica importante que se manifesta também sob condições diferentes[83].

V. A influência da forma gramatical da palavra-estímulo sobre a reação

475 É fácil perceber que a escolha da palavra-estímulo com todas as suas diferentes propriedades não é nada indiferente. Existe toda uma série de palavras-estímulo que possui reações prediletas. Há, por exemplo, grande número de designações para objetos concretos aos quais são associadas constantemente imagens coexistentes, sem considerar muitas palavras-estímulo que sugerem conexões verbais estereotipadas. Por exemplo: partir – dói; partir – evitar; sangue – vermelho. Também é importante para as relações quantitativas se a palavra-estímulo é um substantivo, adjetivo ou verbo. Fator principal será nisso a frequência da respectiva forma da palavra. A partir de uma seleção aleatória de livros, pode-se dizer que a língua usa em média o dobro de substantivos do que de adjetivos e verbos. Por isso, segundo a lei da frequência, um substantivo como palavra-estímulo

---

83. Com isso não entendemos só as nossas condições experimentais. Sob a influência da fadiga e do álcool, provavelmente desaparecem os predicados, mas isto precisa ser ainda pesquisado.

será mais facilmente "respondido" do que outra categoria de palavra. Inversamente, a menor frequência de verbos e adjetivos causará maior dificuldade, sem considerar que para a maioria das pessoas experimentais um adjetivo, fora de seu contexto, ou um verbo no infinitivo parecem um substantivo, ainda mais quando designam um objeto concreto sobre o qual é possível dizer alguma coisa. Neste sentido fizemos um estudo comparativo a partir do material do experimento sob condições normais e obtivemos os seguintes números médios:

Reações a verbos

	Subst.	Adj.	Verbo	Associações Internas	Associações Externas	Som
Homens cultos	63,2	15,8	20,6	48,4	41,6	7,4
Homens incultos	32,7	21,7	45,5	49,6	47,4	1,1
Mulheres cultas	45,7	19,4	34,7	55,5	39,2	4,5
Mulheres incultas	52,8	14,4	32,6	69,0	29,6	0,3
Tipo predicado	54,8	26,2	18,9	62,8	33,4	2,7
Tipo não predicado	46,7	15,0	38,1	52,4	41,8	4,2

Reações a adjetivos

	Subst.	Adj.	Verbo	Associações Internas	Associações Externas	Som
Homens cultos	53,1	43,6	2,9	43,5	45,0	8,0
Homens incultos	32,4	64,8	2,7	44,8	51,0	3,4
Mulheres cultas	39,1	52,6	7,4	43,3	45,4	3,1
Mulheres incultas	49,4	47,3	3,0	60,8	37,3	1,1
Tipo predicado	64,0	29,7	5,2	64,2	28,2	1,9
Tipo não predicado	35,5	59,9	4,4	42,8	51,0	4,3

476	O número de concordâncias na forma gramatical regularmente citado entre os números individuais mostra no geral que a palavra-estímulo e a reação nem sempre concordam na forma gramatical. A tabela acima apresenta os números médios, calculados em porcentagens, para os grupos melhor caracterizados de nossas pessoas experimentais. Decidimos não apresentar os números individuais para evitar uma reunião muito grande de séries numéricas que impossibilitariam uma visão de conjunto. Além disso, os números médios mostram com maior clareza as variações características para as quais se voltava essencialmente nosso interesse.

477	Observa-se nos grupos dos verbos que, à exceção de um grupo, as reações aos verbos foram sobretudo substantivos; somente os homens incultos reagiram aos verbos principalmente com verbos. Os homens cultos reagiram em geral com substantivos. Estes se aproximam muito das mulheres incultas, ao passo que as mulheres cultas se aproximam mais dos homens incultos. Fica claro de antemão que a lei da frequência verbal influi muito na preferência deste ou daquele modo de reagir. É compreensível, pois, que os homens cultos, com um tipo de reação bem superficial, prefiram o substantivo usual ao verbo mais raro; mas o fato de as mulheres incultas reagirem de modo aparentemente semelhante precisa de investigação mais cuidadosa.

478	Enquanto os homens cultos, segundo nossa observação, reagem com substantivos usuais aos verbos, os homens incultos se esforçam por fazer justiça ao sentido da palavra-estímulo e, assim, reagir com um verbo semelhante. Menos evidente é um esforço idêntico por parte das mulheres cultas. Este modo de reação, cuja psicologia foi por nós discutida longamente, é claramente condicionado pelo esforço de reagir sobretudo de acordo com o sentido da palavra-estímulo. Já vimos acima que as mulheres incultas lideram neste aspecto. Por isso seria de se esperar que as mulheres incultas reagissem com maior número de verbos do que os homens incultos. É preciso lembrar, porém, que o nível de formação das mulheres incultas é o mais baixo, de modo que também a formação e treinamento verbal são os mais baixos; consequentemente, a reação a verbo é a mais difícil para este grupo, pois os verbos são ainda mais raros para ele do que para outros grupos[84]. Por isso depende de substantivos que podem ser combinados melhor com os verbos. O esforço das mulheres incultas para conseguir uma reação com sentido determina a escolha do substantivo que não é simplesmente elencado atrás do verbo mas que expresse, sempre que possível, algo significativo para a compreensão do verbo.

Realizamos, por isso, outra pesquisa para confirmar esta interpretação e ver qual o número de associações que eram reações a verbos. Com estes números estamos em condições de comprovar nossa interpretação. Colocamos ao lado dos números que indicam as formas verbais preferidas os números que indicam a qualidade das associações que reagiram a verbos. Apresentamos os números desses grupos que nos interessam em especial aqui, novamente em relação aos números do experimento sob condições normais:

	Homens cultos		
	Associações internas	Associações externas	Reações de som
Experimento sob condições normais	36,7	52,7	3,6
Reações a verbos	48,4	41,6	7,4
Diferença para mais	11,7		

Esta tabela mostra que o tipo reativo, quando as palavras-estímulo são verbos, é bem menos superficial do que quando a lista de palavras-estímulo se compõe principalmente de substantivos. Com isso se comprova numericamente que também para os homens cultos existem menos conexões canalizadas entre verbo e verbo do que entre substantivo e qualquer outra das três formas verbais. Se compararmos os números correspondentes às mulheres incultas com estes, veremos confirmada nossa afirmação de que os substantivos preferidos por este grupo possuem qualidade mais elevada.

---

84. É preciso considerar o fato de que a maioria das pessoas experimentais é de origem suíça e por isso se encontra em condições linguísticas mais difíceis.

	Mulheres incultas		
	Associações internas	Associações externas	Reações de som
Experimento sob condições normais	46,6	49,4	0,7
Reações a verbos	69,0	29,6	0,3
Diferença para mais	22,4		

481   Considerando estes números, vê-se claramente que as associações produzidas como reação a verbos são na grande maioria mais elevadas, correspondendo ao sentido da palavra-estímulo. Notável é também o comportamento das reações de som nos dois grupos apresentados. O número bem maior, comparado ao do experimento sob condições normais, nos homens cultos mostra que é pequena a influência semântica da palavra-estímulo. Por outro lado, a diminuição desse número nas mulheres incultas é típica da maior influência semântica dos verbos. A partir desses números é possível concluir que a influência dos verbos sobre a atenção, devido à sua menor frequência e, por isso, sua maior dificuldade de reagir, é maior do que a dos substantivos.

482   Conforme indica a tabela, os adjetivos apresentam um comportamento análogo ao dos verbos, tendo apenas no geral uma influência menor sobre o tipo reativo. Pode-se admitir, pois, que a reação a adjetivos encontra no geral menor dificuldade.

483   O tipo predicado reage aos verbos em geral com substantivos, enquanto que todos os tipos não predicado reagem a verbos com verbos em média mais do que o dobro de vezes do que o tipo predicado[85]. Examinamos de novo a qualidade das associações com as quais o tipo predicado reage a verbos:

	Tipo predicado			Tipo não predicado		
	Assoc. int.	Assoc. ext.	Reação de som	Assoc. int.	Assoc. ext.	Reação de som
Experimento sob condições normais	45,7	48,6	1,5	36,6	58,2	2,5
Reação a verbos	62,8	33,4	2,7	52,4	41,8	4,2
Diferença para mais	17,4			16,4		

85. Note-se que dos 11 tipos predicado, aqui descritos, somente dois são incultos, um deles sendo mulher.

Conforme indicam as diferenças para mais, a influência dos verbos em ambos os casos é quase igual; nenhuma diferença para mais das associações internas, que superou a encontrada no tipo não predicado, corresponde ao número de substantivos do tipo predicado. Portanto, não temos razões de supor que no tipo predicado o verbo tenha maior influência sobre a atenção, ou seja, coloque maiores dificuldades para reagir. O tipo predicado não apresenta com relação ao verbo nenhuma diferença de atenção, apenas aquela diferença que as pessoas cultas apresentam em geral, isto é, que preferem o substantivo devido à sua maior ocorrência. Isto se deve ao fato de a maioria de nossos tipos predicado serem pessoas experimentais cultas.

484

O comportamento do tipo predicado para com o adjetivo está em contradição com os resultados anteriores. Conforme indicam os números das duas tabelas, nos primeiros quatro grupos abordados são dados mais adjetivos como reação a adjetivos do que verbos a verbos. No tipo predicado, que se distingue por atributos em forma adjetiva, a diferença é apenas de 10,8%. Para isso os substantivos são largamente preferidos (ao contrário do tipo não predicado), em torno de 28,5% a mais. Esta preferência por substantivos provém do esforço do tipo predicado de reagir principalmente em forma de atributos e não apenas, como indicam os números, com um predicado, mas também, inversamente, descobrindo um substantivo para uma palavra-estímulo adjetiva[86]. Vejamos os números em relação à qualidade das reações adjetivas:

485

	Tipo predicado			Tipo não predicado		
	Assoc. int.	Assoc. ext.	Reação de som	Assoc. int.	Assoc. ext.	Reação de som
Experimento sob condições normais	45,7	48,6	1,5	36,0	58,2	2,5
Reação a adjetivos	64,2	28,2	3,9	42,8	51,0	4,3
Diferença para mais	18,5			6,8		

---

86. Isto se explica pela psicologia do tipo predicado. As pessoas experimentais desse tipo distinguem-se por suas imagens bem vivas. Por isso consideram o adjetivo sempre como qualidade de um objeto determinado, inserindo-a na reação.

486 Mostram os números que o índice elevado de substantivos no tipo predicado está ligado a um aumento correspondente de associações internas. Não se trata, pois, de simples justaposição de substantivos usuais, mas de adequadas construções em torno da palavra-estímulo, produzidas devido à atitude peculiar do indivíduo, ainda que a justaposição de adjetivos semelhantes, conforme os números análogos dos outros grupos, seja mais fácil para ele. Isto fica claro considerando-se a pequena diferença para mais das associações internas nas reações adjetivas do tipo não predicado.

487 Também fica claro, a partir dos números, que a atitude predicativa não é fortuita, mas corresponde a uma disposição psicológica bem determinada que é mantida ainda que outros modos de reação fossem mais fáceis do que a forma predicativa.

Resumindo

488 As associações variam, no âmbito da normalidade, principalmente por influência da:

1. atenção

2. cultura

3. peculiaridade individual da pessoa experimental

489 a. A redução da atenção por fatores internos ou externos causa uma superficialidade do tipo reativo, isto é, as associações internas ou de alto valor retrocedem em favor das associações externas ou reações de som.

b. A distração da atenção, de acordo com o nosso ordenamento da experiência causou, além das mudanças acima mencionadas, um aumento das associações indiretas que devem ser consideradas por isso como fenômenos de distração e derivadas como elos intermediários da concorrência de duas associações pouco enfatizadas (ou seja, inferiores).

c. Pessoas cultas têm em média um tipo reativo mais superficial do que as incultas. A diferença pode ser atribuída essencialmente a uma diferenciação na interpretação da palavra-estímulo.

d. Com relação ao grau de divisão da atenção causada pela distração não foram constatadas diferenças essenciais entre pessoas cultas e incultas.

e. As variações mais notáveis das associações são condicionadas pelas diferenças individuais:

1. No que se refere à influência do sexo sobre o modo de reagir no experimento sob condições normais não foram constatadas diferenças plausíveis nos números das médias. Somente no experimento com distração aparece a peculiaridade das pessoas experimentais femininas; elas apresentam em média uma capacidade menor de divisão da atenção do que os homens.

2. As variações individuais podem ser classificadas nos seguintes tipos:

I. Tipo objetivo. A palavra-estímulo é tomada objetivamente, isto é:

a) sobretudo de acordo com seu significado objetivo; a reação é adaptada o mais possível ao sentido da palavra-estímulo e é a ela ligada pelo sentido;

b) sobretudo como estímulo verbal; a reação é adaptada em parte apenas verbalmente e em parte indica mera justaposição de associações canalizadas, sendo que a relação de sentido passa para um plano de fundo.

II. Atitude egocêntrica. A palavra-estímulo é tomada subjetivamente (de modo egocêntrico).

a) Tipo constelação. Os elementos pessoais usados na reação fazem parte de um ou mais complexos com carga emocional, podendo ocorrer duas possibilidades:

1ª As constelações de complexos são expressas de modo aberto.

2ª As constelações de complexos aparecem de forma velada como consequência de uma repressão nem sempre consciente[87].

b) Tipo predicado. Este tipo possui supostamente a peculiaridade psicológica de ter imagens internas muito vivas (plásticas), explicando-se assim sua maneira especial de reagir. Este tipo apresenta também uma diminuta ou mesmo inexistente capacidade de divisão da

---

87. Usamos o termo "repressão" sempre no sentido de Breuler e Freud, cujo trabalho *Studien über Hysterie* (Leipzig/Viena: F. Deuticke, 1895) devemos valiosos incentivos para as nossas pesquisas.

atenção, o que se expressa no experimento com distração por ausência completa de fenômenos de superficialidade.

491 Como resultado geral, muito importante para a patologia, obtém-se que a superficialidade do tipo reativo na fadiga, na intoxicação alcoólica e na mania deve ser atribuída em primeiro lugar a um distúrbio da atenção. As observações do lado afetivo das associações (efeitos dos complexos com carga emocional) deveriam ser importantes para a pesquisa experimental das mudanças patológicas dos sentimentos e de suas consequências.

492 Finalmente, seja-nos concedido expressar os mais profundos agradecimentos ao nosso estimado diretor, professor Bleuler, pelo incentivo constante. Somos especialmente gratos também a Emma Jung pela ajuda efetiva nas diversas revisões do extenso material.

Explicação dos gráficos

493 Nos gráficos a seguir são apresentadas as medias aritméticas das associações internas, associações externas, reações de som e reações do grupo residual de diversos grupos:

I – Média das associações internas

E – Média das associações externas

S – Média das reações de som

R – Média das reações do grupo residual

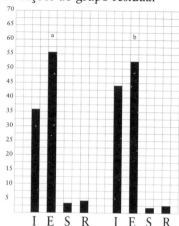

Gráfico I

Médias dos experimentos sob condições normais
a. Pessoas cultas: 23 pessoas experimentais, 3.800 associações.
b. Pessoas incultas: 18 pessoas experimentais, 3.000 associações.

No experimento sob condições normais as pessoas cultas apresentam menos associações internas, mais associações externas e mais reações de som do que as pessoas incultas.

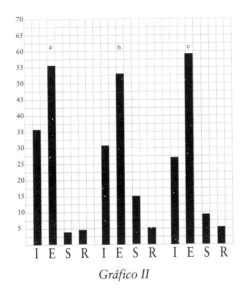

Gráfico II

Médias dos experimentos com pessoas cultas sob distração externa:

a. condições normais (gráfico I, a): 23 pessoas, 3.800 associações.

b. com distração, 60 batidas por minuto do metrônomo: 13 pessoas, 650 associações.

c. com distração, 100 batidas por minuto do metrônomo: 13 pessoas, 835 associações.

Encontramos uma diminuição regular e clara das associações internas de *a* para *c*, isto é, de acordo com a intensidade do meio de distração. Em segundo lugar, emerge do gráfico um aumento das reações de som em ambos os experimentos com distração. O resultado da distração consiste em geral num aumento das associações externas e do aumento das reações de som. Esta soma (E + S) é indicada acrescentando-se à coluna E uma coluna pontilhada igual à altura de S. Esta coluna (E + S) aumenta regularmente de *a* para *c*. A diminuição de I e o aumento de (E + S) no experimento com distração demonstra claramente o efeito da distração. Sb e Sc são ambas maiores do que Sa. As reações do grupo residual aumentam de *a* para *c*.

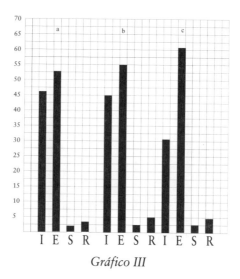

Gráfico III

496   Médias de experimentos com pessoas incultas sob distração externa

a. condições normais (gráfico I,b): 15 pessoas, 3.000 associações.

b. com distração, 60 batidas por minuto do metrônomo: 15 pessoas, 750 associações.

c. com distração, 100 batidas por minuto do metrônomo: 15 pessoas, 750 associações.

Independentemente do ponto de partida diverso, o quadro é parecido com o dos experimentos com pessoas cultas:

Diminuição gradual das associações internas de *a* para *c*.

Aumento gradual das associações externas, mais reações de som de *a* para *c*. R aumenta na distração, S somente um pouco; as reações de som têm papel bem menor do que nas pessoas cultas.

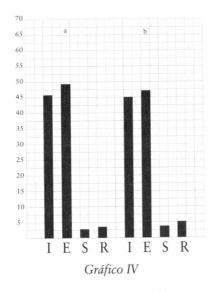

Gráfico IV

Médias de experimentos com pessoas do tipo predicativo (cultas e incultas):

a. condições normais: 9 pessoas, 1.792 associações.

b. com distração (distração externa com 60 e 100 batidas do metrônomo aferida em conjunto).

Enquanto nas pessoas cultas a relação de I: E = 2 : 3 e nas incultas I: E = 5 : 6, aqui é de 1 : 1,1. S é menor do que nas pessoas cultas, porém maior do que nas incultas, sob condições normais. No grupo R a relação é inversa. É surpreendente que esta relação quase não muda na distração, contrariamente ao acontecido nos quadros anteriores. Existe apenas pequeno decréscimo de I e bem pequeno aumento de (E + S). R aumentou um pouco.

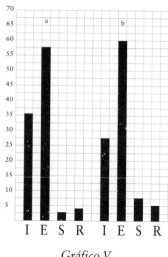

Gráfico V

498   Médias de todos os experimentos com as restantes pessoas (tipos não predicado):

a. condições normais

b. com distração

O quadro contrasta extraordinariamente com o do gráfico IV. No experimento sob condições normais a relação I : (E + S) = 10 : 17, portanto perto de 2 : 3, no experimento com distração é 10 : 24, portanto próximo a 2 : 5. S aumenta muito e R menos.

II
Análise das associações de um epiléptico[*]

A epilepsia faz parte das poucas doenças psíquicas cuja sintomatologia é muito bem conhecida e delimitada por inúmeras pesquisas de caso e sistemáticas. Além dos sintomas dos ataques, a ciência psiquiátrica constatou no epiléptico uma degeneração psíquica que se manifesta com grande regularidade e da qual se pode afirmar que é específica e por isso tem valor para o diagnóstico. Com base nos mais aceitos manuais de psiquiatria, vamos apresentar apenas os principais traços do epiléptico que mostram degeneração:

1. *Com relação ao intelecto*: Debilidade mental, lentidão das reações psíquicas, limitação e empobrecimento das ideias com correspondente empobrecimento e estereotipia do vocabulário, manifestação muitas vezes anormal da fantasia.

2. *Com relação à disposição emocional*: Irritabilidade, forte egocentrismo, exagero de todos os sentimentos intelectuais, sobretudo da religiosidade.

Estes atributos configuram o assim chamado caráter epiléptico que, uma vez manifesto, deve ser considerado uma formação estável. Haverá provavelmente acentuações transitórias de um ou outro atributo que partem, quais ondas, do ataque intercorrente. Às vezes é possível também diagnosticar com bastante certeza a presença do caráter epiléptico sem que ataques tenham ocorrido. Mas isto é bem raro.

---

[*] Publicado pela primeira vez em *Journal für Psychologie und Neuroilogie*, V/2, p. 73-90; Depois em *Estudos diagnósticos de associações*, I, Leipzig: [s.e.], 1906, p. 175-192 [Beitrag III].

Muitas vezes o caráter epiléptico se apresenta com pouca precisão, sobretudo quando os ataques são raros. Por questões práticas, seria portanto de grande utilidade ter um método que ajudasse a encontrar uma formulação exata da degeneração epiléptica.

501 Recentemente, foram feitas várias tentativas de examinar as mudanças epilépticas estáveis através de métodos experimentais. Assim procederam, por exemplo, Colluci[1] e Breukink[2], utilizando o ergógrafo. Sommer[3] e sobretudo seu discípulo Fuhrmann[4] voltaram sua atenção para a capacidade de associação dos epilépticos. Consideramos sobretudo as pesquisas desses dois últimos muito apropriadas para uma formulação mais exata da degeneração epiléptica.

502 Fuhrmann informa sobre um estudo da capacidade associativa de dois epilépticos. O primeiro caso se refere a um paciente que adoeceu aos dez anos de idade. Constatou o autor que, neste caso, os predicados se repetem com muita frequência e que o egocentrismo desempenhava papel relevante. Nem todas as reações podiam ser consideradas "associações"; também havia reações verbais cuja forma e conteúdo não tinham conexão interna alguma com a palavra-estímulo. Fuhrmann chama estas reações de "inconscientes". Estas reações estavam principalmente no começo da sequência de experimentos (de acordo com a tabela de Fuhrmann). A sequência de experimentos I começa com as seguintes reações:

1. claro	fé	5. vermelho	pais
2. escuro	saúde	6. amarelo	pai
3. branco	pobre	7. verde	cadeira
4. preto	azul	8. azul	pobre

---

1. "L'Allenamento ergographico nei normali e negli epilettici". *Riforma medica*, XVIII/I, 1902. Roma.
2. BREUKINK, H. "Über Ermüdungskurven bei Gesunden und bei einigen Neurosen und Psychosen". *Journal für Psychologie und Neurologie*, IV/3, 1904, p. 85-108. Leipzig.
3. SOMMER, R. *Lehrbuch der psychopathologischen Untersuchungsmethoden*. Berlim/Viena: [s.e.], 1899.
4. FUHRMANN, M. *Analyse des Vorstellungsmaterial bei epileptischen Schwachsinn*. Diss. Giessen: [s.e.], 1902.

Fuhrmann não ousou nenhuma interpretação. Kraepelin[5] incluiu esta observação na mais recente edição de seu "Manual" e diz o seguinte:

Parece que "estas ideias – apenas liberadas mas não produzidas pelo experimento – provieram de orientações gerais e permanentes do pensamento. Seu conteúdo estava mais relacionado com a doença ou com as circunstâncias pessoais do doente. Podemos considerar que a frequência dessas associações – determinada por condições internas e não por estímulos externos – é causada especialmente pela lentidão mental do epiléptico que não lhe permite fazer associações com a palavra-estímulo com a mesma rapidez e facilidade que a pessoa sadia".

Já em 1903 demonstrei, em meu trabalho *Sobre a simulação de doença mental*[6], a frequente ocorrência dessas conexões sem sentido num imbecil no estado de estupidez emocional. Recentemente Wehrlin se referiu expressamente a esses fatos em suas pesquisas *Sobre as associações de imbecis e idiotas*[7] e trouxe provas. De acordo com nossas experiências estas reações sem sentido ocorrem sobretudo quando a pessoa experimental se encontra no estado de estupidez emocional, o que pode acontecer naturalmente em todas as possíveis mudanças mentais. Por isso essas reações "inconscientes" não são específicas da epilepsia.

Voltemos ao trabalho de Furhmann. No primeiro caso, foi feito novo experimento com as mesmas palavras-estímulo após aproximadamente um mês.

O segundo caso refere-se a uma paciente que estava enferma desde os dezessete anos de idade. Aqui foram feitas 4 repetições no espaço de 8 meses e foi constatada uma grande restrição da "extensão associativa", uma forte monotonia das reações. Com base nas associações de duas mulheres idiotas, Fuhrmann acha que existe diferença

---

5. *Psychiatrie*: *Ein Lehrbuch für Studierende und Ärzte*. 7. ed., Vol. II. Leipzig: [s.e.], 1903/1904, p. 626.

6. (§ 349 e 354).

7. WEHRLIN, K. "Über die Assoziationen von Imbezillen und Idioten". In: JUNG, C.G. (org.). *Diagnostische Assoziationsstudien*. Leipzig: [s.e.], 1910, p. 157.

"marcante" entre epilepsia e idiotismo, não conhecendo esta última conceitos em geral. A pesquisa de Wehrlin mostra que também o idiota conhece conceitos genéricos, mas que estes são bastante primitivos. A diferença, portanto, deverá ser algo mais sutil do que Fuhrmann parece insinuar.

507   Riklin, em seu valioso trabalho sobre *Hebung epileptischer Amnesien durch Hypnose* (A suspensão da amnésia epiléptica através da hipnose) informa sobre alguns experimentos de associação com epilépticos. O autor se interessa mais pelo aspecto qualitativo das reações e chega a diversas constatações muito importantes.

508   Constata uma fixação no conteúdo da reação e na mesma forma gramatical, forte egocentrismo, constelações pessoais, frequente carga emocional no conteúdo da reação e pobreza de ideias.

509   Essas peculiaridades são em grande parte simples reflexos do caráter epiléptico. Riklin constata assim que é possível ler os sinais da degeneração epiléptica a partir de uma série de associações. Mas, como crítica às observações de Riklin é preciso dizer que: l. A perseveração da forma gramatical não precisa ser sempre um sintoma epiléptico. O trabalho de Wehrlin apresenta uma perseveração marcante da forma gramatical em imbecis e idiotas; 2. A perseveração do conteúdo ocorre também em pessoas normais, conforme demonstrei, juntamente com Riklin, na primeira parte deste volume[8]. Também em pessoas normais e débeis mentais ocorrem egocentrismo, constelações pessoais e conteúdos de reação com carga emocional. A pobreza de ideias não é obviamente característica da epilepsia, mas é própria da deficiência mental em geral e, em certo sentido, também da estupidez emocional, onde assume a forma típica de "vazio associativo".

510   Na epilepsia pode tratar-se de maior ou menor quantidade desses sintomas que eventualmente recebem coloração específica. Tomei a peito esclarecer essa questão e tentar separar o que é específico da associação epiléptica dos diversos tipos de normais e da debilidade mental congênita. Semelhante tarefa tem que apoiar-se numa grande quantidade de material. A clínica suíça para epilépticos com

---

8. Cf. cap. I deste volume.

sede em Zurique ofereceu excelente oportunidade com seu grande número de internados.

O material veio em grande parte desta instituição, onde foi coletado pelo médico superintendente Dr. Ulrich, e parte menor foi reunida na Clínica Burghölzli para doentes mentais. O total de pessoas experimentais foi de 158 e o total de associações foi 18.277. Este extenso material nos permitiu formar um juízo sobre as diversas possibilidades das associações de epilépticos, de modo que o Dr. Ulrich e eu começamos um trabalho metódico neste campo que traz muita coisa interessante. Para captar da forma mais pura possível a essência da variação epiléptica de associação, fiz a seguinte classificação do material:

Em primeiro lugar, excluí os casos que não eram de debilidade mental congênita e que contraíram a epilepsia somente após completarem os estudos, portanto, ao menos após a puberdade.

Assim procedendo, descartei os casos muito frequentes entre epilépticos onde o quadro clínico é complicado por debilidade mental congênita. Segundo o material de Wehrlin, parece que os imbecis – tratando-se de debilidade mental bastante clara – possuem um tipo característico de associação que se expressa principalmente por uma tendência de "definir" a palavra-estímulo. Já as primeiras tomadas de associações em epilépticos nos mostraram tipos de associação que, à primeira vista, tinham a maior semelhança com os tipos imbecis. Nos casos de epilépticos com imbecilidade congênita ou com idiotia desde a tenra idade, a semelhança foi maior ainda. Para encontrar o específico da epilepsia, a separação mencionada foi absolutamente necessária.

Por razões práticas, foi feita nova divisão do campo de trabalho: eu analiso aqui, o mais detalhadamente possível, as reações de um caso típico, enquanto Dr. Ulrich irá discutir numa publicação ulterior as variantes do tipo epiléptico de associação.

Antes de apresentar as observações feitas, devo esclarecer alguns pontos sobre a técnica da tomada das associações.

A preparação das pessoas para o experimento é muito importante. Devemos ter em mente que as pessoas não têm noção do que o experimento vai exigir delas. Por isso facilmente entram em estado de perplexidade; e este, sendo muito acentuado, vai influir de maneira bem clara sobre o resultado, conforme já constatei várias vezes. Antes do experimento há uma explicação do processo. Informamos à pessoa experimental que lhe será dita uma palavra qualquer à qual deverá responder, o mais rápido possível com a primeira palavra ou ideia que lhe venha à mente, sem refletir. A explicação é ilustrada com um exemplo prático em que o experimentador dá uma lista bastante completa das possíveis associações. Desse modo, a pessoa é capaz de escolher livremente dessa lista o modo de reagir que mais lhe convenha. Se estiver livre de preconceitos, escolherá naturalmente aquela forma de reagir que lhe é característica. Tomamos especial cuidado para que as pessoas não se esforcem convulsivamente para responder com apenas uma palavra. Se no entanto isto acontecer, o modo característico de reagir fica obscurecido e o tempo de reação prejudicado. Com mulheres é muitas vezes necessário abafar uma emoção nascente dando uma explicação mais popular do experimento. Normalmente procedo assim: apresento o experimento como uma espécie de jogo de memória.

517   Para este experimento foi utilizada uma nova lista de palavras-estímulo. Fiz a compilação a partir de 200 palavras diferentes: 75 conceitos concretos, 25 conceitos genéricos, 50 adjetivos e 50 verbos. A sequência é a seguinte: substantivo-adjetivo, substantivo-verbo. A mistura é a mais perfeita possível de modo a não ocorrerem em seguida palavras-estímulo afins. Não se deu atenção ao número de sílabas. As palavras-estímulo foram tiradas dos mais diversos campos da vida cotidiana, evitando-se ao máximo palavras incomuns. Propositalmente foram intercalados alguns conceitos com carga emocional como *amor, beijar, felicidade, amável* etc., uma vez que a estas palavras está ligado um significado especial[9]. Os tempos de reação foram medidos com um relógio de precisão, indicando até 1/5 de segundo.

518   Do nosso material, escolhi o seguinte caso:

M. Joseph, mecânico, nascido em 1863, sem filhos, 19 condenações por delitos. Conforme consta, nenhuma doença hereditária, bom aluno, três anos de aprendizado junto a um mestre em mecâni-

---

9. Sobre isso falaremos num próximo trabalho.

ca. Boas referências no trabalho. Na juventude, nenhuma doença séria, sobretudo nenhum sintoma de epilepsia, casou-se em 1888. Em 1893 sua esposa foi acometida de uma psicose e morreu logo a seguir num manicômio. Desde a doença da esposa, nosso paciente, antes tão sedentário e trabalhador, começou a perambular por grande parte da Europa. Permanecia pouco tempo nos empregos, começou a beber, viajava sem destino certo e andava por florestas. Durante este período houve várias ocorrências policiais sobretudo por furto. O paciente apresentava amnésia em relação à maioria dos casos. Em 1893-1894, esteve por três vezes em manicômios devido à violenta *mania transitória*. Em 1893 fraturou o crânio. De 1896 a 1898 esteve novamente em diversos manicômios por causa de delírio furioso. Em 1898 foram constatados espasmos em um lado do corpo que surgiam na forma de ataques. Nesta época foi observado também um delírio relativamente lúcido com visões plásticas e muito estáveis que eram descritas pelo paciente com muita emoção. Em fins de 1904, perambulou sem rumo pelas montanhas comendo muito pouco e mal. Após um excesso de bebida alcoólica, cometeu o furto de uma bicicleta. Após o delito, andou sem rumo certo e foi preso pela polícia. Foi trazido para esta clínica para um parecer médico que afirmou o seguinte:

Debilidade mental com caráter epiléptico. Frequentes mas curtos lapsos de memória com aura: "Vê pontos pretos, cinco a seis enfileirados que sobem e descem; a cabeça está pressionada como que apertada por parafusos; a sensação no peito é como se estivessem caindo pingos; os ouvidos zunem; advém o medo, como se tivesse cometido algum mal, ou sente dores nas costas que sobem à cabeça; tem a sensação de tudo querer despedaçar ou como se uma locomotiva viesse de repente para cima dele". Após esta aura fica tonto, tudo parece girar e perde a consciência. Os lapsos de consciência ocorrem também durante a conversa e sobretudo durante o jogo de baralho. Grande intolerância ao álcool.

As associações neste caso me pareceram sob vários aspectos como típicos da epilepsia, ainda que nem todos os sintomas característicos se tenham apresentado. Cada caso tem suas peculiaridades, e também aqui as diferenças individuais entre os tipos reativos desempenham papel importante.

1. carvão	carvão de pedra	7,2
2. moderado	não comer muito	12,0
3. canção	cantar, cantar uma canção	6,2
4. presumir	eu presumo, o que eu presumo? Muitas coisas	23,2
5. dor	porque estou doente	4,2
6. podre	quando uma maçã está podre, uma planta, tudo pode ficar podre	5,8
7. lua	isto é a lua no céu, lá temos a lua	3,4
8. rir	a pessoa ri	4,2
9. café	a gente toma, toma todo dia	4,0
10. extenso	esta é a extensão de uma distância (isto acompanhado de gestos indicativos)	6,2
11. ar	este é o ar, o ar da natureza, saudável ou insalubre, ar bom é ar bom	2,2
12. trazer	eu trago algo, um peso ou roupas bonitas	5,0

520   Estas 12 primeiras reações já permitem algumas conclusões. Antes de tudo chama a atenção que a pessoa não reage apenas com *uma* palavra, mas em geral com frases inteiras. Isto tem certo significado. Pela minha experiência, baseada num material de mais de 30.000 associações normais, as pessoas sadias preferem via de regra reagir com uma só palavra (*nota bene*: após a instrução prévia indicada acima). Há casos de exceção onde também as pessoas cultas podem preferir a forma frasal. Riklin e eu mencionamos um exemplo desses em nosso trabalho sobre associações de pessoas sadias. Esta pessoa experimental pertence ao tipo constelação de complexos, isto é, àquele tipo reativo cujas associações na hora do experimento estão sob a influência de um complexo de ideias com carga emocional[10]. Nestes casos reconhece-se de imediato a constelação peculiar pelo conteúdo das associações. Remeto a esta citação. Entre pessoas sadias existe ainda um tipo que gosta de expressar sua reação, não em frases, mas em duas ou mais palavras.

---

10. Cf. cap. I, § 429 deste volume. Trata-se de uma história de amor que teve desfecho infeliz e aconteceu em circunstâncias penosas que explicam a forte emoção.

O tipo predicado[11]. As pessoas deste tipo tendem principalmente a julgar e avaliar o objeto designado pela palavra-estímulo. Isto se dá naturalmente em forma predicativa; portanto a tendência é bem óbvia e fica explicado o uso de mais de uma palavra. Nenhum desses dois tipos, porém, pode ser confundido com as reações de que estamos tratando agora.

No campo patológico a forma frasal é tão frequente e geral que dificilmente se pode reconhecer nela algo patognomônico.

Uma observação, que por ora não posso demonstrar com números, precisa ser mencionada: parece que os doentes mentais incultos têm maior tendência à forma frasal do que os cultos. Se esta observação se confirmar, não será difícil combiná-la com o fato de as pessoas incultas se preocuparem mais com o sentido da palavra-estímulo do que as cultas, como ficou dito várias vezes em outros escritos. Pessoas muito incultas que se esforçam por "responder" com algo bem "apropriado" e explicar da melhor forma possível a palavra-estímulo precisam para isso de mais palavras do que pessoas cultas que muitas vezes só justapõem palavras. A tendência explicativa se manifesta mais claramente nos idiotas e imbecis que muitas vezes constroem frases completas[12]. A preferência pela forma frasal em nosso caso seria difícil de entender sem alguns pressupostos especiais; com grande probabilidade pode concluir-se que temos aqui alguma anormalidade.

Antes de abordarmos o conteúdo das reações, daremos alguma atenção aos tempos de reação. Os tempos são anormalmente longos. (O tempo médio de reação de pessoas experimentais incultas é de 2,0 segundos.) Não é possível tirar conclusões por ora, pois em qualquer quadro clínico anormal o tempo de reação é mais prolongado. Conforme é sabido, Aschaffenburg constatou que o tempo de reação era mais longo também em pacientes maníacos. Não é aconselhável investigar os tempos de reação encontrados no experimento de associação isolados da análise do conteúdo das associações, pois dependem em larga escala dos conteúdos momentâneos da consciência.

---

11. Ibid., § 432.
12. Outro fato que, na opinião de Bleuler, favorece o surgimento de frases nos débeis mentais é que eles dificilmente entendem uma palavra fora do contexto frasal bem como têm dificuldade em *pensar* palavras fora do contexto frasal.

525 Vamos observar agora a qualidade das associações. Percebe-se logo que a pessoa experimental se volta totalmente para o sentido da palavra-estímulo e há uma tendência pronunciada de explicar e caracterizar o objeto designado pela palavra-estímulo. Wehrlin acha esta tendência bem característica da debilidade mental congênita. Mas talvez esta tendência de explicação se manifeste em toda debilidade intelectual e podemos admitir que o débil mental se aproxime em certos pontos do louco congênito, mesmo que as causas das duas condições sejam bem diferentes. A tendência explicativa em nosso caso é tão óbvia que podemos demonstrar sem dificuldade as mesmas formas de explicação que Wehrlin encontrou nos imbecis. Reações como estas podem ser consideradas "esclarecimento tautológico":

supor	eu suponho
trazer	eu trago algo
ar	este é o ar

526 Explicação por meio de "exemplo" podem ser:

moderado	não comer muito
podre	quando uma maçã está podre
extenso	esta é a extensão de uma distância (com gestos indicativos)

527 Estas indicam a qualidade ou atividade principais:

| rir | a pessoa ri |
| café | a gente toma |

528 Nisto tudo só dá para constatar uma concordância muito clara com a tendência explicativa dos imbecis. Podemos dizer inclusive que a pessoa experimental se esforça para não ser mal compreendida neste contexto. Acrescenta, por exemplo, ainda algo que possa confirmar e completar lá onde parece subsistir alguma dúvida, quer se trate ou não de uma conexão verbal comum e superficial como *canção – cantar, café – a gente toma*:

| canção | cantar, cantar uma canção |
| café | a gente toma, toma todo dia |

(Igualmente 4, 11 e 12). Mostram estes exemplos que a pessoa experimental tem necessidade de acentuar sua tendência explicativa.

Além da tendência explicativa, três das doze reações apresentadas trazem a palavra "eu". Estas reações pertencem às egocêntricas. Também em pessoas normais encontramos reações egocêntricas e sobretudo em pessoas experimentais com "atitude egocêntrica"[13]. Esta atitude pode manifestar-se de três formas distintas:

1. A pessoa experimental usa para a reação uma série de reminiscências pessoais.

2. A pessoa experimental está sob a influência de um complexo de ideias com carga emocional. Relaciona quase todas as palavras-estímulo consigo mesma (isto é, com o complexo) e responde como se fosse uma pergunta referente ao complexo (um protótipo, pois, da paranoia).

3. A pessoa experimental é do tipo predicado e avalia o objeto significado pela palavra-estímulo a partir do ponto de vista pessoal.

Nestes três tipos apresenta-se às vezes a pessoa como tal. Fora disso, reações egocêntricas ocorrem em média com mais frequência em pessoas cultas do que incultas, e sobretudo quando a pessoa experimental está à vontade. Encontramos nos homens incultos um número médio de 1,7% de reações egocêntricas e nas mulheres incultas apenas 0,5%, mas é marcante a forte presença do egocentrismo. Poderíamos atribuir a causa disso em primeiro lugar à debilidade mental. Os imbecis servem-se muitas vezes de reminiscências pessoais pois, devido a seu horizonte estreito, não possuem outras. Wehrlin tem belos exemplos disso. Números encontrados em nosso material sobre imbecis indicam uma oscilação entre 0 e 2,7% de reações egocêntricas. Entre 15 imbecis apenas 9 apresentavam reações egocêntricas. Quanto ao material de Wehrlin[14] é preciso lembrar que havia um imbecil que apresentou nada menos do que 26,5% de reações egocêntricas. E um comportamento bem estranho que terá razões bem específicas. Este sujeito se distinguia dos demais pelo fato de não ter propriamente tendência explicativa, mas a cada palavra-estímulo reagia, sempre que possível, com uma frase de cunho escolar que começava muitas vezes com "eu". Exemplos:

---

13. Ibid., § 427.
14. Caso 13 do trabalho de Wehrlin.

cair	eu caí do galho
ter nojo	eu tenho nojo de peixe podre
cabeça	eu tenho uma cabeça
correr	eu corro depressa
conselho	eu peço conselho a papai
salário	eu mereci o salário.

531 Percebe-se nesses exemplos que este imbecil, conforme Wehrlin já havia dito, esforça-se em construir frases de cunho escolar corretas, empregando o pronome pessoal "eu", quando outros imbecis diriam "a gente". A denominação "egocêntrico" só pode ser atribuída a estas reações com certa restrição. Como dissemos, este caso é exceção e em nada altera o fato de que os imbecis evitam em geral a referência ao eu. As reações egocêntricas não são numerosas nos imbecis; as pessoas experimentais preferem, ao contrário, as expressões como "a gente, alguém" etc. para evitar a forma "eu". Também a histeria que tem muitas referências ao eu prefere a insuspeita forma "a gente".

532 Nosso caso, com sua pronunciada tendência explicativa, mostra, pois, uma preferência por reações egocêntricas como não encontramos em imbecis com a mesma tendência de explicação. Pode-se afirmar que a reação 12: *trazer – eu trago algo* seja uma frase de cunho escolar, mas não se pode dizer o mesmo da reação 5: *dor – porque eu estou doente*.

533 Se já parece estranho o forte aspecto egocêntrico da imbecilidade, mais estranha ainda é a maneira peculiar de a pessoa experimental dar a explicação.

534 Já disse que a pessoa experimental acentua de certo modo sua tendência explicativa repetindo em tom afirmativo sua reação e acrescentando eventualmente um atributo. E vai mais longe: não se contenta com uma só reação, mas tem especial satisfação em tornar completa sua explicação.

535 Na reação *presumir – eu presumo, o que eu presumo? Muitas coisas* vemos bem como se esforça por acrescentar algo ainda mais descritivo. Entra num estado de excitação anormal na reação *ar – este é o ar, o ar da natureza, saudável ou insalubre, ar bom é ar bom.*

A compulsão para a perfeição chega a pleonasmo na reação *extenso – esta é a extensão de uma distância* (acompanhada de gestos indicativos. Cf. tb. as reações n. 6, 7 e 12). 536

Nas reações *ar bom* e *roupas bonitas*, parece que os predicados de valor expressam uma ênfase bem especial. O esforço com que a pessoa experimental reage tem algo de inadequado, pois este luxo de palavras vai muito além do que seria necessário para cobrir a palavra-estímulo. Este procedimento dá logo a impressão de uma prolixidade desnecessária e exagerada. É precisamente este último aspecto que falta ao imbecil; este se contenta com uma reação não muito longa que lhe parece mais ou menos adequada e que, no entanto, não passa muitas vezes de indicações primitivas e de conceitos nada elaborados. Porém nossa pessoa experimental tem forte tendência de acumular e de complementar ao máximo a reação, muitas vezes além do necessário. 537

As doze reações apresentadas dão motivos para a suposição de debilidade mental, acrescentando-se a isto um forte aspecto egocêntrico e uma prolixidade exagerada. 538

Vejamos outras reações de nosso paciente: 539

13. Prato   prato de comer – prato de comer – para a comida

A reação é repetida em tom de confirmação. Mas não foi o suficiente; outra função é acrescentada que é simplesmente uma reiteração inútil. Construída de modo semelhante, mas ainda mais típica, é a reação:

| 14. cansado | eu estou cansado – sim, cansado – o corpo está cansado | 3,0 |
| 15. intenção | eu tenho a intenção de inventar uma máquina – de desenhar – de fabricar – de viver bem | 13,0 |

Também esta reação está exageradamente completa. Contém duas explicações por meio de exemplos próprios, sendo uma delas uma constelação pessoal (o paciente é mecânico), qualificada três vezes.

16. voar	o pássaro voa	4,8
17. olho	o olho enxerga	2,8
18. forte	sou robusto, isto é, forte	4,6

De novo uma referência grotesca ao eu, seguida de frase confirmativa mas desnecessária.

19. fruto   isto é um fruto, um fruto de fruta   7,0

A tendência a confirmar e completar leva aqui à formação de uma palavra nova *fruto de fruta* (ver abaixo algo mais sobre esta reação).

20. criar   trabalhar muito significa criar   3,6

Trabalhar tem ainda um atributo com carga emocional.

21. vela   uma vela é um barco a vela sobre a água   6,8

Chamam a atenção as várias repetições da palavra-estímulo na reação. Até agora só tivemos três associações em que não foi repetida na reação de alguma forma a palavra-estímulo.

22. modesto   sim, a pessoa é modesta quando aprendeu
                  alguma coisa   9,0

Sim é uma expressão que representa um sentimento que está a ponto de transformar-se em ideias e palavras (cf. reação 14). Sempre que sentimentos vivos, de fácil suscitação ou muito intensos, estão envolvidos (como na histeria e em certas lesões cerebrais orgânicas), são frequentes o "sim" e o "não". O conteúdo dessa associação indica uma linha de pensamento dificilmente encontrada num débil mental congênito.

23. assoalho   assoalho do quarto   3,8
24. assobiar   eu assobio   3,2
25. finalidade   com que finalidade? com que finalidade você
                  faz isto? com que finalidade?   5,6

Impressionante é esta reação com a repetição exagerada da palavra-estímulo. Também se percebe que a pessoa experimental considera a palavra-estímulo como pergunta[15].

26. quente   está muito quente, quente demais   2,0

---

15. Ibid., § 408(2).

Nenhuma das reações precedentes mostra tão bem quanto esta a tendência da pessoa experimental de confirmar e completar com ênfase a reação. É como se quisesse esclarecer com especial vigor o sentido de sua reação. Esta ênfase aparece bem na acentuação *muito quente, quente demais*.

| 27. resina | resina do pinheiro, a resina cresce no pinheiro, no abeto | 3,8 |
| 28. acordar | eu acordo – eu acordo meu amigo, ele dorme | 8,4 |

Ambas as reações se caracterizam outra vez pela integralização, sobretudo a última em que o quadro é completado por *ele dorme*.

| 29. maçã | existem diversas espécies de maçã | 6,6 |

A mesma forma de reação encontramos muitas vezes nos imbecis.

30. mau	a gente diz quem é mau? este ou aquele são maus, esta é uma pessoa má	6,0
31. carteira	uma carteira de dinheiro	3,0
32. beber	eu bebo limonada	3,0
33. cama	para dormir – eu tenho uma cama	3,0
34. digno	a pessoa é digna, a quem lhe compete a honra	9,4

Esta reação é linguisticamente falha. A debilidade mental epiléptica parece ter em comum com a debilidade mental congênita o fato de utilizar a linguagem de maneira desajeitada e arbitrária. Nos imbecis encontramos grande quantidade de construções frasais erradas e neologismos canhestros. Contudo não se deve atribuir sem mais, no experimento de associação, a inabilidade linguística à debilidade mental, pois podem ocorrer também distúrbios momentâneos de emoção que prejudicam a expressão verbal. Voltaremos a este assunto mais adiante.

| 35. perigo | eu estou em perigo, em perigo de vida | 4,2 |
| 36. visitar | eu visito um paciente | 4,8 |

A última reação pode ser novamente uma referência ao eu.

37. serralheiro	eu sou serralheiro, artesão	2,8
38. alto	alta é a torre da igreja, normalmente	4,8
39. machadinha	a machadinha é um machado	3,4
40. misturar	não se misture em coisas estranhas	6,2

Esta reação lembra muito uma frase usual. É a primeira que ocorre neste caso. Como se sabe, em pessoas normais este tipo de reação é frequente.

| 41. caminho | é um caminho para se andar a pé, uma estrada | 3,2 |
| 42. redondo | é a bola, caso contrário não seria bola, se não fosse redonda | 3,8 |

É uma reação típica da prolixidade pedante dessa pessoa[16]

| 43. sangue | toda pessoa tem, todo animal, apenas que é bom ou ruim, esta é a diferença | 3,4 |

Nesta reação extensa encontramos de novo avaliações semelhantes às do número 11. Lá se dizia ar *saudável* ou *insalubre*, aqui *sangue bom* ou *ruim*. A constelação comum a ambas as reações é obviamente a importante questão de saúde do paciente. A este complexo se referem também as reações de número 5 e 36. A forte predominância do

---

[16]. Este tipo de reação se diferencia consideravelmente de certas reações que às vezes são produzidas por imbecis faladores. Apresento alguns exemplos:

domingo	é um dia em que não se faz nada, em que se vai à igreja
montanha	montanha alta, com casas ou sem casas
sal	algo para salgar. Salga-se a carne
caderno	feito de papel copm o qual se pode fazer uma revista
anel	no dedo, joia, corrente
atendente	alguém que atende em hospitais, asilos, instituições
piano	onde há música, no andar de cima, onde está o órgão, a lado. As senhoritas tocaram (contou ainda a história de um organista)
nadar	no lado, na água, no Reno, precisa-se para isso de roupa de banho
cozinhar	para cozinhr precisa-se de sopa, farinha, cane, vasilhame e caçarola
estrela	parte constitutiva do céu, sistema planetário, sol, lua e estrelas

Nestas associações faltam, sobretudo, a ênfase e a confirmação do epiléptico; não exprimem tão bem o momento emocional; são mais enumerações que parecem muitas vezes fuga de ideias; a linha do pensamento prossegue e não fica presa ansiosamente na palavra-estímulo.

complexo de doença nas associações do epiléptico foi demonstrada também por Fuhrmann.

44. alugar	eu alugo uma pensão	6,0
45. precaução	homem, seja precavido	4,8
46. alegre	eu estou alegre, contente	3,6
47. feira	feira anual, isto é uma feira, a feira de Basileia acabou há pouco	7,0
48. esquecer	eu esqueci alguma coisa	5,0
49. tambor	o bumbo é um tambor	3,2
50. livre	eu sou livre – eu sou livre, eu sou um cidadão livre, seria bonito se ao menos assim fosse	4,0

Percebe-se nesta reação, além da repetida ênfase em *livre*, a relação egocêntrica que se reveste da forma da avaliação *bonito*.

51. carruagem	uma carruagem, um veículo	4,4
52. comer	eu como, eu como carne ensopada	2,4
53. insolência	quando uma pessoa – há pessoas insolentes, insolentes no modo de falar, insolentes no comportamento	6,8
54. depressa	a máquina anda depressa	3,8

Sem dúvida uma constelação da atividade de todo dia.

| 55. chaminé (*Kamin*) | é chaminé (*Schornstein*), chaminé de uma fábrica | 2,4 |
| 56. apreciar | eu aprecio uma conversa ao anoitecer, aprecio as alegrias | 4,0 |

A reação já é em si bastante completa, mas recebe ainda uma avaliação com carga emocional. Lembra a reação número 15 *intenção de viver bem*. Serão indícios da tendência moralizante do epiléptico?

57. pároco	é um clérigo, um pastor, deve ser um homem correto	2,2
58. fácil	o que não é fácil é difícil	5,0
59. pescoço	é o pescoço (aponta para seu pescoço) – toda pessoa tem	2,8

| 60. desejar | eu lhe desejo felicidades na passagem do ano | 3,0 |
| 61. pedra | pedra de mármore, existem diferentes pedras, a pedra é um produto natural (*Naturalie*) | 4,6 |

Também os imbecis têm tendência de usar palavras de origem estrangeira (substância, material, artigo etc.) mas que são empregadas muitas vezes de modo bem grotesco.

62. distinto	a pessoa culta é distinta	6,2
63. mangueira	o tubo de borracha é uma mangueira	4,0
64. amar	eu amo o próximo como a mim mesmo	5,0

Esta reação me parece ser característica do epiléptico: forma bíblica, forte carga emocional e egocentrismo. À guisa de comparação reuni as reações de 10 imbecis, escolhidos ao acaso, à palavra *amar*; foram elas:

1. cordial
2. estar zangado
3. noivo
4. quando se ama alguém
5. agradável
6. eu amo o pai
7. quando um ama o outro
8. quando dois se gostam
9. quando se gosta de alguém
10. quando se ama alguém

Com uma exceção (6), os imbecis reagem de maneira muito impessoal e com bem menos colorido do que o epiléptico.

| 65. telha | existem telhas de encaixe em Basileia | |
| 66. ameno | o tempo está ameno, é ameno, está morno | 2,8 |

540 Não há necessidade de trazer mais exemplos. Nada de novo contêm as outras associações do presente caso.

541 Mas alguns comentários de cunho geral se fazem oportunos. Antes de mais nada, é preciso dizer que a pessoa fazia acompanhar de gestos a maioria de suas reações (o que era anotado no formulário das associações por um traço). Quando possível, os gestos indicavam confirmação ou complementação. Em segundo lugar, note-se que em 30% das reações foi repetida a palavra-estímulo. Conforme mostrarei num trabalho a seguir *O tempo de reação no experimento de asso-*

ciações[17], a repetição da palavra-estímulo não é algo fortuito na pessoa normal, mas tem razões profundas como, por exemplo, todos os distúrbios ocorridos no experimento. Abstraindo daqueles raros casos de pessoas normais que repetem rapidamente e em voz baixa a palavra-estímulo devido a um embaraço qualquer, este distúrbio ocorre em geral apenas quando uma carga emocional persevera por causa da reação anterior e dificulta a seguinte. Também observei em histéricos que uma palavra-estímulo que mexe num complexo[18] provoca a repetição dela em tom interrogativo. Esta observação nos ensina que os momentos em que ocorre a repetição da palavra-estímulo não são de todo indiferentes para as pessoas normais. Para a epilepsia, no entanto, outros mecanismos também devem ser considerados. No nosso caso foram repetidas as 4 primeiras palavras-estímulo e a quarta (*presumir*), inclusive três vezes. Depois, só foi repetida a palavra *intenção* (n. 15)[19]. No começo havia provavelmente certo embaraço. Em *presumir* talvez tenha influenciado a "dificuldade" dessa palavra, também assim em *intenção*. Ambas tiveram um tempo de reação excepcionalmente longo (23,2 e 13,0) que superou em muito os outros. Talvez não se possa atribuir a repetição da palavra-estímulo *intenção* à mera "dificuldade" da palavra, mas a uma carga emocional perseveradora. A reação precedente foi *eu estou cansado, sim, cansado, o corpo está cansado* com 3,0 segundos; o tempo para a seguinte reação foi de 13,0.

Sem considerar o conteúdo, a própria palavra *sim* já indica a existência de uma carga emocional mais forte. A própria repetição da palavra-estímulo ocorreu no n. 19 *fruto*. A reação precedente foi *sou robusto, isto é, forte* 4,6 (o tempo de reação a seguir foi 7,0). O nú-

542

---

17. Cf. cap. III deste volume.
18. Certas palavras-estímulo podem atingir um complexo de ideias com forte carga emocional que é muito importante para o indivíduo. Disso resultam alguns distúrbios da associação que designamos "características de complexos". Delas podemos enumerar: tempo de reação anormalmente longo, repetição da palavra-estímulo, formulação anormal da reação crítica ou da subsequente.
19. "Intenção" é uma palavra capciosa para certas pessoas.

mero 21 *vela* foi repetido. A reação precedente foi *trabalhar muito significa criar* 3,6 (o tempo de reação a seguir foi 6,8). O número 22 *modesto* foi repetido. A reação precedente foi *uma vela é um barco a vela sobre a água* 6,8 (o tempo de reação a seguir foi 9,0).

543   Aqui temos duas repetições da palavra-estímulo seguindo imediatamente uma à outra, onde os tempos de reação aumentam progressivamente 3,6 – 6,8 – 9,0.

544   A reação a *vela* é um engano linguístico. (Em minhas pesquisas sobre tempos de reação, os deslizes linguísticos mostraram ser características de complexos.) No pé dessa escada está *trabalhar muito*, uma reação com carga emocional e talvez egocêntrica. A terceira reação (22) é: *sim, a pessoa é modesta quando aprendeu alguma coisa*. Não é difícil ver aqui uma afinidade de conteúdo com *trabalhar muito*. Não é improvável, pois, a suposição de que a carga emocional de *trabalhar muito* perseverou sob a reação linguisticamente prejudicada e constelou a resposta 22.

545   A palavra do número 47, *feira*, é repetida. A reação precedente é: *eu estou alegre, contente* 3,6 (tempo de reação seguinte 7,0). A palavra *carruagem* (51) é repetida. A reação precedente é: *eu sou livre, eu sou um cidadão livre, seria bonito se ao menos fosse verdade* 4,0 (tempo de reação seguinte 4,4).

546   Com exceção das quatro primeiras, a maioria das outras repetições da palavra-estímulo recai sobre reações que seguem imediatamente a associações egocêntricas. Nestes casos, o tempo de reação é anormalmente prolongado. Para não me estender inutilmente, não trarei outras provas para este fato; mas posso garantir que, com raras exceções, todas as demais repetições da palavra-estímulo ocorrem na proximidade de fortes cargas emocionais.

547   Em algumas reações notou-se certa inabilidade linguística. Temos a tentação de atribuir estas construções falhas à debilidade mental do epiléptico, como ocorre na imbecilidade. Conhecemos porém, outra fonte desses lapsos de linguagem, ou seja, a forte carga emocional de um complexo, provocada pela palavra-estímulo. No meu trabalho sobre o tempo de reação no experimento de associação trarei uma série de exemplos onde se pode ver como a reação é influenciada, em pessoas normais, por um complexo com carga emocional. Lapsos de linguagem aparentemente casuais, que a pessoa experimental nem percebe, provam ser produtos significativamente deter-

minados da mistura de duas ideias concorrentes[20]. Portanto, antes de atribuir os deslizes linguísticos à debilidade mental, é melhor averiguar se não é aquele mecanismo, descoberto também nas pessoas normais, o responsável pela construção falha de frases ou palavras. Entre as associações apresentadas há três linguisticamente incorretas. Apresento estas três com as imediatamente precedentes. (A construção incorreta está grifada.)

18. forte	sou robusto, isto é, forte	4,6
19. fruto	(repetição da palavra-estímulo), isto é um fruto, um *fruto de fruta* (*Obstfrucht*)	7,0
20. criar	trabalhar muito significa criar	3,6
21. vela	(repetição da palavra-estímulo) *uma vela é um barco a vela* sobre a água	6,8
33. cama	para dormir tenho uma cama	3,0
34. digno	(repetição da palavra-estímulo) a pessoa é digna, *a quem lhe compete a honra*	9,4

Estas três construções incorretas têm o seguinte em comum:

1. A palavra-estímulo da associação incorreta foi repetida cada vez.

2. Cada uma das associações incorretas tem seu tempo de reação que não só é maior do que o da reação precedente mas também é mais prolongado do que a média das demais reações[21].

3. Duas das associações incorretas seguem-se a reações com carga emocional; na terceira isto é ao menos provável, de acordo com o conteúdo e analogia de casos semelhantes.

Estas observações nos dão muitos pontos de apoio para uma explicação de modo que não se pode atribuir sem mais à debilidade mental a causa das construções incorretas.

Segue-se daí que não se pode encontrar um mecanismo epiléptico específico nas diversas repetições da palavra-estímulo nem nas

---

20. Cf. tb. as observações de Freud em *Zur Psychopathologie des Alltagslebens*. Über Vergessen, Versprechen, Vergreifen, Aberglaube und Irrtum. Berlim: [s.e.], 1904.

21. Observei nas pessoas normais que as reações consteladas por um complexo consciente ou inconsciente apresentam muitas vezes um tempo de reação anormalmente longo; às vezes a carga emocional pode estender-se até a reação seguinte, ficando então este tempo também prolongado.

construções frasais incorretas. Só é discutível se algo especificamente epiléptico pode ser encontrado na intensidade desses processos que em outros casos são normais. Sobre isto podem informar-nos talvez os tempos de reação que são preciosa ajuda na avaliação dos processos emocionais.

551   Todos os tempos médios por mim apresentados são médias prováveis[22]. As medições de tempo desta pessoa experimental nos dão como média geral provável 4,2 segundos (pessoas normais incultas = 2,0). Portanto, o tempo de reação em geral, se comparado com o da pessoa normal, é mais do que o dobro. Esta média, no entanto, é "bruta", composta de dimensões diversas e desiguais. Conforme demonstrarei em meu trabalho posterior, as reações complicadas por sentimentos são normalmente mais demoradas. Se, portanto, houver muitas dessas reações, a média geral será bastante afetada. Se excluirmos todas as reações que, de acordo com os critérios já mencionados, apresentam-se como de conteúdo egocêntrico com carga emocional bem como as reações que seguem imediatamente às de carga emocional, teremos como média provável das reações supostamente não complicadas 3,8 segundos, enquanto que a média provável das excluídas será 4,8.

552   Portanto, a carga emocional importa numa diferença de l,0 segundo. Este comportamento não é muito diferente do da pessoa normal. Conforme vimos em diversos exemplos, existe muitas vezes diferença considerável entre os tempos das associações com carga emocional e das reações que a elas seguem imediatamente. Examinamos, por isso, separadamente os tempos desses dois grupos. Para as reações contendo uma ideia com carga emocional, obtivemos a média de 3,6 segundos, portanto 0,2 mais baixo do que a média para associações sem carga emocional; mas para as associações que seguiam imediatamente àquelas com carga emocional, a média foi de 5,8 segundos. Esta média surpreendentemente alta, que supera em 2,0 segundos o tempo das reações descomplicadas, expressa o fato impor-

---

22. Cf. ASCHAFFENBURG, G. "Experimentelle Studien über Associationen". In: KRAEPELIN, E. *Psychologische Arbeiten*. Leipzig: [s.e.]. Vol. I, 1896, p. 217s. (Quanto ao cálculo, remeto para meu trabalho futuro sobre os tempos de reação.)

tante de que a carga emocional, inibidora da reação persevera a partir da reação crítica e exerce sua maior influência apenas sobre a reação seguinte. Portanto, o efeito inibidor de reação da carga emocional não pode ser demonstrado, via de regra, na reação crítica, mas apenas na subsequente. É preciso admitir, pois, que neste caso a carga emocional se estabelece apenas depois de completada a reação crítica, aumenta muito devagar e diminui também devagar, prejudicando a próxima reação. Este comportamento é ainda mais notável se levarmos em conta que o experimentador, neste meio-tempo, tem que anotar a reação, conferir o cronômetro e pronunciar a próxima palavra-estímulo, e que o anotar da reação, muitas vezes bastante demorado, absorve o maior tempo. Tentei fazer observações semelhantes com as associações de pessoas normais. Para isso tomei as associações de um caso do qual possuía uma análise bem minuciosa, de modo a estar bem orientado sobre todas as associações consteladas por complexos. A média provável de todas as associações não complicadas por sentimentos acusou 1,3 segundos. A média das reações com carga emocional chegou a 1,6 segundos. A média das reações subsequentes àquelas com carga emocional foi de 1,2 segundos. Esta foi igual à média das reações não complicadas. Se, portanto, na pessoa experimental mentalmente sadia a palavra-estímulo "despertadora do complexo" é seguida de um tempo em torno de 0,4 segundo mais longo em média do que a palavra-estímulo imediatamente posterior ou indiferente, isto significa apenas que na pessoa sadia a carga emocional surgiu com maior rapidez e recuou de novo com maior rapidez do que no caso de nosso epiléptico; por isso a média do tempo de reação da associação subsequente não é prejudicado no caso da pessoa sadia, ao passo que no caso de nosso epiléptico, como vimos, o tempo de reação da associação seguinte à da crítica é incomumente prolongado.

Esta peculiaridade importante e interessante parece ser de natureza patológica; até que ponto é típica da epilepsia, isto nos ensinará a continuação do estudo de nosso vasto material.

Este fenômeno parece ter algo característico para o nosso caso, pois é possível supor a existência de um processo emocional tão incomum também a partir da qualidade das associações. Já sublinhei repetidas vezes que a pessoa experimental enfatizava frequentemente suas reações com o tom da voz e também com palavras, o que denuncia algum sentimento (por exemplo: *quente – está muito quente, quente demais ou cansado – eu estou cansado, sim cansado, o corpo está cansado* etc.). Esta maneira peculiar de reagir parece indicar também que a carga emocional vai entrando devagar e devagar aumenta, deixando assim fluir outras associações na mesma direção. É bem provável que a carga emocional seja mais intensa no epiléptico do que na pessoa normal, o que contribui para a maior duração da carga emocional. É difícil dizer se a carga emocional do epiléptico já é de per si anormalmente prolongada[23].

555 Em minhas pesquisas analíticas sobre os tempos de reação de pessoas normais pude comprovar a existência de um ou mais complexos de ideias com carga emocional que constelavam grande número de associações. Já indiquei que também no nosso epiléptico existe um complexo que constela uma série de associações. É o complexo da doença. A este complexo se relacionam as seguintes associações:

5. dor	porque estou doente	4,2 (tempo de reação seguinte 5,8)
14. cansado	eu estou cansado, sim, cansado, o corpo está cansado	3,0 (trs[24] 13,0 rpe[25])
18. forte	sou robusto, isto é forte	4,6 (trs 7,0 rpe)
43. sangue	toda pessoa tem – apenas que é bom ou ruim, esta é a diferença	3,4 (trs 6,0 rpe)
46. alegre	eu estou alegre, eu estou contente	3,6 (trs 7,0 rpe)

---

23. Esta suposição explicaria a perseveração epilética em termos da anormalidade da carga emocional. Mas não é inconcebível que também a ideia epiléptica tenha algo de anormal, de modo a demorar mais do que nas pessoas normais, produzindo por isso uma série de associações que ainda está ligada à ideia inicial. Sob estas circunstâncias, seria de esperar um número relativamente alto de perseverações do conteúdo. Mas, no nosso caso, não houve nenhuma.

24. Trs = Tempo de reação da associação subsequente.

25. Rpe = Repetição da palavra-estímulo na reação seguinte.

Uma constelação algo mais remota poderia ser:

11. ar	este é o ar... saudável ou insalubre	2,2 (trs 5,0)
36. visitar	eu visito um paciente	4,8

A reação seguinte é:

37. serralheiro	eu sou serralheiro	2,8

Devido à doença, o paciente foi internado, fato que lhe causou profunda impressão. Temia não sair mais dali, não poder mais trabalhar e ganhar salário. Também a saudade o atormentava. As seguintes reações talvez se relacionem a este aspecto do complexo:

20. criar	trabalhar muito significa criar	3,6 (trs 6,8 rpe)
35. perigo	eu estou em perigo, em perigo de vida	4,2 (trs 4,8)
50. livre	eu sou livre... seria bonito se ao menos assim fosse	4,0 (trs 4,4 rpe)
60. desejar	eu lhe desejo felicidades na passagem do ano	3,0 (trs 4,6 rpe)

Quanto a esta última reação, é preciso dizer que as associações foram tomadas antes do Natal, portanto numa época em que os pacientes mais sensíveis consideravam duplamente penosa a internação.

Estes poucos exemplos bastam para mostrar que toda uma série de associações é constelada por um complexo com carga emocional. Este comportamento não tem nada de anormal em si, pois também as associações de pessoas normais são muitas vezes consteladas por semelhantes complexos.

Resumo

I. Traços em comum com as associações de pessoas normais:

a. O paciente se dedica ao sentido da palavra-estímulo, à semelhança das pessoas experimentais incultas. Consequentemente não há associações superficiais de palavras.

b. As associações são em parte consteladas por um complexo de doença.

II. Traços em comum com as associações de imbecis:

a. A dedicação ao sentido da palavra-estímulo é tão intensa que grande número de associações deve ser entendido como "explicações", segundo o trabalho de Wehrlin.

b. As associações têm a forma de frases.

c. Os tempos de reação são mais longos do que os das pessoas normais.

d. As frequentes repetições da palavra-estímulo.

III. Traços peculiares em relação a pessoas normais e imbecis:

a. As "explicações" têm um caráter lerdo e detalhado que se manifesta sobretudo na confirmação e complementação da própria reação (tendência de acabamento). A palavra-estímulo é frequentes vezes repetida na reação.

b. A forma externa da reação não é estereotipada ou fechada, com exceção da forma egocêntrica que aparece com muita frequência (31 %).

c. Frequentes referências emocionais que aparecem com bastante evidência (religiosas, morais etc.).

d. Os tempos de reação apresentam as maiores variações somente após a reação crítica. Os tempos anormalmente longos não se encontram portanto em palavras particularmente difíceis, mas em lugares assinalados por uma carga emocional perseverante. Disso se conclui que em nossa pessoa experimental a carga emocional provavelmente se estabelece mais tarde e com maior duração e força do que na pessoa normal.

Ao finalizar, gostaria de dizer que minha análise tem valor apenas casuístico e que, portanto, não ouso tirar nenhuma conclusão de cunho genérico. Existem muitas formas de epilepsia que talvez apresentem peculiaridades psicológicas diferentes. Talvez o caso por mim trazido possa ser considerado como de exceção, uma vez que apresenta a complicação da fratura de crânio.

III

O tempo de reação no experimento de associações*

Como objeto da presente pesquisa tomei o intervalo que medeia entre o pronunciar a palavra-estímulo e a reação verbal por parte da outra pessoa. Chamo este intervalo simplesmente de "tempo de reação", tendo consciência de que se trata de um termo composto que pode ser dividido em vários componentes, tanto dedutiva quanto empiricamente. Não pretendo fazer uma análise dessa espécie pois se trataria apenas de hipóteses que deveriam basear-se (sem grande confiabilidade) em dados anatômicos. Só conhecemos em parte os componentes de nosso "tempo de reação" e uma crítica mais cuidadosa há de mostrar que são muito complicados, como mostra, por exemplo, a síntese apresentada por Claparède[1]:

1. Transmissão do som até o ouvido do receptor
2. A condução nervosa até o centro acústico
3. O reconhecimento da palavra (identificação primária)

560

---

* Publicado pela primeira vez em *Journal für Psychologie und Neurologie*, VI/1, 1905, p. 1-36. Leipzig. No mesmo ano, publicado como tese de habilitação para lecionar na Universidade de Zurique, Ambrosius Barth, Leipzig. Depois, como parte IV de *Diagnostische Assoziationsstudien*. I, Leipzig: [s.e.], 1910, p. 193-228.

1. CLAPARÈDE, E. *L'Association des idées*. Paris:[s.e.], 1903, p. 275. O esquema está construído com base em ZIEHEN, G.T. "Die Ideenassoziation des Kindes". *Sammlung von Abhandiungen aus dem Gebiete der pädagogischen Psychologie und Physiologie*, I/6, III/4), 1898/1900, p. 14s. Berlim.

4. A compreensão da palavra (identificação secundária)

5. A evocação da ideia induzida, isto é, a associação pura

6. A denominação da ideia evocada

7. A excitação do aparelho linguístico-motor ou, respectivamente, do centro motor da mão, quando se trata da mensuração através do código Morse

8. Condução nervosa até o músculo.

561 Basta um exame superficial desses oito fatores para notar que foram ressaltados apenas alguns dos fatores mais importantes. De modo algum foram esgotadas as inúmeras possibilidades do processo intracerebral.

562 Pelo que sabemos, estes componentes são de curtíssima duração, não excedendo o mais longo deles a 50 σ^2 (ZIEHEN). Em circunstâncias normais, alguns são de duração constante como, por exemplo, o tempo da condução nervosa, a excitação dos centros etc. De qualquer forma, suas variações vão acontecer dentro de limites relativamente estreitos. Maiores são as variações dos tempos de identificação e as maiores ocorrem nos tempos da associação propriamente dita e no tempo da formulação verbal da reação. No experimento de associações os últimos fatores terão a maior importância.

563 Quem já se ocupou com experimentos de associação conhece a extensão dos limites dentro dos quais se movem os tempos de reação. De acordo com nossa experiência, tempos até seis segundos não são raros, inclusive em pessoas experimentais normais. A grande diversidade de tempos nos dá o necessário fio condutor para o método da mensuração do tempo. Enquanto não tivermos conhecimento suficiente das causas das variações de tempo, as pequenas diferenças de tempos nada nos podem dizer; por isso não precisamos de uma estrutura experimental complicada para medir os tempos em milésimos de segundos, pois podemos perfeitamente ignorar as pequenas diferenças uma vez que desconhecemos ainda as causas das maiores. Sem considerar que os métodos complicados de medir tempos precisos não revelam mais do que as mensurações com relógio de 1/5 de se-

---

2. Neste capítulo, σ significa um milésimo de segundo.

gundo, há sérias dúvidas quanto ao uso de aparelhagem complicada como chave labial[3], megafone ou câmara escura. Considerando que Mayer e Orth[4] achavam necessário que os olhos estivessem fechados durante o experimento para evitar impressões perturbadoras dos sentidos, os aparelhos mencionados em nada contribuirão para simplificar o experimento e evitar influências perturbadoras. De qualquer forma, não devem ser usadas pessoas não treinadas para tais experimentos, se não quisermos correr o risco de distúrbios grosseiros de atenção. Finalmente, no caso de doentes mentais, medições mais exatas de tempo são impossíveis.

Por isso a medição com o relógio de 1/5 de segundo mostrou-se não apenas inteiramente satisfatória, mas foi empregada com êxito em muitas pesquisas de diversos autores. Usaram este relógio por exemplo Mayer e Orth[5], Thumb e Marbe[6], Wreschner[7] e outros. Claparède[8] acha que ele é suficiente para todos os experimentos referentes a associações sucessivas. Além do fácil manuseio, tem a vantagem de perturbar ao mínimo o experimento, o que foi para nós de grande valia, sobretudo nos experimentos com pessoas incultas, facilmente emocionáveis.

564

Considerando as grandes diferenças de tempo, pouco significa que os tempos medidos sejam algo longos demais. Quem já utilizou este relógio sabe também que ele só funciona com exatidão aproximada, pois o mecanismo de parada nem sempre prende o ponteiro exatamente no lugar onde o botão foi pressionado. Além disso há certas variações na equação pessoal que podem influir na medição.

565

---

3. (Contatos elétricos, presos aos lábios da pessoa experimental. Eles fecham um circuito elétrico que é interrompido sempre que a pessoa abre a boca, marcando assim o momento em que ocorre a reação – C.A. Meier).

4. MAYER, A. & ORTH, J. "Zur qualitativen Untersuchung der Assoziationen". *Zeitschrift für Psychologie und Physiologie der Sinnesorgane*, XXVI, 1901, p. 1-13. Leipzig.

5. Ibid.

6. THUMB, A. & MARBE, K. *Experimentelle Untersuchungen über die psychologischen Grundlagen der sprachlichen Analogiebildung*. Leipzig: [s.e.], 1901.

7. WRESCHNER, A. "Eine experimentelle Studie über die Assoziation in einem Falle von Idiotie". *Allgemeine Zeitschrift für Psychiatrie und psychischgerichtliche Medizin*, LVII, 1900, p. 241-339. Berlim.

8. CLAPARÈDE, E. *L'Association des idées*. Op. cit., p. 261.

Apesar de não serem poucos os distúrbios incontroláveis, pode-se afirmar, segundo minha experiência, que as medições são exatas em aproximadamente 1/5 de segundo, ou seja, 200 σ. Esta pequena desvantagem não trouxe até agora maiores prejuízos às nossas experiências.

566 O material que serve de base a esta pesquisa consiste das medições de tempo, feitas por Riklin e eu[9] durante os experimentos de associação com pessoas normais. Das 38 pessoas experimentais, cujas associações apresentamos em capítulo anterior, tomamos 26 e medimos os tempos de reação. Mais ou menos a metade das medições foram feitas por Riklin. A diferença pessoal nas medições dos dois experimentadores – conforme constatamos através de experimentos de controle – pode ser considerada inferior a 1/5 de segundo e, por isso, sem grande importância.

567 O número e a composição das medições apresentam-se assim:

1. 7 mulheres incultas	1.201 tempos de reação
2. 7 homens incultos	1.007 tempos de reação
3. 6 mulheres cultas	948 tempos de reação
4. 6 homens cultos	988 tempos de reação
26 pessoas experimentais	4.144 tempos de reação

A. Duração média de uma associação

568 Em seus estudos sobre associações diz Aschaffenburg: "O fato de a duração da associação de uma pessoa experimental normal poder diferir em até 50% da duração média das demais pessoas – que fica entre 1200 e 1400 σ – é da maior importância. Isto nos ensina que pouco valor deve ser atribuído à duração absoluta"[10].

569 Aschaffenburg baseia este juízo na observação de que o tempo de reação está sujeito a variações individuais muito grandes. Também os dados, encontrados na literatura, sobre a duração média das associa-

---

9. Recensão de Jung e Riklin: Experimentelle Untersuchungen über Associationen Gesunder [Cf. cap. I deste volume].
10. ASCHAFFENBURG, G. "Experimentelle Studien über Associationen". In: KRAEPELIN, E. *Psychologische Arbeiten*. Vol. I. Leipzig: [s.e.], 1896, p. 272.

ções são bastante discrepantes. Féré[11], por exemplo, encontrou 700 σ como média entre os homens e 830 σ entre as mulheres. Galton[12] dá 1,3 segundos como tempo médio. Os números de Trautscholdt[13] oscilam entre 1154 e 869 σ.

Bastam estes exemplos para mostrar a pouca concordância entre os autores. As diferenças podem ser atribuídas aos seguintes pontos:

1. Os métodos de medição são diferentes, seja por causa do aparelho ou por outras condições experimentais.

2. O treino das pessoas experimentais é diferente.

3. São diferentes os métodos de computar as médias.

Na prática só entram em cogitação dois métodos de computação:

a. a média aritmética

b. a média provável (Kraepelin)

Dada a circunstância de que no experimento de associação aparecem muitas vezes tempos excessivamente longos, o emprego da média aritmética não parece aconselhável, pois neste método os altos valores influenciam de maneira assaz perturbadora e até equívoca o valor médio em geral bastante baixo. Este inconveniente pode ser evitado pelo emprego do método da média provável que consiste em ordenar em série os números de acordo com o seu valor e tomar o número mais próximo do meio. Assim fica eliminada a influência de valores excessivamente altos. Na maioria dos casos, a média provável é bem mais baixa do que a aritmética. Só para exemplificar, três de minhas pessoas experimentais apresentaram os seguintes valores:

| Média provável | 1,8 | 2,0 | 1,6 |
| Média aritmética | 2,8 | 3,0 | 3,6 |

Como mostram os exemplos, diferenças desse tipo podem influenciar em alto grau a média geral. Portanto, não é indiferente o método

---

11. *La Pathologie des émotions*. Paris: [s.e.], 1892.

12. GALTON, F. "Psychometric Experiments". *Brain. A Journal of Neurology*, II, 1897, p. 149-162. Londres.

13. TRAUTSCHOLDT, M. "Experimentelle Untersuchungen über die Association der Vorstellungen". Op. cit.

empregado para a aferição. O "valor representativo" de Ziehen, que exige um cálculo bastante complicado, não deveria por isso ter muita aceitação, ainda que possibilite uma estimativa precisa dos números individuais. Finalmente, o valor mais elevado depende de contingências externas e pode ser usado apenas sob certas condições.

572 Pelos motivos expostos, a média provável é o método mais indicado para se poder tirar rapidamente a média de uma grande quantidade de números.

4. O número de pessoas experimentais usado pelos autores mais antigos era muito limitado e a sua escolha era bem unilateral.

573 Minha preocupação não é encontrar médias absolutas, mas apenas números aproximadamente prováveis que nos deem de certa forma o grau no qual se movem os valores de pessoas experimentais normais e de diferentes camadas da sociedade. Acredito que o experimento de associação, utilizado da forma como vem sendo feito há vários anos nesta clínica, terá importante papel no diagnóstico futuro das doenças mentais; por isso acho que o mais importante seja encontrar valores médios normais em geral que possam constituir uma base firme para o julgamento de valores patológicos.

574 Como valor médio em geral da duração de uma associação obtivemos 1,8 segundos. Chegou-se a este número da seguinte maneira: Em primeiro lugar foi calculada a média provável de cada uma das 26 pessoas experimentais e, depois, foi tirada a média aritmética dos valores individuais obtidos. Escolhemos este método porque 26 pessoas experimentais representam um número bem modesto, e seria injusto excluir do cálculo os valores individuais aplicando-se a média provável.

575 Esta média apresenta uma duração bastante longa do tempo de associação. Supera de modo considerável o valor indicado na literatura. Como causa deste prolongamento há que considerar o seguinte:

1. Os pontos já mencionados acima (medição com o relógio de segundos e pessoas experimentais não treinadas que provêm em parte de camadas sociais inferiores).

2. A maioria das pessoas experimentais são suíças, circunstância esta que foi devidamente considerada no experimento acústico-linguístico de nosso trabalho anterior. Remetemos o leitor àquele texto[14].

Percebe-se a partir de seus princípios o quanto está condicionado o sentido de valor. A variação das médias é mais facilmente demonstrada classificando-se as pessoas experimentais de acordo com certos critérios simples e comparando os números dos grupos individuais.

B. *Sexo e tempo de reação*

Como já dissemos, Féré acusou um tempo de associação mais longo para as mulheres do que para os homens. Esta averiguação foi confirmada por nossos números:

| homens | 1,6 segundos |
| mulheres | 2,0 segundos |

Esses valores indicam que as mulheres reagiram bem mais devagar no nosso experimento de associações. Mas é preciso salientar com relação a este nosso experimento que o nível das mulheres cultas entre as pessoas experimentais se aproximava bastante do nível cultural dos homens cultos, ao passo que o nível cultural das mulheres incultas ficava abaixo do dos homens incultos. Como Ranschburg[15] e também nossas pesquisas anteriores[16] deixaram claro, as pessoas experimentais incultas e, entre estas, sobretudo as mulheres, superaram de longe as pessoas cultas na porcentagem de associações internas, enquanto que as associações puramente linguísticas passaram para o segundo plano. Segundo as observações de Ziehen[17] com crianças, as associações por conexão interna (afinidade semântica) se caracterizam por um tempo mais longo de reação, enquanto que as associa-

---

14. Cf. cap. I deste volume; Introdução.
15. RANSCHBURG, P. & BÁLINT, E. "Über quantitative und qualitative Veränderungen geistiger Vorgänge im hohen Greisenalter. Experimentelle Üntersuchungen". Op. cit.
16. Cf. § 436s. deste volume.
17. ZIEHEN, G.T. "Die Ideenassoziation des Kindes". Op. cit. 2º ensaio, p. 49.

ções verbais precisam de tempo mais curto. Este fato trazido por Ziehen foi contestado por Aschaffenburg[18], pois constatou em suas observações que "nenhuma forma de associação se caracteriza por diferenças particularmente notáveis de duração". Os números trazidos por Aschaffenburg dificilmente podem ser interpretados de outro modo, mas talvez se expliquem pela escolha unilateral de suas pessoas experimentais. A afirmação de Ziehen[19] de que "imagens com afinidade mais externa como, por exemplo, imagens com rima verbal" são produzidas mais depressa concorda plenamente com a experiência de todo dia.

578   Deveríamos portanto aduzir este ponto para explicar o tempo mais longo de associação das mulheres. Considerações posteriores poderão dizer se esta explicação é suficiente. Antes, porém, de discutir uma eventual diferença entre sexos no tempo de reação, precisamos examinar a influência da formação cultural.

C. Grau de cultura e tempo de reação

579

Pessoas cultas	Pessoas incultas
homens 1,3 seg.	1,8(1,6)seg.[20]
mulheres 1,7	2,2
média 1,5	2,0(1,9)

580   Conforme nossa pesquisa anterior já constatou, as pessoas experimentais incultas produzem mais associações internas do que as cultas. A relação das associações internas para as externas é nas pessoas incultas 43:53% e nas cultas 36:59%. Somos quase levados a associar as diferenças no tempo de reação com esta relação e afirmar: o menor número de associações internas das pessoas cultas corresponde

---

18. ASCHAFFENBURG, G. "Experimentelle Studien über Associationen". Op. cit., p. 273.

19. *Leitfaden der physiologischen Psychologie in 15 Vorlesungen*. 2. ed. Jena: [s.e.], 1893, p. 156.

20. Entre as pessoas experimentais masculinas há um jovem com leve predisposição histérica, cuja integridade mental talvez tenhamos sobre-estimado. Sua média provável chegava a 3,4 segundos (portanto um valor anormalmente alto!). Desconsiderando este indivíduo duvidoso, a média dos homens chega apenas a 1,6 segundos.

ao tempo mais curto de reação e, vice-versa, o maior número de associações internas das pessoas incultas corresponde ao tempo mais longo de reação.

Por mais plausível que pareça esta hipótese (especialmente com relação às afirmações de Ziehen), a observação dos números dos dois sexos mostra que a questão não é tão simples. Numa análise mais atenta do grau cultural das pessoas experimentais, é preciso mencionar expressamente que a diferença cultural entre os cultos e incultos é incomparavelmente maior do que entre homens e mulheres cultos, de modo que é bastante incompreensível por que a diferença de tempo de 0,4 segundos é a mesma tanto entre homens e mulheres cultos, quanto entre pessoas experimentais cultas e incultas. Acresce ainda que o tempo de reação de 1,7 segundos em mulheres cultas, em contrapartida a 1,3 em homens cultos, não corresponde à porcentagem das associações internas e externas – pois as mulheres cultas apresentam 35:61% enquanto os homens apenas 36:56%. Da mesma forma, a diferença de tempo de 0,4 e 0,6 segundos, respectivamente, entre homens e mulheres incultos não corresponde à diferença de nível cultural entre os dois sexos incultos. Em ambos os casos permanece uma diferença de tempo contra as mulheres e que não corresponde de forma alguma à diferença cultural. Se tomarmos a diferença de tempo dos homens de ambos os grupos, por um lado, e a das mulheres, por outro lado, a diferença cultural é explicação suficiente, como já ficou claramente demonstrado na relação das qualidades de associação entre si. As observações de Wreschner[21] e Wehrlin[22] também dão apoio a esta suposição, tendo demonstrado que existe um retardamento geral da atividade associativa nos casos de deficiência patológica de inteligência e instrução (debilidade mental congênita). Wehrlin mostra que há um aumento de associações internas quando os tempos de reação são mais prolongados.

581

---

21. WRESCHNER, A. "Eine experimentelle Studie über die Assoziation in einem Falle von Idiotie". *Allgemeine Zeitschrift für Psychiatrie und psychischgerichtliche Medizin*, LVII, 1900.

22. WEHRLIN, K. "Über die Assoziationen von Imbezillen und Idioten". In: JUNG, C.G. (org.). *Diagnostische Assoziationsstudien*. Leipzig: [s.e.], 1910.

582   Enquanto as mulheres incultas apresentam um número um pouco maior de associações internas do que os homens, a situação das mulheres e homens cultos é precisamente inversa, apresentando as mulheres cultas menos associações internas do que os homens; apesar disso persiste uma diferença de tempo entre os sexos que, em parte, é maior do que aquela entre pessoas cultas e incultas. Mas, como vimos, não se pode responsabilizar por isso o maior número de associações internas nem a pequena diferença de nível cultural. Aqui parece que entra um fator novo, supostamente o fator da diferença sexual.

583   A justificativa desta suposição será dada mais adiante. Antes, porém, é necessário examinar a influência exercida pela palavra-estímulo individual sobre a reação.

D. *Influência da palavra-estímulo sobre o tempo de reação*

584   As pesquisas precedentes sobre tempos de associação visavam sobretudo encontrar uma conexão entre a qualidade da associação (isto é, da reação) e sua duração. Trautscholdt tentou estabelecer certas relações. Entre outras coisas, afirmou que as associações verbais tinham a menor duração. Já mencionamos as observações feitas por Ziehen e Aschaffenburg. Temos que ver agora se não é possível examinar separadamente os dois componentes da associação – palavra-estímulo e reação – quanto à sua influência sobre a duração. Somente de um material bem extenso é possível esperar que se consigam certas conclusões. Por isso já tentei, juntamente com Riklin, demonstrar a influência exercida pela palavra-estímulo sobre a qualidade. Resultaram disso algumas ocorrências regulares como:

585   1. A forma gramatical da palavra-estímulo exerce grande influência sobre a forma da reação, a ponto de esta ser determinada por aquela; e a pessoa experimental tem clara tendência de dar à reação a forma gra-

matical da palavra-estímulo[23]. Os números individuais desta tendência apresentam grande variação. Minhas palavras-estímulo que se constituíam de 60% de substantivos, 18% de adjetivos e 21% de verbos (estando bem misturadas as diversas formas das palavras para evitar perseverações da forma de reação) deram os seguintes resultados:

Os números individuais da concordância gramatical variam entre 26 e 95%. A média para as pessoas cultas foi de 51 %, para as incultas 59%. Portanto, as incultas mostram uma tendência mais acentuada de se deixarem influenciar pela forma da palavra-estímulo (isto vale não só para a forma gramatical, mas também para o número de sílabas e aliteração).

2. A tendência à concordância na forma gramatical está sob a influência limitativa da lei da frequência. Na fala, os adjetivos e verbos ocorrem apenas a metade das vezes dos substantivos[24]. Os substantivos têm, portanto, valor de frequência maior, sendo também maior a probabilidade de reprodução de um substantivo do que de adjetivos e verbos.

Em nossos experimentos seguiram-se a palavras-estímulo substantivos em média 73% de substantivos (Aschaffenburg encontrou 81%). Possuindo os verbos e adjetivos um valor de frequência mais baixo, também sua influência sobre a forma da reação será menor. A experiência confirma esta suposição: seguem-se 33% de verbos a palavras-estímulo verbos. O número de substantivos é na média 49%, tendo sofrido redução devido à tendência à concordância na forma gramatical. Influência algo mais forte exercem as palavras-estímulo adjetivos que são seguidos por 52% de adjetivos. O número de substantivos foi reduzido em média a 44% pelas palavras-estímulo adjeti-

---

23. Münsterberg, Kraepelin e Aschaffenburg já trataram dessa questão. Kraepelin observou que em aproximadamente 90% dos casos em que a palavra-estímulo era um substantivo a reação também foi um substantivo; Aschaffenburg, ao testar 16 pessoas, encontrou o mesmo resultado em 81% dos casos. Observe-se que em princípio só usava substantivos como palavras-estímulo (ASCHAFFENBURG, G. "Experimentelle Studien über Associationen". Op. cit., p. 216). Mas este fato favorece em alto grau a perseveração na mesma forma de reação, por isso estes números só possuem valor relativo. Por forma gramatical entendo simplesmente a forma de substantivo, adjetivo ou verbo.

24. Realizei uma contagem desse tipo em revistas e em artigos de jornal, do tipo entrevista, e cheguei aproximadamente aos mesmos resultados.

vos. Decorre desse fato que a frequência de substantivos pode ser diminuída quase pela metade devido a palavras-estímulo que sejam verbos ou adjetivos.

589   3. De nossas experiências anteriores[25] decorre também que a qualidade da associação é bastante influenciada pela forma gramatical da palavra-estímulo. Em mulheres incultas, por exemplo, a relação das associações internas para as externas é 1:1,06, ao passo que nas associações que se seguem a palavras-estímulo adjetivos a relação é 1:0,62 e a verbos é 1:0,43. O número de associações internas aumenta consideravelmente quando se referem a palavras-estímulo que são verbos ou adjetivos. O mesmo fenômeno encontramos nas pessoas cultas, só que em grau menor. Parece que o aumento das associações internas se deve ao fato de, em virtude do menor valor de frequência dos verbos e adjetivos, existirem menos conexões comuns de palavras com estes últimos do que com substantivos. As associações que se seguem a verbos e adjetivos são portanto menos canalizadas e requerem maior concentração, fato este que provoca o surgimento mais pronto de relações semânticas do que de relações superficiais, e mais conexões externas.

590   Vemos, portanto, que seguem mais associações internas a verbos e adjetivos do que a substantivos; segundo as observações de Ziehen que encontrou valores de tempo mais elevados para relações semânticas, é de se esperar que, em média, os verbos e adjetivos sejam seguidos de valores de tempo maiores do que os substantivos. Mas pelo fato de os substantivos se referirem a imagens que devem ser avaliadas de maneira bem mais diversa e que podem influenciar muito os tempos de reação, foram eles classificados em concretos e abstratos; outra razão disso é que muitos substantivos abstratos causam estranheza sobretudo a pessoas incultas.

591   A média provável de todas as pessoas experimentais é a seguinte:

substantivos concretos	1,67 seg.
substantivos abstratos	1,95"
adjetivos	1,70"
verbos	1,90"

---

25. Cf. § 475s. deste volume.

Os números correspondem à nossa expectativa: as reações a verbos e adjetivos apresentam tempo mais longo do que as reações a substantivos concretos. O tempo mais longo foi o das reações a termos abstratos, o que também era esperado.

O quadro fica mais interessante quando as pessoas experimentais são divididas em grupos.

Média provável dos tempos de reação a substantivos concretos etc. enquanto palavras-estímulo

	Pessoas incultas		Pessoas cultas	
	Mulheres	Homens	Mulheres	Homens
Substantivos concretos	2,0	1,7	1,6	1,4
Substantivos abstratos	2,8	1,9	1,8	1,3
Adjetivos	2,2	1,7	1,7	1,2
Verbos	2,4	2,0	1,9	1,3

Mostra a tabela[26] que as pessoas incultas apresentam tempos de reação mais longos do que as cultas. O tempo mais longo se refere a substantivos abstratos no grupo das mulheres incultas, enquanto que estas palavras-estímulo apresentam no grupo dos homens cultos um tempo menor de reação do que os substantivos concretos. Impressionante é que, contrariamente a todas as outras pessoas experimentais, os homens cultos apresentam o tempo de reação mais longo aos substantivos concretos. É significativo este fato pois mostra que a influência da palavra-estímulo sobre a duração da associação não consiste apenas daqueles momentos acima mencionados. Se compararmos os números deste grupo com os valores encontrados por Aschaffenburg em pessoas experimentais semelhantes, veremos que os números por nós obtidos com o relógio de segundos praticamente coincidem com os obtidos por meio de chave labial e cronoscópio[27].

---

26. Os valores individuais em que se baseia esta tabela oscilam entre 1,0 e 4,4 segundos.

27. Sobre este tema seria possível formular ainda uma série de questões; por exemplo, qual é o tempo de reação se a um verbo seguir outro verbo ou se a um substantivo seguir outro substantivo, e como se apresentará nas diversas pessoas experimentais? Mas isto nos afastaria muito do objetivo da pesquisa.

E. Influência da palavra-reação sobre o tempo de reação

594　　Vimos acima como se comporta o tempo de reação quando a palavra-estímulo é substantivo, adjetivo ou verbo. Agora trata-se de saber como se comporta o tempo de reação quando a palavra-reação é substantivo etc.

595　　A média provável de todas as pessoas experimentais é:

Substantivos concretos como palavras-reação	1,81 seg.
Substantivos abstratos	1,98
Adjetivos	1,65
Verbos	1,66

596　　Comparando esta tabela com a precedente que contém os valores médios das palavras-estímulo correspondentes, temos que os termos abstratos apresentam a maior duração em ambos os casos (1,95 e 1,98 seg.). Sendo a palavra-reação um termo concreto, apresenta maior duração do que a causada por palavra-estímulo concreta (palavra-estímulo 1,67 seg. e palavra-reação 1,81 seg.). Esta diferença pode ser atribuída ao fato de existirem muitas combinações correntes de palavras para um substantivo, ao passo que substantivo seguindo substantivo significa uma relação interna ou, ao menos, uma associação por coexistência (que, de mais a mais, comporta-se como associação interna em pessoas incultas; veja nossa pesquisa anterior[28]). Sob o título "substantivos concretos como palavras-reação" se comprimem numerosas associações internas, o que provavelmente causa o prolongamento do tempo de reação. O contrário acontece com verbos e adjetivos como palavras-reação. Seus valores médios são mais baixos em relação aos da tabela anterior (1,70 seg., 1,90 seg. : 1,65 seg., 1,66 seg.) porque sob estes títulos, sobretudo nos de verbos, encontram-se muitas combinações correntes de palavras.

---

28. Cf. cap. I deste volume.

Os valores médios prováveis dos grupos individuais das pessoas experimentais são os seguintes:

Média provável dos tempos de reação de substantivos concretos etc. enquanto palavras-reação[29]

	Pessoas incultas		Pessoas cultas	
	Mulheres	Homens	Mulheres	Homens
Substantivos concretos	2,2	1,85	1,7	1,5
Substantivos abstratos	2,7	2,0	2,0	1,4
Adjetivos	2,0	1,7	1,7	1,2
Verbos	1,9	1,7	1,8	1,3

Os valores relativamente baixos, acima referidos, para adjetivos e verbos estão presentes aqui nos quatro grupos. Como na tabela anterior, também aqui as mulheres incultas apresentam os números mais elevados. São notórios os números relativamente altos para substantivos concretos. O fato, já mencionado anteriormente, de que os homens cultos levam o maior tempo para reagir a substantivos concretos, também se verifica aqui. Explicação disso talvez se deva buscar na circunstância de que neste grupo ocorrem muitas relações semânticas (causadoras da demora).

F. Influência da qualidade da associação sobre o tempo de reação

Como já vimos, as pesquisas de Aschaffenburg referentes à influência da qualidade das associações sobre o tempo de reação não apresentaram nenhum resultado definitivo. O sucesso, já mencionado, de Ziehen é por isso mais encorajador. Também investiguei a influência da qualidade das associações sobre o tempo de reação, atendo-me aos três principais grupos de nossa classificação anterior: asso-

---

29. As médias individuais desta tabela oscilam entre 1,0 e 4,0 segundos.

ciações internas, externas e reações de som. Tivemos os seguintes números médios:

	Pessoas incultas		Pessoas cultas	
	Mulheres	Homens	Mulheres	Homens
Associações internas	2,8	1,9	2,1	1,6
Associações externas	1,9	1,7	1,8	1,3
Reações de som	2,6	2,4	2,0	1,8

600 Verificou-se diferença manifesta entre o tempo de duração das associações internas e externas, tendo as últimas um tempo bem menor de duração. Outro é o quadro nas reações de som, onde se deveria esperar o menor tempo de duração, já que podem ser consideradas como a forma mais baixa e menos valiosa de associação. Na prática, porém, a situação não é tão simples como se supõe na teoria. Já observei várias vezes que as reações de som superficiais levaram tempo bastante longo. Segundo minha experiência, as reações de som são em geral reações anormais e devem sua aparição a algum distúrbio da atenção. O próximo capítulo indicará a espécie mais comum desse distúrbio.

G. *O tempo de reação longo demais*

601 Para definir de maneira prática o conceito "longo demais" de um tempo de reação, chamo "longo demais" aquele tempo que ultrapassa a média provável da referida pessoa experimental. Assim, por exemplo, se a média provável é de 2,5 segundos, o tempo de 3 segundos é longo demais.

602 Recapitulemos primeiramente o que já sabemos sobre causas que prolongam o tempo de reação (obviamente só com relação ao nosso experimento):

1. Certas formas gramaticais de palavras-estímulo e palavras-reação
2. Relação semântica entre palavra-estímulo e palavra-reação
3. A raridade ou dificuldade da palavra-estímulo (conceitos abstratos)

4. Ziehen[30] constatou o fato notável de que (ao contrário de reações genéricas) associações individuais prolongam o tempo de reação.

5. Mayer e Orth[31] encontraram em seus estudos experimentais sobre a associação que o tempo de reação era mais demorado quando se introduzia entre estímulo e reação uma atividade da vontade. Se entre estímulo e reação se introduzir um conteúdo consciente com carga emocional, então o tempo de reação foi, em média, bastante prolongado, comparado com o das demais reações. Sobretudo conteúdos com carga de desagrado produzem demora[32].

6. Em nossas pesquisas anteriores[33] sobre as associações de pessoas sadias já ressaltamos que tempos de reação anormalmente demorados ocorrem, sobretudo, quando é atingido pela palavra-estímulo um complexo com carga emocional, isto é, uma quantidade de imagens mantida por determinada emoção. Não apenas podemos confirmar as observações de Mayer e Orth, mas também pudemos comprovar em diversos casos: a) que o complexo é, na maioria das vezes, a causa de vários e, mesmo, de muitos tempos prolongados; b) de que espécie era o complexo.

Parece-nos da maior importância o fato de tempos longos demais poderem indicar a presença de complexos com carga emocional. Com isso teremos talvez o meio de descobrir, por simples e curto exame, certas coisas muito importantes para o indivíduo, sobretudo aqueles complexos muito significativos para a psicologia da personalidade. Também para a patologia seria isto de grande ajuda, pois desse modo poderíamos encontrar – por exemplo, em casos de histeria – valiosas indicações de complexos patogênicos de imagens dos quais o paciente histérico nem sempre está consciente.

Para maior clareza dessas questões, empreendi, com a ajuda de pessoas experimentais cultas que possuíam também uma boa intros-

603

604

---

30. ZIEHEN, G.T. "Die Ideenassoziation des Kindes". Op. cit., p. 49.
31. MAYER, A. & ORTH, J. "Zur qualitativen Untersuchung der Assoziationen". Op. cit.
32. Primeiramente Ziehen nos chama a atenção de que nos casos de alteração do tempo de reação ocorreu muitas vezes uma "carga emocional relativamente forte" ("Die Ideenassoziation des Kindes". Op. cit., p. 36).
33. Cf. cap. I deste volume.

pecção, uma análise minuciosa das associações individuais que gostaria de apresentar agora.

605   A *pessoa experimental 1* é uma senhora casada que se colocou à minha disposição de maneira plenamente cooperativa e me deu todas as informações de que poderia precisar. Apresento o experimento do modo mais amplo possível para que o leitor tenha um quadro bastante completo. A média provável desse experimento foi de 1,0 segundo.

1. cabeça	lenço de	1,0
2. verde	capim	0,8
3. água	queda de	1,0
4. perfurar	cortar	0,8
5. anjo	coração de	0,8

Até este ponto as reações se seguiram sem a menor carga emocional, de maneira fluente e indiferente. A reação 5 é surpreendente; a pessoa não soube no momento justificar por que chegou à palavra *coração* que ela achou ser uma palavra composta. De repente lhe ocorreu "Engelhard", nome que lhe foi muito familiar antigamente. Trata-se, pois, de associação indireta do tipo conhecido como deslocamento por semelhança de som. A pergunta é: qual a razão desse repentino surgimento de uma associação indireta? Como se deduz de nossas pesquisas anteriores[34], multiplicam-se sob certas condições as associações indiretas no estado de distúrbio da atenção. É de se supor, portanto, que o distúrbio da atenção pode dar origem a associações indiretas. A pessoa experimental nega qualquer distúrbio vindo de fora. Também não consegue admitir um distúrbio interno. Mesmo que a consciência não possa fornecer dados, alguma excitação inconsciente pode ter perturbado a reação. A palavra-estímulo *anjo* (*Engel*) não teve para a pessoa experimental nenhuma carga emocional. Sabemos de nossas pesquisas anteriores que uma associação precedente e com carga emocional pode deixar traços no inconsciente e constelar inconscientemente a reação[35], sobretudo quando a associação prece-

---

34. Cf. cap. I deste volume.
35. Sobre a perseveração, cf. MÜLLER, G.E. & PILZECKER, A. "Experimentelle Beitrage zur Lehre vom Gedächtnis". *Zeitschrift für Psychologie und Physiologie der Sinnesorgane*, volume complementar I, 1900. Leipzig.

Estudos experimentais

dente teve forte carga emocional. A reação 4 *cortar* evocou na pessoa experimental uma leve ansiedade, imagem de sangue[36] etc. Nossa pessoa está grávida e tem às vezes sentimentos de ansiosa expectativa. Não me atrevo a afirmar se a imagem "sangue" também determinou a reação *coração*. A carga emocional de *cortar* foi, segundo informação da pessoa experimental, tão leve e secundária que a conexão realmente não a afetou. Por esta razão também não ocorreu o prolongamento do tempo de reação, comum em situações semelhantes.

6. comprido	curto	0,8
7. navio	viajar de	0,8
8. lavrar	campo	1,0
9. lã	seda	1,0
10. amável	encantador	1,2
11. mesa	cadeira	1,2
12. carregar	levantar	1,2
13. Estado (*Staat*)	fazer (*machen*)	1,2*
14. teimoso (*trotzig*)	exibido (*protzig*)	1,2

Esta rima é uma constelação. A pessoa se lembra de ter lido isto em um dos meus formulários de associações.

15. dançar	pular	0,8
16. lago	mar	0,8
17. doente	sadio	1,2
18. orgulhoso	fogoso	1,2

As duas últimas reações têm leve carga emocional.

19. cozinhar	aprender	0,8
20. tinta	preta	1,0
21. mau	bom	0,8
22. agulha	linha	1,0
23. nadar	aprender	0,8

---

36. Cf. para tanto a reação 143: *sangue*.

* Em alemão *Staat machen* significa ostentar.

Aqui retorna com o mesmo e rápido tempo a reação de número 19. A pessoa informa que não aprendeu bem a cozinhar e que aprendeu muito mal a nadar.

| 24. viagem | Berlim | 1,2 |

Constelação de viagem feita poucos meses antes, cuja data coincide mais ou menos com o início da gravidez.

25. azul	céu	0,8
26. pão	comer	1,2
27. ameaçar	punho	1,2
28. lâmpada	verde	1,4

Aqui temos o primeiro tempo mais longo. A pessoa nem percebeu a hesitação e também não se deu conta de alguma carga emocional em particular. A palavra-estímulo precedente *ameaçar* tem para muitas pessoas experimentais algo de amedrontador. Se nos lembrarmos do sentimento de ansiosa expectativa, talvez encontremos um ponto de apoio para explicar este tempo longo: talvez se trate novamente de uma perseveração. Nesses casos, a carga emocional não precisa aparecer junto com a reação precedente. Segundo nossa experiência, os processos afetivos levam mais tempo para aparecer e também para desenvolver-se do que os processos meramente associativos. A carga emocional se prolonga um pouco, como se pode observar em certas pessoas histéricas.

A reação *verde* é uma constelação da vida doméstica da pessoa experimental (abajur).

| 29. rico | pobre | 1,0 |
| 30. árvore | verde | 0,8 |

Aqui aparece de novo, em tempo bem curto, a reação número 28; este fenômeno pode ser atribuído ao fato de processos associativos, que há pouco saíram da consciência, terem a tendência de retornar e, portanto, de poderem facilmente ser reproduzidos outra vez[37].

---

37. MÜLLER, G.E. & PILZECKER, A. "Experimentelle Beitrage zur Lehre vom Gedächtnis". Op. cit. (cf. nota 35).

Nossas pesquisas anteriores[38] nos ensinaram também que repetições da reação se baseiam muitas vezes numa carga emocional, estando estas palavras repetidas associadas a um complexo com carga emocional. A carga emocional baseada em tal palavra é o mecanismo que a evoca em toda oportunidade que se apresente.

| 31. cantar | poder | 2,4 |

É uma reação superficial, semelhante a *cozinhar* e *nadar-aprender*, mas com tempo de reação excepcionalmente longo. A pessoa tem forte pendor musical, mas sempre se lamentou não poder cantar e este fato lhe causa mais dó do que, por exemplo, não poder nadar.

32. compaixão	ter	1,0
33. amarelo	ouro	1,0
34. montanha	escalar	1,0
35. brincar	crianças	1,0
36. sal	salgado	1,4

Nesta reação a pessoa experimental encontrou pela primeira vez certa inibição, pois as reações anteriores transcorreram com "lisura". Conforme informou, não havia entendido logo o sentido da palavra *sal* e teve que fazer um esforço consciente para entendê-lo. Apesar do tempo mais prolongado e do esforço de atenção, seguiu uma reação bem superficial que está fortemente determinada pelo som. A pessoa não soube explicar este distúrbio. Vejamos de novo a reação precedente – *crianças*; certamente faz parte do complexo de gravidez. A carga emocional perseverou, causando o distúrbio.

37. novo	velho	1,0
38. costume	hábito	1,0
39. cavalgar	viajar	1,0
40. parede	mapas	1,0
41. bobo	esperto	1,0
42. caderno	livro	1,0
43. desprezar	*mépriser*	1,8

---

38. Cf. § 350s. deste volume.

Houve de novo um tempo de reação mais longo, seguido da surpreendente reação em língua francesa. A reação também é bastante superficial e nada acrescenta de novo à ideia contida na palavra-estímulo.

Para a pessoa experimental *desprezar* vem acompanhado de uma carga emocional desagradável. Logo após a reação ocorreu-lhe que estava momentaneamente com medo de que a gravidez, devido a seus vários efeitos, poderia diminuí-la aos olhos de seu marido. Lembrou-se também imediatamente de um casal que a princípio fora bem feliz e que depois se separou; trata-se do casal que aparece no romance *Vérité*, de Émile Zola. Daí, a reação em língua francesa.

Não é preciso dizer que as reminiscências não eram conscientes no momento da reação.

44. dente	tempo	1,0
45. correto	falso	1,0
46. povo	fiel	1,4

Novamente um tempo mais longo com carga emocional levemente desagradável. Acha que a expressão "povo fiel" se encontra em alguma canção, mas tem a sensação de algo desagradável para ela.

A reação precedente que não apresentou carga emocional perceptível é *falso*; fiel é o antônimo. Esta constelação basta para levar nossa pessoa experimental à explicação certa: a reação *falso* estimulou seu complexo de gravidez e, em especial, o medo de um esfriamento por parte do marido.

47. feder	cheirar bem	1,0
48. livro	ler	1,0
49. injusto	justo	0,8
50. rã	perna	1,2
51. partir	evitar	0,8
52. fome	sede	0,8
53. branco	preto	1,0
54. anel	dedo	1,0
55. prestar atenção	ouvir	1,0
56. abeto	mata	1,0
57. nublado	claro	1,0
58. ameixa	pera	1,0
59. encontrar	certamente	1,0

60. lei	observar	1,2
61. querido	homem	1,2
62. vidro (*Glas*)	claro (*klar*)	1,0

A forte reação de som de *claro* deve-se provavelmente à reação precedente

63. brigar	disputar	1,2
64. cabra	balido	1,2
65. grande	pequeno	0,8
66. batatas	plantação	1,0
67. pintar	pintor	1,0
68. parte	pedaço	1,0
69. velho	novo	1,0
70. flor	vermelha	0,6

Este tempo de reação espantosamente curto a pessoa o explicou dizendo que a primeira sílaba da palavra-estímulo *Blume* (flor) lhe trouxe logo a imagem de sangue (*Blut*). Ver para tanto as reações de número 4 e 143. Temos aqui uma espécie de assimilação da palavra-estímulo ao complexo de gravidez com forte carga emocional.

71. bater	perfurar	1,0
72. caixote	cama	1,0
73. claro	mais claro	1,4
74. família	pai	1,4

Estas quatro reações apresentam interesse especial. Lembremo-nos que na associação *perfurar-cortar* (n. 4) encontramos pela primeira vez o complexo de gravidez. Mesmo que a pessoa experimental não tivesse a menor ideia da importância dessa reação, segue aqui *perfurar* à associação flor (*Blume*), afetada pela palavra sangue (*Blut*). Também a reação seguinte (72) transcorreu normalmente sem qualquer emoção. Mas esta reação é digna de nota. A pessoa experimental que visitava às vezes a nossa clínica de doentes mentais achava que as camas mais fundas, aqui usadas, eram "camas-caixote". Em sua explicação foi um pouco hesitante, pois o conceito "cama-caixote" não lhe era muito familiar. A esta associação, algo peculiar, seguiu-se uma associação de som com tempo relativamente mais longo, um fenômeno portanto que, já dissemos anteriormente, é indicativo de um complexo. *Heller* (mais claro) é o nome de uma personalidade que tivera outrora certa importância – mas apenas remota – para nossa pessoa experimental. Mas a este nome não estavam ligadas reminiscências com forte carga emocional. Só houve pequena hesitação, implicando um sentimento subjetivo. Parece ter fundamento a suposição de que a reação de som está vinculada à estranha reação precedente. A reação *cama* se repete mais tarde, com a clara impressão de combinação de palavras quando da palavra-estímulo *Knochen – Bett* (osso – cama, n. 199), uma combinação totalmente sem sentido e inexplicável para a pessoa experimental. Mas se considerarmos uma mudança de som em vista de seu complexo de gravidez, a associação pode ser bastante significativa "Wochen – Bett" (puerpério). Se adotarmos esta hipótese, toda a série acima se explica claramente: temos novamente o complexo de gravidez com sangue, operação, puerpério; aqui a carga emocional fica evidentemente mais forte e perturba a reação subsequente (talvez *claro* não possa ser assimilado ao complexo), e finalmente segue *pai*.

75. lavar	lavadeira	1,0
76. vaca	boba	0,8
77. estranha	-mente	1,0
78. felicidade	feliz	0,6
79. relatar	mãe	1,4
80. decoro	*Ge-*	1,2
	(*Sitte*) costume	2,0

A reação número 78 é muito rápida, o que é estranho com uma palavra-estímulo que facilmente poderia ter atingido o complexo. Por isso a reação seguinte levou mais tempo – 1,4 segundos – o que até agora sempre foi sintoma de complexo. A reação *mãe* explica o longo tempo. A reação 80 foi perturbada, o que não é de estranhar, pois o complexo foi atingido diretamente. Somente após 2,0 segundos seguiu-se a reação *costume*, depois que foi pronunciado o prefixo *Ge-*. Durante este tempo ainda estava presente na pessoa experimental a carga emocional de *mãe*. Nossa pessoa não conseguiu encontrar qualquer conexão entre *decoro* e *Ge-*. Nem consegue lembrar-se da palavra que queria começar com "Ge-". Por isso dependemos de meras suposições. Na reação 79 manifesta-se de novo claramente o complexo de gravidez. Já vimos diversas vezes que ele se caracteriza sobretudo por uma expectativa de ansiedade. Vimos também que a primeira sílaba de uma palavra-estímulo é assimilada ao complexo (*Blume* : *Blut* = flor : sangue); será que a primeira sílaba de *Anstand* (decoro) = *Anst*, é assimilada como *Angst* (medo) e, por sua vez, *Ge-* = *Geburt* (parto, nascimento)? Estas suposições deixaram a pessoa experimental surpresa. Muitos talvez considerem fantasiosas estas suposições, mas não as teria mencionado se não houvesse encontrado diversos fenômenos análogos em pessoas sadias e doentes.

81. estreito	de coração	0,6
82. irmão	irmã	0,8
83. prejudicar	evitar	1,2 (*schaden-meiden*)

Isto lembra muito *scheiden-meiden* (n. 51). Será que *schaden* foi reprimido pelo complexo como sendo muito desagradável e assimilado como *scheiden*? Assimilações repressivas ocorrem com frequência em histéricos. A pessoa experimental não soube explicar.

| 84. cegonha | trazer | 3,4 |

A causa desse tempo totalmente anormal é explicada pelo complexo.

85. falso	gato	1,0
86. medo	ter	1,0
87. beijar	a mim	1,2

A ênfase no eu, na reação 87, talvez fosse determinada pela reação crítica no número 86.

88. incêndio	fogo	1,2
89. sujo	amarelo	1,0
90. porta	fechada	0,8
91. escolher	escolha	1,2
92. feno	capim	1,0
93. quieto	parado	0,8
94. deboche	desprezo	1,0
95. dormir	vigiar	1,0
96. mês	maio	1,0
97. colorido	azul	1,2
98. cão	gato	1,0
99. dizer	falar	1,0
100. carvão	poeira	1,0

101. moderado	beber	1,0
102. pálpebra	olho	1,0
103. supor	crer	1,2
104. dor	coração	0,8 (*Schmerz-Herz*)

Esta rima, que teve curto tempo, foi explicada pela pessoa experimental como sendo muito próprio dela.

105. preguiçoso	indolente	1,0
106. lua	lobisomem	1,0
107. rir	chorar	1,0
108. café	tomar	1,0
109. largo	estreito	1,0
110. ar	pesado	1,0
111. levar	erguer	1,0
112. prato	redondo	0,8

A reação de número 110 é algo estranha; parece que a constelação *largo-estreito* exerceu forte influência. Será que perdurou até 112? As reações seguintes (113 a 142) fluíram de modo bem objetivo; nem a pessoa experimental nem o observador perceberam nelas algo especial. Os tempos nunca ultrapassaram 1,2 segundos. Por isso as deixamos de lado.

143. sangue	vermelho	0,6
144. alugar	alugar	1,2
	– evitar	2,0
145. cuidado	tolerância	1,0
		(*Vorsicht-Nachsicht*)

A reação 143 veio prontamente. É a conhecida reação que já ocorreu antes em *Blume* (70). Foi seguida de um tempo mais longo e de repetição da palavra-estímulo – a única em toda a série. A reação 145 é superficial, sem sentido e apenas vinculada de forma motora e de som.

Omito as reações seguintes por não apresentarem maior interesse.

162. distinto	nobre	1,2
163. mangueira	esperto	0,8 (*Schlauch-schlau*)

A pessoa experimental explicou que ao tempo da segunda reação ainda sentia a influência da carga emocional de distinto. Esta senhora já esteve em melhor situação financeira e às vezes sente esta perda.

   172. girar   redondo   1,4

A causa desse tempo mais longo é obscura, a não ser que *redondo* tenha a ver com a carga emocional acima. A própria pessoa experimental não encontrou explicação.

   175. confiar   em mim   1,4

Temos novamente o medo, ligado ao complexo, do distanciamento de seu marido.

   190. trazer   algo   1,2
   191. hotel   A Cegonha   1,0

O que *algo* significa fica claro pela reação subsequente.

   195. espelho   reluzente   1,4
   198. punir   prisão   1,4

Os dois tempos mais prolongados não puderam receber explicação satisfatória. A pessoa experimental informou que para *espelho* lhe ocorrera primeiro "liso", mas sobreveio *reluzente*. É difícil dizer por que "liso" foi reprimido.

Com referência à reação 198, a pessoa experimental não soube explicar nada, a não ser que sentira certa hesitação. Mesmo que não consigamos tirar nada de plausível, podemos supor, à luz das experiências anteriores, que por baixo existe um complexo com carga emocional. Conforme vai mostrar um exemplo posterior, não precisa ser algo atual, mas uma reminiscência aparentemente apagada há muito tempo.

   199. osso   cama   1,0

Ver o que foi dito sobre esta reação no número 72. É interessante notar que a pessoa experimental não tem a mínima noção do significado desta associação. São dignas de menção ainda as seguintes:

   164. amar   fiel   1,0
   167. nota promissória falsa   1,0

181. obrigação fiel   0,8
187. cobra   falsa   0,8

A reação *falso*, no número 45, teve um tempo de 1,0 segundo e, *fiel*, no número 46, de 1,4 segundos. Parece que estas palavras pelas quais a pessoa experimental tem certa predileção vão ocorrer com tempo paulatinamente mais curto[39]. É interessante também que palavras representando um complexo tendem a ocorrer de forma estereotipada em lugares onde já não possuem muito sentido; evidentemente não é o caso aqui, mas isto ficou claro em nossas pesquisas anteriores quando analisamos um caso desses.

606 A análise das reações dessa pessoa experimental demonstrou que os tempos superiores a 1,2 segundos, com exceção de algumas reações acima citadas, podem ser atribuídos à influência de um complexo com carga emocional, por duas razões:

1. A associação pela qual o complexo é constelado tem um tempo de reação mais prolongado.

2. A associação imediatamente posterior àquela que constelou o complexo apresenta um tempo de reação mais prolongado devido à reverberação da carga emocional.

607 Além das associações com tempo de reação mais longo, há várias outras com constelação de complexo. Em geral, reações com forte carga emocional e com clara indicação de complexo têm tempos de reação mais prolongados. O significado da associação é entendido com bastante precisão somente quando uma carga emocional muito forte e diferenciada ou uma forma bem característica da reação trazem o complexo para a consciência. Nas reações acima isto só ocorreu uma vez em *cegonha – trazer*. Nos demais casos, a carga emocional ou a forma específica da reação fornecem apenas indícios para a identificação posterior do complexo.

608 No momento atual, somente a parte do complexo mais ou menos representada na reação estava na consciência. A partir disso conclui-se com evidência que a importância da consciência é muito pequena para o processo de associação.

---

39. Num caso desses seria desejável uma medição mais precisa do tempo.

Todo nosso pensar e agir, que se nos apresentam como sendo 609
conscientes em sua grande maioria, compõem-se na verdade daquelas pequenas partes, refinada e infindamente determinadas por inúmeros impulsos totalmente fora da consciência. À nossa consciência do eu parece que o processo de associação é obra sua, sujeito a seu julgamento, à sua livre vontade e à sua atenção. Na verdade, porém, conforme indica perfeitamente nosso experimento, a consciência do eu é apenas o fantoche que dança no palco, movido por um mecanismo automático e oculto[40].

Uma visão analítica da série de experimentos percebe a influência de um complexo sobre o processo associativo. Ainda que a associação, como se costuma dizer, esteja sob o livre arbítrio da pessoa experimental e esta possa dizer o que quiser, ela não diz o que quer, mas é forçada a revelar o que deseja manter o mais oculto possível. Suas reações, portanto, não são impressões livres, mas "atos sintomáticos" (Freud)[41], conduzidos por um fator psíquico que se comporta como ser independente. O complexo com carga emocional, momentaneamente separado da consciência, exerce uma influência que concorre sempre e com êxito com as intenções do complexo do eu; apesar da atitude rejeitadora e repressora do complexo do eu, ele produz traiçoeiramente reações subjetivas e faz surgir associações cujo significado o complexo do eu não tem a menor noção. Encontramos, assim, divulgados vários segredos íntimos da pessoa experimental e não apenas os atuais, mas os complexos mais importantes de suas concepções individuais que dão conteúdo a suas alegrias e tristezas. Encontramos como complexo atualmente mais forte o equivalente psíquico da gravidez, e ao redor dele gravitam os sentimentos de ansiosa expectativa, o amor ao marido com temores levemente ciumentos. Este complexo é de natureza erótica e ainda é ativo; por isso é compreensível que esteja em primeiro plano. A ele podemos referir com certeza nada menos do que 18% das associações[42]. Além disso há outros complexos com intensidade bem menor: perda da posição financeira 610

---

40. Disso se pode concluir também que aqueles que identificam psique com consciência tomam a parte pelo todo.

41. *Zur Psychopathologie des Alltagslebens*. Über Vergessen, Versprechen, Vergreifen, Aberglaube und Irrtum. Berlim: [s.e.], 1904.

42. Somente 4% das associações podem ser relacionadas seguramente a outros complexos.

anterior, algumas deficiências consideradas desagradáveis (cantar, cozinhar, nadar) e, finalmente, um complexo erótico que remonta aos anos de sua juventude e que só apareceu em uma das associações. (Infelizmente tive que omiti-la em consideração à nossa pessoa experimental). A média provável dessa pessoa experimental é 1,0 segundo. 30,5% dos tempos ultrapassaram esta média, 20,5% foram de 1,2 segundos. Desses, 32% podem ser atribuídos a uma clara influência de complexo. 6% dos tempos apresentaram 1,4 segundos; desses, 75% foram certamente determinados pelo complexo. 3% passaram de 1,4 segundos, e todos eles se devem à segura influência do complexo.

611 A *pessoa experimental 2* é um senhor culto e de meia-idade. Seu tipo reativo é objetivo e superficial, semelhante ao da pessoa n. 1. Por isso, na apresentação das associações, vou me ater mais às reações críticas. A pessoa é médico e participa frequentes vezes de nossos experimentos acompanhando-os com grande interesse. A média provável da série de experimentos é de 1,2 segundos.

1. cabeça	parte	1,4
2. verde	azul	1,0
3. água	limpar	2,6

A palavra-estímulo provocou imediatamente uma carga emocional desagradável, trazendo à lembrança algo sexual, juntamente com o senso de inibição. Logo após a reação, a pessoa reconheceu que a palavra água fora entendida no sentido de *urina*.

4. perfurar	brigar	1,0
5. anjo	puro	1,0
6. comprido	grande	1,2
7. navio	grande	1,0

Aqui encontramos uma clara perseveração. Em *grande* (6) houve inicialmente uma nítida carga emocional de cunho sexual, seguindo-se a próxima reação e logo depois foi reconhecida a razão disso. Trata-se de uma reminiscência: a pessoa experimental ouvira de nós que certas mulheres doentes associavam conotações sexuais à palavra *comprido*.

| 8. arar | lavrar | 1,0 |
| 9. lã | ovelha | 1,2 |

10. amigável	*tötig – tätig*	
	ocupado	1,2
11. mesa	peixe	0,8 (*Tisch – Fisch*)

A reação número 10 está prejudicada. Houve um lapso linguístico. A pessoa logo corrigiu com *tätig*. Neste momento sentiu uma carga emocional levemente desagradável que ainda perdurou como uma espécie de inquietação interna na próxima reação. Daí a rima sem motivo. *Amigável – ocupado* é surpreendente e não pôde ser explicada pela pessoa experimental. O lapso que produziu *tötig* em vez de *tätig* deu a impressão de que a reação deveria ter sido *böse* (zangado, mau). Mas também esta reação não soube explicá-la. (Talvez a explicação provável esteja no número 86, abaixo).

15. haste	comprida	1,2
16. dançar	fumegar	1,8 (*tanzen-dampfen*)
17. lago	grande	1,2

Na reação 15 aparece de novo a carga sexual de *comprido* e ao mesmo tempo a reminiscência acima indicada. A reação 16 é condicionada pelo som e teve um tempo anormalmente longo. A carga sexual da reação 15 persistiu com um misto de irritação e evocou a repetição da associação anterior *comprido – grande*.

18. doente	pobre	1,2
19. orgulho	pino	1,6 (*Stolz-Bolz*)

Pobre é acompanhado de leve carga emocional desagradável, mas não há nenhuma imagem especial ligada a isto. *Orgulho* foi considerado mais desagradável ainda, vindo acompanhado de um sentimento de rejeição e inibição. A rima sem sentido e o longo tempo foram duplamente determinados. A pessoa experimental tem uma história desagradável com dinheiro que a preocupa há muito tempo; foi acusado muitas vezes de orgulhoso, sobretudo em tempos passados. Esta acusação, juntamente com a questão do dinheiro, formavam um contraste bem doloroso. A clara ideia dessa conexão somente surgiu após produzida a reação.

20. cozinhar	bem	1,0
21. tinta	chegar	1,4

A associação é "In die Tinte kommen" (estar em apuros) tem conotação desagradável e foi relacionada pela pessoa experimental com a história do dinheiro. Logo se apresentou também a reminiscência de um complexo erótico, bem remoto no passado, mas com forte carga de desprazer.

| 24. nadar | bem | 1,2 |
| 25. viagem | alegre | 1,6 |

Várias reminiscências pouco precisas com tom predominantemente agradável.

| 26. azul | lago | 1,2 |
| 27. pão | diário | 2,0 |

A palavra *pão* suscita um sentimento de algo desagradável; a impressão é semelhante à de *pobre* e há um sentimento de inibição. Depois, percebeu-se que tinha relação direta com a história do dinheiro.

| 28. ameaçar | mau | 1,4 |

Tom bastante desagradável, posteriormente recordação do complexo erótico já mencionado que vem unido a um sentimento de culpa.

| 29. lâmpada | abajur | 1,2 |
| 30. rico | pobre | 1,4 |

A reação pobre tem outra vez um tom desagradável e desperta novamente a lembrança da história do dinheiro.

| 31. árvore | tronco | 1,2 |
| 32. cantar | pular | 1,8 (*singen-springen*) |

Árvore evoca novamente o tom sexual de *comprido* pelos mesmos motivos acima, a seguir irritação; a isto se devem a rima e o longo tempo seguintes.

| 33. compaixão | pobre | 1,4 |
| 34. amarelo | muito | 1,2 |

Pobre evoca de novo o complexo de dinheiro e dessa vez com a correspondente e clara carga emocional. Amarelo (*gelb*) foi logo assimilado como *Geld* (dinheiro), apesar de a palavra-estímulo ter sido entendida corretamente. O complexo de dinheiro se antecipou ao complexo do eu com a reveladora palavra *muito*.

| 36. brincar | baile | 1,2 |
| 37. sal | banha | 1,4 (*Salz-Schmalz*) |

A associação *brincar – baile* que em si é totalmente insuspeita, assumiu logo a carga emocional erótica, pois a palavra *baile* muda o sentido para "noite dançante". E assim aparece novamente o complexo erótico, por isso a rima e o longo tempo na associação seguinte. Não preciso acrescentar que no momento da reação, a linha de pensamento amplamente apresentada aqui não existia na consciência, mas apenas representada por sentimentos fugazes. O despertar das imagens correspondentes acontece em geral só depois, por meio da atenção especialmente dirigida sobre as cargas emocionais que aparecem no lugar delas.

| 38. novo | velho | 1,2 |

A vogal "a" em *alt* (velho) foi pronunciada de forma bem prolongada, dando a impressão de que viria "arm" (pobre), mas acabou saindo *alt* (velho). O complexo de dinheiro entrou novamente em fase aguda.

| 39. moralidade | imoralidade | 1,8 |

Leve hesitação – vaga sugestão de sentimento de culpa ao pronunciar *imoralidade*. É novamente o complexo erótico.

40. cavalgar	andar em veículo	1,4
41. parede	lugar	1,8
42. bobo	desajeitado	2,0

A pessoa experimental não soube explicar a reação de número 41; acha que poderia ser mais ou menos como "nenhum lugar ao sol". Tom bastante pesaroso na reação 42, leva diretamente ao complexo de dinheiro com o claro reconhecimento de que *andar em veículo* está condicionado pelo complexo, ainda que a carga emocional própria do complexo apenas tenha se manifestado na reação de número 42. A reação *lugar* pertence bem mais ao complexo de dinheiro do que *parede*. A reação 42 faz vibrar também levemente o complexo erótico.

43. caderno   livro   1,4
44. desprezar   respeitar   1,2
45. dente   dinheiro   1,4

Parece que *respeitar* atingiu fortemente o complexo de dinheiro, pois *dente* (*Zahn*), apesar de compreendido corretamente, foi assimilado a pagar (*zahlen*) e, por isso, a reação *dinheiro*. Novamente o complexo de dinheiro se antecipou ao complexo do eu.

46. certo   errado   1,2
47. povo   pobre   1,8

Também aqui o complexo de dinheiro com tempo mais longo.

60. ferir   atirador   1,2
61. lei   não séria   4,8

Na reação 61, sentimento inexplicável de inibição que por longo tempo não permitiu nenhuma reação e, finalmente, uma reação perturbada e sem sentido que exprime algo como defesa. Depois, toda uma série de reminiscências pesarosas de ações que não condiziam às leis da moral, entre elas também o complexo erótico.

A reação seguinte

62. querido   bom   2,0

ainda está sob a influência dessas lembranças de tudo o que não esteve conforme à moral no passado.

69. parte   parte do corpo 1,8

Aqui aparece novamente a constelação sexual como no número 6 e 15.

76. lavar   imundície   1,6

Leve sentimento de culpa e arrependimento. Depois, complexo erótico. Sobre a expressão grosseira, ver a reação número 90.

78. estranho   novato   2,0

A princípio, sensação de como se viesse "pobre", mas depois a reação que foi determinada pela de número 38 *novo-velho* (*neu-alt* (*arm*)).

Naturalmente a reação se processou sem a menor consciência desta constelação. *Estranho* atingiu novamente o complexo de dinheiro. Podemos ver que este complexo faz emergir em toda oportunidade o "pobre".

| 79. felicidade | infelicidade | 1,4 |

Esta associação é constelada pela reação precedente.

80. narrar	mãe	1,2
81. decoro	não decente	3,6
82. estreito	de coração	1,8

A reação 80 transcorreu normalmente sem carga emocional particular. Mas em *decoro* veio logo a inibição, seguida de sentimento desagradável que perdura claramente durante a reação seguinte. Depois, lembrança de várias cenas da infância que foram consteladas claramente pela palavra *mãe*. Trata-se de alguns momentos mais marcantes em que a mãe, em justa ira, afirmou que o garoto não era decente e nunca o seria. Uma cena se apresenta com muita clareza: quando a pessoa experimental se comportou, em sua adolescência, de modo grosseiro e indecente com relação a uma senhora. Esta lembrança trouxe logo à tona o complexo erótico, e aqui a pessoa experimental tem algo semelhante de que se acusar. É certamente este complexo que se escondeu atrás desse tempo muito longo e das várias recordações (Freud).

| 86. falso | mau | 1,4 |

Aqui aparece pela terceira vez a reação mau. (Repete-se nesta série seis vezes e *bom* cinco vezes.) "Mau" traz sempre consigo o sentimento de culpa, próprio do complexo erótico. Como vemos, esta palavra (juntamente com "bom") tem tendência de aparecer à semelhança de "pobre" em relação ao complexo de dinheiro. (*Pobre* aparece explicitamente quatro vezes e implicitamente três vezes.) Pela primeira vez *mau* estava presente na reação 10, mas foi evidentemente reprimido, uma vez que há forte inibição contra o complexo erótico na atual vida emocional da pessoa.

| 89. incêndio | mar | 1,8 |

A palavra-estímulo (*Brand* = incêndio) foi entendida corretamente, mas foi logo mudada para *Brandung* (ressaca), com a qual, após tempo algo longo, foi associada à reação *mar*. Portanto, *incêndio* foi assimilado. A associação precedente não continha nenhuma constelação para esta assimilação. *Incêndio*, porém, tem um tom desagradável e associa logo o significado de alcoolismo agudo e, com isso, a reminiscência de um tal estado, acompanhada de sentimentos muito dolorosos. Desta vez o complexo do eu se antecipou à reminiscência antiga mas sempre vigilante e assimilou a palavra-estímulo num sentido conveniente a ele, camuflando dessa forma e escondendo de si mesmo a lembrança dolorosa. Este mecanismo ("censura" no sentido de Freud)[43] desempenha papel relevante na histeria. Deve-se sublinhar que não se trata de uma função consciente, mas de um mecanismo automático que controla o que deve ou não vir à consciência.

90. sujo   imundo   1,4

A expressão grosseira da reação é determinada pelo sentimento moral de repugnância, ligado ao complexo erótico.

91. porta   mostrar   1,4

Também esta reação, em sua concepção negativa e de rejeição, é determinada pelo mesmo sentimento.

92. eleger   *maire* (prefeito)   2,2

Com eleger, outro complexo é atingido. Trata-se da esperança a uma promoção, a um mais (*Mehr*) sob diversos aspectos. Ao mesmo tempo é a esperança de uma posição de comando e não subalterna. Portanto a determinação de *maire* não é puramente de som, mas também de sentido, ainda que sob forma simbólica. A reação correta teria sido "diretor". Mas esta palavra está por demais associada ao desejo secreto, pesando por isso sobre ela a inibição que reprime todo o desejo. Em vez da reação correta, temos uma imagem a ela associada e que vem externamente determinada pela palavra "mehr" (mais) que, por sua vez, é característica da momentânea disposição de espírito. Este processo tem muita semelhança com o "falar desconexo dos his-

---

43. *Die Traumdeutung*. Leipzig/Viena: [s.e.], 1900.

téricos" no complexo de Ganser[44], ou talvez ainda mais na associação anormal da *dementia praecox* onde este tipo de metáfora é bastante comum. Fenômenos análogos encontram-se com relativa frequência na vida cotidiana. Penso nos automatismos de palavras e melodias. O belo exemplo a seguir me foi dado por uma senhora conhecida minha. Contou-me que há alguns dias tinha constantemente na boca a palavra *Taganrog*, sem que soubesse donde provinha. Perguntei-lhe sobre as experiências emocionais e desejos reprimidos de seu passado recente. Após alguma hesitação, disse que gostaria muito de ter um roupão (*Morgenrock*), mas que o marido não mostrara interesse no assunto. *Morgen-rock – Tag-an-rog*, dá para ver que as duas palavras têm afinidade parcial de sentido e som. A determinação da forma russa pode ser atribuída ao fato de ter encontrado, por aquela mesma época, alguém oriundo de Taganrog[45]. Grande número de combinações semelhantes pode ser relacionado; basta alguém se dar o trabalho de analisar as melodias que cantarolamos para nós mesmos ou que ouvimos ao nosso redor. Um colega, ao passar em visita os doentes deste hospital, viu de relance uma enfermeira que estaria grávida e, pouco depois, percebeu que estava assobiando baixinho a melodia "Es waren zwei Königskinder, die hatten einander so lieb... (Havia dois filhos de reis que se amavam muito.) Enquanto isso, seu consciente estava ocupado com outra coisa bem diferente. Outro colega revelou-me sem querer o triste fim de um complexo erótico através de seus sucessivos automatismos de melodias.

Vemos nesses exemplos que a linha do pensamento toma rumos que escapam à atenção consciente. Toda associação surgida na consciência evoca como que um eco de semelhanças e analogias que vai passando por todos os estágios da semelhança de sentido, de imagem e de som. Os melhores exemplos são fornecidos pelos sonhos.

| 95. caçoada | desprezo | 1,4 |
| 96. cachorro | morto | 1,6 |

---

44. "Zur Psychologie hysterischer Dämmerzustände und des Ganser'schen Symptoms". *Psychiatrisch-neurologische Wochenschrift*, VI/22, 1904/1905, p. 185s. Halle.

45. Semelhante automatismo de palavras (*Bunau-Varilla*) é mencionado por Jung e Riklin (§ 451 deste volume).

Esta reação surpreendeu a pessoa experimental. Não entendeu como chegou a esta associação incomum. O tempo algo longo faz supor uma carga emocional; primeiramente, a pessoa experimental descreveu isto como indistinto e, depois, como "doloroso". Com a palavra "doloroso", veio à memória da pessoa algo que acontecera há mais de vinte anos: naquela época teve que permitir que matassem seu cão de estimação; esta perda lhe foi "dolorosa" por muitos anos.

| 102. moderado | imoderado | 1,6 |

O tempo algo longo nesta reação superficial explica-se pela relação com o número 89 (*Brand*).

| 104. supor | acreditar | 2,0 |

Supor é uma palavra-estímulo capciosa e são poucas as pessoas experimentais que escapam de ser afetadas por ela. Neste nosso caso foi atingido o complexo erótico.

| 105. dor | desprezo | 1,2 |
| 108. rir | mexericar | 2,8 (*lachen – schwatzen*) |

O *sch* de *schwatzen* foi pronunciado de forma prolongada. Por um instante surgiu primeiro *schmerzen* (doer); por isso o tempo longo. *Schmerzen* foi involuntariamente logo reprimido. A carga emocional teve algo de humilhante. A pessoa experimental informou ter sensibilidade quase doentia contra caçoada. Número 95 = *caçoada – desprezo*; 105 = *dor – desprezo*; 108 = *rir* – "doer" estão em íntima conexão. A determinação de *schwatzen* é, por um lado, aliteração e, por outro, relação semântica: "über einen schwatzen" (mexericar sobre alguém).

| 120. criar | agir | 2,0 |

Aqui temos o complexo de sua vida profissional que causou o tempo prolongado da reação.

| 127. resina | árvore | 2,0 |

Primeiramente houve a sensação de a associação soar como *hart – arm* (duro – pobre), tendo sido quase pronunciada a palavra *arm* (pobre).

Portanto, outra vez uma assimilação ao complexo do dinheiro. Também a reação seguinte

| 128. acordar | despertar | 1,6 |

é portanto ainda muito superficial com tempo relativamente longo.

| 130. mau | ruim | 0,8 |
| 131. carteira | madeira | 0,8 (*Mappe-Holz*) |

A pessoa experimental tomou *Mappe* no sentido de carteira de dinheiro em que ela costumava pegar (*holen*) dinheiro. A reação *Holz* (madeira) é totalmente sem sentido e causou a princípio admiração à pessoa experimental, até que se lembrou do sentido que tinha *Mappe*. *Holz* esconde *holen* que, evidentemente, faz parte do reprimido complexo de dinheiro.

148. esquecer	esquecimento	2,0
149. tambor	toque de	1,2
150. livre	liberdade	1,2
151. carruagem	castelo	3,0 (*Wagen-Burg*)

Em 148 houve um tom bem desagradável; em 149 e 150 nada de especial a observar; em 151, porém, forte e inexplicável inibição. *Esquecer* lembra um acontecimento de vários anos atrás quando rompeu com um amigo desleal. O número 149 é eco da canção *Der treue Kamerad* (O companheiro leal); "Die Trommel schlug zum Streite, Er ging an meiner Seite..." (O tambor tocava para a batalha, e ele andava a meu lado). A reação número 150 indica o rompimento. Parece que *Wagen* foi assimilado com dificuldade, e a complementação -*burg* é estranha; mas torna-se compreensível pela informação da pessoa experimental de que o lugar onde descobriu pela primeira vez a falsidade do amigo chamava-se Augsburg. Todos estes dados eram inconscientes no momento da reação. O complexo se manifestou apenas no número 148, por um sentimento levemente desagradável, mas sem definição clara. A conexão dessa série só foi conhecida mais tarde.

| 153. desaforo | maldito | 2,0 |
| 154. ligeiro | ligeireza | 0,6 |

A reação de número 153 faz parte da mesma disposição de espírito das reações acima (cuja análise foi feita somente após o término de toda a série). Trata-se da raiva contra o desaforo do falso amigo. Parece que a forte carga emocional se estendeu também para a reação número 154.

| 167. mudança | do tempo | 1,8 |

A palavra-estímulo (*Wechsel*, que em português também pode significar câmbio) atingiu novamente o complexo de dinheiro e, por isso o tempo prolongado.

| 184. surdo | voar | 2,6 (*taub-fliegen*) |

A pessoa assimilou *taub* (surdo) como *Taube* (pombo), ainda que tenha entendido corretamente a palavra-estímulo. (A pessoa experimental conhece nossa lista de palavras-estímulo e já a utilizou em seus experimentos) O tempo de reação é muito longo. *Surdo* atinge um pequeno complexo de medo. Diversas vezes já teve catarro nas trompas de Eustáquio, fato que lhe diminuiu a audição em um dos ouvidos. A pessoa experimental sente medo exagerado em relação a isso, achando que vai ficar completamente surda. Portanto, *surdo* tem carga emocional muito desagradável e foi rapidamente reprimido.

| 190. trazer | dinheiro | 1,2 |
| 191. hotel | buscar | 2,2 |

A última reação é sem sentido; explica-se pela perseveração do complexo de dinheiro evocado pela palavra trazer.

195. espelho	alma	1,8
196. cheio	imundície	1,4
197. compreensão	boa	1,6
198. castigar	pelo mal	2,2
200. bonito	bom	1,6

Por motivo desconhecido, a reação 195 operou-se com alguma inibição. Talvez espelho da alma já contivesse o tom ético das reações seguintes. Em *cheio* isto se torna evidente: a alma está cheia de imundície. A expressão grosseira exprime de novo a aversão constatada anteriormente (90). O *boa* a seguir está numa conexão frouxa com sua palavra-estímulo e se repete na próxima oportunidade (200). Em ambos os casos representa o complexo erótico. A reação 198 está claramente constelada pelo complexo.

Ao contrário da pessoa experimental anterior, encontramos aqui toda uma série de complexos com carga emocional que estão muito pouco ou nada conectados entre si. Enquanto na pessoa experimental feminina domina amplamente o complexo sexual (gravidez) com todas as suas ramificações (medo, ciúme etc.), na pessoa experimental masculina os complexos sexuais têm papel menos relevante. Por consideração pessoal para com a pessoa experimental não posso mencionar todas as reações. Mas é fácil constatar o seguinte:

1. Complexos sexuais: complexo erótico encerrado e pertencente ao passado que se manifesta quase exclusivamente por constelações éticas de sentimentos (abominação, arrependimento). Um complexo erótico atual que se manifesta só por meio de constelações eróticas de sentimentos (não mencionado). Ao menos três imagens com carga sexual, independentes entre si.

2. Complexo de dinheiro.

3. Ambição, com ao menos quatro complexos secundários de recordações.

4. Sensibilidade pessoal, com ao menos três complexos secundários de recordações.

5. Amizade.

6. Duas reminiscências (cachorro morto, surdez) com cargas emocionais independentes entre si.

Temos, portanto, em torno de dez complexos, independentes por assim dizer entre si, que foram atingidos nesta série do experimento. A pessoa experimental 2 é pouco mais velha do que a pessoa experimental 1; como vimos, nesta última podemos referir 18% das associações ao complexo sexual, enquanto só 4% caem sob a influência de outras constelações com carga emocional. Na pessoa experimental 2, no entanto, 53% das associações podem ser relacionadas à influência de complexos. Este grande número de constelações de complexos não significa apenas que a análise foi levada adiante ou que a pessoa experimental 2 deu informações mais completas do que a pessoa l, mas é preciso reconhecer também objetivamente que a emotividade da pessoa 2 (ao menos durante o experimento) era maior. Isto se conclui das diversas reações prejudicadas e das estranhas assimilações e repressões[46].

614   Dos 53% das associações mencionadas, apenas 10% podem ser atribuídos diretamente ao complexo sexual, isto é, ao complexo erótico atual; 11,5% ao complexo de dinheiro; 2,5% à ambição; 4,5% à sensibilidade pessoal; 3% à ruptura da amizade; ao complexo erótico do passado, que ainda continua constelado, mas apenas através de sentimentos de abominação e arrependimento, podem ser relacionados 9%; e 12,5% se ligam a seis complexos emocionais mais ou menos separados. Portanto, na pessoa experimental masculina, o complexo sexual propriamente dito passa a um plano secundário em vista das muitas outras constelações.

615   Mais do que o anterior, este caso nos mostra que nas associações se contém muita coisa de individual. O experimento nos fornece dados sobre uma série de conteúdos psíquicos de maior importância da pessoa experimental: ele nos dá uma espécie de corte transversal na personalidade psicológica atual.

616   A *pessoa experimental 3* é um homem culto mais jovem. Limito-me às associações críticas e trago este caso mais para mostrar por outro exemplo o que aconteceu em princípio nos dois casos precedentes. A média provável desta pessoa experimental é de 1,6 segundos.

1. cabeça	pescoço	1,2
2. verde	camundongo	0,8
3. água	verde	1,0

Nesta série chama a atenção a reação estranha *camundongo* e a perseveração de *verde*. *Pescoço* é uma reminiscência do dia anterior ao experimento quando a pessoa experimental viu um filme sobre a morte de Maria Antonieta. Não soube explicar donde veio *camundongo* (*Maus*), apenas teve a impressão de se tratar de um lapso de língua e supôs que poderia ter sido pescoço (*Hals*) ou casa (*Haus*).

---

46. Cf. também as "características de complexos" em nossa pesquisa anterior (§ 417 deste volume).

4. perfurar	esgrimir	1,2
5. anjo	casa	1,6

Aqui volta, com tempo mais prolongado de reação, a palavra suposta para a reação número 2 e aqui volta também a memória. O avô da pessoa experimental cantava muitas vezes no passado a canção "Es geht durch alle Lande – ein Engel still" (Um anjo silencioso passa por todo o país). E ela também cantara muitas vezes "Mein Häuschen steht im Grünen" (Minha casinha está no verde bosque.) A estas canções se liga uma série de imagens com carga emocional que só em parte tem caráter agradável. A partir disso ficam claros a perseveração de verde e o lapso linguístico *camundongo*.

13. Estado	Igreja	1,8

A reação sai hesitante, pois Igreja representa o grande complexo de uma religiosidade bastante forte.

16. dançar	não	1,8

Esta reação soa na verdade assim: "Eu não sei dançar". Ligado a ela estava um sentimento bem desagradável, pois a pessoa experimental tivera uma desilusão amorosa, não sofrida por um amigo que sabia dançar bem.

18. doente	não	1,6

Esta palavra-estímulo a pessoa experimental a aplicou novamente a si mesma: não está doente por desespero devido ao desfecho infeliz do romance.

22. mau	cordial	1,8
23. agulha	unha	1,2 (*Nadel-Nagel*)

Mau faz surgir o sentimento de animosidade ciumenta que a pessoa experimental sente contra um determinado concorrente. A associação de som que se segue é condicionada novamente pela perseveração da carga emocional.

30. rico	bastante	2,8
31. árvore	ramos	1,6

A reação número 30 refere-se ao partido perdido, por isso o longo tempo. A reação seguinte ainda é algo longa e tem um caráter rebuscado; também tinha para a pessoa experimental um tom algo irônico, o que vale igualmente para as reações seguintes.

| 32. cantar | bonito | 1,4 |
| 33. compaixão | absolutamente não | 1,8 |

Com isto quer dizer que não merece compaixão alguma, pois cada um é artífice de seu destino.

44. desprezar	sujeito	5,0 (*Kerle*)
47. povo	religião	1,6
48. feder	horrível	1,0
50. injusto	abominável	1,8

Na reação 44, a palavra sujeito (*Kerle*) é entendida como os judeus. A senhora em questão é judia. *Povo* traz novamente a imagem "judeus", mas é reprimida. Em seu lugar vem *religião*, porque a religião de sua amada causava escrúpulos à pessoa experimental muito religiosa. Os predicados a seguir, com forte carga emocional, referem-se diretamente ao complexo e não às palavras-estímulo que o fizeram aflorar. (Algo semelhante aconteceu com a pessoa experimental 2 quando a forma grosseira das reações revelou a emoção).

| 54. branco | neve | 1,8 |

Um sentimento de "haver terminado" ou "morte" refere-se ao complexo de amor.

| 61. lei | absoluta | 1,4 |

Aqui aparece novamente a reação do número 33 e expressa o mesmo sentimento como lá; é simplesmente lei de que assim deva ser.

| 62. querido | bonito | 1,2 |
| 66. grande | fino | 1,2 |

Ambas as reações têm tom irônico e referem-se ao complexo.

| 74. selvagem | animal | 1,8 |

A palavra selvagem (*wild*, no dialeto significa *mau*) a pessoa experimental a atribui a si, devido ao complexo.

| 75. família | casa | 1,0 |

Casa parece representar o complexo de todas as lembranças familiares. (Também em *cozinhar-casa*.) Aqui temos um tempo de reação relativamente curto.

| 79. sorte | jogo | 1,8 |

Refere-se claramente ao complexo de amor.

| 80. narrar | talk | 1,6 |

A reação é de língua inglesa. Já vimos que reações em língua francesa são suspeitas; também esta reação inglesa se refere ao complexo. A pessoa experimental queria contar a história de seu desapontamento em primeiro lugar a seu irmão que vivia na América, mas não realizou este desejo. A forma inglesa é determinada por este motivo.

| 83. irmão | sister | 2,0 |

Novamente reação em língua inglesa, com longo tempo! *Irmão* suscitou provavelmente no subconsciente a imagem da reação anterior. *Sister* foi a reação porque sua irmã estava nesta época prestes a partir para um pensionato francês, do mesmo modo que o irmão partira tempos antes para a América. Esta analogia se condensou na palavra *sister*.

| 88. beijar | absolutamente | 1,6 |

Absolutamente é a palavra representativa do complexo de amor.

| 91. porta | camundongo | 1,6 |

O lapso linguístico ocorrido na reação número 2 aparece de novo, provavelmente para mascarar a palavra *casa*, representativa do complexo.

| 92. eleger | Kaposi | |

Como reação surgiu primeiramente a palavra "caprice", mas foi logo reprimida e se transformou em Kaposi. *Caprice* era a escolha da senhora em questão. "Kaposi" é apenas semelhança sonora e foi constelada por uma conversa, poucos dias antes do experimento, em que Kaposi[47] foi mencionado.

| 105. sofrimento | beijar | 1,0 |
| 106. preguiçoso | porca | 1,4 |

A expressão grosseira da última reação se deve ao sentimento de irritação que perseverou da anterior (105).

| 115. intenção | beijar | 1,8 |

Intenção (*Absicht*) foi assimilada apressadamente como absoluto (*Absolut*), a palavra representativa do complexo, e por isso reagiu como se este fosse o sentido da palavra-estímulo.

125. objetivo	absolutamente nenhum	1,2
126. quente	sim	2,2
134. digno	tolo	2,0
135. perigo	de bom grado	1,4
136. alto	não, baixo	2,8
140. misturar	sangue	2,0
143. sangue	misturar	1,4

Todas estas reações estão consteladas mais ou menos objetivamente pelo complexo amoroso, sendo que o fator constelador não foi uma imagem clara, mas apenas um certo estado de espírito não muito preciso.

| 144. alugar | família | 1,6 |

Por um instante se apresentou *casa*, mas foi reprimida e substituída pela reação algo surpreendente *família*. Esta é a associação 75, que de repente é assumida de novo para mascarar a palavra *casa* que representa o complexo.

| 145. precaução | intenção | 2,0 (*Vorsicht-Absicht*) |

Aqui se manifestou em primeiro lugar e claramente a palavra absolutamente (*absolut*), mas foi reprimida e mascarada por intenção

---

47. Moritz Kaposi, célebre dermatólogo de Viena, 1837-1902.

(*Absicht*), isto é, por uma associação de som, tendo colaborado ainda provavelmente a reação 115.

160. desejar   absolutamente não   1,8

Não pretendo ampliar o número de exemplos; nada acrescentam de novo em princípio, apenas confirmam o que já constatamos nas pessoas experimentais precedentes. 617

Nesta pessoa experimental predomina amplamente o complexo amoroso; a ele se referem com certeza 52% das associações. O complexo de família aparece em 11 % das associações. Cá e lá surge um complexo de pretensões ambiciosas, demonstrável em 7% das associações. Numerosas reminiscências de caráter pessoal e com carga emocional podem ser detectadas em 27% das associações. A média provável em geral desse caso é 1,6 segundos, mas 31% dos tempos de reação superaram esta média. 17% tiveram 1,8 segundos. Desses, 85% são constelados certamente por complexos, enquanto que esta influência é duvidosa, ou não comprovada em 15%. 4,5% das associações tiveram 2,0 segundos. Dessa porcentagem, certamente 89% se atribuem à influência do complexo, enquanto que nos outros 11% a influência é incerta. 9% das associações tiveram tempo maior do que 2,0 segundos. Todos estes tempos podem ser atribuídos à influência do complexo. 618

Não tem sentido multiplicar os exemplos, caso contrário nos repetiríamos constantemente. Segundo nossa experiência, os fenômenos de complexos são os mesmos em todas as pessoas experimentais. Somente a espécie do complexo é diferente de acordo com o sexo e a cultura[48]. 619

---

48. O conceito de *repressão* que utilizo muitas vezes em minhas análises precisa de breve explicação. Na obra de Freud este conceito (como a própria palavra já o diz) tem o caráter de uma função ativa, muitas vezes uma função da consciência. Na histeria pode-se ter a impressão de que repressão é igual a esquecimento voluntário. Na esfera das pessoas normais poderia tratar-se mais de um passivo "resvalar para o pano de fundo"; no mínimo a repressão parece aqui ser algo inconsciente ao qual podemos atribuir apenas indiretamente o caráter de algo querido ou, ainda mais, de algo desejado. Se, apesar disso, falo de "reprimido" ou "escolhido", isto pode ser tomado como metáfora da psicologia da consciência. Essencialmente dá no mesmo, pois objetivamente é indiferente se um processo psíquico é consciente ou inconsciente (cf. BLEULER. *Versuch einer naturwissenschaftlichen Betrachtung der psychologischen Grundbegriffe. Allgemeine Zeitschrift für Psychiatrie und psychischgerichtliche Medizin*, L, 1894. Berlim.

620   A perseveração da carga emocional merece ser considerada. Como se sabe, a perseveração tem papel importante na patologia do processo associativo. Talvez os experimentos com pessoas normais ajudem a esclarecer a natureza da perseveração mórbida. Em nossos experimentos a perseveração da carga emocional apareceu tantas vezes que podemos oferecer números estatísticos. Por exemplo, a pessoa experimental número 2 apresentou 32 tempos de reação superiores a 1,6 segundos; desses, 16 foram seguidos de tempos também mais longos. Em 10 casos, apenas a reação subsequente foi prolongada; em 3 casos, as duas subsequentes e uma vez em cada, as três, quatro e cinco seguintes. Como se vê neste relato, não é raro encontrarmos uma diminuição descontínua (em forma de escada) dos tempos de reação. Diminuição descontínua semelhante, mas bem mais evidente, observei em certos casos de histeria e *dementia praecox* e, na maioria das vezes, em pontos suspeitos de complexos.

621   *Resumo*

1. Dos números apresentados decorre que os tempos de reação relativamente longos demais são devidos, quase sem exceção, à interferência de uma forte carga emocional.

2. Cargas emocionais fortes fazem parte, via de regra, de complexos extensos e pessoalmente importantes.

3. A reação pode ser uma associação pertencente a um complexo dessa natureza e tomar sua carga emocional desse complexo, sem que este seja necessariamente consciente. A constelação (Ziehen) de uma associação é na maior parte das vezes inconsciente (ou "não consciente"); o complexo constelador representa nisso o papel de uma entidade quase autônoma, uma "segunda consciência".

4. A carga emocional pode influenciar inconscientemente também a reação subsequente, observando-se então diversos fenômenos:

a) A reação influenciada pela carga emocional perseverante tem um tempo de reação longo demais.

b) A reação é ainda uma associação que pertence ao grupo de imagens do complexo precedente.

c) A reação tem caráter anormal: pode ser prejudicada por lapso linguístico ou repetição da palavra-estímulo; pode ser anormalmente superficial (reação de som).

5. As cargas emocionais em questão são em sua maioria de natureza desagradável.

6. As características de um complexo inconscientemente constelador são: tempo de reação longo, reação incomum, falha, perseveração, repetição estereotipada de uma palavra-reação ("representante do complexo"), tradução para língua estrangeira, expressões linguísticas grosseiras, citações, erro de linguagem, assimilação da palavra-estímulo (eventualmente também compreensão errada da palavra-estímulo).

7. Parece que os complexos eróticos desempenham papel muito importante[49].

H. A proporção quantitativa dos tempos de reação longos demais num número maior de pessoas experimentais

a. Palavra-estímulo e tempo de reação longo demais

Seria interessante examinar se as regras que descobrimos na análise acima se aplicam a um número maior de pessoas experimentais sobre as quais não temos informação suficiente. Mostra a experiência prática que poucas pessoas conseguem perseguir seus próprios processos psicológicos em seus sutis detalhes. Por isso há limites bem estreitos para a análise subjetiva. De posse dos resultados acima, deveria ser possível penetrar também objetivamente nos complexos escondidos nas associações e demonstrar que provavelmente as regras obtidas na análise subjetiva têm validade geral. Por isso investiguei, de forma comparativa, quais as palavras-estímulo que normalmente

---

49. Devo observar que a análise das associações de pessoa inculta assumiria um aspecto bem diferente e mais complicado. Conforme Riklin e eu já explicamos, a pessoa inculta se concentra mais no sentido da palavra-estímulo; por isso apresenta tempos de reação mais longos, sendo difícil avaliar até que ponto são condicionados pelos sentimentos ou pelas dificuldades da atitude.

eram seguidas de longo tempo de reação. Onze pessoas forneceram o material: nove incultas e duas cultas.

623   I. Cinco pessoas reagiram com tempos longos demais às seguintes palavras-estímulo:

    agulha   falso   (desprezar: 7 pessoas)[51]
    { cabelo[50]   conseguir   negócio
    { sal   { enojar   lembrar
    { (dente: 3 pessoas)[51] { tumulto   maduro
    { janela   resina
    avenca   pirâmide
    esperança   bater
    estranho   ameaçar

624   Não é de admirar que palavras-estímulo como *avenca*, *tumulto*, *resina* e *pirâmide* tenham um prolongamento do tempo de reação, pois são palavras incomuns para as quais nem mesmo as pessoas cultas têm à disposição reações prontas. O mesmo não se pode dizer das palavras-estímulo como *agulha*, *cabelo*, *bater*, *maduro* etc.; são palavras que ocorrem muitas vezes na linguagem de todo dia. Somente à mão das análises acima podemos encontrar a razão do tempo prolongado de reação a estas palavras: na maioria dos casos trata-se de palavras que evocam de preferência associações com carga emocional, pois já possuem de per si um certo valor emocional como, por exemplo, *esperança*, *falso*, *bater*, *ameaçar*, *lembrar*, *maduro* etc. Para mulheres também a palavra *cabelo* pode ter valor emocional. As palavras *sal*, *janela*, *tumulto* e *negócio* não possuem valor emocional evidente, mas na série original seguem a palavras-estímulo que evocam sentimento e, por esta razão, como já ficou demonstrado várias vezes, entram na órbita da carga emocional perseverante. *Cabelo* e *dente* podem provocar longos tempos sobretudo em mulheres, enquanto que *enojar* e *desprezar* são evocativos de sentimento em geral. *Agulha* não segue a nenhuma palavra-estímulo evocadora de sentimento,

---

50. As palavras-estímulo, unidas por chave, seguem-se imediatamente na série.

51. Estas palavras-estímulo estão entre parênteses porque são mais suspeitas de suscitar um complexo do que as palavras *janela* ou *hotel*.

mas aqui tem influência outro fator. Esta palavra (*Nadel* = agulha) é pronunciada de forma diferente no dialeto: a vogal *a* é pronunciada quase como um *o* e a terminação é mudada para *dle*. Por outro lado, no dialeto o *a* da palavra *Nabel* (umbigo) é pronunciado como no alemão clássico e a terminação permanece inalterada. *Nabel* é a única palavra no dialeto mais próxima em som da palavra *Nadel* do alemão clássico. Por isso é inevitável que esta palavra deve ser evocada na pessoa suíço-alemã quando se diz a palavra-estímulo *Nadel*. Como vimos, não é necessário que seja um ato consciente, mas a inibição a ela ligada pode influenciar a associação que ocorre na consciência. Isto não é especulação inútil, pois encontramos o mesmo caso na palavra *livro*, quando sete das onze pessoas experimentais apresentaram tempos longos demais. Livro (*Buch*, em alemão) é pronunciado no dialeto como "*Buech*". A palavra *Buch* no dialeto significa porém *Bauch* (ventre), que é uma palavra-estímulo bastante desagradável. Em experimentos com doentes mentais aconteceu várias vezes que *Buch* foi entendido como *Bauch*, seguindo-se a reação correspondente.

II. Seis das onze pessoas experimentais reagiram com tempos demasiadamente longos às seguintes palavras-estímulo:

sonho	prejuízo	impulso
papel	poupar	premonição
livro	horrível	feder
sapo	silencioso	forjar
enfermeiro	(presumir: 8 pessoas exp.)	acariciar
direito	emancipado	família

Emancipado, *impulso* e *premonição* podem ser consideradas palavras "difíceis", nas quais a raridade provavelmente prevalece sobre um possível valor sentimental.

Sendo *papel* uma palavra bem comum, é difícil dizer qual é sua capacidade de provocar emoção. *Enfermeiro* atua sob a constelação de que as pessoas experimentais incultas são todas enfermeiros ou enfermeiras de nossa clínica. O significado da palavra *silencioso* (*leise*, em alemão) tornou-se claro para mim quando certa vez um enfermeiro do sul da Alemanha reagiu com a palavra *grande* (*gross*); entrementes havia de fato reprimido a associação *Läuse-klein* (*piolho-pe-*

queno). O que interessa aqui é a semelhança de som como no caso de *livro*. É impressionante que tenham ocorrido tantos tempos longos demais na palavra *sapo*. Com uma exceção, todas as pessoas experimentais que apresentaram estes tempos longos eram mulheres. A pessoa experimental masculina que apresentou longo tempo soube explicar o motivo: *sapo* havia atingido o complexo com carga emocional, relacionado ao nascimento de um filho. Provavelmente também no inconsciente da mulher a semelhança do sapo com um bebê pequeno e nu pode causar emoção; assim poderia ser atingido um complexo sexual que estaria presente em cada mulher ainda que de modo inconsciente.

627   O valor sentimental das outras palavras-estímulo é claro e não necessita de maiores explicações.

628   III. Sete das onze pessoas experimentais reagiram com tempos longos demais às seguintes palavras-estímulo:

liberdade
injusto
mundo
fidelidade
consciência

enojar
desprezar
prestar atenção
beijar

A única palavra mais difícil poderia ser *consciência*. As palavras-estímulo *liberdade*, *injusto* e *prestar atenção* provavelmente produziram tempos longos de reação no pessoal da enfermagem, o que é bem compreensível. *Mundo* teve vários tempos muito longos porque está entre duas palavras-estímulo que provocam emoção.

629   IV. Oito a dez das onze pessoas experimentais reagiram com tempos demasiadamente longos às seguintes palavras-estímulo:

coração
violência
milagre

presumir
beijar (7 pessoas exp.)
natural (9 pessoas exp.)

Não é tanto a relativa raridade da palavra *presumir* que importa, mas sua capacidade de evocar complexos. *Milagre* parece tocar muitas vezes em complexos religiosos sobre os quais pesam inibições. *Natural* é constelado erótico-sexualmente pela palavra imediatamente anterior *beijar* e, por isso, é embaraçosa para ambos os sexos. *Violência* é a palavra que reúne o máximo de tempos prolongados. Talvez exerça forte influência aqui o fato de todas as pessoas experimentais terem estreita vinculação com a clínica de doentes mentais.

Do exposto acima vemos que a dificuldade ou raridade de uma palavra-estímulo podem influenciar a duração do tempo de reação, mas na maioria dos casos as palavras-estímulo que produzem tempos longos de reação se caracterizam por um alto valor sentimental. Esta pesquisa com estatísticas objetivas mostra que a causa principal dos tempos de reação anormalmente longos é o efeito emocional provocado pela palavra-estímulo.

Tentei estimar os valores quantitativos das quatro séries acima e os compilei na tabela a seguir.

De 200 palavras-estímulo, 48 causaram tempos prolongados demais em 5 ou mais das 11 pessoas experimentais.

> Em 5 pessoas, 17 palavras-estímulo provocaram tempos prolongados e 76% delas se referiam a imagens com valor sentimental.
>
> Em 6 pessoas, 17 palavras-estímulo provocaram tempos prolongados e dessas, 76% se referiam a imagens com valor sentimental.
>
> Em 7 pessoas, 9 palavras-estímulo provocaram tempos prolongados e 89% delas se referiram a imagens com valor sentimental.
>
> Em 8 a 10 pessoas, 5 palavras-estímulo provocaram tempos prolongados e 90% delas se referiam a imagens com valor sentimental.

Na média, portanto, 83% das palavras-estímulo que provocaram tempos prolongados tinham valor sentimental, enquanto que em apenas 17% a causa foi a dificuldade ou raridade da palavra. Das palavras-estímulo que provocaram emoção, no mínimo 28% tinham valor sentimental sobretudo de cunho erótico-sexual.

b. Incidência dos tempos de reação longos demais em pessoas individualmente consideradas

Da explanação acima se deduz que os processos emocionais exercem grande influência sobre o surgimento de tempos de reação anormalmente longos. Sabemos pela experiência cotidiana que as maiores diferenças individuais estão exatamente no mundo dos processos emocionais. Por isso vale a pena investigar como se comportam numericamente os tempos anormalmente longos nas diferentes pessoas experimentais. Emprego nesta pesquisa o material que me forneceram 26 pessoas experimentais. (Incultas: sete mulheres e sete homens; cultas: seis mulheres e seis homens, com mais de 4.000 medições individuais).

634   Como já dissemos, foram considerados tempos de reação longos demais todos aqueles que ultrapassam a média provável individual. Encontramos, é verdade, uma série de reações que não apresentaram duração especialmente longa nem uma clara influência de complexo. Mas, por outro lado, se aumentarmos o limite individual superior para tempos normais, estaremos restritos à média aritmética, onde os tempos longos demais são levados em consideração. Este limite fica então elevado demais para o indivíduo, não se obtendo dessa forma nenhum número característico. Por isso tomei a decisão de escolher como limite superior a média individual provável porque, em primeiro lugar, ali não se levam em consideração os tempos anormalmente longos (a média provável é em geral mais baixa do que a aritmética) e, em segundo lugar, por que (de acordo com a análise da pessoa experimental l), dos tempos que ultrapassam em apenas 0,2 segundos a média provável, quase um terço é constelado claramente por complexos com carga emocional, enquanto que todos os tempos bem longos dependem do efeito do complexo. Deste modo encontramos quase todos os tempos de reação prolongados, produzidos por emoções. Conforme vimos em diversos exemplos, existe certa proporcionalidade entre a intensidade da emoção e a demora do tempo de reação. Podemos, assim, *cum grano salis*, concluir que tempos de reação muito longos se devem a emoções muito intensas. Pela média aritmética, os tempos muito longos são tomados abundantemente em consideração no cálculo da média. Apresento as médias aritmética e provável dos quatro grupos de pessoas experimentais, acima indicados, bem como a porcentagem dos tempos prolongados e a diferença entre a média provável e aritmética.

		Média provável	Média aritmética	Diferença	% de tempos muito longos
Incultos	mulheres	2,2	2,9	0,7	49,2
	homens	1,8	2,4	0,6	40,9
Cultos	mulheres	1,7	2,2	0,5	42,4
	homens	1,3	1,7	0,4	41,8

As quatro colunas de números dizem mais ou menos o mesmo, mas de forma diferente, isto é que, por exemplo, as mulheres incultas têm a média provável mais alta bem como o número maior de tempos de reação prolongados. Interessante é observar as diferenças entre as médias provável e aritmética: o grupo dos homens cultos apresenta uma diferença menor do que os três outros grupos. Este fato indica que os tempos prolongados de reação dos homens cultos são em média mais curtos do que os dos grupos restantes e que, portanto, as inibições emotivas (pois é disso que se trata principalmente, e não da diferença cultural) – mesmo que não ocorram com maior frequência – são mais fundamentais e abundantes em todas as outras pessoas experimentais do que as dos homens cultos. Disto concluo que o experimentador que em todos os sentidos está no nível do grupo dos homens cultos, é considerado pelos outros grupos como sendo, por um lado, pessoa do sexo oposto e, por outro, um ser superior. Isto me parece ser a razão suficiente para a prevalência de inibições emocionais nas demais pessoas experimentais.

Com a constatação da influência das emoções sobre a duração do tempo de reação, entrei num campo tão complicado e sujeito a variações tão grandes que não tem sentido apresentar os números de cada indivíduo que estão à base da tabela acima. Sobre as diferenças é possível construir apenas hipóteses inconsistentes.

Recapitulação geral

A. Nas medições de tempo com relógio de fração de segundos, feitas em pessoas experimentais cultas e incultas, a duração média da reação foi de 1,8 segundos.

B. Os tempos das pessoas experimentais masculinas (1,6 segundos) são em média mais curtos do que os das femininas (2,9 segundos).

C. Também os tempos das pessoas experimentais cultas (1,5 segundos) são em média mais curtos do que os das incultas (2,0 segundos).

D. A qualidade da palavra-estímulo exerce certa influência sobre o tempo de reação. Os tempos em média mais curtos seguem a substantivos concretos (1,6 segundos), os mais longos a termos abstratos e verbos (1,95 e 1,90 segundos). Fazem exceção a esta regra os homens cultos, pois neles os substantivos concretos são seguidos em média pelo tempo mais prolongado de reação.

E. Também a qualidade da palavra-reação parece ter certa influência sobre a duração do tempo de reação. O tempo mais longo recai sobre os conceitos abstratos (1,98 segundos). Os tempos mais curtos recaem sobre adjetivos e verbos (1,65 e 1,66 segundos). Os substantivos concretos (1,81 segundos) ficam no meio. Também aqui os homens cultos constituem exceção e seu tempo mais longo recai novamente sobre os substantivos concretos.

F. A qualidade da associação tem clara influência sobre o tempo de reação. As associações internas têm tempo de reação mais longo do que as externas. As reações de som apresentam em geral tempos relativamente longos porque são anormais e devem seu aparecimento a certos distúrbios causados por distração interna.

G. Os tempos de reação que ultrapassam a média provável são na maioria das vezes causados pela erupção de cargas emocionais intensas, associadas a complexos de imagens individualmente importantes. O motivo do tempo prolongado não é consciente em geral no momento da reação. Por isso, tempos de reação muito longos podem ser um meio de encobrir complexos de imagens com carga emocional, inclusive inconscientes. (Importante na histeria!)

H. Tempos de reação muito longos tendem a seguir a certas palavras-estímulo. Mais ou menos 83% dessas palavras-estímulo se caracterizam sobretudo por seu valor sentimental, enquanto só 17% causam tempo prolongado de reação devido à dificuldade ou raridade.

Muitas vezes o decréscimo da carga emocional é lento e se estende sobre a reação subsequente que, por isso, fica prejudicada (perseveração).

Referências

1. ASCHAFFENBURG, G. "Experimentelle Studien über Assoziationen". In: KRAEPELIN, E. *Psychologische Arbeiten*. Leipzig: [s.e.]. Vol. I, 1898, p. 209-299; vol. II, 1899, p. 1-83; vol. IV, 1904, p. 235-373.

2. BECHTEREW, W.M. von. "Über die Geschwindigkeitsveränderungen der psychischen Prozesse zu verschiedenen Tageszeiten". *Neurologisches Zentralblatt*, XII, 1893, p. 290-292. Leipzig.

_____. "Über zeitliche Verhältnisse der psychischen Prozesse bei in Hypnose befindlichen Personen". *Neurologisches Zentralblatt*, XI, 1892, p. 305-307. Leipzig.

3. CATTEL, J. M. "Psychometrische Untersuchungen I e II". In: WUNDT, W. *Philosophische Studien*. Leipzig: [s.e.], 1885, p. 305-336, 452-492.

4. CLAPARÈDE, E. *L'Association des idées*. Paris:[s.e.], 1903

5. CLAPARÈDE, E. & ISRAÏLOVITCH, D. "Influence du tabac sur l'association des idées". *Comptes rendus hebdomadaires des séances et mémoires de la Société de Biologie*, LIV, 1902, p. 758-760. Paris.

6. FÉRÉ, C.S. *La Pathologie des émotions*. Paris: [s.e.], 1892.

7. FREUD, S. *Zur Psychopathologie des Alltagslebens*. Über Vergessen, Versprechen, Vergreifen, Aberglaube und Irrtum. Berlim: [s.e.], 1904.

_____. *Die Traumdeutung*. Leipzig/Viena: [s.e.], 1900.

8. GALTON, F. "Psychometric Experiments". *Brain. A Journal of Neurology*, II, 1879, p. 149-162. Londres.

9. JUNG, C.G. (org.). *Diagnostische Assoziationsstudien*.

a) JUNG, C. G. & RIKLIN, F. Recensão de Jung e Riklin: Experimentelle Untersuchungen über Assoziationen Gesunder (cap. I deste volume). Outras recensões dos estudos de associações de Jung, Wehrlin e Riklin, p. 251-259.

b) WEHRLIN, K. "Über die Assoziationen von Imbezillen und Idioten". In: JUNG, C.G. (org.). *Diagnostische Assoziationsstudien*. Leipzig: [s.e.], 1910 [vol. I, p. 146-174].

10. KRAEPELIN, E. *Über die Beeinflussung einfacher psychischer Vorgänge durch einige Arzneimittel*. Jena: [s.e.], 1892.

_____. "Über den Einfluss der Übung auf die Dauer von Assoziationen". *St. Petersburger medizinische Wochenschrift*, VI, 1889, p. 9-10. São Petersburgo (Leningrado).

_____. *Experimentelle Studien über Assoziationen*. Friburgo em Brisgóvia: [s.e.], 1883.

11. MAYER, A. & ORTH, J. "Zur qualitativen Untersuchung der Assoziationen". *Zeitschrift für Psychologie und Physiologie der Sinnesorgane*, XXVI, 1901, p. 1-13. Leipzig.

12. MÜLLER, G.E. & PILZECKER, A. "Experimentelle Beitrage zur Lehre vom Gedächtnis". *Zeitschrift für Psychologie und Physiologie der Sinnesorgane*, volume complementar I, 1900. Leipzig.

13. MÜNSTERBERG, H. Die Assoziation sukzessiver Vorstellungen. *Zeitschrift für Psychologie und Physiologie der Sinnesorgane*, I, 1890, p. 99-107. Leipzig.

_____. *Beiträge zur experimentellen Psychologie*. 4 vols. Friburgo em Brisgóvia: [s.e.], 1889-1893.

14. RANSCHBURG, P. & BÁLINT, E. "Über quantitative und qualitative Veränderungen geistiger Vorgänge im hohen Greisenalter. Experimentelle Üntersuchungen". *Allgemeine Zeitschrift für Psychiatrie und psychischgerichtliche Medizin*, LVII, 1900, p. 689-718. Berlim.

15. RIKLIN, F. "Zur Psychologie hysterischer Dämmerzustände und des Ganser'schen Symptoms". *Psychiatrisch-neurologische Wochenschrift*, VI/22, 1904/1905, p. 185-190, 193-200. Halle.

16. SOMMER, R. *Lehrbuch der psychopathologischen Untersuchungsmethoden*. Berlim/Viena: [s.e.], 1899.

17. THUMB, A. & MARBE, K. *Experimentelle Untersuchungen über die psychologischen Grundlagen der sprachlichen Analogiebildung*. Leipzig: [s.e.], 1901.

18. TRAUTSCHOLDT, M. "Experimentelle Untersuchungen über die Assoziation der Vorstellungen". In: WUNDT, W. (org.). *Philosophische Studien*. I. Leipzig: [s.e.], 1883, p. 213-250.

19. WALITZKY, M. "Contribution à l'étude des mensurations psychometriques des aliénés". *Revue philosophique de France et de l'étranger*, XXVIII, 1889, p. 583-595. Paris.

20. WRESCHNER, A. "Eine experimentelle Studie Über die Assoziation in einem Falle von Idiotie". *Allgemeine Zeitschrift für Psychiatrie und psychischgerichtliche Medizin*, LVII, 1900, p. 241-339. Berlim.

21. ZIEHEN, G.T. *Die ideenassoziation des Kindes. Sammlung von Abhandiungen aus dem Gebiete der pädagogischen Psychologie und Physiologie*, I/6, III/4), 1898/1900. Berlim.

_____. *Leitfaden der physiologischen Psychologie in 15 Vorlesungen*. 2. ed. Jena: [s.e.], 1896

IV

Observações experimentais sobre a faculdade da memória*

Em nossos experimentos de associação[1] com pacientes histéricos, constatamos muitas vezes que as pessoas experimentais, diante de palavras-estímulo que se referiam claramente a seu complexo, não reagiam por longo tempo e repentinamente perguntavam: "Qual foi a palavra que o senhor disse?" Dizendo-se então com mais precisão a palavra, percebia-se que haviam esquecido a palavra-estímulo pronunciada anteriormente. Reconhecíamos logo que este impressionante distúrbio da memória nada mais era do que aquilo que Freud chamou de "querer esquecer" ou "não querer lembrar" impressões desagradáveis. O fenômeno por nós observado é um caso especial da tendência generalizada de reprimir e esquecer o complexo de imagem desagradável (cf. os trabalhos de Freud[2]).

---

* Publicado em *Centralblatt für Nervenheilkunde und Psychiatrie*, XXVIII, n. 196, 1905, p. 653-666. Berlim/Leipzig.
1. *Estudos diagnósticos de associações* (as contribuições de Jung neste volume).
2. "Die Abwehrneuropsychosen". *Sammlung kleiner Schriften*. 1893-1906. Leipzig/Viena; *Zum psychischen Mechanismus der Vergesslichkeit; Über Deckerinnerungen; Zur Psychopathologie des Alltagslebens*. Über Vergessen, Versprechen, Vergreifen, Aberglaube und Irrtum. Berlim: [s.e.], 1904.

640   Como deve ser do conhecimento geral, é grande mérito de Freud (e em parte também de Breuer) a demonstração cabal desse fato em pacientes histéricos; a validade dessa demonstração só pode ser negada por quem nunca experimentou a psicanálise de Freud. Em trabalhos mais recentes[3], Freud também demonstrou existirem os mesmos mecanismos de repressão no sonho normal e nos pequenos incidentes do cotidiano (engano no falar, na leitura etc.). Em nossas pesquisas experimentais conseguimos demonstrar a existência do complexo reprimido nas associações produzidas pela pronúncia de uma palavra-estímulo. A revelação e a prova do complexo reprimido é de suma importância prática, por exemplo, na histeria. Todo histérico tem um complexo reprimido de significado causal. É imprescindível para a terapia conhecer o complexo, a não ser que queira prescindir dessa grande ajuda psicoterapêutica. Mas, como demonstrou Freud, as inibições que reprimem o complexo são tão fortes que as imagens correspondentes estão muitas vezes separadas da consciência. Para superar este bloqueio, Freud inventou seu método engenhoso da livre associação. Mas este método consome muito tempo e pressupõe certas qualidades do paciente e do médico. Os mesmos bloqueios se apresentam também no nosso método de associação. Reunindo as palavras-estímulo que produziram um bloqueio, vê-se claramente de que espécie é o complexo reprimido, obtendo-se pistas preciosas sobre a direção em que novas perguntas devem ser formuladas. Para melhor descrição do complexo, pode-se ainda intercalar palavras-estímulo pertinentes à suposta direção. A arte está em encontrar as reações suspeitas de complexo e separá-las das irrelevantes, o que nem sempre é fácil. Por isso reuni uma série de *características de complexo*[4]. Em princípio, as características de complexo são idênticas nas associações normais e patológicas. A revelação do complexo é de grande importância quando se emprega nosso experimento na psicologia criminal. Hans Gross e seus discípulos fizeram isto, movidos

---

3. *Die Traumdeutung*. Leipzig/Viena: [s.e.], 1900.
4. Cf. cap. III deste volume.

por nossos experimentos[5]. Neste caso, o complexo é o conjunto das circunstâncias de um crime: as palavras-estímulo do complexo designam coisas conexas com a representação mental do crime.

A observação mencionada no início tornou-se o ponto de partida de novo procedimento para descoberta de associações suspeitas de complexos. O processo de reprodução, como gostaria de chamar este método, consiste em que, após a tomada completa das associações (em geral 100), faz-se novo exame para ver se a pessoa experimental se lembra como reagiu a cada palavra-estímulo. Retoma-se simplesmente o experimento dando à pessoa experimental certo tempo para recordar-se da reação prévia. Neste processo de reprodução aparecem certas peculiaridades regulares que gostaria de apresentar rapidamente com base nos experimentos. Minha intenção era descobrir se os lugares onde a memória falhava eram casuais ou se eram condicionados de alguma forma sistemática. Realizei os experimentos com pessoas mentalmente sadias e doentes mentais, e encontrei sempre, ao menos em princípio, os mesmos fenômenos. (Evidentemente foram excluídos distúrbios orgânicos de memória.) Uma vez que nesta apresentação se trata apenas de constatar e descrever o fenômeno em si, escolhi como exemplos dois casos patológicos onde se manifesta com toda clareza o fenômeno em questão.

Caso 1: Um músico profissional, de 32 anos de idade, que estava se tratando psicanaliticamente comigo, por causa de leve estado de ansiedade e por causa de medo compulsivo de não mais conseguir tocar *solo*. Dois anos antes, o paciente ficara noivo, mas o noivado fora rompido devido a desentendimentos e brigas. A mulher tinha um ca-

641

642

---

5. GROSS, H. "Zur psychologischen Tatbestandsdiagnostik". Archiv für Kriminal-Anthropologie und Kriminalistik, XIX, 1905, p, 49-59. Leipzig. • WERTHEIMER, M. & KLEIN, J. "Psychologische Tatbestandsdiagnostik. Ideen zu psychologisch-experimentellen Methoden zum Zwecke der Feststellung der Anteilnahme eines Menschen an einem Tatbestande". *Archiv für Kriminal-Anthropologie und Kríminalistik*, XV, 1905, p. 72-113. Leipzig. • GROSS, A. "Zur psychologischen Tatbestandsdiagnostik". *Monatsschriftftir Kriminalpsychologie und Strafrechtsreform*, II, 1905/1906, p. 182-184. Heidelberg. • STERN, W. "Psychologische Tatbestandsdiagnostik". *Beiträge zur Psychologie der Aussage*, II/2, 1905/1906, p. 145-147. Leipzig. • GROSS, H. "Zur Frage des Wahrnehmungsproblems". *Beitrage zur Psychologie der Aussage*, II/2, 1905/1906, p. 128-134. Leipzig.

ráter implacável de briga e ciúme. Isto fez com que chegassem a discussões violentas e, finalmente, à separação quando o paciente cometeu a bobagem de escrever cartões postais a uma outra moça. Durante as noites, após cenas de briga, o paciente não conseguia mais dormir. Surgiram então os primeiros sintomas de nervosismo. Há mais ou menos um ano teve um caso amoroso secreto com uma senhora de família rica e distinta, mas que terminou logo. Em janeiro deste ano casou-se de novo com uma moça bastante boba, mas que já estava grávida há três meses de outro homem, sem que ele o soubesse. A grande agitação provocada por estes relacionamentos pioraram de tal modo seu estado nervoso que se viu obrigado a procurar um tratamento médico. É preciso lembrar que o paciente, entre os 18 e 25 anos de idade, levou uma vida bastante dissoluta, o que trouxe sério prejuízo para sua potência sexual.

Teste de associação e reprodução

643   Os resultados dos dois testes são colocados lado a lado. As associações não reproduzidas ou erroneamente reproduzidas estão impressas em itálico.

Palavra-estímulo	Reação	Tempo de reação (em seg.)	Reprodução	Observações
1. cabeça	*vazia*	3,2	ver	Complexo de doença
2. verde	*relva*	2,2	cor, árvore	Provavelmente carga emocional perseverante
3. água	*afogar-se*	2,2	fundo	Devido à doença, o paciente tinha ideias suicidas
4. *perfurar*	*morto*	1,8	desagradável	–

Palavra-estímulo	Reação	Tempo de reação (em seg.)	Reprodução	Observações
5. anjo	belo	8,0	–	Aqui provavelmente perseverou a carga emocional da reação precedente. Primeiramente o paciente não entendeu a palavra-estímulo. Além do mais, facilmente se ligam a ela reminiscências eróticas.
6. comprido	mesa	2,8	–	–
7. *navio*	*tripulação*	3,0	navegar, naufragar	Suicídio por afogamento
8. lavrar	camponês	2,0	–	–
9. lã	ovelha	2,0	–	–
10. amável	muito	2,8	–	Namoro com a senhora distinta
11. mesa	alta	3,6	–	Tempo de reação prolongado devido à perseveração da carga emocional
12. *perguntar*	*difícil*	3,2	colocar	Refere-se ao mesmo processo
13. nação	bonita	2,4	–	–
14. teimoso	muito	2,0	–	A primeira esposa

Palavra-estímulo	Reação	Tempo de reação (em seg.)	Reprodução	Observações
15. haste	verde	2,2	–	–
16. dançar	bem	2,2	–	–
17. lago	agitado	2,0	–	–
18. doente	desagradável	8,8	–	Doença
19. orgulho	muito	2,8	–	Relação com a senhora distinta
20. cozinhar	bem	2,0	–	–
21. tinta	preta	1,8	–	–
22. mau	muito	4,8	–	Primeira esposa
23. agulha	furar	1,4	–	–
24. *nadar*	*não*	2,8	bem	Suicídio
25. *viagem*	*penosa*	2,4	longa	Carga emocional perseverante
26. azul	cor	2,0	–	–
27. pão	apetecer	2,8	–	–
28. ameaçar	a mim	10,4	–	Medo do futuro, Suicídio
29. *lâmpada*	*boa*	2,2	queimar	Carga emocional perseverante
30. rico	agradável	3,4	–	Senhora distinta
31. *árvore*	*verde*	2,0	alta	Carga emocional perseverante
32. *cantar*	*bonito*	1,4	bem	Carga emocional perseverante

Estudos experimentais

Palavra-estímulo	Reação	Tempo de reação (em seg.)	Reprodução	Observações
33. *compaixão*	*agradável*	4,6	ter	Aparentemente complexo de doença, mas provavelmente há outra coisa por detrás que o paciente não revela
34. *amarelo*	*material*	5,4	cor	Primeiramente a palavra-estímulo não foi entendida
35. montanha	alta	1,2	–	–
36. brincar	crianças	2,4	–	–
37. sal	amargo	1,8	–	–
38. *novo*	*material*	2,4	vestido	?
39. *costume*	bom	3,0	mau	Vida pregressa. Relação adúltera com a senhora
40. cavalgar	agradável	3,6	–	–
41. parede	branca	2,2	–	–
42. *bobo*	*gado*	4,8	muito	Segunda esposa
43. *caderno*	*azul*	2,2	escrever	Carga emocional perseverante
44. *desprezar*	*a ele*	3,4	a mim	Vida pregressa. Complexo erótico
45. *dente*	*afiado*	2,2	comprido	Carga emocional perseverante

Palavra-estímulo	Reação	Tempo de reação (em seg.)	Reprodução	Observações
46. correto	escrever	3,8	–	Correspondência sem que a primeira mulher o soubesse
47. povo	suíço	2,4	–	–
48. feder	estrume	2,0	–	–
49. livro	*bonito*	3,6	bom	A princípio não entendeu a palavra-estímulo. E além disso?
50. injusto	*juiz*	2,0	muito	Habitual reação "muito" pode indicar uma conexão com um dos complexos eróticos*
52. separar	ácidos	6,0	–	A princípio não entendeu a palavra-estímulo. Refere-se à relação com a senhora distinta
53. fome	dói	2,0	–	–
54. branco	cordeiro	2,2	–	–

---

* (Para facilitar a comparação com o segundo caso, demos o mesmo número às palavras-estímulo. No primeiro caso foi omitido, provavelmente sem querer, o n. 51, *sapo*.)

Palavra-estímulo	Reação	Tempo de reação (em seg.)	Reprodução	Observações
55. *rês*	*carnear*	4,4	matar	Reminiscência das brigas com a primeira mulher
56. Prestar atenção	muito	2,0	–	Emoção perseverante
57. lápis	comprido	2,0	–	–
58. nublado	tempo	4,8	–	–
59. ameixa	azul	1,8	–	–
60. *acertar*	*alvo*	2,0	atirador	Rendez-vous com a senhora distinta
61. lei	desprezar	2,6	–	A senhora é casada
62. querida	ela	2,6	–	A senhora
63. vidro	transparente	2,0	–	–
64. *brigar*	*desagradável*	2,2	violento	Primeira esposa
65. cabra	pastagem	3,8	–	Emoção perseverante. A palavra-estímulo foi repetida pelo paciente
66. *grande*	*homem*	2,4	criança	?
67. batata	comer	1,8	–	–
68. *pintar*	*parede*	3,2	bonito	?
69. *parte*	*toda*	3,0	?	Sugere as "partes sexuais"

Palavra-estímulo	Reação	Tempo de reação (em seg.)	Reprodução	Observações
70. velho	moeda	7,4	homem	Sob a constelação da reação precedente é atingido aqui o medo da impotência
71. flor	cheira	1,6	–	–
72. bater	vara	2,0	com força	Briga com a primeira esposa
73. caixote	colocar dentro	3,4	?	Emoção perseverante
74. selvagem	cavalo	1,6	–	–
75. família	ter	2,6	–	Segunda esposa
76. lavar	rosto	1,8	–	–
77. vaca	carnear	2,6	matar	Reminiscências das brigas com a primeira esposa
78. estranho	para mim	2,0	–	Primeira esposa
79. felicidade	ter	1,6	–	–
80. narrar	história	1,6	–	–
81. decoro	bom	2,0	hábito	Vida pregressa, a senhora distinta
82. apertado	bota	1,8	–	–
83. irmão	irmã	1,2	–	–
84. prejuízo	ter	1,6	fazer	Impotência
85. cegonha	comprida	1,0	–	–

86. *errado*	*escrever*	5,8	falar	Correspondência sem que a primeira esposa soubesse
87. medo	ter	1,2	–	–
88. beijar	a ela	2,0	–	A senhora distinta
89. incêndio	casa	4,0	–	Não entendeu a palavra-estímulo. Emoção perseverante
90. sujo	rua	1,2	–	–
91. *porta*	*casa*	2,0	alta	?
92. escolher	eleitorado	2,0	–	–
93. feno	cheiroso	1,4	–	–
94. calmo	água	2,4	–	Suicídio
95. *zombaria*	*agradável*	1,6	desagradável	Emoção perseverante
96. *dormir*	*muito*	2,2	profundamente	Emoção perseverante
97. mês	janeiro	4,6	–	Cf. reação 3. A princípio não entendeu a palavra-estímulo. Janeiro é o mês crítico
98. colorido	toalha	1,6	–	–
99. *cachorro*	*mordaz*	2,4	morder	Briga com a primeira esposa
100. falar	com sentido	1,8	–	–

644   Nestas associações são evocados alguns complexos com carga emocional bem definidos. Suas características são principalmente demora no tempo de reação e influência sobre a reação seguinte. Não me atrevo a uma análise mais pormenorizada pois isto facilmente nos pode levar longe demais[6].

645   As observações feitas às reações deveriam bastar para orientação. Quando a análise detectou uma associação constelada por complexo, foi feita uma observação. Se olharmos para o experimento todo, veremos que as reproduções incorretas se encontram, com raras exceções, naqueles lugares diretamente constelados pelo complexo com carga emocional ou nas reações que se seguem imediatamente a uma crítica e que portanto ainda estão no domínio da carga emocional perseverante. Em vários lugares pode-se reconhecer facilmente a influência da perseveração no prolongamento do tempo de reação ou na forma e conteúdo da reação. Entre 38 reproduções incorretas, somente em 5 a análise não conseguiu demonstrar uma constelação de complexo. Contudo, os prolongamentos do tempo de reação normalmente encontrados nestes lugares indicam a possibilidade de uma carga emocional.

646   A análise é particularmente difícil e demorada em pessoas com cultura média ou incultas; e muitas vezes é impossível ir mais a fundo devido à falta de cooperação. Em pacientes policlínicos podemos encontrar pessoas que têm todas as razões para guardar seu segredo. Sem considerar estas exceções, que não apresentam maior importância, fica bem claro que o esquecimento não atinge as reações irrelevantes mas as reações significativas de complexos. Se este comportamento se confirmasse em geral, teríamos descoberto no processo de reprodução um meio de revelar objetivamente os complexos através das reações. Mas este processo pode ser valioso também do ponto de vista teórico, pois nos mostra um caminho para estudar a conexão tão discutida entre carga emocional e capacidade de memória.

---

6. Os fenômenos dos complexos foram abordados mais detalhadamente na minha tese de habilitação *O tempo de reação no experimento de associações* (cap. III deste volume).

Antes de nos aprofundarmos nestas questões, vou apresentar um segundo caso.

Caso 2. A pessoa experimental é um homem culto e jovem, de 22 anos de idade. Agitado e sensível, sanguíneo, moralmente deficiente, não muito inteligente. Eu o conhecia muito bem e ele deu as informações necessárias sobre os complexos atingidos pelas associações.

Complexo I: O paciente é muito agitado e extremamente sensível. Estas características levam-no a diversos conflitos com seu meio ambiente. Um desses conflitos fez com que viesse parar na clínica para doentes mentais. O paciente tinha um amigo que certa vez fez uma brincadeira com ele: desenhou-o com orelhas de burro e fez esta caricatura na presença de senhoras. O paciente foi depois pedir satisfação ao amigo. Este negou o fato e o paciente lhe deu um tapa e desafiou-o a um duelo com espada. O relacionamento dele com a família é tenso.

Complexo II: Várias aventuras amorosas. Recebeu de uma galante senhora um alfinete com brilhantes que colocou na gravata, mas recentemente havia perdido uma pedrinha dele, o que o aborreceu muito. Um desses relacionamentos foi com uma senhora grega. No ano que passou servindo na cavalaria levou vida dissoluta.

Complexo III: O paciente quis, há pouco tempo, casar-se com uma moça rica, mas acabou não conseguindo.

Complexo IV: O paciente decidiu estudar agronomia, ideia que ocupava seus pensamentos atualmente; tinha paixão por remo e outros esportes.

Apresentarei este caso em detalhes. O método da análise é o mesmo que empreguei em meu trabalho sobre os tempos de reação. Todos os lugares em que a análise puder constatar com certeza ou grande probabilidade um complexo, serão assinalados com o número do respectivo complexo. As associações não lembradas ou erroneamente lembradas na reprodução estão impressas em itálico.

Palavra-estímulo	Reação	Tempo de reação (em seg.)	1ª Reprodução	2ª Reprodução	Observações
1. *cabeça*	*chapéu*	2,8	–	Cobertura	Complexo de burrice (orelhas de burro) e de internação na clínica
2. verde	cor	1,4	–	–	–
3. *água*	*remar*	2,6	?	–	IV
4. perfurar	lança	2,8	–	–	I. Duelo com espada
5. anjo	céu	1,8	–	–	–
6. comprido	–	–	–	–	I. Não entendeu a palavra-estímulo. Omitida a reação
7. navio	construção de	1,0	–	–	–
8. lavrar	campo	2,2	–	–	IV
9. lã	ovelha	1,2	–	–	IV
10. amável	senhor Z.	2,4	–	–	Conhecido da clínica
11. mesa	banco	2,2	–	–	–
12. *perguntar*	*resposta*	3,6	?	–	III
13. *país*	*Suíça*	3,8	–	instituição	A reação anterior *perguntar-resposta* 3,6 refere-se ao complexo III. Devido à perseveração da carga emocional a reprodução ficou prejudicada

Estudos experimentais

Palavra-estímulo	Reação	Tempo de reação (em seg.)	1ª Reprodução	2ª Reprodução	Observações
14. teimoso	moça da roça	4,8	–	–	"A aldeã teimosa", Couplet. Pelo fato de a palavra-estímulo *perguntar* ter atingido o complexo III, a carga emocional repercute com força, a ponto de os tempos de reação aumentarem e se verificar o conteúdo da reação 14.
15. haste	flor	1,8	–	–	–
16. dançar	senhoras	3,8	–	–	II
17. lago	Zurique	2,0	–	–	IV
18. *doente*	*remédio*	4,2	–	estar	I. Complexo da internação. Observação do estado mental
19. orgulhoso	senhor S.	1,8	–	–	Conhecido da clínica
20. cozinhar	cozinha	2,0	–	–	–
21. tinta	escrever	1,6	–	–	–
22. *mau*	*senhor C.*	3,0	ser	–	I
23. *agulha*	*gravata*	3,2	gravata	alfinete de gravata	II
24. nadar	água	2,0	–	–	IV
25. viagem	aventura	3,8	–	–	II
26. azul	cor	2,4	–	–	–

Palavra-estímulo	Reação	Tempo de reação (em seg.)	1ª Reprodução	2ª Reprodução	Observações
27. pão	cereais	2,8	–	–	IV
28. *ameaçar*	*furioso*	3,0	–	alguém	I. Complexo de duelo
29. lâmpada	luz	2,0	–	–	–
30. *rico*	*dinheiro*	3,4	–	ser	III
31. *árvore*	*folhas*	3,0	folha	–	–
32. cantar	música	2,8	–	–	É evidente que a reação crítica é aqui *rico-dinheiro*; a partir dela os tempos diminuem gradativamente. A reação seguinte à crítica foi reproduzida de modo inseguro.
33. compaixão	ter	2,6	–	–	–
34. amarelo	cor	2,8	–	–	–
35. *montanha*	*escalada*	1,8	–	tour	–
36. brincar	tênis	3,0	–	–	IV
37. sal	mar	4,2	–	–	–
38. novo	grego	6,2	–	–	II
39. costumes	e usos	2,2	–	–	–
40. cavalgar	cavalo	1,8	–	–	II
41. parede	revestida	3,4	–	–	–

Palavra-estímulo	Reação	Tempo de reação (em seg.)	1ª Reprodução	2ª Reprodução	Observações
42. *bobo*	*senhor B.*	6,4	ser	–	I. A mesma reprodução como em *mau*. Trata-se do mesmo complexo.
43. caderno	escrever	2,2	–	–	–
44. desprezar	senhor H.	2,8	–	–	I. Conhecido da clínica. O paciente teve com este senhor conflito semelhante ao do complexo I.
45. dente	arrancar	2,4	–	–	–
46. *certo*	*resposta*	8,0	certíssimo	–	I. Esta reação se refere ao desmentido no complexo I.
47. povo	raça	2,0	–	–	–
48. feder	fenol	3,6	–	–	I. Clínica
49. livro	ler	1,6	–	–	–
50. injusto	Rússia	3,0	–	–	–
51. sapo	perna	1,6	–	–	–
52. *separar*	*casamento*	6,0	?	–	III
53. fome	comer	4,0	–	–	–
54. branco	cor	3,4	–	–	–
55. rês	pecuária	2,6	–	–	IV. Os tempos de reação vão diminuindo gradativamente depois da reação crítica.

Palavra-estímulo	Reação	Tempo de reação (em seg.)	1ª Reprodução	2ª Reprodução	Observações
56. prestar atenção	conferência	6,2	–	pergunta	IV
57. lápis	escrever	4,2	–	–	–
58. nublado	céu	7,6	–	–	I. Internação na clínica
59. ameixa	fruta de caroço	3,0	–	–	IV
60. acertar	atirar	2,6	–	–	I
61. lei	instituição do Estado	6,2	?	–	I
62. querido	e caro	7,4	–	–	II ou III
63. copo	água	2,2	–	–	–
64. brigar	diferença	4,8	–	–	I
65. cabra	agricultura	2,8	–	–	IV
66. grande	Alemanha	11,2	?	árvore, pinheiro	Uma referência ao eu: o paciente é de altura fora do comum
67. batata	agricultura	2,8	–	–	IV
68. pintar	quadros	2,4	–	–	–
69. parte	ter	4,6	–	–	III. O paciente esperava ter parte no negócio do seu futuro sogro
70. velho	tornar-se	1,8	–	–	–
71. flor	botão	3,4	–	haste, florir, folhas	IV
72. bater	espada	4,0	–	–	I
73. caixote	tampa	2,8	–	–	–
74. selvagem	tornar-se	3,2	–	ser	I. selvagem = mau

Estudos experimentais 325

Palavra-estímulo	Reação	Tempo de reação (em seg.)	1ª Reprodução	2ª Reprodução	Observações
75. família	pais	4,6	–	–	I
76. lavar	sabão	3,6	–	–	–
77. vaca	agricultura	4,4	–	–	IV
78. estranho	ser	4,0	–	–	–
79. felicidade	feliz	2,2	–	–	–
80. narrar	história	1,6	–	–	–
81. *decoro*	*ter*	3,0	–	e moral	I
82. *estreito*	*moradia*	5,0	quarto	–	I. Estadia na clínica
83. irmão	irmandade	4,4	–	–	I
84. *prejuízo*	*causar*	2,8	ter, sofrer	ter, sofrer, suportar, infligir	I. Refere-se a grandes excessos de bebida
85. cegonha	pássaro	4,0	–	–	A princípio não entendeu a palavra-estímulo
86. falso	inveja	4,8	–	ser	–
87. medo	ter	3,8	–	–	–
88. beijar	gostoso	3,4	–	–	II
89. incêndio	bombeiros	6,4	–	–	–
90. sujo	rua momentaneamente	6,8	–	–	A partir da reação *beijar-gostoso* os tempos aumentaram bastante. Cf. comentário a seguir.
91. porta	abrir	1,6	–	–	–
92. escolher	eleição	3,2	–	–	–
93. feno	recolher	3,2	–	–	IV

Palavra-estímulo	Reação	Tempo de reação (em seg.)	1ª Reprodução	2ª Reprodução	Observações
94. quieto	de noite	3,6	–	–	II
95. zombaria	desdém	1,8	–	–	A princípio não entendeu a palavra-estímulo
96. dormir	de noite	2,0	–	–	II
97. mês	doze deles perfazem um ano	3,2	–	–	–
98. colorido	flores	8,2	–	–	–
99. cachorro	dogue	2,4	–	–	–
100. falar	língua estrangeira	5,0	?	–	II. Grego

As reações 94-98 estão sob a influência de um complexo que necessita de explicação. Estas reações apresentam diversas e intensas características de complexos. Está claro que o complexo se abriga sob a expressão de *noite*. Na segunda vez, há um aumento gradual do tempo de reação. Falei ao paciente da minha desconfiança de que se tratava aqui de novo caso amoroso, mas ele não o confirmou. Em *beijar-gostoso* temos aumento semelhante de tempo e na reação 56 é difícil de entender por que *prestar atenção-conferência* tenha causado tempo tão longo (6,2 seg.). As características de complexo nas reações a *beijar, dormir, quieto* e *prestar atenção* nos levam a desconfiar de que o paciente começou um caso amoroso fora do nosso conhecimento.

No dia seguinte à tomada dessas associações interceptamos uma carta endereçada ao paciente. Era de uma moça que conhecera numa de suas saídas permitidas da clínica. Continha a carta propostas de como poderiam manter secreto este relacionamento e de como poderia arranjar um *rendez-vous*.

650   A série de associações acima apresenta complexos bem óbvios, expressos da maneira usual. Entre as 100 reações houve apenas 13 em que a memória falhou. Examinando os lugares onde aconteceram

as reações não reproduzidas, vemos que 12 se encontram em pontos constelados por complexo; uma reação não reproduzida segue imediatamente a uma reação de complexo. Podemos supor por isso que o distúrbio da memória está em conexão com o complexo e, respectivamente, com a carga emocional. Conforme indiquei anteriormente[7], emoções fortes (sentimento de desgosto) têm um tempo anormalmente longo de reação.

A média aritmética de todas as reações que foram reproduzidas corretamente é de 3,0 segundos. A média das não reproduzidas chega a 5,0 segundos. Os tempos das não reproduzidas são bem mais longos do que os das demais reações, havendo uma constatação objetiva para a suposição de que o distúrbio da memória está ligado à forte carga emocional da reação.

O primeiro experimento de reprodução foi realizado logo após a tomada das 100 reações. No dia seguinte o teste foi repetido. Os resultados aparecem na coluna *2ª Reprod*.

Das 100 reações, 14 foram reproduzidas incorretamente na 2ª reprodução. (A reprodução foi considerada correta mesmo que tenha repetido a primeira reprodução em reações que já na primeira vez foram recordadas erroneamente.)

Onze das 14 reproduções incorretas referem-se a reações que da primeira vez foram reproduzidas corretamente mas que, devido a seu conteúdo ou ao tempo de reação, são suspeitas de complexo. Apenas 3 reações foram lembradas de modo errado também na segunda vez. Vemos portanto que os bloqueios amnésicos continuaram a desenvolver-se da mesma forma como na primeira reprodução e ainda incluem uma série de reações que igualmente pertencem aos complexos. Por razões práticas é aconselhável deixar certo tempo entre a tomada das reações e o teste de reprodução.

Segundo minha experiência atual, os bloqueios amnésicos acontecem com a mesma frequência na reação crítica e naquelas reações que lhe seguem imediatamente. Os dois casos acima representam o comportamento usual. Mas ocorrem também amnésias insulares e,

---

7. Cf. cap. III deste volume.

ao que parece, sobretudo na histeria onde as cargas emocionais são mais intensas, podendo estender-se para diversas reações subsequentes. Encontrei recentemente numa histérica de 23 anos de idade, que ao todo só teve 13% de reproduções incorretas, a seguinte cadeia bem interessante:

1. água	-	-	(falha)
2. picar	abelha	1,8	
3. *anjo*	*corte*	21,0	⎫ Acreditava na reprodução não ter reagido a estas palavras-estímulo, como aconteceu na reação l.
4. *comprido*	*faca*	9,0	⎬
5. *navio*	*a vapor*	7,0	⎭
6. *lavrar*	*campo*	4,2	*quintal*

656   A palavra-estímulo *água* trouxe a lembrança de uma tentativa de suicídio como ficou demonstrado posteriormente através da psicanálise. Em *anjo* surgiu de novo a ideia de morte e do além, dessa vez com carga emocional persistente que inibiu com intensidade decrescente as reações seguintes, como se vê bem na gradual diminuição dos tempos de reação. Todas as quatro reações se mostraram amnesicamente bloqueadas.

657   A teoria de nosso fenômeno está intimamente relacionada com a doutrina de Freud cuja profundidade e fertilidade psicológicas ainda não foram suficientemente valorizadas em geral e especialmente por parte dos psiquiatras. Freud diz, em resumo, que o esquecimento é muitas vezes causado pelo sentimento de desprazer associado à imagem esquecida, isto é, a gente esquece de preferência o desagradável e também o que a ele está associado[8]. O processo subjacente a este esquecimento é a repressão da sensação de desprazer; isto podemos observar constantemente nos histéricos. O esquecimento "sistemático"

---

8. Cf. PICK, A. "Zur Psychologie des Vergessens bei Geistes – und Nervenkranken". *Archiv für Kriminal-Anthropologie und Kriminalistik*, XVIII, 1905, p. 251-261. Leipzig.

desempenha papel importante no surgimento do chamado estado crepuscular de Ganser, conforme já o demonstrei[9]. Até agora só Riklin[10] assumiu minha ideia e a desenvolveu com bons resultados. Estas pesquisas confirmam plenamente a exatidão da doutrina de Freud neste ponto. O obstáculo mais comum, e muitas vezes difícil de ser superado, da psicanálise é que se esquece exatamente o essencial (o complexo reprimido com carga de desprazer). Deparamos em geral com a amnésia ("Não sei", "esqueci" etc.) quando estamos atingindo o mais importante. Os bloqueios amnésicos de nosso experimento nada mais são do que amnésias histéricas *in nuce*. Têm em comum com a amnésia histérica igualmente o fato de não ser esquecido apenas o que é crítico, mas também o adjacente que por acaso coincide com a carga perseverante de desprazer.

As palavras-reação que são facilmente esquecidas parecem subterfúgios; desempenham papel semelhante ao dos "disfarces" (*Deckerinnerungen*) de Freud. Quando, por exemplo, uma mocinha histérica reage, após tempo muito prolongado, à palavra *beijar* com *beijo de irmã* e depois esqueceu a reação, percebe-se logo que *beijo de irmã* foi mera evasiva para encobrir um complexo erótico importante. Este tipo de reação tem algo de simulação (naturalmente inconsciente) e se assemelha muito aos "disfarces" com os quais os histéricos escondem eventos de importância causal[11].Outra razão do rápido esquecimento dessas reações é muitas vezes a superficialidade, pois estas palavras podem ser substituídas por uma série de outras com a mesma superficialidade. O enganador dessas reações é um aspecto da impressão geral que muitas vezes acusou os histéricos de simulação consciente. Mas é preciso sublinhar que muitas vezes o complexo escondido sob a evasiva está longe da consciência, pois no histérico

658

---

9. Um caso de estupor histérico em pessoa condenada à prisão. In: JUNG, C.G. *Estudos psiquiátricos*. Petrópolis: Vozes, 2011 [OC, 1]; Sobre a simulação de distúrbio mental. In: Ibid.

10. "Zur Psychologie hysterischer Dämmerzustände und der Ganser'schen Symptoms". *Psychiatrisch-neurologische Wochenschrift*, VI/22, 1904/1905. Halle.

11. RIKLIN, F. "Analytische Untersuchungen der Symptome und Assoziationen eines Falles von Hysterie (Lina H.)". *Psychiatrisch-neurologische Wochenschrift*, VI/46-52, 1904/1905. Halle.

muitas vezes só se descobre o que está realmente atrás da reação suspeita através da hipnose.

659 Como indica o experimento, a reprodução errada tem valor como característica de complexo. (Não sei se reações irrelevantes também são esquecidas). Mas também pode ter valor positivo por seu conteúdo, pois apresenta uma segunda associação para a palavra-estímulo e para o complexo reprimido, o que pode ser de grande valia para a análise. O mesmo vale para pesquisas no campo da psicologia criminal. Como para o experimento de associação em geral, quero dizer também para o método da reprodução que o complexo reprimido não precisa ser consciente para revelar-se nas reações; isto acontece também quando está bem separado da consciência, caso frequente em pessoas histéricas. Ao que tudo indica, quando se trata de complexos reprimidos, o mesmo fenômeno ocorre com pessoas normais, histéricas e catatônicas; nos casos normais é um "breve embaraço ou inibição momentânea", na histeria é uma amnésia "fortuita" e na catatonia é simplesmente um "bloqueio". Mas o mecanismo psicológico é o mesmo.

V

Psicanálise e o experimento de associações[*]

Não é fácil dizer com poucas palavras em que consiste a teoria de Freud sobre a histeria e o método psicanalítico. A terminologia e as concepções de Freud estão ainda em processo de formação – felizmente, diria eu. Pois, apesar dos surpreendentes avanços que o conhecimento da histeria experimentou nos últimos anos, graças aos trabalhos de Freud, nem ele e nem nós, que o seguimos, chegamos ao conhecimento cabal. Por isso não é de estranhar que Freud em suas publicações mais recentes sobre a histeria[1] abandone em grande parte a terminologia cunhada em seus estudos anteriores e utilize uma série de outros termos mais apropriados. Também não se deve entender sempre os termos de Freud como conceitos estritamente científicos, mas como expressões improvisadas de sua rica linguagem. Quem, portanto, escreve sobre Freud não deve discutir palavras; deve ter antes em vista o essencial.

Freud considera toda histeria como causada por uma série de traumas psíquicos que culminam em última análise num trauma sexual da pré-puberdade. Já antes de Freud era conhecido o chamado

---

[*] Publicado pela primeira vez em *Journal für Psychologie und Neurologie*, VII/1-2, 1905, p. 1-24. Leipzig; depois como cap. VI dos *Estudos diagnósticos de associações*, I, p. 258-281.
1. "Bruchstück einer Hysterie-Analyse". *Sammlung kleiner Schriften zur Neurosenlehre*, segunda série, 1909b, p. 1-110. Leipzig/Viena.

caráter psicógeno da histeria. (Devemos a Möbius[2] uma descrição mais precisa do conceito "psicógeno"). Sabia-se que a histeria provinha de ideias marcadas pela força de seus sentimentos. Mas Freud foi o primeiro a ensinar quais os caminhos que o processo psicológico segue. Ele achou que, em essência, o sistema histérico era um símbolo de ideias (antes de tudo sexuais) que não se encontravam na consciência, mas que dela eram afastadas por fortes inibições. A repressão ocorre porque as ideias críticas têm carga de desprazer tão grande a ponto de se tornarem incompatíveis com a consciência do eu.

662 O método psicanalítico está inseparavelmente ligado a esta concepção. Ele nos propicia o conhecimento do material de ideias reprimidas e tornadas inconscientes. Se perguntarmos diretamente aos doentes pela causa de sua doença, teremos sempre informações incorretas ou, ao menos, incompletas. Se obtivéssemos informações corretas como em outras doenças (corporais), já conheceríamos de há muito a natureza psicógena da histeria. Mas aqui está precisamente o nó da histeria: ela reprime a causa real, o trauma psíquico, esquecendo-a e substituindo-a por uma causa "disfarce". Por isso ouvimos inúmeras vezes os histéricos dizerem que sua doença provém de um resfriado, de cansaço físico, de verdadeiros distúrbios orgânicos etc. E muitos médicos se deixam iludir sempre de novo por esta conversa. Outros passam ao extremo oposto e afirmam que todos os histéricos mentem. Mas com isso desconhecem por completo os condicionantes psicológicos da histeria que consiste apenas no fato de serem reprimidas ideias incompatíveis com a consciência do eu e, por isso, não podem ser reproduzidas. As inibições que partem da consciência do eu para as ideias reprimidas não são abordadas pelo método psicanalítico de Freud. O método consiste essencialmente em que os doentes contem tudo o que lhes vem à mente. (Freud chama isto também de "associação livre"). Exposição detalhada deste método encontra-se no livro de Freud, *Die Traumdeutung* (A interpretação dos sonhos). Embora teoricamente seja certo *a priori* que a mais impressionante regularidade domine todas as ideias da pessoa, é facilmente compreensível que todo aquele sem grande experiência se perca no

---

2. (Paul Julius Möbius, 1853-1907, neurologista alemão que influenciou Freud).

labirinto de ideias e nele fique preso ao final. Uma das principais razões contra o emprego geral do método de Freud é e continuará sendo que numa psicanálise devem ser presumidas no médico tanto a sensibilidade psicológica quanto a rotina, ou seja, peculiaridades individuais que não podem ser pressupostas em todo médico ou psicólogo. Portanto, faz parte da psicanálise uma orientação típica do pensar que visa à reprodução de simbolismos. Só se pode conseguir esta atitude por meio de treino constante. É um modo de pensar inato num poeta, mas que é cuidadosamente evitado precisamente no pensar científico que deve ser constelado por ideias claras. Pensar em simbolismos exige de nós uma atitude nova, como se devêssemos começar a pensar com fuga de ideias. Por estas razões parece que o método de Freud só foi entendido até agora excepcionalmente e muito pouco empregado; são raros os autores que apreciam Freud teórica ou praticamente (Löwenfeld, Vogt, Bleuler, Warda, Störring, Riklin, Otto Gross, Hellpach[3]).

Apesar das valiosas experiências que Freud nos legou, sua psicanálise é ainda uma arte difícil, fazendo com que o principiante perca rapidamente a coragem e orientação quando se defronta com as inúmeras dificuldades que ela apresenta. Faltam fundamentos seguros a partir dos quais se possa avançar. Quando se tem que investigar num paciente quase que a esmo, não temos muitas vezes noção alguma por onde começar.

O experimento de associações nos ajudou muito no tocante a estas primeiras e importantes dificuldades. Conforme demonstrei, sobretudo em meu trabalho O *tempo de reação no experimento de associações*[4], aparecem no experimento, sob distúrbios característicos, os chamados complexos de ideias com carga emocional, cuja presença e provável qualidade podem ser inferidas exatamente a partir desses distúrbios. Este fato constitui a base do "diagnóstico psicológico da ocorrência", inaugurado por Wertheimer, Klein[5], Hans

---

3. Resenha, feita por Jung, dos livros de Leopold Löwenfeld e Willy Hellpach. In: JUNG, C.G. *Vida simbólica* [OC, 18/1, 2].

4. Cf. cap. III deste volume.

5. WERTHEIMER, M. "Experimentelle Untersuchungen zur Tatbestandsdiagnostik". *Archiv für die gesamte Psychologie*, VI, 1905/1906, p. 59-131. Leipzig. –

Gross[6] e Alfred Gross[7], e que parece ser um método promissor de diagnosticar a partir de associações o complexo subjacente a um crime cometido. Toda pessoa tem naturalmente um ou mais complexos que se manifestam de uma forma ou outra nas associações. O plano de fundo de nossa consciência (ou o inconsciente) é constituído desses complexos. Todo o material da memória está agrupado em torno deles. Eles formam unidades psíquicas mais elevadas, análogas ao complexo do eu (Bleuler[8]). Eles constelam todo o nosso pensar e agir e, por isso, também as associações. Com o experimento de associações combinamos oportunamente um segundo experimento, que chamamos reprodução[9]. Consiste em fazermos com que a pessoa experimental repita a reação dada a cada palavra-estímulo no primeiro experimento. Onde a memória falhar, temos em geral uma constelação através de um complexo. O processo de reprodução serve, pois, para uma descrição mais detalhada dos distúrbios dos complexos.

665   Todas as neuroses psicógenas contêm um complexo que se diferencia dos complexos normais pelo fato de possuir cargas emocionais extraordinariamente fortes e, por isso, ter uma força tão consteladora que prende o indivíduo todo sob sua influência. Por isso o complexo é a causa da doença (é claro que se pressupõe uma certa disposição). Podemos muitas vezes inferir rapidamente das associações o tipo do complexo, obtendo assim pontos de partida importantes para a terapia causal. Um dos coprodutos que não se pode desprezar é o conhecimento científico mais profundo que teremos sobre o

---

WERTHEIMER, M. & KLEIN, J. "Psychologische Tatbestandsdiagnostik. Ideen zu psychologisch-experimentellen Methoden zum Zwecke der Feststellung der Anteilnahme eines Menschen an einem Tatbestande". *Archiv für Kriminal-Anthropologie und Kriminalistik*, XV, 1905, p. 72-113. Leipzig.

6. "Zur psychologischen Tatbestandsdiagnostik". *Archiv für Kriminal-Anthropologie und Kriminalistik*, XIX, 1905, p, 49-59. Leipzig.

7. GROSS, A. "Die Assoziationsmethode im Strafprozess". *Zeitschrift für die gesamte Strafrechtswissenschaft*, XXVI, 1906, p. 19-40. Berlim. • GRABOWSKY, A. "Psychologische Tatbestandsdiagnostik". *Allgemeine Zeitung*, suplemento, 15 de dezembro de 1905. Tübingen.

8. "Versuch einer naturvissenschaftlichen Betrachtung der psychologischen Grundbegriffe". *Allgemeine Zeitschrift für Psychiatrie und psychischgerichtliche Medizin*, L, 1894, p. 133-168. Berlim.

9. JUNG, C.G. Observações experimentais sobre a faculdade da memória. Cf. cap. IV deste volume.

surgimento e construção interna das neuroses psicógenas. O essencial desse conhecimento já nos foi transmitido por Freud, mas neste ponto ultrapassou em muito a compreensão de sua época. Por isso não será exagero se me atrever a abrir novos caminhos, no campo experimental, para o tesouro de conhecimentos de Freud. Nos trabalhos anteriores sobre os estudos diagnósticos de associação já usamos várias vezes os princípios de Freud para esclarecer certos pontos. Neste trabalho atual gostaria de ilustrar com exemplos práticos a conexão entre psicanálise e o experimento de associações. Escolhi para isso um caso comum de neurose obsessiva do qual tratei em junho de 1905.

A senhorita E. procurou-me para um tratamento à base de hipnose por causa de um problema de insônia que já durava meses. Além da insônia, queixou-se também de inquietação interna, agitação, irritabilidade contra sua família, impaciência e discórdia. Trata-se de uma pessoa de 37 anos de idade, professora, culta e inteligente, sempre "nervosa" que tem uma irmã mais nova com deficiência mental; o pai fora alcoólico. Condição atual: bem alimentada, sem nenhuma anormalidade física aparente. A paciente fazia muitos movimentos de inquietação e convulsivos. Ao falar, encarava poucas vezes o médico; na maioria das vezes falava para fora da janela, desviando o olhar do médico. De tempos em tempos, virava-se ainda mais e muitas vezes ria sem querer, fazendo movimentos convulsivos com o ombro, como se estivesse sacudindo de si algo repulsivo e esticando para frente o abdômen de uma forma bem peculiar. Os resultados da anamnese foram incompletos e vagos. Soubemos que foi outrora governanta num país estrangeiro; naquela época ainda não estava doente. A doença só apareceu nos últimos anos e desenvolveu-se aos poucos atingindo agora seu ponto crítico. Fora tratada sem resultados por diversos médicos. Gostaria de submeter-se agora à hipnose, mas afirmou logo estar convencida de que nem ela adiantaria. Sua doença era incurável e provavelmente ficaria louca. Já havia pensado muitas vezes que nunca mais seria uma pessoa normal e que já estava louca. Tornou-se claro aqui que a paciente fazia rodeios em torno de um assunto que não queria ou não podia declarar. Perguntada com insistência, contou finalmente, com muitos gestos defensivos e constante enrubescimento, que não conseguia dormir porque todas as vezes que se dispunha a fazê-lo lhe vinha à ideia que não conseguiria

666

dormir, que nunca mais conseguiria dormir, até morrer; acordava então e não tinha mais sono algum durante o resto da noite. Sempre que sentia cansaço e vontade de dormir, era tomada de um medo terrível de não mais conseguir dormir até ficar louca ou morrer. Custava-lhe muito dar esta explicação, que vinha acompanhada de muitos gestos defensivos, dando a impressão de que estava contando algo sexualmente indecente do qual devia envergonhar-se. Enquanto o fazia, recomeçavam os movimentos abdominais. Várias vezes dava risadinhas de vergonha, causando péssima impressão. Esta conduta esquisita levou-me a perguntar se havia outras ideias que a atormentavam durante a insônia. "Não, não me lembro de nada – é tudo confuso – são milhares de coisas que me passam pela cabeça". Mas nada conseguiu reproduzir, fazia gestos defensivos e, de repente, disse que tinha frequentes vezes pensamentos muito bobos que a tomavam de assalto e dos quais não conseguia libertar-se por mais esforço que fizesse. Infelizmente não podia contar estes pensamentos, pois temia que também eu depois me tornasse vítima desses pensamentos obsessivos. Certa vez havia contado a um pároco e a um médico algo desses pensamentos e agora sempre pensava que havia contagiado estas pessoas com tais ideias obsessivas. Certamente também já me havia contagiado. Eu a tranquilizei dizendo que já havia escutado muitas ideias semelhantes que em nada me prejudicaram. Após minha explicação, confessou, sempre com aqueles gestos defensivos, que, além da ideia de ter contagiado o pároco e o médico com pensamentos obsessivos, era torturada pela ideia de que uma vizinha que morrera há pouco havia morrido sem os últimos sacramentos, por culpa da paciente e que agora devia sofrer os tormentos do inferno. Só depois desta morte lhe surgiu esta ideia; antes tinha sempre a ideia de que um rapaz criado por ela tinha morrido, tempos depois, em consequência dos pequenos castigos que às vezes lhe aplicava. Este medo a torturava a tal ponto que, por duas vezes, foi forçada a escrever para família do rapaz para saber notícias. Procurou escrever de modo que não suspeitassem de nada. As boas notícias que obteve nas duas vezes a deixaram calma por alguns dias, mas depois o medo voltou. Agora esta ideia desapareceu, mas surgiu em seu lugar a culpa pela morte infausta da vizinha. Sua razão lhe dizia que estas ideias eram bobagens (pronunciou isto com voz insegura), ou que talvez fossem mesmo (acrescentou rapidamente). Não fez uma correção completa, pois estava tomada pela ideia obsessiva.

A anamnese não revelou nenhuma anormalidade sexual, isto é, tudo o que se pudesse referir a processos sexuais foi terminantemente rejeitado.

Uma tentativa de hipnose fracassou porque a paciente não conseguia fixar o olhar em nada. Para não comprometer este método de antemão por tentativas sem êxito, decidi-me a obter primeiramente alguma informação sobre o material psíquico subjacente ao quadro patológico. Por isso fiz com ela o experimento de associações.

1. O experimento de associações

Apresento a seguir o experimento completo: 667

Palavra-estímulo	Reação	Tempo de reação	Reprodução
1. cabeça[10]	*pensamentos*	2,2 seg.	*cabelo*
2. verde	capim	1,8	+[11]
3. água	bebedor-beber	2,4	*copo*
4. perfurar	agulha	3,6	+
5. *anjo* r.[12]	céu	2,6	+
6. comprido r.	curto	4,0	+
7. navio	mar	1,4	+

Não estou em condições de fazer uma análise exaustiva das associações. Em resposta a todas as perguntas, a paciente se limitava a garantir que nada de especial lhe ocorrera nos chamados pontos críticos. Foi impossível, por isso, encontrar as determinantes das reações individuais por meio da análise subjetiva. Apesar disso, o resultado objetivo do experimento foi suficiente para diagnosticar o complexo ao menos em grandes traços, independentemente das informações da paciente. Gostaria de apresentar em detalhes a maneira como compus o diagnóstico. 668

---

10. As associações reproduzidas incorretamente aparecem em itálico.
11. O sinal + significa reprodução correta.
12. A letra r. significa que a paciente repetiu aqui rapidamente a palavra-estímulo na reação. Nas reações-complexo e após elas encontramos muitas vezes este fenômeno.

669   Adianto que a média provável (KRAEPELIN) de todos os tempos de reação do experimento é de 2,4 segundos. Esta média é muito alta para uma pessoa inteligente e culta. A média que obtive em doze pessoas cultas foi de 1,5 segundos. Uma vez que são as influências emocionais que prolongam o tempo de reação[13], deve-se concluir dessa média elevada que a paciente possui uma emotividade bastante forte. Peço ao leitor que durante a análise das reações tenha presente esta média de 2,4 segundos.

670   1. *cabeça – pensamentos* foi reproduzido incorretamente. O complexo da doença pode ter interferido.

671   3. *Água – bebedor-beber* está prejudicado linguisticamente: *Bebedor* foi melhorado por *beber*. O pai era um bebedor inveterado. As três reações subsequentes tiveram tempo acima de 2,4 segundos; além disso seguem-se duas repetições das palavras-estímulo. Podemos admitir então que *bebedor* causou a perseveração de uma carga emocional[14].

672   5. *Anjo – céu* pode ter suscitado a ideia obsessiva da morte desditosa da vizinha.

Palavra-estímulo	Reação	Tempo de reação	Reprodução
8. lavrar	semear	2,2	+
9. *lã*	fiar	3,4	–[15]
10. *amigável*	amável	3,6	*bom*
11. *mesa*	mulher	4,6	–
12. perguntar	responder	2,4	+
13. Estado	Igreja	2,2	+
14. *teimoso*	corajoso	1,8	*amigável*
15. haste	flor	1,8	+

673   Não sei qual foi o distúrbio que prolongou o tempo de reação em *lã*. A experiência diz que *amigável* facilmente produz reminiscências eróticas. A reação *mesa – mulher*, que a paciente não soube ex-

---

13. Cf. O tempo de reação no experimento de associações (cap. III deste volume).

14. Não posso me deter agora na justificação dessas conclusões (cf. cap. III deste volume).

15. O sinal – (menos) significa não reproduzida.

plicar, parece indicar que a reação anterior tem alguma conotação erótica. As pessoas sensíveis, como são todos os neuróticos, sempre tomam as palavras-estímulo como pessoais. Podemos então supor que a paciente gostaria de ser a "mulher amável e boa". Vemos no reaparecimento da reação 14 que a palavra *amigável* tem certa tendência de reprodução na paciente (ideias com carga emocional têm naturalmente tendência mais forte de reprodução do que ideias indiferentes).

Palavra-estímulo	Reação	Tempo de reação	Reprodução
16. dançar	pular	1,8	+
17. lago r.	água	2,4	+
18. doente	sadio	2,0	+
19. orgulho	orgulhoso	5,0	+
20. cozinhar	assar	2,0	+
21. tinta	tinteiro	2,0	+
22. *mau*	*bom*	3,0	–
23. agulha	furar	2,2	+
24. nadar	água	2,0	+
25. viagem	trem	2,2	+
26. azul	vermelho	1,8	+
27. pão	faca	2,0	+
28. *ameaçar*	*travesso*	8,0	–

Dançar (n. 16) traz com facilidade reminiscências eróticas. A suposição não é infundada, pois a reação subsequente está prejudicada.

674

Doente (n. 18) e *orgulho* podem ter sido tomados como algo pessoal. Em *orgulho* aparecem nitidamente características de complexo, também *mau* e *ameaçar* despertaram claramente emoções. A reação *ameaçar – travesso* soa como associação a uma ideia de criança. Será que houve reminiscência do menino que criou? *Ameaçar* pode suscitar também muitas outras relações com carga emocional. Pessoas com complexos bem vivos têm muitas vezes certo medo do futuro. Por isso relacionam *ameaçar* com a indefinição ameaçadora de seu futuro. Mas também podem estar por baixo relações bem concretas. Não se esqueça que "ameaçar" não é uma palavra muito comum e por isso já é algo excitante só devido à sua "dificuldade", sem que necessariamente tenha que haver atrás dela um complexo. Contudo, parece-me mais indicado tender para a influência de complexo do que para a "dificuldade". (Refiro-me às análises de Freud).

675

Palavra-estímulo	Reação	Tempo de reação	Reprodução
29. lâmpada	luz	1,8	+
30. rico	pobre	1,8	+
31. árvore	verde	1,2	+
32. cantar	dançar	2,0	+
33. compaixão	pobre	2,0	+
34. amarelo	*flor*	4,2	*verde*
35. montanha r.	trabalho	2,8	+
36. *brincar*	*crianças*	2,2	*dançar*
37. sal	pão	2,8	+
38. novo	velho	1,6	+

676   Dançar, mencionado na série anterior (n. 16), volta aqui duas vezes, revelando nítida tendência de reprodução e correspondendo à carga emocional que a afeta de modo bastante forte. Muitas repetições podem ser reveladoras: um senhor por mim convidado ao experimento estava seguro de não revelar nenhum complexo. Enquanto vinha ao meu encontro, pensava no que havia de responder às minhas palavras-estímulo; teve a ideia de dizer "Paris", palavra que lhe parecia desligada de qualquer sentido pessoal. Repetiu, de fato, várias vezes a palavra Paris, explicando que era pura casualidade. Meio ano depois, confessou-me que, à época do experimento, mantinha viva a impressão de um fato que o tocou profundamente e que aconteceu em Paris. Naquela oportunidade, porém, achava que Paris não tinha nenhum significado para ele. Não tenho motivos para duvidar da veracidade disso. A julgar pelos distúrbios de complexos circundantes, a palavra *amarelo* (34) teve efeito pessoal. A paciente tinha uma tez amarelada e envelhecida. As mulheres são muito sensíveis a isto, sobretudo quando existe um complexo erótico.

677   Merece consideração o fato de a palavra *crianças* (36) não ser reproduzida mas ser substituída por outro termo erótico.

Palavra-estímulo	Reação	Tempo de reação	Reprodução
39. *costume* r.	*desagradável ou mau*	12,2	*vício*
40. cavalgar r.	andar de carro	2,4	+
41. *parede*	*quarto*	3,0	−
42. *bobo* r.	*esperto*	2,8	−
43. caderno r.	livro	3,0	+
44. *desprezar* r.	*desdém*	15,2	*desdenhar*
45. dente	abcesso	1,4	+

Encontramos nesta série diversos distúrbios graves de complexos. Por ocasião das palavras *costume* (39) e *desprezar* (44), a paciente fazia gestos de defesa e batia com o pé. Um costume *desagradável ou mau* pode ser facilmente interpretado no sentido sexual; por exemplo, o onanismo é um costume *mau*, um *vício*. Pessoas com tal "vício" são desprezadas. 678

Bobo (42) pode ser pessoal ou ainda cair no âmbito da carga emocional perseverante de *costume*. Os movimentos ao expressar-se não falam de modo algum contra um complexo sexual. "Costume" poderia talvez significar também "costume de beber" e, portanto, ter acordado o complexo do pai beberrão. 679

Palavra-estímulo	Reação	Tempo de reação	Reprodução
46. *certo* r.	*gostaria de dizer sempre o contrário*	7,6	*errado*
47. povo r.	pai	6,0	+
48. feder	perfume	4,8	+
49. *livro* r.	*caneta*	4,4	*caderno*
50. *injusto* r.	*sentido*	3,6	*justo*
51. sapo	verde	2,4	+
52. separar	casamento	2,2	+
53. fome	sede	1,4	+
54. branco	preto	1,8	+

Se, conforme pressupomos, a paciente toma as palavras-estímulo como referência pessoal e tem um complexo sexual na direção já mencionada, é compreensível que, na reação a *certo* (46), queira "sempre dizer o contrário", pois isto se adapta melhor ao seu comportamento; também se adapta melhor ao alcoolismo do pai. Ideias que são determinadas duas ou mais vezes não se excluem; segundo Freud são, inclusive, a regra. 680

681   A reação *povo–pai* (47) é surpreendente. Parece que ainda persevera no âmbito da carga emocional de *certo*. Poderíamos concluir que há certa conexão, por ora ainda obscura, entre suas autorrecriminações e *pai*. (Esta conexão se torna clara mais tarde).

682   Não é fácil dizer qual o distúrbio que atuou em *livro–caneta*. *Buch* (livro) pronunciado como se escreve, significa no dialeto suíço *Bauch* (ventre). Num complexo sexual este tipo de assimilação poderia facilmente acontecer. Já a encontrei mais vezes em outras pessoas experimentais.

683   O constante decréscimo dos tempos de reação a partir de *certo* (7,6 segundos) indica antes de tudo um grave distúrbio de complexo que começa nesta palavra e que vai diminuindo gradativamente durante as sete reações seguintes. Parece que *injusto* (50) é tomado em sentido pessoal, o que se adapta bem à autorrecriminação.

Palavra-estímulo	Reação	Tempo de reação	Reprodução
55. rês r	vaca	4,2	+
56. prestar atenção	desobediente	4,0	+
57. *lápis*	apontar	3,0	*pontudo*
58. nublado	tempo	1,8	+
59. ameixa	árvore	3,8	+
60. encontrar	certamente	1,4	+
61. lei	Estado	2,8	+
62. *querido*	*bom*	4,0	*filho*
63. copo	água	1,6	+
64. *brigar*	*conflito*	2,4	*discórdia*
65. *cabra*	*leite*	2,0	*ordenhar*

684   Não sei explicar o distúrbio ocorrido em *rês* (55). *Desobediente* (56) lembra *travesso*, o que provavelmente se referia ao educando. O distúrbio da reação indiferente imediatamente a seguir indica a carga emocional perseverante. A reação *ameixa-árvore* parece que não transcorreu normalmente, devido ao tempo de reação muito longo. *Ameixa* não é uma palavra muito comum, mas não é admissível que uma pessoa experimental tão culta levasse tanto tempo para reagir. (Os idiotas, mencionados por Wehrlien, tinham médias entre 3,0 e 3,7; por isso 3,8 numa pessoa culta parece tempo longo demais). *Pflaume* (ameixa) é como a palavra suíça *Zwetschge* (ameixa), um símbolo sexual muito empregado no linguajar comum.

Querido (62) pode facilmente indicar um complexo erótico. Em *copo* (63) aflora novamente o complexo do pai alcoólico, com a intensa carga emocional ligada a isto. (Daí o distúrbio das duas reações seguintes).

685

Palavra-estímulo	Reação	Tempo de reação	Reprodução
66. grande	pequeno	2,6	+
67. batata r.	farinhenta	6,0	+
68. pintar (*malen*)	moinho	2,0	+
69. parte r.	pequena	11,6	+
70. *velho*	feio	3,0	novo, sem atrativo
71. *flor*	bela	2,0	perfume
72. *bater*	vara	2,8	–
73. caixote	mesa	2,8	+

Via de regra, *grande* (66) é tomado em sentido pessoal. A paciente é muito baixinha. No caso de complexo erótico, deverá ter grande preocupação com seu corpo, como já vimos. Isto explica o distúrbio das reações subsequentes.

686

Em *parte* (69) o tempo de reação foi muito prolongado. É comum que *parte* seja entendida como "parte sexual". Aqui é característica a forte carga emocional dessa associação. Não é de admirar que sob esta constelação a palavra *velho* (70) seja tomada em sentido pessoal-erótico. Vemos na perseveração de *bela* como é importante para a paciente a questão da beleza corporal e de seu fenecimento. *Bater – vara* (72) pode estar novamente constelado pela obsessão de que teve culpa na morte do educando.

687

Palavra-estímulo	Reação	Tempo de reação	Reprodução
74. selvagem	criança	2,4	+
75. família	grande	2,4	+
76. lavar r.	limpar	3,0	+
77. vaca	ordenhar	1,8	+
78. estranho r.	saudade	14,8	+
79. felicidade r.	infelicidade	3,0	+
80. narrar	história	1,6	+

688 O pequeno distúrbio em lavar (76) explica-se pela constelação da concepção erótica anterior *criança* e *família*. Estranho (78) despertou obviamente uma relação pessoal que ficou clara mais tarde.

Palavra-estímulo	Reação	Tempo de reação	Reprodução
81. decoro (*Anstand*)	juízo (Verstand)	4,6	+
82. estreito r.	pequeno	3,2	+
83. irmão	irmã	1,0	+
84. prejuízo r.	vizinho	4,0	+
85. cegonha r.	igreja	2,4	+
86. falso r.	infiel	3,0	+
87. medo	sentimento	2,4	+
88. beijar	boca	2,2	+
89. incêndio	fogo	1,8	+
90. sujo	pegajoso	2,2	+
91. porta	dobradiça	1,6	+

689 A associação de som (*Anstand – Verstand*, n. 81) é muito característica. Lembremo-nos do distúrbio que provocou *costume*. Presumimos lá o *vício* do onanismo. Também aqui pode ter sido atingido este complexo. Neste caso, *juízo* (*Verstand*) não é casual. Segundo opinião popular, o onanismo afeta o juízo. Lembremos também a queixa da paciente de que temia ficar louca.

690 *Estreito – pequeno* (82) está ainda sob a influência da reação precedente: ao que tudo indica, *pequeno*, conforme analogia com seu aparecimento anterior, pertence ao complexo da constituição corporal; *estreito* pode referir-se, sob a constelação da associação precedente, à entrada da vagina e, por isso, estar ligado a *pequeno*, como é sua constituição corporal; também a sinistra *parte é pequena* (esta suposição se confirma depois). *Prejuízo* (84) é tomado pessoalmente. A isto serve bem *vizinho*. Causou imenso prejuízo à vizinha, pois se sente culpada da morte dela sem os últimos sacramentos. Mas sob a constelação sexual, *prejuízo* também pode ser tomado em sentido pessoal; a gente se causa prejuízo físico e mental devido ao onanismo (como acima). A vizinha é simples pessoa-cobertura (ver conclusão semelhante de Freud). Sob a vizinha a paciente pode ficar escondida. Pode-se deduzir dos distúrbios subsequentes que aqui entrou uma

carga emocional. Em *falso – infiel* (86) pode ter emergido facilmente certa reminiscência erótica numa senhorita de mais idade.

Palavra-estímulo	Reação	Tempo de reação	Reprodução
92. escolher r.	professor	4,4	+
93. feno	palha	1,8	+
94. *quieto* r.	*cadeira*	13,0	criança
95. escárnio	desprezo	1,4	+
96. dormir r.	acordar	3,4	+
97. mês	ano	1,6	+
98. colorido	multicor	2,4	+
99. cachorro	gato	1,2	+
100. falar	calar	1,4	+

A *escolher* (92), as mulheres gostam de ligar pensamentos de casamento. 691

O pai da paciente era professor e ela era professora. É provável 692
que pensasse em se casar com um professor. Mas também se poderia considerar o complexo do pai (cf. adiante). *Quieto – cadeira* (*still – Stuhl*) é evidente associação de som. A explicação é dada pelo termo com carga erótica *criança*. Uma criança pode estar quieta, mas quietos estão também os mortos (ideia obsessiva: teria causado a morte de seu educando por maus tratos). Mas pode ser que exista aqui uma conexão erótica como, por exemplo, as associações eróticas que podem provir de *stillen* (satisfazer); ver para tanto *livro* e nosso comentário. Pode-se satisfazer a criança e também os desejos sexuais. *Dormir* (96) tem muitas conexões eróticas. A paciente, por exemplo, não conseguia dormir; em pessoas mais jovens a insônia é muitas vezes expressão da não satisfação sexual (Freud). Quem não possui experiência no campo da psicologia patológica de associações meneará a cabeça quanto às suposições acima; verá nisso não apenas hipóteses, mas até fantasmas. O julgamento que delas fará será talvez o mesmo que a respeito da *Interpretação dos sonhos*, de Freud.

Resumiremos em primeiro lugar o resultado do experimento de 693
associação e reprodução. Como já dissemos, a paciente não deu explicações; dependo portanto exclusivamente dos dados objetivos e de minha experiência.

694   A média provável dos tempos de reação é 2,4 segundos. 44% dos tempos de reação superam os 2,4 segundos. Temos inclusive um número de 15,2 segundos, o que leva a concluir para uma grande emotividade ou, em outras palavras, para uma grande falta de controle do material psíquico.

695   Na análise, indicamos a existência de vários complexos. Parece que o complexo erótico tem papel importante. Não será supérfluo apresentar aqui um quadro das reações individuais de complexos para termos uma visão mais clara.

Relacionadas a um complexo erótico, podemos considerar as seguintes associações[16]:

Palavra-estímulo	Reação	Tempo de reação	Reprodução
10. *amigável*	amável	3,6	*bom*
11. *mesa*	*mulher*	4,6	–
12.		2,4	
13.		2,2	
14.		1,8	
16. dançar	pular	1,8	+
17. lago r.	água	2,4	+
34. *amarelo*	*flor*	4,2	*verde*
35. montanha r.	trabalho	2,8	+
36.		2,2	
39. *costume* r.	*desagradável ou mau*	12,2	*vício*
40. cavalgar r.	andar de carro	2,4	+
41. *parede*	*quarto*	3,0	–
44. *desprezar* r.	*desdém*	15,2	*desdenhar*
45.		1,4	
59. ameixa	árvore	3,8	+
62. *querido*	*bom*	4,0	*criança*
66. grande	pequeno	2,6	+
67. batata r.	farinhenta	6,0	+
68.		2,0	
69. parte r.	pequena	11,6	+

---

[16]. Para ressaltar o mais claramente possível o distúrbio-complexo, acrescento ainda os fenômenos da perseveração bem como os tempos das reações subsequentes que vão diminuindo aos poucos.

Palavra-estímulo	Reação	Tempo de reação	Reprodução
70. *velho*	*feio*	3,0	*Novo, sem atrativo*
71. *flor*	*bela*	2,0	*perfume*
72. *bater*	*vara*	2,8	–
73.		2,8	
74. selvagem	criança	2,4	+
75. família	grande	2,4	+
76. lavar r.	limpar	3,0	+
81. decoro	juízo	4,6	+
82. estreito r.	pequeno	3,2	+
83.		1,0	
86. falso r.	infiel	3,0	+
87.		2,4	
88.		2,2	
89.		1,8	
92. escolher r.	professor	4,4	+
93.		1,8	
94. *quieto* r.	*cadeira*	13,0	*criança*
95.		1,4	
96. dormir r.	acordar	3,4	+
97.		1,6	

Estas associações que possuem provavelmente um fundo sexual e que também apresentam distúrbios característicos de complexos podem ser interpretadas deste modo:

A paciente se considera velha, feia e se sente desconfortável com sua tez amarelada; ao seu corpo dedica uma atenção cheia de ansiedade; não gosta nada de ser tão pequena. Possivelmente tem grande desejo de casar-se, seria esposa amorosa com o marido e gostaria de ter filhos. No entanto, sob estes sintomas eróticos pouco suspeitos parece haver um complexo sexual que a paciente deseja ocultar a todo custo. Há indícios que levam à conclusão de que dá atenção fora do comum às suas partes genitais; isto pode significar onanismo numa senhorita decente e culta. Mas onanismo no sentido mais amplo de uma autossatisfação perversa.

698   O onanismo é uma das fontes mais frequentes de autorrecriminação e autocrítica[17]. Também este complexo ou, melhor, este aspecto do complexo sexual vem indicado nas seguintes associações:

Palavra-estímulo	Reação	Tempo de reação	Reprodução
14. *teimoso*	*corajoso*	1,8	*amigável*
19. *orgulho*	orgulhoso, *bobo*	5,0	+
22. *mau*	*bom*	3,0	–
23.		2,2	
24.		2,0	
42. bobo r.	esperto	2,8	–
43. caderno r.	livro	3,0	+
46. certo r.	*gostaria de dizer sempre o contrário*	7,6	*errado*
47. *povo*	*pai*	6,0	+
48. feder	perfume	4,8	+
49. livro r.	caneta	4,4	*caderno*
50. *injusto* r.	*sentido*	3,6	*justo*
51.		2,4	
52.		2,2	
53.		1,4	

699   Podemos relacionar ao complexo do pai alcoólico:

Palavra-estímulo	Reação	Tempo de reação	Reprodução
3. *água*	bebedor – beber	2,4	*copo*
4.		3,6	
63. copo	á–água	1,6	+
64. *brigar*	conflito	2,4	*discórdia*
65. *cabra*	leite	2,0	*ordenhar*

700   Desse quadro podemos ver que o complexo sexual tem clara primazia. Ainda que, como dissemos, não tenha sido possível obter da paciente confirmação direta desta interpretação, considerei como certo o diagnóstico de complexo pelas razões que apontei acima.

---

17. Naturalmente as recriminações não precisam limitar-se apenas ao complexo sexual; logo se estendem a um campo mais vasto.

Disse-lhe, por isso, estar eu certo de que suas ideias obsessivas eram apenas desculpas e desvios; na verdade estava sendo torturada por ideias sexuais. 701

A paciente negou esta explicação com emoção e convicção sincera. Se não estivesse convencido, através do experimento de associações, da existência de um complexo sexual com forte carga emocional, minha certeza provavelmente teria ficado abalada. Apelei para sua inteligência e amor à verdade: disse-me que se soubesse que algo assim estava dentro dela, ela o teria dito, pois sabia muito bem que esconder estes pensamentos do médico seria bobagem. Tinha pensado em casamento "como todas as pessoas, mas não mais do que isto". Dispensei então a paciente e convidei-a a vir dois dias depois. 702

2. *A psicanálise*

Na psicanálise é importante a condição mental do paciente, porém mais importante ainda é a condição mental do médico. Aqui está provavelmente o segredo de a psicanálise de Freud receber o silêncio do mundo científico. Quem não abordar um caso com muita convicção, cedo se perderá nos laços e armadilhas armados pelo complexo histérico da doença, onde quer que se pretenda atingi-lo. É preciso saber de antemão que no histérico tudo resiste à revelação do complexo. Quando necessário falham no paciente não só o interesse e a simpatia pelo médico, mas também o pensar, a memória e finalmente inclusive a fala. Mas são precisamente estes mecanismos específicos de defesa que revelam o complexo. 703

No experimento de associações começam a aparecer a hesitação, a reprodução deficiente e o distúrbio característico quando o complexo é atingido, assim também na análise começam a aparecer as dificuldades quando estamos perto de chegar ao complexo. Para contornar estas dificuldades, Freud usa o método da "livre associação". É um método bem simples que basta usar poucas vezes para conhecê-lo. No nosso caso realizei a psicanálise exatamente de acordo com o modelo de Freud. Deixei que a paciente se sentasse numa cadeira confortável e me posicionei atrás dela para não confundi-la. Pedi-lhe que me contasse tudo o que lhe vinha à mente, não importando o que fosse. A paciente riu e disse que não era possível expressar toda boba- 704 gem que lhe viesse à mente. Insisti no meu pedido. Tentou algumas vezes dizer algo, mas sempre o reprimiu com a desculpa de que era bobagem, que eu haveria de rir e pensar que ela era pessoa banal ou mal agradecida. Limitei-me a encorajá-la a falar. Finalmente disse as seguintes frases: "Penso que jamais ficarei boa – provavelmente o senhor está rindo – mas estou convencida de que jamais ficarei boa. – O senhor não vai conseguir me hipnotizar, pois tenho certeza de que ninguém consegue me hipnotizar. – O senhor não conseguirá me curar como nenhum outro médico. – Vou ficar sempre pior, pois agora devo repreender-me porque estou tomando o seu tempo inutilmente com minhas bobagens". Esta ideia não era injustificada, pois a paciente balbuciava as frases após longas pausas de modo que já havíamos gasto meia hora para obter este magro resultado. Ela continuou: "Penso agora em meu pessoal lá de casa, como trabalham e como precisariam de mim, e eu aqui para nada, com minhas tolas ideias. – Certamente serão contagiados por elas. – Agora penso que não consigo dormir, que na noite passada, apesar de sua proibição, tomei um grama de Veronal. – Nunca mais conseguirei dormir, como então quer o senhor curar-me? – Afinal, o que devo dizer-lhe? (Aqui se tornou perceptível certa inquietação). – Não posso lhe contar todas as tolices que me ocorrem (apresentou inquietação crescente, encolheu os ombros, fez movimentos trituradores com os pés e sacudiu-se como se estivesse aborrecida). – Não, é tudo bobagem – não sei mais nada – não me ocorre mais nada – deixe-me ir para casa – tenho certeza de que não sei mais nada (mostrou-se muito inquieta, virava-se na cadeira, fazia gestos defensivos, torcia a parte superior do corpo de um lado para o outro, fazia movimentos de repulsa com os cotovelos e finalmente levantou-se da cadeira e queria ir, não lhe ocorrendo mais nada. Forcei-a com delicadeza a sentar-se de novo e lhe disse que viera até mim para ser curada e, portanto, deveria submeter-se à minha orientação. Após longa exposição sobre o sentido e finalidade de meu método, concordou em ficar e continuar; mas logo recomeçaram os movimentos de indignação e defesa, retorcia-se na cadeira, de vez em quando se esticava num movimento brusco como se tivesse chegado a uma decisão após grande luta consigo mesma e finalmente disse em voz baixa: "Ocorreu-me algo tolo – o senhor certamente há de rir – mas o senhor não deverá contá-lo a ninguém. – Não é nada de especial – é algo bem comum. – Não, isto não posso lhe contar, nunca – isto não tem nada a ver com minha doença. – Só lhe roubo o seu tempo – não tem importância alguma. – Devo realmente contá-lo? O Senhor quer isto mesmo? Sim, posso contar isto muito bem e, assim, estará fora. – Estive certa vez na França – não, não dá, mesmo que ficasse quatro semanas nesta cadeira – (com repentina decisão) fui governanta na França – havia lá também uma empregada. – Não, não consigo contar – não, havia lá um jardineiro – por Deus, o que o senhor vai pensar de mim, isto é pura tortura – eu jamais havia pensado em tal coisa".

705 Por entre interjeições e meias-frases sofridas, com muitas interrupções e pausas, veio finalmente a história a seguir, durante a qual afirmou que esta seria sua última consulta e que logo após viajaria.

706 Na casa de seu patrão havia um jardineiro que certa vez lhe disse que gostaria de dormir com ela. Enquanto dizia isto, tentou beijá-la. Mas a paciente o rechaçou. À noite, ao recolher-se, ficou escutando atrás da porta e pensando como seria se ele viesse para dormir com ela. Teve grande medo de que ele viesse realmente. Na cama voltou a pensar como seria bom se ele viesse; recriminou-se por causa desse pensamento. Mas a ideia de como seria se ele dormisse com ela não a abandonou, ainda que ficasse sempre chocada com o fato de ser capaz de pensar tal coisa. Neste emaranhado de pensamentos não conseguiu dormir naquela noite.

707 A primeira sessão durou nada menos do que uma hora e meia. Seu resultado foi uma história sexual. De especial interesse foi para mim esta manifestação espontânea, com os mesmos fenômenos mímicos que já na primeira consulta me chamaram a atenção. Estes tiques estavam em conexão íntima e facilmente compreensível com a história sexual reprimida. Marquei a próxima sessão para dois dias depois, o que ela aceitou; parecia estar mais aliviada e nada mais disse sobre viajar.

708 No dia marcado, quando a paciente chegou, estava ocupado com um trabalho urgente e mandei lhe dizer que voltasse à noite. Em resposta, mandou informar-me que não poderia esperar e que precisava urgentemente falar comigo. Pensei que tivesse acontecido algo especial e fui até ela. Encontrei-a em grande agitação: não havia dormido um minuto sequer, teve que tomar novamente sonífero etc. Perguntei-lhe se havia de novo mexido com suas ideias obsessivas. "Não,

algo bem pior, tenho agora a cabeça cheia daquelas bobagens que lhe contei da última vez. Sou compelida a pensar nestas histórias e não consigo pregar um olho, tenho que rolar e me virar na cama e não consigo afugentar por nenhum minuto estes pensamentos. Tenho que falar com o senhor sem falta, ou não terei sossego". Contou-me que, após a última sessão, fora para casa aliviada, calma, bastante feliz e havia pensado que finalmente poderia dormir de novo; mas aí lhe ocorreu uma história que já deveria ter contado na última vez, pensou no entanto que não tinha valor algum. Havia resolvido agora "não ser mais tão boba" como da vez anterior e contar tudo o que lhe ocorresse. E assim a confissão estava chegando ao fim. Retomei então a análise esperando que dessa vez tudo correria bem e sem aqueles infindos preliminares da outra vez. Enganei-me redondamente. A paciente repetiu quase literalmente as interjeições da primeira sessão. Após hora e meia de tortura mental, consegui apurar a seguinte história: Na casa onde era governanta havia também uma empregada[18] que tinha um namorado com o qual mantinha relações sexuais. Esta empregada também tinha relações sexuais com o jardineiro. A paciente conversava com ela muitas vezes sobre assuntos sexuais e principalmente sobre as relações sexuais de seus patrões. As duas examinavam inclusive a cama do casal para ver se descobriam manchas de esperma e outros indícios do coito. Sempre, após essas conversas e pesquisas, a paciente se recriminava asperamente sobre sua imoralidade; passava noites sem dormir entre recriminações torturantes e fantasias libidinosas.

709   Quando, após cansativa resistência, a história finalmente saiu, a paciente disse que havia terminado, que era tudo e que nada mais lhe ocorria. Esperava agora, ao menos, poder dormir; contar estas histórias provavelmente não adiantava nada.

710   Depois de dois dias veio para a terceira sessão e informou que após a última sessão ficara novamente bastante tranquila; mas, estando de noite na cama, ocorrera-lhe outra história que a atormentou sem parar, juntamente com a censura obsessiva de que não contara tudo na última sessão. Estava certa agora de poder contar-me a história toda, sem as constantes resistências como nas primeiras sessões.

---

18. Cf. a menção dessa empregada na primeira sessão.

Mas tudo se repetiu como nas anteriores: muitas interjeições, subterfúgios etc. Chamou a atenção sua tendência de apresentar o assunto como perfeitamente normal, como se nada houvesse nisso de estranho. Tratava-se de outra empregada que estava a serviço do mesmo patrão. Havia na casa um criado que perseguia a empregada. Mas não conseguia seduzi-la. Finalmente, numa noite em que havia festa na casa, conseguiu atrair a moça para o jardim. Mas os dois foram flagrados pela dona da casa no momento crítico. Naquele instante o criado teria dito: Que pena, já estava preparado! Esta história lhe fora contada pela empregada de que já falamos. Primeiramente agiu como se a história não lhe interessasse, como sendo repulsiva; mas isso não era verdade, pois tivera o maior interesse no caso. Tentou várias vezes trazer a empregada para este tema, a fim de ouvir todos os detalhes. À noite quase não conseguia dormir de pura curiosidade e sempre lhe voltavam as mesmas perguntas: O que os dois queriam fazer no jardim? Em que posição estavam quando a patroa os descobriu? Para que estava o criado preparado? O que teria acontecido se a patroa não os tivesse descoberto? Mesmo sabendo exatamente a resposta para todas estas perguntas, não se fartava de fazê-las. Finalmente foi levada a pensar o que ela teria feito naquela situação. Este estado de agitação durou vários dias.

Como já dissemos, chamou-me a atenção o fato de considerar as coisas bem naturais, ao contar a história. Falou, por exemplo, com grande resistência que o criado estava atrás da empregada. Por causa dessas resistências, era de se esperar que viria algo bem desagradável, mas ela continuou em tom inalterado: "O criado se havia apaixonado pela moça, mas isto nada tem de especial. Isto acontece muitas vezes – ah, agora tem outra coisa – não, isto não posso" etc. Durante a narrativa, tentou várias vezes desculpar e diminuir a importância de um fato por meio de observações retóricas de caráter generalizador.

Daqui por diante, durante todo o tempo da análise (três semanas) desapareceram as ideias obsessivas anteriores; em seu lugar entraram as ideias sexuais que atormentavam a paciente até a obsessão. Não tinha sossego até contar a história novamente. Ela se admirava muito dessa mudança. As histórias vinham "numa enfiada", bem precisas, como se as "tivesse vivido ontem". Vinham à sua memória coisas de que não mais se lembrava e que agora reconhecia (hipermnésia de Freud). É claro que estas manifestações devem ser tomadas com a mesma cautela que a expressão "eu não sei". A paciente pode ter cultivado ardentemente e tecido todas as suas ideias sexuais até o presente, sem que se recorde disso no momento de falar objetivamente sobre elas. Em suas histórias, percebe-se muitas vezes sem mais o que virá a partir de todos os seus gestos mímicos, enquanto ela assegura dezenas de vezes que não se lembra mais com certeza. Sua personalidade comum e sua personalidade sexual são dois complexos diferentes, duas consciências diferentes que nada querem ou nada devem saber uma da outra. Mas a divisão da consciência é aqui apenas insinuada (como aliás em todo complexo bem vivo cuja peculiaridade é uma luta pela autonomia). Representa apenas um passo para os exemplos clássicos de divisão da personalidade, sendo todos condicionados pelos mecanismos descritos por Freud[19].

713   Após estas três sessões foi possível chegar a certa conclusão de que a ideia obsessiva de ser responsável pela morte de seu educando de outrora se relaciona com as censuras conexas com as histórias sexuais. Também a paciente percebeu isto, pois informou espontaneamente que estas histórias já se deram há muitos anos e que a ideia de ser responsável pela morte do educando já não a atormentava há bastante tempo. Para se ver livre das insuportáveis ideias sexuais, provavelmente transferiu as recriminações desse campo para os seus métodos educacionais. Este mecanismo é bem conhecido: quando alguém deve recriminar-se constantemente sob um aspecto, procura compensar estas falhas em outro aspecto, com se também aí estivessem presentes as mesmas falhas. Isto se encontra com muita evidência em masturbadores (pensamento autocentrado, limpeza e ordem compulsivos). Não parece coincidência que precisamente estas histórias, que tinham por substrato uma ideia obsessiva do passado, fossem narradas por primeiro. E uma vez que não havia na consciência atual ideias obsessivas que se baseavam diretamente nestas histórias, também não houve mais inibições. Portanto estas histórias foram o material relativamente mais indiferente.

---

19. Cf. JUNG, C.G. "Sobre a psicologia e patologia dos fenômenos chamados ocultos". In: JUNG, C.G. *Estudos psiquiátricos*. Petrópolis: Vozes, 2011 [OC, 1].

Não apresentei em detalhes as sessões subsequentes, pois todas transcorreram da maneira já descrita. Nenhuma admoestação e nenhum comentário sobre o ridículo de suas resistências estereotipadas conseguiram fazer com que a paciente falasse mais depressa e espontaneamente. Cada nova sessão era nova tortura e em quase todas a paciente assegurava que era a última. Mas normalmente na noite seguinte surgia novo material que não lhe dava sossego.

714

Às reminiscências de governanta ligava-se uma série de histórias indecentes que foram tema das conversas com a vizinha cuja morte infeliz a paciente se culpava. A vizinha era alguém cujo passado dúbio corriam diversos boatos. A paciente que é uma senhorita do maior respeito e que provém de uma família honrada, minha conhecida, achava que também ela tinha um passado dúbio e se recriminava por causa disso. Por isso não é de estranhar, psicologicamente, que se sentisse atraída por esta vizinha interessante. Lá era discutida a crônica escandalosa e a paciente tinha que me contar toda uma série de histórias e chistes obscenos que não reproduzo aqui. Também a isto ligou a série de recriminações. Quando a vizinha faleceu, após rápida doença, a paciente transferiu as recriminações, que na verdade diziam respeito à sua curiosidade sexual, para a morte da vizinha que morrera sem sacramentos porque a paciente, através de suas visitas, havia-a induzido a conversas pecaminosas. O tipo de reminiscência e de linha de pensamento parecem indicar que esta ideia obsessiva é simples reedição da ideia anterior da morte do educando. A ideia obsessiva religiosa ela a levou primeiramente ao pároco e, depois, ao médico. Achava que havia infectado a ambos com ideias obsessivas, portanto algo semelhante ao que fizera à vizinha a quem destruíra pelo fato de ser o que era, como acontecera também ao educando. Na base de tudo isto está a ideia geral de que ela é um ser abominável que tudo contamina com sua depravação.

715

Durante as sessões subsequentes, ocupou-se principalmente com uma série de histórias que havia discutido recentemente com uma amiga. A amiga era funcionária de uma grande loja. Ali ouvia dos homens todo tipo de coisas picantes que contava imediatamente à paciente. Certa vez a amiga lhe disse que tinha vontade de se entregar a um homem para saber como era. Esta ideia excitou muito a paciente; teve que repetir constantemente para si mesma que também gostaria

716

de experimentar. Mas isto foi razão suficiente de novas recriminações. A partir dessa história, mostrou-se uma concentração sempre mais clara das histórias sexuais sobre ela mesma, ainda que em quase todas as sessões tivessem que ser reproduzidos chistes obscenos e coisas afins. Dessas histórias referentes a ela mesma, vieram primeiro todas as reminiscências dos relacionamentos e esperanças amorosos do passado. A reprodução desses fatos, em si bastante inofensivos, transcorreu bem. Somente uma história apresentou carga emocional mais forte. Estava enamorada de um rapaz desconhecido, mas acreditava que se casaria com ele. Pouco depois, porém, ele a deixou sem se despedir e nunca mais ouviu falar dele. Esperou muito tempo por ele e tinha esperanças de que lhe escreveria. A esta história se refere a reação 78 *estranho – saudade*, 14,8 segundos. Como vimos, a paciente não soube explicar naquela data esta reação. Enquanto as antigas histórias de amor foram contadas sem maior dificuldade, surgiram, após esta fase, novamente fortes resistências. Queria ir embora, não tinha mais nada a dizer. Dei-lhe a entender que nada ainda havia ouvido de sua infância e adolescência. A paciente disse que logo terminaria com isso, pois não havia muito a contar. Mal terminara esta frase, foi compelida a repetir várias vezes seus tiques de gestos de defesa, sinal evidente de que material muito importante estava por vir. Sob os maiores bloqueios e sofridas contorções contou, aos solavancos, sobre um livro que encontrara, aos dez anos de idade, em sua casa, com o título *Der Weg zu einem glücklichen Ehestand* (O caminho para um casamento feliz). Afirmou que não se lembrava mais do conteúdo. Como permaneci inflexível, a memória apareceu depois de algum tempo; ficou claro que a paciente se lembrava ainda de todos os detalhes, inclusive das palavras. Descreveu minuciosamente o primeiro coito e suas complicações; a descrição acadêmica, sem qualquer referência pessoal, pareceu-me estranha e incomum. Presumi que atrás dessa fachada devia haver algo especial. Não demorou muito e a paciente contou que, na idade de catorze anos, encontrara no bolso de seu irmão mais velho um livrinho dentro do qual havia uma carta. Esta era escrita por uma jovem senhora e dirigida a uma amiga íntima; descrevia de forma bem obscena e lasciva os segredos da primeira noite do casamento. Conforme minha intuição previra, estava no caminho certo. A seguinte recordação da paciente referia-se a sonhos eróticos que tivera enquanto adolescente. Eram sonhos declarados de ejaculação e mostravam claramente o coito. Seguiu-se então a confissão de que várias vezes tentou reter estas imagens e se masturbar. Também ficou claro que praticava às vezes a masturbação antes disso. Junto com a masturbação vinha a constante preocupação com suas partes genitais; tinha que certificar-se se estavam "bem formadas", se não tinha por acaso uma abertura vaginal muito estreita, tinha que constatar isso com o dedo. Tinha que contemplar-se muitas vezes ao espelho etc. Tinha que fazer uma série de considerações sobre o coito e tinha que imaginar os mínimos detalhes de como se comportaria em seu primeiro coito etc. Ao final, confessou também que sentia forte libido (o que negou veementemente a princípio), que gostaria de casar-se e que tinha fantasias sexuais com a maioria dos homens com quem se encontrava. Também se imaginava como tendo o papel principal em todas as histórias sexuais que armazenara. Contou, por exemplo, a história de uma jovem e ingênua conhecida que numa viagem em trem superlotado teve que se sentar no colo de seu professor. A moça contara depois, rindo, que o professor nunca esquecia sua função e que tinha, inclusive, uma régua no bolso. A paciente tinha que pensar sempre nesta história e como seria agradável se um professor a tomasse no colo; ficaria sabendo então o que significava a régua no bolso. (A reação anteriormente não bem explicada de *escolher – professor* deveria estar constelada por esta história).

Com grande relutância teve que contar também que, aos catorze anos, deitava-se em cima de sua irmã mais nova "como se a paciente fosse um homem". Em uma das últimas sessões, veio finalmente a narração de um fato que, sob todos os aspectos, enquadrava-se nos traumas de infância, de Freud. Na idade de sete anos, escutara várias vezes o coito do pai com sua mãe. Certa vez ouviu que a mãe se recusava e não mais queria que o pai a tocasse. Depois disso, por longo tempo não conseguiu mais encarar seus pais. Foi então que sua mãe engravidou e deu à luz sua irmã menor. Odiou a criança desde o começo e só mais tarde conseguiu superar a aversão. Não é de todo improvável que a paciente se tenha imaginado como um dos atores nesta história, e tenha adotado o papel da mãe. Esta conexão plausível explica facilmente a forte carga emocional em todas as associações com a palavra *pai*.

718   Naturalmente o trauma psíquico de tal experiência se fixa na mente de uma criança como um complexo emocional muito forte que, por longos anos, vai constelar o pensamento e o agir. Este foi o caso clássico nesta paciente. Isto imprimiu uma direção bem determinada à sua função sexual[20]. Mostra-o a análise de seu material reprimido: tratava-se sempre de encontrar e imaginar situações de coito. Apesar de sua fantasia sexual extraordinariamente viva, nunca se envolveu profundamente com homens e recusou, com medo, todas as tentativas de sedução. Em compensação era atraída, como que por força mágica, para mulheres de vida dúbia e por conversas obscenas, o que não seria de esperar de uma pessoa tão culta e inteligente. Neste aspecto, as duas últimas sessões foram muito instrutivas. Reproduziu uma seleção das obscenidades mais asquerosas que ouvia por vezes na rua. O que estas obscenidades, cuja narração não farei aqui, tinham em comum eram as diversas anormalidades de coito (por exemplo, abertura vaginal muito estreita ou muito larga, relação sexual de um pequeno corcunda com uma mulher muito gorda etc.). A quantidade e vulgaridade dessas histórias me pareceram quase incompreensíveis numa senhora tão culta e decente. O fenômeno porém se explica pela prematura e pervertida direção da função sexual que se ocupa sobretudo em garimpar impurezas sexuais, portanto na repetição simbólica de bisbilhotar o coito. O complexo de bisbilhotice do coito atuou de maneira fortemente consteladora durante toda a sua vida até aqui e determinou uma quantidade enorme de associações e atitudes sexuais em sua forma peculiar. Daí vem, por exemplo, que a paciente imite o coito com sua irmãzinha, que o escutar à porta para saber se o jardineiro vinha ainda esteja tão vivo, que deva executar a nojenta tarefa de vasculhar a cama de seus patrões, que tenha necessidade de procurar a companhia de pessoas moralmente duvidosas etc. Seus gestos de defesa e seus movimentos abdominais para frente também mostram como o efeito do complexo se espalha em todas as direções. Também parece característico que em cada sessão usasse um vestido diferente.

---

20. Podemos comparar com isso diretamente o fato de que muitos pervertidos sexuais (fetichistas) adquiriram sua anormalidade através de um evento casualmente sexual. Cf. KRAFFT-EBING, R. Von. *Psychopathia Sexualis*. Eine klinisch-forensische Studie. Stuttgart: [s.e.], 1886.

Semelhante exercício da função sexual deve ser incompatível com seu caráter, fora disso, tão nobre; deve ter havido uma rejeição e repressão da sexualidade como absurda e repulsiva, pois é impossível que uma mulher tão culta e sensível consiga combinar estas obscenidades com os demais conteúdos de sua mente. Estas coisas só podem existir na repressão. Mas elas existem e têm uma existência separada; constituem um estado dentro de um estado, uma personalidade dentro da personalidade. Em outras palavras: estão presentes duas consciências, mantidas separadas por fortes barreiras emocionais. Uma não pode e não deve saber da outra. Daí se explicam os estranhos distúrbios de reprodução que dificultam a análise. A consciência eticamente superior não dispõe das associações da outra consciência; por isso ela tem a impressão de ter esquecido estas ideias e que nunca teve conhecimento dessas coisas. Inclino-me a supor que a paciente estava realmente convencida de que nada mais sabia e que não mentiu quando afirmou com toda a certeza que nada mais tinha a contar.

719

Por mais que um complexo esteja reprimido no inconsciente, deve atuar de forma constelada sobre o conteúdo da consciência normal, pois nem a mais profunda divisão da consciência atinge o fundamento homogêneo da personalidade em geral. Portanto a repressão deve deixar uma espécie de interrupção nas funções da consciência: a consciência normal deve motivar de alguma forma as condições emocionais que um complexo reprimido deixa para trás. Não é mais simples, portanto, produzir uma ideia compatível com a consciência normal do que explicar uma disposição de espírito sempre antirrecriminadora e insatisfeita? Para atenuar as mordidas da consciência que se relacionam com os pecados do tempo de governanta, a paciente transfere a recriminação para os seus métodos pedagógicos que devem ter levado a um resultado desastroso; caso contrário, não teria constantemente a sensação de recriminação quando se lembra daquele tempo. Como já vimos, a origem dessa ideia obsessiva funciona como modelo da obsessão de ser responsável pela morte infeliz da vizinha. A acumulação de ideias obsessivas sobre o médico e o pastor tem sua razão no fato de estas pessoas não serem totalmente indiferentes a seu sexo, conforme havia afirmado a paciente. Por terem um efeito sexual sobre eles, tornaram-se quase cúmplices de sua vileza, devendo recriminar-se por causa disso.

720

721   Após esta análise, compreenderemos o papel, ainda obscuro nas associações, que o pai desempenhava em seu complexo erótico. Em geral, a análise confirma amplamente nossas suposições, indicadas no experimento de associações. Elas realmente me serviram de guia seguro na confusão mutante das fantasias que, passo a passo, tentavam levar a análise para o caminho errado.

722   A análise se realizou durante três semanas, dia sim e outro não, e o período de cada sessão era de hora e meia a duas horas. Apesar de, transcorridas as três semanas, não ter voltado o sono normal nem uma acentuada tranquilidade, dei alta à paciente e nada mais ouvi dela até o final de novembro. Nos últimos dias de novembro, ela apareceu de repente e apresentou-se como curada. Disse que após o término do tratamento ainda estivera muito inquieta durante umas quatro semanas. Às vezes era torturada de noite por suas ideias sexuais e às vezes por ideias obsessivas. Sobretudo a ideia obsessiva com relação à vizinha surgira muitas vezes e não lhe dava sossego; até que foi procurar a filha da falecida para ouvir pela enésima vez a cena da morte. Quando a filha lhe contou, como o fazia sempre, que a mãe morrera em paz etc., a paciente se convenceu de repente que a mulher tivera morte abençoada. E com isso desapareceram, de uma só vez, todas as ideias obsessivas. O sono voltou ao normal e só excepcionalmente era perturbada por ideias sexuais.

723   A que atribuir este desfecho feliz do tratamento?

724   Evidentemente a narrativa da filha, cuja versão a paciente ouvira muitas vezes sem resultado foi apenas a razão imediata do afastamento definitivo das ideias obsessivas. A verdadeira mudança para melhor aconteceu no início do tratamento, quando as ideias sexuais tomaram o lugar das ideias obsessivas. A confissão de seus pensamentos pecaminosos deve ter aliviado muito a paciente. Mas é improvável que a cura deva ser atribuída exclusivamente ao narrar tudo ou à "abreação". As ideias patológicas só podem ser abafadas duradouramente através de uma energia muito forte. Pessoas obsessivas são fracas, são incapazes de refrear suas ideias. Por isso, o melhor resultado se consegue através de tratamento para aumentar sua energia. Mas a melhor cura por energia acontece quando se força o paciente, com certa firmeza, a desencavar e colocar às claras as ideias que pareçam intoleráveis à sua consciência. Com isso não só se submete à dura

prova a energia, mas também a consciência se acostuma à existência das ideias até então reprimidas.

As existências psíquicas separadas são destruídas pelo fato de serem retiradas da repressão e trazidas à luz do dia por um ato da vontade. Perdem, assim, muito de seu prestígio e de sua periculosidade, e os pacientes voltam a perceber que são os donos de suas ideias. Coloco, portanto, a ênfase no aumento e fortalecimento da vontade e não na simples "abreação", como o fez anteriormente Freud.

Como ressalta de alguns recentes trabalhos, parece que nos acostumamos a ignorar sistematicamente a teoria freudiana dos fenômenos obsessivos. Tenho, pois, a máxima satisfação de chamar novamente a atenção para as teorias de Freud, sob pena de correr também o risco de tornar-me vítima de amnésia sistemática.

Resumo

1. O complexo em neuroses psicógenas que se revela nas associações constitui a *causa morbi* (pressuposta a disposição).

2. As associações podem ser instrumento valioso para a descoberta do complexo patogênico e, portanto, facilitar e abreviar a psicanálise de Freud.

3. As associações nos proporcionam uma visão experimental da estrutura psicológica do sintoma neurótico: os fenômenos histéricos e obsessivos derivam de um complexo. Os sintomas físicos nada mais são do que retratos simbólicos do complexo patogênico.

VI

O diagnóstico psicológico da ocorrência*

I

728   É do conhecimento geral que o depoimento das testemunhas – o elemento mais variável nos processos judiciais – tornou-se, nos últimos tempos, objeto de pesquisa experimental. Os maiores méritos neste aspecto cabem a William Stern cuja obra, *Beiträge zur Psychologie der Aussage*, contém verdadeiro tesouro de fatos e pontos de vista práticos muito importantes. O objetivo desses trabalhos é claro: visam em última análise a uma correção geral da memória humana que só manifesta sua inidoneidade quando submetida a um experimento exato. Os experimentos de depoimentos, de Stern, encontraram aos poucos seu caminho para a maioria das grandes universidades e assim se tornaram conhecidos em geral. Por isso, não preciso deter-me sobre eles. O principal objeto de investigação da escola de Stern é a confiabilidade do depoimento; ela transfere para o experimento a práxis do juiz instrutor. Porém, a questão que nos preocupa aqui – ainda que não menos importante do ponto de vista jurídico – tem também um cunho médico-psicológico: é o diagnóstico de uma ocorrência a partir da psicologia do depoente.

---

*Publicado pela primeira vez em *Schweizerische Zeitschrift für Strafrecht*, XVIII. 1905, p. 369-408. Berna; depois em *Juristisch-psychiatrische Grenzfragen*, IV/2, 1906, p. 3-47. Halle; no mesmo ano, junto ao mesmo editor (Karl Marhold) em brochura; nova edição em 1941, Zurique/Leipzig: Rascher Verlag.

Este novo campo de pesquisa pode ser mais facilmente explicado se procedermos historicamente; dessa maneira pode enfronhar-se do problema também o leigo em psicologia.

Estimulado por Galton[1], Wilhelm Wundt introduziu na psicologia um experimento muito simples que vamos chamar de "experimento de associação". Este experimento consiste essencialmente no seguinte: o experimentador diz à pessoa experimental uma palavra qualquer e esta tem que responder, o mais rápido possível, com a primeira palavra que lhe ocorra. Repetindo-se muitas vezes este processo (sempre com outras palavras) obtém-se uma série de pares de palavras que podemos chamar de "associações"[2]. A palavra proclamada denomina-se "palavra-estímulo" e a palavra respondida, "reação". É óbvio que um experimento de aparência tão acadêmica servisse em primeiro lugar só para fins acadêmicos, longe de qualquer uso prático. Interessava sobretudo a conexão lógica dos pares de palavras. Também havia interesse em saber a época das conexões de ideias, seja haviam surgido na juventude ou apenas mais tarde. Exclusivamente deste tópico trata o primeiro trabalho alemão relevante, da autoria de Trautscholdt, *Experimentelle Untersuchungen über die Association der Vorstellungen*, publicado no primeiro volume de *Philosophischen Studien*, de Wundt. Trabalhos posteriores da escola de Wundt também se ocuparam com questões puramente teóricas como o de Scripture[3] e Cordes[4]. O experimento só se tornou prático e interessante quando os psiquiatras tomaram o assunto nas mãos. Este progresso está ligado a três nomes conhecidos: Kraepelin, Sommer e Ziehen. Estes pesquisadores trabalharam o experimento praticamente um independente do outro e cada qual à sua maneira. Kraepelin, discípulo da escola de Wundt, trabalhou inicialmente questões teóricas, que não examinaremos em detalhe aqui. Ziehen estudou, sobre-

---

1. GALTON, F. "Psychometric Experiments". *Brain. A Journal of Neurology*, II, 1897. Londres.

2. Em sentido estrito, não se trata de associações, mas de imagens verbais remotas do mero processo psíquico de associação.

3. SCRIPTURE, E.W. Über den assoziativen Verlauf der Vorstellungen. In: WUNDT, W. (org.). *Philosophische Studien*. VII. Leipzig: [s.e.], 1889.

4. *Experimentelle Untersuchungen über Associationen*.

tudo, os resultados do experimento em crianças. Sommer colocou o experimento a serviço do diagnóstico psiquiátrico[5]. Basta esta resumida apresentação para mostrar a diversidade de aspectos deste simples experimento. Conforme todo leigo pode imaginar, as possibilidades de reagir a palavras-estímulo são aparentemente inúmeras. Por isso foi um grande passo ter-se provado que existem certas regras limitativas em ação.

731   Esta prova é o resultado de um excelente trabalho de Aschaffenburg[6], um discípulo de Kraepelin. Conseguiu ele mostrar através de experimentos interessantes e trabalhosos que a fadiga mental e corporal tem uma influência bem específica sobre as associações e que é possível determiná-la também estatisticamente. Ficou demonstrado que sob influência da fadiga aumentam sobretudo as chamadas associações de som[7] (ex.: peixe – feixe; cadeira – madeira; mato – rato). Sobre esta importante constatação Aschaffenburg trabalhou mais e mostrou que associações semelhantes são produzidas na doença mental, principalmente na mania. A questão das causas psicológicas comuns do fenômeno nestes estados psíquicos heterogêneos continuou por enquanto no escuro. Em 1901, Bleuler incentivou o estudo sobre associações na clínica psiquiátrica de Zurique. Os trabalhos levaram, em 1904, à conclusão de que o distúrbio da atenção era responsável pelas associações de som[8]. Uma segunda conclusão foi que o conteúdo das reações não era simplesmente aleatório mas inevitável; isto significa que aquilo que ocorria à mente da pessoa experimental não era um material indiferente ou casual, mas determinado segundo uma lei pelo conteúdo individual das ideias da pessoa experimental. Como ilustração sirva o exemplo a seguir.

---

5. Para maiores detalhes sobre o desenvolvimento do experimento, cf. JUNG, C.G. A importância psicopatológica do experimento de associações (cap. VIII deste volume).

6. ASCHAFFENBURG, G. "Experimentelle Studien über Associationen". In: KRAEPELIN, E. *Psychologische Arbeiten*. Vol. II. Leipzig: [s.e.], 1899.

7. Sob o aspecto clínico Schule chamou a atenção para o "predomínio das assonâncias" na exaustão cerebral (*Klinische Psychiatrie*. Leipzig: [s.e.], 1886, p. 84 e 191).

8. JUNG, C.G. & RIKLIN, F. Estudos experimentais sobre as associações de pessoas sadias (cap. I deste volume).

Uma das minhas pessoas experimentais era um jovem que pouco tempo antes do experimento tivera uma desagradável desavença com sua família. Queria se casar com uma moça que não agradava a seus pais. Por mais que lhe doesse, teve que se afastar dela por ser um filho obediente. Esta história estava no centro de seu interesse à época do experimento. Por isso não é de admirar que várias reações fossem influenciadas pela lembrança dessa história, como indicam os exemplos abaixo.

Palavra-estímulo	Reação
beijar	sempre de novo
ruim	não
tempo	agora não
maduro	estou para isso
amar	ah!
filho	pai e filho
selvagem	mãe (selvagem = furioso)
lágrimas	ela as tem agora
proteção	não lhe posso dar
guerra sim,	se ao menos houvesse
fidelidade	não mantive
uma vez	e nunca mais
milagre	deveria acontecer
sangue	ela é anêmica
escolher	uma outra
separar	eu não preciso
direito	ela não tem
amado	eu a amava
lã	o vestido de uma mulher
injusto	eu não fui
estranho	sim, ela é agora

Relendo estas reações, percebe-se logo que seu conteúdo não é indiferente e que não se trata de escolha ao acaso entre milhares de reações possíveis, mas são aquelas que indicam as ideias que ocupam o centro de interesse do indivíduo, como já dissemos, espelham a história de um amor infeliz. Semelhante reminiscência que se compõe de várias ideias isoladas denominamos de complexo de ideias. A argamassa que mantém coeso o complexo é a carga emocional comum a todas as ideias isoladas – e, neste caso, uma carga emocional de desgosto. Falamos por isso de um complexo de ideias com carga emocional[9] ou simplesmente de um complexo. Em nosso caso, o complexo faz com que a pessoa experimental não reaja com conexões indiferentes ou fortuitas de palavras, mas derive dele a maioria de suas reações. Denominamos de constelação a influência do complexo sobre o pensar e o agir[10].

734   Portanto, as reações de nossa pessoa experimental são consteladas por um complexo.

735   Será que este comportamento obedece a uma norma e todas as pessoas experimentais têm suas reações consteladas por complexos?

736   Não existe ninguém que não tenha um complexo, assim como não há ninguém que não tenha sentimentos. Assim mesmo as pessoas são muito diferentes de acordo com a força de seus sentimentos. O pensar e agir das pessoas bem como suas associações são constelados através de seus complexos conforme a intensidade de seus sentimentos. Mas não depende do autodomínio e da vontade de cada um querer ou não revelar seu complexo? Ninguém haveria de entregar seu segredo com tanta franqueza e despreocupação como este jovem. Certamente, ele é exceção, teve confiança no experimentador e disse tudo diretamente, conforme lhe vinha à mente. Nem todos agem assim; muitos inclusive se previnem cuidadosamente para não dizer algo comprometedor. Outros são mais impassíveis e apenas alinham palavra atrás de palavra sem pensar em alguma conexão mais profunda. Será que a associação também constela um complexo no caso de alguém não pensar em nada de especial, muito menos em seus segredos? Teoricamente a pergunta deve ser respondida de modo afirmativo, pois ninguém consegue agir de forma impessoal; em todo caso não existe manifestação psíquica que não tenha um caráter individual. Na prática, porém, é mais difícil resolver a questão: pode-se demonstrar a constelação através de complexo também em associações

---

9. Esta expressão é um pleonasmo, pois não existem complexos de ideias que não tenham carga emocional. Quanto maior o complexo, mais intensa será a carga emocional.

10. O conceito neste sentido provém de Ziehen (cf. *Leitfaden der physiologischen Psychologie*). O conceito freudiano de "comportamento sintomático" significa a mesma coisa.

nas quais a pessoa experimental não quer revelar-se ou não está pensando em algo especial[11]?

Apesar de ter formulado as questões adequadas, a psicologia não conseguiu, até agora, provar nada de individualmente significativo nas associações. Foram nossas experiências que, por primeiro, conseguiram encontrar os caminhos deste objetivo.

737

Como já dissemos, nem todas as pessoas experimentais reagem tão abertamente como no caso acima; à primeira vista, as associações parecem quase sempre impenetráveis, soam como sendo objetivas e sem ardis como as que se seguem:

738

dançar	não	cantar	encantador
doente	não	compaixão	absolutamente não
mau	amigável	desprezar	patifes
agulha	unha	povo	religião
rico	bastante	feder	abominável
árvore	galhos	injusto	horrível

Estas associações têm um caráter aparentemente objetivo e, por isso, diferenciam-se muito das acima mencionadas. Poderíamos supor se tratasse de conexões de palavras lançadas a esmo e absolutamente casuais. Mas ao interrogar a pessoa experimental, percebemos que este não era o caso. Não foi acidental que a pessoa respondesse a *dançar* com *não*, mas correspondia a uma situação bem específica. O senhor que se prestou a meu experimento não sabia dançar, o que o desgostava, sobretudo porque um amigo que sabia dançar bem conseguiu com isso o amor de um "bom partido". A pessoa experimental também queria um "bom partido", mas não teve êxito, o que a desgostou mais ainda do que o não saber dançar. Isto tanto a chateou que quase ficou *doente*; mas, apesar do desespero, *não* adoeceu. A moça era *bastante rica*. Devido à sua má sorte não merece *absolutamente compaixão*, pois cada um é o artífice de sua felicidade. E pelo fato de a moça que ele não conseguiu conquistar ser judia, *desprezava* os *patifes* (isto é, os judeus). Uma vez que o *povo* judeu tinha outra *religião* que não a dele, também a questão da religião era especialmente

739

---

11. Cf. JUNG, C.G. O tempo de reação no experimento de *associações* (cap. III deste volume).

importante para ele. Ao final, seu desgosto ainda se manifestou nas expressões *abominável* e *horrível*.

740 Encontramos, portanto, também aqui, com toda clareza, o complexo e sua constelação. Até agora confiamos totalmente na explicação da pessoa experimental. Mas vejamos em mais detalhes o conteúdo das reações.

741 É estranho que a reação para *dançar* e *doente* seja *não*; igualmente estranho é que a pessoa reagiu a *desprezar* com *patifes* e a *compaixão* com *absolutamente não*. É possível pensar, no lugar delas, outras conexões bem mais inofensivas e objetivas e que parecem estar mais próximas como, por exemplo:

dançar	música, salão, baile
doente	doença, médico
desprezar	estimar, desdém
compaixão	com pobres, doentes, pena

742 Já podemos concluir para uma constelação por complexo pelo conteúdo incomum da reação. Assim, por exemplo, é estranho que um senhor jovem e elegante reaja com *agricultura* à palavra *cabra*, *batata* e *vaca*. A explicação é que este senhor estudou agronomia no primeiro semestre. Poderia multiplicar os exemplos, mas não é necessário, pois é plausível que do conteúdo incomum de uma reação se conclua para um complexo constelador. Isto pode ser feito mesmo sem receber nenhuma informação posterior da parte da pessoa experimental. Se, por exemplo, uma moça casadoira responde a *beijar* com *beijo de irmã*, não é difícil adivinhar o que isto quer significar.

743 Com isso, porém, não se esgotam as possibilidades de pressupor e provar a influência de um complexo, mesmo sem explicação posterior. Além do conteúdo da reação, temos ainda outro critério bem sutil para a constelação do complexo: é o tempo de reação[12]. Medimos o tempo que medeia entre a pronúncia da palavra-estímulo e a reação com relógio que marca até 1/5 de segundo. Como é de esperar, os tempos oscilam de maneira aparentemente irregular. Mas, observando melhor, vemos logo que os tempos muito longos de reação quase

---

12. Cf. Ibid.

sempre ocorrem em lugar bem determinado. O exemplo a seguir mostra quais são os pontos críticos:

cabeça	cabelo	1,4 seg.
verde	campina	1,6
água	*profunda*	5,0
perfurar	faca	1,6
comprido	mesa	1,2
navio	*naufrágio*	3,4
perguntar	responder	1,6
lã	tricotar	1,6
teimoso	cordial	1,4
lago	*água*	4,0
doente	sadio	1,8
tinta	preta	1,2
nadar	*saber*	3,8

Neste exemplo, a maioria dos números oscila entre 1,2 e 1,8 segundos. Mas temos quatro tempos incomumente longos, entre 3,4 e 5,0 segundos. Perguntando-se à pessoa experimental pelo motivo da hesitação neste lugar, soubemos que certa vez, num momento de desespero, foi considerada seriamente a possibilidade do suicídio por afogamento. As palavras-estímulo *água*, *navio*, *lago*, e *nadar* estimularam este complexo. No curto intervalo entre palavra-estímulo e reação algo desagradável passou pela cabeça da pessoa experimental (o complexo) e, por isso, ocorreu a leve hesitação. O mesmo fenômeno podemos constatar na conversa do dia a dia, quando perguntamos a alguém algo que é desagradável para nós ou para ele; há uma hesitação tanto na pergunta quanto na resposta. A hesitação neste caso é algo involuntário e reflexo. É preciso notar que a mesma hesitação também ocorre no momento da reação, quando estamos alheios ao efeito estimulador do complexo da palavra-estímulo. Centenas de casos nos ensinaram isto. A partir daí vemos que a palavra-estímulo também pode avivar complexos dos quais não temos consciência no momento e que podem estar separados da consciência pela amnésia, como é muitas vezes o caso na histeria. Temos, portanto, na medição do tempo outro meio para detectar as constelações de complexos, mesmo sem a ajuda da pessoa experimental.

745   Ainda existe um terceiro método de comprovar a existência de um complexo: o chamado método da reprodução[13].

746   Normalmente tomamos junto à pessoa experimental, cujo complexo queremos investigar, uma série de cem reações. Terminada a série, solicitamos à pessoa que repita a reação que deu antes a cada palavra-estímulo. Aqui a memória falha muitas vezes. Examinamos então se os lugares onde houve uma reprodução incorreta ou incompleta são casuais ou determinados. Para simplificar, retomemos o exemplo anterior:

Palavra-estímulo	Reação	Reprodução
cabeça	cabelo	+
verde	campina	+
água	*profunda*	*nadar*
perfurar	faca	+
comprido	mesa	+
navio	*naufrágio*	*navio a vapor*
perguntar	responder	+
lã	tricotar	+
teimoso	cordial	+
lago	*água*	*azul*
doente	sadio	+
tinta	preta	+
nadar	*saber*	*água*

747   A reprodução foi falha em *água*, *navio*, *lago* e *nadar*, portanto nas mesmas palavras-estímulo em que foram constatados anteriormente tempos longos de reação. Disso se deduz que a memória falha nos lugares de complexos. Não queremos penetrar mais a fundo aqui na interessante teoria desses distúrbios, pois isto foi feito na obra mencionada na nota 13. É preciso lembrar apenas que a memória em geral é fortemente alterada pela emoção, fato que ninguém conhece melhor do que um juiz instrutor. Em resumo, podemos demonstrar também objetivamente a constelação do complexo a partir do conteúdo incomum ou de qualquer outro modo estranho da reação, a partir do prolongamento do tempo de reação e a partir da reprodução incorreta.

---

13. Cf. Observações experimentais sobre a faculdade da memória (cap. IV deste volume).

Mesmo aplicando esses três critérios às associações, vemos que a coisa não é tão simples como parece. Veremos que certas associações correspondem a esses critérios, mas não fazem sentido de modo algum como, por exemplo:

Palavra-estímulo	Reação	Tempo de reação	Reprodução
perfurar	faca	1,6 seg.	+
anjo	puro	1,2	+
comprido	tronco	2,8	árvore
navio	homem	1,2	+
lavrar	campo	1,4	+
lã	ovelha	1,6	+
amigável	amável	1,6	+
mesa	perna	4,0	cadeira
perguntar	resposta	1,6	+
Estado	forma de	6,2	Suíça
branco	preto	1,2	+
lápis	caneta	1,0	+
querido	caro	1,4	+
copo	amar	4,6	beber

Se aplicarmos nossos três critérios a estas associações, veremos que as palavras-estímulo críticas são *comprido*, *mesa*, *Estado* e *copo*. Esta conexão não nos diz nada nem nos faz supor nada. Será que o complexo não foi suficientemente despertado pela palavra-estímulo e só tenha vindo à tona claramente junto com a reação? Neste caso, ficaria prejudicada sobretudo a reação subsequente à reação crítica. Apliquemos isto ao nosso exemplo e vejamos as palavras-estímulo que antecederam às reações aparentemente críticas: *anjo*, *amigável*, *perguntar* e *querido*.

Enquanto interpelávamos em vão a pessoa experimental – um rapaz – sobre as palavras-estímulo precedentes, iluminou-se seu rosto quando lhe propusemos estas palavras-estímulo. Havia há pouco ficado noivo secretamente; a amada respondera a seu pedido com um amigável sim. Neste caso, portanto, a reação após a crítica é constelada pelo complexo. Chamamos este processo muito frequente de perseveração. Mostra o exemplo a seguir que a perseveração também pode influenciar fortemente o conteúdo de uma reação.

querido → caro
copo → amar

751   Para demonstração dessa variedade prática e importante da constelação do complexo escolhi um exemplo bem simples. Na maioria das vezes a coisa é bem mais complicada, pois se misturam todas as possibilidades. Em pessoas com forte emotividade (histéricos), a constelação de complexos pode estender-se sobre uma série inteira de reações subsequentes. Uma histérica que havia tentado suicídio reagiu, por exemplo, da seguinte forma:

Palavra-estímulo	Reação	Tempo de reação	Reprodução
1. água	(falha)[14]	–	+
2. picar	abelha	1,8	+
3. anjo	corte	21,0	(Pensou que não tivesse reagido, como em água)
4. comprido	faca	9,0	idem
5. navio	vapor	7,0	idem
6. lavrar	campo	4,2	horta

752   A partir da sétima reação começaram novamente os tempos de reação normais e a reprodução foi correta. Neste exemplo vemos várias coisas. À palavra-estímulo *água*, a pessoa experimental nem soube reagir. O tempo de reação prolongou-se por assim dizer até o infinito. Finalmente a pessoa chegaria a uma reação, mas a uma reação forçada, de nenhum valor. Por isso nunca esperamos mais do que 30 segundos. O que impediu o doente de reagir foi a recordação desagradável da tentativa de suicídio que veio à tona aqui. Em *anjo – corte* temos um tempo de reação longo demais porque novamente lhe veio à lembrança a tentativa de suicídio, a morte e o além e dessa vez com tal intensidade que a carga emocional do complexo perdurou sobre as três reações seguintes. A diminuição progressiva da carga emocional a partir da reação 3 é claramente perceptível na diminuição dos tempos de reação.

---

14. "Falha" significa que nada veio à mente da pessoa experimental.

Abordamos, assim, os distúrbios mais importantes que o complexo produz na associação e na reprodução e chegamos agora à pergunta: Quais dessas colocações teóricas podemos usar na prática?

Antes de mais nada, conseguimos com o experimento um instrumento muito valioso para a psicologia. Com ele podemos constatar em nossas pessoas experimentais a existência de certos complexos individualmente importantes, o que será de suma importância para questões teóricas. Em segundo lugar, o experimento é importante para a práxis psiquiátrica na medida em que nos dá as indicações mais valiosas para detectar as causas patogênicas sobretudo na histeria, onde a vida mental está normalmente perturbada; pois na histeria trata-se sempre de um complexo[15]. O mesmo serviço nos presta o experimento na elucidação de outro distúrbio mental: a *dementia praecox*.

A mais nova aplicação de nosso experimento foi proposta por Wertheimer e Klein[16], dois discípulos do célebre psicólogo criminalista Hans Gross. É sua aplicação ao delinquente, a perquirição do complexo subjacente a um crime. Assim como a pessoa experimental, que se submete ao experimento, trai-se inconscientemente, como ficou demonstrado, também o criminoso que tem conhecimento de certo fato, há de trair-se. Espera-se, portanto, ser possível demonstrar experimentalmente se uma pessoa tem conhecimento de certos fatos ou não. Como todos podem ver, esta questão é de grande importância prática.

Enquanto que o trabalho, acima citado, de Wertheimer e Klein só apresentou sugestões gerais sobre o assunto, Wertheimer se ocupou, em sua dissertação *Experimentelle Untersuchungen zur Tatbestandsdiagnostik*, com experimentos semelhantes, realizados no laboratório de Külpe, em Würzburg. A organização do experimento foi a seguinte:

---

15. Cf. especialmente RIKLIN, F. "Analytische Untersuchungen der Symptome und Assoziationen eines Falles von Hysterie (Lina H.)". *Psychiatrisch-neurologische Wochenschrift*, VI. Halle.

16. Op. cit. Em relação a esta obra, cf. Apêndice 5, nota 2, deste volume.

757 Mostrava-se à pessoa experimental um quadro, cujo conteúdo tinha que memorizar (por exemplo, o quadro de um culto religioso na capela de uma cripta). Em parte, as palavras-estímulo eram tiradas do quadro (nome dos objetos ou outras associações óbvias com o quadro) e, em parte, eram palavras indiferentes que não tinham relação com o quadro. As palavras-estímulo foram propostas a diversas pessoas experimentais. O tempo de reação foi medido com instrumentos de precisão (megafone e cronoscópio). As pessoas experimentais foram instruídas previamente para não se traírem, isto é, não fazer qualquer associação que pudesse indicar que conheciam o quadro. Os resultados correspondem, no essencial, à nossa exposição acima. Nas palavras-reação que atingiam o complexo (que se referiam ao quadro) houve um número muito alto de tempos de reação longos e, nestes casos, também a reação era estranha, como se fosse algo rebuscado. Muitas vezes acontecia também que se manifestavam características de complexos em reações a palavras-estímulo irrelevantes. Nestes casos havia precedido imediatamente uma palavra-estímulo relativa ao complexo. Wertheimer pôde constatar que, quanto maior o envolvimento emocional, maiores eram também os fenômenos de tempo, qualitativos e de perseveração.

758 Depois da publicação de Wertheimer e Klein, também Hans Gross[17] e Alfred Gross[18] realizaram, em Praga, experimentos semelhantes, com resultados parecidos. O substrato desses experimentos foi o conhecimento ou desconhecimento de determinado quarto com seus móveis. Alfred Gross abordou de maneira bem clara o aspecto geral do problema, especialmente sob o ponto de vista jurídico, em seu trabalho *Die Assoziationsmethode im Strafprozess*.

---

17. GROSS, H. "Zur psychologischen Tatbestandsdiagnostik". *Archiv für Kriminal-Anthropologie und Kriminalistik*, XIX, 1905, p, 49-59. Leipzig; e "Zur Frage des Wahrnehmungsproblems". *Beitrage zur Psychologie der Aussage*, II/2, 1905/1906, p. 128-134. Leipzig.

18. "Zur psychologischen Tatbestandsdiagnostik als kriminalistisches Hilfsmittel". *Beitrage zur Psychologie der Aussage*, II/3, 1905/1906, p. 150-153. Leipzig.

Dos comentários críticos gostaria de trazer por primeiro o de William Stern. Diz textualmente:

"O problema é, sem dúvida, muito interessante do ponto de vista puramente psicológico e o procedimento sugerido deve ser saudado como ampliação considerável de nossos métodos de trabalho, mas me parece haver uma objeção de peso à aplicação prático-forense do método. Em juízo não existe propriamente a radical distinção entre aquelas pessoas cuja mente está presente o conteúdo do fato e aquelas cuja psique está ele ausente; pois quase todos que entram em contato com um processo judicial, seja como acusado ou testemunha, sabem de que são acusados ou por que estão sendo interrogados, não importando se realmente vivenciaram o fato em apreço ou não. Também a psique do acusado inocente será oprimida por ideias relacionadas ao fato, desde a primeira audiência do juiz instrutor do processo; qualquer referência vai trazer à consciência as ideias com as quais está preocupado, exatamente como acontece com o culpado e também vai despertar reações emocionais que em suas manifestações, mesmo no experimento, dificilmente podem ser distinguidas das do culpado; é sabido também que o enrubescimento que ocorre tão frequentemente nas acusações injustificadas foi considerado sintoma de culpa. Não estará presente aqui também este grande perigo nos experimentos psicológicos propostos por Wertheimer e Klein"[19]?

Devo endossar plenamente esta objeção e gostaria de enfatizar que tanto o culpado quanto o inocente têm o maior interesse em reagir da maneira que lhes seja mais favorável. O culpado tem medo de trair-se e o inocente tem medo de comprometer-se através de reações impróprias. Por isso as reações críticas virão acompanhadas, em ambos, de intensa carga emocional que perturbará a associação de forma característica. Isto pode dificultar a distinção entre culpado e inocente. Voltaremos com maiores detalhes sobre esta questão na segunda parte.

Em recente publicação[20], Stern discute meu trabalho *Über das erhalten der Reaktionszeit beim Assoziationsexperimente* (O tempo de

---

19. Op. cit., p. 146 (W. e K. = WERTHEIMER e KLEIN).
20. (Por falta de maiores informações não foi possível identificar esta obra).

reação no experimento de associações) no qual expus detalhadamente a análise do experimento. Stern considera arriscado deixar que a pessoa experimental esclareça posteriormente as associações, conforme procedi nas minhas análises. Reconheço que o método é, em todos os casos; difícil e perigoso. Por isso selecionei como pessoas experimentais para a análise apenas três indivíduos cuja vida e psicologia me eram conhecidos e que tinham treino psicológico sobretudo na observação da atividade associativa. Não foi possível pedir de todos uma explicação de suas associações, pois não se tratava de coisas indiferentes mas de coisas muito íntimas e cheias de emoção em relação às quais falharia inclusive uma sincera autocrítica. A análise em pessoas sem treino pressupõe no experimentador não apenas uma experiência especial, mas também uma série de conhecimentos psicopatológicos que infelizmente ainda não fazem parte da bagagem de todos os psicólogos. São os princípios da genial psicanálise de Sigmund Freud[21]. Somente após a total assimilação do método de Freud, estaremos em condições de pôr em prática, com certa segurança, psicanálises com base nas associações. Um experimentador inexperiente pode entrar pelos caminhos mais errados nesta matéria delicada, e nisto devemos dar razão a Stern. Também se acusa Freud de concluir a partir da pessoa experimental mais do que está nela. Quanto a esta acusação, porém, deve-se observar que talvez todas as pessoas, quando perguntadas sobre o que lhes ocorre com relação a determinada ideia, respondem com uma associação canalizada em vez de uma nova criação. É claro que isto vale também para uma explicação posterior.

Kraus[22], ao discutir a ideia de Wertheimer, acha que o método ainda não foi suficientemente provado. Gostaria de lembrar a Kraus que foi publicada uma série de trabalhos a partir da clínica psiquiátri-

---

21. BREUER, J. & FREUD, S. *Studien über Hysterie*. Leipzig/Viena: F. Deuticke, 1895. • FREUD, S. *Die Traumdeutung*. Leipzig/Viena: [s.e.], 1900.
22. KRAUS, O. "Psychologische Tatbestandsdiagnostik". *Monatsschrift für Kriminalpsychologie und Strafrechtsreform*, II, 1905, p. 58-61. Heidelberg.

ca de Zurique que discutem com bastante profundidade o método[23]. Parece-me fora de dúvida o emprego do método para a descoberta de complexos. A situação é algo diferente no emprego do método com depoentes em juízo; ali, todo cuidado é pouco. Por isso concordo com Kraus quando prevê grandes dificuldades para o emprego do experimento na práxis forense.

Kraus prossegue: "Mas devo perguntar se o examinador pode ousar ditar alguma sentença com base nos caminhos tremendamente emaranhados de minhas associações". 763

O autor que me desculpe se por trás dessa pergunta suponho haver insuficiente apreço pelo problema da associação. Um estudo acurado da literatura existente lhe teria mostrado que os "caminhos da associação" não são "tremendamente emaranhados". Se o fossem, o assunto estaria encerrado e deveríamos renunciar de antemão a procurar por leis em meio ao número infindo de acasos. Mas o experimento se baseia simplesmente no fato de que realmente existem leis que determinam as possibilidades e que excluem sempre mais o imprevisível. 764

Conhecendo estas leis, conheceremos também os processos íntimos de associação da pessoa experimental, quer ela queira ou não. Kraus acha que precisamos para isso "possuir aquele raro dom da psicanálise de que Freud dá admiráveis provas em seus escritos notáveis". Certamente Freud é pessoa genial mas, ao menos em seus princípios, sua psicanálise não é uma arte inimitável, mas um método transferível e aprendível, cujo manejo é fortemente apoiado no expe- 765

---

23. JUNG, C.G. *Estudos diagnósticos de associações*. Introdução. • BLEULER, E. Über die Bedeutung von Assoziationsversuchen. In: JUNG, C.G. (org.). *Diagnostische Assoziationsstudien*. Leipzig: [s.e.], 1910. • JUNG, C.G. & RIKLIN, F. "Diagnostische Assoziationsstudien. 1. Beitrag: Experimentelle Untersuchungen über Assoziationen Gesunder". *J. f. Psychol. u. Neur.*, IV, 1904/1905. • WEHRLIN, K. Über die Assoziationen von Imbezillen und Idioten. Op. cit. • JUNG, C.G. Análise das associações de um epiléptico. Cf. cap. II deste volume. Além disso RIKLIN, F. "Analytische Untersuchungen der Symptome und Assoziationen eines Palies von Hysterie (Lina H.)". *Psychiatrisch-neurologische Wochenschrift*, VI/46-52, 1904/1905; e *Über die diagnostusche Bedeutung von Assoziationen bei Hysterischen e Analytische Untersuchungen der Symptome und Assoziationen eines Falles von Hysterie.*

rimento de associações, como talvez se possa ver nos trabalhos publicados a partir desta clínica[24].

766   Repito o que já disse em outro lugar: A verdade deste experimento não é óbvia, mas precisa ser comprovada; somente quem já empregou o experimento muitas vezes pode sobre ele julgar. A ciência moderna já não deveria reconhecer um juízo *ex cathedra*. Todos menosprezavam e criticavam a psicanálise (análise da histeria e dos sonhos) de Freud, mesmo sem jamais ter usado ou entendido o seu método que hoje constitui uma das maiores conquistas da psicologia.

767   Weygandt[25] também admite que ainda há um "longo caminho a percorrer até se poder usar o método na práxis criminalista". Também acha aconselhável que os experimentos sejam realizados sobretudo com pessoas experimentais incultas. Além disso, chama a atenção para que o experimentador não veja com muita atenção o local do crime, a fim de que as palavras-estímulo não sejam tiradas simplesmente dos objetos do local. Adverte ainda que pode faltar, com maior ou menor frequência, exatamente em criminosos habituais, a carga emocional necessária ao distúrbio da associação.

768   Estas objeções devem ser aceitas sem reservas.

II

769   Para ilustrar o uso prático do método de associação trago um caso de que participei na qualidade de médico. A história[26] é a seguinte:

770   Certa noite, em setembro de 1905, fui procurado por um senhor de mais idade e visivelmente agitado que desejava orientação para um assunto importante. Contou-me que morava com um jovem de 18 anos, do qual era tutor. Há algumas semanas percebeu que, de

---

24. Resposta mais completa às considerações de Kraus foi dada por A. Gross, em "Zur psychologischen Tatbestandsdiagnostik". *Monatsschriftftir Kriminalpsychologie und Strafrechtsreform*, II, 1905/1906, p. 182-184. Heidelberg.

25. WEYGANDT, W. "Zur psychologischen Tatbestandsdiagnostik". *Monatsschrift für Kriminalpsychologie und Strafrechtsreform*, II, 1905, p. 335-438. Heidelberg.

26. Um relato preliminar do caso encontra-se em Sobre o diagnóstico psicológico de fatos. In: JUNG, C.G. *Estudos psiquiátricos*. Petrópolis: Vozes, 2011 [OC, 1].

tempos em tempos, faltavam em sua caixa somas menores e maiores. Era um pouco distraído e não tinha cuidado especial com suas finanças, mas tinha certeza de que a quantia desaparecida somava no mínimo cem francos. Havia comunicado o fato à polícia, mas não tinha provas contra ninguém. Ultimamente havia trocado de empregadas de modo que era possível que alguma delas tivesse se apossado do dinheiro. Mas lhe ocorrera agora que talvez o tutelado tivesse cometido o furto. Se soubesse que o ladrão era o rapaz, tudo faria para que a polícia não ficasse sabendo; neste caso preferiria resolver o assunto com toda calma para poupar a família muito distinta de seu tutelado. Para solucionar este dilema doloroso, gostaria que eu hipnotizasse o rapaz e, sob hipnose, perguntasse-lhe se era ele o autor do furto ou não. Recusei o pedido não só porque este procedimento esbarra em grandes dificuldades técnicas, mas também porque seria inútil. Propus que se tentasse o experimento de associação. Felizmente o rapaz já tivera intenção de consultar-se comigo devido a leves perturbações nervosas. E, assim, o tutor pôde enviá-lo a mim sob pretexto de consulta. No dia seguinte veio o rapaz e concordou em submeter-se ao experimento.

O procedimento experimental

A fim de estimular ao máximo o complexo, preparei um formulário de palavras-estímulo no qual distribuí 37 palavras que se referiam ao possível fato. O tutor me havia dito que o dinheiro estava escondido numa gaveta ao lado de camisas e gravatas, debaixo de pequena tábua. A gaveta era de uma cômoda e estava trancada. É possível que tenha sido aberta com uma gazua. No mesmo quarto havia também uma mala onde eventualmente se guardava dinheiro e um móvel, chamado chiffonière, perto da cômoda. Recentemente o suspeito havia comprado um relógio para si e dera pequenos presentes à sua irmã. Talvez o dinheiro proviesse desses furtos, mas o tutor não tinha certeza, pois nunca se interessara pelos assuntos monetários de seu tutelado. Nada mais havia a acrescentar sobre as características do quarto onde os furtos ocorreram. Escolhi como palavras-estímulo as seguintes críticas: *presentear, relógio, dar, gaveta, irmã, arromba-*

mento, escrivaninha, pecado[27], ameaçar, chave, furtar, tábua, procurar, trancar, gazua, esconder, ladrão, encontrar, injusto, camisa, prestar atenção, gravata, mala, descobrir, surpreender, polícia, acusar, cômoda, pobre, prender, prisão, errado[28], medo, chiffonnière, castigar, mês[29], delinquente. Estas 37 palavras-estímulo referentes ao complexo foram distribuídas entre 63 palavras-estímulo indiferentes, tomando-se o cuidado de fazer seguir, na maioria dos casos, uma palavra-estímulo indiferente a uma crítica. Isto porque a carga emocional perseverava na reação pós-crítica. Dessa maneira era possível esperar que a constelação do complexo emergisse com bastante clareza. Apresento o experimento como ele transcorreu. De tempos em tempos, farei algum comentário explicativo. Ao final teremos um apanhado estatístico que dará uma visão geral do experimento. O experimento de associação foi complementado por um experimento de reprodução.

Gostaria de dizer que a média provável[30] dos tempos de reação deste caso, em que a pessoa experimental deve ser incluída na classe culta, é de 2,0 segundos. Portanto, tempos acima de 2,0 segundos são considerados longos demais.

Palavra-estímulo	Reação	Tempo de reação	Reprodução
1. cabeça	nariz	2,0	+[31]
2. verde	azul	1,2	+
3. água	ar	1,6	azul
4. perfurar	dói	2,0	+
5. assassinato	homicídio	1,4	+
6. comprido	curto	1,8	+
7. cinco	seis	1,4	+

---

27. O delinquente era de família muito religiosa.
28. *Errado* é que ele roube seu benfeitor.
29. Tantos e tantos meses na prisão.
30. O método da "média provável" (Kraepelin) consiste em ordenar os números de acordo com seu valor e, então, tomar simplesmente o número médio. Sobre a vantagem desse método, cf. Jung, cap. III deste volume.
31. O sinal + significa que a reprodução foi correta. As reproduções incorretas são indicadas por extenso.

Nestas reações nada de suspeito foi observado até agora, a não ser que se queira tomar como suspeita de constelação de complexo a reprodução errada em *água*. Não é possível explicar todo e qualquer distúrbio de complexo numa análise retrospectiva e incompleta como é o caso aqui.

8. *presentear*[32]	gen-generoso[33]	2,0	dar
9. lã	pano	1,4	+

A reação à primeira palavra-estímulo-complexo corresponde aos critérios acima mencionados do distúrbio devido à influência do complexo. A própria reação é caracterizada por tropeço da língua. O tempo de reação não é curto e, finalmente, a reprodução foi errada. Não houve efeito ulterior sobre a associação seguinte.

10. *relógio*	mecanismo	2,2	+
11. mesa	pé	1,8	madeira

A segunda palavra-estímulo-complexo, *relógio*, traz como reação uma palavra estrangeira (*Mechanismus*), o que é um tanto incomum. O tempo de reação é longo demais[34]. A reação seguinte à crítica foi reproduzida erroneamente, havendo a suposição de uma carga emocional perseverante.

12. *dar*	*furtar*	2,6	+
13. cadeira	perna	2,0	+
14. mal-humorado	aborrecido	2,8	+

Na reação 12 o complexo é expresso diretamente, com um tempo longo demais. Os tempos seguintes são bastante longos. A reprodução foi correta.

15. *gaveta*	madeira	1,6	+
16. *irmã*	irmão	1,8	+
17. lago	água	1,4	+
18. doente	bem	2,0	−[35]

---

32. As palavras-complexo, intencionalmente inseridas na série, são grafadas em itálico.
33. Também estão em itálico as palavras que indicam o complexo.
34. Cf. para este conceito, o cap. III deste volume.
35. O sinal − (menos) significa que a reação não foi lembrada.

Não se constata aqui nenhuma influência evidente do complexo sobre as duas palavras-estímulo críticas. A ausência de reprodução na palavra *doente* pode depender de outra causa e não do complexo de furto.

19. *arrombamento*	furto	1,8	+
20. cozinhar	–	–	–
21. tinta	papel	2,6	+

Aqui se encontram todos os critérios da constelação de complexo. A perseveração foi tão forte que levou a uma falha, à ausência da reação pós-crítica. Também o tempo na reação 21 é longo demais.

22. mau	bom	2,0	+
23. *escrivaninha*	papel	2,0	+
24. nadar	bem, não sei	2,0	livre, ir bem

A palavra-estímulo crítica interferiu novamente na reação pós-crítica e em sua reprodução através de carga emocional perseverante.

25. *pecado*	vergonha	1,8	+
26. azul	preto	1,4	+
27. pão	água	1,6	+
28. *ameaçar*	–	–	–
29. *chave*	fecha-buraco	2,6	+
30. rico	pobre	1,2	+

Evidentemente *pecado* não atingiu o complexo, ao menos não de forma clara. No entanto, *ameaçar* foi seguido de falha e ausência de reprodução, características da emoção. Este forte efeito da palavra-estímulo talvez se atribua ao fato de a associação 27 (*pão e água* = prisão) já conter uma evidente constelação do complexo. Em 29 o distúrbio é claro, a reação é prejudicada por erro de linguagem e, além disso, o tempo é longo demais.

31. árvore	verde	1,2	+
32. *furtar*	*tirar*	2,4	+
33. *tábua*	madeira	2,8	+
34. amarelo	preto	2,2	+

Tirar não contradiz o complexo. Não sei se o longo tempo de reação que se seguiu a *tábua* é fruto dessa palavra-complexo ou de *furtar* devido à perseveração. Seja como for, o tempo para *amarelo* é ainda longo demais, o que indica uma leve perseveração de *tábua*.

35. montanha	alta	1,8	+
36. *procurar*	*encontrar*	1,6	+
37. sal	–	–	+
38. novo	velho	2,0	+

Em *procurar* temos novamente a perseveração característica com inibição da reação subsequente. *Encontrar* não está em contradição com o complexo, ao contrário.

| 39. *trancar* | *aprisionar* | 2,6 | libertar |
| 40. cavalgar | rio | 2,0 | + |

A palavra-estímulo crítica não apenas suscita expressões claras do complexo, mas também induz a uma compreensão errada da palavra-estímulo seguinte, inclusive na reprodução (cavalgar: *reiten* = *Rhein*: rio Reno). A compreensão errada da palavra-estímulo não é fenômeno raro na constelação de complexos.

| 41. *gazua* | *chave* | 1,6 | + |
| 42. bobo | inteligente | 3,0 | + |

Não se deve valorizar muito a palavra *chave* como associação ao complexo. Mais significativo é o tempo prolongado da reação de número 42.

43. caderno	livro	1,8	+
44. *esconder*	*encontrar*	2,0	+
45. dente	dor de	1,4	+

Encontrar é uma associação comum a *esconder* e, por isso, não deve ser valorizada como associação ao complexo. Parece que *esconder* não atingiu claramente o complexo. Em *procurar* (36) também reagiu com *encontrar*. Tais comparações são úteis, mesmo que nem sempre revelem alguma coisa. Às vezes, porém, são bem valiosas quando procuramos um complexo desconhecido.

46. correto	errado	2,2	+
47. *ladrão*	*larápio*	4,6	criminoso
48. *encontrar*	*roubar*	2,6	procurar
49. livro	–	–	código

Com *ladrão* entram em cena sérios distúrbios do complexo que não preciso esclarecer.

50. *injusto*	justo	1,2	+
51. sapo	água	2,2	girino
52. separar	girino	2,6	+

Pode parecer que seguiu forte perseveração a partir de *injusto*. É mais provável, porém, que esta sequência prejudicada ainda esteja sob a influência de *ladrão* e seguintes, o que é frequente quando há forte emoção. Observando discretamente a pessoa experimental durante o experimento, via-se nos pontos do complexo expressões mímicas que denotavam forte carga emocional. Isto também aconteceu aqui. Desde a associação número 47, ficou inquieto, ria nervosamente, movimentava a cadeira de cá para lá, esfregava ou afundava as mãos nos bolsos. Via-se que os distúrbios das associações eram apenas fenômenos parciais do sintoma psíquico emocional.

53. fome	sede	1,4	+
54. *camisa*	branca	2,0	pano
55. criança	pequena	1,8	+

Parece que *camisa* funcionou.

| 56. *prestar atenção* | falhar | 1,8 | ro-enrolar |

A influência do complexo é óbvia sobretudo na reprodução. Será que *ro* é uma antecipação de *enrolar*, ou será que viria a palavra *roubar*?

57. *gravata*	pano	1,6	+
58. nublado	escuro	1,6	+
59. *mala*	empacotar[36]		+
60. *descobrir*	falhar	1,8	certamente
61. lei	código	1,8	+
62. querido	fiel	1,8	+
63. *surpreender*	falhar	2,4	pegar
64. brigar	amar	3,4	–

---

36. Devido a um defeito do relógio, o tempo não pôde ser medido aqui.

Nesta série vemos qual o papel desempenhado pela palavra *falhar*. Só ocorre nas palavras-estímulo do complexo, sendo também reproduzida erroneamente. Parece ser uma daquelas palavras-cobertura, como acontece não raro neste experimento. Parece que sob ela se esconde o medo do ladrão de ser flagrado. As palavras relacionadas ao local dos fatos como *gravata* e *mala* parecem ter pouca influência.

65. polícia	ladrão	3,6	+
66. grande	pequeno	1,6	+
67. acusar	suspirar	1,6	+
68. pintar	belo	3,8	+
69. cômoda	cômodo	2,8	+
70. velho	novo	1,2	+

A palavra-estímulo *polícia* acerta em cheio. *Acusar* tem efeito ulterior. *Cômoda* é substituída (por cômodo) após longo tempo de reação; o choque foi provocado.

71. flor	campina	2,0	+
72. pobre	perna	1,6	+
73. caixote	armário	2,0	+
74. selvagem	riacho	2,0	+
75. família	*irmã*	2,2	+
76. lavar	limpo	1,8	+
77. vaca	touro	1,8	+
78. estranho	*observar*	2,2	+

Nesta série, *pobre* (causa do furto?) não tem efeito estimulante. Por outro lado, a reação *irmã* à palavra-estímulo *família* – não intencionada como palavra-complexo – não é fortuita. *Observar* como reação a *estranho* é surpreendente; será que existe a leve suposição de que alguém o *observou* e o denunciou de modo que até um *estranho* (eu) saiba do ocorrido? Isto não é prova, mas deve-se ter em mente este tipo de pensamento na interpretação.

79. prender	ladrão	3,4	+
80. narrar	história	2,0	+
81. decoro	costume	1,8	+
82. estreito	largo	1,8	+

Prender atingiu o alvo, depois carga emocional decrescente (tempos de reação).

83. irmão	*irmã*	1,4	+
84. prisão	*penitenciária*	4,2	+
85. cegonha	criança	2,2	+
86. errado	(primeiramente não entendeu a palavra-estímulo, depois reagiu com)		
	rico	4,0	+

Rico é uma reação singular a *errado*, mas se a pessoa experimental tiver furtado uma soma considerável de seu benfeitor, então a reação não é mais totalmente incompreensível.

87. medo	bobagem	2,4	–
88. cerveja	vinho	1,6	+

A pessoa experimental pôde facilmente se convencer de que o *medo* de se trair no experimento era *bobagem*.

89. incêndio	tiro	2,0	+
90. sujo	limpo	1,4	+
91. porta	armadilha	1,6	+
92. *chiffonnière*	madeira	3,0	+
93. feno	capim	1,6	+

Chiffonnière, a considerar pelo longo tempo de reação, não foi muito indiferente.

94. quieto	calmo	2,0	+
95. caçoada	ironia	1,6	+
96. *castigar*	*libertar*	2,4	+

Clara constelação do complexo.

97. *mês*	semana	1,8	+
98. colorido	verde	6,2	+

Sob a constelação de *castigar*, *mês* atuou com bastante força.

99. *delinquente*	*ladrão*	2,2	assassino
100. falar	calar	2,6	dizer

773   O resultado geral desse experimento foi tão óbvio para mim que falei diretamente à pessoa experimental que ela havia furtado. O ra-

paz que, até aqui, mantinha no sorriso algo nervoso ficou pálido de repente e jurou inocência com grande nervosismo. Indiquei-lhe alguns pontos no experimento que me pareciam muito convincentes. Começou a chorar e confessou tudo.

Portanto, o experimento teve êxito completo.

Mas este êxito necessita de análise crítica. Antes de mais nada é preciso ter em mente que nosso ladrão não é um criminoso frio e contumaz, mas um jovem sensível, roído evidentemente por sua má consciência (complexo). Seu complexo tinha forte carga emocional que influenciava a associação e, assim, permitiu o diagnóstico do furto. Se tivesse tido carga emocional mais fraca, também os distúrbios teriam sido menores e mais difícil se tornaria o diagnóstico. Outra circunstância favorável foi que o rapaz reagiu à maneira das pessoas cultas, isto é, com *uma só* palavra e em tempo relativamente curto. Fosse ele bastante inculto e algo imbecil, teria preferido uma reação em forma de frase ou definição, exigindo isto também um tempo mais longo de reação. Neste tipo de associação[37] as pessoas experimentais pensam na reação e a formulam da maneira mais "adequada", podendo a constelação de complexo passar facilmente para o plano de fundo.

Não apenas o êxito do método mas também o método em si precisam de crítica, uma vez que não temos certeza se as palavras-estímulo críticas também podem provocar distúrbios em pessoas inocentes. Em parte as palavras-estímulo são tais que podem provocar emoções, sem a existência de um complexo especial, ou atingir outros complexos. Também há entre elas palavras não muito usuais e que têm poucas conexões correntes na linguagem. Finalmente, nem todos os tempos relativamente longos demais se devem à influência do complexo, mas podem muito bem ser causados pela raridade da palavra-estímulo[38].

---

37. Cf. o trabalho de WEHRLIN, K. Über die Assoziationen von Imbezillen und Idioten. In: JUNG, C.G. (org.). *Diagnostische Assoziationsstudien*. Leipzig: [s.e.], 1910

38. Neste aspecto há diferenças características; por exemplo, a média provável dos substantivos concretos foi 1,67 segundos; dos conceitos gerais, 1,95 segundos; dos adjetivos, 1,70 segundos; e dos verbos, 1,90 segundos (cf. § 591 deste volume).

777 A raridade e complexidade da palavra-estímulo também provocam emoções uma vez que a atenção é mais exigida. Muitas pessoas também se inibem por medo de responder algo tolo, sobretudo as mulheres incultas que facilmente entram em confusão. Por isso não se pode excluir de antemão que surjam também características de complexo em lugares onde emoções foram provocadas somente por causa da dificuldade. É fácil imaginar, pois, que características de complexo sejam produzidas por palavras-estímulo-complexo intencionadas, mas que não se referem ao complexo suposto e esperado e, sim, a um semelhante que interfere casualmente no complexo procurado. Este caso pode levar a sérios enganos. Finalmente, apenas uma parte das palavras-estímulo-complexo pode causar distúrbios, ficando pois a dúvida sobre culpado ou inocente. Isto também pode acontecer quando um outro complexo interfere naquele que se procura.

778 Em vista dessas dificuldades, é preciso admitir que 100 palavras-estímulo não são suficientes para tornar bem evidente um complexo e excluir qualquer influência de complexos interferentes. No nosso caso, a tentativa teve sucesso porque a situação era simples, mas em outros casos poderia falhar. Os obstáculos que surgem na prática são indicados pelo controle que exerci sobre a lista de palavras-estímulo, especialmente escolhida para o caso de furto.

779 Tomei como pessoas experimentais dois jovens, conhecidos meus. Um deles, que denomino "iniciado", sabia da finalidade do experimento; o outro, que chamo de "desinformado", não sabia de nada. O experimento foi realizado em ambos da mesma forma que foi com o culpado do furto. Chamo a atenção para o fato de que devemos considerar sempre a média provável de cada um:

média do culpado	2,0 segundos
média do iniciado	1,4
média do desinformado	1,8

As diferenças desses números têm apenas significado individual.

780 Por motivo de brevidade, devo limitar-me a discutir apenas as reações críticas e só indicar os complexos das pessoas-controle.

8. *Presentear* correu bem com o desinformado, no caso do iniciado o tempo de reação pós-crítico se prolongou além da média.

10. *Relógio* produziu uma falha no desinformado, portanto um sintoma de complexo. Esta pessoa está passando momentaneamente por um período desagradável de espera que lhe parece muito longo (por isso tempo mais prolongado em *comprido*). *Relógio* provocou nela a mesma ideia. Também no iniciado o tempo é algo maior do que a média. As reações pós-críticas foram erroneamente reproduzidas, tanto pelos inocentes quanto pelo culpado, havendo provavelmente influência de complexo. Vemos que todos são suspeitos. Mas a análise indica que no desinformado a carga emocional do tempo de espera é muito forte, podendo ser admitida uma perseveração. No iniciado tem papel relevante a reforma de sua casa: ultimamente está muito ocupado com os móveis. O pano de fundo com forte carga emocional que se reflete no complexo dos móveis é sua noiva.

12. *Dar* transcorre normal nos inocentes. Mas no desinformado a reação pós-crítica é prejudicada. Soubemos que durante este tempo de espera depende de favores alheios (*presentear*), o que é bem desagradável para ele.

15. *Gaveta* provocou no desinformado a reação *cômoda*, que a gente esperaria encontrar no culpado. A associação de *gaveta* e *cômoda* é uma associação comum de coexistência e, portanto, não teria muito significado também no culpado. E poderíamos facilmente ter sido enganados.

16-32 parecem muito instrutivos. A palavra-estímulo *irmã* (16) provocou a mesma reação nos três, mas o culpado apresentou o tempo de reação mais longo.

19. *Arrombamento* tem uma reação bastante "suspeita" no desinformado. Desconheço se alguma vez furtou, também não me confessou tal pecado. Mesmo que trouxesse dentro de si esta censura, sua reação não teria de *fato* nenhum valor em vista do complexo em questão, ainda que a suposição fosse tentadora. De qualquer forma, está ausente nos inocentes o forte efeito ulterior sobre a reação seguinte.

23. *Escrivaninha* produziu nos inocentes um tempo de reação desproporcionalmente longo. Por isso é necessária aqui também a máxima prudência. A análise não conseguiu mostrar qualquer influência de complexo nos inocentes. Talvez a "dificuldade" da palavra tenha atuado aqui.

Palavra-estímulo	Culpado Reação	T.R.	Repr.	Iniciado Reação	T.R.	Repr.	Desinformado Reação	T.R.	Repr.
1. cabeça	nariz	2,0	+	pescoço	1,0	+	pés	1,0	+
2. verde	azul	1,2	+	azul	0,8	+	amarelo	0,8	+
3. água	ar	1,6	azul	navio	1,0	+	céu	1,0	+
4. perfurar	dói	2,0	+	faca	1,4	+	parada	2,2	+
5. assassinato	homicídio	1,4	+	crime	1,0	+	morte	1,2	+
6. comprido	curto	1,8	+	curto	0,8	+	curto	2,2	largo
7. cinco	seis	1,4	+	seis	0,8	+	sete	1,4	+
8. *presentear*	*gen-generoso*	2,0	dar	dar	1,2	+	dar	1,4	+
9. lã	pano	1,4	+	vestido	2,0	+	ovelha	1,6	+
10. relógio	mecanismo	2,2	+	ponteiro	1,6	+	–	–	+
11. mesa	pé	1,8	madeira	banco	1,0	cadeira	cadeira	1,2	cama
12. *dar*	*furtar*	2,6	+	tirar	1,4	+	presentear	1,4	+
13. cadeira	perna	2,0	+	mesa	1,0	+	assento	2,4	perna
14. mal-humorado	aborrecido	2,8	+	bem disposto	1,8	+	atrevido	1,6	+
15. *gaveta*	madeira	1,6	+	mesa	1,8	+	*cômoda*	1,2	+
16. *irmã*	irmão	1,8	+	irmão	0,8	+	irmão	1,4	+
17. lago	água	1,4	+	água	1,2	+	rio	1,8	céu
18. doente	bem	2,0	–	sadio	1,0	+	sadio	1,4	+
19. *arrombamento*	*furto*	1,8	+	*furto*	1,4	+	*ladrão*	2,0	+
20. cozinhar	–	–	–	gás	1,0	+	comer	1,4	+
21. tinta	papel	2,6	+	papel	1,8	+	caneta	2,6	escrever
22. mau	bom	2,0	+	bom	1,0	+	bom	1,4	+
23. *escrivaninha*	papel	2,0	+	papel	1,8	+	envelope	2,6	+
24. nadar	bem, não sei	2,0	livre, ir bem	água	1,8	+	mergulhar	1,2	+
25. *pecado*	vergonha	1,8	+	crime	2,8	+	perdão	2,2	+

	Culpado			**Iniciado**			**Desinformado**		
Palavra-estímulo	Reação	T.R.	Repr.	Reação	T.R.	Repr.	Reação	T.R.	Repr.
26. azul	preto	1,4	+	verde	1,4	+	Zurique	1,6	água
27. pão	água	1,6	+	inveja	1,2	assar	trigo	1,8	comer
28. *ameaçar*	–	–	+	mão	0,8	+	assassinato	2,6	assassino+
29. *chave*	fecha-buraco	2,6	+	quarto	1,2	gaveta	*arrombamento*	1,8	+
30. rico	pobre	1,2	+	pobre	0,8	+	pobre	1,6	+
31. árvore	verde	1,2	+	arbusto	1,2	+	frutas	1,4	fruta
32. *furtar*	tirar	2,4	+	tapete	3,0	tirar	*punir*	1,8	ladrão
33. *tábua*	madeira	2,8	+	madeira	1,6	+	carpinteiro	1,8	mesa
34. amarelo	preto	2,2	+	verde	2,8	+	urina	2,8	+
35. montanha	alta	1,8	+	vale	1,2	+	cume	2,0	vale
36. *procurar*	*encontrar*	1,6	+	*encontrar*	0,8	+	*encontrar*	1,0	+
37. sal	–	–	+	pimenta	0,8	+	pimenta	1,6	+
38. novo	velho	2,0	+	velho	0,8	+	velho	1,2	+
39. *trancar*	*aprisionar*	2,6	libertar	*dinheiro*	3,2	chave	*preso*	1,6	+
40. cavalgar	rio	2,0	+	andar de carro	1,2	+	cair	3,2	+
41. *gazua*	*chave*	1,6	+	*chave*	1,6	+	*ladrão*	2,0	+
42. bobo	esperto	3,0	+	inteligente	1,0	+	esperto	1,0	–
43. caderno	livro	1,8	+	caneta	1,0	+	aluno	2,8	+
44. *esconder*	*encontrar*	2,0	+	brincar	1,2	+	*encontrar*	1,2	+
45. dente (*Zahn*)	dor de	1,4	+	chucro (entendeu zahm)	1,6	+	dentista	1,8	+
46. correto	errado	2,2	+	incorreto	0,8	+	errado	1,8	+
47. *ladrão*	*larápio*	4,6	criminoso	*roubar*	1,4	+	*arrombamento*	1,6	+
48. *encontrar*	*roubar*	2,6	procurar	*procurar*	1,0	+	achado	2,4	procurar
49. livro	–	–	código	capa	1,2	+	ler	1,6	aluno
50. *injusto*	justo	1,2	+	justo	0,8	+	justo	1,8	+

	Culpado			Iniciado			Desinformado		
Palavra-estímulo	Reação	T.R.	Repr.	Reação	T.R.	Repr.	Reação	T.R.	Repr.
51. sapo	água	2,2	girino	perna	1,4	+	rã	2,0	+
52. separar	girino	2,6	+	conhecer	1,2	+	unir	1,8	+
53. fome	sede	1,4	+	sede	0,8	+	sede	1,2	+
54. *camisa*	branca	2,0	pano	colete	1,8	+	vestir	1,8	+
55. criança	pequena	1,8	+	pequena	2,0	+	mãe	1,6	cegonha
56. *prestar atenção*	*falhar*	1,8	ro-enrolar	escutar	1,4	+	observar	5,0	+
57. *gravata*	pano	1,6	+	borboleta	1,2	+	colarinho	2,0	+
58. nublado	escuro	1,6	+	claro	1,4	+	claro	1,4	+
59. *mala*	empacotar	–	+	*chave*	1,4	+	fechar	1,4	+
60. *descobrir*	*falhar*	1,8	certamente	*encontrar*	1,4	+	atirar	1,4	+
61. lei	código	1,8	+	direito	1,2	+	crime	3,0	+
62. querido	fiel	1,8	+	caro	0,8	+	ódio	1,0	+
63. surpreender	*falhar*	2,4	pegar	acaso	2,2	+	*ladrão*	3,0	+
64. brigar	amar	3,4	–	julgar	1,8	+	lutar	1,4	+
65. *polícia*	*ladrão*	3,6	+	soldado	1,4	+	crime	3,8	erro
66. grande	pequeno	1,6	+	pequeno	0,4	+	rei	1,8	+
67. (gemer) *acusar*	suspirar	1,6	+	chorar	1,8	+	tribunal	2,0	juiz
68. pintar	belo	3,8	+	cor	1,6	+	artista	2,0	+
69. *cômoda*	confortável	2,8	+	*gaveta*	1,8	+	móvel	3,8	+
70. velho	novo	1,2	+	novo	0,8	+	jovem	1,6	+
71. flor	campina	2,0	–	botão	1,0	+	jardim	2,0	+
72. *pobre* (braço)	perna	1,6	+	rico	0,8	+	rico	1,4	+
73. caixote	armário	2,0	+	tampa	1,0	+	roupa	4,0	móvel
74. selvagem	riacho	2,0	+	manso	1,0	+	leão	2,2	+
75. família	irmã	2,2	+	sociedade	2,2	+	casa	3,0	+

	Culpado			Iniciado			Desinformado		
Palavra-estímulo	Reação	T.R.	Repr.	Reação	T.R.	Repr.	Reação	T.R.	Repr.
76. lavar	limpo	1,8	+	pentear	1,0	+	pentear	1,6	+
77. vaca	touro	1,8	+	boi	1,0	+	leite	1,4	+
78. estranho	observar	2,2	+	conhecido	1,4	+	conhecido	1,8	+
79. *prender*	*ladrão*	3,4	+	*ladrão*	1,6	+	criminoso	1,8	+
80. narrar	história	2,0	+	história	1,0	+	história	1,2	+
81. decoro	costume	1,8	+	costume	1,4	+	desaforo	1,8	+
82. estreito	largo	1,6	+	largo	1,2	+	largo	1,2	+
83. irmão	irmã	1,4	+	irmã	1,0	+	irmã	1,6	+
84. *prisão*	penitenciária	4,2	+	*liberdade*	1,2	ladrão	*criminoso*	2,8	ladrão
85. cegonha	criança	2,2	+	criança	1,4	+	criança	1,6	+
86. *errado*	rico	4,0	+	verdadeiro	1,4	+	*honesto*	1,8	+
87. *medo*	bobo	2,4	+	preocupação	1,2	+	dor	1,4	+
88. cerveja	vinho	1,6	+	vinho	1,2	+	vinho	1,6	+
89. incêndio	tiro	2,0	+	taverna	1,6	+	calor	1,8	+
90. sujo	limpo	1,4	+	asseado	1,0	+	limpo	1,2	+
91. porta	armadilha	1,6	+	dobradiça	1,2	+	casa	1,6	+
92. *chiffonnière*	madeira	3,0	+	(não conhece a palavra)			móvel	1,8	+
93. feno	capim	1,6	+	palha	1,0	+	palha	1,2	+
94. quieto	calmo	2,0	+	calmo	1,2	+	calmo	1,2	+
95. caçoada	ironia	1,6	+	desdém	1,0	+	alegre	5,2	vergonha
96. *castigar*	*libertar*	2,4	+	justo	1,6	+	*erro*	2,2	criminoso
97. *mês*	semana	1,8	+	janeiro	1,2	+	ano	1,8	+
98. colorido	verde	6,2	+	multicor	1,2	+	água	4,2	+
99. *delinquente*	*ladrão*	2,2	assassino	*castigo*	1,4	+	*culpado*	3,8	assassino
100. falar	calar	2,6	dizer	responder	1,0	+	dizer	1,2	+

25. *Pecado* teve um impacto maior sobre os inocentes do que sobre o culpado.

28. *Ameaçar* tem efeito sobre o desinformado, mas nem de longe com a mesma intensidade que sobre o culpado.

29. *Chave*. As reações dos inocentes contêm diretamente palavras de complexo.

32. *Furtar* denuncia nos inocentes forte influência de complexo. No iniciado trata-se de uma reminiscência jocosa do complexo dos móveis; no desinformado o distúrbio provém sobretudo de sua reação *punir*, oriunda do fato de considerar a perda do emprego, sofrida recentemente, como punição.

Com estes exemplos tem-se noção clara das dificuldades inesperadas com que nos defrontamos na prática, ainda que na teoria seja certo considerar que os distúrbios das associações se referem normalmente a emoções e estas, a complexos; mas a que complexos, esta é a grande questão.

33. *Tábua* tem o maior efeito sobre o culpado, mesmo que o conteúdo da reação nada revele. Contudo, a reprodução errada do desinformado é novamente perturbadora. É devida à perseveração da reação 32.

36. *Procurar* tem o maior efeito sobre o culpado (perseveração).

39. *Trancar* provoca reações muito suspeitas. No caso dos inocentes, interferem novamente aqui outros complexos: no iniciado trata-se do complexo dos móveis e dessa vez em clara conexão com o problema do dinheiro que custa uma nova decoração. No desinformado novamente trata-se do complexo de sua desagradável situação social que não posso detalhar aqui. Mas é de notar que os inocentes expressam palavras suspeitas de complexos; e no desinformado manifesta-se também a perseveração.

41. *Gazua* tem o mesmo efeito, distinto daquele do culpado apenas pela perseveração.

Também o efeito de 44. *esconder* não é diferenciável. Aqui interferem complexos inclusive nos inocentes.

47. *Ladrão* tem certamente o maior efeito sobre o culpado, ainda que as reações dos inocentes também sejam palavras suspeitas de complexos.

Em 48, *encontrar* surge no desinformado novamente uma reminiscência com carga emocional que compromete o resultado.

50. *Injusto* e 54. *camisa* são incertos.

56. *Prestar atenção* provoca no desinformado o surgimento de um complexo (um caso de amor), ficando novamente prejudicado o resultado.

57. *Gravata* e 59. *mala* são incertos.

60. *Descobrir* tem efeito mais forte sobre o culpado.

63. *Surpreender* e 65. *polícia* têm efeito bastante suspeito sobre o desinformado; aqui interfere o complexo de um caso secreto de amor.

67. *Acusar* (gemer) é incerto.

Em 69. *cômoda* reagem os inocentes com *gaveta* e *móvel*, o que é bem mais próprio do que a reação *cômodo* do culpado. Esta reação pode ser considerada como desvio, como meio de mascarar o complexo. Em complexos com forte carga emocional, como, por exemplo na histeria, estes desvios são a regra.

Algo semelhante poderíamos supor em 72. *pobre – perna*.

79. *Prender* e 84. *prisão* têm efeito maior sobre o culpado.

86. *Errado* e 87. *medo* têm efeito maior sobre o culpado.

92. *Chiffonnière*, 96. *castigar* e 97. *mês* são incertos. O desinformado apresenta para *mês* o complexo do tempo de espera, daí a forte perseveração.

O efeito de 99. *delinquente* não é claro.

O resultado do experimento de controle é deprimente: encontramos não apenas no iniciado indícios claros de complexo nos lugares críticos, mas também muitas vezes no desinformado que não deveria apresentar nenhum sintoma de furto. Quis o acaso, porém, que ele tivesse dois complexos dominantes que podem ser provocados pelas palavras-estímulo do complexo de furto. Isto nos ensina uma das principais falhas do experimento: a multiplicidade de sentidos das palavras-estímulo. É difícil imaginar quantas relações diferentes, concretas e simbólicas, estas palavras podem suscitar. O simples fato de restringir estas possibilidades já exige uma grande experiência prática. Pode-se chegar próximo a este objetivo selecionando o maior número possível de palavras-estímulo e tomando como críticas somente as bem especiais. Um experimento com apenas 100 palavras-estímulo é decididamente inadequado.

782   Como poderia eu então acusar um rapaz de ter cometido furto com base num experimento tão incerto? Antes de tudo é preciso dizer que ao experimento prático pertence ainda outra coisa que não é possível colocar no papel: são aqueles imponderáveis do comportamento humano, aquelas expressões mímicas, incontáveis e imensuráveis, que, em grande parte, não percebemos conscientemente e que só afetam nosso inconsciente, mas que são de enorme força convincente. Desconsiderando este fator indescritível que faz parte do experimento ao vivo, existem algumas evidências mais palpáveis que podem convencer: temos sobretudo o resultado geral, que não aparece nas tabelas, mas que se torna óbvio aplicando o método estatístico. Vejamos primeiro a média dos tempos de reação.

783   Por determinada razão que não posso explicar em detalhes, tomemos a média aritmética[39].

	Culpado	Iniciado	Desinformado
Média em palavras-estímulo indiferentes	1,9	1,0	1,9
Média em palavras-estímulo críticas	2,8	1,5	2,5
Média em palavras-estímulo pós-críticas	3,8	1,4	1,8

784   Graficamente e ao mesmo tempo reduzido ao nível do valor médio das reações indiferentes do culpado, o quadro é o seguinte:

---

[39]. As razões são explicadas no cap. III deste volume, § 568s.

Estudos experimentais

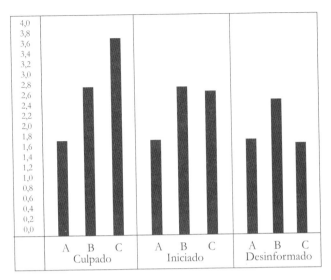

A: tempo de reação indiferente
B: tempo de reação crítica
C: tempo de reação pós-crítica

Podemos ver neste gráfico que o culpado se diferencia muito dos inocentes pelo fato de sua média das reações pós-críticas ser excessivamente alta, superando inclusive de muito a média das reações críticas. Psicologicamente falando, isto significa que as emoções do culpado eram bem mais fortes, nas reações críticas, do que as dos inocentes, perseverando por isso com mais intensidade. Ainda que no iniciado a média crítica corresponda relativamente à do culpado, a média pós-crítica cai abaixo desse nível porque faltam ao iniciado precisamente as emoções ligadas ao complexo. Para ele trata-se apenas de um complexo de ideias relativo ao experimento. Isto está mais claro ainda no desinformado para o qual, como já vimos, o complexo de furto nem entra em consideração, mas existe um complexo que interfere ocasionalmente como reação às mesmas palavras-estímulo. Na verdade a média crítica do desinformado não deveria ter ultrapassado a média indiferente; mas aconteceu. Isto se deve ao fato de as palavras-estímulo críticas e pós-críticas constituírem juntas nada menos do que 65% das palavras-estímulo. Só por este motivo já é muito grande a probabilidade de complexos inocentes se manifestarem com as palavras-estímulo críticas.

786   Mostra o gráfico também como o mero conhecimento do complexo pode comprometer o resultado[40]. Apesar de todas as dificuldades, o gráfico apresenta material considerável que incrimina o culpado.

787   Como vimos, também as reproduções errôneas são indicativas de complexos. O culpado reproduziu erradamente 20% das reações, o iniciado 5% e o desinformado 21%.

788   Mostra o gráfico que o culpado reproduziu incorretamente nada menos que 90% das reações críticas e pós-críticas, o iniciado 80% e o desinformado 71%.

789   Também aqui vemos que o peso maior recai sobre o culpado, ainda que os números dos inocentes sejam inesperadamente altos.

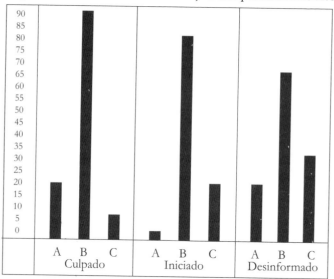

A = Total de reproduções erradas na porcentagem das reações em geral.

B = Reproduções erradas nas reações críticas e pós-críticas. Porcentagem das reproduções erradas.

C = Reproduções erradas nas reações indiferentes. Porcentagem das reproduções erradas.

---

40. É preciso considerar, porém, que a redução da pessoa informada em nível da pessoa culpada não é um procedimento incontestável. Os tempos só podem se estendidos para cima e não para baixo. Finalmente também é característico que o inocente possa reagir rapidamente, isto é, sem hesitar.

É interessante a pergunta: quantas vezes ocorrem reações nas 790 palavras-estímulo críticas que podem indicar o complexo? Segundo dados de Wertheimer, podemos esperar bons resultados. Mas devemos levar em conta que a classificação dele tem algo de arbitrário. Na tabela sempre enfatizei a reação crítica pelo itálico. Como se pode ver, procedi de maneira bastante generosa. Isto é uma fonte de erro; outra é o fato acima mencionado de que a reação, ao contrário da expectativa, esconde o complexo em vez de revelá-lo. Para o culpado temos uma indicação de 49% de complexos nas reações críticas e pós-críticas, para o iniciado 32% e para o desinformado 46%. É verdade que o número do culpado é o maior, mas isto não prova muita coisa.

O fato de a cena do crime ter sido um local bastante comum traz 791 grande dificuldade para o experimento; isto nem sempre precisa ser assim. Ao contrário, a cena pode ser em outro caso tão complicada e especial que por si só sugira grande quantidade de palavras-estímulo de complexo que parecem inofensivas ao não envolvido, ao passo que o culpado tem que evitar continuamente constelações de complexos, o que, segundo nossa experiência, não pode transcorrer sem distúrbios característicos. Isto pode ser visto já agora nos experimentos de Gross e Wertheimer.

Resumindo, devo notar que o culpado só se distingue pelo aspec- 792 to quantitativo de seus sintomas de complexo e que isto deu suporte ao diagnóstico do furto. Se o método da associação não se tivesse mostrado um auxílio de diagnóstico muito valioso para a psicopatologia, tornando possível a penetração nos complexos patológicos, e não tivéssemos certa experiência em realizá-lo, não teria arriscado este diagnóstico. Mas as analogias com a psicopatologia me convenceram. Não posso recriminar ninguém se não consegue convencer-se. Estou longe de jogar água fria nos esforços e expectativas sem dúvida interessantes e promissores do diagnóstico psicológico do caso criminal; não me sinto mal, porém, em prevenir contra um otimismo exagerado, tendo em vista o caso analisado. Faço-o no interesse desse método de pesquisa, de perspicaz e incomparável psicologia, que poderia facilmente cair no descrédito devido a drásticas fracassos. O método de associação é um instrumento delicado que só é útil na mão de pessoa experiente e é preciso pagar caro até conseguir dominá-lo. Assim como se apresenta hoje, não se pode esperar muita coisa desse método; mas tem possibilidades de aperfeiçoamento por enquanto imprevisíveis.

VII

Associação, sonho e sintoma histérico[*]

Gostaria de fundamentar e explicar melhor, por meio da exposição de ulteriores pesquisas, os pontos de vista apresentados em dois outros estudos[1] sobre a natureza das anomalias histéricas de associação. O objeto da pesquisa é o caso seguinte:

Moça de 24 anos, boa inteligência, cultura média e fisicamente sadia. A mãe sofre de osteomalacia que a deixou bastante deformada. De resto, nada de mais grave em questão hereditária. É a mais nova de cinco filhos e única mulher. Até a idade escolar era sadia. Na escola era muito melindrosa mas fazia bons progressos. No segundo ano escolar começaram espasmos no braço direito que tornaram impossível a escrita; depois os espasmos se generalizaram até que sobreveio uma coreia histérica. A paciente foi também o ponto de partida de uma pequena epidemia da "dança de São Guido" na escola. A coreia se manifestava sob a forma de tiques, ataques que duravam de 1 a 2 minutos. Nestas ocasiões, a paciente se debatia, batia com o pé e às vezes soltava gritos. Durante os ataques a consciência não ficava perturbada. Eles aconteciam de 15 a 20 vezes por dia. Aos quinze anos teve sua primeira menstruação. Quando veio a menstruação, os ataques de coreia cessaram como por encanto. (Dois anos antes os pais a

---

[*]Publicado pela primeira vez em *Journal für Psychologie und Neurologie*, VIII/1-2, 1906, p. 25-60. Leipzig. Depois em *Estudos diagnósticos de associações*. II, cap. VIII (1909), p. 31-66.

1. JUNG, C.G. Psicanálise e o experimento de associações, cap. V deste volume. RIKLIN, F. Kasuistische Beiträge zur Kenntnis hysterischer Assoziationsphänomene. In: JUNG, C.G. (org.). *Diagnostische Assoziationsstudien*. Leipzig: [s.e.], 1910

levaram a um especialista que disse que os ataques cessariam com a menstruação). Mas durante esta mesma semana, sensações sombrias invadiram sua cabeça, sempre à noite. As sensações foram assumindo aos poucos o caráter de calor e foram piorando a cada período menstrual. Com o passar dos anos o sofrimento foi aumentando. A partir de mais ou menos 10 horas da manhã começavam regularmente as sensações de calor que aumentavam até o "insuportável". Nos últimos três anos o sofrimento foi tão grande que a paciente era torturada quase o dia inteiro por sensações de calor na cabeça. Todas as tentativas de cura, através de todos os métodos possíveis, foram baldadas. De manhã cedo, a paciente ainda conseguia ajudar um pouco na arrumação da casa, mas a partir de 10 horas começava a andar de lá para cá sem parar, queixando-se da cabeça. Aos poucos foi fugindo das pessoas e se fechou em si mesma. Nos dias quentes de verão refugiava-se no porão. No inverno não conseguia suportar o ambiente aquecido. No verão de 1905 a paciente me procurou. Depois disso houve uma rápida piora. Achava que estava enlouquecendo, à noite tinha alucinações de figuras brancas e pretas. Tentou sempre ser internada nesta clínica. E no outono de 1905 foi aceita aqui.

Condição: bem nutrida, pessoa graciosa. Expressão sofrida que parecia querer atrair compaixão; comportamento indolente, sem energia, que transparecia também na caligrafia fina e fraca. Queixa constante de sensações de calor na cabeça. O tom das queixas era choroso-lamuriento. A paciente descreveu assim suas sensações: "A cabeça toda está entupida até o pescoço e bem quente, certamente estou com febre de 40 graus na cabeça, ela está completamente tensa, perto da asfixia; a garganta está apertada, quente, seca, torrada. Terrível mesmo é a sensação de secura e calor em cima e no fundo da garganta. Após a refeição é sempre pior. O corpo fica bem frio, as mãos são de azul-escuro e os pés como gelo. Tenho a impressão de que se pudesse sangrar abundantemente pelo nariz, as coisas melhorariam. Fico sempre imaginando o sangue saindo de meu nariz e boca, uma bacia cheia; muitas vezes penso em grandes pedaços de sangue coagulado. Também sonho sempre com *sangue*. Às vezes sonho que *estou nadando em sangue, que o quarto todo está cheio de sangue ou que o sangue esguicha de meu nariz, boca, olhos e ouvidos*. Muitas vezes sonho também com *fogo, aí está tudo em chamas*".

Ao adormecer tem muitas vezes a visão de *um homem preto que estende para ela sua mão preta e agarra seu braço. Às vezes também vê indistintamente figuras de mulheres de branco.*

Desde janeiro de 1905 cessou a menstruação; sobreveio forte constipação, um meteorismo que entumescia o baixo ventre e que teria durado vários meses. A paciente tinha forte aversão a sentar-se e por isso ficava de pé a maior parte do tempo ou andava de cá para lá no quarto. Tinha horror à carne, evitava tudo o que produzisse calor. Bastava ouvir o vapor entrando no sistema de calefação para se sentir mal. Fazia diariamente abluções com água fria e praticava ginástica em seu quarto. Dava muita importância a estas práticas. Contrastava com isso, porém, sua aversão e medo do trabalho regular, acreditando ser ele prejudicial a seu estado de saúde. Tinha inclinação doentia para a ordem e limpeza. (Segundo contou, tinha antigamente e por certo tempo uma compulsão de tocar nas coisas, de modo que colocava a mão em todos os objetos ao andar de cá para lá no quarto). A paciente não tinha noção nenhuma da natureza psicológica de seu sofrimento mas estava convencida de uma mudança orgânica em sua cabeça; mas não pôde deixar de rir quando contou que um dos médicos considerou o seu caso como uma doença de Basedow. Naturalmente não tinha nenhuma ideia sobre as causas de sua doença nem os médicos que dela haviam tratado até agora.

Não há dúvida de que se trata neste caso de uma histeria. A longa duração da doença e a ausência de mudança no quadro clínico, o que não é comum na histeria, isto é, a grande estabilidade do sintoma principal, atestam uma profunda paralisia energética e total submissão da personalidade ao complexo da doença. A paciente está doente desde os 17 anos. Considerando a peculiaridade do quadro clínico deve-se levar em conta que a "dança de São Guido" (tique coreático) evoluiu continuamente para o estado atual. Não é possível admitir que a "dança de São Guido" tenha sarado, mas tudo indica que foi absorvida de repente por outra forma da doença básica sob a influência da primeira menstruação. Sua personalidade totalmente infantil e astênica tem todas as características do tique infantil de Meige-Feindel[2].

---

2. Cf. MEIGE, H. & FEINDEL, E. *Les Tics et leur traitement*. Paris: [s.e.], 1902.

795   Por razões de clareza didática descreverei o experimento de associações que realizei com a paciente. Ela esteve em tratamento aqui de 1.10.1905 a 21.12.1905. Os experimentos ocorreram neste período. O tratamento teve certo êxito, o que deve ser atribuído em grande parte aos experimentos. Os testes foram feitos num quarto apenas levemente aquecido (13°) porque a paciente não conseguia aguentar por muito tempo uma temperatura maior do que 1°.

Os testes de associação

Teste I
23 de junho, 10 horas, com teste de reprodução

Palavra-estímulo	Reação	Tempo	Reprodução
1. cabeça	dor de	6[3]	
2. verde	caroço	33	
3. água	–	–	
4. picar	abelha	9	
5. *anjo*	corte	105	–
6. comprido	faca	65	–
7. *navio*	navio a vapor	35	–
8. *lavrar*	campo	21	jardim
9. lã	tricotar	75	
10. amável	amabilidade	11	
11. mesa	perna	30	
12. perguntar	–	–	
13. Estado	–	–	
14. teimoso	cabeçudo	40	
15. haste	haste de flor	11	
16. dançar	pista de dança	10	
17. lago	de Zurique	29	
18. doente	–	–	
19. orgulho	soberba	19	
20. cozinhar	escola de cozinha	13	
21. tinta	tinteiro	9	
22. mau	maldade	39	

---

3. Os números dão o tempo em 1/5 de segundo.

Estudos experimentais

Palavra-estímulo	Reação	Tempo	Reprodução
23. agulha	almofada de agulha	10	
24. nadar	escola de natação	45	
25. *viagem*	cobertor de viagem	60	–
26. azul	estrada azul	35	
27. pão	sem pão (desempregado)	20	
28. *ameaçar*	castigo	60	castigar
29. lâmpada	abajur	11	
30. rico	riqueza	21	
31. árvore	árvore frutífera	23	
32. cantar	sociedade de canto	16	
33. compaixão	ter pena	35	
34. amarelo	amarelo-ovo	26	
35. montanha	monte Üetli	23	
36. brincar	xadrez	16	
37. sal	saleiro	12	
38. novo (*neu*)	Neumünster	15	
39. costume	moral	46	
40. cavalgar	escola de equitação	18	
41. *parede*	biombo	12	–
42. *bobo*	bobagem	45	–
43. caderno	caderno escolar	15	
44. desprezar	–	–	–
45. *dente*	canino	15	–
46. *correto*	corrigir	25	–
47. povo	jornal popular	23	
48. *feder*	gralha[4]	50	
49. livro	livro de leitura	15	
50. *injusto*	–	–	–
51. sapo	perereca	25	
52. separar	divórcio	32	
53. fome	comer	19	
54. branco	neve	18	
55. rês	rebanho	32	
56. prestar atenção	atenção	30	
57. lápis	lapiseira	31	
58. nublado	–	–	

---

4. (O original tem a palavra *Dohle* (gralha), o que não faz sentido, devendo ser erro tipográfico).

Palavra-estímulo	Reação	Tempo	Reprodução
59. ameixa	geleia de ameixa	66	
60. acertar	–	–	
61. lei	–	–	
62. querido	sem amor	15	
63. copo	copo de água	8	
64. *brigar*	disputar	23	–
65. cabra	leite de cabra	12	
66. grande (*gross*)	generosidade (*Grossmut*)	15	
67. batata	farinha de batata	20	
68. pintar	pintura a óleo	21	
69. parte	pagamento parcial	26	
70. velho (*alt*)	Altstetten	49	
71. flor	buquê de flores	51	
72. *bater*	martelada	30	–
73. caixote	gamela	21	
74. selvagem	pato selvagem	21	
75. família	festa familiar	26	
76. lavar	–	–	
77. vaca	leite de vaca	10	
78. estranho (*fremd*)	livro de hóspedes	30	
79. felicidade	felicitações	53	
80. narrar	história	15	
81. decoro	aprender bons modos	55	
82. estreito	–	–	
83. irmão	–	–	
84. prejudicar	mal dos outros	10	
85. cegonha	ninho de cegonha	26	
86. falso	falsidade	37	
87. medo	sensação de medo	20	
88. beijar	beijo de irmã	65	
89. incêndio	grande fogo	28	
90. sujo	–	–	
91. porta	fechadura	21	
92. escolher	eleição na cooperativa	55	
93. feno	carroça de feno	19	
94. quieto	descanso	39	

Palavra-estímulo	Reação	Tempo	Reprodução
95. caçoada	preço irrisório		muito barato
(Spott)	(Spottpreis)	10	(spottbillig)
96. dormir	insônia	17	
97. mês	reunião mensal	15	
98. colorido	–	–	
99. cachorro	fidelidade de cão	15	
100. falar	hora da consulta	67	

Este teste foi feito durante a primeira consulta. Vejamos em primeiro lugar as associações do ponto de vista estatístico. Contento-me com a divisão em associações internas e externas, reações de som, falhas e associações indiretas (cf. *Estudos diagnósticos de associações*[5]). Esta divisão sumária basta para nosso objetivo. A paciente apresentou:

796

Associações internas	16%
Associações externas	60%
Reações de som	9%
Falhas	14%
Associações indiretas	1%
Distúrbios de reprodução	14%

A parte principal cabe às associações externas que predominam de forma bastante incomum. A paciente não é desprovida de inteligência, mas falta-lhe maior grau de cultura (concluiu apenas o primário e, ainda assim, com muitas faltas). Um olhar para as reações mostra que as associações externas consistem principalmente de conexões linguístico-motoras, de concatenações de palavras. Além disso encontramos também várias complementações de palavras (reações de som). Impressionante é o grande número de falhas. Comparando os números com as médias das mulheres cultas[6] temos:

797

---

5. Cf. § 20s. deste volume.
6. Cf. § 439, tabela F l deste volume.

Médias das mulheres cultas:

Associações internas	35,0%
Associações externas	58,0%
Reações de som	3,3%
Falhas	1,4%

Vemos, portanto, que os números da paciente apresentam um modo bem mais superficial de associação; eles se aproximam dos números do experimento com distração.

Média do experimento com distração, com 100 batidas do metrônomo por minuto, em mulheres cultas com exclusão dos tipos predicado

Associações internas	20,8%
Associações externas	62,8%
Reações de som	13,2%
Falhas	0,4%

798   Poderíamos, portanto, pensar que a atenção estivesse perturbada durante o experimento. Coloca-se, porém, a questão de saber a que atribuir a distração ou qual o elemento que atuou perturbadoramente sobre a atenção. Não é possível apresentar causas externas. Portanto, é preciso pensar num distúrbio psicológico. Não é preciso ir muito longe, pois a paciente está tomada por uma ideia que faz desaparecer qualquer interesse pelo meio ambiente, isto é, o complexo de ideias relativo à sua doença. Toda sua atenção está presa nos sintomas da doença, só permanecendo disponível um pequeno resto para o experimento; daí o tipo superficial de reação. Está tão absorvida por sua doença que mal deixa ser atingida pelo sentido da palavra-estímulo; na maioria dos casos contenta-se simplesmente em apreender a forma externa da palavra e seu esforço intelectual se limita a encontrar uma conexão bem usual à palavra-estímulo. Só escuta "com a metade do ouvido" e deixa que as palavras-estímulo deslizem sobre ela. Não consegue animar-se a voltar sua atenção para o experimento; isto não é tão interessante quanto seu complexo da doença. A diminuta quantidade de autocontrole desce, de tempos em tempos, a zero (falhas), quando não há à disposição uma conexão comum de palavra; muitas vezes isto acontece também onde a palavra-estímulo desper-

tou conexões com carga emocional, como veremos mais tarde. Assim que percebe que não dispõe de pronta reação, também não procura forçar alguma. Aqui temos, portanto, uma expressão experimental da abulia clinicamente surpreendente que em geral consiste no fato de todo o interesse ser absorvido pelo complexo, isto é, pelo complexo histerogênico, subjacente à doença externa, de modo que nada sobra para o meio ambiente. (Caso semelhante de fenômeno de distração é apresentado no primeiro estudo deste volume, A, parte 2, onde a causa do distúrbio, porém, é uma emoção bem recente).

A média provável do tempo de reação do experimento é 5,2 segundos; é muito elevada. Cremos que estas prolongações se devem a certas inibições emocionais. 799

Conforme vimos no caso relatado no capítulo VI deste volume[7], também aqui foi impossível uma análise com a paciente, pois mostrou-se totalmente indiferente e não se interessou por nenhuma outra questão que não os seus sintomas. A repressão, isto é, a inibição oriunda do complexo patogênico era ainda muito forte na época. 800

Após a consulta, em que foi realizado este experimento, a paciente voltou para casa mas informou que a doença piorara rapidamente. Três meses depois foi internada aqui. 801

Teste II
10 de outubro, 17 horas

1. cabeça	dor de cabeça	1,6
2. verde	–	–
3. água	canalização de água	2,8
4. furar	azevinho	2,4
5. anjo	–	–
6. comprido (*lang*)	devagar (*langsam*)	2,2
7. navio	–	–
8. lavrar	–	–
9. lã	algodão	2,2
10. amável	amabilidade	3,0
11. mesa	vizinho de mesa	2,2
12. pergunta	ponto de interrogação	6,6

---

7. Cf. cap. V deste volume.

13. Estado	–	–
14. teimoso	cabeçudo	3,2
15. haste	haste de flor	6,0
16. dançar	pista de dança	4,0
17. lago(*See*)	nenúfar (*Seerose*)	9,0
18. doente	doentio	3,4
19. orgulho	–	–
20. cozinhar	–	–
21. tinta	mata-borrão	4,6
22. mau	malvado	–
23. agulha	almofada de agulha	2,4
24. nadar	piscina	4,0
25. viagem	–	–
26. azul	–	–
27. pão	–	–
28. ameaçar	–	–

802   No número 28, a paciente desistiu de vez e disse que não aguentava mais. Não foi possível mantê-la por mais tempo no consultório. Também não foi possível levar a efeito um teste de reprodução nem uma análise. Apesar disso é possível ver alguma coisa nestes resultados. Surpreende de novo o caráter peculiar das associações: são apenas combinações de palavras e, além disso, muitas falhas. Expresso em percentagens, temos:

Teste	I	II
Associações internas	16	0,0
Associações externas	60	46,4
Reações de som	9	14,2
Falhas	14	39,2
Associações indiretas	1	0,0

803   Temos aqui um quadro bastante incomum. O comportamento da paciente durante o experimento foi característico: apoiou a cabeça nas duas mãos e, de vez em quando, suspirava devido ao calor insuportável na cabeça, causado pelo aquecimento da sala (13 graus centígrados. Mas nunca se importou com o fato de considerar, no verão, 13 graus como temperatura bem agradável e, no inverno, achar insuportável a mesma temperatura. O fator operante da temperatura do ar é, pois, mero conceito!). Durante o experimento estava com-

pletamente tomada pelo complexo da doença. Por isso não admira que não tivesse sobra de atenção para o experimento em si. Temos, portanto, novo fenômeno de distração, só que em grau bem maior do que no teste I. A piora de seu estado aumentou em muito o distúrbio da atenção; isto significa que a atenção foi voltada, mais do que antes, para o complexo da doença, deixando menos participação disponível para o experimento. A aplicação da atenção no experimento custou-lhe grande esforço, de modo que já após a 28ª reação estava cansada e foi preciso interromper o experimento. Sua energia disponível estava reduzida a um mínimo. Isto já se percebe no grande número de falhas que quase triplicou em vista do teste I. Falha novamente em palavras-estímulo que não suscitam uma imediata combinação usual de palavras. Mas nem todas as falhas devem ser atribuídas à falta de combinação usual de palavras (por exemplo, para *cozinhar*, teríamos *cozinheira*, *cozinha* etc.; para *Estado* teríamos *estatal*, *estado civil* etc. e para *viagem* teríamos *viajante* etc.). Os longos tempos de reação também não podem ser atribuídos à dificuldade das palavras (por exemplo, *lago* com 9,0 segundos, para a qual existem várias combinações comuns). Temos que pensar também em causas afetivas desses distúrbios, devidos possivelmente a inibições inconscientes que provêm do complexo patogênico à raiz do complexo da doença.

A média provável dos tempos de reação do experimento é 5,2 segundos (considerando as falhas como de 20 segundos, ainda que esperássemos até 30 segundos). A média provável é, pois, bastante alta.

Teste III
9 de outubro, 17 horas, com experimento de reprodução

1. lâmpada	copo da lâmpada	1,8	
2. rico	riqueza	1,8	
3. árvore	tronco de árvore	1,4	
4. *cantar*	*associação de canto*	5,2	*opereta*
5. *compaixão*	–	–	*compassivo*
6. amarelo	amarelo-ouro	3,2	
7. montanha	cadeia de montanhas	4,8	
8. *brincar (spielen)*	opereta (*Singspiel*)	6,6	*bola (Spielball)*
9. sal	saleiro	6,8	

10. novo	lua nova	3,0	
11. *costume*	–	–	*moral*
12. cavalgar	escola de equitação	3,0	
13. parede	pintura de parede	4,6	
14. bobo	bobagem	4,0	
15. caderno	caderno escolar	2,2	
16. *desprezar*	–	–	*desprezível*
17. dente	dor de dente	2,0	
18. correto	–	–	
19. povo	festa popular	2,0	
20. feder	–	–	
21. livro	livro de leitura	3,8	
22. injusto	–	–	
23. sapo	perereca	2,4	
24. *separar*	–	–	*divórcio*
25. fome	fome canina	5,0	
26. branco	branco-neve	2,0	
27. rês	rebanho de gado	4,1	
28. prestar atenção	atenção	2,4	
29. lápis	porta-lápis	6,6	
30. nublado	–	–	
31. ameixa	–	–	
32. encontrar	–	–	

805   Este teste apresenta algumas diferenças em relação ao anterior. Em porcentagens, temos:

Teste	II	III
Associações internas	0,0	3,1
Associações externas	46,4	59,3
Reações de som	14,2	6,2
Falhas	39,2	31,2
Distúrbios de reprodução	–	18,7

806   Também aqui temos um experimento com distração. A média provável dos tempos de reação é:

Teste I	Teste II	Teste III
5,2	5,2	4,6

Com relação ao segundo teste, houve no terceiro uma diminuição do tempo de reação que, no entanto, deve ser atribuída ao menor número de falhas. Disso podemos concluir que talvez se tivesse controlado um pouco mais. Isto parece se expressar também no fato de, apesar do fracasso prévio no teste de associações, estava disposta a fazer o teste de reprodução. E este teste atingiu quatro reações a mais do que o primeiro (28, 32). O número de reações de som também diminuiu em benefício das associações internas e externas. Podemos concluir igualmente para uma melhora da atenção.

Teste IV
17 de outubro, 17 horas, com teste de reprodução

1. lei	ilegal	5,0
2. querido	desamor	3,0
3. copo	cristaleira	2,0
4. brigar	–	–
5. cabra	leite de cabra	2,8
6. grande	cidade grande	4,8
7. batata	plantação de batatas	5,6
8. pintar	ateliê de pintura	5,4
9. parte	parceiro	3,0
10. velho	cidade velha	9,6
11. flor	cálice da flor	2,4
12. bater	–	–
13. caixote	gamela	5,6
14. selvagem	–	–
15. família	festa familiar	4,0
16. lavar	–	–
17. vaca	leite de vaca	3,2
18. estranho (*fremd*)	livro de hóspedes (*Fremdenbuch*)	3,4
19. felicidade	desejo de felicidade	2,8
20. narrar	–	–
21. boas-maneiras	aprendizado de boas-maneiras	2,8
22. estreito	–	–
23. irmão	–	–
24. prejuízo	satisfação pelo prejuízo alheio	3,6
25. cegonha	(palavra-estímulo inicialmente mal compreendida e, depois, falha)	
26. falso	falsidade	8,2

27. medo	sensação de medo	3,0
28. beijar	beijo de irmã	4,0
29. incêndio	preto de incêndio	6,8
30. sujo	mancha de sujeira	7,0
31. porta	alçapão de porta	4,8
32. escolher	–	–
33. feno	–	–
34. quieto	–	–

808   Este teste foi realizado quando a paciente não estava muito bem (uma daquelas oscilações que são comuns no curso da histeria). O teste se parece novamente com um experimento sob distração. Com exceção de uma única reação (beijar – beijo de irmã), a paciente nunca entra no sentido da palavra-estímulo mas se contenta com a percepção da forma externa da palavra. Não houve erros de reprodução. O teste avançou duas reações sobre o precedente (32, 34). Em porcentagens:

Teste	II	III	IV
Associações internas	0,0	3,1	2,9
Associações externas	46,4	59,3	58,8
Reações de som	14,2	6,2	5,8
Falhas	39,2	31,2	32,3
Erros de reprodução	–	18,7	0,0

A média provável do tempo foi:

Teste II	Teste III	Teste IV
5,2	4,6	5,4

809   Temos novamente um aumento do tempo de reação, fato que devemos atribuir à momentânea indisposição da paciente. A ausência de erros de reprodução pode ser acidental em virtude do pequeno número de reações, mas também pode ser atribuída ao fato de a paciente ter memorizado as reações para, depois, não cometer erros na reprodução.

Teste V
9 de novembro, 17 horas, com teste de reprodução

1. escárnio	–	–	
2. *dormir*	descanso	1,8	*cansado*
3. *mês*	–	–	*tempo*
4. colorido	pintor	6,8	
5. cachorro	animal caseiro	3,4	
6. falar	contar	4,8	
7. carvão	passar a ferro	4,0	
8. moderado	–	–	
9. canção	canto	3,6	
10. supor	fatos	10,0	
11. *dor*	*doente*	5,2	*doença*
12. preguiçoso	trabalhar	5,4	
13. lua	–	–	
14. rir	alegre	–	
15. café	lanche	2,2	
16. largo	medida	3,6	
17. ar	quente	5,0	
18. assustar	medo	7,6	
19. prato	comer	7,0	
20. *cansado*	*dormir*	4,4	*cama*
21. *intenção*	*prejudicar*	7,4	?
22. voar	–	–	
23. olho	–	–	
24. forte	vigoroso	2,6	
25. fruta	–	–	
26. *criar*	*aplicado*	3,0	*trabalhar*
27. vela de barco	navio	7,0	
28. modesto	satisfeito	6,4	
29. chão (a princípio não entendeu a palavra-estímulo)	terra	10,0	
30. assobiar	som	6,4	
31. finalidade	causa	3,4	
32. *quente*	sim, sim lá dentro	4,0	*luz*
33. mão	membro	3,0	
34. *acordar*	*despertar*	3,4	*levantar*
35. maçã	não sei (*Affeltranger*)	13,6	

36. grave	–	–	
37. boca	dentes	7,2	
38. beber	líquido	4,4	
39. *cama*	*cansado*	7,2	*dormir*
40. *chique*	*bonito*	4,0	?
41. *perigo*	–	–	*terrível*
42. visitar	–	–	
43. *trabalhador*	*ocupação*	6,4	*criar*
44. alto	montanha	4,6	
45. machadinha	madeira	9,4	
46. lembrar	prestar atenção	2,0	
47. caminho	passeio	5,0	
48. redondo	bola	2,4	
49. *sangue*	–	–	*vermelho*
50. resignado	–	–	
51. precaução	prestar atenção	–	
52. *alegre*	*história*	4,8	*rir*
53. mercado	comprar	3,6	
54. *esquecer*	*pensamentos*	5,4	*história*
55. tambor	barulho	5,0	
56. livre	libertado	6,6	
57. carro	andar de carro	3,2	
58. comer	apetite	5,0	
59. safadeza	–	–	
60. depressa	andar	2,4	
61. chaminé	fumaça	2,6	
62. degustar	prazer	3,2	
63. pároco	sermão	2,4	
64. leve	peso	3,6	
65. pescoço	fino	7,0	
66. desejar	presente	5,6	
67. pedra	dura	8,8	
68. nobre	rico	5,4	
69. mangueira	borracha	2,6	
70. *amar*	*bonito*	9,4	
71. telha	telhado	3,4	
72. suave	temperatura	4,8	
73. *avareza*	mania de dinheiro	6,4	?
74. procurar	–	–	
75. coberta	–	–	
76. bom	–	–	
77. folha	–	–	
78. torturar	doença	6,0	
79. estação de trem	viajar	4,8	

Este teste apresenta um tipo bem diferente de associação em vista dos anteriores. É como se a paciente tivesse descoberto, de repente, outro comportamento[8].

As relações percentuais são:

Testes	II	III	IV	V
Associações internas	0,0	3,1	2,9	56,9
Associações externas	46,4	59,3	58,8	18,9
Reações de som	14,2	6,2	5,8	1,2
Falhas	39,2	31,2	32,3	21,5
Associações indiretas	0,0	0,0	0,0	1,2
Erros de reprodução	–	18,7	0,0	21,5

Examinando as associações, cujos resultados demos em números, vemos que a paciente assumiu um tipo normal. Ela se interessa agora pelo sentido da palavra-estímulo e produz um número preponderante de associações internas[9].

Os componentes anormais foram reprimidos para o plano de fundo de modo que as reações de som, por exemplo, não ultrapassaram a média. Somente o número de falhas é ainda muito alto, mas diminuiu em relação aos testes anteriores. A duração do teste foi bem maior, tendo superado os anteriores em 45 reações. O tempo médio foi de 5,4 segundos, igual ao do teste anterior. Portanto, o tempo de reação é ainda muito longo.

Este teste foi realizado três semanas após o anterior. Neste meio-tempo o tratamento melhorou consideravelmente o estado da paciente. A melhora do tipo associativo também deve ser atribuída a este fator. Nos testes precedentes assinalamos sempre a falta de interesse dela pelo sentido da palavra-estímulo, o predomínio total das associações externas, o grande número de falhas e o rápido cansaço como sintomas patológicos e como sinal da dominação anormal do interesse pelo complexo da doença. A melhora do estado se manifesta psicologicamente sobretudo no fato de a paciente mostrar de novo

---

8. Mas na verdade não é o caso, pois a paciente já mostrou no teste 1 indícios de um tipo associativo menos superficial.

9. Agora a paciente apresenta um tipo que não raro encontramos em pessoas incultas: muitas associações internas, poucas externas e muito poucas associações de som.

um interesse de certa forma global, ainda que se cansando rapidamente, por processos objetivos: o tratamento a libertou da possessão do complexo. A personalidade vai se libertando aos poucos da tirania da doença e está novamente em condições de assimilar material objetivo ou, em outras palavras, de se adaptar ao meio ambiente. Permanecem, contudo, como estigmas da histeria, o grande número de falhas, os tempos longos de reação e outras características de complexos, portanto sinais de emotividade patológica que é, como todos sabem, o fundamento psicológico da histeria.

Teste VI
10 de dezembro, 17 horas, com teste de reprodução

814   O teste abrange 100 reações e não foi suspenso por cansaço da paciente, mas porque este número me pareceu suficiente para a análise. Por isso apresentarei e discutirei o experimento por partes.

815   Adianto que a média provável de tempo foi de 5,2 segundos. Portanto, não é muito menor do que nos testes anteriores. Apesar dessa igualdade aparente, as relações de tempo são, em suas médias, bem diferentes das dos anteriores. Por motivos de clareza, dividi cada experimento em séries de 6 a 10 reações, calculando a respectiva média aritmética de tempo[10]. Armei em curvas os valores médios assim obtidos.

Teste I. A curva é muito oscilante. No início chegou-se a um nível de tempos relativamente curtos que, após algumas oscilações, aumentou sempre mais. Por volta do final, temos prolongamentos muito acentuados de tempo que, no entanto, sofreram certa redução, mas não atingiram mais o nível inicial. A curva parece indicar que a paciente percebeu os tempos longos e mudou de atitude ao menos em relação a algumas reações. O teste I foi realizado durante a consulta. Conforme consta da anamnese, seu estado piorou rapidamente a seguir. Esta piora aparece na curva do teste II.

Teste II. Aqui a curva já começa bastante alta e, após ligeira elevação, segue-se queda abrupta.

No *teste III* a curva começa bem baixa: a paciente fizera o bom propósito (conforme declaração a mim feita) de se esforçar ao máximo

---

10. As falhas foram calculadas em 20 segundos cada.

para reagir com prontidão. A energia, reunida a duras penas, não durou muito; os tempos foram se prolongando aos poucos até chegar a números bem altos. Percebendo esta fraqueza, a paciente ainda tentou um último esforço que acabou consumindo o resto de suas energias.

Teste IV. A curva iniciou um pouco mais alta do que na vez anterior. (Como ficou dito, a paciente estava indisposta à época desse teste). Também aqui houve um aumento inevitável dos tempos de reação.

Os testes I-IV produziram sobretudo associações externas e falhas. Vemos nas curvas que este modo de associação está ligado a tempos de reação que aumentam rapidamente.

Teste V. Aqui a curva começa bem elevada. (Talvez se explique pelo fato de a paciente ainda estar desanimada em relação aos testes anteriores, apresentando por isso restrições ao experimento). Mas decresce rapidamente e, após algumas oscilações mais fortes, mantém-se num nível médio, com tendência ascensional. Verifica-se então um impulso final mais forte e mais duradouro que termina, porém, num aumento rápido e irresistível de tempos. O impulso final esgotou de vez a energia.

Teste VI. Neste último teste (após dois meses de tratamento), a curva começa à meia-altura e, então, desce rapidamente a um nível bem baixo, mantendo-se durante quase todo o experimento em oscilações significativas e mostrando tendência ascensional apenas no fim. O teste V apresenta, aos menos em sua parte central, uma tendência estabilizadora que se expressa melhor ainda no teste VI. Os testes V e VI são os que apresentam um modo normal de associação. Portanto, é aqui que entra o tipo normal com tendência estabilizadora dos tempos de reação. Ao mesmo tempo atinge-se, no teste VI, um nível bem baixo que é mantido.

Gostaria de mencionar que as 100 palavras-estímulo do teste I foram usadas no teste II-IV e também no teste VI. Mas, como indicam as curvas, a repetição do teste não teve influência sobre a redução dos tempos de reação. Os testes II-IV fazem supor inclusive o contrário. De acordo com as pesquisas de Kraepelin, seria de se esperar uma redução de tempo, relativamente rápida, devido à fixação das reações. Mas no teste VI, além de não haver nenhuma fixação, aparecem reações totalmente novas (de acordo com o novo comportamento que começou no teste V).

816   Ao falarmos das curvas ficou patente várias vezes que o prolongamento dos tempos de reação estava intimamente ligado a um cansaço energético, isto é, a uma total incapacidade de libertar a atenção do complexo da doença. Era difícil para a paciente dirigir sua atenção durante um tempo maior para outra coisa que não sua doença; devido ao esforço, cansava rapidamente. Portanto, as curvas que apresentam os prolongamentos de tempo são também as curvas da fraqueza de energia. Isto se torna claro quando as invertemos e as lemos da direita para a esquerda. Ficam semelhantes, então, às curvas de trabalho de um neurótico que se cansa facilmente (cansaço da vontade!). Notamos um aumento de exercício e pesquisa reativa sobretudo nas curvas I, V e VI, e o impulso final nas curvas I, III e V. Nas curvas I e IV fica patente o progressivo cansaço. A partir disso se vê que, em certos casos, o experimento de associações também nos informa sobre energia e fadiga.

Análise das associações do teste VI

Colocarei as associações do teste VI ao lado das associações dos testes I-V para fins de comparação analítica.

1. *Cabeça* evoca naturalmente o complexo da doença, uma vez que os sintomas principais se localizam na cabeça da paciente. Apesar de os tempos não serem elevados, encontramos no teste VI um distúrbio por "lapsos, deslizes". As duas reações precedentes apresentam o caráter superficial que encontramos não raro nas reações-complexo e que supomos serem indício do complexo.

3. *Água*, segundo as características conhecidas, parece estar ainda sob o domínio da carga emocional perseverante.

5. *Anjo* apresenta características de complexo. A paciente não é religiosa, mas ainda muito infantil. Nos últimos meses teve vários pensamentos de morte; à noite tinha alucinações do "esqueleto ambulante" que estendia a mão para ela. Isto é razão suficiente de distúrbio por complexo. Devemos, porém, ir mais fundo: a paciente tem uma relação íntima e confidencial com a mãe. Além disso, as duas têm em comum uma doença grave. A mãe sofre de osteomalacia e está completamente deformada. A filha toma a mãe como exemplo não só no aspecto moral mas, quem sabe, também como presságio de seu próprio destino. O medo de acabar como a mãe deve estar na paciente.

Finalmente é preciso considerar que as mocinhas e os histéricos falam da morte quando desejam amar.

Os distúrbios vão de *anjo* até o n° 8. No teste I surgiu aqui inclusive uma ilha amnésica[11].

Palavra-estímulo	Teste I		Teste II-IV (V)		Teste VI	
1. dor de cabeça	dor de	1,2	dor de cabeça	1,6	cabe – dores de cabeça	1,8
2. verde	caroço	6,6	–		mato	5,2
3. água	–		canalização de água	2,8	funda	1,4
4. picar	abelha	1,8	azevinho	2,4	abelha	2,8
5. *anjo*	corte	21,0 (?)[12]	–		–	
6. *comprido*	faca	9,0 (?)	devagar	2,2	estrada	5,0
7. *navio*	navio a vapor	7,0 (?)	–		mar	4,0
8. *larrar*	campo	4,2 (jardim)	–		exigir-dar	7,4
9. lã	tricotar	15,0	algodão	2,2	não entendeu a palavra-estímulo tricotar	
10. *amável*	amabilidade	2,2	amabilidade	3,0	–	10,2
11. mesa	(não entendeu a palavra-estímulo) perna		vizinho de mesa	2,2	quarto	(pessoas) 9,0
12. perguntar	–	6,0	ponto de interrogação	6,6	resposta	5,8
13. Estado	–		–		edifícios do Estado	11,6
14. teimoso	cabeçudo	8,0	cabeçudo	3,2	caráter	6,0
15. haste	haste de flor	2,2	haste de flor	6,0	haste de flor	10,6
16. dançar	pista da ança	2,0	pista de dança	4,0	baile	5,4
17. lago	de Zurique	5,8	nenúfar	9,0	fundo	7,2
18. *doente*	–		doentio	3,4	*hospita*	6,2 (penoso)
19. orgulho	soberba	3,8	–		saudade	7,4
20. cozinhar	escola da cozinha	2,6	–		cozinha	3,6
21. tinta	tinteiro	1,8	mata-borrão	4,6	escrever	2,0
22. mau	maldade	7,8	malvado	3,8	*desobediente*	7,6 (criança)
23. agulha	almofada de agulha	2,0	almofada de agulha	2,4	*trabalho-criança*	7,8 (querido)
24. nadar	escola de natação	9,0	piscina	4,0	balneário	6,4
25. *viagem*	*cobertor de viagem*	12,0	–		trem	4,8

---

11. Cf. cap. IV deste volume.

12. As reproduções incorretas aparecem aqui entre parênteses.

No teste VI foi introduzida outra palavra-estímulo no n° 8 para precisar melhor o complexo: seguiu-se *exigir* após 7,4 segundos; a palavra-estímulo subsequente, *lã*, foi entendida erradamente após 10,2 segundos. Com relação a *exigir*, deixei que a paciente reproduzisse outras ideias. Ela disse textualmente: "Eu pensei que o senhor exigia demais de mim; é demais para mim se o senhor quer sempre que eu fique boa". Tive a impressão de que a paciente queria dizer "algo mais", ainda que na histeria o pensamento a respeito do médico, responsável pelo tratamento, costuma vir acompanhado de forte carga emocional (transposição para o médico)[13]. Eu disse simplesmente: "O exigir". A paciente pestanejou um pouco e disse: "Não sei o que o senhor pensa – não consigo imaginar o que o senhor está querendo de mim". De repente caiu em gargalhadas, ficou vermelha e não disse mais nada. A direção desse detalhe analítico é a seguinte: De início a paciente me acusou de exigir demais dela, depois vieram os subterfúgios negativistas bem conhecidos e, finalmente, sob gargalhadas, um pensamento com forte carga emocional que não é difícil de adivinhar. A gargalhada é importante do ponto de vista diagnóstico; na psicanálise indica muitas vezes que um complexo foi atingido. É claro que ninguém, exceto a paciente, exige algo que é demais. Freud diz: "Muitos de meus pacientes neuróticos em tratamento psicanalítico costumam confirmar por uma risada quando consegui dar um quadro fiel de seu inconsciente oculto à sua percepção consciente; e riem também quando o conteúdo do revelado não daria razões para isso. Condição para tanto é terem chegado perto o bastante desse inconsciente para compreendê-lo, após o médico tê-lo percebido e apresentado a eles"[14].

10. *Amável* parece ser crítico no teste II, mas não no teste I e VI.

Análise: De início, forte bloqueio ("não sei de nada" etc.). Depois: "Pensei no doutor. Ultimamente o senhor não foi amável comigo". Esta reminiscência se refere a um fato concreto: a paciente havia transferido para mim seu mau humor e depois afirmou que eu estive-

---

13. FREUD, S. "Bruchstück einer Hysterie-Analyse". *Sammlung kleiner Schriften zur Neurosenlehre*, segunda série, 1909b, p. 104s. Leipzig/Viena.
14. *Der Witz und seine Beziehung zum Unbewussten*. Leipzig/Viena: [s.e.], 1905, p. 145.

ra de mau humor ("transitivismo" no afeto). Esta ideia parece suficiente para explicar o distúrbio. Dei a entender acima que a paciente transpôs para mim o "exigir demais", também atribuiu a mim seu mau humor e me acusou de não ser amável com ela. Exige portanto que eu seja amável com ela e, se eu me comportar como de costume, não sou amável o suficiente, e ela continua a se queixar da minha falta de amabilidade. Por isso quer mais amabilidade de minha parte, o que faz supor que não sou indiferente a ela sob o aspecto erótico. Evidentemente não posso ceder a esta exigência. A paciente exige demais. Este segmento de complexo ela só o adquiriu aqui. Por isso os distúrbios de complexo deviam aumentar em *amável*.

Em 12. *perguntar* aparecem claros distúrbios de complexo que envolvem também a reação subsequente.

Análise: "Eu pensei que o doutor perguntava muito, não sei absolutamente mais nada – certamente não sei mais nada". A paciente disse isto com ênfase e com semblante aborrecido, em contraste flagrante com sua habitual delicadeza e submissão; de repente caiu numa sonora gargalhada que tentou reprimir dizendo em tom severo: "Isto é uma droga – não dá – nem havia pensado nisso". No momento da reação não havia pensado no sentido especial, tão importante para uma mocinha, da palavra *perguntar*. Ela pensa que este sentido só lhe ocorreu agora; jamais pensara em algo semelhante. Portanto temos aqui mais uma indicação da presença de um complexo erótico.

14. *teimoso* é bem apropriado para uma referência ao eu. Quando a reação é *caráter*, "qualidade" ou "mau hábito", pode-se supor que por baixo disso está a própria pessoa experimental. Com *caráter*, a referência ao eu se torna óbvia, por isso também são mais fortes os distúrbios, se comparados com as reações precedentes.

Análise: "As pessoas são muitas vezes teimosas – por exemplo, como criança eu também era – certa vez fui bem teimosa e não queria mais ir para a escola – acho que naquela época tinha 12 anos de idade – desde então não fui mais à escola". Sabemos que a paciente não pôde mais ir à escola devido à sua "dança de São Guido"; agora interpreta esta doença como mau comportamento seu e diz que não foi mais à escola por teimosia. Mas, quando perguntada em outra oportunidade por que não fora mais à escola, disse que estava muito doente naquela época.

Podemos nos contentar por ora com esta explicação, mas o décimo segundo ano de vida tem outro significado, bem mais importante, como veremos depois.

À semelhança de *teimoso-cabeçudo*, também 16. *dança-pista de dança* salta sobre o significado mais profundo. Somente a reação *baile*, que mostra uma penetração maior no sentido da palavra-estímulo, provoca um distúrbio evidente de complexo. *Pista de dança* é algo abominável nos círculos da paciente, enquanto o *baile* é a lídima oportunidade para iniciar relações eróticas. A paciente teve que rir assim que foi perguntada sobre associações a *baile*; certamente são outra vez ideias eróticas.

Em 19, foi tomada a palavra-estímulo *saudade* no teste VI.

Análise: A paciente declara com obstinação e visível resistência que para *saudade* (*Sehnsucht*) nada lhe ocorria além de *saudade de casa* (*Heimweh*). Insisti que alguma coisa mais lhe viria à mente. Então, de repente, forte risada que foi reprimida com raiva: "Ah não, isto me aborrece – é chato!" Tivemos a mesma reação em *exigir*. Trata-se provavelmente de um desejo erótico fortemente reprimido.

22. *mau* é tomado como pessoal; *desobediente* parece exprimir melhor o complexo.

Análise: "Outro dia fui má para o senhor – antigamente eu também fui muitas vezes má – e desobediente na escola" etc.

A associação *criança-trabalho* é estranha e não pôde ser explicada pela paciente. Na reprodução aparece uma palavra mais conveniente, *querido*. Precede o complexo da escola que está intimamente vinculado ao conceito de *trabalho*. Lembro que as palavras-estímulo *trabalhar* e *trabalhador* causaram distúrbios de complexo no teste V. Além disso, a paciente sempre diz que não é "preguiçosa", que gostaria de fazer um trabalho decente; também se queixa de alguns parentes que diziam que ela sofria apenas de "preguiça". A palavra-estímulo *criança* normalmente atua de forma crítica nos complexos eróticos de mulheres.

Em 25. *viagem* há características de complexo.

Análise: "Eu penso numa bela viagem à Itália que eu gostaria de fazer" – longa pausa com grande embaraço: "Também se fazem viagens de núpcias à Itália".

28. teste VI: *esperar*

Análise: "Não espero nada – absolutamente nada – sim, a saúde – e –" novamente risada alta que, contrariada, tenta reprimir. Portanto, a mesma reação como em *exigir* e *saudade*.

30. *rico*.

Análise: "Gostaria de ser rica; poderia assim ficar por longo tempo aqui em tratamento"; houve então forte bloqueio que inibiu as associações subsequentes. "Ficar por longo tempo em tratamento" significava para a paciente "ficar por longo tempo em relação pessoal com o médico".

33. *compaixão*.

Análise: "Não consigo imaginar o que compaixão tem a ver comigo – talvez com minha doença – as pessoas deveriam ter pena de mim".

Dei apenas uma amostra dos bloqueios que a paciente demonstrou com relação a esta palavra; na verdade a resistência durou bem mais tempo e se expressou também num semblante de sofrimento. A tendência de provocar compaixão tem grande importância na história da doença da paciente. Foi por sua doença que conseguiu não precisar mais ir à escola. Depois, tornou-se o ponto central da compaixão de toda sua família. A paciente devia ter alguma consciência, mesmo que imprecisa, desse papel desempenhado; podemos atribuir talvez a isto os fortes bloqueios.

35. *montanha*.

Análise: Não quer saber, nada tem a ver com montanha, não lhe interessa. Nunca estivera numa montanha, mas gostaria de ir aos Alpes; impossível, porém, devido à doença; também não podia viajar de trem, não o suportava.

A paciente fala de modo bem negativo, como se uma excursão às montanhas lhe fosse totalmente indiferente. Poucos dias antes do teste, dei um passeio às montanhas; a paciente ficou chateada por que não a levei comigo, nunca tinha visto uma montanha de perto etc. Este acontecimento ela o reprimiu completamente; não haveria razões para tanto se o "viajar" não tivesse certo significado de complexo. Com o médico ela tem todo tipo de relações eróticas fantasiosas. Uma viagem com a "figura erótica do sintoma" é uma metáfora para "viagem de núpcias". É por isso que este acontecimento entra também na repressão sexual.

Palavra-estímulo	Teste I	Teste II-IV (V)	Teste VI
26. azul	estrada azul	7,0	–	cor	1,8
27. pão	sem pão	4,0	–	padeiro	2,0
28. *ameaçar*	(não entendeu a palavra-estímulo) *castigo*	12,0 (castigar)	*Aqui termina o teste II*	esperar-visita	3,6
			Teste III		
29. lâmpada	abajur	2,2	manga de candeeiro	1,8	luz	4,0
30. rico	riqueza	4,2	riqueza	1,8	dinheiro	6,8
31. árvore	árvore frutífera	4,6	tronco	1,4	pomar	3,6
32. cantar	sociedade de canto	3,2	sociedade de canto	5,2	concerto	5,2
33. *compaixão*	ter pena	7,0	–	(compassivo)	–	–
34. amarelo	amarelo-ovo	4,8	amarelo-ouro	3,2	canário	5,0
35. montanha	monte Üetli	4,6	cordilheira	4,8	cordilheira	10,8
36. *brincar*	xadrez	3,2	*opereta*	6,6 (jogo de bola)	jogo de bola	6,8
37. sal	saleiro	2,4	saleiro	6,8	cozinhar	2,2
38. novo (Neu)	Neumünster	3,0	lua nova	3,8	casa	7,0
39. *costume*	moral	9,2	–	(moralidade)	*esperança-feliz*	8,2 (alegria)
40. cavalgar	escola de equitação	3,6	escola de equitação	3,0	caminho	1,8
41. *parede*	*biombo*	2,4 ?	pintura de parede	4,6	quarto	5,2
42. *bobo*	bobagem	9,0 ?	bobagem	4,0	sen-sato	7,2
43. caderno	caderno escolar	3,0	caderno escolar	2,2	caderno de escrever	5,2
44. *desprezar*	–	–	–	(desprezível)	pessoas	7,2
45. *dente*	*canino*	3,0 ?	dor de dente	2,0	boca	3,6
46. *correto*	*corrigir*	5,0 ?	–	–	controlar	6,6
47. povo	jornal popular	4,6	festa popular	2,0	multidão	5,0
48. *feder*	*gralha*	10,0 ?	–	–	(morrer) cemitério	3,4
49. livro	livro de leitura	3,0	livro de leitura	3,8	ler	2,2
50. injusto	–	–	–	–	(casamento) igreja	3,2

38. *novo*.

Análise: A paciente se tornou amiga íntima de uma senhora que se mudou para uma casa nova; esta casa agradou muito a paciente. Tem inveja da senhora e diz: "Algo assim também gostaria de ter". Este interesse parece sintomático. A análise esbarra em forte resistência ("acontece muitas vezes de a gente ir para uma casa nova – nós também temos em casa um quarto novo" etc). Perguntei com objetivo preciso: "Quando alguém se muda para uma casa nova?" Esta pergunta bastante geral deixou a paciente em grande embaraço, ficou vermelha e confessou: "Quando se casa". Portanto, assimilou a "nova casa" a seu complexo erótico.

39. *esperança* (teste VI). A análise provocou logo uma longa risada, o que diz o suficiente. Além do mais, a risada é aqui fora de propósito.

23. *criança* causou igualmente um distúrbio. Voltaremos em 69 a este complexo.

42. *bobo*. A análise apresenta autorrecriminações sobre a época em que a paciente deixou definitivamente a escola (aos 12 anos). Ela se acusa principalmente de falta de energia, por isso aprendeu tão pouco e é "boba".

44. *desprezar*.

Análise: A paciente se considera sempre preterida; acha que merece o desprezo devido à formação escolar deficiente; as pessoas a teriam desprezado também por causa de sua doença, que elas diziam ser preguiça. Será que existe outra coisa em sua doença que a torna particularmente desprezível? Sabemos que autorrecriminações sexuais costumam estar vinculadas a isto.

47. *correto* também apresenta distúrbios. A análise só fornece generalidades, difíceis de interpretar. Existe em seu procedimento alguma coisa que não é, ou não foi, "correta"?

53. *cachorro* (teste VI) tem tempo de reação muito longo (6,8).

Análise: A paciente sonhou com cachorros que, provavelmente, têm sentido erótico (cf. mais adiante).

57. *lápis*.

Análise: A paciente pensa naqueles exercícios de somas de números durante os quais eu, de vez em quando, fazia uma anotação com lápis azul em seu caderno. Após esta associação nada mais lhe ocorreu. Estes exercícios aconteceram pouco antes do teste VI. Só pode tratar-se, portanto, de uma reminiscência que, no entanto, deve estar constelada de qualquer forma. Poderíamos talvez pensar num complexo de masturbação ou em outra fantasia sexual. Durante todo o período do tratamento evitei ao máximo o tema sexual e, somente ao final, cheguei a falar dele. Se, portanto, existia um complexo de masturbação ou outro complexo físico-sexual, não foi estimulado durante o tratamento (isto é, pelo teste VI); podia ter ficado mais ou menos adormecido, sobretudo porque não foi ativado. Os testes I-IV aconteceram no início do tratamento quando os complexos estavam ainda bem ativos. O teste VI só aconteceu no terceiro mês. Isto pode explicar a falta de características de complexos neste ponto do teste VI. No teste I a repercussão pode chegar até o n° 61.

Em 62. *querido*, a referência mais precisa de criança tem um efeito perseverador mais forte do que a palavra superficial anterior *sem amor*.

69. *Parto–difícil* (teste VI)

Análise: "Minha mãe teve partos difíceis; ela me contou que sua doença provinha dos partos". (Lembremos aqui 23. *criança–querida* e 39 *esperança–feliz*). Ainda que a reação 69 não apresente nenhuma característica externa de complexo bem evidente, ela contém uma clara descrição do complexo. O destino da mãe é uma advertência para a filha de que poderá facilmente contrair a osteomalacia se casar-se. Não seria de admirar pois se as ideias sexuais viessem acompanhadas de cargas emocionais sombrias e fossem mantidas apenas sob uma espécie de *reservatio mentalis*, isto é, na repressão; assim não haveria em relação a elas nenhuma expectativa prazerosa, mas um forte sentimento de desprazer. Talvez este conhecimento tenha ocorrido bem cedo e tivesse participação na construção do quadro clínico.

76. *lavar*, com seus distúrbios evidentes, pode ser constelado por *família* ou por sua mania de limpeza (cf. tb. as análises dos sonhos!).

A associação *homem–pai de família*, 8,8 segundos, mostra que há algo com *família* (77).

Palavra-estímulo	Teste I		Teste II-IV (V)		Teste VI	
51. sapo	perereca	5,0	perereca	2,4	verde	2,0
52. *separar*	divórcio	6,4	–	(divórcio)	divórcio	4,0
53. fome	comer	3,8	fome canina	5,0	(cachorro) latir	6,8
54. branco	neve	3,6	branco-neve	2,0	neve	3,2
55. rés	rebanho	6,4	rebanho	4,2	rebanho	9,4
56. prestar atenção	atenção	6,0	atenção	2,4	atenção	2,8
57. lápis	lapiseira	6,2	lapiseira	6,6	preto	5,0
58. nublado	–		–		tempo	2,0
59. ameixa	geleia de ameixa	8,3	–		(gato) animal caseiro	8,0
60. acertar	–		–		atirador	3,6
			Termina aqui o teste III Teste IV			
61. lei	–		ilegal	5,0	ilegal	5,4
62. querido	sem amor	3,0	sem amor	3,0	criança	2,0
63. copo	copo de água	1,6	cristaleira	2,0	garrafa	8,0
64. *brigar*	*disputar*	4,6	–		discórdia	7,8
65. cabra	leite de cabra	2,4	leite de cabra	2,8	(fogo) casa	3,8
66. grande	generosidade	3,0	cidade grande	4,8	mar	11,0
67. batata	farinha de batata	4,0	plantação de batatas	5,6	comida	6,8
68. pintar	pintura a óleo	4,2	ateliê de pintura	5,4	quadro	2,4
69. parte	pagamento parcial	5,2	participante	3,0	(parto) difícil	4,0
70. velho (alt)	Altstetten	9,8	cidade velha	6,6	grisalho	3,0
71. flor	buquê de flores	10,2	cálice de flor	2,4	jardim	5,4
72. *bater*	*martelada*	6,0 ?	–		(sentar) cansado	2,2
73. caixote	gamela	4,2	gamela	5,6	quarto	7,0
74. selvagem	pato selvagem	4,2	–		leão	3,4
75. família	festa familiar	5,2	festa familiar	4,0	grande	5,2

Palavra-estímulo	Teste I		Teste II-IV (V)		Teste VI	
76. lavar	–	2,0	leite de vaca	3,2	cozinha	6,0
77. vaca	leite de vaca	6,0	livro de hóspedes	3,4	(homem) pai de família	8,8
78. estranho	livro de hóspedes	10,6	felicitações	2,8	quarto de hóspedes	5,0
79. felicidade	felicitações	3,0	–		alegria	5,2
80. narrar	história	11,0	–		história	3,0
81. decoro	aprender bons modos		aprender bons modos	2,8	costume	2,4
82. estreito	–		–		espaço	3,6
83. irmão	–		–		irmãos	7,8
84. prejudicar	mal dos outros	2,0	mal dos outros	3,6	perda	8,2
85. cegonha	ninho de cegonha	5,2	(não entende a palavra-estímulo, depois)		voar	7,4
86. falso	falsidade	7,4	falsidade	8,2	pessoas	3,2
87. medo	sensação de medo	4,0	sensação de medo	3,0	tremor	4,2
88. beijar	beijo de irmã	13,0	beijo de irmã	4,0	beijo de irmã	3,8
89. incêndio	grande fogo	5,6	preto-queimado	6,8	casa	8,8
90. sujo	–		mancha de sujeira	7,0	rua	1,8
91. porta	fechadura	4,2	alçapão	4,8	fechadura	2,0
92. escolher	eleição na cooperativa	11,0	–		–	
93. feno	carroça de feno	3,8	–		celeiro	2,2
94. quieto	descanso	7,8	–		sossegado	6,8
			Termina o teste IV			
			Teste V			
95. caçoada	preço irrisório	2,0	calma	1,8 (cansado)	rir	2,8
96. *dormir*	insônia	3,4	–	(tempo)	noite	6,8
97. *mês*	reunião mensal	3,0			longo	6,4
98. colorido	–		preto	6,8	pintor	2,6
99. cachorro	fidelidade de cão	3,0	animal caseiro	3,4	(rio) largo	3,0
100. falar	hora da consulta	13,4	conversar	4,8	pessoas	6,2

81. *decoro* facilmente evoca complexos sexuais. Em 85. *cegonha* há distúrbios evidentes que podem ser relacionados a esta palavra-estímulo (cujo significado erótico é conhecido) bem como à palavra precedente *prejudicar*.

88. *beijar* é ingenuamente disfarçado por *beijo de irmã* e mostra com clareza a compulsão de reprimir (à semelhança de *cegonha–voar*). Talvez *beijo de irmã* tenha um sentido bem profundo que não consegui perceber na época do experimento (cf. as análises dos sonhos).

89. *incêndio* apresenta continuamente longos tempos de reação. *Incêndio* (também *queimação*) é uma das expressões usadas pela paciente para designar os sintomas na cabeça. A reação *casa* foi constelada pelos sonhos com fogo nos quais via com frequência casas queimando.

92. *escolher* produz a reação extremamente forçada de *eleição na cooperativa*.

Análise: "Pode-se escolher (eleger) diversas coisas, por exemplo uma câmara municipal ou alguma pessoa" – (bloqueio, depois risada e constrangimento). Sabemos bem o que uma mocinha associa a *escolher*, é na verdade uma "escolha de cooperativa", alguém que "coopera para a vida". Isto explica provavelmente os distúrbios subsequentes, pois esta é a questão "incendiária" por excelência.

97. *mês* evoca muitas vezes nas mulheres o período menstrual, o que tem significado especial no presente caso. Por isso os distúrbios de complexos.

Resumo da análise

Através do experimento de associações e da reflexão analítica chegamos a perceber várias linhas de pensamento que, todavia, não se distinguem claramente entre si. A análise enfrentou dificuldades especiais porque poucas reações apresentam comportamento normal nas três séries. Há grande quantidade de características de complexos, o que é outra evidência experimental de que a paciente está subjugada a seus complexos; pode-se dizer que não é ela mas seus complexos que têm a última palavra. Se a análise já encontrou grande dificuldade de descobrir as reações críticas, devido à disseminação incomum das características de complexos, mais complicada se tornou sua tarefa quando teve que tentar que a paciente produzisse outras associações. Muitas vezes a paciente empacava logo após algumas generalidades e apenas sua risada traía a ideia que estava por vir. Raras foram as interpretações que a paciente podia confirmar. Estava de tal forma sob a influência do complexo que, ao ser intimada a avaliar seu estado emocional, não sabia dizer nada sobre ele nem sabia se era importante ou não. Por isso dependíamos quase inteiramente de suposições, mas que permitem certas conclusões.

818   Como se percebe, só pincei algumas constelações de complexos, ainda que houvesse muitas outras. As associações produzidas nestas últimas são de importância secundária, por isso omiti sua análise para não me prolongar.

819   Há uma série de associações que apresentam características de complexos nas três séries e por isso devem ser consideradas como constelações constantes de complexos. Na maioria desses casos é possível uma interpretação bastante uniforme. Não se pode duvidar, por exemplo, que as ideias eróticas desempenham papel importante; elas nos permitem reconhecer, cá e lá, referências ao médico. Em segundo lugar vem o complexo da doença. Estes dois complexos, aparentemente desvinculados entre si, têm lados que se tocam.

820   Analogia à doença da paciente constitui a doença da mãe que, por sua vez, toca no complexo sexual da filha (*parto–difícil* etc.). Também há certos indícios de que se trata talvez de um complexo sexual físico. Finalmente, temos ainda um complexo de culpa.

821   Com estas premissas se coloca uma série de fios que nos podem orientar no labirinto de pensamentos da paciente. Devido à sua falta de controle e sua impotência diante dos complexos, a paciente nos coloca em situação precária, fazendo com que devêssemos procurar outros meios para confirmar nossas suposições.

822   A natureza possui um dispositivo que faz um extrato dos complexos e os apresenta à consciência numa foma irreconhecível e, por isso, inofensiva: é o sonho. Como acreditasse que só havia encontrado a ideia geral por meio do experimento de associações, coletei os sonhos da paciente. A princípio só foram reproduzíveis os sonhos estereotipados com sangue e fogo, e assim mesmo de forma imprecisa. Naturalmente devemos estar preparados para obter do passado ape-

nas um material cuidadosamente selecionado do qual foi eliminado tudo o que era óbvio demais através de fortes inibições. Durante a observação a paciente sonhou pouco, isto é, só se lembrou de poucos sonhos. Por isso o material não é tão rico quanto gostaríamos que fosse.

II. Os sonhos

Nos primeiros meses do tratamento, perguntei muitas vezes sobre os seus sonhos. Segundo dizia, eram raros; havia sonhado novamente com fogo ou com sangue; "*o quarto todo estava cheio de fogo ou de sangue*". De vez em quando sonhava que *o sangue jorrava de todos os orifícios da cabeça* ou sonhava o mesmo *de outra paciente que ela via em sonhos em seu quarto*. A paciente não mencionava nada de outros sonhos. Os sonhos com fogo e sangue me pareceram expressões estereotipadas de sua vida de sonhos assim como as sensações de calor o eram de sua vida real; isto condicionava sua maneira de falar (ela tinha sangue demais na cabeça, o sangue era quente demais, chegava a 40 graus centígrados, deveria uma vez sangrar bastante, na cabeça tudo parecia fogo, tudo estorricado e queimado etc.). Em segundo lugar, os sonhos estereotipados são, como sempre, expressões simbólicas do complexo que ainda não definimos claramente. Com o objetivo terapêutico de tirar-lhe o prazer desses sonhos que, muitas vezes, estavam unidos a medo, e com o objetivo teórico de saber se ela abandonaria os estereótipos dos sonhos e os substituiria por outra coisa, disse à paciente, como por acaso: "Sangue é vermelho, vermelho significa amor; o fogo é vermelho e quente; você conhece a canção 'Nenhum fogo, nenhuma brasa pode ser tão quente' etc. Também o fogo significa amor". 823

Esta interpretação impressionou muito a paciente. Teve que rir muito, com inusitado constrangimento. Minha interpretação encontrou, portanto, eco favorável. A ingenuidade de minha interpretação do sonho baseou-se na suposição de que o simbolismo do sonho era simples e infantil, de acordo com a mentalidade da paciente. A interpretação aconteceu em meados de novembro. Na segunda metade de novembro ocorreram os seguintes sonhos: 824

825   1º *Sonho* (27.11): *O quarto está cheio de gatos que fazem um barulho infernal*. Durante o sonho, grande medo com desgosto. Detalhes foram negados. Foi praticamente mantida a versão genérica acima.

826   A análise foi realizada como no caso das associações; deixei que reproduzisse as primeiras ideias que lhe viessem à mente, evitando qualquer observação sugestiva e pressionando apenas quando a paciente estava na iminência de sucumbir a algum bloqueio. (A diminuição da energia diante de uma ideia-complexo, a ausência de reação em lugares críticos etc., tudo se repetiu). Gostaria de chamar a atenção que, nas análises a seguir, o resultado é antecipado, ao passo que o material vem depois, em tipo menor. Quem só se interessa pelo resultado pode saltar a menção do material.

827   Resultado da análise: A paciente morou 11 anos num lugar onde era perturbada constantemente por barulho de gatos. O barulho provinha, sem dúvida, das disputas de acasalamento. Atrás da imagem do sonho esconde-se a ideia do ato sexual.

Material: Ideias relacionadas a gatos. A paciente: "Nas últimas noites havia, de vez em quando, gatos no jardim diante de meu quarto. De resto não me ocorre mais nada – nada mesmo". Observe-se a veemente negação que prepara uma forte resistência. Insisti, e então: "Não me ocorre absolutamente nada – sim, tivemos antigamente belos gatos angorá que infelizmente foram roubados". É estranho que uma lembrança tão simples esteja submetida a inibições tão fortes; isto nos leva a supor que esta lembrança ainda tem outro aspecto de sentido pessoal. Deixei que continuasse a reproduzir. Em tom irritado: "Há muitos gatos que correm pelo nosso jardim: amarelos, pretos, brancos – não sei o que querem" – ficou aborrecida, como se estivesse sendo forçada a algo desagradável –"simplesmente não me ocorre mais nada". Esta recusa decidida tinha que ser interceptada e por isso perguntei: "Você era perturbada de noite pelo barulho dos gatos?" "Nunca, pois no lugar da casa onde eu dormia era praticamente impossível ouvir os gatos – como disse, nunca fui perturbada por gatos" – em tom indiferente, como por acaso: "Ah, lembro-me; quando tinha dez ou onze anos, não, doze (!) morávamos num lugar onde havia sempre muitos gatos que faziam à noite tal barulho que parecia que a casa ia cair. Muitas vezes eram em torno de 16 gatos que faziam um barulho infernal quase todas as noites".

Perguntei: "Quanto tempo morou neste lugar?" "Onze anos, desde que tinha doze anos até os meus 23 anos". A paciente tinha agora 24 anos. Portanto, morou por onze anos, ou seja, até o ano passado, num lugar onde era perturbada pelo barulho dos gatos. Como se vê, a inibição em relação à lembrança dos gatos é tão forte que leva às maiores contradições. É preciso notar que o tom de voz da paciente, em geral muito cortês e modesto, tornou-se irritado e agressivo durante a análise, fenômeno bastante incomum nela. Concomitantemente seu rosto assumia uma expressão de sofrimento, a mesma mímica que fazia parte de seu complexo da doença. Perguntei-lhe se conhecia o significado do barulho noturno dos gatos; mal-humorada respondeu que não; insisti, mas recebi uma negativa veemente. Uma moça de 24 anos, com inteligência normal, que possui gatos e teve oportunidade suficiente de conhecer os hábitos instintivos dos gatos, sabe perfeitamente o que significam os encontros noturnos desses animais. Se for histérica não o saberá talvez com seu complexo do eu, mas certamente com seu complexo sexual[15]. Expliquei à paciente que o barulho ou, melhor, a gritaria dos gatos significava cópula. A isto seguiu-se visível excitação por parte dela, mas nada respondeu; ficou vermelha e olhou pela janela. Com referência aos sonhos, disse-lhe que os gatos tinham sentido simbólico e que a explicação ela a teria mais tarde. Quando se sonha com gatos e cachorros, isto significa algo bem determinado. Nos dias imediatos a paciente perguntou várias vezes pelo sentido do sonho, que lhe interessara muito.

2º Sonho (30.11): *O quarto está cheio de camundongos que, com grande barulho, correm por todos os lados. Seu aspecto é esquisito: têm cabeças maiores do que os camundongos comuns, parecem ratos, mas têm orelhas pretas e grandes bem como olhos de calor abrasador.* 828

Resultado da análise: Os camundongos camuflam a lembrança de dois cachorros (macho e fêmea) que a paciente via com frequência brincarem juntos. A paciente já observou como cachorros cobrem uns aos outros. Também observou como um cachorro pulou para cima de uma empregada. Trata-se novamente de relações sexuais. 829

Material: Notamos que aparentemente neste sonho se repete a situação do anterior, só que os gatos foram substituídos por camundongos que, aliás, não pareciam verdadeiros camundongos. "Os olhos de calor abrasador" parecem um fragmento dos sonhos com fogo. Coloquei novamente diante dos olhos dela o texto do sonho, mas nada teve a acrescentar.

Associações aos camundongos: "Chamou-me a atenção que todos os camundongos saltavam de casinhas de madeira". Esta complementação esteve sem dúvida sob forte inibição e, por isso, só pôde ser reproduzida agora. "As casinhas pareciam casinhas de cachorro". Aqui temos nova pista, pois não aparecem cachorros no sonho. Mas na última análise da paciente chamei a atenção para os cachorros. A ideia "cachorro" parece estar subentendida indireta-

---

15. Cf. a exposição teórica de Bleuler, em Bewusstsein und Assoziation. In: JUNG, C.G. (org.). *Diagnostische Assoziationsstudien*. Leipzig: [s.e.], 1910.

mente (isto é, reprimida) no sonho. Por isso tomo como ponto de partida da análise "casinha de cachorro".

Associações à casinha de cachorro: "Existem muitas casinhas de cachorro", contrariada: "não sei o que o senhor pensa – em nossa vizinhança não havia ninguém que tivesse cachorros – vê-se em toda parte essas casinhas – em jardins e cercados – não entendo como o senhor pode suspeitar de algo – o que poderia estar atrás disso! – Por exemplo, havia logo atrás de nossa casa um jardim com uma casinha de cachorro. Havia lá dois cachorros, dois pretos, creio que eram perdigueiros – talvez um machinho e uma femeazinha; mas a fêmea foi logo levada embora – brincavam juntos muitas vezes — carregavam de cá para lá pedaços de papel ou de madeira – ou latiam". Aqui se manifesta um bloqueio tenaz com forte indignação; não quer mais falar desses cachorros. Após longa insistência saiu finalmente que viu muitas vezes o cachorro pular em cima da empregada quando ela ia ao jardim. Negou com veemência que o cachorro trepasse na cachorrinha. Sabemos, porém, que a paciente não podia dizer certas coisas por causa das fortes inibições. É muito provável que tenha visto a cena; isto se depreende não só da maneira como contou o fato, mas também da situação em geral. Eu disse: "Vemos muitas vezes cachorros pularem nas costas de outros". "Sim, já vi isto muitas vezes na rua, mas estes dois não faziam isto". Perguntei se sabia o significado disso; disse que era uma brincadeira, outro sentido não conhecia. Esta última afirmação foi em tom irritado. Temos que observar aqui novamente o mesmo que no sonho anterior; é inacreditável que não conheça o significado. E nisso tudo temos que levar em consideração sempre também a influência do complexo sexual sobre as percepções conscientes do eu.

O sonho poderia ser construído da seguinte forma: Os camundongos são personagens de disfarce, mas que em diversos pontos são seccionados pelos elementos do sonho com os gatos. Camundongo é uma associação comum com gato; as duas palavras podem substituir-se mutuamente no sonho (num estado de menor atenção)[16].

Os camundongos fazem barulho, como fizeram os gatos, também no quarto, mas em maior número. Os camundongos têm cabeças maiores, portanto, no mínimo não são camundongos mas bichos maiores. Têm orelhas grandes e pretas como os perdigueiros pretos. Os camundongos saltam para fora de casinhas de cachorro. A análise indica uma situação bem ambígua cuja interpretação não é difícil: trata-se outra vez do acasalamento, como no sonho anterior. O fato de o cachorro pular para cima de uma serviçal parece ser boa

---

16. Constatamos que no estado de distração as associações indiretas se multiplicam de tal forma que uma associação bem comum substitui a palavra-estímulo ou a reação, dando a impressão que a palavra-estímulo foi mal ouvida ou que a reação foi pronunciada de modo errado (cf. cap. I deste volume).

indicação da pessoa a que se refere o pensamento do intercurso sexual. Esta indicação faltou no primeiro sonho. Talvez se possa presumir que a primeira análise tenha estimulado o complexo sexual da paciente de modo que no segundo sonho apareceu sua pessoa de modo mais forte. Lembro também que, a exemplo dos sonhos anteriores com sangue e fogo onde o quarto estava cheio de sangue e fogo, agora o quarto está cheio de gatos e camundongos. A análise ocorreu no dia 1.12, após o terceiro sonho, a seguir. Não comuniquei à paciente o resultado da análise do segundo sonho de modo que no terceiro sonho não estava informada sobre o conteúdo do segundo.

3º Sonho (1.12): *Vai a uma loja na cidade para comprar algo. Aparece então um cachorro preto e grande; está muito faminto e pulou para cima dela como se ela tivesse algo para lhe dar de comer.* 830

Resultado da análise: Neste sonho a paciente toma claramente o lugar da empregada do sonho anterior, revelando assim que a ideia da cópula se refere a ela. 831

Material: A forma externa do sonho já denuncia o conteúdo que vai na linha da análise do sonho anterior. A paciente está agora na situação da empregada; isto traz luz para o ponto crítico que no sonho de ontem ficou inexplicado para ela, precisamente na forma que a paciente não pôde entender no dia anterior. Se tivesse entendido este símbolo, provavelmente não teria sido usado, como os gatos cujo sentido lhe foi explicado. Associações para o "cachorro que pula para cima": a princípio, como sempre, apenas generalidades, evasivas e bloqueios que não mais mencionarei aqui para não ser prolixo. Finalmente vem-lhe à mente de novo a cena da empregada com o cachorro. Nossa primeira ideia ao considerarmos o sonho foi naturalmente esta cena; mas não foi o que aconteceu com a paciente. Teve que procurar longo tempo por ela, como se fosse uma lembrança de há muito apagada e esquecida. Teve que remover primeiro todas as resistências que pesavam sobre esta lembrança. Nós não conhecemos estas resistências. Na análise do sonho acontecia com ela o mesmo que no experimento de associações, quando tinha sempre os mesmos bloqueios em pontos críticos, mesmo após duas ou mais repetições, ainda que devêssemos esperar que uma reação procurada com tanto esforço fosse mais duradoura do que uma reação sem significado especial.

No mesmo dia fiz a análise de seus sintomas principais (cf. abaixo). Na noite seguinte teve um sonho.

4º Sonho (2.12): *Ela está de pé no corredor de sua ala e vê chegando um homem alto e preto; ele conduz alguém pelo corredor, mas ela não sabe se é homem ou mulher.* 832

Resultado da análise: O cachorro preto se transforma no homem preto, a cena é transferida para a clínica. O homem preto é o comple- 833 xo sexual, causador de doença, que trouxe a paciente para o hospital de doentes mentais. Procura satisfazer seu desejo de amor ficando enamorada de seu médico; mas não leva a nada, pois o médico é casado.

Material: O caráter externo do sonho lembra a cena do cachorro, só que agora o cachorro enorme e preto se transformou num homem grande e preto. A empregada da cena do cachorro (a própria paciente) tornou-se indistinta (a paciente não sabe se é homem ou mulher). A própria paciente parece não ter mais parte no sonho; por isso temos que procurá-la numa figura do sonho e podemos presumir que seja a figura indistinta.

Associações ao "homem preto": "O homem vem da porta de entrada como se estivesse conduzindo alguém para a ala. Está vestido como um juiz de tribunal medieval (que certa vez viu num teatro); parece um fantasma, como o homem preto que eu vi ao adormecer". Perguntei-lhe se não teve medo: "Não, não tive medo – sim, quis me esconder num quarto por causa do medo; mas uma enfermeira gritou: 'Pare, isto é proibido, o quarto já está ocupado'". Evidentemente existe uma inibição ligada a "medo". Aplicamos o "homem preto" do sonho ao "homem preto" da visão. A visão apresenta o homem preto estendendo sua mão para ela e tentando agarrá-la; e nisto sentiu grande medo. A visão é uma expressão estereotipada de complexo, como os sonhos com sangue e fogo; é portanto uma formação psíquica bastante rígida, não fácil de ser abordada pela análise. De fato, a análise esbarrou em fortes bloqueios que a paciente não conseguiu romper. Por isso temos que recorrer a combinações. O homem preto que se aproximou dela e que tentou agarrá-la é análogo ao cachorro preto e faminto que pulou para cima dela. O cachorro tem um pano de fundo sexual muito forte que provavelmente pode ser atribuído também ao homem preto. A visão teve lugar num momento alto da doença, quando a paciente tinha muitos pensamentos de morte e temia morrer por causa da doença. Conforme dissemos na análise das associações, os pensamentos de morte não excluem o pano de fundo sexual; ao contrário, podem representar a sexualidade. Como vimos na análise das associações e dos sonhos anteriores, a paciente está completamente tomada por um complexo sexual. Por isso é altamente provável que também neste sonho esteja presente a ideia de cópula. Mas deixemos por ora este aspecto de lado e examinemos mais de perto a ação do homem preto. No ponto alto da doença tinha medo de morrer. Expresso simbolicamente: a mão da morte está estendida para ela, isto significa que a doença se apoderará dela e a conduzirá à sepultura. O homem preto do sonho conduz uma figura indistinta – que poderia ser a paciente – para dentro do manicômio e exatamente para a mesma ala em que ela se encontra de fato. A doença não levou a paciente à sepultura mas ao manicômio.

O homem preto deriva do cachorro sexual e a doença, do complexo sexual. Para esclarecer esta afirmação, é bom recordar todas as constatações anteriores: nas associações manifesta-se uma atividade clara e intensa de um complexo sexual, nos sonhos encontramos até agora apenas metáforas do complexo sexual; temos em primeiro lugar os sonhos estereotipados de sangue e fogo que são de um simbolismo ingênuo. Eles dizem: "Meu sangue está quente, tenho fortes sentimentos sexuais de amor". Os sonhos falam de cópula sexual. Sua doença está claramente ligada à menstruação. Também a paciente sabe que a doença está ligada à sua primeira menstruação. Tudo o que conseguimos apurar até agora fala em favor da origem sexual da doença. O que a paciente deseja é, sem dúvida, o homem. Deseja o homem, mas tem a doença; enquanto estiver doente não poderá se casar. Quer estar doente? Conhecemos o querer estar doente dos histéricos. Por qualquer motivo refugiam-se na doença; querem estar doentes. É uma verdade que em muitos histéricos se impõe ao observador. A partir da personalidade astênica da paciente que, por nenhuma razão plausível, desmorona no experimento de associações, tão simples e que não exige esforço, tive que concluir que não fazia nenhuma força para reagir normalmente, isto é, para mostrar-se sadia; ao contrário, comportava-se de tal forma que éramos obrigados a ver quão doente estava e quão pouco interesse tinha em estar sadia.

Precisava da doença como um obstáculo para o casamento. Tinha a escolha entre a doença e o homem, portanto, em sua relação com o meio ambiente, a escolha entre as alegrias do amor sexual e o cuidado e atenção dispensados a uma criança doente, o que tem suas vantagens para uma mentalidade feminina ingênua. No dia anterior havia dito que ela queria estar doente porque tinha medo do casamento e de estar sadia. O sonho é a resposta a isto. Várias vezes havia dito a ela: "Você está se refugiando de novo na doença, isto você não deve fazer, isto é proibido". Dizia isto a ela sempre que não queria contar algo desagradável e o escondia alegando dor de cabeça ou sensação de calor. O que diz o sonho? *Uma enfermeira gritou: Pare, isto é proibido*. A enfermeira (minha substituta, portanto) falou isto quando a paciente quis refugiar-se num quarto por medo do homem preto. (No relato do sonho ficou claro que esta parte foi encoberta por uma inibição especial, pois só foi mencionada durante a análise). O medo do futuro sexual e de todas as suas consequências é muito grande para que a paciente pudesse abrir mão da doença. Prefere continuar doente, como esteve até agora, o que significa na prática receber os cuidados e carinhos da mãe.

Mas o sonho não termina com a exposição dessa linha de pensamentos; diz além disso que a paciente não podia refugiar-se no quarto porque este estava ocupado. De acordo com a análise acima, pressupomos que "refugiar-se num quarto" é um símbolo para o refúgio na doença e que, portanto, "quarto" significa o mesmo que "doença". Mas a paciente está "de posse" de sua doença, não podendo esta ser ocupada por ninguém mais. Lembremos, porém, que "doença" tem duplo sentido. Sua doença é o complexo sexual, respectivamente os sentimentos sexuais reprimidos. A proibição soa portanto também assim: É proibido ter sentimentos sexuais porque alguma coisa na sexualidade já está "ocupada". Por falta de tempo, tive que interromper neste ponto a análise e adiá-la para o dia seguinte, tendo a intenção de lhe perguntar qual fora o quarto aparecido no sonho. No dia seguinte perguntei logo qual fora o quarto. A resposta veio prontamente: "Quarto número 7". Para não estragar nada e antes de começar com a análise, perguntei à paciente sobre os sonhos da noite passada. Havia sonhado de novo.

834   *5° Sonho (3.12): Estava do lado de fora da clínica, junto com a senhorita L. Víamos ambas uma casa em chamas. De repente saiu de trás de uma casa uma figura de branco. Ficamos com medo e gritamos a uma só voz: "Senhor Jesus!".*

835   Resultado da análise: O homem preto transformou-se aqui na figura de branco, a casa em chamas é o complexo sexual. A senhorita L. é uma paciente que está enamorada do autor deste livro. Ficou doente devido a um complexo erótico, exatamente como nossa paciente. A paciente expressa então através dessa pessoa o fato de estar apaixonada pelo autor. Assim a paciente substitui o relacionamento carinhoso com sua mãe – que está sendo prejudicial à sua energia – pela relação erótica com o médico.

Material: A forma externa do sonho nos diz que, devido à interpretação do sonho anterior, o homem preto teve que assumir outra vestimenta e se transformar numa figura de branco, mas que representa o mesmo papel amedrontador, como antes. A situação também é algo semelhante, pois a paciente é interrompida naquilo que começou a fazer. Na casa em chamas presumimos estar o ardor dos sentimentos sexuais. Por analogia com os sonhos anteriores, serve de indicador para a análise a parte do sonho imediatamente anterior que não ficou resolvida na análise de ontem, ou seja, o quarto número 7. No quarto número 7 fica a senhorita L., pessoa com a mesma idade de nossa paciente. Com isso obtivemos novo ponto de apoio para o sonho passado; naquele sonho a paciente pensou algo assim: "Vou entrar no quarto da senhorita L. Vou fazer o mesmo que ela". Contudo, particularmente característico da senhorita L. é que está enamorada do autor, mas não há esperanças pois ele já é casado. A paciente encontra pois o "quarto" ocupado em duplo sentido: 1. A senhorita L. já está enamorada do autor, portanto nada resta para ela; 2. O autor é casado, por isso é impossível qualquer sentimento de ternura. No sonho de hoje a ideia do de ontem é elaborada com mais detalhes. No sonho a paciente faz sempre o mesmo que a senhorita L. Ela também contempla a casa em chamas. Por conseguinte também ela tem um anseio ardente e um amor abrasador. A paciente sabe também que a senhorita L. adoeceu devido a um fracassado caso de amor. Portanto uma analogia a mais e bem interessante! Por isso as duas veem surgir de repente, de trás do fogo do amor, a figura de branco, aliás o homem preto, aliás a doença que assusta as duas, pois ambas adoeceram por causa de amor. A senhorita L. sofre de agitações depressivas durante as quais se comporta de maneira desesperada e sem nexo. A paciente sempre se admirava disso e constatava com satisfação que não era tão doente assim e não tinha que proceder da mesma forma. Disse muitas vezes à nossa paciente que se ela tivesse deixado as coisas correrem, seu estado teria piorado mais ainda. Em seu benigno ciúme contra a senhorita L., nossa paciente podia facilmente pensar que a senhorita L. tinha deixado as coisas correrem bem mais tempo e por isso ficara bem mais doente. Isto poderia dar ao "quarto nº 7" uma ulterior determinação. Este ponto não ficou resolvido naquela análise e, por isso, encontramo-nos novamente tempos depois.

O conteúdo deste sonho lança novamente luz sobre o conteúdo do anterior de modo bastante peculiar: O medo do homem preto (do futuro sexual) leva-a a refugiar-se na doença, o que é proibido. A paciente procura então nova saída, vai proceder como a senhorita L.: apaixona-se pelo médico que sabe levar em devida conta o complexo da doença e que é um homem sexualmente inofensivo; com isso o sonho encontra um desfecho feliz. Substitui a mãe dispensadora de carinho mas produtora de doença, pelo médico que cura e que também é um homem sexualmente significativo. Mas a coisa tem um gancho: a paciente é pobre e não pode ficar muito tempo aqui porque não tem dinheiro suficiente. Mas a senhorita L. é rica e pode ficar o tempo que quiser. A senhorita L. pode então tomar o seu lugar e "ocupar" o quarto. Também esta manobra ficou sem solução na época e por isso a ideia por trás dela permaneceu ativa. Quando expliquei, com muito tato, à paciente o conteúdo deste sonho, ficou desapontada e triste – evidentemente a explicação foi muito crua – e disse em tom sofrido: "Se minha mãe soubesse as coisas que são extraídas de mim aqui!".

Esta reação é digna de nota, pois estas pequenas nuances de sentimentos em sua filha podem ser bastante indiferentes à mãe. A resposta, porém, descreve com exatidão o arrefecimento e abandono da sua necessidade sexual-infantil de carinho por parte do médico e o resseguro do amor materno, sinal evidente de que o compromisso não é durável e que a paciente não consegue libertar-se de sua relação infantil com a mãe.

6º *Sonho* (6.12): *Meu pai está aqui e eu lhe mostro a clínica; vou com ele a todas as alas.*

Resultado da análise: A paciente realiza seu desejo de permanecer mais tempo em tratamento com o autor do qual espera a cura.

Material: A paciente informa que isto é apenas parte de uma série mais longa de sonhos da qual não se lembra mais. Também a análise não conseguiu reproduzir o faltante. Não é difícil entender o sonho: representa uma parte não terminada do sonho de ontem. Neste sonho a paciente se comporta como se na clínica estivesse mais ou menos em casa. Certa vez perguntei à paciente se seu pai não a vinha visitar; ao que respondeu que achava estar tão pouco tempo aqui que não valia a pena ainda seu pai viajar de tão longe para cá. Evidentemente no sonho surgiu uma situação em que valeu a pena a visita. Portanto, a paciente pode ficar mais tempo aqui (o que ela também deseja). Além disso, o sonho apresenta a paciente numa posição de confiança; tem a chave principal que abre todas as alas. Disso se conclui que goza da confiança toda especial dos médicos. Não é difícil adivinhar o que significa esta relação de confiança com o médico.

838   *7º Sonho* (6.12, na mesma noite do sonho anterior): *Estou em casa. Mamãe está sentada à mesa e, defronte a ela, está o senhor doutor comendo. Entre mamãe e o senhor doutor há uma cadeira vazia. Quero sentar-me nela e comer também. Mamãe empurrou então na minha direção um ferro de passar roupa bem quente, e eu comecei a sentir calor na cabeça. Disse à minha mãe que retirasse o ferro, que ele estava me tornando quente de modo que eu não podia comer; eu gostaria de comer junto com eles. Levantou-se então o senhor doutor e gritou zangado que eu não precisava comer agora, poderia comer mais tarde.*

839   Resultado da análise: A paciente deseja um relacionamento sexual com o autor, pois espera libertar-se assim da influência da mãe que contribui para sua doença. Mas o autor é casado, de modo que este desejo não pode ser realizado e ela deve continuar doente.

Material: Também este sonho apresenta um simbolismo transparente; podemos interpretá-lo sem dificuldade à luz dos indícios obtidos no sonho 4. Vimos que no sonho 4 a paciente começa com um dilema entre a relação infantil com a mãe e a relação sexual com o homem. E no papel do "homem" está obviamente o autor. O simbolismo dos animais já foi abandonado nos últimos sonhos pois foi explicado e, assim, tornou-se muito evidente. Por isso precisa criar outros símbolos do coito. O sonho começa com a paciente estando em casa. Agora a principal questão, que ela me coloca diariamente, é esta: "O que estará acontecendo em casa? Tenho medo sempre de que as coisas estão novamente ruins em casa". Perigosa em casa é a mãe que, na qualidade de enfermeira preocupada com sua filha mais nova e imagem dela, contribuiu muito para a histeria da paciente. Em casa surge, portanto, de novo a questão: "Devo continuar fazendo o papel de filha doente e necessitada de cuidados ou devo, de acordo com o parecer médico, lançar-me com coragem e confiança no futuro sexual?". Ela está entre a mãe e o médico. O autor está comendo, ela gostaria de comer também, portanto fazer o mesmo que o autor. Até que ponto pode fazer o mesmo que o autor? Só há um jeito e isto já foi considerado várias vezes: o casamento. Queria sentar-se na cadeira ao lado do autor, queria ficar a seu lado e isto significa que assimila novamente minha pessoa no sentido de "marido". Será que "comer" significa a função conjugal? Conhecemos o princípio freudiano da transferência de baixo para cima. O que acontece à boca (no sonho, na histeria e na *dementia praecox*) acontece aos genitais. Ao comer coloca-se alguma coisa na boca.

(Uma esquizofrênica expressou certa vez seu delírio de desejo assim: o homem que desejava para marido dava-lhe de comer com a colher, o que a tornou grávida e ela teve um filho). A paciente desejava ter um relacionamento sexual com o médico. Mas a mãe a esquenta com o ferro de passar roupa, não podendo por isso sentar-se à mesa; isto significa que a mãe desperta a lembrança de sua doença (sensações de calor na cabeça) e impede, assim, o casamento. Aqui se manifesta o medo de ficar ainda mais doente se voltar para casa. Até agora o autor teve papel apenas passivo, de modo que só a mãe a impedia de manifestar ao médico sua inclinação. Mas, então, o autor se levanta e a repele com aspereza, proibindo-a de "comer junto", isto é, ligar pensamentos sexuais a ele, dando-lhe, ao mesmo tempo, esperanças para depois, quando então poderia se casar. Esta passagem refere-se a uma conversa que tivera dias antes com a paciente, quando lhe expliquei com muito tato que a questão de casar-se não seria tão complicada mais tarde, quando estivesse novamente sã. Deduz-se desse conteúdo que a paciente aborda no sonho, com algumas variantes, novamente a situação do quarto ocupado, mas isto vem ligado à profunda impressão que lhe causou minha análise anterior, quando destruí impiedosamente suas ilusões. Com esta minha recusa viu-se jogada de volta para a mãe, e ao lado da mãe ficará doente, pois a mãe não quer que ela se case (cf. abaixo). Mal havia terminado a análise, ela disse sem qualquer hesitação: "*Ocorre-me um sonho que tive muitas vezes tempos atrás: Sempre sonhava com vermes avermelhados e esbranquiçados; o chão e o quarto estavam cheios deles* (portanto como o sangue, o fogo, os gatos etc.). *Muitas vezes também era como se um verme colossal fosse puxado para fora de minha boca*". Este sonho neste contexto só pode ser um daqueles sonhos sobre o pênis, tão frequentes tanto nas pessoas normais quanto nas doentes. (Os esquizofrênicos têm neologismos especiais para isso como cobra, vara de lírio, bastão da vida etc.). A boca indica novamente a transferência de baixo para cima. Não é provável que o impedimento do casamento por parte da mãe seja a experiência histerógena básica. Antes, é de se pressupor um trauma no erotismo vivo da paciente. Disse a ela que eu não estava satisfeito, que ainda existia uma vivência que até agora não me havia contado e que era de suma importância. Talvez o sonho a fosse revelar. Talvez esta vivência estivesse ligada à sua mania de limpeza. Aconteceu então que por oito dias a paciente não conseguiu se lembrar de nenhum sonho, apesar de saber que havia sonhado muito. Durante este tempo tentei, como sempre fiz até agora, interessá-la por alguma atividade e perguntava-lhe se não sabia de alguma chance onde pudesse ganhar algum dinheiro. Após oito dias lembrou-se outra vez de um sonho.

840 *8º Sonho: Estava em casa e recolhia do chão pequenas moedas; também encontrava lindas pedras que eu lavava. Coloquei então as moedas e pedras sobre a mesa da cozinha e as mostrei aos meus irmãos.*

841 Resultado da análise: A paciente pensa em ir para casa; tem diversos bons propósitos e pensa principalmente em encontrar, junto à sua família, especialmente junto aos irmãos, um substituto para o relacionamento impossível com o médico. Mas o pano de fundo do sonho permaneceu sem explicação.

Material: Neste sonho realizou seu desejo de ganhar dinheiro no futuro. Elemento novo, porém, são as "lindas pedras" que ela lava (mania de limpeza?); as que lavou mostra aos irmãos na mesa da cozinha, que lembra talvez a mesa da copa? A análise só conseguiu apurar generalidades; foram opostas as maiores resistências contra uma penetração mais profunda. O que fazem os irmãos na mesa da cozinha, substituem talvez o médico na mesa da copa? Não consegui resolver esta questão.

842 *9º Sonho (12.12): Vou passear em Zurique, mas de repente estou na minha cidade natal. Vejo diante de uma casa um guarda rural (policial) falando com um homem que não consigo distinguir. O guarda faz uma cara profundamente triste e entra na casa. Vejo então andando na rua a senhorita L. com uma cara profundamente triste. De repente estamos juntas num quarto e sentadas à mesa de comer. De repente ouvimos dizer que a casa estava queimando. A senhorita L. diz: "Agora vou para a cama". Achei isto incompreensível e saí para o corredor; lá me disseram que não era nada, fora alarme falso. Entrei novamente e me vi junto de minha mãe na cozinha; também estavam lá dois de meus irmãos. Havia ali um cesto cheio de maçãs deliciosas. Um dos irmãos disse: "Isto também é algo para mim".*

843 Resultado da análise: A paciente, da mesma forma como a senhorita L., está decepcionada em sua esperança de amor; ela entende isto com relação à senhorita L. cujas boas qualidades, em número bem menor, ela enfatiza com sarcasmo. Por isso vai para casa

e novamente entra num relacionamento íntimo e suspeito com um dos irmãos.

Material: A situação geral do sonho é semelhante à do sonho 7. Trata-se outra vez de estar junto à mesa da cozinha ou da copa. Na primeira parte aparece um "guarda rural" com um rosto profundamente triste. Logo a seguir aparece, sem mais, a senhorita L. com o mesmo atributo. O "guarda rural" entra na casa e a paciente, logo depois, come com a senhorita L. num quarto. Evidentemente o "guarda rural" e a senhorita L. são equivalentes. Como e por que a senhorita L. é transformada num policial? Pedi à paciente que enumerasse algumas características notórias da senhorita L. Achou que ela tinha maneiras tão estranhas a ponto de parecer apenas meia-mulher, quase um homem, e além disso era muito magra. É conhecida na Suíça uma linguiça comprida e fina que recebe o apelido de "guarda rural seco" (*dürren Landjäger*). Esta expressão é usada também, de modo pejorativo, para pessoas muito magras. A paciente só indicou os aspectos menos louváveis da senhorita L. O motivo disto é dado pela circunstância de que o "guarda rural" está falando com um homem indistinto; mas quando a senhorita L. fala com um homem, este, no sonho, só pode ser o autor. Provavelmente a paciente mostra de novo e com ciúmes os sentimentos da senhorita L. pelo autor, tratando-a por isso com desdém. Depois, está sentada à mesa de comer com a senhorita L. Portanto está com ela numa situação sexual, mas não se deve pensar em algo homossexual, pois o sentido sexual de "mesa de comer" já ficou claro para o autor e seria, por isso, muito evidente. Aqui certamente só significa: "Sinto-me sexualmente como a senhorita L.". O alarme do fogo a seguir indica isto também.

A paciente sai para ver o que está acontecendo, ao passo que a senhorita L. vai para a cama, isto é, fica doente de amor. Para entender isso é preciso saber que a senhorita L. sempre ia para a cama quando tinha algum contratempo. No início do sonho, a paciente rebaixava sua concorrente; quando se apresenta a situação sexual (o alarme do fogo), a senhorita L. fica doente e, com isso, totalmente inofensiva. Desse modo, a rival é afastada. A paciente fica sabendo, porém, que o alarme é falso: é a decepção ("o quarto está ocupado", "não pode comer junto à mesa"). O autor destruiu suas ilusões, a transposição de sua carência de carinho para o homem não teve êxito, tem que voltar para a mãe onde encontra ao menos um equivalente para sua necessidade de amor. Por isso modifica-se a situação na segunda parte do sonho. A paciente está de repente em casa, junto à mãe, mas em vez da mesa de comer, na cozinha. Se tratasse apenas da relação com a mãe, os irmãos teriam sido supérfluos. Mas estão lá também dois irmãos, como no 8º sonho, à mesa da cozinha; em lugar das "lindas pedras" está aí um cesto com "maçãs deliciosas", e um dos irmãos diz: "Isto também é algo para mim". Dificilmente se pode interpretar em sentido diferente do sexual a cena da mesa de comer do sonho 7 bem como a cena da mesa de comer com a senhorita L. desse sonho: em conexão direta com a cena sexual vem agora um quadro construído de modo bem semelhante em que a "mesa de comer" é substituída por "cozinha". As "maçãs deliciosas" parecem inicialmente "lindas pedras" que estavam sobre a mesa da cozinha e, em segundo lugar, são algo comestível (compare-se com a maçã de Eva). Isto é algo para o irmão, vai receber algumas. Lembremos o seguinte: na primeira parte do sonho foi destruído um desejo sexual da paciente; na segunda parte não é possível que se trate apenas da mãe, o elemento sexual deve de alguma forma participar. Deixei que produzisse associações a "maçãs": "Pensei nas maçãs que vi ontem numa loja especializada em frutas do Sul. Estive lá com a esposa do doutor". Portanto fora lá com minha esposa. Isto poderia ser uma pista. Mas agora a análise chegou a uma parada e nada mais foi possível obter. Comecei uma nova tentativa com o irmão: "Era meu irmão que mora na Itália; já me convidou várias vezes para fazer uma viagem à Itália e visitá-lo".

Lembremos agora a reação 25 (teste VI):

Viagem: A paciente lá associou "*uma bela viagem à Itália – viagem de núpcias*". Isto não teria nada a ver com o irmão, mas mesmo assim as maçãs também são destinadas a ele. Gostaria de acrescentar aqui um sonho bem curto que a paciente teve no início do tratamento. Sonhou que *eu estava em seu quarto e ela me disse que infelizmente as nozes ainda não podiam ser colhidas, mas tinha um cesto cheio delas em casa*. Neste sonho a paciente me oferece as frutas: nozes. As nozes são duras como pedras. Para comê-las, é preciso que sejam abertas antes. Lembremos as "lindas pedras" e as "maçãs deliciosas" que ela agora destina aos irmãos. Depois que se afastou de mim, o irmão recebe agora o que sua expectativa erótica prometera inicialmente para mim.

Acho que se torna claro aqui que existe algo com o irmão que vai além de um simples relacionamento de irmãos. A importância do irmão para a irmã se torna suspeita (Lembremos *beijar – beijo de irmã*) e não é possível afastar a suspeita de que aqui existe algo procurado há muito tempo e que explicaria muita coisa se o soubéssemos com certeza[17]. À base disso tudo parece estar uma aventura infantil da época da pré-puberdade onde o irmão teve um papel que deixou marcas: um trauma freudiano. Mas o segredo foi bem defendido e a análise não teve acesso a ele.

Expus bem superficialmente o conteúdo da análise à paciente, evitando qualquer referência de natureza sexual. Pelo não esclareci-

---

[17]. É preciso lembrar aqui também que no sonho do quarto ocupado estava: "Pare, é proibido". Talvez minha expressão tenha causado tal impressão porque tocou no complexo e disse algo de grande importância para a paciente (se admitirmos que o complexo aqui atingido realmente exista).

mento do simbolismo, queria evitar que o próximo sonho fosse mais camuflado ainda. O desenvolvimento interior da paciente, indicado neste sonho, isto é, o afastar-se do autor, o abandono de seu ponto de vista e o enfraquecimento de seus conselhos e ensinamentos manifestaram-se (sem considerar uma piora objetiva) no fato significativo de que a paciente começou de novo a sonhar com fogo e sangue; "*ouvia todas as noites o alarme do fogo*".

A hora da partida se aproximava. Esperei por um sonho decisivo, mas a paciente não se lembrava mais de seus sonhos (com exceção dos sonhos com fogo), a não ser de um único e pequeno fragmento, que não revelou coisa alguma. Na manhã do dia da partida, perguntei-lhe, como sempre, se tinha sonhado. Disse que sim, mas logo acrescentou: "Já sei, porém, o que o sonho significa, percebi isto de imediato. Mas não vou contá-lo ao senhor; é algo sobre tempos passados que eu talvez só conte à minha mãe". Toda minha insistência foi inútil; permaneceu firme, dizendo que se tratava de algo que só poderia contar à sua mãe. Finalmente eu disse que se tratava então de uma história sexual bastante desagradável. A paciente nada respondeu e limitou-se a olhar pela janela. Mais eu não podia tentar.

Infelizmente nossa análise dos sonhos e a análise da doença em geral ficaram incompletas, mas num ponto que parece claramente definido.

843b

843c

Resumo das análises dos sonhos

Ainda que nenhuma das análises tenha atingido a perfeição desejada e que sobretudo a última tenha ficado interrompida num ponto importante, conseguimos assim mesmo algumas referências valiosas. Vimos principalmente que os sonhos confirmaram o complexo revelado nos testes de associação. As associações indicam um complexo sexual intenso e os sonhos se referem exclusivamente, por assim dizer, ao tema do acasalamento. Ficamos sabendo que os complexos que constelam as associações no estado de vigília também constelam os sonhos. Encontramos também na análise dos sonhos os mesmos bloqueios que se manifestaram no experimento de associações. A análise das imagens oníricas revelou o complexo sexual, sua transpo-

844

sição para o autor, a desilusão e volta da paciente para a mãe e o reatamento de uma relação infantil e misteriosa com o irmão. O próximo capítulo quer mostrar o complexo sexual no sintoma histérico e durante o curso da doença.

III. O Sintoma Histérico

845   Só resta agora aplicar aos sintomas da doença os conhecimentos adquiridos nos dois capítulos anteriores, sobre a forma e o conteúdo do complexo sexual. Começaremos com a "dança de São Guido".

846   Segundo a anamnese, fornecida pela paciente, a "dança de São Guido" começou de repente e por razões desconhecidas. Todas as perguntas sobre as razões foram respondidas negativamente e parecia impossível chegar à causa porque a paciente não a conhecia. Mas já conhecemos perfeitamente as resistências que se colocam contra a reprodução de todas as ideias-complexos. Os histéricos só têm acesso a seu material psíquico quando se trata de ideias indiferentes; mas quando se trata do complexo, aí eles são impotentes. O complexo já não pertence totalmente à hierarquia das ideias eu do consciente, devido à sua forte carga emocional, é mais ou menos autônomo (como qualquer emoção forte) e força a associação em sua direção, mesmo que o complexo do eu se esforce por pensar e agir em sua própria direção. Por isso não podemos reproduzir as coisas "íntimas" com a mesma certeza e tranquilidade que as objetivas. A compulsão de conservar em segredo o "íntimo" pode chegar quase a uma impossibilidade de reprodução, como vimos no caso do estudo VI[18]. Se numa histeria, portanto, quisermos informações sobre o "íntimo", ou seja, sobre o complexo, só as conseguiremos através de rodeios. Freud fez do rodeio um método: é a psicanálise. Primeiramente liberamos algumas ideias-cobertura gerais que estão em alguma relação associativa (e, muitas vezes, simbólica) com a ideia do complexo, e assim nos aproximamos aos poucos de diversos ângulos do complexo. O método é basicamente o mesmo empregado por um examinador experiente num candidato nervoso. O candidato não consegue responder a

---

18. (De Estudos diagnósticos de associações, cap. V deste volume).

perguntas especiais e diretas pois está muito agitado; o examinador leva-o primeiro a responder a uma série de perguntas bem genéricas e fáceis nas quais a carga emocional não seja forte; depois a resposta desejada virá espontaneamente. Se perguntasse à paciente diretamente sobre as causas de sua "dança de São Guido", nada obteria; por isso deixei que respondesse primeiro a perguntas secundárias e inofensivas, e com isso aprendi o seguinte:

Gostava de ir à escola e também gostava dos professores. Não gostava de todas as aulas igualmente, mas não conseguia se lembrar se havia alguma aula em especial de que não gostasse ou algum professor que lhe fosse antipático. Não gostava muito da aula de redação e, inclusive, ia contrariada a esta aula. Foi na aula de redação (no 2º ano escolar) que a mão deu os primeiros estremecimentos. A partir de então, os estremecimentos se intensificaram e ela não conseguiu mais escrever. Por isso teve que faltar às aulas de redação. Começaram, depois, na perna direita de modo que em breve não conseguia mais ir à escola. E assim apareceu aos poucos "a dança de São Guido". Lembrou-se também de que tinha sempre "grande necessidade" de chorar e medo de ir para a rua quando chovia, faltando à escola também por este motivo. Às vezes a "dança de São Guido" era mais forte e às vezes mais fraca de modo que às vezes ia à escola e às vezes não. Aos doze anos de idade a doença se agravou tanto que não mais pôde frequentá-la.

Penso que ficou claro nesta narrativa que a paciente era criança muito manhosa que aproveitava toda oportunidade para não ir à escola; para fugir da detestada aula de redação apresentaram-se convenientemente os estremecimentos no braço que, finalmente, impediram-na de frequentar a escola. A paciente concorda agora que poderia ter dominado os estremecimentos se, naquela época, tivesse feito algum esforço. Mas era conveniente para ela estar doente. Chamou-me particular atenção a incerteza com que a paciente falava, no início da análise, das cargas emocionais de suas lembranças da escola. A princípio pareceu-lhe que gostava de ir à escola, depois vieram expressões dando a entender que não era bem assim e, enfim, vem exatamente o contrário – que corresponde à verdade dos fatos. Esta maneira inconsequente de expor as coisas é um método real da paciente (Cf., para tanto, as análises anteriores). Nada indica que a paciente tivesse consciência disso na ocasião; ao contrário, parecia que acreditava naquela exposição. O complexo de escola, conhecido fenômeno de todas as crianças astênicas, leva aqui à formação de um sintoma histérico. Compreende-se facilmente que a existência de um automatismo fomente um conveniente *locus minoris resistentiae*, a partir do qual podem desenvolver-se outros automatismos se a situação o exigir.

No dia seguinte as cargas emocionais haviam mudado de novo. A paciente afirmou: Não podia dizer que não gostava de ir à escola, ia até com muito gosto. A escola nunca tinha causado nela uma impressão especial. Outras experiências a haviam ocupado mais como, por exemplo, certa vez em que uma professora a havia repreendido severamente. Temos aqui novamente a mesma incerteza e inconsequência.

848   Aos doze anos piorou a "doença de São Guido". Segundo a análise, parece ser desse ano que provém a recordação do sonho sexual com os gatos. No décimo segundo ano surgem em muitas meninas os primeiros sentimentos da puberdade e é então que começam a interessar-se por segredos sexuais. Mas o décimo segundo ano tem ainda outro significado para a paciente. Deixei-a produzir associações sobre o complexo da mãe; o resultado foi o seguinte:

Muita coisa lhe veio à mente – (após longa pausa) – que a mãe também está doente, mas sempre está satisfeita e bem disposta; gostaria de ser assim. A mãe sempre dizia que sua osteomalacia provinha do fato de ter casado. Ficara doente há 28 anos, mas agora a doença seria curável, segundo diziam os médicos.

Esta observação me levou a perguntar: "Isto tem algum significado para ela?" Nenhum. Ela nem poderia imaginar o que isto significaria para ela – sobre isto ela nunca havia pensado. Comentei que era possível a ideia de que poderia ter herdado uma disposição para tal doença. Disso nunca tivera medo, e teria casado apesar de tudo. Eu disse que este medo talvez pudesse ter surgido à época da primeira menstruação. "Isto não é possível pois minha mãe já me dissera bem antes de eu ter doze anos que não deveria casar porque, caso contrário, iria ter a mesma doença".

849   A partir dessa observação é possível imaginar que aos doze anos houve conversas de grande importância sexual, com forte repercussão na fantasia da paciente; isto se deduz da espantosa resistência que opôs ao esclarecimento deste ponto. Seja como for, encontramos no duodécimo ano um dos primeiros componentes do complexo sexual. À época do primeiro período menstrual foi exposta a dois complexos, um deles associado a um automatismo plenamente desenvolvido e o outro, associado a sentimentos sexuais. Existe, portanto, a possibilidade de converter esta experiência decisiva num sintoma histérico, mas não a necessidade, pois o não poder casar parece insuficiente para tanto. Devemos ainda postular a existência de outro fato que

preparou o caminho para a repressão do complexo sexual, isto é, um fato sexual na infância. Aqui encontraria seu lugar certo o trauma sexual que os sonhos parecem indicar.

Com o período menstrual começa nova forma de existência: a sexual. Por isso não é de admirar se o complexo da escola é substituído pelo complexo sexual, mas só na aparência externa; como vimos, ele ainda está presente nas associações, ainda não é uma ferida cicatrizada, continua a ser sustentado por autorrecriminações. O fato de o complexo da escola, isto é, a "dança de São Guido" ainda existir potencialmente é demonstrado pelo que se segue. Certa vez a paciente teve um dia especialmente ruim. Descrevia as sensações de calor como insuportáveis; enquanto falava, crispava de vez em quando, com força, o braço direito, depois também o esquerdo. Chamei a atenção dela para estes movimentos; começou então a crispar devagarinho também as pernas e disse: "Só consigo me controlar com grande esforço para não cair, como acontecia antigamente. Teria o maior prazer nisso". Vemos que os velhos automatismos estão prontos a se manifestar no instante em que a energia está completamente exaurida. (Isto confirma a teoria de Janet de que todo *abaissement du niveau mental* vem acompanhado de um despertar dos automatismos). O primeiro período menstrual deu ensejo ao surgimento das queixas atuais: sensação de calor na cabeça e pescoço; sensação de como se tudo na cabeça fosse sangue, e o sangue estivesse a 40 graus de calor. As mãos, pés e cabeça estão frios. Ao mesmo tempo tinha uma cadeia de pensamentos obsessivos: precisa imaginar sempre que está sangrando pelo nariz e por todos os orifícios da cabeça; precisa imaginar que os coágulos de sangue que saíam na menstruação estavam na cabeça; deseja sempre poder sangrar da cabeça uma vez tanto até encher uma bacia.

850

Este complexo estranho de sintomas refere-se obviamente ao período menstrual: nada mais é do que uma "transferência de baixo para cima" (Freud). O mecanismo de transferência opera na paciente; já o encontramos de modo inconfundível nas análises dos sonhos. O calor (no sonho do sangue e fogo) é o calor sexual que se manifesta na menstruação. Por vários meses a menstruação não veio, e antes disso foi bem irregular; além disso há um meteorismo evidente e uma postura corporal que tornam o baixo-ventre ainda mais protuberan-

851

te. De acordo com Freud, são sintomas de pseudogravidez. A experiência psicológica confirma isto: quando numa mocinha se trata de um complexo erótico de expectativa, a criança desempenha um papel marcante nas associações e nos sonhos[19]. Este é o caso também nas associações de nossa paciente. Além disso, a gravidez apresenta para ela a ideia do perigo da osteomalacia que deve ser reprimida a todo custo. Contudo, não posso apresentar uma evidência positiva da concepção de Freud.

852   Dependem provavelmente da repressão dos sentimentos sexuais também as seguintes ações sintomáticas:

1. a constante procura de refrigeração,

2. as abluções frias,

3. o horror à carne de qualquer tipo,

4. a incapacidade de ficar sentada,

5. a preferência por ginástica em recinto fechado, evitando qualquer outra atividade de esforço físico.

853   Estas ações sintomáticas correspondem exatamente aos conselhos higiênicos, dados em livros populares, contra estados de excitação sexual.

854   Demonstração positiva da repressão dos sentimentos sexuais é o esquivar-se constante e obstinado de todas as questões de ordem sexual. Assim que o exame toca em alguma coisa sexual, vem o fechamento e ficamos na maioria das vezes presos em resistências intransponíveis. Por motivos teóricos, pude me certificar, através de perguntas bem formuladas, de que a paciente estava informada com muita exatidão sobre todos os fatos do sexo, mas não tinha condições de me dizer de onde sabia tudo isso; negava obstinadamente ter lido algo sobre o assunto ou ter ouvido isto de alguém. Ela simplesmente o sabia. Apenas ao final do tratamento confessou durante a análise, após longo bloqueio, que uma amiga a havia esclarecido quando ela tinha doze anos de idade. Também se percebe como são fortes os bloqueios que protegem o segredo sexual.

---

[19]. Cf., por exemplo, as fantasias sonambúlicas do caso que publiquei em Sobre a psicologia e a patologia dos fenômenos chamados ocultos [OC, 1].

Não preciso entrar em pormenores sobre as visões pois já foram esclarecidas na análise dos sonhos. 855

O processo da melhora foi se arrastando, com várias recaídas. A energia melhorou a olhos vistos, estendendo-se aos poucos seu rendimento até as 4 ou 5 horas da tarde (quando antes só chegava até as 10 horas da manhã). Conseguia de novo ler por longo tempo e fazer trabalhos manuais. As sensações de calor continuaram, só que em menor intensidade, e no terceiro mês de tratamento já não falava delas; admirava-se apenas de que nos últimos tempos tivesse tantas depressões cuja causa não sabia identificar. (Quando, tempos atrás, acontecia-lhe algo desagradável, nunca se queixou de depressão mas de sensações exageradas de calor). Mas para minha assistente-médica falava ainda agora de suas sensações de calor. Mas, após o sonho com a mesa de comer, quando lhe expliquei o relacionamento que pretendia comigo, voltou a nomenclatura antiga, também quando falava comigo. No sonho ouvia o alarme do fogo e muitas vezes, sobretudo nas últimas semanas de sua estadia aqui, apareceu novamente o homem preto que sumira depois da análise que o interpretou pela primeira vez. As análises dos sonhos mostram como explicar esta recaída: a paciente não podia revelar seu segredo mais íntimo, isto é, o compromisso sexual com minha pessoa havia fracassado (não conseguia achar nada em mim, além do aspecto sexual, que fosse tão valioso a ponto de levá-la a separar-se de seu papel de doente). Pelo fato de não poder ter extirpado dentro de si este segredo, teve que permanecer na afirmação repressora das sensações de calor e, assim, chegou também a reassumir seus sintomas primitivos e a nomenclatura correspondente, demonstrando que minhas explicações eram falsas; não podia admitir que eu tivesse razão, caso contrário seria posta em dúvida a autenticidade de sua doença. 856

Aproximadamente um mês depois de sua alta, recebi uma carta do médico da família. Dizia que ela estava tão mal quanto antigamente e que esbravejava contra a clínica e o médico, dando a entender que o médico só procurava ocasiões para com ela manter conversas moralmente perigosas. Entrincheirava-se, portanto, a personalidade doente, isto é, o complexo, atrás de mecanismos agressivos de defesa; desacreditava tanto quanto possível a personalidade moral do médico para contradizer a informação passada à parte normal da psi- 857 que. Dessa forma o automatismo da doença abre um caminho livre para seu desenvolvimento sem empecilhos, pois todo complexo tem a forte tendência de viver desimpedido.

Resumo

858   O complexo descoberto nas associações é a raiz dos sonhos e dos sintomas histéricos.

859   Os distúrbios, causados pelo complexo no experimento de associações, nada mais são do que as resistências na psicanálise, descritas por Freud.

860   Os mecanismos de repressão são os mesmos no experimento de associações, no sonho e no sintoma histérico.

861   O complexo tem na histeria grande autonomia e tendência a uma existência ativa e separada que reduzem e substituem progressivamente a força consteladora do complexo do eu. Assim vai se criando aos poucos uma nova personalidade mórbida, cujas tendências, julgamentos e decisões só caminham na direção do querer ser doente. Esta segunda personalidade devora o que restou do eu normal e o força a entrar no papel de um complexo secundário (oprimido).

862   Um tratamento adequado da histeria deve, portanto, fortalecer o que restou do eu normal e isto se consegue introduzindo algum novo complexo que liberte o eu do domínio do complexo da doença.

VIII

A importância psicopatológica do experimento de associações*

Aula inaugural, dada por C. G. Jung, como livre-docente na Universidade de Zurique, no dia 21 de outubro de 1905.

Ainda que os assuntos da psicologia interessem hoje aos não psicólogos mais do que há alguns anos atrás, a idade relativamente jovem da psicologia experimental significa que neste campo pouca coisa ficou esclarecida e que em muita coisa ainda é grande a controvérsia de opiniões. Além disso a psicologia é ainda uma coisa híbrida, tendo a psicologia experimental, em muitos lugares, uma existência pouco significativa ao lado da psicologia filosófica. A natureza dogmática desta última tem a culpa de muitos mal-entendidos que existem entre os dois tipos de psicólogos. Estes querem fazer da psicologia uma crença; aqueles, uma ciência natural. Como é de se esperar, estas duas tendências totalmente divergentes não se suportam e colocam obstáculos uma à outra. Esta oposição se torna mais incômoda no campo da nomenclatura. Os mesmos conceitos e palavras não significam a mesma coisa num autor e em outro. Enquanto se tratar de dogmas e axiomas, que devem sua existência à *petitio principii*, não podemos esperar clareza, pois, como se sabe, todo dogma exige uma certa obscuridade. Por isso, esperamos que a salvação venha da psi-

---

* Publicado pela primeira vez em *Archiv für Kriminal-Anthropologie und Kriminalistik* XXII/2-3, Leipzig 1906, p. 145-162.

cologia experimental, que certamente ainda está em seus inícios, mas que já pode olhar para trás e constatar uma rica colheita em seu trabalho.

864   Sob as mesmas contradições teve que sofrer por decênios também a psicopatologia. Primeiramente teve que libertar-se, a muito custo, dos laivos filosóficos, depois foi submetida a noções anatômicas esquematicamente rígidas que ainda hoje imperam em muitas cabeças. Apenas recentemente tivemos os inícios também de uma psicopatologia experimental, livre agora da escória de seu processo de desenvolvimento. Devemos este feito a alienistas, figurando na primeira linha o famoso psiquiatra Kraepelin, discípulo de Wilhelm Wundt. Na segunda linha está o psiquiatra Sommer a quem devemos gratidão neste campo. Kraepelin aproveitou uma série de ideias básicas e métodos da escola de Wundt e tentou assim aplanar os caminhos da teoria experimental da mente enferma. Sob sua orientação surgiu grande número de preciosos trabalhos[1] que permanecerão por muitos anos uma espécie de mina, estimulando novas ideias e valiosos métodos, mesmo que os resultados de alguns trabalhos sejam duvidosos ou tenham, ao menos por enquanto, um valor puramente acadêmico. Os principais temas das pesquisas orientadas por Kraepelin foram: capacidade de rendimento mental; influência da fadiga, remédios e álcool sobre funções psíquicas simples; fadiga e recuperação; capacidade de percepção etc.

865   Na maioria dessas pesquisas trata-se de uma demonstração experimental das diversas influências sobre a psique da pessoa normal. Mas o que torna para nós, alienistas, de suma importância os trabalhos de Kraepelin são as diversas perspectivas que ele apresenta no campo da psicopatologia.

866   Além dos trabalhos sobre fadiga são de fundamental importância nesse contexto os trabalhos de Aschaffenburg sobre as associações[2].

867   Antes de nos aprofundar no conteúdo dos trabalhos de Aschaffenburg, é preciso discutir algumas coisas de natureza geral.

---

1. *Psychologische Arbeiten* (desde 1896).
2. ASCHAFFENBURG, G. "Experimentelle Studien über Associationen". In: KRAEPELIN, E. *Psychologische Arbeiten*. Leipzig.

Já sabiam os antigos que o fluxo de nossas concepções ou ideias não se dava de maneira totalmente anárquica; encontramos já em Platão e Aristóteles[3] indicações de leis de associação cuja validade é reconhecida até hoje. As leis da simultaneidade, sequência, semelhança e contraste são também a base das leis de associação de Wundt. Onde quer que na natureza ocorra um processo regular, é possível aplicar o experimento. Por isso é possível fazer experimentos com o próprio processo de associação, por mais complicado e difícil que seja de entendê-lo. Após as primeiras tentativas de Galton[4], a escola de Wundt fez pela primeira vez experiências sistemáticas[5] sobre a associação. O método do experimento era muito simples. O experimentador dizia à pessoa experimental uma palavra, e esta respondia com a primeira palavra que lhe ocorresse com relação a esta palavra-estímulo. O experimento é, pois, semelhante a qualquer outro da fisiologia no qual submetemos um objeto experimental vivo a um estímulo adequado, aplicando, por exemplo, estímulos elétricos a diversos lugares do sistema nervoso, estímulos de luz ao olho e acústicos ao ouvido. De modo idêntico aplicamos, com a palavra-estímulo, um estímulo psíquico ao órgão psíquico. Introduzimos na consciência da pessoa experimental uma ideia e aguardamos qual será a outra ideia produzida no cérebro dela. Podemos, desse modo, obter em pouco tempo grande número de ideias conexas ou associações. Com este material podemos constatar, comparando-o com o de outras pessoas experimentais, que este ou aquele determinado estímulo produz uma determinada reação. Temos, assim, em mãos o meio de pesquisar a "lei da associação". A "lei da associação"! Isto soa bem acadêmico e nenhum licenciado em filosofia iria titubear em admitir a possibilidade de tais leis. Mas lei pressupõe sempre necessidade. Aplicada ao experimento, significa o seguinte: a ideia-estímulo vai produzir necessariamente esta ou aquela determinada associação.

868

---

3. Um livro que orienta muito bem sobre toda a questão é o de CLAPARÈDE, E. *L'Association des idées*. Paris:[s.e.], 1903.
4. GALTON, F. "Psychometric Experiments". *Brain. A Journal of Neurology*, II, 1897, p. 149-162. Londres.
5. TRAUTSCHOLDT, M. Experimentelle Untersuchungen über die Association der Vorstellungen. In: WUNDT, W. (org.). *Philosophische Studien*. I. Leipzig: [s.e.], 1883.

O experimento adquire assim o caráter de algo inexorável, causalmente inevitável. A pessoa experimental não pode proceder de outro modo; deve associar a certo estímulo a ideia correspondente, assim como o sistema nervoso quando recebe um estímulo no mesmo ponto, *ceteris paribus* sempre causa a contração do mesmo músculo. Se aceitarmos a necessidade das leis de associação, devemos dizer que a pessoa experimental está submetida totalmente ao experimento porque deverá necessariamente ter aquela ideia associada à palavra-estímulo. Isto seria a determinação da vontade *in nuce*. Mas nem todos querem ir tão longe. Ainda existem hoje em dia muitas pessoas cultas que por idealismo ou outras razões acreditam na liberdade da vontade. Consequentemente devem negar a necessidade das leis de associação e considerar a interconexão de ideias como simples acaso. Devem afirmar que o experimento, acima referido, está sujeito ao acaso mais selvagem, que toda pessoa pode não só dizer mas também pensar o que quiser, que entre centenas de coisas que lhe ocorrem vai escolher ora isto, ora aquilo, segundo seu gosto e disposição momentânea, que não é obrigada a pensar segundo categorias de semelhança ou de simultaneidade etc. Estas objeções são as mais comuns. As mesmas objeções se ouvem de pessoas bem ponderadas a respeito do determinismo. Afirmam com toda seriedade que a pessoa é capaz de fazer uma escolha adequada dentre os vários motivos do querer, antes que ocorra o ato da vontade. Será que a pessoa também escolhe entre os motivos dos motivos e entre os avós e bisavós dos motivos? E o que faz com os motivos que não chegam à sua consciência[6]? Ou será que os motivos brotam do mundo transcendental como ato incompreensível da criação? Se a pessoa quisesse escolher entre os motivos de seu querer, deveria gastar uma porção de anos antes de qualquer movimento a fim de encontrar e analisar toda a série de motivos precedentes até a época nebulosa da infância, e nunca chegaria ao fim. Em seus motivos dependeria sempre dos resultados de todos os motivos precedentes ou associações, para sermos mais claros. Como podem ver, é fácil *a priori* refutar a objeção da casualidade das ocorrên-

---

6. A possibilidade de tais motivações fica provada, por exemplo, pelo fato do comando pós-hipnótico.

cias psíquicas quando o opositor não está obcecado por trazer dificuldades de ordem sofista.

Em princípio devemos admitir pois que a associação é uma conexão necessária e segundo certas leis. Com isso o experimento de associações, que parece estar entregue ao acaso mais desenfreado, ganha a seriedade e segurança de qualquer outro experimento científico. Por definição, o acaso não se sujeita a nenhuma regra, mas o acontecer necessário, sim. A regra significa uma limitação, uma circunscrição do acontecer que deve admitir prova empírica. Também a multiplicidade de associações possíveis – que parece inesgotável aos olhos do leigo – deve se restringir empiricamente à certa limitação.

Com isso chegamos novamente aos experimentos de Aschaffenburg.

Os resultados de suas pesquisas nos fornecem uma boa visão das grandes dificuldades desse formidável campo de trabalho. A maior dificuldade está precisamente em encontrar a regra. Quais são os critérios para classificar a quantidade desconcertante de associações e chegar a uma impressão apenas superficial do todo? Quando se olha para as inúmeras reações individuais, quase se perde a coragem de encontrar um ponto de apoio neste caos selvagem. Wilhelm Wundt procurou ajuda em certos princípios lógicos de classificação que se baseiam nas leis da *simultaneitas* e *similitudo* que nos foram legadas pela Antiguidade. Com isso se tinha ao menos pontos lógicos de apoio, ainda que nem Wundt nem qualquer de seus discípulos tivessem a pretensão de ter esgotado, assim, a plenitude da realidade. Aschaffenburg e Kraepelin construíram adiante sobre estes fundamentos. Essencialmente distinguiram entre associações internas e externas. Quando, por exemplo, a associação soava:

pessoa humana	rapaz
ataque	defesa
mesa	móvel

então eram associações internas, isto é, conexões nas quais o significado ou o conteúdo da palavra são o fator conectivo essencial.

Mas se as associações soassem:

faca	bolso da calça
água	peixe
planta	vaso

então eram associações externas, isto é, o fator conectivo não é a ligação através do sentido interno, através do significado, mas somente através da reunião externa. Forma típica da reunião externa são também expressões linguísticas que, como os senhores podem imaginar, são bem frequentes neste experimento. Devem ser consideradas como simples conexões linguísticas e, portanto, como associações externas, por exemplo, as seguintes:

> misericórdia   antes de justiça
> torrão   natal
> sorte   está lançada
> abraço   de tamanduá.

873   Portanto, Aschaffenburg inclui entre as associações externas todas as conexões usuais de palavras.

874   Além das associações internas e externas, pode acontecer que a palavra-estímulo sugira outra de som semelhante como, por exemplo:

> memória   história
> coragem   selvagem
> costume   perfume

são as chamadas associações de som.

875   Apesar do grande esforço de vários pesquisadores não conseguimos encontrar um método de classificação satisfatório em princípio. De qualquer forma, o método atual serve para resolver muitos problemas na pesquisa das associações.

876   Um predecessor de Aschaffenburg no campo da pesquisa das associações, o conhecido psicólogo Münsterberg[7] (agora na América) acreditou que, através de um experimento, ficou provada a existência de três tipos intelectuais diferentes. Entre um número limitado de pessoas experimentais encontrou algumas que reagiam sobretudo com supraordenações, algumas com coordenações e algumas com subordinações. Aschaffenburg, com um método bem mais confiável, não encontrou nada disso.

---

7. *Beiträge zur experimentellen Psychologie*. 4 vols. Friburgo em Brisgóvia: [s.e.], 1889-1892. (Hugo Münsterberg, professor de psicologia em Harvard até sua morte em 1916, foi contrário à psicanálise).

A primeira esperança de encontrar uma regra determinante foi prematura. Nenhuma regularidade podia ser descoberta à primeira vista. Uns produziam muitas associações internas e outros, externas; uns faziam muitas associações de som e outros, nenhuma. Ninguém sabia donde vinham as diferenças.

Foi então que Kraepelin e Aschaffenburg deram um passo de importância fundamental. Alteraram a condição psíquica da pessoa experimental da maneira a mais inequívoca possível. As pessoas experimentais eram levadas a uma grande fadiga, do seguinte modo: Após um dia de trabalho em suas profissões habituais, foram feitos com elas, de tempos em tempos, testes de associação, desde as 8 horas da noite até as 8 horas da manhã; e os intervalos eram preenchidos com outros trabalhos mentais. Durante a noite as pessoas nada podiam comer.

Com isso criou-se um estado de intensa fadiga.

As associações das várias pessoas experimentais apresentaram um fenômeno bastante homogêneo: diminuiu o número de associações internas e aumentou o das externas; cresceu principalmente o número de associações de som, o que em outras palavras quer dizer que as conexões semânticas iam desaparecendo com o aumento da fadiga e foram sendo substituídas por elementos conectivos externos e superficiais. Pode-se dizer também que a valência das associações diminuiu com o aumento da fadiga.

Encontramos assim uma primeira regra, aplicável à faculdade da associação. A fadiga apaga as diferenças individuais e força a atividade associativa numa determinada direção. Além disso, Aschaffenburg descobriu em uma de suas pessoas experimentais, que estava sofrendo de forte ataque de gripe, uma alteração semelhante nas associações. Portanto, também a disposição especial do cérebro, causada pela febre, diminui a valência das associações, produzindo sobretudo associações de som.

Estes resultados positivos que ultrapassaram de longe tudo o que se havia conseguido até então no campo da pesquisa das associações, possibilitou a Aschaffenburg o acesso ao objeto da pesquisa da psicopatologia. A observação clínica já constatara há tempos que uma determinada doença mental, conhecida como mania, predomina num modo de associação semelhante ao que Aschaffenburg encontrou na fadiga, isto é, sobretudo conexões superficiais e associações de som. A doença se caracteriza por um humor predominantemente jovial, distração e excitação motora que se manifestam por uma constante compulsão de atividade e movimentos. Se analisarmos o estado de grande fadiga, é possível constatar nela elementos semelhantes. Basta observarmos, por exemplo, a nossa própria condição ao final de uma escalada penosa de montanha para constatar, sem dificuldade, certa jovialidade superficial e infundada e uma excitação motora que se traduz em vários movimentos sem nexo dos braços e pernas. Também se encontram com abundância associações de som nas pilhérias dos clubes de montanhistas. Elas se enquadram na maioria das vezes no campo dos trocadilhos, isto é, nas pilhérias onomatopaicas por excelência. Aschaffenburg achava que o fator comum desses estados era a "excitação motora" e atribuía a ela a causa das associações de som. Mas aqui, segundo penso, ele se enganou. Fizemos, durante vários anos, nesta clínica, pesquisas sistemáticas[8] sobre as associações e obtivemos resultados que indicam outra interpretação. Quando se toma uma série mais longa de associações, por exemplo 200, de uma só pessoa experimental, esta – sem apresentar fadiga real – achará a coisa monótona e não prestará mais tanta atenção no final quanto no começo do experimento. Por isso separamos em nossa classificação a primeira centena da segunda, e constatamos que em todos os casos em que a pessoa experimental ficou entediada houve um nítido decréscimo de associações internas e um aumento correspondente de associações externas e de associações de som. Esta observação nos levou a pensar que a causa das associações de som não era a excitação motora – pois está ausente no tédio normal – mas a falta de atenção. Pudemos confirmar esta interpretação com base em diversos experimentos nos quais a atenção foi planejadamente perturbada[9]. Encontramos também um aumento de associações de som em pessoas cuja capacidade de concentração estava diminuída por causa de forte emoção, ocorrida recentemente, no estado de sonolência e em doentes mentais cuja atenção estava reduzida em geral. Experimentos da

---

8. Jung e Riklin, cap. I deste volume.
9. Cf. cap. I deste volume.

escola de Kraepelin demonstraram a superficialidade das associações também no caso de aguda intoxicação por álcool. Aschaffenburg constatou o mesmo em pacientes com febre. Pode-se dizer, portanto: quanto maior o decréscimo da atenção, maior o aumento das associações externas e das reações de som.

Como os senhores já podem ver a partir de suas inúmeras conexões com estados de disposição alterada da psique, esta lei das associações, descoberta empiricamente, tem grande importância para a psicopatologia onde a função psíquica mais importante, isto é, a capacidade de concentração, fica muitas vezes paralisada ou perturbada. Em alguns casos, limites entre a sanidade e a perturbação psíquica o experimento já nos prestou serviços relevantes. 883

Mas, a constatação de que a associação aparentemente irrestrita depende em grande parte da atenção, ainda não exaure o conhecimento das regras limitativas. O estudo das associações de grande número de pessoas cultas e incultas nos permitiu constatar que as pessoas incultas apresentam em média mais associações internas do que as pessoas cultas[10]. Este fato paradoxal na aparência explica-se da seguinte forma: 884

As pessoas cultas estão acostumadas a lidar com palavras fora de seu contexto frasal (estudo da gramática, dicionários etc.). Quando dizemos uma palavra a uma pessoa culta, isto significa para ela apenas uma palavra. A pessoa inculta, porém, está acostumada a ouvir palavras apenas no contexto frasal e onde ela significa algo bem preciso. Quando dizemos uma palavra a uma pessoa inculta, ela construirá para si uma espécie de frase. Considera a palavra pronunciada como pergunta; por isso encontramos nela grande tendência de reagir com frases inteiras ou na forma de superposição. A pessoa culta reagirá, por exemplo, à palavra *mesa* com *toalha de mesa*, à palavra *cadeira* com *perna da cadeira*; enquanto a pessoa inculta reagirá à palavra *mesa* com *móvel da casa* e à palavra *cadeira* com *para sentar-se*. 885

---

10. Confirmamos assim as observações correspondentes de Ranschburg. Cf. RANSCHBURG, P. & BÁLINT, E. "Über quantitative und qualitative Veränderungen geistiger Vorgänge im hohen Greisenalter. Experimentelle Untersuchungen". *Allgemeine Zeitschrift für Psychiatrie und psychischgerichtliche Medizin*, LVII, 1900, p. 689-718. Berlim.

A pessoa culta tem mais facilidade de situar-se no experimento; a inculta precisa de esforço para de repente fazer com palavras que lhe são ditas outra coisa do que está acostumada em sua vida diária. Acontece por isso também que as pessoas incultas facilmente atribuem a si os adjetivos, sobretudo quando parecem exprimir um julgamento ou algo parecido como, por exemplo, a palavra *bobo*. Passo a passo com a diferença de compreensão do experimento vai muitas vezes o esforço da atenção. Nas pessoas incultas ele é visivelmente maior do que nas cultas, o que sem dúvida influencia a valência das associações. Em pessoas muito incultas e débeis mentais[11], as reações assumem o caráter de definições que muitas vezes parecem espalhafatosas e cômicas como, por exemplo: *cantar – consiste em notas musicais e livros de canto*; *passear – quando num domingo a gente anda pra frente com as pernas para tomar um chope*.

886   A partir de nossas quase 150 pessoas experimentais normais, que forneceram um material de mais de 35000 associações, ficou claro que não existe uma diversidade inesgotável de maneiras de associar, mas que elas se concentram em alguns tipos, que não vou detalhar aqui, pois isto nos levaria muito longe. Mencionarei apenas um tipo: há pessoas que desde o início reagem com grande número de predicados. Pode-se objetar que esta atitude peculiar é perfeitamente explicável por um acaso momentâneo. Contudo, tivemos oportunidade de constatar que famílias inteiras associavam da mesma forma, sem que um dos membros conhecesse as reações de outro. Este fato indica que o tipo não pode ser casual; deve apoiar-se em causas que até o presente ainda desconhecemos[12].

887   Como os senhores percebem, não associamos por livre escolha, mas de acordo com certas regras: de acordo com nossa capacidade momentânea de atenção, de acordo com nosso nível cultural, de acordo com o tipo de nossa família ou de outras circunstâncias pes-

---

11. WEHRLIN, K. Op. cit.
12. Segundo pesquisas feitas nesta clínica e ainda não publicadas. (Cf. JUNG, C.G. A constelação familiar. Cap. XI deste volume; e FÜRST, E. Statistische Untersuchungen über Wortassoziationen und über familiäre Übereinstimmung im Reaktionstypus bei Ungebildeten. In: JUNG, C.G. (org.). *Diagnostische Assoziationsstudien*. Leipzig: [s.e.], 1910.

soais. Talvez já perceberam que estas três regras correspondem a três critérios importantes da personalidade ou, em outras palavras: nossa personalidade que, como sabemos, é muito pouco conhecida por nós mesmos, desempenha papel decisivo na determinação do como e porquê das associações. A pessoa associa de acordo com o que ela é. Ou, como disse muito bem o psiquiatra Weygandt: "Dize-me como associas e te direi quem és". Isto não é afirmação vazia. Esboçarei brevemente a prova disso.

No experimento de associações medimos, com relógio de precisão de 1/5 de segundo, o tempo que medeia entre a prolação da palavra-estímulo e a reação. Chamamos este intervalo de tempo simplesmente tempo de reação. Não vou cansá-los com a enumeração dos diversos valores de tempo. Basta a afirmação de que os valores oscilam dentro de uma extensão bastante ampla. 888

Como no caso da classificação das associações, também aqui a gente quase desanima na tentativa de avaliar essas variações de tempo, aparentemente fortuitas, pois é difícil imaginar *a priori* que cada uma dessas variações tem significado especial. Num exame mais detalhado, descobrimos logo que as associações internas, ou seja, as reações a palavras-estímulo abstratas exigem em geral tempo mais longo do que as associações externas. Mas isto quer dizer pouco – as diferenças representam na maioria das vezes apenas frações de segundo – ao lado dos tempos bem maiores que muitas vezes se encontram nas associações mais simples. Aqui as diferenças de tempo podem às vezes alcançar 20 e 30 segundos, sem que se tenha qualquer noção, a princípio, da causa dessas variações. E geralmente nem as pessoas experimentais sabem dar informação a respeito. Aos poucos a gente vai se acostumando também a este caos. As pesquisas de Ziehen[13] e de Mayer e Orth[14] nos informam que as associações que despertam lembranças desagradáveis têm tempo longo de reação. Por exemplo, uma pessoa A reage em 0,8 segundos à palavra *casa-telha-* 889

---

13. ZIEHEN, G.T. "Die Ideenassoziation des Kindes". *Sammlung von Abhandiungen aus dem Gebiete der pädagogischen Psychologie und Physiologie*, I/6, III/4), 1898/1900. Berlim.

14. Op. cit.

do; a pessoa B reage com a mesma palavra, mas leva 20 segundos. Perguntamos a B se na palavra *casa* lhe veio à mente algo desagradável; contou que recentemente sua casa foi destruída por incêndio, o que lhe causou grande susto. A pessoa A, que reagiu em 0,8 segundos, nada de especial tinha a informar.

890   Temos aqui um caso em que uma carga emocional desagradável se associa à palavra-estímulo e dessa forma prolonga o tempo de reação. Suponhamos que a pessoa B seja alguém de grande cultura, com capacidade de analisar-se psicologicamente e que esteja disposta a confiar à ciência seus segredos mais profundos, então podemos parar após cada tempo de reação que ultrapassa a média e perguntar qual a lembrança que está por baixo disso[15]. Suponhamos ainda que a pessoa seja capaz de fornecer a explicação desejada. Quando tivermos em mãos e analisado 100 reações, veremos que nos diversos lugares onde houve tempos prolongados de reação não aparecem sempre recordações novas, mas uma única lembrança – por exemplo, a da casa incendiada – condiciona uma boa quantidade de tempos prolongados de reação. Esta lembrança se apresenta, por exemplo, nas palavras-estímulo *queimar, fogo, água, janela, fumaça, salvar, assustador, vermelho* etc.

891   Por ocasião dessas diversas palavras-estímulo foram trazidas à memória determinada cena e/ou determinada imagem. A lembrança consiste de grande número de imagens particulares e por isso a denominamos complexo de imagens[16]. O complexo dessas imagens é conservado reunido através de uma carga emocional particular, ou seja, através da emoção do susto, cujas vibrações podem durar silenciosamente semanas e meses, mantendo fresca e viva a cena do susto pelo mesmo espaço de tempo. Durante o dia, predominam o trabalho e outros interesses, mas de tempos em tempos essas vibrações se manifestam silenciosamente por certo mau humor ou por leves sensações de medo, cuja razão é desconhecida; e de noite misturam-se ainda por longo tempo, de forma mais ou menos simbólica, em nossos sonhos.

---

15. Naturalmente também ocorrem às vezes longos tempos de reação devidos a outras causas.

16. Cf. cap. III deste volume.

Há outros complexos com carga emocional que se comportam de maneira semelhante a este complexo da lembrança do incêndio; um se refere à perda de grande soma de dinheiro e o outro, a relações familiares algo desagradáveis. Estes três complexos têm o mesmo efeito sobre as reações: causam tempos longos de reação e alguns outros distúrbios que não posso enumerar aqui.

Se estendermos diante da pessoa experimental nossa presa psicológica, ficará atônita ao constatar que fizemos um inventário preciso de sua condição psicológica atual. Assim parece que tudo o que ocupa a psique da pessoa experimental foi expresso em suas associações. De qualquer forma, todos os complexos de imagens, individualmente mais importantes, foram atingidos. Nossa pessoa experimental informou ainda que no momento de reagir nunca lhe ocorreu que a palavra-estímulo se referisse a esta ou àquela lembrança. Somente quando interpelada a respeito, tomava consciência de como chegara a esta reação. Contra tudo e principalmente contra sua expectativa, a pessoa experimental havia fornecido um retrato de si mesma em suas reações, um instantâneo psicológico de sua mente.

Em centenas de testes individuais pudemos demonstrar com meridiana clareza este fato importante, cujo alcance qualquer pessoa de conhecimentos psicológicos pode facilmente adivinhar. Isto é um daqueles fatos óbvios de que alguém duvida até se convencer da verdade, realizando ele mesmo o experimento.

Com isso encontrou-se outro fator determinante – que me parece o mais importante – das associações. A partir do fato de que nos poucos segundos da reação não escolhemos algo fortuito, mas inconscientemente um pedaço dos complexos de lembranças, podemos ver que nossas reações não provêm da livre escolha mas são predeterminadas nos mínimos detalhes pelos complexos. Os acontecimentos do dia a dia nada mais são do que experimentos de associação em grande escala. As coisas fora de nós são as palavras-estímulo e nós reagimos a elas como somos ou como nos tornamos, e nunca de outro modo. Ninguém pode sair da própria pele. Agimos de acordo com o nosso passado psicológico, isto é, segundo nossa organização cerebral. Por isso temos que retratar nosso ser no experimento de associações exatamente como o fazemos em nossa letra manuscrita.

896 Os senhores veem que nesta corrente, solidamente forjada, não há espaço por onde possam passar a livre escolha e a livre vontade. Podem crer tranquilamente que este conhecimento é de suma importância para a pesquisa das doenças mentais.

897 Na maioria dos doentes mentais trata-se de grandes mudanças da personalidade. O experimento de associações ao menos nos fornece os meios de traçar o caminho da pesquisa experimental para chegar aos segredos da psique doentia.

898 Antes de abordarmos esta nova aplicação do experimento de associações, precisamos dizer uma palavra sobre as diversas dificuldades que se colocam para o experimento, mesmo com pessoas normais.

899 Suponhamos que nossa pessoa experimental seja alguém muito culto e sem preconceitos, capaz de pensar com objetividade sobre seus sentimentos. Neste caso a análise não será difícil. Tomemos, porém, como pessoa experimental uma senhora sensível que não nos conhece; a análise será bastante difícil. Todas as pessoas gostam de guardar certos segredos com relação às coisas sobretudo de natureza sexual, e não querem revelá-los de forma nenhuma. Já aqui o experimentador analista encontra um empecilho muito grande e quase insuperável. Vêm, então, em auxílio da ocultação certas peculiaridades da consciência humana que podem dificultar extraordinariamente a análise. Vou tentar expor-lhes rapidamente estas peculiaridades.

900 Todos já experimentamos alguma vez algo bem desagradável que nos continuou perseguindo por longo tempo. A reação natural foi um esforço de esquecer este ponto negro, de reprimi-lo, empenhando-nos em não mais pensar no assunto. E, finalmente, conseguimos esquecê-lo. Mas nas associações ele volta, e os tempos longos de reação que provoca mostram que as vibrações da antiga emoção ainda estão presentes. Na análise temos inicialmente certa dificuldade de lembrar o ponto crítico; e quanto mais desagradável tiver sido, mais tempo levaremos para recordá-lo. Primeiramente surge todo tipo de outras lembranças, mas enfim emerge a velha história e começamos a sentir novamente as leves vibrações daquela antiga emoção. Mas existem pessoas, e são muitas, que não conseguem mais recordar-se do ponto crítico; simplesmente o esqueceram. Reprimiram o fato desagradável com tanto vigor que já não é reproduzível. O não

poder se lembrar parece muitas vezes um não querer se lembrar, isto é, a pessoa experimental pode não querer se lembrar[17].

Nossa pergunta permanece sem resposta. Neste recife naufragam alguns experimentos. Todavia a coisa não é desesperadora. Pode-se, em última instância, hipnotizar a pessoa experimental e ver por que não pôde se lembrar. Seu ponto crítico é tão desagradável que logo se entende por que não quis se lembrar dele. Nos casos mais sérios de histeria o não poder se lembrar é inclusive a regra[18]. Nestes casos o complexo é mais forte do que a vontade consciente; ele força de tal modo a pessoa experimental que ela não pode querer se lembrar. O complexo desempenha o papel de uma segunda e mais forte personalidade à qual está sujeita a consciência do eu. Aqui se manifesta experimentalmente a supremacia das lembranças com carga emocional, responsável pelo sofrimento de tantas pessoas sensíveis.

O não poder se lembrar, em suas diversas formas, é o principal obstáculo da análise. Não mencionaremos uma série de adversidades menores.

Pode-se objetar à análise de que seria sugerido à pessoa experimental algo que não estava em sua mente. Mas, segundo penso, isto seria atribuir demais à sugestão. Se a sugestão fosse algo melhor conhecido e não circulassem tantas opiniões supersticiosas sobre ela, esta objeção jamais seria formulada. É praticamente impossível sugerir à pessoa experimental, por meio de algumas perguntas bem direcionadas, vivências concretas e individuais, com todas as pequenas facetas e ângulos que só a realidade possui. Se uma pessoa experimental deixar que um experimentador inexperiente lhe sugira uma vivência que de fato não teve, então se trata de uma pessoa que já teve todo tipo de fantasmas em sua cabeça. Um psicólogo, isto é, um verdadeiro conhecedor da psique humana jamais cairá nesta esparrela. Quem conhece o experimento já não terá medo da dimensão desconhecida da sugestão.

---

17. JUNG, C.G. Cf. cap. IV deste volume.
18. Sobre reações histéricas, cf. RIKLIN, F. *Analytische Untersuchungen der Symptome und Assoziationen eines Falles von Hysterie* (Lina H.). Op. cit.

904	No que se refere ao conteúdo dos complexos encontrados em nossas pessoas experimentais normais, estas se dividem em dois grupos naturais: homens e mulheres.

905	Os complexos das mulheres são de natureza mais simples e, em geral, mais facilmente reconhecíveis. Em última análise, o complexo da mulher é, na maioria das vezes, um complexo erótico (emprego o termo "erótico" não no sentido clínico, mas no sentido mais nobre, literário). Trata-se sempre de amor, mesmo em senhoras aparentemente muito intelectuais; e nestas é muitas vezes bem intenso, ainda que seja revelado de forma negativa para o mundo externo. Nenhuma senhora com conhecimentos científicos vai levar a mal minha revelação desse fato. Ele é tão natural e tão inegável como os processos sexuais do corpo, cuja existência podemos esconder mas não negar. Em mulheres solteiras trata-se de reminiscências de complexos eróticos do passado ou da expectativa de futuros. Como complexos secundários temos frequentes vezes questões sociais como *status* e profissão; estas estão geralmente ligadas à expectativa erótica com relação ao homem, pois com o advento dele se resolvem para a mulher, na maioria das vezes, as questões sociais. Em terceiro lugar vêm as relações familiares conflitantes na casa dos pais. As mulheres casadas apresentam sobretudo complexos referentes à gravidez e aos filhos, depois referentes às relações com o marido e, finalmente, referentes às dificuldades sociais e aos cuidados da casa. Papel importante desempenham muitas vezes os complexos eróticos antigos em casamentos não muito felizes; surgem recordações de antigos namorados ou ao menos esperanças desse tipo. Na maior parte das vezes trata-se de recordações do homem que deveria ter escolhido mas que não conseguiu.

906	Nos homens o complexo erótico é bem menos evidente do que nas mulheres. Talvez esteja na mesma linha da ambição ou da busca de poder físico, intelectual ou financeiro. Em geral o dinheiro tem o papel principal. A diferença entre solteiros e casados não é grande. Os traços da luta social são menos precisos nas associações dos homens do que nas das mulheres. É mais difícil reduzir os complexos masculinos a um denominador comum do que os femininos, onde quase tudo se resume na erótica feminina. Mas existem também homens em que o complexo erótico pervade tudo. A exceção confirma a regra.

Recentemente foi afirmado pelo professor Gross e seus discípulos que um complexo poderia se referir também a um crime e que, sob certas circunstâncias, poderia ser desmascarado um criminoso através do método das associações. Há pesquisas de laboratório em andamento neste sentido. Tive há pouco tempo atrás a felicidade de desmascarar com este método uma pessoa que havia furtado[19]. 907

Estes resultados, obtidos no âmbito das pessoas normais, nós os transferimos para o campo da psicopatologia, e aqui encontramos os complexos com carga emocional desenvolvidos de forma tal que chegava à caricatura. Cito em primeiro lugar a perturbação mental mais frequente: a histeria. Aqui as associações são de tal modo influenciadas pelo complexo com carga emocional que os outros componentes da personalidade mal chegam a se manifestar. Quanto ao conteúdo, trata-se dos mesmos complexos das pessoas normais, mas sua intensidade emocional é muitíssimo maior do que a das pessoas normais. Via de regra, os tempos das reações críticas são bem mais longos e os bloqueios contra a rememorização bem mais fortes nos histéricos do que nas pessoas normais. 908

Disso podemos concluir em primeiro lugar que a sensibilidade, isto é, a exaltação dos sentimentos na histeria é maior do que nas pessoas normais. Parte integrante, porém, de toda histeria é um complexo de imagens com maior carga emocional que, por alguma razão qualquer, sempre de novo reverbera e que é insuportável para a consciência do doente; o histérico sofre de uma emoção que não consegue superar. Para a terapia este conhecimento é da máxima importância. 909

Os senhores perguntarão: Qual a relação desta constatação com a sintomatologia tremendamente complicada da histeria?[20] Explicarei nosso ponto de vista dando dois exemplos bem simples. 910

Uma moça histérica sofre, de vez em quando, de leve paralisia no braço esquerdo. Isto a deixa preocupada e não consegue desco- 911

---

[19]. JUNG, C.G. Cf. Sobre o diagnóstico psicológico da ocorrência (cap. XIX deste volume).

[20]. Cf. para esta questão, sobretudo os trabalhos de Sigmund Freud a cuja visão psicológica aberta a psiquiatria moderna ainda terá muito a agradecer.

brir o motivo do fenômeno. As associações mostram que em casa as relações familiares não são muito boas e que ela tem grande medo do pai: Por vários caminhos transversos, que infelizmente não posso descrever aqui, conseguimos da paciente a seguinte informação:

912   Ela tem um relacionamento péssimo com o pai, que é pessoa grosseira e irascível. Cada vez que acontecia uma cena entre eles manifestava-se a paralisia no braço. Manifestou-se pela primeira vez após violenta discussão com o pai, quando este a agarrou pelo braço esquerdo e a colocou para fora de casa.

913   Portanto, o sintoma da paralisia está intimamente ligado ao complexo retratado nas associações. O complexo é aquela coisa insuportável em que a paciente se esforça por não pensar. Conseguiu libertar-se por alguns dias dessa emoção desagradável e constante, mas adquiriu um sintoma histérico que ela responsabiliza agora por todos os seus aborrecimentos.

914   Outro caso bem simples se refere a uma jovem senhora que, vez por outra, apresentava abasia, isto é, incapacidade de andar. As associações indicaram relação conjugal infeliz. A paciente não queria abordar o assunto e negava qualquer relação da abasia com seu casamento. Atribuía o fato a um resfriado. Mas na hipnose o assunto ficou claro. Os ataques de abasia se davam sempre após um tratamento brutal por parte do marido. O primeiro ataque aconteceu no dia em que foi levada ao casamento pelo homem a quem não amava. Achou que não poderia mais andar; e desde então a abasia se transformou em símbolo de seu sofrimento.

915   Bastam estes dois exemplos simples para demonstrar a conexão do sintoma histérico com o complexo de carga emocional. Em toda histeria encontramos no fundo da psique uma ferida antiga que ainda dói ou, em termos psicológicos, o complexo com carga emocional.

916   Nossos experimentos de associações puderam demonstrar o mesmo mecanismo nos casos do segundo grupo mais numeroso de doenças mentais: a *dementia praecox*. Também aqui se trata de um complexo, sepultado no fundo da psique, que parece causar muitos

dos sintomas característicos dessa doença e que, além disso, apresenta ingredientes que faltam na histeria[21].

A partir dessa exposição podem os senhores fazer uma ideia da utilidade que representa para a psicopatologia o emprego do experimento de associações e de quanto é universal o significado do complexo com carga emocional.

---

21. A fim de evitar longas explanações, fui aqui algo apodítico. Infelizmente a *dementia praecox* faz parte de um grupo de doenças ainda não bem delimitado clinicamente; suas formas individuais e o quadro clínico podem ser muito diferentes. Nossas pesquisas (até agora não publicadas) revelam que, em grande número de casos, os sintomas dessa doença podem ser explicados como fenômenos de complexos [cf. "A psicologia da *dementia praecox*" e outros capítulos em OC, 3].

IX

Distúrbios de reprodução no experimento de associações*

918   Em 1905 publiquei em *Centralblatt für Nervenheilkunde und Psychiatrie*[1] um pequeno comunicado no qual apresentava o meu método de reprodução que vem recebendo muitas críticas por parte de Alfred Gross[2], Heilbronner[3] e Isserlin[4]. Devido ao acúmulo de outros trabalhos, somente agora posso complementar aquele comunicado incompleto, com base em pesquisas estatísticas. Afirmei em 1905 o seguinte:

919   Quando, após a tomada completa de aproximadamente 100 associações, pedirmos à pessoa experimental que repita as respostas que deu naquela ocasião à cada palavra-estímulo, a memória falhará em alguns lugares, podendo ocorrer que a palavra-reação não seja re-

---

* Publicado pela primeira vez em *Journal für Psychologie und Neurologie*, IX/4, 1907, p. 188-197. Leipzig. Depois em *Estudos diagnósticos de associações*, II, Leipzig: [s.e.], 1909, p. 67-76.

1. Cf. cap. IV deste volume.

2. "Kriminalpsychologische Tatbestandsforschung". *Juristische-psychiatrische Grenzfragen*, V/7, 1907. Halle.

3. HEILBRONNER, K. "Die Grundlagen der psychologischen Tatbestandsdiagnostik". *Zeitschrift für die gesamte Strafrechtswissenschaft*, XXVII, 1907, p. 601-656. Berlim.

4. ISSERLIN, M. "Über Jung's 'Psychologie der Dementia praecox' und die Anwendung Freudscher Forschungsmaximen in der Psychopathologie". *Zentralblatt für Nervenheilkunde und Psychiatrie*, XXX, n. s. XVIII, 1º de maio de 1907, p. 329-343. Berlim.

produzida, seja reproduzida incorretamente, de modo aproximado ou após longa hesitação. A análise das associações, reproduzidas imperfeitamente, mostrou que a maioria delas era constelada por um "complexo". Uma vez que a maioria dos que fazem pesquisas atualmente neste campo parece não atribuir nenhum valor heurístico ao método psicanalítico de Freud, fica vedado a mim infelizmente percorrer o caminho mais curto e ter que corroborar o acima afirmado pela apresentação de análises. Para excluir da análise o aspecto subjetivo, tão temido, não me resta outra coisa do que apresentar como material de prova incontestável os sinais objetivos da constelação dos complexos, as "características dos complexos" e sua relação com a reprodução imperfeita. Encontrei as características dos complexos empiricamente através da análise, ou seja, percebi que nas associações que apresentavam sinais característicos havia interferido via de regra um complexo com muita força consteladora ou "perturbadora". Se estas características forem realmente significativas, isto é, se o método analítico levou aqui a um resultado correto e comprovável, então as características em geral devem estar em íntima relação umas com as outras, isto é, tendem a se encontrar em certas associações como, por exemplo, em reproduções incorretas e em tempos muito longos. Se isto não for o caso e as características de complexos se espalharem indistintamente por todo o experimento, então a análise levou a uma conclusão errada.

Mencionei naquele meu comunicado também o seguinte: 1. As associações reproduzidas incorretamente têm às vezes média aritmética de tempo superior à média aritmética em geral; 2. As reproduções incorretas aparecem tanto na reação crítica quanto na pós-crítica; 3. Às vezes existe uma tendência a distúrbios de reprodução em série ou isolados; 4. A teoria do fenômeno eu a procurei nas propriedades gerais do complexo. Frisei naquela época uma propriedade – a repressão (Freud) – porque ela me pareceu explicar melhor a inibição da reprodução correta. A principal característica do complexo é sua relativa independência que pode se manifestar sobretudo em duas direções: a maior ênfase e estabilidade na consciência e a repressão, ou seja, a resistência contra a reprodução durante o estado de não consciência. Por isso falta às associações pertencentes ao comple-

920

xo a "disponibilidade" do outro material psíquico mais indiferente. (Observe-se que isto só vale para o caso em que o complexo especial está inibido e não deve chegar à reprodução. O próprio complexo controla evidentemente todo o seu material, inclusive hipermnesicamente). Esta redução do distúrbio de reprodução a uma peculiaridade psicológica mais geral me parece explicar algo. Evidentemente a hipótese não se aplica a todos os casos, pois, se assim fosse, deveríamos ter certeza prévia de que estavam excluídas todas as interferências de fora ("fortuitas"); minha hipótese só se refere à maioria bem como à maioria das características de complexos; 5. Os complexos que se anunciam no experimento de associações têm em geral carga de desprazer, e por isso a condição excepcional que o complexo apresenta durante o experimento pode ser muito bem qualificado de "repressão".

921   Cumpre-me agora demonstrar exatamente os fundamentos dessa minha concepção, ou seja, demonstrar que os distúrbios de reprodução são características de complexos e, assim, aparecem via de regra juntamente com as outras características dos complexos. A metodologia dessa demonstração não é muito simples, pois devemos considerar que o distúrbio de reprodução – como todas as outras características de complexos – não é um companheiro necessário do complexo e, além disso – como, outra vez, as demais características de complexos – não está ligado exclusivamente à reação crítica, mas pode aparecer também na reação subsequente. A característica mais frequente do complexo é indicada pelo tempo da reação.

DISTÚRBIO DE REPRODUÇÃO E TEMPO DE REAÇÃO

922   O método mais indicado seria comparar simplesmente a média aritmética dos tempos das associações reproduzidas incorretamente com a média aritmética de todos os tempos ou de todos os outros tempos. Mas este método só seria de certo modo confiável se os distúrbios de reprodução coincidissem com os tempos demasiadamente longos. Isto, porém, não é o que acontece; a situação é bem mais complicada. Ocorrem os seguintes casos bastante diversificados:

1. Reação crítica com ⟨ tempo longo demais / distúrbio de reprodução

2. { Reação crítica com tempo longo demais / Reação após a crítica com distúrbio de reprodução

3. { Reação crítica com distúrbio de reprodução / Reação após a crítica com tempo longo demais

4. Reação após a crítica com ⟨ tempo longo demais / distúrbio de reprodução

5. Distúrbio de reprodução na reação crítica e após a crítica (série dupla de distúrbio)

6. Distúrbio de reprodução na reação crítica e em três ou mais reações subsequentes (série tripla e quádrupla de distúrbio).

O método deve levar em consideração estas relações complicadas. No capítulo IV de *Estudos diagnósticos de associações*[5], utilizei a média provável para determinar os tempos de reação "longos demais", tendo em vista que a média aritmética é em geral desproporcionalmente alta por causa da influência exagerada dos tempos excessivamente longos que evidentemente não podem ser compensados por tempos excessivamente curtos, pois o tempo de reação só tem variação ilimitada para cima. Por isso a média provável dá um quadro

---

5. Cf. cap. III deste volume.

geral mais preciso da velocidade média da reação. O que ultrapassa esta média deve ser considerado, via de regra, como não totalmente normal. Mas a média provável só deve ser usada em longas séries de números, caso contrário torna-se muito imprecisa, podendo ser alterada consideravelmente por pequenas eventualidades. Para séries pequenas de números deve-se usar a média aritmética. Começo com a média provável de todo o experimento e conto primeiramente quantos tempos de reação de associações incorretamente reproduzidas estão acima da média provável, quantos estão empatados e quantos estão abaixo. Se minhas suposições prévias estiverem corretas, então é de se esperar que a maioria dos distúrbios de reprodução esteja acima da média provável. Os distúrbios de reprodução cujo tempo de reação é igual ou inferior à média provável podem ser atribuídos à perseveração e, por isso, podem seguir imediatamente a um tempo longo demais; nesses casos deve-se examinar o tempo de reação imediatamente anterior ao distúrbio. Na verdade, deveria-se examinar também o tempo da reação seguinte, pois o prolongamento do tempo pode ocorrer apenas depois. Mas isto levaria muito longe. Até agora não procedi a este exame porque me pareceu que estes casos não eram frequentes. Antes de mais nada vamos ver até onde chegamos com os dois métodos acima. Observo que nesses métodos está totalmente excluída a subjetividade. Isto garante a verificação posterior.

924   O material que escolhi para minha pesquisa consiste de 28 casos que foram estudados há mais tempo e por outros motivos que não o de comprovar a presente questão. Quase terça parte dos casos foi estudada por mim, os outros dois terços foram examinados por diversos assistentes, alguns deles há vários anos atrás. Entre as pessoas experimentais apenas três são mentalmente sadias, as demais são todas neuróticas ou psicóticas das mais diversas espécies e dos mais diversos tipos de reação. O material é, portanto, o mais heterogêneo possível, não deixando a menor chance de uniformidade nos resultados. Reuni os resultados nas tabelas a seguir (todos os tempos são dados em 1/5 de segundo).

Caso	Diagnóstico	Associações	Associações incorretamente reproduzidas acima, igual a, abaixo da média provável		I	II[6]
G.	Hebefrenia	100 Média provável = 8,5 Média aritmética = 9,0 reproduções incorretas = 35%	22	5	8	10,6	12,5
A.	Insanidade moral	100 M.P. 12,0 M.A. 15,2 R.I. 45%	30	6	9	14,1	10,2
R.♀	Hebefrenia	100 M.P. 13,5 M.A. 20,6 R.I. 15%	11	–	4	–	11,7
P.	Paranoia	100 M.P. 11,0 M.A. 12,9 R.I. 22%	13	2	7	13,0	13,2
H.	Catatonia	100 M.P. 22,0 M.A. 30,3 R.I. 53%	33	1	19	25,0	31,0
G.♀	Histeria e imbecilidade	50 M.P. 14,0 M.A. 17,0 R.I. 16%	6	–	2	–	16,0

---

6. Os números dessas duas colunas dão a média aritmética dos tempos de reação das associações que precederam imediatamente as reproduzidas de modo errado: a coluna I se refere às associações reproduzidas erradamente dentro da média provável e a coluna II às associações abaixo da média provável.

Caso	Diagnóstico	Associações	Associações incorretamente reproduzidas acima, igual a, abaixo da média provável	I	II
W.♀	Dementia praecox	100 M.P. 10,5 M.A. 11,3 R.I. 53%	29 – 24	–	10,2
G.	Debilidade mental orgân.	100 M.P. 47,0 M.A. 57,0 R.I. 67%	34 2 31	16,5*	67,4
Z.♀	Dementia praecox	100 M.P. 10,0 M.A. 14,4 R.I. 51%	32 6 13	14,0	16,7
H.♀	Dementia praecox	100 M.P. 10,0 M.A. 11,5 R.I. 41%	22 5 14	9,0	10,3
V.	Imbecilidade	100 M.P. 11,0 M.A. 11,1 R.I. 30%	16 5 7	10,2	16,1
E.	Insanidade moral	100 M.P. 15,0 M.A. 18,1 R.I. 30%	21 5 4	17,8	18,0
K.♀	Dementia praecox	100 M.P. 17,0 M.A. 21,8 R.I. 38%	23 – 15	–	24,4

---

* (O original tem 165,0, o que deve ser erro tipográfico. Nota do editor).

Caso	Diagnóstico	Associações	Associações incorretamente reproduzidas acima, igual a, abaixo da média provável			I	II
K.♀	*Dementia praecox*	100 M.P. 5,0 M.A. 7,1 R.I. 25%	18	4	3	4,7	9,6
A.	Paranoia	100 M.P. 13,5 M.A. 13,9 R.I. 14%	7	–	7	–	10,4
B.	Psicopatia	113 M.P. 18,0 M.A. 19,5 R.I. 27,4%	16	2	13	19,0	17,6
S.	Catatonia	100 M.P. 11,0 M.A. 14,3 R.I. 32%	24	3	5	11,6	16,6
H.	Imbecilidade	104 M.P. 18,0 M.A. 30,4 R.I. 27,8%	14	4	11	56,7	24,4
S.	Psicopatia	100 M.P. 12,0 M.A. 17,4 R.I. 37%	26	4	7	19,0	16,4
R.	*Dementia praecox*	50 M.P. 32,0 M.A. 38,3 R.I. 36%	14	2	2	12,5	33,5
R.♀	Sífilis cerebral	100 M.P. 14,0 M.A. 17,3 R.I. 46%	23	3	20	12,6	15,3

			Associações incorretamente reproduzidas acima, igual a, abaixo		
Caso	Diagnóstico	Associações	da média provável	I	II
S.	Imbecilidade	100 M.P. 26,0 M.A. 37,5 R.I. 21%	13 – 8	–	55,8
J.♀	Normal	100 M.P. 7,0 M.A. 7,9 R.I. 8%	8 – –	–	–
H.	Alcoolismo e imbecilidade	100 M.P. 10,5 M.A. 13,5 R.I. 37%	28 – 9	–	13,3
P.	Normal	100 M.P. 7,0 M.A. 7,9 R.I. 33%	20 6 7	7,7	8,6
A.	Normal	100 M.P. 7,0 M.A. 7,8 R.I. 15%	11 – 4	–	8,1
S.	Insanidade moral	100 M.P. 12,0 M.A. 13,9 R.I. 40%	27 2 11	9,0	13,3
W.♀	Neurastenia	100 M.P. 15,0 M.A. 17,2 R.I. 31%	21 1 9	9,0	16,8

Pode-se concluir desses números que 62,2% das associações in‑ 925
corretamente reproduzidas estão acima da média provável geral dos
tempos de reação, 7,5% são iguais e 30,2% estão abaixo. Isto corres‑
ponde à expectativa anteriormente indicada. Na média, foram repro‑
duzidos incorretamente 33,0% das associações. As médias de tempo
das colunas I e II devem ser consideradas tendo em vista a reserva aci‑
ma mencionada. Elas contêm casos de significado bem diferente.
Como já dissemos, só foi considerado o tempo de reação imediata‑
mente anterior ao distúrbio de reprodução e só naqueles casos em
que a própria reprodução incorreta ficou abaixo da média geral de
tempo. Mas é bem possível que o distúrbio da reprodução não seja
resultado da perseveração, mas que a reação crítica tenha um tempo
curto de reação, seguindo-se o tempo mais longo somente depois.
Esta possibilidade pode comprometer em muito o resultado. Portan‑
to estaremos aqui diante de números mínimos. Contudo, o tempo
dos distúrbios de reprodução, aqui mencionados, ultrapassa na mé‑
dia em torno de 7,8 a respectiva média provável e em 4,1 a respectiva
média aritmética. Mas os valores em que se baseia este cálculo variam
consideravelmente. As séries de números da última coluna são mais
regulares e mais ricas em material, mas aplica-se a elas o mesmo ra‑
ciocínio que para os números da penúltima coluna. Também aqui
constatamos que o tempo de reação que antecede estes distúrbios de
reprodução está em média 4,2 acima da respectiva média provável e
0,4 acima da respectiva média aritmética; aqui devemos nos lembrar
de que a média aritmética tende a ser empurrada desproporcional‑
mente para cima, o que, aliás, fica bem claro em nossos números.
Estes números não contradizem a expectativa, mas a confirmam, se‑
gundo penso. Quando se pensa na imensa complicação e na dificul‑
dade de controlar os processos psíquicos, sobretudo no campo das
associações, fica-se admirado da relativa regularidade dos resultados
que não se deixa comprometer nem por um esquema imperfeito.

SÉRIES DE DISTÚRBIOS E TEMPO DE REAÇÃO

No meu material 63,9% de todas as reproduções incorretas es‑ 926
tão ordenados em séries. Este fato mostra que temos razões suficien‑
tes para relacionar a reprodução incorreta com um complexo, pois
ele, com sua perseveração, é um fator de formação de séries por exce‑

lência no experimento de associações bem como na vida psicológica comum (que, segundo a opinião de certas pessoas, não deve ser relacionada à psicologia). Se esta conclusão analógica for correta, então as séries de distúrbio devem apresentar as mesmas características de complexo como as séries de complexos: em primeiro lugar, portanto, tempo mais prolongado. Para não acumular inutilmente tabelas, omito a apresentação dos números individuais. As percentagens acima referidas mostram que há material suficiente para calcular as médias. O número das reproduções incorretas em que se baseia este cálculo é pouco maior do que 600. Calculamos a média aritmética de todas as associações reproduzidas incorretamente, que se seguiram imediatamente, e comparamos a média com a média provável e aritmética individual da respectiva pessoa experimental. Tivemos:

séries duplas de distúrbios em média	7,7 acima da média provável
séries duplas de distúrbios em média	3,6 acima da média aritmética
séries triplas de distúrbios em média	9,6 acima da M. P.
séries triplas de distúrbios em média	6,3 acima da M. A.
séries quádruplas de distúrbios em média	11,6 acima da M. P.
séries quádruplas de distúrbios em média	6,4 acima da M. A.
séries quíntuplas e mais de distúrbios em média	6,7 acima da M. P.
séries quíntuplas e mais de distúrbios em média	2,4 acima da M. A.

927   Vemos que há um aumento dos valores de tempo até a série quádrupla; nas séries quíntuplas e mais estes valores caem. Este resultado não é mau em vista do exame analítico. Não é raro encontrarmos um forte complexo perseverando por três ou quatro associações, com eventual decréscimo gradual dos tempos de reação. Quanto mais forte o complexo atingido, mais fortes serão também, *cum grano salis*, os distúrbios por ele produzidos. Em séries mais longas de distúrbio (que são bem mais raras) estão em jogo muitas vezes outros distúrbios do experimento.

928   Podemos resumir o acima apresentado da seguinte maneira: Geralmente o distúrbio de reprodução vem junto com um tempo de reação longo demais; onde eles não coincidem, costuma acontecer na maior parte dos casos que o tempo de reação anterior é longo demais. (A questão do tempo subsequente de reação deixamos em suspenso, pois é de importância secundária.)

Podemos empregar ainda outro método, talvez mais instrutivo para demonstrar que os tempos das séries de distúrbios são maiores. Selecionei do meu material 24 casos com séries bem desenvolvidas e os ordenei em duas categorias sobrepostas: em primeiro lugar tomei aquelas séries que começam com um tempo de reação maior do que o da associação imediatamente anterior como, por exemplo:

Associação corretamente reproduzida	Dist. I	Dist. II	Dist. III	Dist. IV	Associação corretamente reproduzida ao final das séries
9	10	8	6	6	7
10	82	15	–	–	11
6	92	15	8	–	8
12	35	16	16	–	14
		etc.			

Dessa forma sobrepus 119 séries dessa categoria, adicionei as colunas individuais e dividi pelo número respectivo dos somandos.

A segunda categoria se refere àquelas séries em que o distúrbio só começa com um tempo de reação menor do que o da associação imediatamente anterior e corretamente reproduzida. Para efeito de comparação, tomei ainda o tempo de reação da segunda associação anterior (não importando tenha sido ela reproduzida correta ou incorretamente. Aquelas que se complicaram com "falhas" eu as excluí do cálculo, ainda que estas séries pudessem ter contribuído para tornar ainda mais impressionantes os meus resultados).

Esta categoria compõe-se portanto assim:

Associação anterior	Associação corretamente reproduzida com tempo de reação mais longo	Dist I	Dist II	Dist. III	Associação corretamente reproduzida ao final da série
14	17	8	21	–	10
12	15	13	55	12	13
8	40	12	20	–	9
		etc.			

933   Esta categoria consiste de 56 séries. Algumas poucas séries em que a associação corretamente reproduzida e o primeiro distúrbio da série tiveram o mesmo tempo de reação eu as distribuí em partes iguais entre as duas categorias. Os resultados são os seguintes (em média aritmética e em 1/5 de segundo):

Categoria I

Associação corretamente reproduzida	Dist. I	Dist. II	Dist. III	Dist. IV	Dist. V	Associação corretamente reproduzida ao final da série
14,8	37,2	22,8	23,9	33,0	27,0	17,9

Categoria II

Associação anterior	Associação corretamente reproduzida com tempo de reação mais longo	Dist. I	Dist. II	[Dist. III[7]	Associação corretamente reproduzida ao final da série
18,3	22,5	13,3	22,7	30,0	17,6

A média aritmética dos 24 casos estudados aqui foi na média de 19,8. Vemos, portanto, que todos os nossos tempos, com uma *única* exceção, estão muito acima dessa média. A exceção acontece naqueles distúrbios de reprodução (categoria II) que seguem imediatamente a um tempo mais longo.

---

7. Omito os distúrbios IV e seguintes porque se baseiam numa série numérica muito baixa (menos de 20). Mas estão todos muito acima da média aritmética geral, já pelo simples fato de o número e as séries de distúrbios de reprodução aumentarem com o prolongamento do tempo de reação.

DISTÚRBIO DE REPRODUÇÃO E MÉDIA PROVÁVEL DE TEMPO

Se o distúrbio de reprodução ocorre principalmente em conexão com tempos longos demais – o que parece ter ficado provado pela pesquisa até agora – é possível supor então que o número de distúrbios com médias individuais mais longas de tempo aumente em geral. De acordo ao menos com meu (limitado) material, isto parece ser realmente o caso. Temos numa média provável de

    5-10: uma média de 29,7 distúrbios de reprodução
    10,5-15: uma média de 31,8 distúrbios de reprodução
    15,5-20: uma média de 31,8 distúrbios de reprodução
    20,5 e mais: uma média de 44,2 distúrbios de reprodução

Mas para esclarecer esta questão especial, há necessidade de um material mais abundante.

DISTÚRBIO DE REPRODUÇÃO E CARACTERÍSTICAS DE COMPLEXO COM EXCLUSÃO DO TEMPO DE REAÇÃO LONGO DEMAIS

Além dos tempos demasiadamente longos, encontrei o seguinte como características de complexo: reação com duas ou mais palavras, quando a pessoa experimental reage normalmente com uma só palavra; repetição da palavra-estímulo; compreensão errada da palavra-estímulo; falhas; lapsos linguísticos; tradução para uma língua estrangeira; reação com outra palavra estrangeira e incomum; inclusão do "sim" ou de outra exclamação antes ou depois da reação; conteúdo incomum da reação em geral; perseveração quanto ao conteúdo ou à forma etc. A avaliação do inusitado do conteúdo e o julgamento da perseveração quanto ao conteúdo e à forma estão sujeitos a influências subjetivas. Por isso omiti em minha pesquisa estes dois critérios. Apenas aproveitei a perseveração bem evidente de uma palavra-reação que aparece idêntica na reação seguinte. Selecionei de meu material os 19 casos que se caracterizam pelo fato de reagirem em geral com uma só palavra. Contei quantas das características de complexo, mencionadas acima, ocorrem no experimento todo e quantas delas recaem sobre associações incorretamente reproduzidas.

936   A tabela a seguir apresenta os resultados dessa pesquisa em números individuais.

Características de complexos em associações reproduzidas

	corretamente	incorretamente
1.	0,08	0,16
2.	0,11	0,31
3.	0,03	0,27
4.	0,03	0,11
5.	0,15	0,20
6.	0,11	0,28
7.	0,37	0,40
8.	0,08	0,26
9.	0,06	0,16
10.	0,12	0,42
11.	0,27	0,39
12.	0,03	0,18
13.	0,06	0,15
14.	0,01	0,02
15.	0,06	0,33
16.	0,23	0,29
17.	0,04	0,15
18.	0,31	0,54
19.	0,18	0,29

937   Considerando que nem todas as reações de complexos precisam ser reproduzidas incorretamente e que as associações reproduzidas incorretamente só perfazem um terço de todas as associações (do meu material), então o resultado que aparece na tabela acima é bastante apreciável. Vemos que, sem exceção, em cada caso, recaem mais características de complexos nas associações que são reproduzidas depois incorretamente; portanto já estão, via de regra, assinaladas de antemão. A associação incorretamente reproduzida apresenta em média algo mais que o dobro de características de complexo do que a reproduzida corretamente.

Resumo

No meu material extremamente heterogêneo existe uma relação inegável entre reprodução incorreta e tempo de reação longo demais, de modo que os distúrbios de reprodução ocorrem sobretudo nos tempos de reação longos demais e, em parte, após estes. Além disso, a associação reproduzida incorretamente depois apresenta em média o dobro de características de complexos (com exceção do tempo longo demais, do conteúdo a ser avaliado subjetivamente e da perseveração correspondente) do que a reproduzida corretamente. Disso se deduz que as características de complexos têm a tendência de se agrupar em torno de determinadas associações; mas sem análise é impossível ver donde provêm as relações entre as características tão diferentes dos complexos.

X
O método das associações*

Senhoras e senhores!

939 Quando a Clark University me fez o honroso convite de falar à sua distinta assembleia, foi manifestado também o desejo de que eu falasse sobre os meus métodos de trabalho e, especialmente, sobre a psicologia da infância. Espero desincumbir-me da tarefa do seguinte modo:

940 Aproveito a primeira preleção para trazer alguns pontos de vista gerais sobre o meu método das associações; na segunda preleção falarei da importância da constelação familiar e, na terceira, aprofundar-me-ei um pouco na psicologia da criança.

941 Poderia facilmente me limitar a expor tão só meus pontos de vista teóricos, mas acho melhor utilizar, durante minhas preleções, exemplos práticos na medida do possível. Em primeiro lugar vamos ver o método das associações que me prestou relevantes serviços, tanto na teoria quanto na prática. O método das associações, em voga na psico-

---

* Primeira das três preleções sobre o *método da associação*, dadas no Departamento de Psicologia da Clark University, Worcester, Massachusetts, em setembro de 1909, por ocasião do vigésimo aniversário da Universidade. Publicado pela primeira vez em inglês na *American Journal of Psychology* XXI (Worcester, 1910), num volume comemorativo da Clark University (1910) e em *Collected Papers on Analytical Psychology*, Londres e Nova York, 1916 e 1917. A segunda preleção foi A constelação familiar (cap. XI deste volume). E a terceira "Sobre os conflitos da alma infantil". In: JUNG, C.G. *O desenvolvimento da personalidade*. Petrópolis: Vozes, 1972. [OC, 17]. Ver ainda nota de rodapé deste capítulo. O texto a seguir se baseia no original manuscrito e nunca foi publicado antes em alemão; todavia as preleções de Jung e Freud foram dadas em língua alemã. Ambos receberam o título Doctor of Laws: Freud em "Psicologia" e Jung em "Educação e higiene social" (cf. nota de rodapé ao final do capítulo).

logia, e sua história são suficientemente conhecidos, de modo que não preciso falar disso. Na minha prática utilizo o seguinte formulário:

Lista das palavras-estímulo em 1908
P.E. _____ idade _____ sexo _____
C.E. _____ idade _____ sexo _____
data _____

---

1. cabeça	35. montanha	69. parte
2. verde	36. morrer	70. velho
3. água	37. sal	71. flor
4. cantar	38. novo	72. bater
5. morte	39. costume	73. caixote
6. comprido	40. rezar	74. selvagem
7. navio	41. dinheiro	75. família
8. pagar	42. bobo	76. lavar
9. janela	43. caderno	77. vaca
10. amável	44. desprezar	78. estranho
11. mesa	45. dedo	79. felicidade
12. perguntar	46. caro	80. mentir
13. aldeia	47. pássaro	81. decoro
14. frio	48. cair	82. estreito
15. haste	49. livro	83. irmão
16. dançar	50. injusto	84. temer
17. lago	51. sapo	85. cegonha
18. doente	52. partir	86. falso
19. orgulho	53. fome	87. medo
20. cozinhar	54. branco	88. beijar
21. tinta	55. criança	89. noiva
22. mau	56. prestar atenção	90. puro
23. agulha	57. lápis	91. porta
24. nadar	58. triste	92. escolher
25. viagem	59. ameixa	93. feno
26. azul	60. casar	94. satisfeito
27. lampião	61. casa	95. escárnio
28. pecar	62. querido	96. dormir
29. pão	63. copo	97. mês
30. rico	64. brigar	98. chique
31. árvore	65. pelica	99. mulher
32. perfurar	66. grande	100. ralhar
33. compaixão	67. cenoura	
34. amarelo	68. pintar	

942 Este formulário acabou ficando assim por muitos anos de experiência. As palavras foram escolhidas e ordenadas de tal forma a atingirem facilmente todos os complexos que ocorrem na prática. Por razões especiais há uma mistura regular de características gramaticais, conforme se vê no formulário acima. (P.E. = pessoa experimental, C.E. = condutor do experimento).

943 Antes do experimento é dada a instrução: "Responda o mais rápido possível, com a primeira palavra que lhe ocorre". Esta instrução é tão simples que qualquer um a pode seguir. Também a tarefa é tão simples que nos leva a esperar que qualquer um a execute com a maior facilidade e prontidão. Mas, ao contrário da expectativa, a coisa é bastante diferente.

I. Exemplo de um modo normal de reação

Palavra-estímulo	Tempo de reação	Reação	Reprodução
cabeça	9	pé	parte do corpo
verde	11	blusa	
água	14	clara	límpida
cantar	6	crianças	
morte	11	não gosto	
comprido	6	curto	eu, grande
navio	7	embora	
pagar	9	contas	
janela	9	quarto	
amável	10	crianças	
mesa	9	cadeira	quarto
perguntar	10	qualquer coisa	
frio	7	quente	
haste	6	flor	
dançar	9	eu	gosto
lago	8	Zurique	

Palavra-estímulo	Tempo de reação	Reação	Reprodução
doente	8	irmã	
orgulho	6	pessoas	
cozinhar	7	mulher	
tinta	5	preta	
mau	10	crianças	pessoas
agulha	9	perfurar	
nadar	10	saudável	
viagem	9	Inglaterra	gosto, muito
azul	10	bonito	gosto
lampião	6	claro	
pecar	8	muito	pessoas
pão	10	bom	gosto, necessário
rico	9	bonito	
árvore	6	verde	
perfurar	9	agulha	

II. Exemplo de um modo histérico de reação

Palavra-estímulo	Tempo de reação	Reação	Reprodução
agulha	7	costurar	
nadar	9	água	
viagem*1+2	35	movimento – *voyager?* – viajar – navio	
azul	10	cor	
lampião	7	queimar	
pecar	22	esta ideia me é totalmente estranha, não a conheço	
pão	10	comer	
rico+	50	dinheiro – não sei	bens

---

1. * significa mal compreendida.
2. + significa repetição da palavra-estímulo.

Palavra-estímulo	Tempo de reação	Reação	Reprodução
árvore	6	natureza	
perfurar	9	agulha	
compaixão	12	sentimento	
amarelo	9	cor	
montanha	8	alta	
morrer	8	apodrecer	
sal	15	salgado (ri) – eu não sei	NaCl
novo*	15	velho – como antônimo	
costume	10	bom – bárbaro	
rezar	12	divindade	
dinheiro	10	riqueza	
bobo	12	estúpido – limitado	
caderno	10	papel	
desprezar	30	isto é uma complicada – muito boba	?
dedo	8	mão – não só mão, também pé – um membro – *membre* – extremidade	?
caro	14	pagar (ri)	
pássaro	8	voar	
cair+	30	*tomber* – não digo mais nada – o que o senhor entende por cair?	?
livro	6	ler	
injusto	8	justo	
sapo	11	coaxar	
partir	30	o que significa partir?	?
fome	10	comer	
branco	12	cor – todo tipo de coisas – luz	?
criança	10	pequena – não entendi bem – *bebé*	?
prestar atenção	14	atento	
lápis	8	desenhar – é possível desenhar tudo	
triste	9	chorar – mas também não é sempre o caso	estar

Palavra-estímulo	Tempo de reação	Reação	Reprodução
ameixa	16	comer ameixas – colher – o que o senhor pretende com isso? Isto é simbólico?	fruta
casar	27	como o senhor entende isso? *Réunion* – vínculo?	união, aliança

A primeira coisa que nos chama a atenção é que muitas pessoas experimentais têm tempos de reação bastante prolongados. Pensa-se logo em dificuldades intelectuais; mas não é o caso, pois trata-se muitas vezes de pessoas bem inteligentes e com perfeito domínio da língua. A razão disso está antes na disposição de espírito. Para entender isto é preciso ter em mente que o experimento de associações não examina apenas *um* componente da psique – como, aliás, nenhum experimento psicológico se ocupa apenas de uma função psíquica isolada – pois nenhum acontecimento psíquico é uma coisa em si, mas sempre a resultante de todo o passado psicológico. Assim também o experimento de associações não é apenas um método de reprodução de pares separados de palavras, mas é uma espécie de entretenimento, uma conversa entre experimentador e pessoa experimental. Mas, em certo sentido, é ainda mais do que isso: palavras são como que ações, situações e coisas resumidas. Quando apresento a uma pessoa experimental uma palavra que significa uma ação é como se lhe apresentasse a ação e lhe perguntasse: "Como você reage diante disso? Qual é a sua opinião? O que você faz nesta situação?" Fosse eu um mágico, faria com que a situação correspondente à palavra-estímulo se apresentasse na realidade, colocaria a pessoa dentro da situação e estudaria sua maneira de reagir. Sem dúvida o efeito de minhas palavras-estímulo seria incomparavelmente mais completo. Mas como não sou mágico, tenho que me contentar com os substitutos linguísticos da realidade; não devemos esquecer, porém, que a palavra-estímulo evocará quase sempre a situação que lhe corresponde. Tudo depende da maneira como a pessoa experimental reage a esta situação. Quando a situação apresentada a uma jovem é "noiva"

944

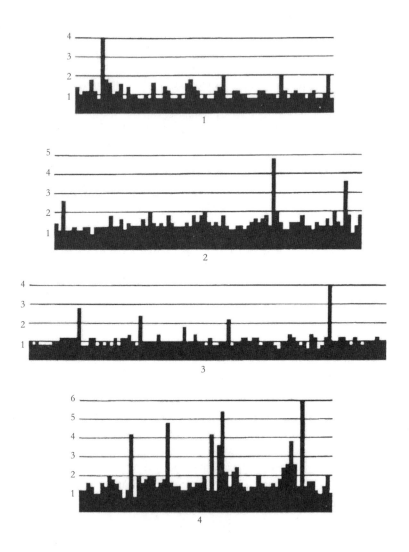

Figura 1– 4: Estes gráficos apresentam os tempos de reação num experimento de associações com 4 pessoas experimentais normais; a altura de uma coluna dá a duração de um tempo de reação.

Estudos experimentais

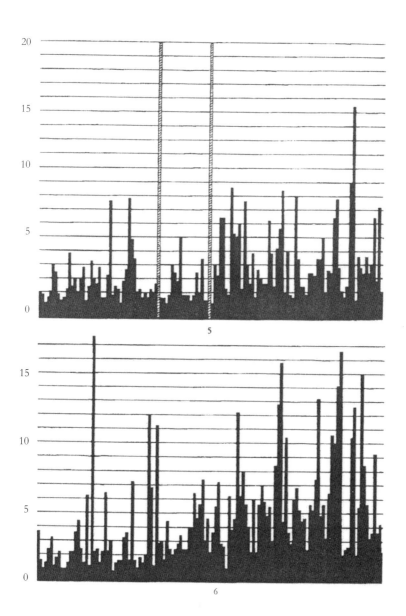

5

6

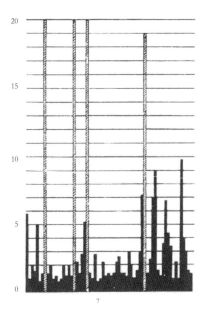

Figura 5-7: Estes gráficos apresentam os tempos de reação de pessoas histéricas. As colunas zebradas indicam os lugares em que as pessoas experimentais não estavam em condições de reagir (são as chamadas falhas).

ou "noivo", sua reação não será muito simples; vão aparecer fortes cargas emocionais e influenciar grandemente a reação, mais ainda se o experimentador for homem. Por isso é que a pessoa experimental nem sempre está em condições de reagir prontamente a todas as palavras-estímulo. Certas palavras-estímulo designam ações, situações ou coisas em que a pessoa experimental não conseguiria pensar e agir com segurança e presteza nem na vida real; o mesmo acontece no experimento de associações. O exemplo que apresentei há pouco mostra grande quantidade de tempos prolongados de reação e outros distúrbios. Neste caso a reação às palavras-estímulo é dificultada de alguma maneira, ou seja, a adaptação às palavras-estímulo foi prejudicada. As palavras-estímulo são portanto nada mais do que uma parte da realidade que atua sobre nós; e, em certo sentido, uma pessoa que apresenta tais distúrbios em relação às palavras-estímulo está *deficientemente adaptada à realidade*. A doença é uma adaptação deficitária; neste caso trata-se então de algo doentio na psique, de algo apenas temporariamente patológico ou de duradouramente patológico, isto é, de uma psiconeurose, de um distúrbio funcional da mente.

Como ainda veremos, esta regra tem exceções. 945

Continuemos, por ora, discutindo os tempos prolongados de reação. Acontece muitas vezes que a pessoa experimental simplesmente não sabe dizer *nada* a uma palavra-estímulo. A pessoa desiste de qualquer reação e, momentaneamente, não obedece às instruções recebidas no início, mostrando-se incapaz de adaptar-se ao experimento. Se este fenômeno se repetir mais vezes num experimento, há indícios de um grau maior de distúrbio de adaptação. Gostaria de lembrar que as razões dadas pela pessoa experimental para esta recusa são absolutamente indiferentes. Algumas acham que lhe ocorreram de repente ideias demais, outras que lhe vieram ideias de menos. Mas na maior parte das vezes acontece que a dificuldade sentida de início intimida de tal forma a pessoa que ela entrega os pontos. O exemplo a seguir mostra um caso de histeria com muitas interrupções de reação. 946

III

Palavra-estímulo	Tempo de reação	Reação	Reprodução
cantar	9	belo	
morte	15	horrível	?
comprido*	40	o tempo, a viagem	+ ?
navio+	–	–	
pagar	11	dinheiro	
janela	10	grande	alta
amável+	50	uma pessoa	humano
cozinhar	10	sopa	
tinta	9	preta ou azul	
mau	–	–	ruim
agulha	9	costurar	
lampião	14	claro	
pecar	–	–	
pão	15	para comer	
rico*+	40	bom -- confortável	
amarelo	18	papel	cor
montanha	10	alta	
morrer	15	feio	
sal+	25	salgado	

Palavra-estímulo	Tempo de reação	Reação	Reprodução
novo	–	–	bom, belo
costume⁺	–	–	
rezar	–	–	
dinheiro⁺	35	comprar – a gente pode	
caderno	16	escrever	
desprezar⁺	22	pessoas	
dedo⁺	–	–	
caro	12	coisa	
pássaro	12	canta ou voa	

947 No exemplo II aparece um fenômeno característico. A pessoa experimental não se contenta em seguir a instrução recebida, não se contenta com uma *única* palavra, mas reage com mais. Aparentemente faz mais e melhor do que exige a instrução, mas assim agindo não cumpre o solicitado na instrução. Reage, por exemplo, da seguinte forma:

costume	bom, bárbaro
bobo	estúpido, limitado
família	grande, pequena, todo tipo possível

948 Estes exemplos mostram antes de mais nada que outras coisas estão ligadas à palavra-estímulo. A pessoa experimental não é capaz de reprimir as outras ideias. Mas com isso segue também certa tendência que se expressa mais claramente na seguinte reação: *novo-velho, como antônimo*. O complemento "como antônimo" indica que a pessoa tem necessidade de acrescentar algo que explique ou suplemente a ideia. Bem nítida é esta tendência na seguinte reação: *dedo-mão, não só mão, também pé, um membro, membre, extremidade*.

949 Aqui temos logo uma série inteira de complementações. Parece que a reação não foi suficiente, que mais algo precisa ser dito, como se aquilo que já ficou dito não fosse o correto ou, de alguma forma, não fosse completo. Janet denomina este sentimento de *sentiment d'incomplétude*, mas isto ainda não explica nada. Vou me alongar um pouco mais neste fenômeno pois é muito frequente nas pessoas neuróticas. Não se trata apenas de um fenômeno secundário, mas de

um fenômeno de largas proporções que também desempenha papel importante na vida psíquica em geral dos neuróticos.

Com sua necessidade de complementar, a pessoa experimental revela uma tendência de dar ao experimentador mais do que ele pede; procura, inclusive de maneira forçada, outras ideias para ver se encontra algo bem satisfatório. Se traduzirmos esta observação elementar para a psicologia da vida cotidiana, isto significa que a pessoa tem a tendência de dar aos outros sempre mais sentimento do que dela se espera ou se deseja. Freud diria que isto é sinal de uma libido reforçada pelo objeto, ou seja, uma compensação para a insatisfação interna e o vazio de sentimentos. Descobrimos com esta observação elementar uma das principais características dos histéricos, isto é, a tendência de se deixar arrastar por qualquer coisa, fixar sua paixão em toda parte, prometer sempre demais e, por isso, cumprir muito pouco. Pela minha experiência, pacientes com este sintoma são em geral desagradáveis; a princípio se entusiasmam profundamente com o médico a ponto de aceitarem cegamente o que ele diz, mas pouco depois praticam uma resistência também cega a ele, tornando impossível qualquer influência educativa.

950

Vemos, portanto, neste fenômeno a expressão de uma tendência de dar mais do que a instrução pede ou espera. Esta tendência também se revela em outras faltas contra a instrução:

951

brigar	furioso – por diversas coisas – eu sempre brigo em casa
casar	como o senhor entende isso? *Réunion* – vínculo?
ameixa	comer ameixas – colher – o que o senhor pretende com isso?
pecar	esta ideia me é totalmente estranha – não a conheço

Mostram estas reações que a pessoa experimental não está fazendo sua parte no experimento. A instrução pede que a pessoa responda com a primeira palavra que lhe ocorra. Aqui parece que as palavras-estímulo têm um efeito excessivamente forte e são tomadas em sentido bem *pessoal*, como se fossem perguntas diretas. A pessoa experimental esquece que se trata apenas de palavras, só que em forma impressa. Procura por detrás delas um sentido pessoal, procura adivinhá-lo para então se defender, esquecendo completamente a instrução recebida.

952

953 Esta observação elementar ilustra outra peculiaridade geral dos histéricos, isto é, de tomarem tudo no sentido pessoal, nunca conseguirem ser objetivos, deixarem se levar por impressões momentâneas, portanto outra vez o característico da libido reforçada pelo objeto.

954 Outro sinal da difícil adaptação é a frequente repetição da palavra-estímulo. As pessoas experimentais repetem a palavra-estímulo como se não a tivessem ouvido ou entendido direito. Elas a repetem da mesma forma como nós repetimos uma pergunta inesperada e difícil para compreendê-la melhor e respondê-la com mais precisão. Esta é também a tendência no experimento. As palavras-estímulo são repetidas porque agem sobre as pessoas histéricas quase como perguntas difíceis e pessoais. Em princípio é o mesmo fenômeno como a subsequente complementação da reação.

955 Observamos em muitos experimentos que uma reação é repetida para diversas palavras-estímulo. É muito interessante examinar qual o significado que estas palavras – que possuem evidentemente uma tendência de reprodução bem especial – têm para a pessoa experimental. Observei certa vez um caso em que a palavra *curto* foi repetida várias vezes por um paciente, inclusive em lugares onde não fazia sentido algum. A pessoa experimental não me soube explicar o motivo dessa repetição. Sabia, pela experiência, que tais predicados sempre se referem à própria pessoa experimental ou à pessoa que lhe esteja mais próxima. Presumi que se designava a si mesma e, assim, expressava algo que lhe era muito doloroso. Era de estatura pequena e o mais novo de quatro irmãos que, ao contrário, eram bem altos. Foi sempre considerado a *criança* na família, recebeu o apelido de *curto*, era tratado como *o baixinho*; isto resultou na perda total da autoconfiança. Apesar de inteligente, não conseguiu passar nos exames, mesmo estudando muito; ao final, ficou impotente e caiu numa psicose na qual, ao estar sozinho, divertia-se por horas andando na ponta dos pés em seu quarto para parecer mais alto. A palavra "curto" significava para ele muitas experiências sempre dolorosas. E isto é geralmente o caso na repetição de palavras. Contêm sempre algo muito importante na psicologia individual da pessoa experimental.

956 As características, acima descritas, não se encontram espalhadas ao acaso no experimento, mas aparecem apenas em lugares bem precisos, isto é, naquelas palavras-estímulo que atingem complexos com

forte carga emocional da pessoa experimental. Este fato constitui a base do que se chama diagnóstico de uma ocorrência, isto é, a arte de descobrir, através do experimento de associações, o mais suspeito dos vários suspeitos de um crime, o que significa na prática encontrar o culpado. Gostaria de mostrar-lhes rapidamente, por um caso concreto, que isto é possível[3].

No dia 6 de fevereiro de 1908, procurou-me a enfermeira-chefe dizendo que uma das enfermeiras se queixara de ter sido roubada na tarde do dia anterior. Eis os fatos: A enfermeira guardara seu dinheiro, num total de setenta francos, numa bolsa dentro de seu armário de roupa. O armário tinha duas partes: uma era da enfermeira roubada e a outra, da enfermeira supervisora. As duas dormiam no mesmo quarto (onde estava o armário) com mais uma outra enfermeira, amiga íntima da supervisora. O quarto estava localizado numa parte da clínica onde trabalhavam normalmente seis enfermeiras que tinham acesso ao quarto e que podiam usá-lo quando quisessem. Considerando esta situação não é de estranhar que a enfermeira-chefe tenha dado de ombros quando lhe perguntei de quem ela mais suspeitava.

Investigações ulteriores revelaram que no dia do furto a amiga da supervisora passara a manhã inteira de cama porque não se sentia bem. Segundo informação da enfermeira roubada, o furto deveria ter ocorrido durante a tarde. Entre as quatro suspeitas havia uma, cuja tarefa rotineira era limpar o quarto enquanto as outras nada tinham oficialmente a fazer lá e, ao que tudo indicava, também nenhuma havia entrado nele por qualquer razão que fosse.

Era natural, pois, que as três últimas enfermeiras parecessem as menos suspeitas, por isso as submeti em primeiro lugar ao experimento.

Soube, além disso, que o armário estava sempre trancado, mas que a chave estava nas proximidades, podendo facilmente ser encontrada; que, ao abrir o armário, o primeiro olhar caía sobre um xale de pelica e que a bolsa estava escondida no meio da roupa suja. A cartei-

---

3. (Aqui consta no original manuscrito a seguinte observação: "Aqui deve ser inserido o experimento que está publicado na *Rivista di Psicologia applicata* (§ 957-982). Estes parágrafos, traduzidos da mencionada revista, não serão repetidos no cap. XVI deste volume, ainda que façam parte daquele texto).

ra era de couro vermelho-escuro e continha uma nota de cinquenta francos, uma nota de vinte, alguns centavos, uma pequena corrente de relógio, de prata, um carimbo para marcar os utensílios da clínica e um recibo da loja de sapatos Dosenbach, de Zurique.

961   Além da enfermeira-vítima e do autor do furto, só a supervisora conhecia os detalhes do furto, pois a enfermeira-vítima havia pensado a princípio ter perdido o dinheiro e pediu à supervisora que a ajudasse na procura. A supervisora conhecia, portanto, os menores detalhes do caso; isto complicou muito o experimento, pois ela se tornou uma das principais suspeitas. As condições experimentais eram mais favoráveis nas outras enfermeiras; elas não conheciam qualquer detalhe dos fatos e algumas nem sabiam que fora cometido um furto. Como palavras-estímulo críticas selecionei, além do nome da enfermeira roubada, as seguintes: *armário, porta, aberta, ontem, cédula, ouro, setenta, cinquenta, vinte, dinheiro, relógio, bolsa, corrente, prata, esconder, pelica, vermelho-escuro, couro, centavos, carimbo, recibo, Dosenbach*. Além dessas palavras que se referiam diretamente à ocorrência, escolhi ainda as seguintes que possuem um valor emocional bem particular: *furto, pegar, roubar, suspeito, acusar, corte de justiça, polícia, mentir, temer, descobrir, prender, inocente*.

962   Objetou-se a estas últimas palavras que elas traziam uma carga emocional muito forte, até mesmo para inocentes, não sendo por isso válido confrontar as pessoas com elas. Mas é preciso levantar a questão se num inocente a carga emocional tem o mesmo efeito sobre as associações como num culpado; é uma questão que não pode ser respondida *ex cathedra*, mas apenas pela experiência. Até que apareça prova em contrário, continuo achando que também palavras como essas podem trazer bons resultados.

963   Inseri, depois, na lista completa, as palavras-estímulo críticas de modo que para cada uma destas se seguiam duas neutras. É importante fazer com que sigam palavras neutras às críticas, pois assim fica mais patente a influência destas. Pode-se também deixar que uma palavra-estímulo crítica venha logo após outra, quando queremos frisar especialmente a importância da segunda. Por isso coloquei juntas as palavras *vermelho-escuro* e *couro* bem como *corrente* e *prata*.

Após estes preparativos comecei o experimento com as três enfermeiras. Sendo muito difícil apresentar pesquisas desse gênero numa língua estrangeira, não poderei dar um relato minucioso, mas deverei me limitar a referir os resultados gerais e acrescentar alguns exemplos. A primeira foi a amiga da supervisora; considerando as circunstâncias, parecia um pouco nervosa. Depois veio a supervisora que estava muito agitada e mesmo após o experimento apresentava um pulso acelerado de 122 batidas por minuto. Por último veio a responsável pela limpeza do quarto onde ocorreu o furto. Foi a mais calma das três; estava apenas um pouco confusa e só durante o experimento ficou sabendo que estava sob suspeita; isto a perturbou visivelmente perto do final do experimento.

O final da investigação depôs muito contra a supervisora que me pareceu apresentar uma reserva suspeita – diria mesmo, sem-vergonhice. Com a opinião formada de que ela era a culpada, enveredei nos cálculos dos resultados.

Pode-se usar qualquer espécie de método de cálculo, mas nem todos são igualmente bons e exatos. (É preciso basear o julgamento sempre em cálculos, pois a aparência é tremendamente enganosa). O método mais recomendado é o da média provável dos tempos de reação. Ele dá um panorama das dificuldades que a pessoa experimental teve que superar para reagir.

Este cálculo é tecnicamente simples: a média provável é o número que está no meio de uma série de tempos de reação. Os tempos de reação[4] estão, por exemplo, ordenados da seguinte maneira: 5, 5, 5, 7, 7, 7, 7, 8, 8, 9, 9, 9, 12, 13, 14. O número do meio (8) é a média provável da série. Designarei a amiga da supervisora pela letra A, a supervisora por B e a terceira pessoa por C.

A média provável dos tempos de reação foi A = 10,0, B = 12,0 e C = 13,5. Desse resultado não é possível tirar qualquer conclusão.

Mas o cálculo em separado da média dos tempos de reação das reações sem significado *especial*, das reações críticas e das reações imediatamente seguintes às críticas ("pós-críticas") é de grande interesse.

---

4. (O tempo de reação é sempre dado em 1/5 de segundo).

Média provável dos tempos de reação

	A	B	C
Reações neutras	10,0	11,0	12,0
Reações críticas	16,0	13,0	15,0
Reações pós-críticas	10,0	11,0	13,0

970   Eis os resultados desta tabela: Ainda que A tenha a menor média do tempo de reação nas reações neutras, tem o tempo mais longo nas reações críticas em comparação com as outras duas.

971   A diferença entre os tempos de reação das reações neutras e críticas é de 6 em A, 2 em B, 3 em C; portanto é mais ou menos o dobro em A com relação a cada uma das outras.

972   Por um cálculo semelhante a este podemos verificar quantas características de complexo se manifestam em média nas reações neutras, críticas e outras.

Média das características de complexo em todas as reações

	A	B	C
Reações neutras	0,6	0,9	0,8
Reações críticas	1,3	0,9	1,2
Reações pós-críticas	0,6	1,0	0,8

973   A diferença entre as reações neutras e críticas é 0,7 em A, 0 em B e 0,4 em C. Portanto A lidera.

974   A questão seguinte diz respeito às reproduções incorretas. O resultado dos cálculos apurou 34% em A, 28% em B e 30% em C. Vemos que também neste aspecto A atingiu o maior valor e isto pareceu-me revelar uma característica do complexo de culpa em A. Infelizmente não posso apresentar aqui as razões de minha convicção de que há um liame entre falhas de memória e complexos emocionais, pois isto fugiria do âmbito da presente investigação. Remeto o leitor para o meu trabalho *Distúrbios de reprodução no experimento de associações*[5].

---

5. Cf. cap. IX deste volume.

Acontece muitas vezes no experimento que uma associação com carga emocional intensa deixa atrás de si uma perseveração de modo que não só a própria associação crítica mas também duas ou três subsequentes sejam reproduzidas incorretamente; é interessante observar pois o que acontece quando a gente ordena essas associações em série. O resultado do cálculo dá 64,7% para A, 55,5% para B e 30,0% para C.

Também aqui a maior porcentagem cabe à A. Em parte isto pode ser atribuído ao fato de que A tenha apresentado também o maior número de reproduções incorretas. Dado o menor número de reações, compreende-se que cresça o número de reproduções incorretas num grupo em relação à soma total das reações. Mesmo que isto seja provável, só pode acontecer na mesma proporção em experimentos como o nosso, em que B e C não tenham um número muito menor de reproduções incorretas do que A. É significativo que C, com sua relativa ausência de emoções durante o experimento, tenha o menor número de reproduções incorretas numa série.

Uma vez que reproduções incorretas indicam características de complexos, temos que descobrir como as reproduções incorretas se distribuem entre as reações neutras, críticas e outras.

Reproduções incorretas

	A	B	C
Reações neutras	10,0	12,0	11,0
Reações críticas	19,0	9,0	12,0
Reações pós-críticas	5,0	7,0	7,0

Não é preciso acrescentar mais nada para explicar as diferenças entre as reações neutras e críticas nas diversas pessoas experimentais. Também neste aspecto A tem a liderança.

Vale aqui o princípio de que quanto maior o número de reações críticas, maior a probabilidade de grande quantidade de reproduções incorretas. Suponhamos que as reproduções incorretas estivessem distribuídas de modo uniforme e ao acaso entre todas as reações, então haveria um maior número para A (em comparação a B e C) como reação a palavras críticas, pois A tem o maior número de reproduções incorretas. Pressuposta esta distribuição uniforme de reproduções incorretas, é fácil calcular quantas delas pertencem a cada tipo individual de reação.

Reproduções incorretas

	Esperadas			Realmente *ocorridas*		
	Reações neutras	Reações críticas	Reações pós-críticas	Reações neutras	Reações críticas	Reações pós-críticas
A	11,2	*12,5*	10,2	10,0	*19,0*	5,0
B	9,2	*10,3*	8,4	12,0	*9,0*	7,0
C	9,9	*11,1*	9,0	11,0	*12,0*	7,0

980 Mostra esta tabela que os distúrbios de reprodução nas reações críticas superam de longe a expectativa em A, ao passo que em C só ultrapassam em 0,9 o esperado e em B o número é levemente menor.

981 Todos os dados são indicativos de que na pessoa experimental A as palavras-estímulo críticas exerceram a maior influência, de modo que a suspeita mais forte recai sobre A. Daria para ousar declará-la a suposta culpada. E nesta mesma noite confessou abertamente o furto, confirmando o êxito do experimento.

982 Acho que um resultado obtido dessa forma é cientificamente interessante e digno de discussão. Na psicologia experimental há muitas outras coisas de menos valor do que a que apresentei agora. Sem considerar o interesse teórico, é preciso levar em conta o resultado prático, nada desprezível: desmascarar a culpada sem as formalidades usuais, simplesmente pelo caminho mais curto. O que foi possível em um ou dois casos pode ser possível também em outros e parece valer a pena estudar todas as maneiras de extrair desse método resultados confiáveis e rápidos[6].

983 Este emprego do experimento mostra que é possível atingir um complexo escondido (ou também não consciente) com uma palavra-estímulo; e vice-versa, podemos supor com grande certeza que atrás de uma reação marcada por características de complexo esteja

---

6. Cf. § 1.331s. deste volume, onde se continua a falar deste caso.

oculto um complexo, ainda que a pessoa experimental o negue com veemência. Devemos abandonar a ideia de que pessoas experimentais cultas e sensatas sempre estejam em condição de ver e admitir seus próprios complexos. Existe em cada psique humana muita coisa inconfessa e, por isso, inconsciente como tal; e ninguém pode orgulhar-se de ter as rédeas de seus complexos. Mas quem, assim mesmo, diz que as tem não enxerga os óculos que traz sobre o nariz.

Acreditou-se por longo tempo que o experimento de associações era capaz de identificar certos tipos *intelectuais*. Não é o caso. O experimento não nos dá nenhum conhecimento sobre processos puramente intelectuais, mas, de preferência, sobre os emocionais. Podemos identificar certos tipos reativos, mas não com base em peculiaridades intelectuais e, sim, na *atitude emocional*. As pessoas experimentais cultas apresentam em geral associações superficiais, com forte conotação linguística, ao passo que as incultas produzem associações mais valiosas e, muitas vezes, bem mais significativas. Do ponto de vista intelectual, isto seria um paradoxo. Mas as associações mais ricas em conteúdo das pessoas incultas não são produto de um pensar mais rico em conteúdo, são apenas consequência de uma atitude emocional peculiar: a coisa toda é mais importante para a pessoa inculta, sua emoção é maior e, por isso, presta muito mais atenção ao experimento do que a pessoa culta, sendo por conseguinte suas associações mais ricas em conteúdo. Sem considerar os tipos condicionados pela educação, podemos distinguir quatro tipos individuais mais importantes:

1. Um *tipo objetivo*, com reações seguras e imperturbáveis.

2. O chamado *tipo complexo*, com muitos distúrbios no experimento, causados pela constelação de um complexo.

3. O chamado *tipo definição*. Este tipo sempre reage com uma explicação ou definição do conteúdo da palavra-estímulo. Por exemplo:

maçã	uma fruta de árvore
mesa	um móvel da casa
passear	uma atividade
pai	chefe da família

Encontra-se este tipo sobretudo em pessoas bobas, por isso é comum na imbecilidade. Encontra-se também em pessoas que não são propriamente bobas, mas que apenas não querem ser consideradas bobas. Certa vez um estudante submeteu-se a um teste de associação, dirigido por uma estudante mais antiga e muito inteligente, e reagiu exclusivamente com definições. Pensou se tratar de uma espécie de avaliação do grau de inteligência e por isso concentrou toda sua atenção no significado, de modo que suas associações acabaram parecendo as de um idiota. Nem todos os idiotas reagem com definições, mas provavelmente só aqueles que gostariam de parecer mais inteligentes do que são, isto é, aqueles que sofrem com sua estupidez. Denomino este complexo, amplamente difundido, de "complexo de inteligência".

986   Este tipo causa uma impressão de atitude forçada e artificial. Muitas vezes suas reações são exageradas:

medo	angústia do coração
beijar	desencadeamento do amor
beijar	experiência de amizade

As pessoas experimentais querem ser mais do que são: exercer mais influência do que possuem. Por isso as pessoas com complexo de inteligência não são simples e livres em geral, mas são algo artificiais e afetadas; têm preferência por palavras estrangeiras complicadas, citações altissonantes e outras preciosidades intelectuais. Querem, assim, influenciar as pessoas, dar a impressão de inteligência e cultura e compensar a dolorosa sensação de sua ignorância.

987   4. O tipo definição tem grande afinidade com o tipo predicado ou, melhor dito, o tipo predicado-avaliativo, por exemplo:

flor	bela	faca	perigosa
dinheiro	agradável	morte	horrível
animal	feio		

O tipo definição prefere o sentido intelectual das palavras-estímulo, o tipo predicado prefere o sentido emocional. Há tipos predicado bem exagerados, onde aparecem reações como:

piano	horrível
cantar	divino
mãe	muito amada
pai	alguém bom, belo, santo

O tipo definição mostra ou, melhor, simula externamente uma 988
atitude absolutamente intelectual, enquanto o tipo predicado mostra
uma atitude plena de sentimentos. Assim como o tipo definição quer
encobrir a falta de inteligência, esta exuberante manifestação de sentimentos quer encobrir ou supercompensar uma falta de sentimentos. Esta conclusão é ilustrada de modo bem interessante pela descoberta seguinte: pesquisas da influência familiar sobre o tipo associativo revelaram que pessoas jovens raramente têm um tipo predicado e
que este só se intensifica com a idade; nas mulheres, o aumento dos
predicados de avaliação começa depois dos quarenta e, nos homens,
após os sessenta. É exatamente a época em que, devido ao declínio
do desejo sexual, manifesta-se grande perda de sentimentos.

Se uma pessoa experimental for um tipo predicado declarado, é 989
preciso deduzir sempre que aí temos a compensação de uma grande
falta de sentimentos. Mas não se pode concluir inversamente, isto é,
que um vazio interno de sentimentos produza necessariamente um
tipo predicado-avaliativo, da mesma forma que uma idiotia não produz diretamente um tipo definição. O tipo predicado pode se revelar
também pelo comportamento externo como, por exemplo, por uma
afetação exagerada, exclamações entusiásticas, um comportamento
amaneirado, fala forçada e timbrada, como não raro se pode encontrar na sociedade.

O tipo complexo não apresenta tendência especial de esconder 990
um complexo atrás dos distúrbios do experimento. O tipo definição
e o tipo predicado, porém, revelam uma tendência positiva de exercer, de alguma forma, certa influência sobre o experimentador. O
tipo definição procura mostrar sua inteligência e o tipo predicado,
seu sentimento. Nem preciso dizer que estas constatações são muito
importantes para o diagnóstico de um caráter.

Quando terminei um experimento de associações, costumo 991
acrescentar um outro tipo de experimento que chamo de reprodução. Digo à pessoa experimental novamente as mesmas palavras-estímulo e pergunto se recorda ainda a reação dada anteriormente. Em
alguns lugares a memória falha; e, conforme nos ensina a experiência, estes lugares são palavras-estímulo que atingiram um complexo
com carga emocional ou palavras-estímulo que seguem imediatamente a uma palavra crítica desta espécie.

992   Já foi dito que este fenômeno era paradoxal e contrário a qualquer experiência. Mas sabe-se que guardamos melhor na memória coisas com carga emocional do que coisas indiferentes. Isto é correto, mas não vale para a expressão linguística do conteúdo com carga emocional. Ao contrário, a gente esquece facilmente o que se disse sob emoção e até entra em contradição. Nisto se baseia também a eficácia da acareação em juízo. O método da reprodução serve portanto para enfatizar ainda mais o estímulo do complexo. Nas pessoas normais há geralmente um número limitado de reproduções incorretas, não ultrapassando 10-15%. Nas pessoas anormais, sobretudo na histeria, o número vai de 20-40%. Portanto, a incerteza da reprodução é, outra vez, em certos casos, um parâmetro da emotividade da pessoa experimental.

993   A maioria dos neuróticos tem a declarada tendência de manter seus assuntos íntimos numa escuridão impenetrável, escondendo-os inclusive do próprio médico, de modo que este tem grande dificuldade de fazer um quadro da psicologia do seu paciente. Nestes casos me oriento sempre pelo experimento de associações. Terminado o experimento, examino em primeiro lugar o aspecto geral dos tempos de reação. Quando encontro muitos tempos bastante prolongados, isto me diz claramente que o paciente só consegue ajustar-se ao experimento com grandes distúrbios.

994   Suas funções psicológicas se processam com grande atrito interno e com resistências. A grande maioria dos neuróticos só reage sob grandes e bem claras resistências. Mas existem casos em que os tempos de reação são curtos, na média, como em pessoas normais, e estão ausentes também as outras características de complexos e, assim mesmo, temos a presença indubitável de sintomas neuróticos. Encontramos estes casos raros sobretudo em doentes crônicos, muito inteligentes e cultos que aprenderam, com treino de longos anos, a controlar seu comportamento externo, nada ou pouco revelando exteriormente de sua neurose. Uma observação superficial diria que são pessoas normais. Mas em determinados lugares apresentam distúrbios que traem o complexo reprimido.

995   Após a análise dos tempos de reação, volto-me para o tipo da associação a fim de saber de qual tipo se trata. Se for um tipo predica-

do, tiro as conclusões que expus minuciosamente acima; se for um tipo complexo, procuro determinar a espécie de complexo. Quando se tem experiência suficiente, é possível emancipar-se das informações da pessoa experimental e, sob certas circunstâncias e quase sem ter conhecimento prévio dela, ler seus mais íntimos complexos a partir dos resultados do experimento. Procuro em primeiro lugar as palavras que se repetem e as coloco numa tabela, depois seleciono aquelas palavras-estímulo que apresentam os distúrbios mais fortes. Em muitos casos basta tabular estas palavras para se ter o complexo desvendado. Em alguns casos, porém, é necessário ainda fazer uma do que outra pergunta. O melhor que posso fazer é explicitar o assunto através de um exemplo concreto:

Trata-se de uma senhora culta, de trinta anos, casada há três anos. Sofre, praticamente desde o começo do casamento, de estados episódicos de agitação nos quais apresenta um ciúme raivoso do marido. De resto, o casamento é feliz, e o marido não dá nenhum motivo para ciúmes. A paciente tem certeza de que o ama e que seus estados de agitação são infundados. Não faz ideia de onde poderiam provir estes estados e está perplexa. Observe-se que ela é católica e bastante religiosa, ele é protestante. Consta, porém, que esta diferença não tem nenhuma influência. Uma anamnese mais detalhada revelou a existência de um pudor exagerado; ninguém, por exemplo, podia falar em sua presença do parto de sua irmã porque o aspecto sexual do fato lhe causava a maior agitação. Não se despia na presença do marido, mas sempre no quarto ao lado, e outras coisas mais. Ao que consta, até os 27 anos de idade não sabia como nasciam as crianças. O experimento de associações deu os resultados da figura 8.

As palavras-estímulo que se destacaram por fortes distúrbios foram: *amarelo*, *rezar*, *repartir*, *casar*, *brigar*, *velho*, *família*, *felicidade*, *falso*, *medo*, *beijar*, *noiva*, *escolher*, *satisfeito*. Os distúrbios mais fortes se manifestaram nas seguintes palavras-estímulo: *rezar*, *casar*, *felicidade*, *falso*, *medo*, *satisfeito*. Estas são, portanto, as palavras que atingiram claramente o complexo. Podemos tirar disso a conclusão: Não é indiferente que seu marido seja protestante, pois a paciente pensa novamente em rezar, há algo de errado com o casar, ela é infeliz, ela é falsa, isto é, tem fantasias de infidelidade, tem medo (do marido? do futuro?). Está insatisfeita com sua escolha (*escolher*), pensa

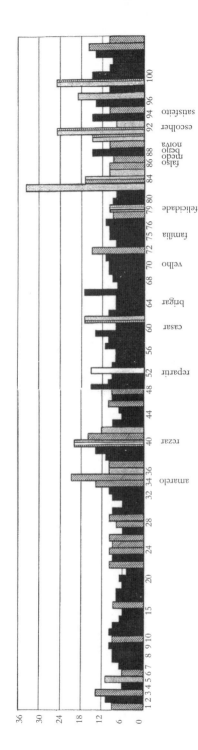

Figura 8. As colunas hachuradas são reproduções incorretas, as brancas são repetições da palavra-estímulo e as pontilhadas representam as associações em que a paciente ria, cometia erros de linguagem ou usava mais de uma palavra na reação. A altura das colunas indica a duração dos tempos de reação. (A numeração de 1 a 100 corresponde à lista da p. 491. Na edição original inglesa foram utilizadas cores: azul para as colunas hachuradas, verde para as brancas e amarelo para as pontilhadas).

em partir? A paciente tem, portanto, um complexo de separação, pois está muito infeliz com seu casamento. Quando lhe expus este resultado, ficou chocada e tentou a princípio negar tudo, depois quis disfarçar e, finalmente, admitiu tudo. E mais do que isso: forneceu um grande material de fantasias de infidelidade, reclamações contra o marido etc. Seu pudor excessivo e ciúmes nada mais eram do que projeções sobre o marido e seus próprios desejos sexuais. Tinha ciúmes do marido porque ela mesma era infiel nas fantasias e não podia admitir isto.

É impossível no espaço de uma preleção dar um panorama geral de todas as possibilidades de uso prático do experimento de associações. Estou satisfeito por ter tido a oportunidade de lhes apresentar ao menos o essencial.

Senhoras e senhores*

Na última preleção vimos que os processos emocionais da infância são muito importantes para a vida futura. Na preleção de hoje pretendo dar-lhes uma visão da vida psíquica da criança com base na análise de uma menina de quatro anos. É pena que poucos dos senhores tenham lido a análise do "pequeno Hans", publicada este ano por Freud. Na verdade, deveria apresentar-lhes primeiramente o conteúdo dessa análise para que estivessem em condição de comparar aqueles resultados com os meus e, surpresos, constatar a grande semelhança que existe entre as criações inconscientes dessas duas crianças. Sem o conhecimento da análise fundamental de Freud, muita coisa vai parecer-lhes estranha, incompreensível e mesmo inaceitável na exposição que farei. Peço, no entanto, que adiem seu julgamento definitivo e ouçam estas coisas novas com paciência, pois este trabalho pioneiro em terra desconhecida exige não só a máxima paciência do pesquisador mas também a atenção sem preconceitos de seu público. Devido à abordagem aparentemente indelicada dos segredos mais íntimos da sexualidade, o destino das pesquisas de Freud foi até agora quase sempre de repulsa por parte de muitas pessoas que, por isso, condenavam tudo de antemão, sem qualquer exame mais profundo. Não se pode encarar essas coisas com a firme convicção de que não existem; caso contrário acontece facilmente que elas realmente não existem para o preconcebido. Devemos, antes, colocar-nos por certo tempo numa posição do pesquisador e estudar os fenômenos segundo sua orientação. Somente assim é possível constatar a exatidão ou inexatidão de nossas observações. Haveremos de errar como todas as pessoas erram. Mas nos acusar sempre de

---

* Estas partes da preleção estão sendo publicadas pela primeira vez.

charlatanismo e coisa pior não nos levará a aperfeiçoar nossos pontos de vista. Preferimos saber *onde* erramos. Isto nos deve ser provado em nosso campo específico de pesquisa. Mas até agora a crítica não entrou em nosso campo de trabalho para nos dar outra concepção das coisas por nós observadas. Temos que reclamar sempre de novo que nossos críticos permanecem em total ignorância, não tendo nenhuma noção do que realmente se trata. A razão disso é uma só: os críticos nunca se deram o trabalho de estudar em profundidade os nossos métodos; se o fizessem haveriam de nos entender.

Senhor Presidente!

Ilustre Assembleia!

Agradeço de coração a grande honra de receber da Clark University, o título de *Doctor of Laws*. Quero agradecer não tanto a homenagem pessoal, mas o reconhecimento que com isso foi outorgado ao meu trabalho. Minha obra se identifica com o movimento científico, inaugurado pelo professor Freud, cujo servidor tenho a honra de ser. Conferindo-nos o título honorário e acadêmico mais elevado, os senhores prestam uma homenagem a si mesmos, pois a Clark University foi a primeira Universidade do mundo a reconhecer oficialmente este trabalho até agora realizado. Os senhores são os primeiros e foi especialmente o senhor, digno presidente, que com sua visão mais ampla e corajosa percebeu e reconheceu publicamente a importância de nosso movimento. Ao deixar a América e voltar à Suíça levarei belas recordações, recordações de pessoas de um país livre que, isentas de preconceitos, só julgam alguma coisa segundo seu verdadeiro valor. Esta impressão será inesquecível.

XI
A constelação familiar[*]

Senhoras e senhores!

Como viram, há na psicologia prática várias aplicações do experimento de associações. Gostaria de abordar hoje outra aplicação que é, em primeiro lugar, de importância meramente teórica. Minha aluna, senhorita Dra. Fürst[1] fez a seguinte pesquisa: aplicou em membros de 24 famílias, isto é, 100 pessoas experimentais, experimentos de associações, o que resultou num material de 22.000 associações. Este material foi trabalhado da seguinte forma:

Foram formados 15 grupos de acordo com critérios lógico-linguísticos e as associações foram assim classificadas[2]:

	Homem	Mulher	Diferença
I. Coordenação	6,5	0,5	6
II. Sub e supraordenação	7	–	7
III. Contraste	–	–	–

---

[*] Para o histórico dessa segunda preleção na Clark University, cf. a nota ao cap. X. O conteúdo é bastante parecido com o do artigo "Associations d'idées familiales", publicado em *Archives de Psychologie* VII, 1907/1908, p. 160-168, e que por essa razão não foi incluído na Obra Completa, com exceção dos gráficos (I-V), dos quais Jung aproveitou quatro na terceira preleção das Tavistock Lectures (Londres, 1935); cf. "Os fundamentos da psicologia analítica". OC, 18/1.

1. Emma Fürst, médica, membro da equipe da clínica psiquiátrica Burghölzli, da Universidade de Zurique. O título da publicação é Statistische Untersuchungen über Wortassoziationen und über familiäre Übereinstimmung im Reaktionstypus bei Ungebildeten.

2. O original manuscrito contém aqui a indicação de inserir toda a parte II de "Associations d'idées familiales" (§ 1.000-1.003).

	Homem	Mulher	Diferença	
IV. Predicado como expressão de um juízo pessoal		8,5	95,0	86,5
V. Predicado comum	21,0	3,5	17,5	
VI. Relação do verbo com o sujeito e com o objeto		15,5	0,5	15,0
VII. Determinação do tempo etc.	11,0	–	11,0	
VIII. Definição	11,0	–	11,0	
IX. Coexistência	1,5	–	1,5	
X. Identidade	0,5	0,5	–	
XI. Forma linguístico-motora		12,0	–	12,0
XII. Composição de palavras	–	–	–	
XIII. Complementação de palavras	–	–	–	
XIV. Reação de som	–	–	–	
XV. Reação deficiente	–	–	–	
Total	–	–	173,5	
Diferença média	$\frac{173,5}{15}$	=11,5		

1.001   Como se vê no exemplo, utilizei a diferença para demonstrar o grau de analogia. A fim de obter uma base para a soma das semelhanças, calculei as diferenças entre todas estas pessoas experimentais que não eram parentes entre si e comparei todas as pessoas experimentais femininas com todas as outras mulheres que não eram parentes; a mesma comparação foi feita com os homens.

1.002   A diferença maior foi encontrada nos casos em que as duas pessoas experimentais, comparadas entre si, não tinham nenhuma característica associativa em comum. Todos os grupos foram calculados em percentagens, sendo a maior diferença possível $\frac{200}{15}$ =13,3%

I. A diferença média entre os homens sem parentesco acusou 5,9%; entre as mulheres do mesmo grupo foi de 6%.

II. A diferença média entre os homens com parentesco foi de 4,1%; entre as mulheres com parentesco atingiu 3,8%. Esses números mostram que os parentes tendem a coincidir no tipo reativo.

III. Diferença entre os pais e os filhos em geral   = 4,2

   Diferença entre as mães e os filhos em geral = 3,5

O tipo reativo dos filhos se aproxima mais do das mães.

IV. Diferença entre pais e seus filhos = 3,1
Diferença entre pais e suas filhas = 4,9
Diferença entre mães e seus filhos = 4,7
Diferença entre mães e suas filhas = 3,0
V. Diferença entre irmãos = 4,7
Diferença entre irmãs = 5,1
Excluindo as irmãs casadas da comparação, temos o seguinte:
Diferença entre as irmãs solteiras = 3,8
Disso é possível concluir que o casamento afeta mais ou menos a coincidência primitiva, quando o marido pertence a um tipo diferente do da mulher.
Diferença entre irmãos solteiros = 4,8
Parece que o casamento não tem influência sobre o tipo de reação dos homens. Mas, para tirar conclusões definitivas, o material de que dispomos é insuficiente.
VI. Diferença entre marido e esposa = 4,7
Este número abrange de maneira precária valores muito desiguais, mas é possível dizer que há casos de grande concordância e outros de grande diferença.

Os diferentes resultados são mostrados nos gráficos 1-5. Indiquei o número de associações de cada qualidade perpendicularmente em percentagens. Os números romanos, sob a linha horizontal, representam as formas de associação, indicadas na tabela acima.

Gráfico l: O pai (linha contínua) é um tipo objetivo, ao passo que mãe e filha desenvolvem um tipo puramente predicado, com marcante tendência subjetiva.

Gráfico 2: Marido e mulher concordam bem num tipo predicado objetivo, sendo os predicados subjetivos algo mais numerosos na mulher.

Gráfico 3: Bela concordância entre um pai e suas duas filhas.

Gráfico 4: Duas irmãs que moram juntas. A linha pontilhada refere-se à irmã casada.

Gráfico 5: Marido e esposa. A mulher é irmã das duas mulheres do gráfico 4. Aproxima-se quase totalmente do tipo de seu marido. Sua curva é exatamente o oposto da de suas irmãs.

1.003

1.004 A semelhança das associações é muitas vezes impressionante. Reproduzo aqui as associações de certa mãe e de sua filha:

Palavra-estímulo	Mãe	Filha
prestar atenção	aluno aplicado	aluno
lei	lei de Deus	Moisés
querido	filho	pai e mãe
grande	Deus	pai
batata	tubérculo	tubérculo
família	mais pessoas	cinco pessoas
estranho	viajante	viajantes
irmão	querido para mim	querido
beijar	mãe	mãe
incêndio	grande dor	doloroso
porta	larga	grande
feno	seco	seco
mês	muitos dias	trinta e um dias
ar	fresco	úmido
carvão	fuliginoso	preto
fruta	doce	doce
alegre	criança feliz	crianças pequenas
	etc.	

1.005 Era de se esperar que neste experimento, onde as portas do acaso estão escancaradas, a individualidade se manifestasse em grande escala, de modo que tivéssemos uma grande diversidade e irregularidade de associações. Mas, como se viu, o contrário aconteceu. A filha partilha do modo de pensar de sua mãe, não só quanto às ideias mas também na forma da expressão, a ponto de usar as mesmas palavras. O que é mais fugaz, inconstante e sem leis do que uma ideia, um pensamento furtivo? Ele não é sem leis, não é livre, mas fortemente determinado dentro dos limites do ambiente. Se, portanto, as imagens do intelecto, por mais superficiais e fugazes que pareçam, estão sujeitas à constelação do ambiente, o que esperar então das atividades mais importantes da psique, das emoções, desejos, esperanças e intenções?

Vejamos um exemplo concreto: o gráfico nº 1.

1.006 Mãe de 45 anos e filha de 16. Ambas possuem um tipo predicado-avaliativo bem definido e diferem do pai de modo notório. O pai é um beberrão e sem moral. Compreende-se facilmente que sua esposa, a mãe, sinta um vazio de sentimentos que ela manifesta em seu tipo predicado-avaliativo exacerbado. Mas, os mesmos motivos não podem ser atribuídos à filha pois, em primeiro lugar, não está casada com um beberrão e, em segundo lugar, porque tem pela frente ainda uma vida toda de esperanças. É totalmente desnatural que ela apresente um tipo predicado-avaliativo tão marcante. Reage aos estímulos do meio ambiente da mesma forma que a mãe. No caso da mãe, esta atitude é de certo modo consequência natural de sua situação infeliz, mas isto não se aplica à filha. A filha apenas *imita* a mãe, comporta-se como a mãe. Imaginemos o que isto pode significar para uma jovem. Quando uma jovem reage ao mundo como uma senhora mais velha, desiludida da vida, isto no mínimo é desnatural e forçado. Mas é impossível que haja consequências mais sérias. Como se sabe, o tipo predicado-avaliativo mostra externamente sentimentos intensos. E sentimentos sempre contagiam. Não podemos evitar, por exemplo, responder, ao menos internamente, aos sentimentos e paixões de nosso meio ambiente mais próximo, deixar-nos contagiar ou levar por eles. Originalmente as emoções e suas manifestações corporais tinham um sentido biológico, isto é, o sentido de um mecanismo de defesa do indivíduo e de todo o bando. Se mostrarmos sentimento, podemos contar com grande certeza de receber outro sentimento de volta. Esta é a experiência do tipo predicado-avaliativo. O que falta em sentimentos à mulher de 45 anos, isto é, amor em seu relacionamento matrimonial, ela o procura substituir externamente; por isso é também zelosa participante das reuniões da Christian Science. Imitando esta atitude, a filha faz o mesmo que a mãe: procura receber sentimento de fora. Mas para uma jovem de 16 anos esta atitude é no máximo bem perigosa. Reage ao mundo como a mãe sofredora, mendigando sentimento. Esta atitude já não é perigosa para a mãe, mas sim para a filha e por razões facilmente compreensíveis. Se um dia se separar do pai e da mãe, será como a mãe, isto é, uma mulher internamente insatisfeita e comportando-se como sofredora. Está exposta por isso ao maior perigo de cair vítima da brutalidade e se casar por sua vez com um homem que é bruto e beberrão como o pai.

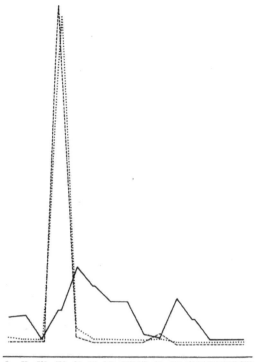

Pai ——— Mãe .... Filha ---------

1

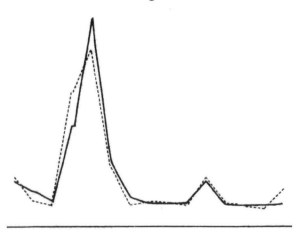

Marido ——— Esposa ---------

2

Estudos experimentais

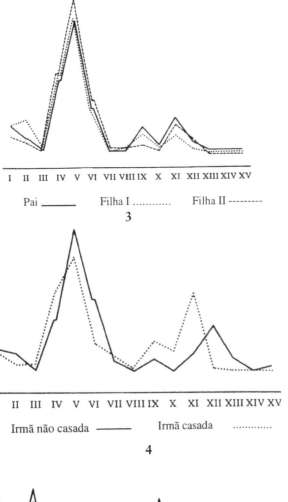

I II III IV V VI VII VIII IX X XI XII XIII XIV XV

Pai ——— Filha I .... Filha II ---------

3

I II III IV V VI VII VIII IX X XI XII XIII XIV XV

Irmã não casada ——— Irmã casada ....

4

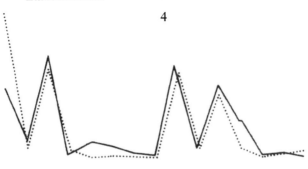

I II III IV V VI VII VIII IX X XI XII XIII XIV XV

Marido ——— Esposa ....

5

1.007 Esta consideração me parece importante para compreender a influência do meio ambiente e da educação. Vimos no exemplo acima o que passa da mãe para a filha. Não é a vida honesta e piedosa, não é a inculcação de verdades pedagógicas que exercem influência moldadora sobre o caráter da pessoa em formação; o que tem maior influência é a atitude emocional, pessoal e inconsciente, dos pais e educadores. A desarmonia latente entre os pais, uma preocupação secreta, desejos secretos e reprimidos, tudo isso produz na criança um estado emocional, com sinais perfeitamente reconhecíveis, que devagar mas segura e inconscientemente vai penetrando na psique dela, levando às mesmas atitudes e, portanto, às mesmas reações aos estímulos do meio ambiente. Sabemos por experiência que ao lidar com pessoas tristes e melancólicas nós mesmos ficamos deprimidos. Uma pessoa sempre agitada e nervosa passa ao meio ambiente sua intranquilidade, um insatisfeito passa sua insatisfação etc. Se nós, adultos, mostramo-nos sensíveis a estas influências do meio ambiente, o que dizer então de uma criança cuja psique é mole e moldável como cera! O pai e a mãe gravam o sinete de sua personalidade fundo na psique da criança; e mais fundo quanto mais sensível e impressionável ela for. Tudo é retratado inconscientemente na criança, mesmo coisas das quais nunca se falou. A criança imita os gestos; e, assim como os gestos dos pais são a expressão de seu estado emocional, estes gestos que ela imita vão produzindo aos poucos um estado emocional semelhante dentro dela. Assim como os pais se colocam diante do mundo, também ela se coloca; e quando, na puberdade, começa a libertar-se das amarras da família, vai caminhar na vida com uma superfície de ruptura, por assim dizer, somente adaptada ao pai e à mãe. As frequentes e, muitas vezes, profundas *psicastenias da puberdade* têm aqui seu ponto de partida: são sintomas que têm suas raízes na dificuldade da nova adaptação. Em primeiro lugar, a pessoa jovem procura se afastar o mais possível da família, talvez tente alhear-se dos pais, mas tanto mais continua ligada interiormente à imagem dos seus pais. Lembro-me do caso de um jovem neurótico que fugiu da casa dos pais, tornou-se estranho e quase hostil a eles. Contou-me, porém, que tinha um sacrário, isto é, uma caixinha onde guardava seus livros da infância, flores velhas e secas, garrafinhas com água do poço de sua casa, pedras de um rio perto do qual fora passear com os pais quando criança etc.

As primeiras tentativas de amizade e amor são fortemente consteladas pela relação com os pais e aqui, normalmente, pode-se ver a poderosa influência da constelação familiar. Não é raro, por exemplo, que um homem sadio, cuja mãe é histérica, case-se com uma histérica ou que as filhas de um alcoólatra se casem, por sua vez, com alcoólatras. Certa vez veio ao meu consultório uma senhora jovem, inteligente e culta, de 26 anos, por causa de um sintoma esquisito. Disse que seu olhar tinha às vezes uma expressão estranha que causava uma impressão desagradável nos homens. Quando olhava para um homem, este ficava encabulado, desviava o olhar, dizia rapidamente algo a seu vizinho e os dois ficavam constrangidos ou riam. A paciente estava convencida de que seu olhar despertava nos homens pensamentos indecentes. Não era possível dissuadi-la dessa firme convicção. O sintoma me fez suspeitar logo de que se tratava de um caso de paranoia e não de neurose. Mas eu me enganara, conforme demonstrou o tratamento já três dias depois, porque o sintoma desapareceu logo após o término da análise. Havia surgido da seguinte forma: A senhora tinha um namorado que a abandonou sem qualquer explicação. Sentiu-se muito só, afastou-se do convívio dos demais e das distrações e tinha pensamentos de suicídio. Neste isolamento acumularam-se desejos eróticos, inconfessos e reprimidos, que ela projetava inconscientemente sobre os homens quando em sua companhia. Daí a convicção de que seu olhar despertava desejos eróticos nos homens. Investigação complementar revelou que seu ex-namorado era doente mental, fato que ela não havia percebido. Manifestei a ela minha estranheza por esta escolha tão inconveniente e acrescentei que ela deveria ter certa tendência de amar exatamente pessoas psiquicamente anormais. Negou e disse que fora, tempos atrás, noiva de um homem bem normal. Também este homem a havia abandonado de modo incompreensível; nova investigação revelou que também este, pouco tempo antes, estivera por um ano numa clínica de doentes mentais. Portanto, outro doente mental. Pareceu-me agora confirmada sua tendência inconsciente de escolher doentes mentais. Donde viria este gosto estranho? Seu pai era um esquisitão que se alheou completamente da família nos últimos anos. Transferiu então seu amor ao pai para um irmão, oito anos mais velho, e que ela amava e venerava como pai; quando a paciente tinha 14 anos, este irmão foi atingido por doença mental incurável. Este foi, portanto, o modelo do qual a paciente nunca mais pôde se libertar, escolhendo de acordo com ele seus namorados e devendo por isso ser infeliz. Talvez proviesse desse modelo infantil também a forma estranha de sua neurose que dava a impressão de insanidade mental. Lembremos que se tratava de uma senhora muito inteligente e culta que não ficava desatenta às experiências de sua psique mas que refletia muito sobre as causas de sua infelicidade, sem atinar porém de onde provinha seu infortúnio.

1.009   São coisas que nos parecem evidentes internamente e, por isso mesmo, não as vemos, e atribuímos tudo ao chamado caráter hereditário. Poderia citar muitos exemplos dessa espécie. Cada paciente me traz subsídios para esta questão da determinação do destino pela influência do meio ambiente familiar. Vemos em cada neurótico como a constelação do meio ambiente infantil influencia não só o caráter da neurose mas também o destino de vida até mesmo em pequenos detalhes. Inúmeras escolhas infelizes de profissão e muitos casamentos desastrosos podem ser atribuídos a essa constelação. Mas existem casos também de escolha acertada da profissão e casamentos onde a escolha do parceiro ou parceira não poderia ser melhor e, assim mesmo, a pessoa não se sente bem, trabalha e vive sob constantes dificuldades. Esses casos aparecem muitas vezes sob o quadro da neurastenia crônica. Acontece aqui que a psique está inconscientemente dividida em duas partes divergentes e conflitantes: uma parte vive com o(a) consorte, com a profissão e a outra vive inconscientemente no passado, com o pai e a mãe. Tratei de uma senhora que, após muitos anos de grandes sofrimentos neuróticos, descambou numa *dementia praecox*. As complicações neuróticas apareceram logo no início do casamento. A senhora tinha por marido um homem bom, culto, rico e adequado a ela em todos os sentidos; seu caráter não apresentava nada que pudesse interferir num casamento feliz. Apesar disso o casamento era infeliz e só porque a mulher era neurótica, impedindo qualquer convivência agradável.

1.010   O princípio heurístico e importante de toda psicanálise soa assim: *Manifestando-se em alguém uma neurose, esta contém o argumento contrário ao relacionamento do(a) paciente com a pessoa que lhe esteja mais próxima.* Se o marido tiver uma neurose, esta dirá claramente que ele tem fortes resistências e tendências de oposição à sua mulher; se a mulher tiver uma neurose, mostrará uma tendência de se afastar do marido. Se for alguém solteiro, a neurose se voltará contra a pessoa amada ou contra os pais. Naturalmente todo neurótico resiste a esta impiedosa formulação do conteúdo de sua neurose e não quer aceitá-la de modo algum; no entanto, é esta a verdade. O conflito não está na superfície; as mais das vezes é preciso descobri-lo através de trabalhosa psicanálise.

A história de nossa paciente é a seguinte: Seu pai era uma personalidade impressionante. Ela era sua filha preferida e tinha para com ele uma veneração sem limites. Aos 17 anos enamorou-se pela primeira vez de um jovem. Nesta época teve duas vezes o mesmo sonho, cuja impressão não mais a abandonou nos anos posteriores; ela lhe atribuiu inclusive um sentido místico e dele se lembrava com unção religiosa. No sonho viu *uma figura masculina esbelta, com esplêndida barba branca; ao ter a visão foi tomada de um sentimento de gozo religioso, como se estivesse na presença do próprio Deus*. Este sonho a impressionou muito e sempre de novo tinha que pensar nele. O caso com o namorado mostrou-se pouco sério e logo terminou. Mais tarde a paciente se casou com o marido atual. Amava seu marido, mas em seu íntimo sempre tinha que compará-lo com seu falecido pai, e a comparação sempre era desfavorável ao marido. Tudo o que ele dizia, planejava e fazia era submetido a esta comparação e o resultado era o seguinte: "Isto meu pai teria feito de maneira diferente e melhor". Por isso não conseguia ter uma vida feliz com o marido, não conseguia respeitá-lo e amá-lo o suficiente, ficando interiormente insatisfeita e desapontada. Aos poucos foi desenvolvendo intensa religiosidade, manifestando-se ao mesmo tempo graves sintomas de histeria. Começou a nutrir sentimentos amorosos ora com um, ora com outro membro do clero, procurava em toda parte um amante espiritual e foi se afastando cada vez mais de seu marido. Após uns dez anos de casada a doença mental tornou-se manifesta. Na doença não queria saber mais nada do marido e do filho; acreditava estar grávida de outro. A resistência contra seu marido, até agora reprimida com muito cuidado, explodiu abertamente, chegando mesmo, entre outras coisas, a insultos da pior espécie.

1.011

Vemos neste caso como, no instante do casamento por assim dizer, entrou uma neurose, isto é, a neurose pronuncia o argumento

1.012

contrário ao marido. Qual é o argumento contrário? É o pai da paciente, pois ela constata diariamente que o marido não tem as mesmas qualidades que seu pai. Quando a paciente se enamorou pela primeira vez, apresentou-se também um sintoma na figura de um sonho visionário e muito impressionante. Viu um homem com esplêndida barba branca. Quem era ele? Quando chamei sua atenção para a bela barba branca, a paciente reconheceu o fenômeno: era naturalmente seu pai. Portanto, cada vez que a paciente se dispunha a amar, interferia negativamente a imagem do pai, impedindo-a de adaptar-se psicologicamente ao marido.

1.013 Escolhi de propósito este caso como exemplo porque é muito simples, transparente e bem típico de inúmeros casamentos que fracassaram devido à neurose da mulher. Poderia trazer muitos exemplos do gênero. A infelicidade é sempre uma vinculação muito forte com os pais: a prole fica presa numa relação infantil. Estaria aqui uma das tarefas mais importantes da pedagogia: a de resolver a questão de como libertar a criança da vinculação inconsciente à influência de seu meio ambiente infantil, de modo a conservar dele apenas o conveniente e rejeitar todo o inconveniente. Parece-me de antemão impossível resolver esta difícil questão a partir da criança. Para tanto conhecemos ainda muito pouco a respeito dos processos emocionais da criança. A primeira e única contribuição sobre isso que a literatura nos fornece viu a luz do mundo apenas neste ano: é a análise de um menino de cinco anos, publicada por Freud[3].

1.014 Por parte da criança as dificuldades são muito grandes, mas não seriam tão grandes por parte dos pais. Em muitas coisas os pais poderiam agir com mais tato e prudência no tocante ao amor dos filhos. Os pecados cometidos, por exemplo, contra os filhos preferidos devido ao supercarinho dos pais poderiam ser evitados se houvesse um conhecimento maior da psique infantil. Por várias razões é impossível dizer-lhes algo de validade universal sobre o aspecto educacional desse problema. Estamos bem longe ainda de prescrições e regras de valor geral; encontramo-nos ainda no campo da casuística. Nossos

---

3. FREUD, S. *Analyse der Phobie eines 5jährigen Kindes*. (Análise da fobia de um menino de cinco anos). Viena: [s.e.], 1909.

conhecimentos a respeito dos processos mais sutis da mente infantil são tão escassos que não estamos em condições de dizer onde está o maior erro: nos pais, na criança ou nas concepções do meio ambiente. Somente psicanálises como a que o professor Freud publicou em nosso *Jahrbuch* (1909), vão nos ajudar a sair dessa dificuldade[4]. Essas observações profundas e básicas deveriam constituir um sério alerta a todos os pedagogos de se interessarem pela psicologia de Freud. Nesta psicologia há muito mais subsídios para a prática pedagógica do que na psicologia filosófica corrente.

---

4. Ibid.

II
Pesquisas psicofísicas

XII

Sobre os epifenômenos psicofísicos no experimento de associações*

No Segundo Congresso Alemão de Psicologia Experimental, realizado em Würzburg (18 a 21 de abril de 1906), o Dr. Veraguth, livre-docente de Neurologia, em Zurique, informou sobre um fenômeno galvânico que chamava de "reflexos galvano-psicofísicos". O autor conduz através do corpo humano uma corrente de baixa tensão (aproximadamente dois volts), sendo os pontos de entrada e saída as palmas das mãos. Introduz no circuito da corrente um galvanômetro Deprez-d'Arsonval de alta sensibilidade e também uma chave para diminuir as oscilações do espelho. Com esta técnica, se alguém aplicar a uma pessoa experimental estímulos táteis, óticos ou acústicos de certa intensidade, o galvanômetro indicará um aumento na quantidade da corrente, isto é, uma diminuição da resistência elétrica do corpo. No curso desses experimentos foi descoberto, bem cedo, que a ação do galvanômetro não estava em relação direta com a força do estímulo mas, antes, com a intensidade da carga emocional psicológica daí resultante. De grande interesse é o fato de que a irregularidade do galvanômetro não aparece no mesmo instante que a percepção do estímulo, mas após um período latente de um a seis segundos.

Pouco depois, Veraguth observou que ocorria um movimento (muitas vezes de grande intensidade) quando o estímulo, em vez de

---

* Provavelmente escrito em inglês. Nunca foi encontrado um manuscrito em alemão. Publicado pela primeira vez em *The Journal of Abnormal Psychology*, I, 1907, p. 247-255. Boston, sob o título "On Psychophysical Relations of the Associative Experiment". Foi a primeira publicação de Jung em língua inglesa; desde então não foi reimpressa.

ser realmente aplicado, era apenas anunciado à pessoa experimental. Este fenômeno ele o denominou "oscilação de expectativa". Dessas observações, conclui Veraguth que neste experimento *os sentimentos são objetivamente representados*. A única dificuldade deste procedimento está na técnica de registrar as oscilações galvanométricas.

1.017 Veraguth fotografava a curva dos movimentos do espelho em máquina de filme rotativo; mas este método é bastante complicado e caro, e somente podem ser obtidas curvas curtas; mas para a representação gráfica dos sentimentos são desejáveis curvas longas. Por isso construí um aparelho que pode traçar curvas de 10 a 20 metros de comprimento. Neste período considerável de tempo podem ser feitos sem dificuldade muitos experimentos diferentes.

1.018 O princípio do meu aparelho é o seguinte: acoplei à escala um dispositivo móvel com um visor. O dispositivo que é movimentado manualmente sempre segue o reflexo móvel do espelho. Após certa prática, esta manobra pode ser executada com facilidade e precisão. Preso ao dispositivo está um fio que vai até o chamado escrevedor ergográfico que marca os movimentos do dispositivo num tambor quimográfico, provido de um rolo de papel sobre o qual são desenhadas as curvas por uma ponta de grafite (ver figura). Para medir o tempo pode-se usar um cronógrafo Jaquet e para indicar o instante do estímulo, um marcador elétrico comum.

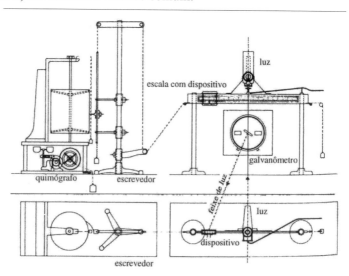

Com esta aparelhagem sou capaz de traçar curvas longas, especialmente úteis para representar cargas emocionais surgidas no experimento de associações.

Talvez já seja conhecido o que demonstrei claramente nos *Estudos diagnósticos de associações*[1] de que fortes cargas emocionais acompanham muitas vezes a associação e causam distúrbios característicos e regulares no processo associativo. Conduzo meu experimento da seguinte forma: Digo a uma pessoa experimental uma série de palavras-estímulo, pedindo-lhe que responda o mais rápido possível com a primeira palavra que lhe vier à mente. Meço o tempo decorrido entre a palavra-estímulo e a reação (é o "tempo de reação"). Tendo tomado um número relativamente grande de reações (em torno de 100), peço então que a pessoa repita, uma por uma, as respostas que deu às palavras-estímulo (chamo isto de "método da reprodução"). Vou demonstrar por um exemplo o que ocorre durante este experimento[2].

Palavra-estímulo	Reação	Tempo de reação 1/5 de segundo	Reprodução
cabeça	cabelo	1,4	+
verde	campina	1,6	+
água	funda	5,0	nadar
perfurar	faca	1,6	+
comprido	mesa	1,2	+
navio	naufrágio	3,4	navio a vapor
perguntar	responder	1,6	+
lã	tricotar	1,6	+
zangado	amável	1,4	+
lago	água	4,0	azul
doente	sadio	1,8	+
tinta	preta	1,2	+
nadar	saber	3,8	água

---

1. Cf. o comunicado de Adolf Meyer, "Normal and Abnormal Associations" bem como o de August Hoch, em *Journal of Abnormal Psychology*, I/2. (Quanto aos trabalhos de Jung, ver bibliografia no final do livro).

2. Cf. o caso do § 743s.

1.021　Considerando as reações dessa pessoa experimental, nada encontramos de especial à primeira vista. Com poucas exceções, teve tempos de reação relativamente curtos e, além disso, temos algumas reproduções incorretas. Mas, olhando melhor, descobrimos que as reações à *água, navio, lago* e *nadar*, tiveram um tempo de reação bastante longo e que nelas a reprodução foi incorreta.

1.022　Segundo nossa experiência, podemos admitir que as palavras *água, navio* etc. despertaram sentimentos vivos que retardaram a reação. Podemos demonstrar empiricamente que também a reprodução incorreta das reações é causada pela interferência dos sentimentos bem vivos. Os sentimentos que causam tal fenômeno são geralmente de natureza desagradável, permitindo-nos supor que estas palavras-estímulo deram origem a um complexo de ideias com alguma relação com água e tendo grande importância para a pessoa experimental. Perguntada a respeito com muita cautela, a pessoa, no caso um homem, contou-nos que pouco tempo atrás, quando vivia um período de muitas experiências dolorosas e enervantes, pensou seriamente, num momento de desespero, em *cometer suicídio por afogamento*. Mas como o sol voltou a brilhar, seu destino não o levou a este fim intempestivo.

1.023　O complexo da intenção de cometer suicídio, ao qual estão ligados fortes sentimentos, revelou-se por diversos distúrbios psicológicos no experimento. De modo igual ou semelhante, todos os demais complexos ligados a emoções vão revelar-se naturalmente. Por isso o experimento de associações é um bom meio de sondar e analisar a personalidade. Segundo a opinião de alguns autores alemães, este método poderia ser usado para descobrir os complexos de culpa de um criminoso inconfesso. Atualmente várias experiências do gênero estão em andamento na Alemanha; estas experiências foram de grande interesse científico mas, até agora, não produziram resultados de inquestionável valor prático[3].

1.024　Este experimento, aparentemente tão simples, apresenta uma grande dificuldade, isto é, a interpretação dos distúrbios; ou, dito de outro modo, qual o tipo de complexos que causa estes distúrbios

---

3. Cf. bibliografia ao final deste capítulo.

Estudos experimentais

("características dos complexos")? Em resposta a esta pergunta podemos dizer que o mais importante é a *rotina* dos experimentos; e, em vista desse fato, sugerimos que a interpretação é atualmente mais arte do que ciência. Talvez no futuro sejam descobertas leis para o método da interpretação. Quem não dominou sua rotina pode facilmente dar uma sugestão errada e perder-se. Esta acusação e, especialmente, a de interpretação arbitrária foram feitas à minha análise; por isso aceito de bom grado qualquer subsídio que ajude a definir o complexo e sua carga emocional. O "reflexo galvano-psicofísico" poderia ser um subsídio desse gênero.

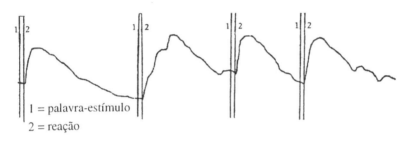

1 = palavra-estímulo
2 = reação

Na representação gráfica das oscilações galvânicas durante o experimento de associações, obtemos às vezes curvas de grande interesse das quais quero trazer alguns exemplos. (As linhas verticais indicam o momento em que foi fornecida a palavra-estímulo). Pode-se ver que, pouco depois da reação precedente, a curva sobe rapidamente e depois vai de novo caindo lentamente. Neste caso segue a cada reação um movimento do galvanômetro. Se, por um procedimento especial, diminuirmos a sensibilidade do aparelho, somente as cargas emocionais mais intensas vão influenciar a corrente, de modo que ocasionalmente obteremos curvas bem expressivas que mostram a carga emocional de maneira especialmente clara. A curva a seguir é um exemplo disso.

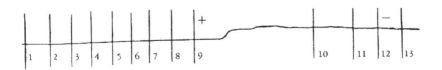

No começo a curva percorre um caminho horizontal, sem qualquer irregularidade. Nesta fase temos as oito reações seguintes:

1. quente — frio
2. mão — pé
3. maçã — fruta
4. traquinas — mau
5. boca — dentes
6. acordar — despertar
7. beber — comer
8. cama — dormir

Estas reações nada apresentam de interessante; sua curva de sentimento vai por isso em linha horizontal.

9. elegante — não elegante
10. perigo — nenhum perigo
11. visitar — não visitar
12. trabalhador — trabalhadora

1.026   Estas reações são surpreendentes:

1. As três primeiras consistem de duas palavras, o que via de regra é incomum nesta pessoa experimental.

2. Há associações surpreendentes e, na maioria das vezes, contrastantes que não são fáceis de entender.

3. Há uma perseveração surpreendente na forma linguística começando com *não elegante*. *Trabalhador-trabalhadora* é uma associação bastante superficial.

1.027   É evidente que esta fase estranha tem sua origem em *elegante*. Na curva podemos ver, começando com a reação não *elegante*, o surgimento de forte carga emocional que perdura por longo tempo e só desaparece com a última reação. A perseveração linguística (*não elegante, nenhum perigo, não visitar*) está pois ligada ao sentimento que provavelmente tem a mesma duração.

1.028   Suspeitei desde o começo que o jovem tinha uma relação amorosa. Contou-me que havia se casado na semana anterior. Quando lhe perguntei se a esposa era elegante, respondeu de modo bem característico: "Algumas pessoas não a acham muito elegante, mas para mim ela é elegante o suficiente". Torna-se evidente, pois, que a palavra *elegante* atingiu um ponto sensível.

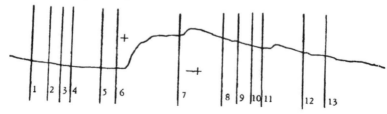

A curva precedente ilustra um caso muito interessante. A pessoa experimental é um homem jovem, ativo e gentil; eu nada conhecia dele, a não ser que era abstêmio.

No começo vemos a curva caindo lentamente, depois toma um sentido quase horizontal até que na 6ª palavra-estímulo há uma subida rápida e íngreme que se mantém até a 13ª reação.

As reações são as seguintes:

1. pagar	dinheiro	4. amor	ódio
2. cobra	animal	5. ajudar	assistir
3. delicado	bonito	6. restaurante	não alcoólico

Com a 6ª reação começa a ascensão da curva. A reação *não alcoólico* indica um complexo de ideias bem pessoal. E parece que um forte sentimento está ligado ao fato de ser um abstêmio.

A reação seguinte é:

7. polido   copo

acompanhada de nova subida da curva. *Copo* poderia ser outra associação ao complexo de *restaurante*. As próximas associações são:

8. soldado   militar
9. escrever   carta
10. espelho   claro

que nada apresentam de especial e galvanicamente também são desinteressantes.

11. cheio   homem

(A palavra alemã *voll* (cheio) tem às vezes também o sentido de "completamente bêbado"). Esta associação que indica claramente a ideia de estar bêbado é acompanhada novamente por uma subida da curva. A próxima associação é:

12. inteligência   esperta

Diante dessa situação, estamos autorizados a supor que existe um complexo com fortes cargas emocionais, relacionado com *restaurante* e *embriaguez*. Perguntado a respeito, o homem confessou que certa vez, estando bêbado, cometeu um crime de agressão física que lhe valeu vários anos de prisão. Devido a este fato tornou-se abstêmio para evitar que situação semelhante voltasse a acontecer. (Esta confissão foi confirmada por outras pessoas, sabedoras do caso).

1.034 É fácil entender que este fato deixou nele uma impressão séria e duradoura, agravada pela circunstância de este seu crime ter se tornado um grande empecilho social.

1.035 Estes exemplos servem para indicar que o experimento de associações é, sob certas condições, um caminho adequado para demonstrar as cargas emocionais que acompanham as associações. Digo "sob certas condições", pois nem sempre conseguimos obter curvas tão claras e precisas como as reproduzidas acima. O experimento possui numerosas complicações a serem superadas, exigindo muito tempo e trabalho. Além disso existe a dificuldade de que a parte física e fisiológica do experimento continua obscura, apesar do trabalho de Tarchanoff, Sticker, Sommer e Veraguth. Atualmente Binswanger, em Zurique, está se ocupando dessas pesquisas. Não quero antecipar aqui seu trabalho que acabou de concluir[4].

REFERÊNCIAS

Sobre o experimento galvânico:

SOMMER, R. *Zur Messung der motorischen Begleiterscheinungen psychischer Zustände*. Berlim/Viena: [s.e.], 1902, p. 143-164 [Beiträge zur psychiatrischen Klinik I].

SOMMER, R. & FÜRSTENAU, R. "Die elektrischen Vorgänge an der menschlichen Haut". *Klinik für psychische und nervöse Krankheiten*, 1/3, 1906, p. 197-207. Halle.

STICKER, G. "Über Versuche einer objektiven Darstellung von Sensibilitätsstörungen". *Wiener klinische Rundschau*, II, 1897, p. 497-501, 514-518. Viena.

TARCHANOFF, J. "Über die galvanischen Erscheinungen an der Haut des Menschen bei Reizungen der Sinnesorgane und bei verschiedenen Formen

---

[4]. BINSWANGER, L. "Über das Verhalten des psychogalvanischen Phänomens beim Assoziationsexperiment". In: JUNG, C.G. (org.). *Diagnostische Assoziationsstudien*. Leipzig: [s.e.], 1910.

der psychischen Tatigkeit". (*Pfüger's*) *Archiv für die gesamte Psychologie*, XLVI, 1890, p. 46-55. Bonn/Leipzig.

VERAGUTH, O. "Le Réflexe psycho-galvanique". *Archives de psychologie de la Suisse romande*, VI, 1907, p. 162-163. Genebra [Trabalho apresentado no Congresso alemão de Psicologia Experimental e relatado por E. Claparède].

Sobre o diagnóstico psicológico da ocorrência: GRABOWSKY, A. "Psychologische Tatbestandsdiagnostik". *Allgemeine Zeitung*, suplemento, 15 de dezembro de 1905. Tübingen.

GROSS A. "Zur psychologischen Tatbestandsdiagnostik". *Monatsschriftftir Kriminalpsychologie und Strafrechtsreform*, II, 1905/1906, p. 182-184. Heidelberg.

_____. "Zur psychologischen Tatbestandsdiagnostik ais kriminalistisches Hilfsmittel". *Beitrage zur Psychologie der Aussage*, II/3, 1905/1906, p. 150-153. Leipzig.

_____. "Die Assoziationsmethode im Strafprozess". *Zeitschrift für die gesamte Strafrechtswissenschaft*, XXVI, 1906, p. 19-40. Berlim.

GROSS H., "Zur psychologischen Tatbestandsdiagnostik". *Archiv für Kriminal-Anthropologie und Kriminalistik*, XIX, 1905, p, 49-59. Leipzig.

JUNG, C.G. *Diagnostische Assoziationsstudien*. I, 1906.

_____. *Die Psychologische Diagnose des Tatbestandes*. 1906.

KRAMER, F. & STERN, W. "Selbstverrat durch Assoziation". *Beitrage zur Psychologie der Aussage*, II/4, 1905/1906, p. 1-32. Leipzig.

LEDERER, M. "Die Verwendung der psychologischen Tatbestandsdiagnostik in der Strafrechtspraxis". *Monatsschrift für Kriminalpsychologie und Strafrechtsreform* III, 1906, p. 163-172. Heidelberg.

_____. "Zur Frage der psychologischen Tatbestandsdiagnostik". *Zeitschrift für die gesamte Strafrechtswissenschaft*, XXVI, 1906, p. 488-506. Berlim.

STERN. *Psychologische Tatbstandsdiagnostik*. 1905/1906.

WERTHEIMER, M. "Experimentelle Untersuchungen zur Tatbestandsdiagnostik". *Archiv für die gesamte Psychologie*, VI, 1905/1906, p. 59-131. Leipzig

WERTHEIMER, M. & KLEIN, J. "Psychologische Tatbestandsdiagnostik. Ideen zu psychologisch-experimentellen Methoden zum Zwecke der Feststellung der Anteilnahme eines Menschen an einem Tatbestande". *Archiv für Kriminal-Anthropologie und Kriminalistik*, XV, 1905, p. 72-113. Leipzig.

(Maiores informações sobre referências ao final deste volume).

XIII

Investigações psicofísicas com o galvanômetro e o pneumógrafo em pessoas normais e doentes mentais*

Frederick Peterson e C.G. Jung

Estas pesquisas foram realizadas no laboratório da clínica de psiquiatria em Zurique, cujo diretor, Professor E. Bleuler, devemos agradecer o uso da aparelhagem e material de estudo. A finalidade de nossa pesquisa foi verificar o valor do assim chamado "reflexo galvano-psicofísico" como registrador das mudanças físicas em conexão com estímulos sensoriais e psíquicos; determinar suas variações normais e patológicas; estudar a curva de inervação respiratória nas mesmas relações e, finalmente, comparar as curvas galvanométricas e pneumográficas, tomadas simultaneamente pelo quimógrafo, sob a influência de vários estímulos. Nas associações de palavras também foi registrado o tempo de reação para comparações futuras.

1.036

---

* Publicado originalmente em inglês, em *Brain: A Journal of Neurology*, XXX/118, 1907, p. 153-218. Londres; reimpressão em livro no mesmo ano. O médico Frederick W. Peterson (1859-1938) era então professor de psiquiatria na Universidade de Columbia em Nova York. Colaborou com A.A. Brill na tradução da obra de Jung *A psicologia da dementia praecox*.

I. APARELHAGEM UTILIZADA

1.037　　Para a curva respiratória usamos o pneumógrafo de Marey, feito por Zimmermann, em Leipzig. O quimógrafo foi feito por Schüle, na Basileia, e é movido por um peso que o torna estável e sem ruído. O relógio de precisão usado para marcar os tempos de reação foi produzido por Billian, de Zurique.

1.038　　O uso do galvanômetro na psicologia experimental é tão novo e recente que exige uma descrição especial e breve resenha da escassa literatura sobre o assunto. O primeiro a descobrir a influência das condições mentais sobre o galvanômetro foi o professor Tarchanoff que, em 1890, publicou um trabalho em *Pflüger's Archiv für Psychologie* com o título "Os fenômenos galvânicos sobre a pele humana na excitação dos órgãos sensoriais e nas diversas formas da atividade psíquica". Empregou eletrodos tubulares e não polarizáveis de argila, ligados à pele por meio de chumaços higroscópicos de algodão, com 10 a 15cm de comprimento, saturados numa solução salina. Estes eram ligados a um galvanômetro Meissner e Meyerstein. Os desvios do espelho eram projetados, através de um telescópio, sobre uma escala que ficava a três metros do galvanômetro. A escala estava dividida, a cada lado do ponto central zero, em 50cm e estes, por sua vez, em milímetros. O galvanômetro era tão sensível que a corrente nervosa do nervo ciático de uma rã deflexionava de tal forma o espelho que todas as divisões da escala eram percorridas. Os eletrodos eram aplicados de tempos em tempos a diferentes partes do corpo como mãos, dedos, pés, dedos dos pés, face, nariz, orelhas e costas. Fazendo esta experiência, chegou aos seguintes resultados:

1.039　　Leve cócega na face, orelhas ou sola dos pés, com um pincel de pelo de camelo ou com uma pena de ave, causava, após um período de latência de 1 a 3 segundos, uma deflexão no galvanômetro sobre todos os 50cm da escala. Os mesmos resultados foram obtidos estimulando a pele com uma escova farádica, com água quente e fria e picando com agulha. Estímulos análogos de outros órgãos sensoriais como a orelha, o nariz, a língua e os olhos afetam o galvanômetro de maneira correspondente.

1.040　　O experimentador constatou também que a estimulação real não era essencial para obter estes resultados mas que a apresentação do estímulo intencionado à imaginação também provocava desvios semelhantes no galvanômetro. Constatou também que a recordação de algum medo, terror, alegria ou qualquer espécie de emoção mais forte produzia o mesmo resultado. Outro ponto de interesse observado por Tarchanoff foi que o exercício mental, comum e abstrato como o cálculo, não afetava o galvanômetro, a não ser que o exercício viesse acompanhado de esforço. Observou ainda que uma disposição de intensa expectativa ou de antecipação tinha efeito marcante sobre o galvanômetro. Tarchanoff atribuiu os fenômenos observados a uma corrente secretora de eletricidade, associada às glândulas sudoríparas. Desconhecia certamente o extraordinário valor das pesquisas que descreveu em seu pequeno artigo. À semelhança de outras descobertas importantes, seu trabalho permaneceu enterrado na literatura médica por longos anos; somente em 1897 apareceu outra contribuição sobre o assunto. Neste ano, Sticker[1] informa sobre uma repetição do trabalho de Tarchanoff. Chegou à conclusão de que o sistema capilar dos vasos sanguíneos era um fator de perturbação da corrente galvânica. Rejeitou a teoria de Tarchanoff da excitação centrípeta de uma corrente secretora pois descobriu que os mesmos desvios aconteciam quando os eletrodos eram aplicados a áreas anestesiadas e analgésicas da pele (funcional ou orgânica).

Após um intervalo de cinco anos, Sommer[2] fez algumas experiências com o galvanômetro, mas perdeu-se em detalhes técnicos e físicos, sem compreender as características intrinsecamente valiosas do instrumento. Observou flutuações que atribuiu a alterações na resistência da pele ou a mudanças no contato entre a pele e os eletrodos. Achava que qualquer influência aparentemente psíquica se devia a contrações musculares involuntárias, provocadas por pressão crescente sobre os eletrodos, e concluiu que, à exceção da reação à cócega, nenhuma influência sobre o galvanômetro podia ser afirmada com certeza. Tropeçou, portanto, sobre o único ponto essencial, mas não chegou a alcançá-lo.

1.041

---

1. STICKER, G. "Über Versuche einer objektiven Darstellung von Sensibilitätsstörungen". *Wiener klinische Rundschau*, II, 1897, p. 497-501, 514-518. Viena.
2. *Zur Messung der motorischen Begleiterscheinungen psychischer Zustände*. Berlim/Viena: [s.e.], 1902, p. 143-164 [Beiträge zur psychiatrischen Klinik I].

1.042   Há quase dois anos, E.K. Müller, engenheiro eletricista de Zurique, leu um trabalho diante do plenário da Sociedade Suíça de Ciências Naturais (setor médico) sobre a "Influência dos fenômenos psíquicos e fisiológicos sobre a condutividade elétrica do corpo humano". Fazendo certas experiências consigo mesmo com relação à resistência do corpo humano no campo magnético alternante, redescobriu a deflexibilidade do galvanômetro de espelho sob a simulação psíquica e nervosa, conforme encontrada por Tarchanoff.

1043   Otto Veraguth, um neurologista de Zurique, foi então levado por Müller a fazer experiências nesta linha. Usou o galvanômetro de espelho Deprez-d'Arsonval, cilindros de latão niquelado como eletrodos, uma corrente elétrica fraca, uma escala horizontal de celuloide sobre a qual a luz refletida pelo espelho registrava os movimentos e um aparelho de reprodução fotográfica das oscilações. Publicou alguns resultados em agosto último (1906) em *Archives de psychologie* (Genebra) e chamou o fenômeno de "reflexo psicofísico galvânico"[3]. Veraguth corroborou as descobertas de Tarchanoff. Um ou dois de seus experimentos são particularmente surpreendentes. Quando se lê para uma pessoa sob observação algum texto, observam-se desvios do espelho quando ocorrem passagens associadas a cargas emocionais. Ou, quando se pronuncia uma série de palavras isoladas – teste sugerido a ele por um dos autores do presente trabalho (Jung) – as palavras ligadas a algum complexo emocional vão produzir um efeito sobre o galvanômetro, ao passo que as indiferentes não têm efeito algum. Concluiu de seus estudos que somente os estímulos associados a uma carga emocional, suficientemente intensa e atual, produzem um desvio no galvanômetro. Afirma em seu trabalho que ainda não está em condições de explicar o fenômeno, mas se a mudança na re-

---

3. Veraguth apresentou para discussão todos os resultados de suas pesquisas até agora no Segundo Congresso Alemão sobre Psicologia Experimental, Würzburg 1906, cujo protocolo será publicado no início deste ano (1907). (VERAGUTH, O. "Le Réflexe psycho galvanique". *Archives de psychologie de la Suisse romande*, VI, 1907, p. 162-163. Genebra . O texto a seguir foi incluído na edição *Brain* a título de correção: "Dr. Jung deseja que informemos que ele tomou conhecimento da importância do galvanômetro como instrumento de medir os estímulos psíquicos através do Dr. O. Veraguth, de Zurique. Foi seguindo os testes do Dr. Veraguth que o Dr. Jung começou a fazer seus próprios experimentos").

sistência fosse a causa, então haveria várias contradições em nossa concepção atual de resistência do corpo humano. Não atribui isso a alterações na quantidade de sangue das partes sob os eletrodos, pois o fenômeno ocorre quando as mãos são esvaziadas de sangue por meio de uma bandagem de Esmarch ou sobrecarregadas de sangue por uma estase venosa artificial. Veraguth exclui a participação da transpiração, pois os resultados eram semelhantes em mãos que foram secas com formalina.

Ao que sabemos, a resenha acima cobre a escassa literatura sobre o assunto, mas, desde um ano mais ou menos, vêm sendo realizados trabalhos de pesquisa neste campo no laboratório da clínica psiquiátrica de Zurique, cujos resultados ainda não foram publicados em sua maioria. Um de nós (Jung) publicou no *Journal of Abnormal Psychology* (Boston), em fevereiro de 1907, os resultados de experimentos de associação onde foi usado o galvanômetro; neste artigo há um desenho do aparelho e uma descrição da sequência da pesquisa[4]. No mesmo laboratório, L. Binswanger, juntamente com Jung, estudou os problemas físicos e fisiológicos apresentados pelo fenômeno, cujos resultados serão em breve publicados num trabalho separado[5], ainda que as conclusões materiais estejam contidas no presente trabalho.

A aparelhagem por nós empregada foi o galvanômetro de espelho Deprez-d'Arsonval; uma escala translúcida de celuloide, dividida em milímetros e centímetros, com uma lâmpada sobre ela (fabricada por Zulauf & Co., de Zurique), colocada a um metro de distância do galvanômetro; um indicador móvel que deslizava sobre a escala e que estava ligado, por um dispositivo criado por Jung, a uma pena que escrevia sobre o quimógrafo; um reostato para reduzir a corrente, quando necessário; e uma, às vezes duas, células de Bunsen. Os eletrodos geralmente usados são grandes chapas de cobre sobre as quais podem ficar confortavelmente as palmas das mãos ou as solas dos pés. Também usamos vasilhas de água quente para contato quando, como acontece em casos de *dementia praecox*, as mãos ficam conges-

1.044

1.045

---

4. (Cf. acima, § 1.018).
5. BINSWANGER, L. "Über das Verhalten des psychogalvanischen Phänomens beim Assoziationsexperiment". In: JUNG, C.G. (org.). *Diagnostische Assoziationsstudien*. Leipzig: [s.e.], 1910.

tionadas e frias. Às vezes usamos uma chapa de zinco como um dos eletrodos e uma chapa de carbônio, como o outro (nesses casos não havia necessidade de nenhum elemento galvânico, pois a pele, o suor e o metal forneciam corrente suficiente).

II. FÍSICA E FISIOLOGIA DO "REFLEXO PSICOFÍSICO GALVÂNICO"

1.046 Segundo os nossos conhecimentos atuais, pode parecer que as glândulas sudoríparas são o fator principal na produção desse fenômeno elétrico, gerando, por um lado, sob a influência de estimulação nervosa, uma corrente mensurável e, por outro, alterando a condutividade da corrente. Uma vez que o contato com a água exclui mudanças causadas pela pressão sobre os eletrodos de metal e o branquear dos dedos pela bandagem de Esmarch exclui as mudanças em relação ao suprimento de sangue, estes dois fatores têm pouca influência sobre os desvios do galvanômetro. A mudança na resistência é causada pela saturação da epiderme com suor ou pelo simples enchimento dos canais das glândulas sudoríparas ou talvez também pela estimulação intracelular; ou todos estes fatores podem estar associados. O veículo da estimulação centrífuga no sistema das glândulas sudoríparas parece estar no sistema nervoso simpático. Esta conclusão se baseia em fatos atualmente disponíveis, não se pretendendo seja ela definitiva. Ao contrário, aparecem características bastante inexplicáveis até agora[6] como, por exemplo, a diminuição gradual, até a extinção completa, da corrente em experimentos longos, quando nossa experiência cotidiana diz que a resistência deveria ser menor e a corrente maior e mais forte. Possivelmente isto se deve ao esfriamento gradual da pele em contato com as chapas frias de cobre; mas isto pode ser resolvido pelo contato com água quente e colocando as chapas de cobre sobre sacos de areia aquecida. Aqui existe ainda um belo campo de pesquisa.

---

6. Certa vez, com três pessoas no circuito e uma célula de Bunsen, a queda repentina e barulhenta de um peso provocou uma deflexão de 2cm.

I. Oscilações do galvanômetro devido a causas físicas

Se as mãos, colocadas sobre os eletrodos de chapas de cobre, forem pressionadas firmemente sobre eles, verifica-se um desvio lentamente crescente do galvanômetro, mas apenas em pequeno grau. Se a área de contato for diminuída, erguendo-se os dedos ou as palmas das mãos, haverá uma rápida diminuição da quantidade da corrente, acusada por súbita redução da amplitude no desvio da luz. Uma inspiração profunda apenas ou uma expiração profunda, sem alteração do contato das mãos, aumenta a deflexão do galvanômetro, enquanto os movimentos da respiração normal não a afetam. A tosse também causa aumento considerável na onda galvanométrica. Estamos propensos a pensar que este aumento durante a inspiração, expiração e tosse pode ser também de origem psíquica, isto é, emocional. Observamos na curva evidente cansaço pela repetição da ordem de tossir ou respirar profundamente, à semelhança do que acontece com estímulos análogos. Os desvios causados por contato alterado, por inspiração e expiração profundas e por tosse, são perfeitamente diferenciáveis dos causados por influências psíquicas. Mãos quentes permitem naturalmente corrente mais forte do que mãos frias. O nível da curva sobe quando a pele em contato fica mais quente ou mais úmida e abaixa à medida em que aumenta o frio da pele (cf. fig. l)[7].

1.047

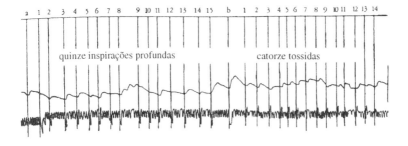

Fig. 1: A curva mostra o efeito da inspiração profunda e da tosse sobre o galvanômetro

---

7. (Todas as figuras, com exceção das de número 9, 14, 15 e 18 foram reduzidas a um oitavo de seu tamanho).

2. Oscilações do galvanômetro devido a causas psíquicas em pessoas normais

1.048 *Expectativa*. Assim que começa o experimento galvanométrico e o circuito através da pessoa experimental é fechado, verifica-se uma subida relativamente rápida, com alguma oscilação, da curva, causada pela atenção da expectativa. Tarchanoff ficou muito impressionado com isso. Como disse Bleuler[8], a atenção nada mais é do que uma forma especial de emoção. Atenção, interesse e expectativa são expressões emotivas. A extensão que atinge esta curva de expectativa nas pessoas normais depende do diferente grau de emoção de cada uma. A expectativa se manifesta na curva galvanométrica não apenas no começo de um experimento, mas pode ser observada também durante o experimento em conexão com todo estímulo sensório ou verbal. É particularmente forte quando relacionada à ameaça de picar com a agulha ou de deixar cair um objeto bem pesado. A influência da expectativa sobre a curva torna-se menor a cada repetição da mesma série de estímulos e parece desaparecer completamente em estímulos indiferentes. A repetição de estímulos de ameaça, acima mencionados, pode diminuir a curva, mas também pode aumentá-la quando a pessoa experimental não tem certeza se a repetição da ameaça quer significar uma picada real da agulha ou a queda real de um peso. Por isso esperamos, no início do experimento, que a primeira influência da emoção de expectativa tenha se acalmado.

1.049 *Emoção*. Excluindo o caso da atenção, constatamos que todo estímulo, acompanhado de emoção, produz na curva elétrica um aumento diretamente proporcional à vivacidade e realidade da emoção suscitada. O galvanômetro é, portanto, um medidor da quantidade da carga emocional e torna-se um novo instrumento de precisão na pesquisa psicológica.

1.050 *Emoção imaginada*. A quantidade de deflexão parece estar em relação direta com a *intensidade* da emoção; mas, como indicou Tarchanoff, a apresentação de uma emoção perduradoura à imaginação desvia o galvanômetro; este desvio depende naturalmente da facilidade da pessoa experimental de reviver esta antiga emoção em sua

---

8. BLEULER, E. *Affektivität, Suggestibilität, Paranoia*. Halle: [s.e.], 1906.

Estudos experimentais

fantasia. O experimento a seguir, tentado por um dos autores, pode servir de exemplo. A lista de estímulos foi colocada diante dele, enquanto o leitor dos desvios proclamava os números 1 – 2 – 3 – 4 – 5 – 6, com intervalos suficientes para a pessoa experimental se concentrar na ideia e permitir a subida e descida da curva. Entre os intervalos de concentração nas imagens emocionais, a pessoa experimental deixava que seus olhos vagassem a esmo pela sala e sua mente passasse pelos objetos indiferentes que via.

Um experimento com deflexão do galvanômetro em situações imaginadas

	Quantidade de desvio do galvanômetro
1. atenção de expectativa	–
2. ameaça imaginária de picada de agulha	4,3cm
3. ameaça imaginária de queda de grande peso	1,6cm

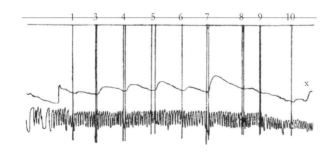

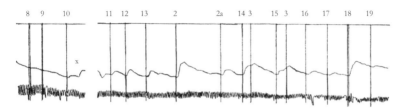

Figura 2: Curvas galvanométricas e pneumográficas de uma pessoa normal (H., enfermeiro). Os números na parte superior de cada linha vertical correspondem à série dos 19 estímulos misturados e que foram mencionados acima. 2 e 2a representam a queda do peso, ocorrida entre 13 e 14, ao invés de entre 1 e 2 que, nesta curva, foi a segunda repetição da série. Entre 10 e 11 alguém entrou no laboratório.

4. desgosto imaginário   2,8cm
5. ideia de uma história interessante   1,8cm
6. ideia de uma doença grave em 1888   1,6cm

1.051 *Série usada de estímulos.* Foi organizada uma série de estímulos sensórios, verbais, fortes, indiferentes, intelectuais, emocionais e testada em várias pessoas normais; além disso, foi usada a associação de palavras em conexão com o galvanômetro. Em alguns dos experimentos, a pessoa experimental estava em quarto adjacente, sendo as conexões e sinais elétricos facilmente ajustados para este fim. A série de estímulos foi a seguinte:

1. um apito forte
2. queda real de um peso com grande barulho
3. multiplicar 4 por 5
4. multiplicar 9 por 11
5. multiplicar 8 por 12
6. chamada repentina da pessoa experimental pelo nome
7. Onde você mora?
8. Qual é a capital da Suíça?
9. Qual é a capital da França?
10. Que idade você tem?
11. Você é casado?
12. Você já foi noivo antes?
13. Você está há muito tempo em seu emprego atual?
14. ameaça de picar com a agulha após contar 1-2-3
15. ameaça de deixar cair objeto pesado após contar 1-2-3
16. Qual é o seu primeiro nome?
17. Qual é o primeiro nome de sua mulher?
18. Ela é bonita?
19. Terminamos.

1.052 Os estímulos verbais variaram um pouco em relação a algumas pessoas, a fim de adaptá-las a condições e circunstâncias diferentes, mas o caráter geral dos estímulos foi o mesmo.

1.053 Estes estímulos foram normalmente repetidos três vezes com cada pessoa, normal ou patológica, e em seguida a série de estímulos de palavras foi dada para associação, sendo também repetida uma ou duas vezes. Dentre setenta curvas foi escolhida a fig. 2 (H., enfermeiro, série 3) como exemplo geral da curva galvanométrica. Este homem era um tipo emocional e na série 3, aqui apresentada, as curvas são menores e mais redondas do que na série l e 2. Estas curvas servem também para mostrar o característico da curva emocional. Ainda que os estímulos 3, 4 e 5 fossem simples multiplicações, produziram uma curva emocional porque H. é enfermeiro e lhe era penoso fazer contas de cabeça diante dos experimentadores. Os estímulos 8, 9 e 10 foram praticamente exauridos neste terceiro teste e apresentaram pouca coisa. Entre os estímulos 10 e 11 alguém entrou na sala. O peso foi deixado cair duas vezes entre 13 e 14, em vez de isto acontecer em 2; e como isto foi inesperado, produziu uma onda de alarme maior e menor. A ameaça da picada da agulha em 14 e a ameaça da queda de um grande peso de chumbo em 15 produziu ainda grandes ondas, mostrando que a realidade de uma apreensão influencia fortemente as curvas. Novamente em 18, ao se perguntar se sua mulher era bonita – estava longe de ser – produziu viva emoção e correspondente curva elevada; nesta pergunta houve também o elemento surpresa, pois não fora feita nas séries precedentes.

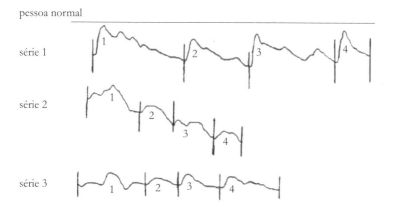

Fig. 3: Repetição por três vezes das mesmas perguntas-estímulo em pessoa normal (H., enfermeiro), para mostrar a exaustão gradual da onda emocional na curva galvanométrica. Na questão l da terceira série, alguém entrou no laboratório e causou uma onda extra.

1.054 *Exaustão do estímulo por causa da repetição.* No registro da primeira série de estímulos, as curvas se caracterizam normalmente por subidas e descidas abruptas e com picos bastante agudos. A cada repetição as curvas diminuem de tamanho e os picos ficam mais arredondados, indicando uma excitação e reação da emoção mais lentas. Isto aparece bem na fig. 3, onde estão reproduzidas várias curvas, provocadas pelos mesmos estímulos e na mesma pessoa experimental, na primeira, segunda e terceira séries. O número 1 da série 1 também mostra, na descida, o caráter flutuante de uma emoção que vai desaparecendo lentamente e em forma de onda. Isto se vê ainda melhor na fig. 4, do caso G., a quem foram dirigidas perguntas para produzir um estado emocional de complexo, o que foi registrado exatamente pelo galvanômetro. Em grande número de casos foi medida a altura das ondas das três séries que se seguiram uma após a outra e as duas tabelas abaixo foram escolhidas como exemplo das diferenças de altura (em milímetros) das curvas dos estímulos nas três séries. Foram escolhidas as que não foram afetadas, em nenhuma das séries, por interrupções, mudança de contato, tosse ou inspirações profundas.

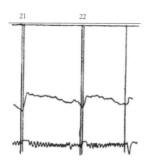

Fig. 4: Aqui pergunta-se ao enfermeiro G. sobre um desentendimento com outro enfermeiro H. As ondas galvanométricas flutuantes 21 e 22 representam as oscilações emocionais produzidas.

Tabela 1: Caso de H. Oscilação decrescente do galvanômetro em estímulos sucessivos

Estímulos Caso de H.	4 x 5	9 x 11	Chamada pelo nome	Onde você mora?	Capital da Suíça?	Que idade você tem?	Você é casado?	Teve outra antes disso?	É enfermeiro há muito tempo?	Ameaça com agulha	Ameaça com peso	Média
Série 1	34	18	5	38	14	24	18	27	26	36	22	14
Série 2	11	12	4	18	9	9	6	4	6	25	59+	10,4
Série 3	8	8	4	18	1	3	6	9	9	18	13	

Tabela 2: Caso de G. Oscilação decrescente do galvanômetro em estímulos sucessivos

Estímulos Caso de G.	4 x 5	8 x 12	Onde você mora?	Capital da Suíça?	Capital da França?	Que idade você tem?	Foi noivo alguma vez?	É enfermeiro há muito tempo	Você gosta da profissão?	Ameaça com agulha	Ameaça com peso	Média
Série 1	9	10	7	7	8	5	10	5	8	17	15	8,6
Série 2	6	6	4	7	4	6	4	5	6	14	17	6,2
Série 3	3	5	3	5	3	4	6	4	5	16	15	5,4

Nota: Nas médias dessas duas tabelas não foi considerada a coluna 11 porque a emoção da expectativa de que o peso realmente cairia modificou consideravelmente o segundo teste, ao passo que no terceiro teste verificou-se expectativa bem menor.

Nestas tabelas aparece claramente a queda da curva emocional, e em ambas as curvas as emoções mais vivas, produzidas pela ameaça da agulha e do peso, são típicas. Na série 2 da primeira tabela, a ameaça do peso fez a curva subir acima de 59 porque a pessoa experimental pensou que o peso realmente cairia neste teste, ao passo que antes fora apenas uma ameaça.

1.056 *Tempo de latência*. Tarchanoff observou que a onda galvanométrica começava a subir a partir de um a três segundos após ser dado o estímulo. Constatamos este período de latência em todas as condições normais, mas ele varia de acordo com as pessoas e a época. Nas curvas reproduzidas até aqui não foi possível complicar a aparelhagem pela inserção de um cronógrafo; estimamos o espaço de tempo de latência, num determinado número de casos normais, medindo em milímetros a distância da curva desde o momento do estímulo até o começo da ascensão da curva emocional. O tambor do quimógrafo girava devagar. Foram obtidos os seguintes resultados: O enfermeiro B. apresentou, em relação à série, acima indicada, de estímulos mistos a média de 2,06 milímetros na primeira série e 2,55 na repetição da segunda série; o enfermeiro G. apresentou, na mesma série de estímulos mistos, a média de 1,85 na série l, 1,76 na segunda e 2,32 na terceira. Dr. P. apresentou, com relação à mesma série, a média de 3,15 no primeiro teste e 4,40 na repetição. Dr. R. teve no primeiro teste da mesma série uma média de 4,05 e no segundo teste a média de 4,50 milímetros. Numa série de associações de palavras, Dr. R. apresentou inicialmente uma média de 2,95 e, na repetição logo a seguir, 4 milímetros. No teste de associação de palavras, a enfermeira H. apresentou, na primeira série, a média de período de latência de 2,26, na repetição ou segunda série o período subiu para 3,55 e, no terceiro teste com as mesmas palavras, o período chegou a 4,14. Estes números, relativos ao tempo de latência, mostram portanto que com a repetição há um aumento do tempo de latência juntamente com o arredondamento e diminuição da amplitude da curva; ambas as coisas correspondem à exaustão da intensidade do estímulo. Não pudemos determinar nesta pesquisa se houve alguma diferença marcante no tempo de latência em relação às várias formas, sejam físicas ou psíquicas; e quando se trata de estímulos psíquicos, se é preciso diferenciar entre perguntas ou palavras com ou sem resposta. Mas estas diferenças serão provavelmente descobertas por experiências ulteriores, voltadas para este fim[9].

---

9. Com um relógio de precisão, estimamos que o tempo de rotação do tambor foi de 4,5 em cinco segundos. Por isso o tempo de latência das pessoas normais acima foi mais ou menos o seguinte: (continua na página a seguir)

Variações individuais e normais da curva galvanométrica. Encontramos notável diferença nas curvas feitas pelo galvanômetro em pessoas normais. Em algumas, as ondas apresentam uma oscilação pequena e uniforme, correspondendo à natureza não emocional ou fleumática da pessoa experimental. Em outras curvas há grande oscilação com ondas flutuantes ou bifurcadas, subidas e descidas bruscas, expressando grande labilidade emocional. Estas variações normais estão ilustradas nas figuras 5 e 6.

1.057

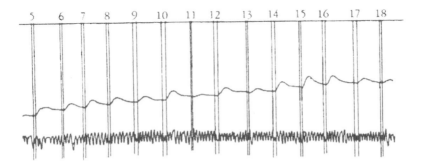

Fig. 5: Dr. R., curva normal com estímulos de associação de palavras bastante indiferentes. Tipo não emotivo.

III. O PNEUMÓGRAFO COMO INDICADOR DE PROCESSOS PSÍQUICOS

Ainda não foi investigada em profundidade a relação entre a curva de inervação respiratória e os processos psíquicos tanto em condições normais quanto patológicas. Mosso foi um dos primeiros a pesquisar (1879-1893) a aplicação fisiológica do pneumógrafo, mas não chegou a nenhuma conclusão satisfatória em seu estudo da curva res-

1.058

Tempo de latência em segundos	B	G	Dr. P	Dr. R	Dr. R (Ass. de pal.)	H. (Ass. de pal.)
Primeira série	2,28	2,05	3,5	4,5	3,27	2,51
Segunda série	2,83	1,95	4,88	5	4,44	3,94
Terceira série		2,57				4,6

piratória sob estimulação sensória. Delabarre[10] afirma que a respiração aumenta em frequência e profundidade sob a influência de estímulos sensoriais, e aumenta em frequência e diminui em profundidade havendo processos mentais. Lehmann[11] diz que toda impressão agradável torna mais profunda a respiração e que as impressões muito desagradáveis vêm acompanhadas de vários movimentos de respiração profunda. Mentz[12] utilizou estímulos acústicos agradáveis e desagradáveis num estudo sobre pulso e respiração e pôde observar, quanto à respiração, que numa estimulação forte os movimentos respiratórios se tornaram inicialmente mais lentos e, depois, mais curtos. Também constatou uma poderosa influência da atenção sobre os resultados. Uma atenção involuntária provocava em geral um prolongamento da respiração, ao passo que a atenção voluntária muitas vezes causava abreviação dos movimentos. Prosseguindo em seus estudos, pesquisou a ação dos estímulos agradáveis e desagradáveis e seus efeitos sobre o pulso e a respiração. Quanto ao primeiro, sentimentos agradáveis prolongavam a curva do pulso e desagradáveis abreviavam-na; e observou que a curva respiratória tinha comportamento semelhante. Nas emoções havia prolongamento dos movimentos respiratórios; aumentando a força das emoções verificava-se também um aumento em altura e profundidade da curva respiratória. Zoneff e Meumann[13], nada encontrando de definitivo na literatura sobre a correspondência entre respiração e circulação e processos psíquicos ou emocionais, fizeram exaustiva pesquisa em pessoas normais, empregando diversos estímulos: óticos, acústicos, de paladar, cutâneos e psíquicos (problemas aritméticos e concepções de es-

---

10. DELABARRE, E.B. Über Bewegungsempfindungen. Friburgo em Brisgóvia: [s.e.], 1891 [Recensão em *Revue philosophique de France et de l'étranger*, XXXIII, 1892, p. 342-343. Paris].

11. LEHMANN, A. *Die Hauptgesetze des menschlichen Gefühlslebens*. Leipzig: [s.e.], 1892.

12. MENTZ, P. "Die Wirkung akustischer Sinnesreize auf Puls und Atmung". In: WUNDT, W. *Philosophische Studien*. XI, Leipzig: [s.e.], 1893.

13. ZONEFF, R. & MEUMANN, E. "Über Begleiterscheinungen psychischer Vorgänge in Atem und Puls". In: WUNDT, W. (org.). *Philosophische Studien*. XVIII. Leipzig: [s.e.], 1903.

paço) e estudaram ao mesmo tempo o efeito da atenção voluntária, das impressões agradáveis e desagradáveis sobre a respiração e o pulso. Constataram que, via de regra, a atenção acelerava a respiração, sobretudo ao final da estimulação e que, além de acelerada, a respiração podia tornar-se mais superficial ou ficar inibida. Esta inibição podia assumir a forma de uma respiração superficial e mais acelerada ou podia ocorrer uma paralisação parcial ou total dela, sendo a inibição maior em proporção direta ao grau de atenção. A inibição total foi constatada mais vezes na atenção aos estímulos sensoriais e não aos intelectuais. Houve variação nos resultados em diversas pessoas. Houve flutuações nas curvas que eles atribuíram às flutuações da atenção. Quanto aos estímulos agradáveis e desagradáveis, concluíram que todas as sensações agradáveis causavam superficialidade e aceleração da respiração e todas as desagradáveis causavam respiração mais profunda e lenta ou, em outras palavras, as primeiras diminuíam e as últimas aumentavam a função respiratória. Em experimentos com desvio da atenção juntamente com estimulação constataram que havia cessado a influência das emoções sobre a respiração e o pulso. Em experimentos com concentração da atenção sobre estímulo e sensação, a atenção reforçava os efeitos tanto dos sentimentos agradáveis quanto dos desagradáveis sobre as curvas. Ainda que seu trabalho seja o melhor aparecido até agora sobre o assunto, é preciso confessar que experimentos desse gênero, quando realizados com assistentes treinados ou com estudantes ligados aos trabalhos no laboratório, são mais ou menos artificiais, e isto, juntamente com o caráter extremamente simples da estimulação, tornaria apenas relativamente válidos seus critérios sobre os fenômenos emocionais mais complexos com os quais temos que lidar.

Martius e Minnemann[14], num trabalho extremamente iconoclasta mas excelente, apontam muitas falácias nos estudos de Lehmann, Mentz, Zoneff e Meumann, artefatos de natureza mecânica e conclusões erradas sobre as relações entre as emoções e as curvas

1.059

---

14. MARTIUS, G. & MINNEMANN, C. *Beiträge zur Psychologie und Philosophie*, I/4, 1905. Leipzig.

de pulso e respiração. Eles mesmos consideraram inconstante a curva respiratória normal, sujeita a variações por causa da idade, temperamento, perseveração da emoção, reações emocionais, embaraço diante do experimento, interesse desmedido no processo experimental etc. Sua principal conclusão foi que as mudanças essenciais na respiração sob condições emocionais consistiam num tempo acelerado ou mais lento, com diminuição da altura em ambos os casos.

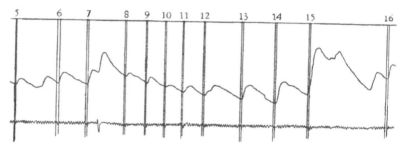

Fig. 6: H., um atendente, curvas normais, emoções muito lábeis. Os números se referem a uma série de estímulos mistos; 15 é a ameaça do peso.

1.060 Supondo que um estudo da curva inspiratória pudesse trazer o máximo de esclarecimento para a relação entre a inervação respiratória e o processo psíquico, colocamo-nos uma série de problemas: a característica da curva respiratória comum, a característica da curva na estimulação sem reação verbal, a influência sobre a curva da reação verbal com estímulos indiferentes, se complexos declaradamente emocionais afetavam de maneira uniforme a curva pneumográfica, havia-se distúrbios consideráveis de respiração sem mudanças correspondentes na curva galvanométrica e, finalmente, qual a influência da atenção sobre o galvanômetro e o pneumógrafo. Até agora não conseguimos chegar a conclusões satisfatórias sobre todos os pontos, pois o material já disponível é mais abundante do que tivemos oportunidade de examinar em profundidade; mas, dentro das nossas limitações, os resultados obtidos foram interessantes. Os números da tabela de um dos casos aqui tratados mostram uma relação regular, ainda que não constante, entre as curvas galvanométrica e pneumográfica.

Medidas que mostram a relação entre frequência e amplitude das inspirações e os ângulos ascendentes e descendentes da curva galvanométrica

Enfermeiro B. Série 1	Apito	Queda de peso	4 x 5	9 x 11	8 x 12	Onde você mora?	Qual é a capital da Suíça?	Você é casado?	Ameaça com agulha	Ameaça da queda de peso	Média
Distância média entre as inspirações na curva galvanométrica ascendente	2,6	2,83	2,75	2,5	2,2	2,62	2,5	1,87	2,6	2,2	2,46
Distância média entre as inspirações na curva galvanométrica descendente	2,18	2,36	2,5	2,14	2,42	2,2	2,3	2,42	2,5	2,3	2,33
Altura média das inspirações na curva galvanométrica ascendente	15,8	15	14,5	14	12,8	11,25	12,5	13,6	16,4	14,6	14
Altura média das inspirações na curva galvanométrica descendente	14,33	13,41	13,75	13	11	9,8	11,7	13	16,4	14,2	13

Para obter estas relações é necessário selecionar um experimento em que a curva galvanométrica não tenha sido influenciada muito pelas várias fontes de erro e em que a curva pneumográfica não tenha sido modificada demais por reação verbal, tosse etc. Tomando as curvas típicas de várias dessas séries, foram feitas medições para determinar o número relativo de inspirações sincronizadas com a curva galvanométrica ascendente e descendente. Com o mesmo propósito foi também medida e tirada a média da amplitude de cada inspiração, sendo a medição registrada em milímetros. Constatou-se que a parte ascendente da curva galvanométrica, que é o resultado de um estímulo emocional, vem acompanhada por um menor número de inspirações, porém mais profundas. Enquanto isto pareceu regra geral neste caso, encontramos variações em outras pessoas experimentais com a mesma série de estímulos mistos; e, em alguns casos, verificou-se o contrário. Os estímulos aduzidos nas tabelas foram mais desagradáveis do que agradáveis para as pessoas. Contudo, é muito difícil determinar num experimento deste tipo a qualidade da carga emocional. A própria situação forçada e artificial da pessoa provoca sentimentos desagradáveis e, por isso, qualquer estímulo agradável vai trazer um certo alívio ou relaxamento numa situação de tensão desagradável. A tensão nervosa durante um experimento deve naturalmente influenciar a respiração, e um estímulo agradável está em condições de produzir apenas um alívio temporário dessa tensão. Esta é uma crítica que fazemos aos experimentos de Zoneff e Meumann e aos experimentos com o pneumógrafo em geral. É provável que atuem outras influências inexplicáveis sobre a curva pneumográfica mas que não estamos em condições de compreender por enquanto. Há muitas oscilações respiratórias que nada têm a ver com as emoções, mas são o resultado de processos físicos ou intelectuais; têm a ver com a quietude forçada do corpo da pessoa experimental, com a disposição para falar, com a tendência a tossir ou engolir etc. Além disso, haverá diferença na curva se o estímulo ocorre durante uma inspiração ou expiração e há variações individuais dependentes do temperamento ou da labilidade das emoções.

1.062   Por isso não ficamos muito convencidos do valor de uma possível relação entre as curvas galvanométricas e pneumográficas; ela não é constante. E quanto mais estudos comparativos fizemos sobre as duas curvas sincrônicas, mais nos chamou a atenção a surpreendente divergência entre as influências sobre elas atuantes. Estudamos centenas de ondas de todos os modos possíveis. Tomamos, por exemplo, séries de curvas galvanométricas e medimos cuidadosamente o comprimento de cada inspiração e os intervalos entre as inspirações em sua relação com o momento do estímulo, com o período de latência antes da subida da onda galvanométrica, com a curva ascendente, com o ponto culminante, com a curva descendente e com o espaço próximo ao momento do estímulo, sem conseguir desenvolver uma relação constante e regular de correspondência, ainda que sejamos de opinião que isto possa ser possível até certo ponto. Ao contrário, constatamos até agora que as influências atuantes sobre as duas curvas revelam uma regularidade impressionante de diferença. Quando as emoções são muito lábeis e apresentam os desvios mais acentuados na curva galvanométrica, a curva respiratória é muitas vezes regular e superficial (fig. 7). Por outro lado, tanto em casos

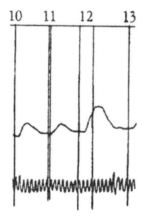

Fig. 7: Dr. P., curvas galvanométricas normais e bem proporcionais, com curva respiratória bastante regular.

normais quanto patológicos, onde a curva galvanométrica é afetada por pequena oscilação ou, até, por nenhuma, como em alguns casos de catatonia, a curva pneumográfica sofre muitas vezes acentuadas variações. Constatamos muitas vezes uma mudança de rumo na curva pneumográfica, não tanto em cada estímulo separado, mas durante o curso de uma série toda de estímulos, como se a atenção de expectativa e a tensão nervosa diminuíssem as inspirações durante a primeira parte da série e houvesse uma relaxada durante a última parte, com inspirações mais longas (fig. 8). Não parece existir a íntima e profunda relação entre a função respiratória e as emoções inconscientes como existe entre o sistema das glândulas sudoríparas

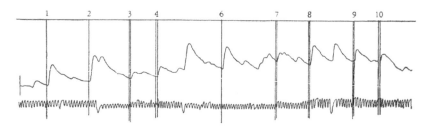

Fig. 8: Dr. S., um paciente com demência paranoide (caso 3). A curva galvanométrica mostra emoções extremamente lábeis. Tensão considerável na curva pneumográfica desde o estímulo 2 (queda do peso), com relaxamento e respiração mais profunda depois do estímulo 7. Um exemplo de perseveração da tensão durante longo período na curva pneumográfica.

e estas emoções. É assunto de experiência diária que a respiração é influenciada por nossas emoções conscientes, especialmente quando são fortes, sendo expressas por palavras como "com a respiração suspensa", "o susto o deixou sem fôlego" etc. Estas inibições da respiração são perceptíveis em muitas curvas pneumográficas, sobretudo associando-se expectativa com tensão. Talvez as emoções do inconsciente, provocadas por perguntas ou palavras que atingem complexos enterrados na psique, revelem-se na curva galvanométrica, enquanto a curva pneumográfica permanece comparativamente inafetada. A respiração é um instrumento da consciência. É possível controlá-la voluntariamente, mas não é possível controlar a curva galvanométrica. A inervação respiratória está intimamente associada à inervação linguística, anatômica e funcionalmente, e a conexão física no cérebro talvez seja uma das mais coesas e primitivas. Tomemos as curvas impressionantes de um caso de catatonia aguda (fig. 9A e 9B) que pode ser considerado um experimento psicológico com desvio tanto da atenção quanto da emoção ordinária. Estando praticamente desviadas a atenção e todas as outras emoções pelo processo patológico, a curva galvanométrica é insignificante (e na *segunda* repetição foi apenas uma linha reta), mas a repentina chamada da paciente pelo

Estudos experimentais

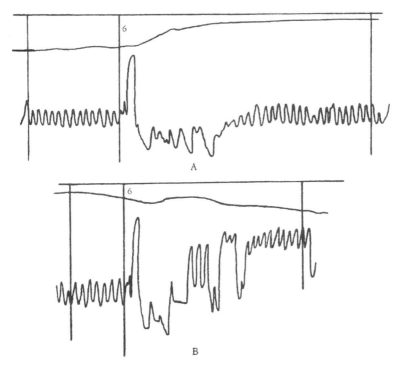

Fig. 9: J., estupor catatônico agudo (caso 10). A é uma onda selecionada da série em que 6 é a chamada repentina pelo nome. A curva galvanométrica é fraca mas a mudança na curva pneumográfica é notável. B é o mesmo estímulo na repetição da série. (A fig. 9 representa o tamanho original do traçado).

nome produziu oscilações extraordinárias na curva respiratória, ainda que nada indicasse em seu comportamento externo que estivesse consciente desse estímulo. Pode ter tido consciência dessa chamada, mas não tivemos meios de aferir isto. Na repetição ocorreram as mesmas oscilações, prova de que não eram fortuitas. Em nossa opinião, a única explicação razoável desse fenômeno é que a chamada pelo nome desenvolveu uma disposição para falar que estimulou o centro da audição e o centro da fala, intimamente vinculados entre si, atuando sua inervação motora sobre os músculos respiratórios. Normalmente a repentina chamada pelo nome, que é um dos estímulos mais fortes e profundos, produz uma resposta. Neste caso, a chamada pelo nome foi um estímulo que atuou como num simples processo reflexo e levou a manifestações motoras nos músculos respiratórios, ligados ao centro motor da fala, à semelhança do piscar das pálpebras em resposta a um repentino raio de luz. A fig. 10 é outro exemplo do mesmo tipo.

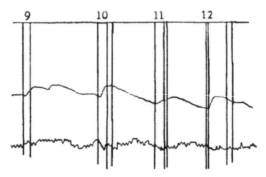

Fig. 10: Senhorita S., demência paranoide (caso 2). Os estímulos 9, 10, 11 e 12 correspondem aos números da série mista, mencionada anteriormente. As mudanças notáveis na curva respiratória se devem à sua constante "disposição de falar". Ela só fala em resposta às perguntas feitas, mas aparentemente fica murmurando na maior parte do tempo entre as respostas audíveis. Às vezes houve leve movimento dos lábios quando não se ouvia um murmúrio real.

1.063 Até agora tem sido regra em nossas pesquisas encontrarmos uma inconstância das variações emocionais na curva respiratória, correspondente à curva galvanométrica; mas aprendemos que as inibições, quando ocorrem como expressão da atenção de expectativa ou de outras emoções, manifestam-se quase sempre na curva expiratória e não na inspiratória. Isto concorda com nossa teoria de que a inervação ativa, intelectual, emocional ou consciente está associada principalmente à inspiração, enquanto que a expiração é mais um processo físico ou de relaxamento, propensa a ser inibida, mas que não pode ser afetada de outro modo pelos nervos ativos da respiração.

1.064 Reiterando nossa opinião de que a curva galvanométrica está ligada mais intimamente aos complexos emocionais subconscientes do que a curva pneumográfica, gostaríamos de acrescentar também que existe maior tendência à perseveração na curva pneumográfica quando a emoção é expressa nela, pois a curva galvanométrica desce com relativa rapidez quando da queda da emoção, ao passo que a curva pneumográfica pode apresentar traços de reminiscência consciente do estímulo emocional por um tempo mais longo. O galvanômetro é antes um indicador ou medidor de carga emocional aguda.

No âmbito de nossa pesquisa sobre curvas galvanométricas em 1.065
casos normais, fizemos até agora aproximadamente quarenta séries
de curvas, tomando oito pessoas normais, cultas e incultas. Depois
disso fizemos em torno de trinta séries de curvas com onze casos de
dementia praecox de diferentes tipos: três casos de demência paranoide, dois de hebefrenia e seis de catatonia (três crônicos e três agudos). A estes casos daremos nossa atenção agora.

IV. AS CURVAS GALVANOMÉTRICAS E PNEUMOGRÁFICAS NA *DEMENTIA PRAECOX*

Antes de apresentar os resultados de nossos experimentos com a 1.066
dementia praecox, é preciso dizer algo sobre a psicologia dessa doença. A principal característica da condição mental desses pacientes é um distúrbio peculiar das emoções. Em casos crônicos, temos uma "atrofia emocional", conforme demonstrou claramente Kraepelin. Em casos agudos, encontramos uma espécie de "descoordenação" ou "ataxia" entre a emotividade e ideação, demonstrada por Stransky[15]. O distúrbio emocional também foi chamado de "carga emocional inadequada". Mas estas expressões descrevem apenas a impressão superficial que os pacientes causam no médico. Assim que se examinam analítica e criticamente os fenômenos, constata-se que é muito difícil colocar sob uma denominação comum todos os sintomas emocionais mórbidos. Vê-se logo que na maioria dos casos de *dementia praecox* nenhuma das emoções foi mudada ou destruída. Numa análise mais atenta, constata-se, na verdade, que muitos sentimentos normais estão presentes. São excepcionais os casos com perda total das emoções. Normalmente ficam preservados sentimentos elementares como pavor, ansiedade, prazer, raiva, constrangimento, vergonha etc. Às vezes estão presentes inclusive maior emotividade e sensibilidade nervosa real. E ainda, em casos onde se esperaria uma diminuição maior ou menor da emotividade, devido à conduta anterior da pessoa, são mantidos os sentimentos elementares. O distúrbio

---

15. STRANSKY, E. "Zur Auffassung gewisser Symptome der Dementia praecox". *Neurologisches Zentralblatt*, XXIII, 1904, p. 1074-1085, 1137-1143. Leipzig.

manifesta-se então naquilo que Janet chama de *fonction du réel*[16], ou seja, a adaptação psicológica ao meio ambiente. É pouco provável descobrirmos em tais pacientes distúrbios característicos com nossos métodos experimentais (psicogalvânicos), pois eles se encontrariam nas diferenças quantitativas entre as diversas cargas emocionais. Mesmo que houvesse mudanças qualitativas, estas seriam pequenas demais para darem na vista.

1.067 Um dos principais fatores da adaptação psicológica ao meio ambiente é a atenção que torna possíveis todas as associações necessárias a uma vida normal. Na *dementia praecox*, sobretudo em sua forma catatônica, há distúrbios marcantes na atenção que se manifestam numa falta de poder de concentração voluntária; ou, em outras palavras, os objetos não excitam no cérebro doente a reação efetiva que, sozinha, permite uma seleção adequada de associações intelectuais. Esta reação deficiente aos estímulos do meio ambiente é a principal característica da *dementia praecox*. Mas este distúrbio não é simples nem elementar; ao contrário, é bem complicado. Qual é sua origem? Existe na psicologia da *dementia praecox* ainda outra característica que traz luz ao problema. Com o auxílio da associação de palavras e subsequente análise, encontramos em tais casos, além de outras manifestações anormais, certos complexos de ideias que estão ligados a fortes cargas emocionais. Um ou dois deles são complexos fundamentais para o indivíduo que incorporam, via de regra, as emoções e experiências imediatamente anteriores ao desenvolvimento do distúrbio mental. Em casos condizentes é possível descobrir sem maiores problemas que os sintomas (delusões, alucinações, ideias doentias) estão intimamente relacionados a estes antecedentes psicológicos. Eles, na verdade, conforme demonstrou Freud, determinam os sintomas. Freud aplicou seu método principalmente à histeria na qual encontrou constelações conscientes ou inconscientes com forte carga emocional que podem dominar o indivíduo por anos ou, mesmo, pela vida toda devido à força que exercem sobre as associações. Semelhante complexo patológico desempenha o papel de um ser independente, ou uma psique dentro de outra psique, comparável ao sú-

---

16. "Comportar-se de acordo com a realidade".

dito ambicioso que, mediante intrigas, torna-se mais poderoso que o rei. Este complexo atua de um modo particular sobre a psique. Janet o descreveu de modo brilhante em seu livro[17]. O complexo rouba do ego luz e vitalidade. Resumidamente, as sequelas do complexo são as seguintes: diminuição de toda energia psíquica, enfraquecimento da vontade, perda do interesse objetivo, perda do poder de concentração, perda do autocontrole e surgimento de sintomas histéricos patológicos. Estes resultados também podem aparecer nas associações, de modo que encontramos na histeria claras manifestações de constelações emocionais entre suas associações. Mas esta não é a única analogia entre a *dementia praecox* e a histeria. Há muitas outras que não podemos descrever em detalhes aqui. Podemos, no entanto, chamar a atenção para o grande número de processos indubitavelmente catatônicos que foram até agora chamados de "psicoses histéricas degenerativas". Há muitos casos também de *dementia praecox* que por longos anos não conseguiram ser distinguidos da histeria. Chamamos a atenção aqui para a semelhança das duas doenças para mostrar que nossa hipótese de uma relação entre a "adaptação psicológica ao meio ambiente" e um complexo emocional é fato incontesto no caso da histeria. Se encontrarmos na *dementia praecox* condições semelhantes, justifica-se também supor aqui que os distúrbios gerais da mente podem ter uma relação causal íntima com um complexo subjacente. Naturalmente o complexo não é a única causa da *dementia praecox*, como também não o é da histeria. A predisposição também é fator relevante e é possível que na predisposição à *dementia praecox* a emotividade produza certos distúrbios orgânicos irreparáveis como, por exemplo, toxinas metabólicas.

A diferença entre *dementia praecox* e histeria está em certas sequelas irreparáveis e nos distúrbios psíquicos mais acentuados na primeira. São usuais na *dementia praecox* distúrbios gerais profundos (delírio, graves crises emocionais etc.), mas são raros na histeria. A histeria é uma caricatura do estado normal e, por isso, apresenta reações diversas aos estímulos do meio ambiente. Na *dementia praecox*, porém, sempre há reações incorretas aos estímulos externos. Há di-

1.068

---

17. JANET, P. *Les Obsessions et la psychasthénie*. 2 vols. Paris: [s.e.], 1903.

ferenças características em relação ao complexo. Na histeria o complexo pode ser revelado sem grande dificuldade pela análise e com boas perspectivas de êxito terapêutico. Mas na *dementia praecox* não existe esta possibilidade. Mesmo que o complexo possa às vezes ser forçado a se reproduzir, não existe êxito terapêutico em geral. Na *dementia praecox* o complexo é mais independente, mais fortemente destacado e o paciente é mais profundamente ferido pelo complexo do que na histeria. Por isso o médico experiente é capaz de influenciar, por meio da sugestão, estados histéricos agudos que nada mais são do que irradiações de um complexo excitado, ao passo que fracassará na *dementia praecox* onde a excitação psíquica interna é bem mais forte do que os estímulos do meio ambiente. Esta é também a razão por que os pacientes nos estágios iniciais da *dementia praecox* não possuem força de correção e visão crítica, o que não acontece na histeria, mesmo em suas formas mais graves[18].

1.069   A convalescença na histeria se caracteriza por um enfraquecimento gradual do complexo até desaparecer por inteiro. O mesmo vale para as remissões na *dementia praecox*, mas aqui sempre permanece um resto de ferida irreparável que, mesmo sem importância, pode ainda ser revelado numa análise das associações.

1.070   Muitas vezes é surpreendente como até os sintomas mais graves da *dementia praecox* podem desaparecer de repente. Isto se entende facilmente a partir de nossa suposição de que as condições agudas tanto da histeria quanto da *dementia praecox* são resultado das irradiações do complexo que encobrem temporariamente as funções normais ainda presentes. Alguma forte emoção, por exemplo, pode levar uma pessoa histérica a uma condição de apatia ou delírio que pode desaparecer no instante seguinte por causa da ação de algum estímulo psicológico. De modo semelhante, condições de estupor podem vir e ir repentinamente na *dementia praecox*. Enquanto estes pacientes estão sob o encanto do complexo excitado, ficam totalmente desligados do mundo exterior, sem perceber os estímulos externos nem a eles reagindo. Quando a excitação do complexo se acalma, volta aos poucos a força de reação ao meio ambiente, primeira-

---

18. RAIMANN, E. *Die hysterischen Geistesstörungen*. Leipzig/Viena: [s.e.], 1904.

mente a estímulos elementares e, depois, a estímulos psicológicos mais complicados.

Uma vez que, de acordo com nossa hipótese, a *dementia praecox* pode estar localizada em algum complexo psicológico dominante, é de se esperar que todas as reações emocionais elementares sejam plenamente preservadas, enquanto o paciente não sucumbir de todo ao domínio do complexo. Por isso supõe-se que encontremos em todos os pacientes com *dementia praecox* e que mostram adaptação psicológica em questões elementares (comer, beber, dormir, vestir, falar, ocupação mecânica etc.) a presença de alguma carga emocional adequada. Mas em todos os casos onde falta esta adaptação psicológica, os estímulos externos não produzem reação alguma no cérebro perturbado e mesmo os fenômenos emocionais elementares não se manifestarão, porque toda a atividade psíquica está comprometida pelo complexo patológico. Os resultados de nossos experimentos mostram que isto é um fato real. 1.071

O que se segue é um resumo das características que nos interessam aqui de cada caso. 1.072

1. H., homem, 43 anos, professor de línguas. Primeira doença mental há dez anos. Com boa formação e inteligente. Esteve por certo tempo numa clínica em 1896. Passou por um leve período de catatonia, com recusa de alimentação, comportamento esquisito e alucinações auditivas. Depois, constantes ideias de perseguição. Em agosto de 1906, matou um de seus supostos perseguidores e, desde então, encontra-se nesta clínica. Muito exato e correto no vestir e portar-se, trabalhador, independente, mas extremamente desconfiado. Alucinações não constatáveis. Diagnóstico: *dementia paranoides*.

2. Senhorita S., 61 anos, costureira. Ficou doente mental por volta de 1885. Inúmeras delusões bizarras, delusões de grandeza, alucinações de todo gênero, neologismos, estereotipia motora e linguística. Comportamento ordeiro, limpa, trabalhadeira, mas bastante reclamadora. Está em liberdade condicional e mostra grande atividade independente. Diagnóstico: *dementia paranoides*[19].

3. Dr. S., homem, 35 anos, químico. Ficou doente mental por volta de 1897. Muito inteligente e lê muitos livros científicos. Tem muitas necessidades e apresenta muitas queixas. Extremamente cuidadoso no vestir e muito limpo.

---

19. (Trata-se provavelmente do caso que Jung aborda em pormenores em "A psicologia da *dementia praecox*" (§ 198s.) e em "O conteúdo da psicose" (§ 364s.). Cf. também *Erinnerungen, Träume, Gedanken* (org. por Aniela Jaffé), p. 131s.).

Numerosas ideias de grandeza e alucinações. Não apresenta sintomas de catatonia. Diagnóstico: *dementia paranoides*.

4. Senhora H.O., 44 anos, esposa de agricultor. Ficou doente mental em 1904 com um ataque de depressão hebefrênica. Desde o final de 1906, após um segundo ataque, continua neste estado. Só fala sussurrando. Algo inibida, medrosa e ouve vozes desagradáveis. Trabalha com afinco e espontaneamente. Asseada no vestir e na limpeza de seu quarto. Diagnóstico: *depressão hebefrênica*.

5. Senhora E.S., 43 anos, esposa de comerciante. Ficou doente mental em 1901. Às vezes leve excitação maníaca, a princípio nenhuma confusão, mas rápida demência. Agora muito confusa, inativa e importuna os demais pacientes. Apática, indiferente e desleixada no vestir. Sem interesse pelo marido ou pelo meio ambiente. Tagarela bastante, mas apenas superficialidades; não há meio de despertar nela emoções mais profundas. Diagnóstico: *hebefrenia*.

6. A.V.D., homem, 39 anos. Chegou à clínica em 1897. Desde o começo quieto, apático, algo tímido e medroso. Fala fragmentária e incompreensível; na maior parte do tempo fala sozinho. Faz gestos sem sentido com as mãos. Tem que ser cuidado em todos os aspectos pelo atendente. Não consegue trabalhar. Não mostra ter saudades de casa nem desejo de liberdade. Automatismo nas ordens recebidas e às vezes catalepsia. Diagnóstico: *estupor catatônico crônico*.

7. Sp., homem, 62 anos, operário de fábrica. Ficou doente mental em 1865. No estágio inicial, diversos ataques de excitação catatônica. Mais tarde, estupor crônico com ocasionais *raptus*. Num ataque de *raptus*, arrancou com as mãos um de seus testículos. Outra vez, beijou repentinamente o atendente. Durante uma grave doença física ficou de repente bem lúcido e abordável. Só fala espontaneamente e com longos intervalos. Trabalha mecanicamente apenas quando é forçado. Gestos estereotipados. Diagnóstico: *estupor catatônico crônico*.

8. F., homem, 50 anos. Ficou doente mental em 1881. A princípio, inibição depressiva por longo período. Depois, mutismo e ocasionais explosões de xingatórios por causa das vozes e numerosas alucinações. Atualmente alucinações constantes apesar de estar quieto, só falar quando abordado e, então, em tom baixo e de modo fragmentário. Às vezes explosões de praguejamento por causa das vozes. Trabalha mecanicamente, é imbecil e dócil. Diagnóstico: *catatonia crônica*.

9. J.S., homem, 21 anos. Ficou doente mental em 1902. Imbecil, teimoso, negativista, não fala espontaneamente ou muito raramente, muito apático e sem emoções, fica sentado o dia todo no mesmo lugar, completamente desleixado no vestir. De vez em quando reclama sua liberdade com alguma irritação. Diagnóstico: *estupor catatônico brando*.

10. J., homem, 21 anos, estudante de filosofia e muito inteligente. Ficou doente mental por volta de 1901, quando teve um ligeiro ataque. O segundo ataque aconteceu em dezembro último (1906). Às vezes excitado, totalmente

confuso e bate em si mesmo. Constantes alucinações. Totalmente absorvido em seus processos mentais internos. Nos raros intervalos de certa lucidez, o paciente afirma espontaneamente que não possui sentimento algum, que não consegue ser feliz ou infeliz, que tudo lhe parece indiferente. Diagnóstico: *estupor catatônico agudo com raptus*.

11. M., homem, 26 anos, comerciante. Ficou doente mental em 1902. A princípio excitação maníaca. Depois, apatia idiota e ocasionalmente exibição. A seguir, aumento gradual de estupor com isolamento completo. Agora mutismo e arranca fios da barba, mas em geral rígido e cataléptico. Diagnóstico: *estupor catatônico agudo*.

As curvas galvanométricas em muitos testes com *dementia praecox* foram surpreendentes. Como nas pessoas normais, observamos – quando havia alguma reação – um gradual esgotamento da força do estímulo na repetição da mesma série, de modo que as curvas ficavam menores na segunda série e menores ainda e mais arredondadas na terceira. Em alguns casos, quando as curvas eram pequenas na primeira série, desapareciam completamente na terceira. Na fig. 8 temos um bom exemplo de uma curva galvanométrica bastante lábil num caso de *dementia paranoides*, ocorrendo subidas grandes e bruscas e às vezes com bifurcações. Foi a segunda série desse paciente, e as curvas são menores do que foram na primeira. Podem ser comparadas com a curva lábil normal da fig. 6 que corresponde à primeira série e também com a fig. 10, outro caso de *dementia paranoides*; mas aqui a onda galvanométrica é bastante sem emoção, enquanto que a curva pneumográfica mostra neste caso mudanças marcantes devido à disposição de sussurrar. O tipo de curva galvanométrica da fig. 8 também é característica de curvas que conseguimos em casos de histeria.

1.073

No tipo hebefrênico nada de especial se observa na curva, tanto em questão da grande labilidade quanto no tamanho. Porém, nas formas catatônicas da *dementia praecox*, sobretudo nas formas agudas, observamos variações impressionantes no caráter da curva, comparada à curva da pessoa normal. Não só o tempo de latência é maior como as ondas mostram quase sempre uma subida gradual e são muito pequenas, quando não ausentes. As fig. 9A e 9B, referentes a um caso de estupor catatônico agudo, apresentam curvas provocadas pela repentina chamada pelo nome. A curva galvanométrica é extre-

1.074

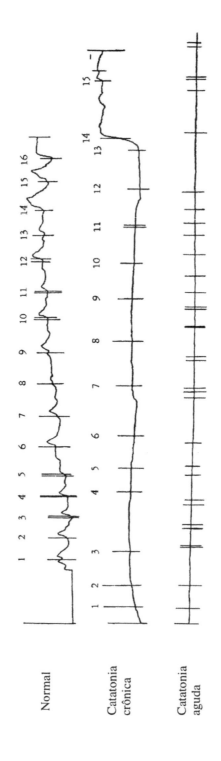

Fig. 11. Três curvas galvanométricas para comparação. A primeira é uma curva normal, com série de estímulos mistos (senhorita B., uma canadense). A segunda é Sp. (caso 7), com estupor catatônico crônico. Observe-se a presença de emoção elementar no estímulo 15. A terceira é de J. (caso 10, estupor catatônico agudo). Nenhuma alteração na curva galvanométrica em relação a qualquer estímulo misto.

mamente fraca, mas a curva pneumográfica mostra as mudanças singulares, acima mencionadas. A fig. 11 apresenta três curvas galvanométricas. A de cima é de pessoa normal, com a série de estímulos mencionada no texto. A do meio é de um caso de estupor catatônico crônico (Sp.) que se caracteriza por quase nenhuma reação aos estímulos até chegar a 14, quando a ameaça da picada da agulha (e a picada real onde a linha corta a onda em ascensão) produziu grande subida da curva. Subida maior ocorreu em 15, ameaça da queda de um peso. Isto é um exemplo de reação a uma emoção elementar num caso crônico onde está presente ainda alguma carga emocional. A linha de baixo representa a curva galvanométrica de um caso agudo de estupor catatônico (J.), podendo-se ver que a linha é bem reta, que nenhum dos estímulos da série mista teve o menor efeito; apito, queda do peso com estrondo, chamada repentina e em voz bem alta do nome, picadas reais e fundas com a agulha, nada provocou resposta no galvanômetro. Não foi possível aplicar o pneumógrafo neste caso. Nossa experiência com os seis casos de catatonia nos diz que estas curvas caracterizam o tipo e confirmam nossa concepção sobre a psicologia da doença, conforme exposta acima.

Outra característica importante nesses casos é o tempo de latência. Lembremos que o tempo de latência, antes da subida da onda galvanométrica, foi estimado por nós para variar em pessoas normais entre dois e cinco segundos. De fato, a norma é três segundos na primeira série e 3,77 segundos nas séries subsequentes. Nas tabelas a seguir, uma delas se referindo ao espaço de latência no quimógrafo e a outra ao tempo de latência, aparecem apenas sete dos onze casos de *dementia praecox*, pois nos outros as ondas eram tão fracas e imprecisas que os fatos não puderam ser determinados a contento. Um desses pacientes (Dr. S.) foi testado com a série mista e com uma série de associações de palavras.

Tempo de latência em milímetros de distância entre o estímulo até o início da subida da onda galvanométrica emocional em casos de insanidade mental

Nomes e diagnóstico	Srta. S. Dementia paranoies	Dr. S. Dementia paranoies	Dr. S. Associação de palavras	Sp. Catatonia crônica	A.v.D. Catatonia crônica	F. Catatonia crônica	J. Catatonia aguda	M. Catatonia aguda
Série I	3,13	3,75	4,01	3,2	2	4,77	7,16	24,25
Série II	2,66	3,87	5,81		5	5,5	17,3	
Série III	3,93	4,22						
Série IV		5,46						

Tempo de latência nos mesmos casos de insanidade mental, como acima, estimado em segundos

Nomes e diagnóstico	Srta. S. Dementia paranoies	Dr. S. Dementia paranoies	Dr. S. Associação de palavras	Sp. Catatonia crônica	A.v.D. Catatonia crônica	F. Catatonia crônica	J. Catatonia aguda	M. Catatonia aguda
Série I estímulos mistos	3,47	4,16	4,45	3,55	2,22	5,3	7,95	26,94
Série II	2,93	4,3	6,45		5,55	6,11	19,22	
Série III	4,36	4,68						
Série IV		6,06						

No primeiro caso, uma senhorita com demência paranoide, o tempo de latência está dentro dos limites normais. No segundo caso, também de demência paranoide, o normal foi ultrapassado apenas no quarto *round* da mesma série mista, mas com o mesmo paciente, utilizando-se a associação de palavras, o tempo de latência foi excessivo (6,45) na primeira repetição das mesmas palavras. No terceiro caso (Sp.), um caso de catatonia crônica, a primeira série apresentou um tempo de latência de 3,55 segundos, mas não houve nenhuma onda nas repetições. Os quatro pacientes a seguir, todos casos de catatonia, apresentaram aumento do tempo de latência, e os dois casos de catatonia aguda apresentaram um intervalo surpreendente de espaço e tempo entre o estímulo e a onda galvanométrica.

A tabela a seguir mostra melhor a diferença dos tempos de latência entre pessoas normais e casos de *dementia praecox*, sobretudo nas médias indicadas ao final da tabela.

Tabela comparativa mostrando o tempo de latência na curva galvanométrica de casos normais e de dementia praecox

										Média	Média de distribuição
Normal	série I	2,28	2,05	3,5	4,5	3,27	2,51			3,01	0,73
	série II e III	2,83	1,95	4,88	5	4,44	3,94	2,57	4,6	3,77	0,99
Dementia praecox	série I	3,47	4,16	4,45	3,55	2,22	5,3	7,95	26,94	7,25	5,09
	série II e III	2,93	4,3	6,45	5,55	6,11	19,22	4,36	4,68	6,70	3,13

Obtém-se a média de distribuição tirando-se a média comum dos números mais altos da série ou os números mais baixos da média. A soma dessas diferenças é dividida pelo número de itens, obtendo-se assim o que chamamos de média de distribuição ou média das diferenças – um método útil para mostrar as grandes oscilações em estágios patológicos.

V. EXPERIMENTOS DE ASSOCIAÇÃO

Galton, Wundt, Kaepelin, Aschaffenburg, Sommer e outros introduziram na psicologia um experimento muito simples em que se diz em voz alta uma palavra a uma pessoa experimental que deve responder o mais rápido possível com a primeira palavra que lhe ocorrer. O tempo de reação entre a palavra-estímulo e a resposta pode ser medido com um relógio de precisão de 1/5 de segundo. Esperava-se a princípio que este método revelasse certas diferenças intelectuais entre as várias pessoas. Mas segundo os resultados de pesquisas feitas na clínica psiquiátrica de Zurique, chegou-se à conclusão que não são fatores intelectuais mas as emoções que desempenham o papel principal na determinação dessas associações. Duas pessoas da mesma classe social, sendo uma inteligente e a outra não, mesmo com diferenças no modo de seu desenvolvimento intelectual podem produzir associações semelhantes porque a própria língua possui muitas conexões gerais de palavras que são familiares a todo tipo de pessoas pertencentes ao mesmo círculo social.

1.080 Há certamente diferenças bem marcantes entre as associações de pessoas cultas e incultas. Por exemplo, a pessoa inculta prefere conexões internas, com sentido mais profundo, ao passo que a pessoa culta escolhe com frequência associações bem superficiais ou simplesmente linguísticas. Conforme constatado na clínica de Zurique, esta diferença se deve ao fato de a pessoa inculta concentrar mais sua atenção no significado real da palavra-estímulo do que a pessoa culta. Mas a atenção, conforme foi demonstrado por Bleuler, nada mais é do que um processo emocional. Todos os processos emocionais estão conectados, mais ou menos claramente, com manifestações físicas que também devem ser observadas juntamente com a atenção. É de se esperar pois que a atenção, despertada por cada associação, tenha influência sobre a curva galvanométrica, ainda que ela seja apenas um dos fatores emocionais que participam do experimento de associação.

1.081 Observamos em geral grande diversidade no tempo de reação, mesmo em pessoas experimentais rápidas e práticas. Tenta-se explicar estas irregularidades, que aparentemente são acidentais, supondo que a palavra-estímulo é incomum e difícil ou que a atenção está momentaneamente relaxada por uma razão ou outra. Às vezes pode ser o caso, mas isto não basta para explicar a repetição frequente e a longa duração de certos tempos de reação. Deve haver alguma lei constante e regular por baixo disso. Na clínica de Zurique chegou-se à conclusão de que este fator perturbante era, na maioria dos casos, algum complexo característico de ideias, de importância intrínseca para a pessoa. A série a seguir ilustra nossa opinião:

Palavra-estímulo	Reação	Tempo de reação
cabeça	cabelo	1,4
verde	campina	1,6
água	*funda*	5
perfurar	faca	1,6
comprido	mesa	1,2
navio	*naufragar*	3,4
perguntar	responder	1,6
lã	tricotar	1,6
mau	amável	1,4
lago	*água*	4
doente	sadio	1,8
tinta	preta	1,2
nadar	*saber*	3,8

1.082 Os quatro números em itálico são tempos de reação anormalmente longos. As palavras-estímulo são bastante comuns, não são difíceis e podem se prestar a numerosas conexões de uso corrente. Perguntando ao paciente, soubemos que recentemente, num período de forte depressão, havia pensado em cometer suicídio por afogamento. *Água*, *lago*, *navio*, *nadar* foram palavras que estimularam este complexo. O complexo causou prolongamento do tempo de reação. Este fenômeno é bastante comum e pode ser observado constantemente nos estudos das associações. Portanto, o tempo prolongado de reação pode ser considerado um indicador de complexo e ser usado para descobrir, numa série de associações, aquelas que têm significado pessoal para o indivíduo. É evidente que associações desse tipo têm a tendência de vir acompanhadas de forte carga emocional. A explicação seria simples se a pessoa estivesse consciente do complexo que foi atingido. Mas é muito comum que a pessoa experimental esteja inconsciente do complexo atingido pela palavra-estímulo e não tenha condições de responder nada sobre ele. Neste caso é preciso empregar o método psicanalítico que Freud usa no estudo dos sonhos e da histeria. Levaria muito longe descrever aqui os detalhes desse método de análise; remetemos o leitor para a obra de Freud *A interpretação dos sonhos*.

1.083 A causa da interferência na reação deve ser procurada na forte carga emocional do complexo. Pessoas com grande força de introspecção muitas vezes afirmam que não conseguem responder prontamente porque se aglomerou de repente na consciência, grande número de palavras, e elas não encontraram a palavra adequada para a reação. Isto é bem compreensível, pois emoções fortes sempre agrupam numerosas associações em torno delas e, por outro lado, um aglomerado de associações sempre vem acompanhado de intensa carga emocional. Em alguns casos ocorre o contrário: as pessoas não conseguem reagir devido a um vácuo na consciência; neste caso o complexo impede a reação, não deixando que ela aflore na consciência. Portanto, o complexo de ideias subjacente traz às vezes demais e às vezes de menos para a consciência, perturbando em ambos os casos o fluxo uniforme das funções psíquicas. Age como um violador da paz na hierarquia psíquica. Sendo este o comportamento do complexo em condições normais, é fácil entender como pode assumir o papel principal em estados mentais anormais, baseados numa emotividade desordenada.

1.084   O tempo prolongado da reação não é a única característica de um complexo. Quando a palavra-estímulo causa repentina inibição e produz uma palavra-reação surpreendente e incomum, é certo que foi atingido um complexo; portanto, pode-se considerar qualquer reação fora do comum como indicativa da presença de um complexo emocional de ideias.

1.085   Não é raro também ocorrer uma reação prolongada ou prejudicada na segunda reação após alguma palavra-estímulo crítica; temos então a persistência de uma emoção até a reação subsequente, fato que também pode indicar a existência de um complexo.

1.086   Finalmente, temos no método de reprodução outro meio excelente para descobrir um complexo. Quando terminou a série de palavras-estímulo, a lista é retomada, e pede-se à pessoa experimental que repita simplesmente a palavra com que reagiu à palavra-estímulo. Observamos então que onde a palavra-estímulo atingiu um complexo, a memória falha e a pessoa experimental tende a reagir com outra palavra que não a primeira. Este fenômeno paradoxal depende unicamente da influência de uma forte carga emocional. Os complexos são muitas vezes desagradáveis e criam uma resistência natural no indivíduo; mas nem sempre são desagradáveis ou dolorosos e, mesmo em complexos que a pessoa experimental estaria disposta a revelar, há uma inibição que se manifesta de maneira semelhante. A causa da reprodução incorreta deve estar na natureza geral do complexo, como já foi descrita, numa certa independência do complexo que vem e vai conforme fatores que lhe são próprios e não por ordens recebidas da consciência, que produz suas próprias associações e não as intencionadas pela consciência. Nós – isto é, nosso ser consciente – somos de certa forma o resultado de disputas que ocorrem no inconsciente.

É dessa forma que se apresentam os fatores emocionais em toda parte nas nossas associações; e é de interesse verificar se o reflexo psicogalvânico corre em paralelo com os indícios de complexos, acima descritos; se faz isto regularmente ou tem preferência por certas constelações; se há diferenças quando o complexo é consciente ou inconsciente etc.

1.087

Sempre que possível, usamos o pneumógrafo juntamente com o galvanômetro nos estudos de associação que visavam determinar se havia distúrbios paralelos.

1.088

A questão das associações é multiforme e existem vários métodos de estudá-la. Tentaremos, nas páginas a seguir, apresentar nosso método e nos limitar mais especificamente ao nosso método de pesquisa, em vez de colocar em grande evidência nossos resultados que, devido ao pequeno número de pessoas examinadas, são válidos como material de caso, mas não podem ser considerados como tendo aplicação geral.

1.089

1. Os resultados obtidos com testes de associação

1. Terminado o experimento, medimos as alturas das curvas galvanométricas e as ordenamos numa tabela, juntamente com outros resultados do teste. Conforme mostra a tabela, fizemos neste caso uma repetição do experimento; em outros casos fizemos duas repetições.

1.090

2. Tiramos então a média aritmética dos desvios galvanométricos que, neste caso, é de 4,9mm. Estes números são apenas relativos e correspondem, em nossa aparelhagem, somente à metade do movimento real do espelho do galvanômetro. (O valor real estaria em torno de 9,8mm).

1.091

Caso 1
Homem inculto, 40 anos, normal, duas séries de associação de palavras, cada uma com 24 palavras (9 palavras como exemplo)

N°	Série I — Altura da curva galvanométrica em mm.	Tempo de reação em 1/5 de segundo	Associação	Reprodução	Série II — Altura da curva galvanométrica em mm.	Tempo de reação em 1/5 de segundo	Reação
1.	9	9	mesa – cadeira	+	7	7	+
2.	4	9	sentar – numa cadeira	+	3	15	+
3.	4	11	horta – verduras	+	3	6	+
4.	3	14	vermelho – maçã	+	4	5	+
5.	3	9	escrever – com lápis		4	7	+
6.	6	40	cheio – (nenhuma reação)	+	2	6	barril
7.	3	8	bom – açúcar		9	9	maçã
8.	6	6	mato – madeira	+	4	5	+
9.	5	10	bar – beber	+	2	5	+

1.092 3. Tiramos então a média provável (Kraepelin) dos tempos de reação da seguinte maneira: Os números são colocados numa coluna em ordem decrescente e tomamos o número do meio que neste caso é 1,8 segundos. Preferimos aqui a média provável e não aritmética porque às vezes ocorrem números bem elevados neste tipo de teste onde os tempos de reação tendem a aumentar e não diminuir. A média aritmética poderia ser indevidamente influenciada pela presença ocasional de um ou mais números elevados e não nos daria a média real do tempo de reação.

1.093 4. Na segunda série a média dos desvios galvanométricos foi 4,8mm e a dos tempos de reação foi 1,2 segundos. Observamos, portanto, uma redução na altura média da curva galvanométrica, o que se deve obviamente à diminuição da força do estímulo na repetição. O mesmo fenômeno acontece também na média dos tempos de reação, que foi abreviada. O fato de cada reação provocar um movimento galvanométrico se deve à emoção da atenção que acompanha cada reação, sendo suficientemente forte para produzir mudanças físicas perceptíveis.

5. Chamamos a atenção para o fato de que na segunda série as associações 6 e 7 foram repetidas com outras palavras. Estas reproduções incorretas ou trocadas indicam que a constelação psicológica das respectivas associações mudou no curto período de tempo (pouco mais de meia hora) que transcorreu desde a primeira série. Sabemos que associações pertencentes a certos complexos podem sofrer mudanças num curto espaço de tempo devido a condições internas. Por isso, supõe-se que estas reproduções errôneas tragam consigo fenômenos emocionais particulares; e este é realmente o caso aqui. A média aritmética das reproduções alteradas é 5,7mm, ao passo que na primeira série a média das mesmas associações foi 4,5mm. Além disso, as reproduções alteradas na segunda série mostraram um excedente em torno de 0,8mm sobre a média da estimulação da primeira série. A média dos tempos de reação das reproduções alteradas é 1,2 segundos e da reprodução correta 1 segundo, como era de se esperar. Disso se deduz que parece justificada a hipótese de que as reproduções alteradas são fenômenos emocionais. Não entraremos aqui em detalhes sobre a psicanálise dessas manifestações e também não queremos antecipar um estudo particularmente cuidadoso dessa questão que vem sendo feito nesta clínica por Binswanger[20].

6. Pelas considerações acima, seria de esperar que aquelas associações que foram alteradas na repetição também apresentassem algum tipo de indício emocional na primeira série; mas, ao contrário da expectativa, vemos neste caso que a altura média do desvio galvanométrico das palavras posteriormente alteradas na repetição é 4,8mm, ao passo que a média das reproduções não alteradas é 5mm. A diferença é pequena e nenhuma conclusão poderia ser tirada de um único caso. Nota-se que o tempo médio de reação das associações posteriormente reproduzidas de modo errado é 1,9 segundos e das palavras corretamente reproduzidas é 1,8 segundos. Talvez esteja aqui um leve indício do fenômeno do qual estamos tratando.

---

20. Cf. § 1.044, nota 5.

1.096 7. Nos parágrafos anteriores demos a entender repetidas vezes que existe certa conexão entre emotividade e a duração do tempo de reação, e isto ficou bem esclarecido num trabalho de um dos autores[21]. Pode-se esperar que geralmente coincidem longas curvas galvanométricas com longos tempos de reação, mas sempre com a restrição de que só se consideram aqueles tempos prolongados de reação que estão conectados com associações que despertam diretamente complexos, e não os tempos prolongados de reação que podem seguir imediatamente a reações que despertam complexos. Estes últimos são frequentes e são exemplos de perseveração. Para descobrir a associação que realmente desperta o complexo é necessário empregar o método psicanalítico e, para tanto, é preciso um material mais adequado do que aquele de que dispomos. Contentamo-nos por isso aqui com a simples determinação da altura média de todas as curvas galvanométricas em relação aos tempos de reação que estão, respectivamente, acima e abaixo da média provável.

1.097 Na primeira série, a média das curvas galvanométricas com longos tempos de reação é 4,5mm e com tempos curtos de reação é 6,1.

1.098 Na segunda série, a média das curvas galvanométricas com tempos longos de reação fica em 5,7mm e com tempos curtos de reação em 4,4mm.

1.099 Os dois resultados são contraditórios. A causa está em fatores aos quais já aludimos e em outras dificuldades que devem ser assunto de pesquisa futura.

1.100 8. A alteração da constelação psicológica da série II pode manifestar-se exclusivamente na curva galvanométrica, sem qualquer mudança nas reproduções. Isto pode ser explicado assim: No primeiro teste, apenas alguns significados são ligados à palavra-estímulo pela pessoa experimental, isto é, nem todas as associações a ela condizentes são despertadas no primeiro teste, podendo então ser despertada outra série de novas conexões no segundo teste. Encontramos muitas vezes este fenômeno em nossas pesquisas psicanalíticas.

---

21. JUNG, C.G. *A psicologia da dementia praecox*. Op. cit. Também cap. IV deste volume e outros trabalhos sobre o experimento de associações.

É da maior importância para o estudo dos processos intelectuais 1.101
do indivíduo saber como suas associações se apresentam à consciência: se ele possui um comando rápido e total sobre todas as associações relevantes. Este ponto é de grande valor para testar a inteligência, uma vez que muitas pessoas podem parecer estúpidas durante a investigação porque suas associações não estão sob seu imediato comando e, por outro lado, pessoas estúpidas podem parecer relativamente inteligentes pelo simples fato de terem bom comando sobre suas associações. Talvez possamos ter a esperança de descobrir importantes diferenças entre inteligências cultas e incultas; os experimentos galvanométricos parecem abrir perspectivas sem fim.

Neste caso, 41,6% das associações da série II apresentam uma 1.102
curva galvanométrica aumentada com uma diferença média de mais 2,3mm. É possível que pesquisas ulteriores mostrem que este resultado tem significado psicológico considerável para o indivíduo, pois esta pessoa experimental era bastante obtusa.

9. Após um desvio galvanométrico acentuado, observamos com 1.103
frequência que existe uma tendência para sucessão de curvas grandes, se os estímulos não forem dados com rapidez exagerada. Isto não é de estranhar pois sabe-se da experiência psicológica em geral que emoções fortes produzem grande sensibilidade. Se, portanto, tomarmos a média das curvas que seguem a curvas galvanométricas excepcionalmente fortes e a compararmos com a média aritmética de todas as curvas, veremos que, após curvas incomumente altas, a altura média na série I é 5mm e o tempo de reação é 2 segundos, contrastando com as médias gerais de 4,9mm e 1,8 segundos. Na série II, os números se invertem; aqui a média apresenta uma diferença de mais 0,6mm, enquanto a média dos tempos de reação apresenta uma diferença de menos 0,5 segundos. As relações não são totalmente definitivas.

10. Toda a série I apresenta um curso bastante uniforme, pois 1.104
a média de distribuição é apenas 1,6. Os desvios não são relativamente muito altos. A curva mais alta é de 12mm e a associação conexa é *bobo – sou eu*, que foi para o indivíduo um estímulo claramente egocêntrico, tendo atingido com certeza um forte complexo emocional.

1.105   A fig. 12 é uma parte da curva deste caso. Nota-se o curso nivelado e o valor emocional uniforme de cada associação. A curva pneumográfica que vem junto não apresenta distúrbios.

1.106   A fig. 13 apresenta a parte da curva em que ocorreu a associação *bobo – sou eu* (reação 18). Esta parte vem marcada por uma onda muito alta e de vários picos. A curva pneumográfica sofreu aqui uma alteração bem como na reação 19, ainda que esta tenha carga emocional pequena. Contudo, a reação 19 tem um tempo de reação bem longo (4,8 segundos) que deve ser considerado como um distúrbio intelectual perseverante, devido à reação 18. Temos aqui um dos muitos casos em que a curva pneumográfica e o tempo de reação indicam distúrbios evidentes, enquanto que a curva galvânica não é afetada. Segundo nossa hipótese, isto se deve ao fato de o galvanômetro só indicar condições emocionais agudas e não os efeitos posteriores, intelectuais e mais duradouros; estes são muitas vezes bem registrados pelo tempo de reação e pelo pneumógrafo. O tempo de reação indica quanto tempo a mente precisa para se desligar de sua preocupação consciente ou inconsciente e se voltar para o novo estímulo. A respiração, devido à sua íntima relação com a consciência (suscetibilidade a influências voluntárias), também é afetada por processos intelectuais, ao passo que o galvanômetro parece ser influenciado diretamente apenas pelo inconsciente.

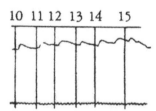

Fig. 12: Parte da curva da associação de palavras de pessoa normal

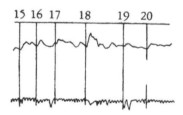

Fig. 13: Parte da curva correspondente à associação *bobo – sou eu*

Caso 2
Homem inculto mas bastante inteligente, 38 anos de idade

1. Na tabela a seguir temos os resultados de três séries de associa- 1.107
ções, com vinte e quatro palavras cada.

Série I	Média aritmética das curvas galvanométricas	5,6mm
Série II	Média aritmética das curvas galvanométricas	7,2mm
Série III	Média aritmética das curvas galvanométricas	5,9mm
Série I	Média provável dos tempos de reação	1,8 seg.
Série II	Média provável dos tempos de reação	1,3 seg.
Série III	Média provável dos tempos de reação	1,0 seg.

Os tempos de reação correspondem ao que esperávamos, mas as 1.108 curvas galvanométricas apresentam um aumento inesperado na série II. Nossa primeira suposição foi que isto se devia a alguma mudança física: por exemplo, melhor contato por causa do maior calor das mãos ou mudança da posição do corpo, aumentando a pressão das mãos sobre os eletrodos. Estas condições não só podem interferir no experimento mas também dificultar a comparação dos resultados. Mas é possível também que a constelação psicológica tenha mudado na segunda série, causando por isso maior desvio no galvanômetro. Se tomarmos as quinze primeiras curvas da série II, veremos que a média é 4,7mm, portanto bem menor do que a da série I. Mas, tomando as nove últimas curvas da série II, veremos que a média é 11,3mm e que a causa da grande diferença está lá onde o princípio da perda de energia na estimulação repetida parece não ter efeito. É possível que após a décima quinta reação tenha havido um distúrbio físico que aumentou a altura das curvas.

Constatamos que a média provável dos tempos de reação das 1.109 quinze primeiras e das nove últimas reações é respectivamente de 1,8 segundos, enquanto que a média das curvas galvanométricas das quinze primeiras reações apresenta uma diferença somente de menos 0,2mm, se comparada com a média das últimas nove curvas. Supondo ter havido uma mudança física perto do final da série II, não deveríamos esperar qualquer mudança nos tempos de reação puramente psicológicos. Mas, não foi o caso, pois às curvas galvanométricas ampliadas nas últimas nove reações corresponde um aumento dos tempos de reação (1,4 segundos em comparação a 1 segundo das quinze primeiras reações). Portanto, existe um paralelo entre o aumento galvanométrico e o aumento dos tempos de reação, podendo-se concluir que o aumento depende de uma alteração na constelação psicológica.

1.110 Dissemos anteriormente que a mudança na constelação se deve ao despertar de um complexo. As reações se processavam assim:

		Série I			Série II	
Nº	Associação	Tempo de reação	Curva galvanométrica	Reprodução	Tempo de reação	Curva galvanométrica
1.	dinheiro – redondo	1,8 seg.	3mm.	+	1,2 seg.	12mm.
2.	alto – árvore	1,4 seg.	7mm.	+	1,4 seg.	4mm.
3.	sair – de manhã	2,0 seg.	8mm.	+	1,4 seg.	6mm.
4.	chão – sujo	1,8 seg.	5mm.	+	1,8 seg.	9mm.
5.	salário – alto	1,2 seg.	6mm.	+	1,2 seg.	19mm.
6.	pagar – dívidas	3,4 seg.	9mm.	+	3,0 seg.	15mm.
7.	maçã – vermelha	2,4 seg.	5mm.	+	1,4 seg.	27mm.
8.	enfermeiras – muitas	1,6 seg.	4mm.	+	1,8 seg.	5mm.
9.	cinco – pouco	1,8 seg.	5mm.	+	1,2 seg.	5mm.

1.111 Enquanto os tempos de reação aparecem em geral abreviados na série II, as curvas galvanométricas são mais altas. Até parece que as emoções só apareceram realmente na série II, estando inibidas na série I. Conforme se vê, os maiores aumentos estão ligados às associações *dinheiro – redondo*, *chão – sujo*, *salário – alto* (a pessoa experimental é um atendente ou enfermeiro e recebe salário baixo), *pagar – dívidas*, *maçã – vermelha* e *enfermeiras – muitas*. É fácil entender que cinco dessas reações poderiam despertar fortes sentimentos. A forte reação à *maçã – vermelha* é incompreensível. Observamos, porém, com certa frequência que associações bastante indiferentes, seguindo imediatamente a associações com forte emoção, apresentam na repetição um aumento repentino na reação galvânica, como se a carga emocional fosse posposta. É possível que tenhamos aqui um fenômeno desses, mas não temos meio de prová-lo. Os sentimentos são sempre inibidos quando algum outro complexo com forte emoção os desloca. Isto foi, sem dúvida, o caso aqui, pois o experimento incomum excitou a pessoa experimental de tal forma que provavelmente não assimilou a palavra-estímulo em todas as suas relações pessoais. Na série II estava mais tranquilo e podia entender melhor, desenvolvendo-se por isso as cargas emocionais com mais facilidade do que antes. Este fenômeno é teoricamente muito importante, pois indica o modo como as emoções são reprimidas na pessoa normal. A inibição de sentimentos desempenha papel importante na psicopatologia. (cf. as obras de Freud, Bleuler e Jung)

Este experimento também ilustra muito bem que tempo de reação e curva galvanométrica não significam a mesma coisa. Vemos aqui outra vez como o tempo de reação revela claramente maior liberdade intelectual do que na série II, sendo as curvas galvanométricas bem maiores do que na série I. 1.112

	Curva galvanométrica	Tempo de reação
2. As reproduções alteradas da série II média	6mm	1,7 seg.
As reproduções alteradas da série III média	7mm	1,0 seg.
As reproduções inalteradas da série II média	7,3mm	1,3 seg.
As reproduções inalteradas da série III média	5,8mm	1,3 seg.

Também aqui a correlação é algo obscuro, o que pode ser atribuído à ocorrência de pequeno número de reproduções alteradas. Somente a metade dos números acima correspondem à nossa expectativa. 1.113

3. Curvas galvanométricas com tempos longos de reação média da série I	6,4mm
Curvas galvanométricas com tempos curtos de reação média da série I	6,4mm
Curvas galvanométricas com tempos longos de reação média da série II	8,1mm
Curvas galvanométricas com tempos curtos de reação média da série II	4,2mm
Curvas galvanométricas com tempos longos de reação média da série III	6,8mm
Curvas galvanométricas com tempos curtos de reação média da série III	4,1 mm

1.114　　O primeiro teste ficou indeciso, mas os dois seguintes apresentam valores que correspondem à nossa expectativa. (No caso 1, acima referido, o primeiro teste apresentou também um resultado contraditório).

1.115　　4. Na série II, 41,6% das associações mostram uma diferença média de mais 3,2mm em comparação com a série I. Na série III, 45,8% das associações mostram uma diferença de mais 2,6mm em comparação com a série II.

1.116　　Como já dissemos, estes números provam que a série II apresenta uma constelação bastante alterada. Na série III há uma alteração ainda maior de constelações psicológicas. É lamentável que não tivéssemos à disposição maior quantidade de material para pesquisa ulterior de questões tão importantes para a psicologia do indivíduo.

5. Série I	Média provável dos tempos de reação em associações com curvas galvanométricas extraordinariamente altas	2,2 seg.
Série I	Média aritmética das curvas galvanométricas correspondentes	5,2mm
Série II	Média provável dos tempos de reação em associações com curvas galvanométricas extraordinariamente altas	1,6 seg.
Série II	Média aritmética das curvas galvanométricas correspondentes	12,0mm
Série III	Média provável dos tempos de reação em associações com curvas galvanométricas extraordinariamente altas	0,8 seg.
Série III	Média aritmética das curvas galvanométricas correspondentes	7,0mm

1.117　　As curvas das séries II e III não correspondem à nossa expectativa, enquanto as da série I, sim. Os tempos de reação na série I e II foram os que presumimos antecipadamente. Portanto, de seis itens, quatro corresponderam à nossa expectativa.

1.118　　6. A série I apresenta em geral um caráter uniforme. A média de distribuição é apenas de 1,5mm. A curva mais alta mede 9mm e se refere à associação *pagar-dívidas* que, como vimos, preserva seu tom emocional elevado também na série II.

1.119　　A série II é bem mais irregular. A média de distribuição é 3,8mm, número bastante elevado que ilustra bem a irregularidade geral da série. As curvas mais altas dessa série já foram descritas.

A série III apresenta, por sua vez, outra série com caráter uniforme. 1.120
A média de distribuição é apenas 1,8mm. A curva mais alta ocorre
com a associação *salário-alto* e chega a 11mm; teve igualmente número elevado na série II. Esta coincidência mostra claramente que estes
números não são acidentais.

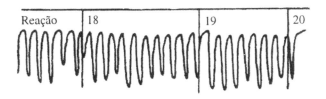

Fig. 14: Parte da curva pneumográfica do caso 2 (associação de palavras, pessoa normal)

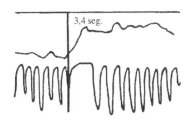

Fig. 15: Curvas galvanométrica e pneumográfica referentes à associação das palavras *pagar-dívidas* (As fig. 14 e 15 representam em tamanho real o traçado feito).

A curva pneumográfica não apresenta peculiaridade especial. 1.121
Na série I, com associações indiferentes, tem o aspecto mostrado
na fig. 14.

A fig. 15 mostra as curvas galvanométrica e pneumográfica refe- 1.122
rentes à associação *pagar-dívidas*. Observamos ali uma inibição acentuada da respiração durante e após a associação crítica.

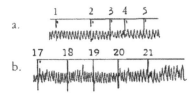

Fig. 16: a) Curva respiratória com associação de palavras, número 1 a 5 do caso 2;
b) Curva do mesmo caso, associações 17 a 21.

1.123   A excitação psíquica, acima mencionada, nas últimas nove associações da série I parece manifestar-se também na curva pneumográfica, como fica evidenciado aparentemente nas figs. 16 a) e 16 b).

1.124   A fig. 16 a) é uma parte da curva respiratória durante as associações 1 a 5. A fig. 16 b) representa as associações 17 a 21. A diferença é marcante. Dificilmente nos enganamos supondo que a mudança na respiração é indício de certa excitação, o que concorda com nossa hipótese anterior.

Caso 3
Homem inculto de inteligência modesta, 28 anos de idade, vivo,
temperamento excitável, normal
Três séries de associações, com 23 palavras cada

1.125
1.	Série I	Média aritmética das curvas galvanométricas	14,2mm
	Série II	Média aritmética das curvas galvanométricas	6,5mm
	Série III	Média aritmética das curvas galvanométricas	2,0mm
	Série I	Média provável dos tempos de reação	2,4 seg.
	Série II	Média provável dos tempos de reação	2,2 seg.
	Série III	Média provável dos tempos de reação	2,0 seg.

As curvas da série I atingem altura considerável, mas o estímulo diminui rápida e intensamente de força nas séries seguintes. Os tempos de reação diminuem de modo uniforme, mas são em geral ainda um pouco longos, como observamos com certa frequência em pessoas emotivas.

1.126
	Curva galvanométrica	Tempo de reação
2. As reproduções alteradas da série II média	7,9mm	2,0 seg.
As reproduções inalteradas da série II média	1,8mm	2,2 seg.
As reproduções alteradas da série III média	3,5mm	2,2 seg.
As reproduções inalteradas da série III média	1,3mm	2,1 seg.

As curvas galvânicas correspondem em ambas as séries às nossas expectativas, mas os tempos de reação na série II são contraditórios;

isto se modifica se não usarmos a média provável (como procedemos normalmente em todos os casos) e sim a média aritmética, quando então o tempo médio para reproduções alteradas fica sendo 2,8 seg. e para as inalteradas 2,4 seg.

3. As curvas galvânicas com tempos longos de reação na 1.127
série I   média   17,8mm
As curvas galvânicas com tempos curtos de reação na
série I   média   12,7mm
As curvas galvânicas com tempos longos de reação na
série II   média   9,8mm
As curvas galvânicas com tempos curtos de reação na
série II   média   3,6mm
As curvas galvânicas com tempos longos de reação na
série III   média   2,1mm
As curvas galvânicas com tempos curtos de reação na
série III   média   0,0mm

Todos estes valores concordam perfeitamente com a nossa hipótese.

4. Na série II, 17,3% das associações têm uma diferença média 1.128 de mais 5,8mm. Na série III, 17,3% das associações têm uma diferença média de mais 2,8mm.

Estes valores mostram que a constelação na última série não mu- 1.129 dou muito, com exceção de algumas poucas associações. Podemos concluir que todas as relações fortemente emocionais das palavras-estímulo vieram à tona no primeiro teste. Poderíamos dizer que o caso 3 estava bem familiarizado com este tipo de experimento, o mesmo não acontecendo com o caso 1 e 2.

5. Série I   Média provável dos tempos de reação seguindo   1.130
              a associações com curvas galvânicas
              excepcionalmente altas   2,8 seg.
Série I   Média aritmética das curvas galvânicas
              correspondentes   22,3mm
Série II   Média provável dos tempos de reação seguindo
              a associações com curvas galvânicas
              excepcionalmente altas   1,8 seg.
Série II   Média aritmética das curvas galvânicas
              correspondentes   11,4mm

Série III   Média provável dos tempos de reação seguindo
            a associações com curvas galvânicas
            excepcionalmente altas   1,2 seg.
Série III   Média aritmética das curvas galvânicas
            correspondentes   1,7mm

As curvas galvânicas são como esperávamos na série I e II, mas não na série III. O tempo de reação é o que esperávamos apenas na série I.

			Curva galvânica	Tempo de reação
1.131	6. Série I	Média das associações alteradas na reprodução subsequente	14,2mm	2,4 seg.
	Série I	Média das associações inalteradas subsequentemente	13,5mm	2,0 seg.
	Série II	Média das associações alteradas na reprodução subsequente	8,7mm	2,2 seg.
	Série II	Média das associações inalteradas subsequentemente	3,6mm	2,0 seg.

Todos os valores coincidem com nossa expectativa.

1.132   7. O curso geral da série I é bastante irregular. A média de distribuição é 7,6, o valor mais elevado que observamos até agora. Nos testes do caso 1 e 2, as várias fases de estímulo se caracterizaram por emoções fortes, mas muito diferenciadas; neste caso, porém, com uma pessoa de temperamento vivo, verificou-se uma oscilação contínua e marcante de emoções, por isso a alta média de distribuição.

1.133   A série II é mais uniforme e a média de distribuição é 5,4, na série III é apenas 2,3.

1.134   A curva galvânica mais alta da série I mede 51,5mm e se refere à associação *sol-queima*. O motivo de tão forte inervação reflexiva não poderia ser compreendida sem análise ulterior. A própria pessoa experimental não soube explicar por que teve uma emoção particular neste momento. Mas a conexão apareceu nas associações seguintes. As outras curvas elevadas (37, 21 e 18mm) ocorreram nas associações *soalho-carpete*, *pagar-escrever* e *quente-o fogão*. Estas três associações apresentaram distúrbios constantes e similares nas três séries, como se pode ver na tabela a seguir:

	Série I			Série II			Série III	
	Curva galvanométrica	Tempo de reação	Reprodução	Curva galvanométrica	Tempo de reação	Reprodução	Curva galvanométrica	Tempo de reação
soalho	37,0mm	3,0 seg.	+	13,0mm	3,2 seg.	+	2,5mm	3,0 seg.
quente	18,0mm	1,2 seg.	+	31,0mm	2,2 seg.	+	7,0mm	2,0 seg.
pagar	21,0mm	1,0 seg.	+	4,5mm	0,8 seg.	+	7,5mm	2,2 seg.

Todas as reproduções foram alteradas. Com uma exceção, todas as curvas galvanométricas estiveram consideravelmente acima da média em cada série. Dos nove tempos de reação, quatro estiveram acima e dois coincidiram com a média provável. Dessa constatação, parece se justificar a suposição de que por trás disso há um forte complexo emocional. Mas, quando interrogada a respeito, a pessoa respondeu que não tivera qualquer pensamento especial, relativo a essas reações, estando pois inconsciente de qualquer complexo especial. Mesmo quando uma pessoa experimental afirma não haver complexo, isto não é definitivo em vista de tantas indicações apontando para uma interferência de complexo. Desviamos, então, sua atenção do assunto em pauta e perguntamos qual o significado pessoal que tinha a palavra *soalho* para ela. De repente disse, surpresa e inibida, que fazia pouco tempo um *fogão* apresentara defeito em sua casa, *queimando o soalho* de tal forma que não apenas tivera que *pagar* por novo fogão como também por um soalho totalmente novo, o que foi um transtorno. Além disso, houvera grande perigo de incêndio. Assim, os distúrbios ficaram perfeitamente explicados, inclusive a forte carga emocional da associação *sol-queima*.

1.135

Podemos aprender desse episódio que o fenômeno galvânico bem como o tempo de reação e a mudança da reprodução podem indicar a existência de um complexo inconsciente. Não podemos entrar em maiores detalhes aqui, mas a pesquisa de Binswanger, acima mencionada, traz muita luz para o tema.

1.136

1.137   O grupo de associações, acima descrito, dá um quadro bem preciso, na série II, da influência emocional sobre as curvas (fig. 17). Inicialmente temos reações indiferentes. A reação 18 é *soalho*, 19 *quente*, 20 *salário-baixo* e 21 *pagar*.

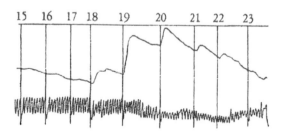

Fig. 17: Parte de uma curva mostrando o efeito emocional de certas associações de palavras.

1.138   Também a curva respiratória mostra claramente as reações. Em geral, a inspiração é mais profunda, o que é característico desse caso especial em conexão com a atenção de expectativa. O estado durante a excitação inconsciente do complexo parece ter tido certa semelhança com a tensão da expectativa. Um exemplo dessa tensão de expectativa referente ao início do teste é dado na fig. 18.

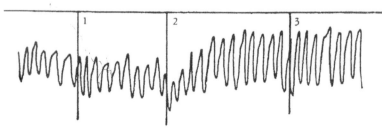

Fig. 18: Curva da expectativa no caso 3 (reproduzida no tamanho real do traçado).

Caso 4
Mulher culta, 25 anos de idade, acostumada com esses experimentos
Três séries de associação de palavras, com 18 palavras cada

1.139   1. Série I   Média aritmética das curvas galvânicas   6,8mm
        Série II   Média aritmética das curvas galvânicas   1,9mm

Série III   Média aritmética das curvas galvânicas   0,9mm
Série I   Média provável dos tempos de reação   1,2 seg.
Série II   Média provável dos tempos de reação   1,0 seg.
Série III   Média provável dos tempos de reação   1,0 seg.

As curvas galvânicas apresentam rápida diminuição, enquanto o tempo de reação é muito curto, chegando logo ao limite mais baixo.

	Curva galvânica	Tempo de reação	
2. As reproduções alteradas da série II			1.140
média	7,5mm	1,6 seg.	
As reproduções inalteradas da série II			
média	1,6mm	1,0 seg.	
As reproduções alteradas da série II			
média	0,0mm	1,0 seg.	
As reproduções inalteradas da série III			
média	1,0mm	1,0 seg.	

O resultado da série II corresponde ao esperado, mas isto não se aplica à série III, talvez porque ocorreram poucas reproduções alteradas.

3. As curvas galvânicas com tempos longos de reação na			1.141
série I média	11,6mm		
As curvas galvânicas com tempos curtos de reação na			
série I média	5,2mm		
As curvas galvânicas com tempos longos de reação na			
série II média	5,4mm		
As curvas galvânicas com tempos curtos de reação na			
série II média	0,8mm		
As curvas galvânicas com tempos longos de reação na			
série III média	1,0mm		
As curvas galvânicas com tempos curtos de reação na			
série III média	1,5mm		

Os valores da série I e II correspondem ao esperado, mas não os da série III, talvez pelo fato de a maioria das curvas já ter descido a zero.

4. Na série II, 5,5% das associações apresentam uma		1.142
diferença média de mais	6,0mm	
Na série III, 11,1% das associações apresentam uma		
diferença média de mais	2,7mm	

Também observamos neste caso grande presteza de a associação aparecer totalmente no primeiro estímulo, de modo que a constelação não muda depois muito.

1.143 5. Série I   Média provável dos tempos de reação
                      seguindo a associações com curvas   1,1 seg.
                      galvanométricas excepcionalmente altas
       Série I   Média aritmética das curvas galvanométricas
                      correspondentes   6,5mm
       Série II   Média provável dos tempos de reação
                      seguindo a associações com curvas
                      galvanométricas excepcionalmente altas   1,0 seg.
       Série II   Média aritmética das curvas galvanométricas
                      correspondentes   1,2mm

Omitimos os valores da série III porque a maioria das curvas galvânicas estava reduzida a zero. Os valores das outras duas séries não coincidem com a nossa expectativa.

			Curva galvânica	Tempo de reação
1.144	6. Série I	Média das associações alteradas nas reproduções subsequentes	4,3mm	4,0 seg.
	Série I	Média das associações inalteradas subsequentemente	4,4mm	1,2 seg.
	Série II	Média das associações alteradas nas reproduções subsequentes	6,0mm	1,2 seg.
	Série II	Média das associações inalteradas subsequentemente	1,6mm	1,0 seg.

Os valores são os esperados.

1.145 7. Média de distribuição na série I   5,5
          Média de distribuição na série II   2,2
          Média de distribuição na série III   1,6

1.146 Como sempre, encontramos a maior variação nos valores da primeira série. Com a perda da força do estímulo nas repetições, manifesta-se uma tendência niveladora no que se refere a esta variação da força do estímulo. As curvas mais altas foram encontradas nas seguintes associações:

	Série I			Série II			Série III	
	Curva galvanométtrica	Tempo de reação	Reprodução	Curva galvanométtrica	Tempo de reação	Reprodução	Curva galvanométtrica	Tempo de reação
baile-dança	4,3mm	4,0 seg.	–	7,5mm	1,6 seg.	+	12,0mm	0,8 seg.
vestido-vermelho	9,0mm	1,8 seg.	+	2,0mm	0,6 seg.	+	0,0mm	0,8 seg.
bonito-feio	7,5mm	1,4 seg.	+	3,0mm	8,9 seg.	+	3,0mm	1,2 seg.

As curvas galvânicas são bem mais altas do que a média nas três séries da associação *baile-dança*. A intensidade da emoção mostra-se pelo fato de quinze das dezoito reações não causarem desvios do galvanômetro na última série, ao passo que esta produziu uma deflexão de 12mm. No presente caso, a pessoa experimental queria ir a um baile com vestido de fantasia, que aconteceria daqui a alguns dias, mas ainda não encontrara vestido satisfatório, apesar de muita procura. Estava, portanto, em estado de ansiedade quanto a isto. As associações a *vestido* e *bonito* falam por si. 1.147

Os tempos de reação foram rapidamente abreviados nas repetições devido à sua aptidão natural de falar. É evidente que às vezes o fenômeno galvânico é mais útil do que tempos prolongados de reação para demonstrar estados emocionais. 1.148

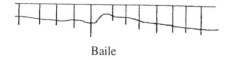

Baile

Fig. 19: Associação das palavras *baile-dança* no caso 4.

A fig. 19 é uma curva da série III do caso em pauta, representando a associação bem marcante de *baile-dança*. Recomenda-se a repetição do teste de associação quando se deseja desvelar mais claramente complexos emocionais muito fortes. 1.149

2. Resumo dos testes de associações de palavras em pessoas normais

1.150   Nosso material limitado, consistindo de associações de palavras com uma senhora culta e três homens incultos, leva-nos a apresentar com muita reserva um resumo de nossos resultados. Temos plena consciência de que devem ser considerados como preliminares e de valor questionável, mas prenunciam ao mesmo tempo características de interesse para estudo e pesquisa futura. Nossa intenção é apresentar neste trabalho indicações, devendo ser considerada sob este prisma nossa apresentação.

1.151   1. A diferença positiva média de uma curva galvânica, produzida por uma associação cujo tempo de reação excede o da média provável, é 2,7mm.

1.152   Considerando as limitações acima mencionadas, este valor parece indicar que, em certos casos, existe um claro paralelismo entre a demora do tempo de reação e a altura da curva galvanométrica. Portanto, este método parece fornecer uma prova psicofísica da hipótese de um de nós (Jung) de que tempos muito longos de reação são fenômenos emocionais.

1.153   2. As reproduções alteradas apresentam uma diferença média de 2mm em relação às reproduções inalteradas.

1.154   3. As associações que são alteradas nas reproduções das séries seguintes apresentam uma diferença média de 2mm em relação às que são reproduzidas subsequentemente de forma inalterada.

1.155   Estes dois valores, especialmente o último, parecem oferecer uma confirmação psicofísica à hipótese de um de nós (Jung) de que as reproduções alteradas são fenômenos emocionais.

1.156   Os restantes métodos, mencionados em nosso trabalho, não mereceram resumo especial aqui devido à escassez de nosso material e devido a algumas contradições em nossos resultados.

3. Associações de palavras na dementia praecox

1.157   De todos os nossos casos de demência paranoide só dois puderam ser aproveitados para teste de associação de palavras juntamente com o galvanômetro.

Caso 1
Homem, 36 anos de idade, muito inteligente, formação acadêmica. Fala bem preservada. Duas séries de associações, com 24 palavras cada

1. Série I	Média aritmética das alturas da curva galvanométrica	11,6mm	1.158
Série II	Média aritmética das alturas da curva galvanométrica	4,6mm	
Série I	Média provável dos tempos de reação	6,6 seg.	
Série II	Média provável dos tempos de reação	4,8 seg.	

A altura média das curvas galvanométricas se mantém dentro dos limites normais, o que não acontece com os tempos de reação que apresentam um excesso. Nossas pessoas normais, submetidas ao teste anteriormente, tiveram as seguintes médias:

Série I	Curvas galvanométricas	7,8mm	Tempos de reação	1,8 seg.	
Série II	Curvas galvanométricas	5,1mm	Tempos de reação	1,4 seg.	

Fica claro, a partir desses valores, que o paciente apresenta um forte contraste na duração dos tempos de reação.

	Curva galvânica	**Tempo de reação**	
2. As reproduções alteradas na série II média	4,7mm	6,0 seg.	1.159
As reproduções inalteradas na série II média	3,4mm	2,8 seg.	

Estes valores coincidem com os das pessoas normais e estão de acordo com o esperado. Mas observa-se que as reproduções inalteradas apresentam um valor bem mais baixo no tempo de reação do que as alteradas.

3. As curvas galvanométricas com tempos longos de reação na série I média	13,1mm	1.160
As curvas galvanométricas com tempos curtos de reação na série I média	10,3mm	
As curvas galvanométricas com tempos longos de reação na série II média	3,8mm	
As curvas galvanométricas com tempos curtos de reação na série II média	4,0mm	

Nesta tabela os valores da série I são os esperados, mas não os da série II.

1.161   4. Na série II, 12,5% das associações apresentaram uma diferença média de mais 4,5mm.

1.162   5. Série I   Média provável dos tempos de reação
seguindo a associações com curvas galvânicas
excepcionalmente altas   4,0 seg.
Série I   Média aritmética das curvas galvânicas
correspondentes   10,0mm
Série II   Média provável dos tempos de reação
seguindo a associações com curvas galvânicas
excepcionalmente altas   7,6 seg.
Série II   Média aritmética das curvas galvânicas
correspondentes   3,2mm

Nesta tabela, apenas o tempo de reação da série II está de acordo com nossa expectativa.

		Curva galvânica	Tempo de reação
1.163 6. Série I	Média das associações com reproduções alteradas nas séries seguintes	9,8mm	6,6 seg.
Série I	Média das associações com reproduções inalteradas nas séries seguintes	13,5mm	5,4 seg.

Somente o tempo de reação corresponde ao esperado.

1.164   7. A média de distribuição na série I foi de 5,8 e na série II, 3,4. Estes valores são semelhantes aos do caso 4 entre as pessoas normais.

1.165   A curva galvânica mais alta ocorreu na reação *amor-um processo psíquico* (30mm) e também aqui houve o tempo mais longo de reação (27,2 seg.). A segunda curva mais alta foi na reação *esposa-lei matrimonial* (29mm). O paciente é solteiro e, tendo apresentado forte carga emocional em *amor*, não surpreende que *esposa* tenha provocado intensidade semelhante. Outra curva alta ocorreu na associação *doente-do coração* (26mm). O paciente ainda tinha alguma noção de seu estado e sabia que estava recluso na clínica devido à sua doença mental, por isso a forte emoção. A palavra *elegante* produziu uma curva de 25mm. O paciente é vaidoso e cuida muito do modo de se vestir. O conteúdo das associações apresenta sintomas de afetação, o que transparece de sua aparência externa. A maioria de suas associações tinha caráter de definição, o que, em pessoas cultas, indica sempre certo grau de afetação. Alguns exemplos:

escrever	atividade
sapatos	calçado dos pés
chapéu	um artigo do vestuário
casa	construção
estar sentado	posição de descanso
dinheiro	meio de troca
orgulhoso	adjetivo

1.166 É possível que os longos tempos de reação se devam a esta maneira afetada de se expressar, ainda que dificilmente seja a causa única.

Caso 2
Mulher, solteira, 62 anos, inculta, inteligência média.
Fala misturada com neologismos.
Três séries de associações com 25 palavras cada

1.167
1. Série I	Média aritmética das curvas galvânicas	7,9mm
Série II	Média aritmética das curvas galvânicas	3,6mm
Série III	Média aritmética das curvas galvânicas	2,5mm
Serie I	Média provável dos tempos de reação	10,8 seg.
Série II	Média provável dos tempos de reação	6,4 seg.
Série III	Média provável dos tempos de reação	6,0 seg.

Como no caso precedente, os desvios galvânicos são de meia altura, mas os tempos de reação são excepcionalmente longos.

1.168
	Curva galvânica	Tempo de reação
2. As reproduções alteradas na série II média	3,6mm	6,6 seg
As reproduções inalteradas na série II média	3,6mm	5,2 seg
As reproduções alteradas na série III média	2,5mm	7,4 seg
As reproduções inalteradas na série III média	2,4mm	4,6 seg

Como no caso anterior, os tempos de reação coincidem com nossa expectativa, bem mais do que as curvas galvanométricas.

1.169 3. As curvas galvanométricas com longos tempos de reação
na série I   média   9,6mm
As curvas galvanométricas com curtos tempos de reação na
série I   média   6,0mm
As curvas galvanométricas com longos tempos de reação na
série II   média   4,7mm
As curvas galvanométricas com curtos tempos de reação na
série II   média   2,6mm
As curvas galvanométricas com longos tempos de reação na
série III   média   2,8mm
As curvas galvanométricas com curtos tempos de reação na
série III   média   2,5mm

Os valores das três séries estão conformes ao esperado.

1.170 4. Na série II, 28,0% das associações apresentam uma diferença média de mais 4,7mm. Na série III, 24,0% das associações apresentam uma diferença média de mais 4,8mm.

1.171 5. Série I   Média provável dos tempos de reação
seguindo a associações com curvas
galvânicas excepcionalmente altas   11,6 seg.
Série I   Média aritmética das curvas galvânicas
correspondentes   11,8mm
Série II   Média provável dos tempos de reação
seguindo a associações com curvas
galvânicas excepcionalmente altas   5,8 seg.
Série II   Média aritmética das curvas galvânicas
correspondentes   3,7mm
Série III   Média provável dos tempos de reação
seguindo a associações com curvas
galvânicas excepcionalmente altas   8,0 seg.
Série III   Média aritmética das curvas galvânicas
correspondentes   2,5mm

Duas vezes os tempos de reação são os esperados, as curvas galvânicas apenas uma, e na série III a média aritmética é a mesma.

		Curva galvânica	Tempo de reação
1.172 6. Série I	As associações com reproduções alteradas nas séries seguintes média	9,0mm	10,4 seg.

Estudos experimentais

Série I	As associações com reproduções inalteradas nas séries seguintes		
	média	6,3 mm	12,4 seg.
Série II	As associações com reproduções alteradas nas séries seguintes		
	média	3,3 mm	6,6 seg.
Série II	As associações com reproduções inalteradas nas séries seguintes		
	média	4,0 mm	4,8 seg.

Nesta tabela, apenas as curvas galvânicas da série I e os tempos da série II correspondem ao esperado.

7. A média de distribuição na série I foi 4,9, na série II 2,8 e na série III 1,6.

A curva galvânica mais alta aparece na associação *sol-tempo de sol* (21mm) e o tempo de reação é 14,0 segundos. É difícil explicar este desvio excessivo. A associação precedente foi *gordo-constituição* (15mm e 14,8 seg.). A paciente é bem gorda, o que ela atribui a influências sobrenaturais. Queixa-se muito dessa deformação "forçada". Na série II estas duas associações não causaram desvios, mas na série III, *gordo-constituição* provocou de repente a maior deflexão de toda a série: 14,5mm em contraste com uma média de apenas 2,5mm. Houve uma curva de 20mm na associação *feio-desfigurado por grande sofrimento*, tendo como tempo de reação 12,0 segundos. O conteúdo dessa associação diz respeito ao mesmo tema de *gordo-constituição*. Outra curva alta ocorreu em *alto-ação* mais elevada (19mm e tempo de reação 11,2 seg.). Esta associação foi alterada nas duas reproduções subsequentes. Está ligada à delusão da paciente de ter realizado a "obra mais elevada".

As associações são tipicamente afetadas e apresentam um caráter nitidamente mórbido. Exemplos:

diligente	alta estima – pagamento
amor	digno de ser amado – casamento
cobra	significa algo extraordinário
alto	ação elevada – a mais alta distinção
feio	desfigurado por grande sofrimento.

1.176   *Resumo*

Em nossos testes com associações de palavras nos dois casos de *dementia praecox* o único fato surpreendente foi a grande demora dos tempos de reação. Na relação entre as curvas galvanométricas e as associações nada encontramos que fosse diferente do ocorrido com as pessoas normais. A partir do material de Jung, que analisou uma vasta coletânea de experimentos de associação com pessoas portadoras de *dementia praecox*, aprendemos que na grande maioria desses casos não há uma demora especial nos tempos de reação. Por isso um tempo de reação longo não pode ser considerado como característico de todos os casos de *dementia praecox*. É útil em alguns casos. Só está presente quando os pacientes sofrem de certo bloqueio do pensar, o que é frequente neste tipo de doença.

1.177   Quando examinamos as associações desses pacientes, descobrimos que o bloqueio do pensar (tempo de reação prolongado) manifesta-se especialmente quando os complexos constelam a associação, o que também acontece com pessoas normais. Este fenômeno levou Jung a pensar que o fator patológico específico da *dementia praecox* depende de algum complexo. De fato, um complexo desempenha papel importante nas associações dos dois pacientes aqui descritos. Os tempos de reação são muito longos quando vinculados a algum complexo. As constelações de complexos também são muito numerosas assim como as reproduções alteradas e a elas relacionadas. Nos nossos casos normais encontramos uma média de 30% de reproduções alteradas na série I, ao passo que os pacientes tiveram 51%. Além disso, o caráter das associações apresenta quase sempre anormalidades, sobretudo ao redor dos complexos.

1.178   Dessas indicações podemos concluir que encontramos pouca coisa de patológico nos mecanismos gerais e regulares de pensar, e que isto se manifesta antes na maneira como o indivíduo reage a seus complexos. Encontramos em ambos os pacientes uma grande influência do complexo sobre a associação, o que corrobora os resultados de inúmeras análises da *dementia praecox* feitas por Jung. Este fenômeno tem importância clínica enorme e geral, pois, quando analisado com exatidão, percebe-se que quase todos os sintomas são determinados por um complexo do indivíduo e que se manifesta muitas vezes de forma convincente. Isto vale especialmente para as delusões e alucinações. Uma série de outros sintomas depende mais frequentemente de um distúrbio indireto da associação, causado pelo complexo. Este estado de coisas explica por que não descobrimos qualquer distúrbio elementar, mesmo numa desordem bastante intensa; a *dementia* só se manifesta nas relações psicológicas mais delicadas. Por isso procuraremos em vão, agora e por muito tempo ainda, nesses pacientes por distúrbios simples e elementares, comuns a todos os casos.

Nota: Após o presente artigo ter sido entregue à gráfica para impressão, descobrimos que Féré[22], passando uma corrente elétrica através da pessoa experimental e utilizando vários estímulos sensórios, observou o seguinte: "Produziu-se então um desvio brusco da agulha do galvanômetro... O mesmo desvio se produz também sob a influência de emoções etênicas; isto significa que ela se produz em todas as condições em que constatei anteriormente um aumento de volume dos membros, evidenciado pelo pletismógrafo". Isto mostra claramente que Féré fez a descoberta dois anos antes de Tarchanoff.

1.179

---

22. "Il se produit alors une déviation brusque de l'aiguille du galvanomètre... La même déviation se produit encore sous l'influence d'émotions éthéniques; c'est-à-dire qu'elle se produit dans toutes les conditions où j'ai signalé précédemment une augmentation de volume des membres mise en évidence du pléthysmographe". FÉRÉ, C.S. *Note sur des modifications de la résistence électrique sous l'influence des excitations sensorielles et des émotions. Comptes rendus hebdomadaires des séances et mémoires de la Société de Biologie*, XI, 3 de março de 1888, p. 217. Paris.

XIV

Pesquisas adicionais sobre o fenômeno galvânico, pneumográfico e a respiração em pessoas normais e doentes mentais[*]

Charles Ricksher e C.G. Jung

1.180   As mudanças produzidas por diversas causas na resistência elétrica do corpo humano foram estudadas por muitos anos, mas até agora não houve resultados definitivos. Charles Féré foi o primeiro a falar das mudanças produzidas pela emoção. Numa comunicação à Société de Biologie, em 1888[1], afirmou que havia um decréscimo da resistência corporal quando eram aplicados diversos estímulos sensórios, e que também a emoção produzia decréscimo semelhante. R. Vigouroux estudou o problema da resistência elétrica no corpo humano com pacientes de Salpêtrière e chegou à conclusão de que estava errada a antiga opinião de que a resistência era causada pela epiderme, mas que a verdadeira causa estava no estado da circulação superficial. Era de opinião que as variações da resistência tinham como causa o aumento ou decréscimo da circulação superficial. Féré aceitou essas conclusões e acrescentou que "o estudo da resis-

---

[*] (Publicado originalmente em inglês, em *The Journal of Abnormal Psychology*, II/5, 1907/1908, p. 189-217. Boston. O médico Dr. Charles Ricksher (1879-1943) era então assistente no Danvers Insane Hospital, Hathorne, Massachusetts. Nunca foi encontrado um original em língua alemã).

1. (Para esta referência e outras a seguir, cf. a bibliografia ao final deste capítulo).

tência elétrica pode encontrar uma aplicação nas pesquisas dos psicofisiólogos"[2].

Durante vários anos, nada de novo foi acrescentado. Em 1890, A. Vigouroux publicou um trabalho sobre o estudo da resistência elétrica em melancólicos, mas nada acrescentou de novo. Tarchanoff, Sticker, Sommer e Veraguth se apoiaram no trabalho dos pesquisadores franceses. O primeiro a fazer verdadeira pesquisa psicológica usando o galvanômetro foi Veraguth que, em 1906, trabalhou com este instrumento e com os experimentos de associação, de Jung. No mesmo ano, começou um trabalho na clínica psiquiátrica de Zurique no sentido de determinar a causa da resistência elétrica do corpo e as mudanças produzidas no corpo de pessoas normais e doentes mentais pelos diferentes estímulos. O aparelho usado consistia de um circuito contendo um único elemento de baixa voltagem; era um galvanômetro Deprez-d'Arsonval de alta sensibilidade, um dispositivo para atenuar as oscilações do espelho e duas chapas de latão sobre as quais a pessoa experimental colocava as mãos, fechando o circuito. O galvanômetro refletia um raio de luz sobre uma escala de celuloide à qual estava ligado um registro móvel com visor que, empurrado com a mão, seguia o reflexo móvel do espelho. Ao registro móvel estava preso um cordão que conduzia ao chamado escrevedor ergográfico que marcava os movimentos do registro por meio de uma ponta de grafite sobre um tambor quimográfico, provido de um rolo de papel. Para medir o tempo era usado um cronógrafo Jaquet e para medir o momento do estímulo era usado um simples marcador elétrico.

1.181

Pela primeira vez foi abordado o problema da causa da resistência; os resultados aqui apresentados são os obtidos por Jung e Binswanger, até agora não publicados. Descobriu-se que a resistência variava muito nas diversas pessoas com condições diferentes do epitélio palmar. A epiderme era o lugar da resistência; e isto ficou provado pelo fato de a resistência diminuir muito quando os eletrodos eram colocados sob a pele. Isto foi feito furando-se a pele de cada braço com uma agulha cirúrgica que funcionava então como eletrodo[3].

1.182

---

2. O estudo da resistência elétrica pode ser útil nas pesquisas dos psicofisiólogos. (FÉRÉ, C.S. *Note sur des modifications de la résistence électrique*. Op. cit.).

3. Experimentos de Veraguth, Jung e Binswanger.

1.183   Os pesquisadores franceses eram unânimes em atribuir as mudanças na resistência a alterações do suprimento de sangue a uma área, causada pela dilatação ou contração dos vasos; quanto maior o suprimento de sangue, menor era a resistência e vice-versa. Mas para provar que o suprimento de sangue não era fator essencial foi retirado, com uma bandagem Esmarch, o sangue da área em contato com as chapas, e assim mesmo o fenômeno galvânico se produziu.

1.184   As mudanças na resistência não se devem a alterações no contato como, por exemplo, pressão sobre os eletrodos; isto ficou provado pelo fato de as mudanças na resistência ocorrerem mesmo quando as mãos são imersas em água que funciona como conexão com os eletrodos. A pressão e movimentos involuntários causam uma deflexão inteiramente outra do que o resultado usual de um estímulo emocional.

1.185   O tempo decorrido entre um estímulo e a mudança na resistência, conforme indicado pelo galvanômetro, fazia supor alguma mudança no sistema nervoso simpático ou em alguma área por ele controlada. Parecia que as glândulas sudoríparas tinham a maior influência na redução da resistência. Se as glândulas sudoríparas fossem estimuladas, haveria milhares de conexões líquidas entre os eletrodos e os tecidos, reduzindo-se em muito a resistência. Foram feitas experiências colocando os eletrodos em diferentes partes do corpo e constatou-se que a redução da resistência era mais acentuada naqueles lugares onde havia mais glândulas sudoríparas. É sabido que tanto a emoção quanto os estímulos sensórios influenciam os diversos órgãos e glândulas, coração, pulmões, glândulas sudoríparas etc. Calor e frio também influenciam o fenômeno, causando o calor redução e o frio aumento da resistência. Considerando estes fatos, parece que a ação das glândulas sudoríparas é a explicação mais plausível das mudanças na resistência.

1.186   Os experimentos a seguir foram feitos no inverno e primavera de 1907, com o objetivo de determinar o efeito sobre o fenômeno galvânico e sobre a respiração de uma série de estímulos físicos e mentais simples em certo número de pessoas experimentais normais e doentes mentais. As mudanças galvanométricas foram registradas pelo aparelho descrito acima. A respiração foi registrada por um pneumógrafo Marey, ligado ao tórax e levando, por meio de um tubo de borracha, a um tambor Marey ao qual está preso um grafite que escreve sobre um tambor quimográfico.

Os resultados dos experimentos pneumográficos de vários autores são muito conflitantes. Delabarre[4] descobriu que a atenção a impressões sensórias aumentava a frequência e profundidade da respiração. Mosso, em seu trabalho sobre a circulação sanguínea no cérebro, não chegou a conclusões satisfatórias. Mentz descobriu que todo estímulo acústico perceptível causava uma desaceleração da respiração e do pulso. Zoneff e Meumann descobriram que um alto grau de atenção causava uma inibição muito grande ou total da respiração, enquanto uma atenção relativamente mais fraca produzia geralmente um aumento da taxa e uma diminuição da amplitude das respirações. Suspensão total da respiração foi constatada mais frequentemente na atenção sensória do que na intelectual. Martius observou grandes diferenças individuais e chegou à conclusão de que havia um tipo emocional que se distinguia do tipo normal pela lentidão do pulso e da respiração.

1.187

Os experimentos desses autores foram todos feitos com um número limitado de pessoas experimentais, geralmente estudantes. Nossos experimentos com o pneumógrafo foram feitos geralmente com homens incultos, atendentes da clínica, e nossos estímulos foram bem diferentes dos usados por outros pesquisadores. É possível que a grande diferença em nossos resultados se deva em parte a isso.

1.188

Em nossos experimentos tomamos o cuidado de manter, enquanto possível, as mesmas condições. Constatou-se que posições diferentes do corpo como, por exemplo, inclinação para frente ou para trás, causaram mudança no nível das curvas respiratórias. Movimentos leves do corpo e dos lábios não influenciavam as curvas. O próprio tambor pode causar mudanças no registro das curvas. O tambor deve conter a mesma quantidade de ar em cada caso, pois do contrário as curvas serão diferentes. A curva registrada então não é exata devido a um defeito dos instrumentos. Nas inspirações profundas a cobertura de borracha se estica e, quando se altera a pressão no tó-

1.189

---

4. As observações de Delabarre, Mosso e Mentz foram citadas segundo Zoneff e Meumann.

rax, a elasticidade da borracha faz com que as respirações sejam registradas de maneira diferente daquela em que de fato ocorrem.

1.190   Não se pode pressupor que as curvas respiratórias representem a respiração ordinária e normal, mas somente o tipo de respiração normal que se deve esperar sob condições experimentais. Ninguém consegue respirar naturalmente com um aparelho registrador preso a seu tórax e com sua atenção voltada mais ou menos para ele. O relaxamento da tensão do experimento pode ser visto ao final do teste, quando as respirações se tornam mais profundas e o nível das curvas se modifica. O pneumógrafo não poderia ser usado em mulheres devido à roupa nem em muitos doentes mentais devido à sua excitabilidade.

1.191   Não foi usado o pletismógrafo porque as fontes de erros são muito numerosas. Martius demonstrou que, mesmo quando o braço e o instrumento são engessados juntos, ocorrem movimentos involuntários que tornam difícil a interpretação correta dos resultados.

1.192   No experimento galvânico devem ser consideradas várias fontes de erros. A principal delas é a deflexão causada por movimentos das mãos. Um aumento ou decréscimo da pressão das mãos sobre os eletrodos causam mudança instantânea na posição do reflexo do espelho galvânico. Esta mudança é repentina e é quase impossível produzir deliberadamente uma mudança na posição do reflexo, semelhante àquela causada por um processo emocional. A mudança natural da posição das mãos é indicada por uma subida ou queda verticais da curva galvânica como aparece no tambor do quimógrafo. Para evitar o máximo possível mudanças involuntárias de posição, foram colocados saquinhos de areia sobre as mãos, chegando-se assim a excluir os movimentos, menos os voluntários. Constatou-se que podiam ser feitos movimentos bastante grandes do corpo sem que a curva galvanométrica fosse afetada. Inspirações profundas e suspiros causavam uma subida maior ou menor da curva. Na mesma curva um suspiro ocorrendo após um processo emocional parecia causar subida maior do que um ocorrido antes do processo emocional. Inspirações longas e deliberadas causavam pequeno ou nenhum distúrbio. Deve-se pressupor então que os suspiros são causados por algum complexo emocional ou que eles são causa de o complexo vir à consciência ou, ainda, que eles produzem uma condição emocional inconsciente.

As pessoas experimentais eram médicos e atendentes bem como 1.193
pacientes sofrendo de vários tipos de doenças mentais.

O experimento pode ser dividido em seis partes: em cada parte 1.194
foi empregado um diferente estímulo ou série de estímulos da mesma
espécie, físicos ou psicológicos. Antes de cada estímulo ou série de estímulos, a pessoa era informada, de modo geral, sobre o que iria acontecer. Em muitas pessoas, após breve período de espera pelo estímulo, houve mudanças na respiração e na curva galvânica. Estas curvas de expectativa serão discutidas mais tarde.

Em cada caso a medição da altura é a real, isto é, a altura vertical. 1.195
A taxa respiratória é dada em quantidade por centímetro, o que é apenas uma medida comparativa. Para os períodos de repouso indicamos a taxa média por centímetro em dez centímetros no começo e no final de cada período.

A parte I do experimento consiste de um período de repouso de 1.196
quatro minutos. Pedia-se à pessoa experimental que ficasse sentada o mais quieto possível e era informada de que nenhum estímulo seria aplicado. Na parte II, o estímulo era um peso de chumbo que se deixava cair ao chão de uma altura aproximada de um metro. Na parte III, pedia-se à pessoa que dissesse espontaneamente, após um minuto mais ou menos, uma palavra ou pequena frase e, depois, permanecesse quieta. A parte IV consiste de três estímulos físicos: um apito suave, um peso deixado cair ao chão e um quadro (cartão postal) que é mostrado à pessoa. A parte V consiste em quatro frases ditas pelo experimentador. As duas primeiras são geralmente provérbios populares como "água mole em pedra dura tanto bate até que fura"; as duas últimas são de natureza mais crítica, referindo-se diretamente à pessoa experimental ou a seus hábitos. Em vários casos foram ditas palavras isoladas como *olho* e *rosto*. A parte VI é novamente um período de repouso de quatro minutos. Daremos aqui os resultados de cada parte, a começar pelas pessoas normais, em número de quinze.

PESSOAS EXPERIMENTAIS NORMAIS

Parte I. A curva galvanométrica é em geral mais alta no começo 1.197
do que pouco tempo depois; isto se deve ao sentimento de expectati-

va e tensão, causado pela posição incomum e pela estranheza do experimento. Via de regra, a curva apresenta muitas irregularidades devido aos movimentos das mãos e do corpo da pessoa experimental enquanto procura uma posição confortável; estes movimentos também se devem à expectativa, tensão muscular (mas esta não é fator importante) e a vários complexos com carga emocional. Durante o período de repouso percebem-se oscilações do espelho galvânico que não podem ser atribuídas a qualquer movimento das mãos ou do corpo, a alguma mudança respiratória ou a algum pensamento ou associação consciente. Por isso nós as atribuímos ao sentimento *indefinido* causado por algum complexo ainda inconsciente. Todos já experimentamos estes sentimentos vagos, alegres ou tristes, que chegam sem causa aparente, duram pouco tempo e logo são esquecidos. Curva desse tipo foi registrada claramente no caso de um médico muito culto, com grande capacidade de autoanálise, mas que foi incapaz de se lembrar de qualquer pensamento emocional que lhe tivesse ocorrido durante o período.

1.198 As inspirações são geralmente mais profundas e mais frequentes no começo do período de repouso do que no final. No início a média é 2,91 por centímetro e no final, 2,79 por centímetro. A altura média das inspirações no início é 12,41mm e no final 12,26mm. Nos nossos casos a curva respiratória não apresenta nenhuma mudança grande ou constante de nível.

1.199 Na *parte II* (estímulo da queda de peso) as curvas galvanométricas apresentaram grandes diferenças individuais. Num caso, o de um atendente que estava muito medroso e assustado por causa do experimento, a deflexão galvanométrica acusou 54mm. Em outro caso, também de atendente, mas de índole muito fleumática, a deflexão foi de apenas 4,6mm. A deflexão média das quinze pessoas foi de 20,6mm.

1.200 O tempo mais longo de reação, isto é, o tempo que vai do momento do estímulo até o início da subida da curva galvânica varia entre 1,5 e 5,5 segundos. Apesar de ter variações individuais, este tempo é em geral mais curto em casos que apresentam as maiores reações galvânicas, atingindo em média 2,87 segundos. O tempo necessário para a curva atingir sua altura máxima é mais ou menos proporcional à altura, precisando uma curva de 54mm de 11,5 segundos e uma de 10mm, de 2,5 segundos. O tempo médio é 6,93 segundos.

As inspirações apresentam diferenças individuais em taxa e amplitude; a taxa respiratória não varia tanto quanto a altura da curva galvanométrica, conforme se vê na tabela a seguir: 1.201

Altura da curva galvanométrica	Inspirações antes do estímulo	Subida da curva galvanométrica	Queda da curva galvanométrica
54mm	3,5 por cm	3,86 por cm	3,92 por cm
18,8mm	3,0 por cm	2,72 por cm	2,5 por cm
4,6mm	3,0 por cm	2,5 por cm	2,3 por cm

Portanto a mudança da taxa numa curva galvânica de 54mm não é tão grande quanto numa curva de 4,6mm. O fato de a respiração ficar mais vagarosa ou mais acelerada durante a subida da curva galvânica parece depender de cada indivíduo. A maioria, porém, apresenta um decréscimo de velocidade durante a subida e um aumento durante a queda da curva galvânica. 1.202

O número médio de inspirações antes do estímulo é 3,05 por cm; durante a subida da curva galvânica é 3,02 e durante a queda é 3,09 por cm. 1.203

A amplitude das inspirações não varia em proporção à taxa. Antes do estímulo a altura média das inspirações é 11,75mm, durante a subida da curva é 10,73mm e durante a queda é 11,45mm. 1.204

Parte III (fala espontânea). Nesta parte a altura média da curva galvânica é menor do que na parte anterior, ou seja, 17,9mm. Via de regra as curvas das diversas pessoas apresentam pequena variação na altura. Algumas curvas apresentam irregularidades antes do momento da fala, causadas em parte pela indecisão e, em parte, pela preparação para falar. Nas pessoas normais, a curva galvânica começa a subir no momento da fala ou mesmo um pouco antes. 1.205

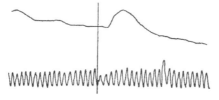

Fig. 1: *Estímulo da queda de um peso*. A resistência era muito alta no início do experimento e caiu durante o período de repouso até o momento do estímulo, como indicado pela linha vertical. O tempo de latência e a diminuição do número e amplitude das respirações aparecem claramente.

1.206　O número de inspirações por centímetro diminui durante a subida da curva galvânica e continua a diminuir enquanto a curva cai. A taxa média antes da fala é 3,5 por cm, durante a subida da curva galvânica é 3,15 por cm e durante a queda é 3,04 por cm. A altura média das inspirações antes da fala é 10,08mm, durante a subida da curva é 10,57mm e durante a queda 11,75mm. Portanto, a altura aumenta enquanto diminui o número.

1.207　*Na parte IV* há três estímulos: a queda de um peso, um apito e um quadro. Em cada caso, o estímulo não é apenas sensório, visual ou auditivo, mas possui também um componente psicológico. Quase todo estímulo, ao ser percebido ou recebido na consciência, está associado a complexos emocionais. Um apito suave é ouvido não apenas como um som, mas como um chamado, e está associado a muitas experiências do passado. Um quadro desperta várias outras associações. Naturalmente o fator pessoal tem aqui grande importância.

1.208　Os números são:

	Peso	Apito	Quadro
Altura da curva	17,94mm	18,2mm	19,72mm
Tempo de latência	2,55 seg.	2,82 seg.	3,03 seg.
Tempo para atingir o ápice da curva[5]	6,95 seg.	9,88 seg.	7,47 seg.

Nestes casos o tempo de latência aumenta com a altura da curva galvanométrica. O tempo para a curva alcançar seu máximo varia nos diferentes casos.

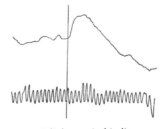

Fig. 2: *Fala espontânea*. A linha vertical indica o momento da fala. As irregularidades antes da fala aparecem claramente na curva galvanométrica. Na curva respiratória aparece claramente a diminuição da amplitude durante a subida da curva galvanométrica.

---

5. (Daqui em diante, abreviadas como "Altura", "Latência" e "Tempo para o ápice").

209   Em cada um dos casos a taxa respiratória aumenta durante a subida da curva galvânica; em um caso diminui e em dois aumenta durante a queda. A amplitude das respirações varia de modo idêntico, sendo menor durante a subida e aumentando de altura com o passar da emoção. Em forma de tabela, os números são:

	Inspirações por cm			Altura em mm		
	Peso	*Apito*	*Quadro*	*Peso*	*Apito*	*Quadro*
Antes do estímulo	3,01	2,75	2,88	12,02	12,05	12,46
Subida da curva	3,33	2,77	3,02	10,56	11,35	10,90
Queda da curva[6]	2,76	3,06	3,09	12,32	12,13	11,33

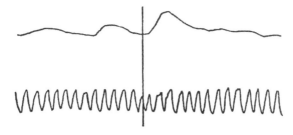

Fig. 3: *Estímulo do apito*. Há pequena curva de expectativa antes do movimento do estímulo. Aparecem claramente o período de latência e as mudanças na taxa e amplitude das respirações.

Parte V. Foram usadas como estímulo quatro frases curtas ou palavras. As frases foram ditas pelo experimentador e deixou-se entre cada uma o tempo suficiente para a curva galvânica poder voltar a seu nível mais baixo. Os números são:

1.210

	Frase 1	Frase 2	Frase 3	Frase 4
Altura	14,62mm	14,48mm	19,42mm	11,12mm
Latência	3,32 seg.	3, 10 seg.	2,83 seg.	3,15 seg.
Tempo para o ápice	8,13seg.	5,82 seg.	7,67 seg.	5,95 seg.

Como se vê na tabela, a altura da curva galvânica diminui gradualmente na segunda e quarta frases, enquanto é mais alta na terceira. A

---

6. (Também abreviadas como "Subida" e "Queda").

diminuição gradual em altura da curva galvânica era esperada e pode-se explicar isto pelo desaparecimento aos poucos da emoção. As duas primeiras frases eram triviais, mas a terceira geralmente se referia à pessoa experimental ou podia ser referida a si mesma pela própria pessoa, por isso a inervação mais forte e o aumento na altura da curva galvânica.

1.211　O tempo de latência e o tempo necessário para a curva atingir seu ponto máximo não conservam uma relação constante com a altura da curva galvânica.

1.212　As curvas respiratórias variam muito de frase para frase. Em resposta a duas frases a taxa respiratória diminui e nas outras duas aumenta durante a subida da curva galvânica. A amplitude das inspirações é sempre menor enquanto sobe a curva galvânica e a emoção continua atuando, mas aumenta aos poucos quando a emoção vai desaparecendo, conforme indica a tabela a seguir:

	Inspirações por cm				Altura em mm			
	Frase 1	Frase 2	Frase 3	Frase 4	Frase 1	Frase 2	Frase 3	Frase 4
Antes	2,84	2,97	2,71	3,05	12,85	12,59	13,74	12,23
Subida	3,04	2,78	2,57	3,41	11,63	11,27	12,81	11,76
Queda	3,09	2,74	3,13	3,46	12,13	11,98	13,38	13,07

1.213　A *parte VI* é o segundo período de repouso de quatro minutos. Em geral esta parte apresenta menos irregularidades do que a primeira, porque a pessoa experimental se acostumou ao experimento e está confortavelmente acomodada em seu lugar. Característica marcante dessa parte é a mudança de nível da curva respiratória tão logo a pessoa experimental é informada de que o experimento terminou, ficando livre da tensão involuntária em que foi mantida.

1.214　A taxa respiratória é menor do que no primeiro período de repouso. No começo as inspirações são 2,41 por cm em comparação com 2,91 por cm na primeira curva; ao final são 2,71 por cm em comparação com 2,79 por cm na primeira curva. A altura das inspirações é 12,57mm no início em comparação com 12,41 na primeira curva e 12,17mm ao final, comparada a 12,26mm na primeira curva.

1.215　O que denominamos curvas de expectativa são mudanças na curva galvânica que ocorrem enquanto a pessoa experimental espera pelo estímulo. Elas naturalmente variam de pessoa para pessoa. Algumas de nossas pessoas experimentais não apresentam sinal de curva de expectativa, enquanto outras apresentaram curvas bem acentuadas. Estas curvas são mais frequentes na primeira parte do experimento, sobretudo na parte II quando a pessoa espera pela queda do peso. Em altura confundem-se com as reações aos estímulos, mas são quase sempre mais baixas do que estas.

A altura média das curvas de expectativa é 15,70mm. Esta altura média se deve ao fato de a pessoa experimental que tem uma reação galvânica intensa a um estímulo ter muitas e acentuadas curvas de expectativa. O tempo médio para a curva atingir seu ponto máximo é 10 segundos e para voltar a seu nível primitivo é 12 segundos.   1.216

As inspirações desde o começo da subida até o topo da curva são em média 3,06 por cm.; durante a queda são em média 3,3 por cm. A amplitude média da respiração durante a subida é 10,18mm e durante a queda 10,56mm.   1.217

Fig. 4: *Curva de expectativa*. Mostra alterações na resistência elétrica e na respiração, devidas à atenção antecipatória.

Pode-se ver a partir da média de distribuição que há grandes diferenças individuais nas reações galvânicas; esta média se apresenta como um coeficiente que se obtém tomando a média da soma das diferenças entre cada valor e a média de todos os valores.   1.218

Parte II	peso	8,09
Parte IV	peso	8,71
	apito	2,75
	quadro	6,64
Parte V	frase 1	4,7
	frase 2	4,42
	frase 3	7,63
	frase 4	3,98

1.219   Este coeficiente, quando é grande, mostra que há muita diversidade entre os números dos quais é tirada a média; se for pequeno, significa que os números são quase iguais. Duas das pessoas experimentais tiveram curvas galvânicas extremamente altas, sendo, por isso, a média e o coeficiente maiores do que teriam sido se tivéssemos excluído esses dois casos. Eis a razão por que nossas médias são provavelmente mais altas do que as de outros observadores.

1.220   Os resultados pneumográficos são interessantes porque diferem dos obtidos por outros pesquisadores e porque apresentam uma relação diferente entre taxa e amplitude do que a esperada.

1.221   A tabela a seguir mostra as médias de todas as médias da taxa e amplitude respiratórias e a média de distribuição de cada uma.

	Inspirações por cm	Coeficiente	Altura em mm	Coeficiente
Antes	2,94	0,16	12,19	0,62
Subida	2,97	0,19	11,28	0,50
Queda	3,11	0,13	12,19	0,47

1.222   Podemos ver que a taxa respiratória aumenta a partir do momento do estímulo, enquanto a amplitude diminui sob o efeito da emoção e aumenta quando a emoção desaparece. Os coeficientes são baixos em todos os casos e mostram que os números, cuja média foi calculada, são praticamente iguais.

1.223   A relação entre a taxa respiratória e amplitude durante a subida e queda da curva galvânica e as altas e baixas reações galvânicas é interessante. Estas relações foram obtidas tomando-se as médias das somas das taxas e amplitudes respiratórias das reações altas e baixas de cada indivíduo antes e depois do estímulo. São elas:

Durante a subida
- alta
  - taxa — diminuição 0,05 por cm
  - amplitude — diminuição 1,17 por cm
- baixa
  - taxa — diminuição 0,06 por cm
  - amplitude — diminuição 1,06 por cm

Portanto, durante a subida, a diminuição da taxa é praticamente a mesma tanto nas reações altas quanto nas baixas, mas a diminuição da amplitude é maior nas reações mais altas. 1.224

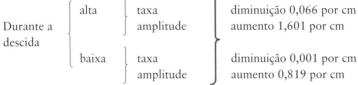

Durante a queda da curva galvânica a taxa diminui mais nas reações maiores do que nas menores, e também a amplitude aumenta mais nas reações maiores do que nas menores. 1.225

É provável que, durante a subida da curva, parte da inervação corporal seja consumida pelas diversas tensões musculares e emocionais etc., e consequentemente quanto mais o indivíduo reage com outras inervações, menos será consumido na respiração. Isto pode explicar a diminuição da taxa e da amplitude nas reações maiores. Durante a queda da curva galvânica, mais inervação é provavelmente concentrada outra vez na respiração, mas principalmente na profundidade; a taxa diminui em algumas das reações maiores. 1.226

A relação entre taxa e amplitude antes e depois da reação mostra que há um aumento da taxa e da amplitude após reações fortes, e uma diminuição da taxa e aumento da amplitude após reações fracas. 1.227

A tabela a seguir foi obtida comparando-se a taxa e a amplitude antes do estímulo com a taxa e a amplitude durante a subida da curva galvânica, e a taxa e a amplitude durante a queda da curva galvânica com a taxa e a amplitude durante a subida da curva galvânica. 1.228

Antes do estímulo	alta	taxa	aumento 0,156 por cm
		amplitude	aumento 0,213mm
Após a reação	baixa	taxa	diminuição 0,091 por cm
		amplitude	aumento 0,093mm

Mostra a tabela que as diferenças nas mudanças respiratórias são maiores nos casos de reações galvânicas mais fortes.

1.229   Pelo que se pôde constatar, não houve relação regular entre a altura das reações galvânicas e a resistência corporal do indivíduo no começo do experimento.

PESSOAS EXPERIMENTAIS ANORMAIS

1.230   Estas pessoas eram pacientes sofrendo de epilepsia, *dementia praecox*, paralisia geral, alcoolismo crônico, psicoses alcoólicas e demência senil.

1.231   As condições do experimento foram exatamente as mesmas como no caso das pessoas experimentais normais, exceto que em muitos casos não pôde ser usado o pneumógrafo.

Epilepsia

1.232   Neste grupo havia nove pessoas, sendo que a maioria apresentava doença mental grave. Entre elas, incluímos um caso de epilepsia traumática com imbecilidade congênita e um caso de epilepsia com histeria. Uma das pessoas foi submetida ao teste logo após um ataque de *petit mal*. Neste caso as reações aos estímulos comuns foram fracas ou nulas, mas quando o paciente foi ameaçado com picada de agulha houve uma deflexão galvanométrica de 20mm. Esta mudança se operou bem lentamente e a curva continuou alta por vários minutos. A ameaça da picada da agulha é um estímulo muito forte e provoca reações em quase todos os casos em que não predomina a *dementia*. Neste caso o apito produziu uma oscilação de 4 mm e o peso, uma de 2,8mm. Os outros estímulos nada produziram. O tempo de latência em relação ao apito foi de 5 seg. e em relação à agulha foi de 15 seg. Foram precisos 21 seg. para a curva, produzida pela agulha, atingir seu ponto máximo.

1.233   Neste grupo as diferenças entre as reações a estímulos físicos e psicológicos foram mais acentuadas do que nas pessoas experimentais normais. Em todos os casos o período de repouso mostrou pouca mudança. Apenas uma pessoa apresentou o que se poderia chamar de uma curva de expectativa.

Cinco pessoas reagiram à queda do peso, parte II. As reações va- 1.234
riaram de 3,2mm a 35,6mm. A reação mais forte ocorreu no caso de
epilepsia com histeria. Os três casos que não regiram eram pessoas
com grave doença mental. As médias dos casos que reagiram foram:

Altura	7,5mm
Latência	2,25 seg.
Tempo para o ápice	6,00 seg.

As medidas pneumográficas foram: 1.235

	Inspir. por cm	Altura média em mm
Antes	2,6	12,28
Subida	2,6	9,73
Queda	2,71	10,81

A reação galvanométrica é aproximadamente apenas um terço 1.236
da altura da normal. As medidas pneumográficas são praticamente as
mesmas como nos casos normais.

A fala espontânea (parte III) só pôde ser testada em três casos. 1.237
Nestes casos, o tempo de latência foi em média 2 seg., em contraste
com os casos normais onde a curva começa a subir no momento da
fala. Os valores dos três casos foram:

Altura	14,66mm
Latência	2,0 seg.
Tempo para o ápice	5,5 seg.

Estes valores são mais baixos do que os das pessoas normais. Os 1.238
resultados pneumográficos foram:

	Inspir. por cm	Altura média em mm
Antes	3,5	10,92
Subida	3,3	11,52
Queda	2,9	13,62

Nos casos normais, a amplitude diminui a partir do momento do estímulo; aqui aumenta.

A parte IV (três estímulos físicos: peso, apito e quadro) não pro- 1.239
vocou reação alguma em três casos de doentes mentais.

1.240   Valores de cinco casos:

	Peso	Apito	Quadro
Altura	26,6mm	23,6mm	15,4mm
Latência	2,3 seg.	3,5 seg.	2,83 seg.
Tempo para o ápice	6,6 seg.	6,75 seg.	5,3 seg.

1.241   Nos casos normais, a reação maior foi para o quadro. O peso – estímulo que provocou o menor número de associações – causou a reação mais fraca. As medidas pneumográficas em três casos foram:

	Inspirações por cm			Altura média em mm		
	Peso	Apito	Quadro	Peso	Apito	Quadro
Antes	2,8	3,0	2,7	8,05	8,23	8,34
Subida	2,5	2,96	3,6	7,1	9,37	6,51
Queda	3,11	3,1	2,9	6,74	8,38	8,03

1.242   Nos casos normais a altura é sempre menor durante a subida da curva galvânica; aqui ela varia muito.

1.243   A parte V (frases) provocou reações comparativamente fracas em todos os casos. Em quatro casos de doentes mentais não houve reação alguma. As medidas relativas a quatro casos foram:

	Frase 1	Frase 2	Frase 3	Frase 4
Altura	13,4mm	7,8mm	4,5mm	4,5mm
Latência	3,0 seg.	3,3 seg.	5,0 seg.	3,0 seg.
Tempo para o ápice	3,6 seg.	5,0 seg.	5,0 seg.	3,0 seg.

1.244   As reações diminuem de intensidade da primeira até a terceira frase. As curvas pneumográficas deram as seguintes medidas:

	Inspirações por cm			
	Frase 1	Frase 2	Frase 3	Frase 4
Antes	3,5	3,0	3,0	4,0
Subida	4,0	3,0	3,0	3,0
Queda	3,1	3,3	3,3	2,5

	Altura média em mm			
	Frase 1	*Frase 2*	*Frase 3*	*Frase 4*
Antes	7,2	6,7	5,6	7,0
Subida	6,1	7,5	6,0	5,5
Queda	6,8	6,0	6,6	5,5

A parte VI (o segundo período de repouso) não apresentou nada. 1.245

Em todos estes casos de vários graus de *dementia*, as oscilações galvânicas estavam em relação direta com o grau de embotamento mental; os casos mais graves de insanidade mental tiveram pequena ou nenhuma reação. Nesses casos mais graves, as reações são semelhantes às da pessoa acima mencionada, submetida ao teste após um ataque de *petit mal*: somente houve reação aos estímulos que causariam dor. O problema desse fenômeno é totalmente uma questão de falta de associações. 1.246

Dementia praecox

Os casos desse grupo encontravam-se em vários estágios da doença. Por isso as reações variam consideravelmente. Cada forma da doença será discutida em separado. 1.247

Catatonia

Havia onze casos de catatonia, variando do estupor completo até o estado de convalescença. Nossos resultados são altos porque um convalescente produziu reações de uma pessoa normal. Os casos de estupor praticamente não reagiram aos estímulos comuns; nos casos de estado depressivo, as reações também foram pouco expressivas. 1.248

A curva do período de repouso varia de acordo com o estado da pessoa experimental. Nos pacientes em estado de alucinação ativa, a curva é muitas vezes bem irregular; nos pacientes em estado de estupor, ela se aproxima de uma linha reta. 1.249

O pneumógrafo não foi usado. 1.250

1.251   A parte II (queda do peso) provocou reação em quase todos os casos, variando de 1,8mm, num paciente mais deprimido, a 6mm, num paciente com alucinações ativas, e 43,2mm num convalescente. A deflexão média de onze casos foi 6,8mm.

1.252   Não foi possível utilizar a parte III (fala espontânea) com esses pacientes.

1.253   A parte IV (três estímulos físicos) causou várias reações, como nos casos normais. Em cinco casos de pacientes em estado de estupor e de depressão, o apito não causou reação alguma.

1.254   A queda do peso produziu uma deflexão de 6,3mm, o apito 2,4mm e o quadro 3,9mm. Como nos grupos do epiléticos, a queda do peso provocou as maiores reações.

1.255   A parte V (quatro frases) produziu em cada um dos casos reações menores do que os estímulos físicos. A pessoa que reagiu à queda do peso com 43,2mm reagiu às frases com uma deflexão de 6 a 14mm. As médias das quatro frases foram:

| Frase 1 | 2,01mm | Frase 3 | 2,6mm |
| Frase 2 | 2,3mm | Frase 4 | 1,9mm |

1.256   A curva do segundo período de repouso não apresentou nada.

Hebefrenia

1.257   Havia onze pessoas experimentais sofrendo desse tipo de doença. Os números, ainda que não muito diferentes dos do grupo anterior, são bastante diferentes dos das pessoas normais.

1.258   Como no grupo anterior, a curva do período de repouso é irregular quando o paciente tem alucinações declaradas.

1.259   A queda do peso (parte II) provocou uma reação mais fraca do que no grupo anterior, sendo a média da deflexão 5mm.

1.260   A fala espontânea (parte III) deu em quatro casos uma deflexão média de 2,6mm.

1.261   Os três estímulos físicos (parte IV) provocaram as seguintes reações: queda do peso 6,8mm, apito 3,5mm e quadro 4,4mm. Como nos grupos anteriores, a queda do peso provocou a maior reação.

A parte V (frases) provocou reação menor aqui do que no grupo anterior, mas uma reação média bem menor do que os estímulos físicos. Os números são:

Frase 1	2,6mm	Frase 3	3,8mm
Frase 2	1,3mm	Frase 4	4,2mm

1262

Grupo paranoide

Há quatro pessoas experimentais neste grupo: um no estágio inicial, dois algo dementes e um com doença mental grave. Este último não reagiu a nenhum estímulo. O pneumógrafo foi usado em dois casos.

1.263

O período de repouso foi praticamente o mesmo da pessoa experimental normal.

1.264

A parte II (queda do peso) produziu reações mais fracas do que nos grupos anteriores, sendo a média 4,8mm. O tempo de latência teve a média de 3 seg. e o tempo para a curva atingir seu ponto máximo foi de 7 seg. A subida e a queda dessas curvas foram mais lentas do que nos casos normais. As medidas pneumográficas de dois casos são:

1.265

	Inspirações por cm	Altura média em mm
Antes	2,5	13,1
Subida	2,94	8,1
Queda	2,63	11,8

Os números estão bastante próximos dos obtidos nos casos normais.

A parte III (fala espontânea) foi tentada com dois casos, sendo a deflexão média 4,6mm. As medidas pneumográficas são as dos casos normais.

1.266

	Inspirações por cm	Altura média em mm
Antes	3,2	11,78
Subida	2,92	9,2
Queda	2,52	10,76

A parte IV (três estímulos físicos) apresentou valores semelhantes aos das pessoas normais, sendo o maior a reação ao quadro. Os números são os seguintes:

1.267

	Peso	Apito	Quadro
Altura	5,8mm	5,4mm	7,0mm
Latência	2,5 seg.	2,0 seg.	2,0 seg.
Tempo para o ápice	6,0 seg.	6,0 seg.	5,5 seg.

1.268   As medidas pneumográficas da profundidade das inspirações são praticamente iguais às das pessoas normais. A taxa varia de caso para caso, de modo aparentemente fortuito.

	Inspirações por cm			Altura média em mm		
	Peso	*Apito*	*Quadro*	*Peso*	*Apito*	*Quadro*
Antes	3,0	2,7	3,0	11,9	11,61	16,91
Subida	2,78	3,2	4,0	9,32	9,50	11,25
Queda	2,95	3,16	2,91	12,54	11,53	11,31

1.269   *Parte V.* As reações às frases são pouco mais fortes do que nas outras formas de *dementia praecox*. Os números são:

	Frase 1	Frase 2	Frase 3	Frase 4
Altura	5,2mm	3,2mm	2,6mm	3,0mm
Latência	3,0 seg.	5,0 seg.	3,0 seg.	3,0 seg.
Tempo para o ápice	4,5 seg.	5,0 seg.	2,0 seg.	1,0 seg.

Somente damos as curvas pneumográficas das duas primeiras frases, as duas outras são inaproveitáveis.

	Inspirações por cm		Altura média em mm	
	Frase 1	*Frase 2*	*Frase 1*	*Frase 2*
Antes	3,2	3,0	12,52	13,58
Subida	3,16	2,99	12,16	12,1
Queda	2,5	2,48	13,0	12,22

1.270   A curva do segundo período de repouso foi regular em todos os casos.

Alcoolismo crônico

1.271   Há três casos neste grupo: alcoólicos comprovados mas sem *dementia*. Damos apenas as medidas galvanométricas. As pessoas experimentais reagiram muito depressa e a maioria delas de forma mais intensa a todos os estímulos do que as pessoas normais.

O primeiro período de repouso não mostrou nada. 1.272

A parte II (queda do peso) causou uma deflexão de 23,3mm, 1.273
maior do que em qualquer outro grupo.

A parte III (fala espontânea) causou uma deflexão de 18,6mm. 1.274

A parte IV (três estímulos físicos: queda de peso, apito e quadro) 1.275
causou as seguintes deflexões: peso 24mm, apito 24mm, quadro 28mm.
Estas reações são maiores do que as das pessoas normais. A relação das
reações aos vários estímulos é praticamente igual nestas e nas pessoas normais: as reações ao quadro são as mais fortes e as reações ao
peso e ao apito são praticamente iguais.

A parte V (quatro frases) provocou reações em geral maiores do 1.276
que nos casos normais, sendo na frase 1: 8,6mm, na frase 2: 2,16mm,
na frase 3: 20mm e na frase 4: 14mm.

Psicose alcoólica

Houve três casos de psicose alcoólica que podem ser compara- 1.277
dos com o último grupo. Neste grupo todas as reações são mais fracas
do que nos casos sem *dementia*, e as reações mais fracas aos estímulos
psicológicos são especialmente surpreendentes.

A queda do peso causou uma deflexão de 9,06mm, em contraste 1.278
a 23,3 mm do último grupo.

A fala espontânea causou uma reação de 6,8mm. 1.279

As reações aos três estímulos físicos são muito interessantes. O qua- 1.280
dro causou uma deflexão de apenas 7,6mm, em comparação ao peso
com 16 mm e ao apito com 13mm. As reações são diretamente proporcionais à natureza física dos estímulos. O quadro que, em casos normais
causou o maior número de associações e as maiores emoções, aqui provocou o menor número de associações e as reações mais fracas.

A redução das reações aos estímulos mentais pode ser vista de 1.281
novo nas frases, onde também são fracas.

Frase 1	Frase 2	Frase 3	Frase 4
3,3mm	1,3mm	5,6mm	2,5mm

Aqui a redução é proporcionalmente bem maior do que em qualquer outro grupo.

Paralisia geral

1.282 Foram examinados nove casos de paralisia geral. Dois estavam em estado de euforia e um em fase de remissão. Os outros seis casos estavam em estado de demência e apatia, dificilmente apresentando alguma reação aos diversos estímulos.

1.283 O período de repouso não apresentou nada nos casos de demência; nos outros casos pudemos observar algumas irregularidades.

1.284 A parte II (queda do peso) causou fortes reações nos dois casos de euforia e no caso de remissão, mas nenhuma reação nos casos de demência.

Altura	21,1mm
Latência	2,2 seg.
Tempo para o ápice	6,6 seg.

1.285 As medidas pneumográficas estão próximas ao normal desses casos.

	Inspir. por cm	Altura média em mm
Antes	3,25	8,7
Subida	3,1	7,2
Queda	3,4	9,6

1.286 As medidas pneumográficas de dois casos sem reações galvânicas são:

	Inspir. por cm	Altura média em mm
Antes do estímulo	2,5	21,37
Após o estímulo	3,0	22,3

1.287 Não foi possível tentar a fala espontânea.

1.288 A parte IV (três estímulos físicos) causou as seguintes reações nos três casos:

	Peso	Apito	Quadro
Altura	9,4mm	25,8mm	15,05mm
Latência	2,5 seg.	2,3 seg.	2,6 seg.
Tempo para o ápice	4,0 seg.	7,0 seg.	4,1 seg.

1.289 A reação, com alta média, ao apito deve-se à reação do paciente em fase de remissão, chegando a 70mm. Observe-se que a queda do peso causou as menores reações nesses casos. As medidas pneumográficas dos três casos são:

	Inspirações por cm			Altura média em mm		
	Peso	*Apito*	*Quadro*	*Peso*	*Apito*	*Quadro*
Antes	3,0	3,0	3,65	5,5	5,5	7,9
Subida	3,0	3,0	3,2	4,5	9,1	7,9
Queda	3,0	2,9	3,5	4,8	8,8	7,8

No caso de dois pacientes sem reação galvânica, as medidas pneumográficas são: 1.290

	Inspirações por cm			Altura média em mm		
	Peso	*Apito*	*Quadro*	*Peso*	*Apito*	*Quadro*
Antes	2,0	3,0	2,0	20,5	20,45	18,5
Após	2,0	2,5	2,0	21,12	20,50	19,0

Parte V. Damos os resultados referentes a três frases. Quatro pessoas experimentais reagiram a estes estímulos. 1.291

	Frase 1	Frase 2	Frase 3
Altura	16mm	9,58mm	18,0mm
Latência	4 seg.	2,5 seg.	1,5 seg.
Tempo para o ápice	5 seg.	4,7 seg.	5,5 seg.

Estas reações são quase iguais às das pessoas experimentais normais. As medidas pneumográficas desses casos são: 1.292

	Inspirações por cm			Altura média em mm		
Antes	3,5	3,0	3,0	7,4	7,1	10,3
Subida	4,0	3,3	3,3	10,0	8,6	9,0
Queda	4,0	4,6	4,5	11,0	8,1	9,2

As medidas pneumográficas de dois casos sem reação galvânica são: 1.293

	Inspirações por cm		Altura média em mm	
	Frase 1	*Frase 2*	*Frase 1*	*Frase 2*
Antes	2,75	3,0	20,75	20,40
Após	2,75	2,75	21,30	21,50

As pessoas paréticas no estado de euforia ou em estágio de remissão, quando a demência não é acentuada, reagem bem aos diversos estímulos. Demonstram interesse bem ativo no experimento, o que pode explicar a reação galvânica bastante ampla. Mas as pessoas pa- 1.294

réticas em estado de demência não reagem nem aos estímulos simples e correspondem aos outros casos de demência.

Demência senil

1.295 Houve onze casos de demência senil. A maioria não reagiu aos estímulos. Em alguns casos nem a picada da agulha produziu alguma oscilação galvânica.

1.296 A queda do peso provocou uma reação em três casos. O desvio médio desses casos foi de 5mm.

1.297 A fala espontânea (parte III) não pôde ser tentada devido à demência.

1.298 Os três estímulos físicos (parte IV) produziu medidas menores do que as obtidas em qualquer outra doença; a queda do peso deu uma deflexão média de 1mm, o apito 1,8mm e o quadro 4mm. A reação relativamente forte, causada pelo quadro, é interessante.

1.299 Os estímulos mentais, ou seja, as frases (parte V) causaram reação muito pequena.

Frase 1	Frase 2	Frase 3	Frase 4
0,6mm	0,6mm	0,2mm	0,8mm

1.300 A tabela a seguir dá um resumo das medidas galvânicas em mm de todas as pessoas experimentais:

	Peso	Fala esp.	Peso	Apito	Quadro	Frases 1	2	3	4
Normal	20,6	17,9	17,94	18,2	19,72	14,62	14,48	19,42	11,12
Epilepsia	7,5	14,66	26,6	23,6	15,4	13,4	7,8	4,5	4,5
Catatonia	6,8	–	6,3	2,4	3,9	2,01	2,3	2,6	1,9
Hebrefenia	5,0	2,6	6,8	3,5	4,4	2,6	1,3	3,8	4,2
Demência paranóide	4,8	4,6	5,8	5,4	7,0	5,2	3,2	2,6	3,0
Alcoolismo crônico	23,3	18,6	24,0	24,0	28,0	8,6	16,0	20,0	14,0
Psicose alcoólica	9,06	6,8	16,0	13,0	7,6	3,3	1,3	5,6	2,5
Paralisia geral: euforia e remisão	21,1	–	9,4	25,8	15,05	16,0	9,58	18,0	–
Paralisia geral: demência	–	–	–	–	–	–	–	–	–
Demência senil	5,0	–	1,0	1,8	4,0	0,6	0,6	0,2	0,8

Mostra a tabela que em cada caso os estímulos físicos provoca- 1.301
ram uma oscilação galvânica menor do que os psicológicos, mas nos
casos em que a deterioração intelectual é acentuada, a redução é proporcionalmente maior do que em outros casos.

A intensidade da reação parece depender em parte da atenção 1.302
que a pessoa experimental dá ao teste. Em casos de *dementia praecox*, onde os complexos internos dominam a emoção e a atenção, as
reações são pequenas; no alcoolismo e na paralisia geral eufórica,
onde a excitabilidade é muito grande, as reações são correspondentemente maiores. Na demência orgânica, onde se perdeu toda e qualquer força associativa, as reações são praticamente nulas. Na demência senil, quando a demência é bem acentuada, até a picada da agulha
não provoca resposta alguma.

As medidas pneumográficas nesses casos são aproximadamente 1.303
as mesmas dos casos normais. Evidentemente não há regra para a
taxa, mas a amplitude em geral decresce enquanto persistir o fenômeno galvânico.

Os fatos a seguir mostram que a oscilação galvânica é produzida 1.304
pelo fator psicológico[7] e não físico de um estímulo.

A reação é a maior quando o estímulo evoca grande número de 1.305
associações como, por exemplo, no caso do quadro.

O estímulo que causa dúvida e perplexidade vem acompanhado 1.306
de oscilação galvânica acentuada, quando, por exemplo, o estímulo é
uma palavra isolada.

Em casos de demência, quando as associações são poucas, as rea- 1.307
ções também são fracas.

A intensidade física de um estímulo não mantém uma relação re- 1.308
gular com a força da reação galvânica.

A força da reação varia exclusivamente de acordo com as conste- 1.309
lações psicológicas. Isto aparece bem num caso normal onde um apito comum provocou apenas leve reação, mas o apito característico de

---

7. BINSWANGER, L. Über das Verhalten des psycho-galvanischen Phänomens beim
Assoziationsexperiment. In: JUNG, C.G. (org.). *Diagnostische Assoziationsstudien*.
Leipzig: [s.e.], 1910.

um clube ao qual pertenceu a pessoa no tempo escolar provocou uma oscilação muito grande.

1.310 Quando a atenção não está voltada para o estímulo, a reação é pequena ou nula. Por isso não há reações quando a atenção está seriamente prejudicada. Isto pode ser provado fazendo a pessoa experimental contar números ou desenhar linhas num papel acompanhando as batidas de um metrônomo. Neste caso as reações são quase nulas.

Resumo

1.311 Dos experimentos acima, podemos concluir:

1. A reação galvânica depende da atenção ao estímulo e da capacidade de associá-lo a outros acontecimentos anteriores. Esta associação pode ser consciente, mas em geral é inconsciente[8].

2. Em nossos experimentos, os estímulos físicos causaram em geral oscilações galvânicas maiores do que os estímulos psicológicos. É possível que isto se deva ao fato de os estímulos físicos terem ocorrido antes dos psicológicos, pois os primeiros estímulos provocaram quase sempre reações maiores do que os últimos.

3. As reações normais variam muito de pessoa para pessoa, mas são quase sempre maiores do que as reações patológicas.

4. Na depressão e no estupor, as reações galvânicas são fracas porque a atenção é pouca e as associações são inibidas.

5. No alcoolismo e no estado eufórico da paralisia geral, as reações são fortes devido à grande excitabilidade.

6. Na demência as reações são praticamente nulas devido à ausência de associações.

7. As reações apresentam grande variação individual e, dentro de certos limites bastante amplos, são completamente independentes da resistência corporal primitiva.

---

8. (Originalmente: subconsciente).

As medidas pneumográficas podem ser resumidas assim:

a) A taxa inspiratória varia de acordo com a pessoa, não havendo regra geral.

b) A amplitude das inspirações geralmente diminui durante a subida da curva galvânica.

c) Esta diminuição da amplitude não tem relação com a altura da curva galvânica, mas varia de pessoa para pessoa.

d) Nos casos de demência, onde não há reação galvânica, existem mudanças na respiração, mas são muito pequenas.

REFERÊNCIAS

DELABARRE, E.B. Über Bewegungsempfindungen. Friburgo em Brisgóvia: [s.e.], 1891 [Recensão em *Revue philosophique de France et de l'étranger*, XXXIII, 1892, p. 342-343. Paris].

FÉRÉ, C.S. "Note sur des modifications de la résistence électrique sous l'influence des excitations sensorielles et des émotions". *Comptes rendus hebdomadaires des séances et mémoires de la Société de Biologie*, XI, 3 de março de 1888, p. 217-219. Paris.

_____. "Notes sur des modifications de la tension électrique dans le corps humain". *Comptes rendus hebdomadaires des séances et mémoires de la Société de Biologie*, 14 de janeiro de 1888, p. 28-33. Paris.

MENTZ, P. Die Wirkung akustischer Sinnesreize auf Puls und Atmung. In: WUNDT, W. *Philosophische Studien*. XI, Leipzig: [s.e.], 1893.

MOSSO, A. *Über den Kreislauf des Blutes im menschlichen Gehirn*. Leipzig: [s.e.], 1881.

MOSSO, A. & FÜRSTENAU. Die elektrischen Vorgänge an der menschlichen Haut, 1906.

STICKER, G. "Über Versuche einer objektiven Darstellung von Sensibilitätsstörungen". *Wiener klinische Rundschau*, II, 1897, p. 497-501, 514-518. Viena.

TARCHANOFF, J. "Über die galvanischen Erscheinungen an der Haut des Menschen bei Reizungen der Sinnesorgane und bei verschiedenen Formen der psychischen Tatigkeit". (*Pfüger's*) *Archiv für die gesamte Psychologie*, XLVI, 1890, p. 46-55. Bonn/Leipzig.

VERAGUTH, O. "Das psycho-galvanische Reflex-Phänomen". *Monatsschrift für Psychiatrie und Neurologie*, XXI/5, 1906, p. 387-425. Berlim.

_____. "Le Réflexe psycho-galvanique". *Archives de psychologie de la Suisse romande*, VI, 1906, p. 162-163. Genebra.

VIGOUROUX, A. *Étude sur la résistence électrique chez les mélancoliques*. Paris: [s.e.], 1890.

VIGOUROUX, R. "Sur la résistence électrique considérée comme signe clinique". *Le Progrès medical*, XVI, 21/01 e 04/02/1888, p. 45-47, 86-88. Paris.

_____. "L'Electricité du corps humain". *Comptes rendus hebdomadaires des séances et mémoires de la Société de Biologie*, XL, 11/02/1888, p. 138-142. Paris.

ZONEFF, R. & MEUMANN, E. Über Begleiterscheinungen psychischer Vorgänge in Atem und Puls. In: WUNDT, W. (org.). *Philosophische Studien*. XVIII. Leipzig: [s.e.], 1900.

(Indicações mais completas, cf. referências ao final do livro)

Apêndice

XV

Dados estatísticos de um recrutamento[*]

Na qualidade de membro de uma comissão médica, tive oportu- 1.312
nidade de fazer algumas observações, no outono passado, que talvez
possam interessar a um que outro colega e animá-lo a fazer observações semelhantes.

O recrutamento a que assisti aconteceu em Luzerna e redondeo- 1.313
zas. No primeiro dia apresentou-se um material humano de qualidade incrivelmente baixa. Ao menos foi esta a minha impressão - era a
primeira vez que me via envolvido num recrutamento. Se bem me
lembro, nem a metade dos recrutas estava em condições satisfatórias.
Depois ficou pior ainda. Houve lugares onde nem 30% era aprovei-
tável, diga-se a propósito que não eram regiões industriais, mas vilas
camponesas em lugares ricos e férteis. A impressão do primeiro dia
do recrutamento, isto é, o fato de tantos homens mentalmente inferiores se terem apresentado para exame, levou-me a contar quantos deles eram manifestamente imbecis. Uma vez que se atribui ao psiquiatra um julgamento muito severo em questões de diagnóstico da deficiência mental, só relacionei aqueles casos que seriam imediatamente
classificados de "idiotas" também pelo leigo em psiquiatria. Omiti
vários casos em que, após rápido exame[1], tive a firme convicção de se

---

[*] (Publicado em *Correspondenz-Blatt für Schweitzer Ärzte*, XXXVI/4, 15.02.1906, p. 129-130, Basileia. Jung foi oficial-médico do exército suíço de 1901 a 1930).

[1] É preciso considerar que as formalidades do recrutamento criam uma situação incomum para muitas pessoas, entrando elas num estado de estupefação duradoura (a chamada estupidez emocional) que as fazia parecer mais bobas do que realmente eram.

tratar de debilidade mental, mas que não seriam percebidos assim de imediato pelo leigo. O material examinado consistia de 506 homens; desses, 47 eram claramente imbecis, portanto 9,2%! 211 eram da cidade, sendo 5,6% imbecis. Da região campesina eram 232 homens[2], sendo 13% imbecis. A grande diferença entre cidade e campo poderia ser explicada pelo fato de confluírem para as cidades sobretudo as pessoas mais inteligentes e comunicativas, ficando no campo os menos inteligentes e tórpidos. A diferença entre cidade e campo provavelmente não significa nada mais do que um sintoma da atual migração para a cidade. A imbecilidade de meus casos era tão óbvia que, se alguns deles cometessem algum crime, o laudo psiquiátrico diria que a pessoa não era responsável por seus atos. Se meus números se confirmassem em geral, 9% dos jovens suíços seriam irresponsáveis por suas ações. Este número é espantosamente alto a ponto de lançar uma luz sobre o nível intelectual de nosso povo, sobretudo da população rural. Os números ainda maiores da inaptidão física nos levam a perguntar se esta inferioridade sempre existiu ou se aqui nos deparamos com uma degeneração. Seja como for, valeria a pena um estudo desse problema, em conexão com o recrutamento, por diversas razões teóricas e econômicas.

1.314   Neste contexto é preciso considerar o fato de que na região do recrutamento a que me refiro, os camponeses tinham o estranho costume de vender todo o leite para as fábricas de queijo, alimentando os filhos com café e aguardente. (Algo semelhante se diz do cantão de Berna).

1.315   Examinando os recrutados que se queixavam à Comissão de algum problema, fiquei pasmo com o grande número de alcoólicos. Para evitar mal-entendidos, só relacionei aqueles casos que também meus colegas consideravam como expressamente alcoólicos. Só considerei, portanto, os casos que se apresentavam como de alcoolismo crônico, através de tremor, sintomas no coração ou fígado e com eventuais indícios de polineurite. Meu material consistia de 78 homens, quase todos entre 20 e 30 anos de idade. Desse total, 10 (ou

---

2. Os restantes provinham da população semicitadina de Kriens, por isso foram omitidos.

seja, 12,9%) tiveram que ser liberados como inaptos para o serviço militar devido ao alcoolismo crônico. Este número, porém, não aparece em nenhuma estatística oficial porque essas pessoas não são classificadas sob a rubrica alcoolismo, mas sob o título mais decente das sequelas alcoólicas como, por exemplo, dilatação ou hipertrofia do coração, catarro gástrico crônico, nefrite crônica etc. Com isso é dispensado aos alcoólicos um tratamento mais moderado que muitas vezes tem origem numa consideração de respeito à pessoa, mas que, em última análise, só leva ao encobertamente altamente prejudicial do fato de que anualmente nossas forças armadas perdem um número desproporcionalmente alto de homens fortes por causa do alcoolismo. O pior de tudo é que não se trata de pessoas idosas, mas do grupo etário mais vigoroso. O que dizer do exército todo, se este pequeno estrato já apresenta semelhantes números!

XVI

Novos aspectos da psicologia criminal*

Uma contribuição ao método empregado no diagnóstico psicológico da ocorrência (*Tatbestandsdiagnose*)[1]

1.316 Um experimento bem simples, que visa levar um indivíduo a responder com a primeira palavra que lhe vem à mente a uma palavra-estímulo dada, tornou-se o ponto de partida de uma longa série de problemas psicológicos que interessam não só aos psicólogos mas também aos juristas e psiquiatras.

---

* Tradução de "Le nuove vedute della psicologia criminale, contributo al método della 'Diagnosi della conoscenza del fatto' (Tatbestandsdiagnostik)". In *Rivista di psicologia applicata* IV/4, julho-agosto 1908, p. 285-304, Bolonha. O artigo foi traduzido para o italiano por L. Baroncini a partir de um manuscrito alemão que nunca mais foi encontrado. Parte do artigo foi incorporado à preleção de Jung na Clark University, "O método da associação"; cf. § 957, nota e 3 e 9 a seguir.

1. (Nota editorial da versão italiana, provavelmente pelo editor da *Rivista* G. Cesare Ferrari, diretor do hospital provincial de doenças nervosas em Imola: "*Tatbestandsdiagnostik* é uma daquelas palavras sem sentido, ao menos para nós, que só os alemães sabem cunhar. Mas o assunto a que se refere esta palavra inapropriada é tão importante que precisamos encontrar um termo significativo. Não é a primeira vez que surge esta dificuldade; foram propostas, entre outras, expressões como "associações com objetivo diagnóstico", "autoacusação involuntária através de associações", "diagnóstico de complexos de ideias". Cada uma delas é contestável. Baroncini, que traduziu para o italiano a obra original de Jung, procurou ser fiel à fraseologia alemã do texto. Propõe, no entanto, mudar a expressão para "diagnóstico do conhecimento do fato", uma substituição lógica, que tem a desvantagem de precisar duas páginas de interpretação. Na falta de coisa melhor, adotamos esta formulação, esperando, porém, que os organizadores do Congresso de Psicologia, em Genebra, possam encontrar melhor solução).

Não é minha intenção dar aqui uma visão geral de todos os experimentos de associação; gostaria de chamar a atenção apenas para uma das serventias desse experimento que pode interessar a psicólogos práticos e a criminalistas. É o chamado diagnóstico da ocorrência (a tradução italiana usa a expressão "diagnóstico do conhecimento do fato"), ou seja, o diagnóstico psicológico de um crime[2]. Este termo é algo pretensioso; na prática, os adeptos desse método contentam-se com resultados mais modestos do que o diagnóstico infalível de um crime. A despeito dessa limitação, existem alguns – e não são poucos – que negam qualquer utilidade prática ao experimento e afirmam que não há nele interesse algum; contudo, este exagero mostra, como acontece muitas vezes, que é possível passar de um extremo a outro. Por um lado, há pessoas trabalhando neste campo que não ousam esperar que se possa desenvolver um processo psicológico capaz de fornecer um diagnóstico seguro após algumas poucas investigações preliminares. No entanto, a medicina possui um número bem elevado desses métodos que tiveram aceitação somente após um trabalho estafante. No campo da psicologia, o progresso não se faz com facilidade. Por outro lado, é necessário considerar como oposição fácil aquela que se baseia nos primeiros fracassos do método; alguns como Heilbronner negam que possa haver qualquer utilidade no emprego do experimento. Desse modo, a oposição resvala para um ceticismo que não parte do conhecimento e da crítica séria, mas de um julgamento lamentavelmente superficial[3]. 1.317

O problema do diagnóstico da ocorrência é atualmente da maior importância para os psicólogos; para os criminalistas até agora é de interesse apenas acadêmico, pois estamos longe de seu uso prático 1.318

---

2. Sobre a história, literatura e técnica do experimento, cf. O diagnóstico psicológico da ocorrência (cap. VI deste volume). Boa descrição dos testes de laboratório e de muitas questões metodológicas encontra-se em GROSS, A. *Kriminalpsychologische Tatbestandsforschung* (1907). O uso do experimento de associações para fins criminalísticos foi sugerido pela primeira vez por Wertheimer e Klein (1904). Quanto à importância geral do experimento de associações, cf. a obra por mim editada, *Estudos diagnósticos de associações* (1906).

3. SCHNITZLER. Dissertação médica. Utrecht 1907 (*Experimentelle Beiträge zur Tatbestandsdiagnostik* (1909).

nos tribunais: isto precisa ser dito para uma honesta e decente avaliação dos experimentos que passaremos a expor.

1.319 A técnica é muito simples. Tomemos um exemplo. Foi roubada num hotel uma bolsa contendo joias: um bracelete de ouro com pedras azuis, um broche de diamante em forma de borboleta, um anel imitando uma cobra e um broche em forma de lagartixa com olhos de esmeraldas. Além disso havia também uma carteira de couro verde, contendo um cheque do Banco de Comércio da Itália, três cédulas de cinquenta liras cada e um frasco de Odol.

1.320 O porteiro e dois outros empregados do hotel foram incriminados e presos. Além do proprietário do hotel, somente o autor do furto poderia ter conhecimento do conteúdo da bolsa. Este estado de coisas presta-se muito bem a um experimento de associações. Exemplos de palavras que foram escolhidas para o teste: *Ouro, cinquenta, três, bracelete, azul, banco, cobra, pedra, diamante, lagartixa, verde, couro, borboleta, carteira, cheque, cédula, Odol* etc. Estas palavras foram misturadas com o dobro de outras que tivessem a mínima referência possível ao fato. Queríamos demonstrar assim como palavras relacionadas ao fato, que só é conhecido em seus mínimos detalhes pelo autor, atuam sobre as pessoas submetidas ao experimento.

1.321 Como "atuam" as palavras-estímulo em geral?

1.322 Obviamente a pessoa experimental deve consentir em submeter-se ao experimento e seguir as instruções. Sem sua colaboração nada é possível fazer. A instrução normalmente dada é esta: "Você deve dizer, o mais rápido possível, a primeira palavra que lhe ocorre em relação à palavra-estímulo". É possível que a pessoa experimental cometa fraude e não diga a primeira palavra que lhe ocorreu: mas para detectar a fraude, medimos o tempo de reação com um cronômetro de precisão. Se a pessoa não disser a primeira palavra que lhe ocorre, isto equivale a rejeitá-la e procurar outra; ora, isto leva certo tempo, que é mensurável. Mas um tempo longo de reação não deve induzir o experimentador em erro. A pessoa experimental pode se dar ao esforço de prolongar os outros tempos de reação de modo quase idêntico, quer se trate de palavras críticas ou de palavras sem importância especial. Este engodo, porém, é facilmente detectável, uma vez que o tempo de reação em pessoas cultas é de aproximadamente 1,5 segundos e em pessoas incultas 2,0 segundos; por outro lado, influenciando intencionalmente os tempos de reação, a pessoa experimental os prolonga indevidamente, pois é difícil avaliar com consciência o lapso de tempo. Além desses possíveis embustes, todo e qualquer outro efeito da palavra-estímulo crítica resultará em distúrbio da atenção. Este distúrbio se deve ao fato de a palavra-estímulo crítica trazer de volta à consciência um conteúdo com forte carga emocional; isto atrai a atenção e a mantém presa por alguns instantes, fazendo com que a reação demore, caso não se apresente de imediato uma palavra adequada. O método da reprodução[4] também faz surgir outro fato, isto é, que as reações a palavras críticas (palavras que revivem conteúdos da consciência com forte carga emocional) são mais facilmente esquecidas do que reações a palavras sem significado especial. As reações que seguem imediatamente a reações críticas também são muitas vezes esquecidas (perseveração do distúrbio da atenção). Ainda não se pesquisou a fundo por que são esquecidas tão facilmente; nem eu entrarei em especulações teóricas sobre isso.

Acontece muitas vezes que a pessoa experimental perde o controle ao ouvir uma palavra-estímulo crítica. Este é outro fator de distúrbio que se manifesta em primeiro lugar no tempo de reação e, depois, na própria forma verbal da reação: a pessoa crê não ter ouvido bem ou ter entendido mal ou, ainda, repete mecanicamente a palavra-estímulo. Não encontrando, em seu embaraço, nenhuma palavra sem significado especial, ela a substitui por uma expressão frasal (o que vai contra a regra do experimento) e, ao tentar dizer a expressão, ela se atrapalha. Nestes poucos instantes, que são da maior importância, comete vários erros que a denunciam; todos nós cometemos em nossa vida diária erros semelhantes e pelos mesmos motivos, só que, via de regra, isto é inconsciente. Certa vez, um estudante que se submeteu ao experimento e que tinha normalmente bom controle de si mesmo, traiu-se fazendo um determinado gesto, quase imperceptí-

1.323

---

4. No método de reprodução reúne-se em primeiro lugar um grande número de associações, depois pede-se à pessoa experimental que repita as palavras com que reagiu a cada uma das palavras-estímulo. Constata-se que são facilmente esquecidas as associações que atingem complexos. Cf. o cap. IX deste volume.

vel, assim que aparecia uma palavra crítica; este gesto era omitido quando a palavra não tinha significado especial para ele.

1.324 Todos esses pequenos elementos de distúrbio eu os denominei "características de complexos"; isto significa que são indícios da influência de um complexo de ideias com carga emocional específica[5]. As características de complexos de que estamos falando são:

1. Tempo prolongado de reação[6], seja na reação crítica ou na imediatamente a seguir.

2. Reação com duas ou mais palavras, quando a pessoa experimental, seguindo a instrução recebida, reage normalmente com uma só palavra.

3. Repetição da palavra-estímulo.

4. A palavra-estímulo (sobretudo a que se segue à palavra crítica) é compreendida erroneamente.

5. Ausência de reação (quando a pessoa não sabe o que dizer).

6. *Lapsus linguae* (lapso de linguagem) ao pronunciar a palavra-reação.

7. Tradução da palavra-estímulo ou da reação para língua estrangeira.

8. Reação com emprego de forma incomum.

9. A reação tem conteúdo singular ou não tem sentido algum.

10. Perseveração da palavra-reação no tocante ao conteúdo ou à forma.

11. Interpolação de "sim" ou de outra interjeição antes ou depois da palavra-reação.

1.325 As características 8, 9 e 10 são algo arbitrárias e por isso podem ser desconsideradas numa avaliação mais exata.

1.326 É possível objetar que estes desvios não podem ser atribuídos com certeza a distúrbios psicológicos, determinados por ideias com carga emocional específica (complexos). Isto realmente não aparece quando o experimento de associação é usado especialmente naquilo

---

5. Uma classificação das características de complexos pode ser encontrada no § 935.

6. Cf. o cap. III deste volume. Chamo de prolongados aqueles tempos de reação que ultrapassam a média provável de todos os tempos de reação observados durante o experimento.

que chamamos de diagnóstico da ocorrência; mas torna-se bem claro num exame analítico preciso do experimento sem finalidade de diagnóstico. Estes resultados recebem considerável apoio se medirmos as oscilações da resistência do corpo à corrente galvânica durante o experimento de associações[7].

Pressuposto que estes desvios são causados por palavras-estímulo críticas, podemos admitir com razoável certeza que estamos diante de um elemento perturbador interno, isto é, uma ideia com forte carga emocional. Se, portanto, numa pessoa experimental estes desvios aparecem principalmente em conexão com reações críticas – como respostas a palavras-estímulo, tomadas da situação atual – então é possível admitir com certeza que numa palavra, que afeta a pessoa experimental, está atuando um complexo referente aos fatos atuais. Este complexo pode simplesmente conter o conhecimento geral da pessoa a respeito de um determinado crime; se as palavras-estímulo se referirem a este crime, então cada uma dessas palavras-estímulo será forçosamente respondida com certa emoção. Mas pode acontecer também que o complexo perturbador indique um sentimento de culpa da pessoa experimental. 1.327

Naturalmente tanto o suspeito inocente quanto culpado podem demonstrar certa emoção nas reações a palavras-estímulo críticas. Ainda não sabemos se esta emoção exerce a mesma influência perturbadora sobre cada um deles, ou se é possível distinguir qualitativamente a reação do inocente daquela do culpado; somente experiências ulteriores podem elucidar esta questão. 1.328

No caso de nosso crime hipotético somente a parte culpada conhece as circunstâncias mais próximas, enquanto os suspeitos inocentes mal conhecem o contorno mais amplo. O experimento mostrou que todas as palavras-estímulo críticas tiveram um efeito perturbador no porteiro, enquanto nos outros dois funcionários as reações críticas foram bem normais. Podemos concluir disso que a suspeita deve recair com toda probabilidade sobre o porteiro e que sua culpa parece estar demonstrada. Além disso foi possível reconhecer clara- 1.329

---

7. Cf. sobretudo as pesquisas de BINSWANGER. Über das Verhalten des psychogalvanischen Phänomens beim Assoziationsexperiment. In: JUNG, C.G. *Diagnostische Assoziationsstudien*. Leipzig: [s.e.], 1910.

mente as características do complexo por meio daquelas palavras-estímulo, cuja importância era totalmente desconhecida aos inocentes.

1.330   Não temos em mãos uma prova absoluta de culpa, mas fica patente que em tais casos o experimento pode ser um indicador valioso para investigações ulteriores. Isto vale sobretudo quando existe grande número de suspeitos e quando os elementos da suspeita contra alguns deles carecem de base sólida; num caso desses é possível descobrir, com a ajuda do experimento, aqueles sobre os quais recaem as maiores suspeitas. Voltamos a dizer que os resultados do experimento não podem fornecer uma prova absoluta da culpa mas, no melhor dos casos, apenas um complemento valioso à soma dos indícios. Quando temos apenas um suspeito e não há fatos com os quais confrontar esta pessoa, os resultados são bastante duvidosos.

1.331   Há quase dois anos publiquei um caso de minha experiência prática em que um ladrão, devido aos fortes elementos de prova que o experimento de associações trouxe à luz, confessou sua culpa[8]. Faz pouco tempo tive em mãos outro caso de furto que, visto pelo lado exclusivamente técnico, prestou-se muito bem ao experimento; à semelhança do primeiro caso, também teve pleno êxito[9].

Crítica e análise qualitativa

1.332   Diante desses resultados, o leitor que não possui conhecimento específico do método deve se colocar a seguinte questão: Será que um dos três suspeitos que não foi objeto dessa investigação não poderia, num exame mais acurado, ter apresentado número ainda maior de indícios de culpa? *A priori* isto é possível, mas na prática começamos sempre com a pessoa que apresenta os indícios mais evidentes; em nosso caso foi claramente a enfermeira A. É dessa argumentação que parte minha concepção do experimento: em princípio ele só deveria mostrar qual das pessoas experimentais apresenta o maior nú-

---

8. "O diagnóstico psicológico da ocorrência" (cap. VI deste volume).
9. (Foi omitido o relato do caso porque consta do cap. X, § 957-982. Mas o presente trabalho contém a seguir uma análise complementar do caso).

mero de distúrbios de complexos. Então será suspeito aquele que parecer mais perturbado, ou por ser realmente o culpado, ou porque o medo de ser julgado culpado causa grande agitação. A enfermeira B pareceu muito agitada durante o experimento, o que me levou a suspeitar dela, ainda que não demonstrasse nenhum sinal claro de complexo de culpa. A enfermeira C estava relativamente calma, mas, apesar disso, as características de complexo eram mais numerosas. Esta discrepância precisa ser examinada mais de perto. Por que normalmente os inocentes apresentam sinais de complexo de culpa? A resposta é simples. A enfermeira B conhecia todos os detalhes do caso e, durante o experimento, a enfermeira C desconfiou do que se tratava. Entende-se assim porque palavras como *furto*, *roubar* e *polícia* despertaram em ambas sentimentos desagradáveis que, por sua vez, causaram o distúrbio característico do experimento. Aqui temos a explicação do porquê os próprios inocentes apresentarem um número não desprezível de sintomas do complexo de culpa. O que os distingue dos culpados não são diferenças qualitativas (ao menos pelo conhecimento que temos até agora), mas principalmente quantitativas.

Contudo é surpreendente que a enfermeira B, que tinha informações precisas sobre as circunstâncias do furto e que apresentava um estado evidente de forte agitação emocional, manifestasse menos sinais de complexo de culpa do que a enfermeira C, que era a mais calma das duas. Somente a psicanálise, aplicada a cada uma das associações, pode trazer luz a esta questão. 1.333

As palavras *relógio*, *corrente* e *prata* produziram na enfermeira C evidentes distúrbios de complexos; por infeliz coincidência, tanto seu relógio quanto sua corrente haviam se quebrado alguns dias antes. A palavra *esconder* também exerceu influência perturbadora; a enfermeira C havia, pouco tempo antes, pegado sua janta e escondido no quarto, o que era terminantemente proibido na clínica. *Temer*, *descobrir*, *inocente*, *suspeito* e *mentir* são todas palavras perturbadoras: sabia-se que, por negligência, havia extraviado ou perdido uma peça de roupa de um paciente. Durante o experimento, ocorreu-lhe de repente que este fato estava sendo investigado, pois até agora nada havia sido descoberto; eis a razão porque apareceram sinais de complexo de culpa como reação a essas palavras. 1.334

1.335 A interferência de outros complexos individuais comprometeu seriamente os resultados da investigação, mas isto era inevitável. Uma das poucas medidas que poderiam ser tomadas era usar uma longa série de palavras-estímulo (de 100 a 200), sendo que tantas quantas fossem possíveis se referissem aos detalhes do caso e pertencessem à mesma categoria, pois, caso contrário, poderiam surgir distúrbios devido ao esforço de concentração do pensamento. *A priori* poderia-se julgar serem mais apropriadas as palavras que aparentemente não tivessem significado especial e que, no entanto, tivessem um significado especial em relação ao caso (a chamada "permuta", para usar uma expressão apropriada de Freud[10]).

1.336 Vamos avaliar, agora, a importância de palavras que se referem diretamente ao caso, contrapostas àquelas que só possuem conexão geral com o furto.

1.337 Em primeiro lugar calcularemos de novo a média provável dos tempos de reação; reduziremos, porém, os números B e C como se os tempos de reação dessas pessoas tivessem a mesma média provável em geral como os apresentados por A (11,0).

Média provável dos tempos de reação
(reduzida ao nível da média provável da culpada)

	A	B	C
Palavras-estímulo especiais	15	15,1	12,2
Palavras-estímulo genéricas	18	11,0	14,6

1.338 Vemos que as palavras-estímulo genéricas tiveram forte influência sobre a enfermeira culpada A. As palavras-estímulo especiais tiveram o mesmo efeito sobre a culpada A e a inocente B, enquanto que em B as palavras-estímulo genéricas tiveram um efeito muito pequeno. Neste caso não se apresentou a esperada confirmação.

---

10. FREUD, S. "Tatbestandsdiagnostik und Psychoanalyse". *Archiv für Kriminal-Anthropologie und Kriminalistik*, XXVI/1, 1906, p. 1-10. Leipzig. (Numa carta a Jung, de 1º de janeiro de 1907, Freud emprega o termo permuta (*Wechsel*) neste exato sentido. É possível que Jung se lembre aqui daquela correspondência, mas, por engano, cita a obra de 1906. Cf. *Correspondência entre Freud e Jung*, ainda não publicada em português.

Vejamos a mesma questão sob o ponto de vista das caracterís- 1.339
ticas de complexos.

Número médio de características de complexos por reação

	A	B	C
Palavras-estímulo especiais	1,2	0,2	0,2
Palavras-estímulo genéricas	0,6	0,2	0,3

Em princípio temos aqui a mesma situação que se verificou com 1.340
os tempos de reação, isto é, (no caso de A e C)[11] as palavras-estímulo
genéricas exercem influência mais forte.

Vejamos agora os distúrbios de reprodução sob o mesmo ponto 1.341
de vista.

Reproduções incorretas

	A	B	C
Palavras-estímulo especiais	0,4	0,2	0,2
Palavras-estímulo genéricas	0,6	0,2	0,3

Vemos que os números dos distúrbios de reprodução são maio- 1.342
res nas palavras-estímulo genéricas (em A e C).

Por enquanto, é possível esperar muito pouco de uma análise 1.343
dessas associações que se seguem imediatamente a associações críticas; isto se deve ao fato de não sabermos quando, em que indivíduos ou em que complexos uma perseveração particularmente forte pode exercer influência perturbadora sobre o experimento. Poderíamos supor que a perseveração se manifestasse principalmente após emoções muito fortes, mas não é de todo certo que o experimento confirme isto. Se isto ficasse comprovado, teríamos encontrado uma das causas de distúrbio, ligada à perseveração. Outra causa poderia estar no fato de que muitas vezes não é entendida logo toda a extensão significativa da palavra-estímulo precedente, de modo que surgem logo em seguida outras ideias, não raro com forte carga emocional. Mas todas estas contingências requerem investigação muito cuidadosa. Antes de concluída esta investigação, não é possível tirar proveito daquilo que a pesquisa traz à tona – por isso as palavras que se referem

---

11. As palavras entre parênteses foram introduzidas pelo tradutor inglês.

de maneira específica à ocorrência deixam atrás de si mais distúrbios nas associações pós-críticas do que as palavras-estímulo genéricas.

1.344 O efeito ulterior mais intenso foi produzido na paciente pelas palavras indicadas a seguir; apresento as reações juntamente com as reações comuns que as seguem.

Palavras-estímulo	Reação	Tempo de reação	Reprodução[12]
1. cédula	dinheiro	15	–
montanha r.	escalar	26	–
brincar	cantar	15	–
2. suspeito	ninguém	43	+
garrafa	água	17	–
fogo	lenha	9	–
3. esconder	perder, procurar	18	–
sofá	assento	17	–
noite	dia	6	+
4. corrente	no pescoço	19	–
5. prata	ouro	10	+
6. dinheiro r.	centavos	34	–
vinho	cerveja	8	+
7. aberto r.	livre	6	+
8. chave	buraco da fechadura	19	+
casa	pátio	13	–
lâmpada	luz	8	+

1.345 Assim como constatamos que são as palavras-estímulo genéricas que provocam de maneira geral o efeito mais intenso, vemos agora que a força de penetração local mais forte provém de palavras-estímulo que se referem especialmente à ocorrência. Isto mostra que as palavras-estímulo genéricas provocam em geral um efeito forte, ao passo que as palavras-estímulo especiais têm às vezes efeito intenso e às vezes efeito fraco.

---

12. O sinal – (menos) significa reprodução incorreta, + (mais) significa reprodução correta; a letra r significa repetição da palavra-estímulo.

A única maneira de fazer plena justiça a estes resultados é apli- 1.346
cá-los o máximo possível a casos concretos, uma vez que por razões óbvias as pesquisas de laboratório são sempre bastante incompletas.

Espero que com este trabalho tenha despertado certo interesse 1.347
por experimentos desse tipo e tenha incentivado outros a prosseguirem nesta direção. É exclusivamente o trabalho de muitos, voltados sempre para o estudo de casos práticos, que nos dá a esperança de podermos fazer no futuro o diagnóstico do caso individual com maior segurança.

XVII

Os métodos psicológicos de pesquisa utilizados na clínica psiquiátrica de Zurique*

1.348   1. Rapidez de percepção: curta exposição de quadros simples.

2. Trabalho com material psicológico e fidelidade de reprodução: repetir a narrativa de três fábulas. A primeira contém duas situações simples e semelhantes entre si, mas uma difere da outra por uma nuance importante. A segunda é parecida porém mais complicada. A terceira é semelhante em princípio, mas trata-se de uma série toda de situações parecidas.

3. Fatigabilidade da vontade: o método de calcular de Kraepelin.

4. Conteúdos com carga emocional ("complexos"): método das associações, de Jung.

5. Mecanismo psicogênico e determinação do sintoma: método psicanalítico de Freud.

---

* *Zeitschrift für angewandte Psychologie*, III, 1910, p. 390. Leipzig.

XVIII

Exposição sumária da teoria dos complexos*

1.349

É difícil apresentar de forma reduzida as teorias expostas em meus dois livros *Estudos diagnósticos das associações* e *Psicologia da dementia praecox*. O que trarei aqui será inevitavelmente incompleto e superficial.

Meus pontos de vista teóricos sobre a natureza das neuroses e de certas psicoses, sobretudo da *dementia praecox*, baseiam-se na psicologia dos *experimentos de associação*. Em tempos passados, pretendia-se usar o experimento de associações para determinar certos tipos intelectuais, mas esqueceu-se um fenômeno importante: os *distúrbios* do experimento. Quando apresento uma série de palavras-estímulo e deixo a pessoa experimental reagir, isto é, responder às palavras-estímulo individuais, acontece que as reações não se processam com a mesma lisura, mas com bastante irregularidade, com delongas no tempo de reação e outros distúrbios como repetição das

1.350

---

* (Em março de 1911, o Dr. Andrew Davidson, secretário da Section of Psychological Medicine and Neurology, Australasian Medical Congress, convidou Jung, Freud e Havelock Ellis a enviarem trabalhos que seriam apresentados no Congresso, em Sydney, em setembro de 1911. Os três concordaram; os trabalhos foram apresentados e, em 1913, publicados no livro *Australasian Medical Congress, Transactions of the Nineth Session, II, part 8*. Nunca foi encontrado um original propriamente dito, mas apenas uma cópia que corresponde ao texto inglês. Acréscimos e divergências serão apontados através de notas).

palavras-estímulo, lapsos de linguagem, várias palavras-reação ao invés de uma só. Antigamente estes distúrbios eram considerados simplesmente como falhas do experimento e não recebiam maior atenção. Em colaboração com Riklin, comecei a dar atenção especial a estes distúrbios. Procuramos averiguar onde, ou seja, em que palavras-estímulo ocorriam os distúrbios e descobrimos que isto acontecia quando uma palavra-estímulo se referia a um assunto pessoal que, via de regra, tinha certo caráter penoso. Muitas vezes a relação não era clara à primeira vista, mas tinha um caráter mais "simbólico", eram "alusões". As mais das vezes eram apenas alguns poucos assuntos pessoais que provocavam distúrbios no experimento. Riklin e eu introduzimos o termo *complexo* para designar este "assunto pessoal" pois ele é sempre um conjunto de ideias que se mantêm unidas através de uma carga emocional, comum a todas. Com experiência e prática é possível identificar com facilidade as palavras-estímulo que vêm acompanhadas de distúrbios especiais, combinar seu significado e, então, deduzir os assuntos íntimos da pessoa experimental. Percebe-se logo que este procedimento é da maior importância para o exame psicológico dos pacientes. (Também é interessante seu emprego na investigação de um crime. Pessoalmente já resolvi dois casos de furto com este procedimento. Cf. indicação bibliográfica ao final deste capítulo)[1].

1.351   O experimento que utilizo em geral se constitui de 100 palavras-estímulo, selecionadas e ordenadas cuidadosamente; serve de orientação para se aferir os conteúdos psíquicos de um paciente e seu modo de reagir. Isto é de grande importância nas neuroses cuja origem psíquica não mais é colocada em dúvida por qualquer pesquisador sério. Os estados somáticos não são as causas reais, mas apenas as causas predispositivas das neuroses. A neurose em si é psicógena e provém de um conteúdo psíquico especial que chamamos complexo. Constatou-se que os complexos detectados pelo experimento de associações são conflitos patogênicos ou, ao menos, algo parecido, de

---

[1]. (Acréscimo: "Devo mencionar que praticamente todas as autoridades alemãs se pronunciaram contra o método, ao passo que na Suíça e nos Estados Unidos da América seu uso é aceito em geral. Os psiquiatras franceses e ingleses ainda não se familiarizaram com o método").

modo que o complexo patogênico pode ser facilmente identificado pelo experimento. Se alguém desejar ir mais fundo nas conexões psicológicas de uma neurose, precisa conhecer o método psicanalítico de Freud. Para uma orientação superficial do conteúdo psíquico de uma neurose basta o experimento de associações. Assim mesmo conseguimos com ele uma descoberta sensacional: ele revela complexos de ideias que não são mencionados quando se faz a anamnese do paciente. A razão óbvia disso é o caráter desagradável dos complexos. Logo no início os pacientes não falam abertamente com o médico sobre os assuntos íntimos, mas são precisamente estes assuntos os mais importantes para se descobrir a origem das neuroses. Em muitos casos o complexo descoberto não recebe a aprovação dos pacientes; ao contrário, tudo fazem para negar a existência dele ou, ao menos, para minimizá-lo. É importante do ponto de vista terapêutico que o paciente se autoconscientize, isto é, que chegue ao conhecimento de seus complexos, por isso é necessário levar isto em muita consideração e proceder com muita cautela e talo na consecução desse objetivo.

1.352 O experimento de associações fornece o meio de estudar experimentalmente o comportamento (*behaviour*) do complexo. A experiência nos ensina a relação íntima entre complexo e neurose. É preciso admitir que o complexo é um material de ideias que está sob condições psicológicas especiais pois é capaz de atuar de forma patogênica. No experimento de associações observamos primeiro se a intenção da pessoa experimental é reagir com rapidez e corretamente. Esta intenção é perturbada pela intervenção do complexo de modo que a associação, contrariamente à expectativa, é em parte desviada do sentido do complexo ou substituída por alusões fragmentárias ou, ainda, é tão perturbada a ponto de tornar a pessoa experimental incapaz de produzir qualquer reação, sem saber de onde vem o distúrbio, isto é, de que o complexo se comporta de forma autônoma em relação às intenções do indivíduo. O mesmo se constata quando é aplicado o assim chamado método de reprodução. Quando, após terminado o experimento de associações, deixamos que a pessoa repita a reação que teve a cada uma das palavras-estímulo, encontramos a insegurança da memória (a chamada reprodução incorreta) via de regra nos lugares onde interferiram complexos. (Nisto tudo devemos ter sempre em mente o fato da perseveração do complexo). Por isso a reprodução incorreta deve ser considerada por sua vez uma característica de complexo, o que é interessante também sob o aspecto teórico pois mostra que inclusive as palavras associadas a um complexo encontram-se sob certas condições excepcionais; tendem a ser rapidamente esquecidas ou substituídas. Típica é a insegurança da pessoa experimental em relação às associações-complexo: em parte são de uma estabilidade obsessiva para o indivíduo, em parte desaparecem completamente da memória e, às vezes, dão origem a todo tipo de falsas recordações – o que se pode averiguar perfeitamente no experimento de associações. Também esta constatação indica que o complexo e seu material associativo gozam de uma autonomia incomum na hierarquia da psique, de forma que se poderia compará-los a vassalos rebeldes. Pesquisas mostraram que esta autonomia se baseia na forte carga emocional, ou seja, no valor emocional do complexo, pois a emoção ocupa um lugar muito independente na constituição hierárquica da psique e pode facilmente quebrar o autocontrole e a autoconsciência do indivíduo. É possível demonstrar psicofisicamente a carga emocional do complexo. Para designar esta peculiaridade do complexo usei o termo *autonomia* e imagino o complexo como um conjunto de representações, relativamente independente (exatamente por causa de sua autonomia) do controle central da consciência e que está em condições de a cada momento, por assim dizer, dobrar ou atravessar as intenções do indivíduo. Uma vez que o conceito do eu nada mais é psicologicamente do que um complexo de ideias, mantido coeso e fixo pelos sentimentos "cenestésicos" e uma vez que suas intenções ou inervações não se mostram *eo ipso* mais fortes do que as do complexo secundário (sendo inclusive perturbadas por elas), o complexo do eu pode ser perfeitamente colocado em paralelo com o complexo secundário autônomo ou a ele comparado. Resulta dessa comparação certa semelhança psicológica, pois também a carga emocional do complexo secundário se baseia em sentimentos "cenestésicos", podendo tanto o eu quanto o complexo secundário ficar por um tempo separados ou reprimidos; isto pode ser observado claramente nos delírios histéricos e em outras divisões da personalidade. Precisamente nos estados em que o complexo substitui temporariamente o eu, vemos que um complexo forte possui em si todas as características de uma personalidade separada. Estamos autorizados, portanto, a considerar um complexo como uma espécie de pequena psique secundária que de alguma forma deliberada (mas desconhecida do indivíduo) tem certas intenções que atravessam as do indivíduo. O produto dos esforços contrários são os sintomas histéricos que têm sua origem no complexo e são tanto mais fortes e obstinados quanto maior for a autonomia do complexo. Quero assinalar que a superstição de todos os povos tem certa razão em afirmar que os histéricos e doentes mentais eram possuídos por demônios. Esses doentes possuem realmente dentro de si complexos que às vezes destroem completamente o autocontrole. De certa forma, portanto, a superstição tem razão em falar de possessão, pois os complexos se comportam autonomamente em relação ao eu e lhe impõem uma vontade quase estranha.

Com a ajuda do experimento de associações[2], consegui provar que *todas as neuroses* contêm complexos autônomos, cujo efeito perturbador faz com que as pessoas adoeçam. Entre as psicoses, revelou-se em primeiro lugar a *dementia praecox*[3] como uma doença tipicamente de complexo, ao menos em seus estágios iniciais. (Considero secundárias as mudanças anatômicas observadas, mas ainda incertas). Nesta doença é possível observar, às vezes com evidente clareza, a anatomia do complexo como, por exemplo, a força imperiosa das vozes, a obsessão devida a impulsos catatônicos etc[4].

1.353

---

2. Acréscimo: "e apoiado no método psicanalítico de Freud".

3. Acréscimo: "de Kraepelin".

4. Acréscimo no início do parágrafo seguinte: "À objeção de que a neurose e a *dementia praecox* sejam doenças totalmente diferentes que não podem ser reconhecidas com base nos mesmos distúrbios, só posso responder com a afirmação de que os complexos mais ou menos autônomos aparecem em toda parte, mesmo nas pessoas ditas normais. A questão é saber até que ponto os complexos são realmente autônomos e como se processa a reação. As pesquisas de Freud e de sua escola mostraram como a histeria se comporta reativamente em relação aos complexos, enquanto os trabalhos da escola de Zurique indicaram um comportamento característico e distinto da *dementia praecox*. Mas sobre isso não posso entrar em pormenores. Só gostaria de dizer que os sintomas – sejam de natureza somática ou psíquica – têm origem no complexo, tanto na neurose quanto na *dementia praecox*, como foi exposto minuciosamente pela escola de Freud".

1.354   Enquanto na neurose[5] acontece normalmente uma adaptação ao meio ambiente, estando por isso os complexos sujeitos a contínuas mudanças, na *dementia praecox* os complexos se *fixam* de tal forma a paralisarem o progresso da personalidade como um todo – o que denominamos demência. Na avaliação dessa demência alguns autores foram longe demais, achando que a aparência externa, repulsiva e degenerada, do paciente era a expressão de igual destruição interna. Isto é totalmente falso, pois muitas vezes os pacientes ainda possuem uma vida de fantasia comprovadamente intensa a qual, no entanto, só se manifesta em casos excepcionais. Nestas fantasias, o complexo fixo é trabalhado de maneira muito interessante. Ali está de certa forma a fábrica onde são produzidas as delusões, alucinações etc. a partir de conexões realmente engenhosas. A direção do pensamento está totalmente desligada da realidade, preferindo formas e conteúdos de pensar que já não interessam ao homem moderno, pois muitas fantasias se apresentam numa forma totalmente mitológica. Devido à perda do pensamento adaptado ao presente, parece que surge em substituição uma forma mais antiga de pensar. (Gostaria de mencionar aqui a concepção semelhante de Claparéde e Janet a respeito do sintoma histérico).

1.355   Nesta exposição resumida, tive que me limitar a indicações e afirmações. As provas devem ser procuradas na literatura especializada[6].

1.356   Ao concluir, chamo a atenção para algumas publicações necessárias: Os trabalhos sobre o método de associação estão reunidos em Jung, *Estudos diagnósticos de associações* I e II. Uma exposição em língua inglesa do método da associação encontra-se em *Collected Papers on Analytical Psychology*: chapter II, The Association Method (Lectures and Addresses, delivered before the Departments of Psychology and Pedagogy in celebration of the 20th anniversary of the ope-

---

5. No texto inglês: "histeria".

6. No texto inglês: "Não foram apresentadas provas porque o tema já assumiu a envergadura de uma ciência, uma ciência que poderia ser chamada "Psicologia analítica" ou, segundo Bleuler, "Psicologia profunda". Esta é provavelmente a primeira vez que Jung usa o conceito "Psicologia analítica". Cf. para tanto "Aspectos gerais da psicanálise". In: JUNG, C.G. *Freud e a psicanálise*. Petrópolis: Vozes, 2011 [OC, 4; § 523s.].

ning of Clark University, September 1909, Worcester, Massachusetts, 1910)[7].

Nesta exposição encontra-se um exemplo do uso do experimento no caso de um furto, onde o ladrão foi descoberto por via psicológica. Maiores detalhes encontram-se em Jung, *O diagnóstico psicológico da ocorrência*. As provas psicológicas do valor emocional das associações-complexo encontram-se na parte II de *Estudos diagnósticos de associações* bem como em Veraguth. *O fenômeno psicogalvânico reflexivo*.

Detalhes sobre a concepção de neurose e psicose encontram-se na parte I de *Estudos diagnósticos de associações* e em Jung, *Sobre a psicologia da dementia praecox* e *O conteúdo da psicose*. As provas da reassunção de formas antigas de pensar estão publicadas apenas em parte. Uma exposição geral do problema encontra-se em Jung, *Símbolos da transformação*.

---

7. Cf. cap. X deste volume.

XIX

Sobre o diagnóstico psicológico da ocorrência*

O experimento da ocorrência no processo do caso Näf no tribunal do júri

O método de elucidar um crime, denominado "diagnóstico psicológico da ocorrência" (psychologische Tatbestandsdiagnostik) foi pensado há mais de trinta anos e publicado em *Archiv für Kriminalogie* XV, p. 72-113[1].

Neste trabalho, básico para o processo, que recebeu o título "Diagnóstico psicológico da ocorrência. Ideias sobre métodos psicológico-experimentais com a finalidade de constatar a participação de al-

---

* (Publicado em *Archiv für Kriminologie*, C, 1937, p. 123-130. Leipzig, seguindo a um relato detalhado do caso sob o ponto de vista criminalístico, por SPIEGEL, H.W. *Der Fall Näf: Mord und Versicherungsbetrug, Selbstmord oder Unfall?*, p. 98-122).

1. (WERTHEIMER, M. & KLEIN, J. "Psychologische Tatbestandsdiagnostik. Ideen zu psychologisch-experimentellen Methoden zum Zwecke der Feststellung der Anteilnahme eines Menschen an einem Tatbestande". *Archiv für Kriminal-Anthropologie und Kriminalistik*, XV, 1905. Leipzig. Em seu escrito Sobre o diagnóstico psicológico de fatos (OC, 1; § 479), Jung acusou os autores de quererem ser eles os "descobridores" do método. Wertheimer numa declaração em *Archiv für die gesamte Psychologie*, VII/1-2, 1906, p. 139-140. Leipzig, provou que seu trabalho fora publicado antes do de Jung. Jung retratou-se em *Zeitschrift für angewandte Psychologie*, I, 1907/1908, p. 163. Leipzig, e reconheceu que ele e Wertheimer chegaram independentemente às mesmas conclusões. Trinta anos depois, no presente artigo, Jung aproveitou novamente o ensejo para reconhecer a precedência aos trabalhos de Wertheimer & Klein).

guém numa ocorrência", foi descrito pormenorizadamente todo o essencial sobre o método e sua técnica, podendo lá ser lido.

Numa carta de 31 de outubro de 1934, o tribunal do júri do cantão de Zurique pediu minha opinião a respeito do caso Hans Näf, técnico dentário, oriundo de Mogelsberg, fazendo a seguinte pergunta:

"Se o interrogatório do indiciado por mim revelaria algo de considerável importância para o juiz encarregado de decidir sobre a culpa ou inocência do indiciado".

Para minha informação, recebi cópia das seguintes peças do processo:

1. Parecer grafológico do Dr. Pulver[2], de 21 de março de 1934.

2. Parecer psiquiátrico da direção da clínica cantonal Burghölzli, de 10 de agosto de 1934.

3. O libelo de acusação da promotoria pública do distrito de Zurique.

Outro elemento para formar minha opinião era o resultado de um assim chamado "experimento da ocorrência".

I. O EXPERIMENTO

Uma vez que o parecer psiquiátrico já havia estabelecido o estado mental e o caráter do indiciado, só restou para mim um exame psicológico do acusado com relação à possível existência de um complexo de culpa ou inocência. Um exame desse tipo é denominado experimento da ocorrência. Consiste em princípio de um experimento de associações, mas que se distingue da forma usual – onde se empregam palavras-estímulo sem intenção especial – pelo fato de serem misturadas entre as indiferentes, palavras-estímulo chamadas críticas, retiradas da ocorrência. Neste caso foi utilizado um esquema de 407 palavras-estímulo. (O experimento durou pouco mais de três horas.) Dessa lista, 271 eram palavras indiferentes, 96 se referiam à ocorrência e 40 eram de natureza emocional com referência à vida pregressa do indiciado.

---

2. (Max Pulver, 1889-1952, grafólogo e escritor suíço).

1.361 Exemplos de palavras referentes à ocorrência: *homicídio, morte, morrer, gás, suicídio, mangueira, morfina, vantagem, fraude, apagar, carta, mesa, chão, acidente, casar, garrafa, seringa, cerveja, ampola* etc.

1.362 Exemplos de palavras-estímulo emocionais: *furto, Stolp*[3], *moça, desprezar, desesperar, paz, medo, injusto* etc.

1363 Mostra a experiência que palavras-estímulo, referentes a conteúdos da consciência com intensa carga emocional, causam notáveis distúrbios da reação, isto é, o examinando não consegue cumprir a instrução recebida no início de responder o mais rápido possível à palavra-estímulo com a primeira palavra que lhe ocorra. Os distúrbios usuais, que tecnicamente podem ser chamados características de complexo, são os seguintes:

1. Tempo de reação mais prolongado do que a média (tempo medido por relógio de precisão).

2. Repetição pelo examinando da palavra-estímulo (como se tivesse entendido mal).

3. Compreensão errada da palavra-estímulo.

4. Reações mímicas (rir, trejeitos faciais etc.).

5. Reações com mais de uma palavra.

6. Reação claramente superficial (puramente mecânica, de acordo com o som etc.).

7. Reação sem sentido.

8. "Falha" (não lhe ocorre reação alguma).

9. Perseveração, isto é, influência perturbante sobre as reações subsequentes.

10. Reprodução incorreta (após o experimento é retomada a série das palavras-estímulo para ver se o examinando ainda se lembra da reação antes dada).

11. Lapsos de linguagem (gaguejar etc.).

---

3. (Em 1918, Näf foi condenado pelo tribunal de Stolp (Pomerânia) a um ano e uma semana de prisão por furto.

A esta lista pode ser acrescentado também o uso pelo examinando de palavras estrangeiras, sucedendo que 27 entre os 34 casos (ou seja, 80% dos casos) recaíram sobre palavras críticas. Além disso foi observado um pequeno e frequente movimento do dedo indicador esquerdo que ocorreu em 81 % dos casos com palavras-estímulo críticas e pode ser considerado como característica de complexo. 1.364

A observação, dimensionamento e registro exatos das "características de complexo" servem portanto para constatar a presença de conteúdos com carga emocional e também para estabelecer o seu caráter. 1.365

II. OS RESULTADOS DO EXPERIMENTO

1. O tempo de reação

As palavras-estímulo indiferentes, com exceção das que seguiam diretamente a uma palavra-estímulo crítica e, por isso, provavelmente prejudicadas pela perseveração da emoção, tiveram um tempo médio de reação de 2,4 segundos. 1.366

As palavras-estímulo relativas à ocorrência tiveram que ser divididas em dois grupos: um grupo de palavras com tempo longo de reação e um com tempo curto. No último grupo ocorreu com grande regularidade um fenômeno de perseveração que se manifestava por um prolongamento do tempo de reação da associação imediatamente posterior. Quando o tempo de reação de uma associação crítica era longo, o tempo da associação indiferente a seguir era curto, isto é, era igual à média das reações indiferentes; quando o tempo de reação da associação crítica era curto, o da subsequente era longo. Temos, portanto, o seguinte quadro: 1.367

Tempo de reação nas palavras-estímulo críticas	Grupo I:	longo	3,2 seg.
		curto	2,5 seg.
	Grupo II:	curto	2,2 seg.
		longo	3,3 seg.

Dito em palavras: As palavras referentes à ocorrência causaram direta ou indiretamente um prolongamento médio do tempo de reação em torno de 0,8 e 0,9 segundos, respectivamente. 1.368

2. As características de complexo

1.369 O experimento revelou a seguinte distribuição das características de complexo, elencadas acima:

sobre as associações indiferentes incidiram em torno de 0,6 características de complexo

sobre as palavras-estímulo da ocorrência incidiram em torno de 2,2 características de complexo

sobre as palavras-estímulo emocionais incidiram em torno de 2,0 características de complexo

1.370 As palavras-estímulo tiradas da ocorrência produziram quase quatro vezes mais elementos perturbadores do que as indiferentes; também o efeito perturbador das primeiras superou em 0,2 o das palavras-estímulo emocionais.

3. As reproduções incorretas

1.371 As reproduções incorretas já foram contadas junto com as características de complexo. Em 31,7% de todas as reações a memória falhou. Não menos de 77% dessas falhas ocorreram nas reações críticas e nas imediatamente subsequentes (distúrbio por causa da perseveração). A memória falhou:

em 32,5% das associações emocionais

em 36,0% das associações da ocorrência

em 20,5% das associações indiferentes (fora do campo da perseveração).

Expresso em palavras: As palavras-estímulo críticas, que foram retiradas da ocorrência, tiveram influência perturbadora muito mais forte sobre a memória.

4. As associações com distúrbio máximo

1.372 Entre as 407 associações do experimento global encontramos 36 que apresentaram um distúrbio máximo, isto é, distinguem-se por ao menos quatro características de complexo, por tempos de reação especialmente longos ou por forte perseveração. Dessas, 29 recaíram sobre as palavras-estímulo da ocorrência e 7 sobre as emocionais. Em percentagem sobre o número total (96) de palavras-estímulo da ocorrência, temos 30,2% para estas e 17,5% para as palavras-estímulo emocionais (40). Isto significa que as palavras-estímulo da ocorrência produziram 30,2% de distúrbios máximos e as emocionais apenas 17,5%. Nas palavras-estímulo, de antemão consideradas indiferentes, não houve nenhum distúrbio máximo.

Uma vez que os distúrbios na fluência normal do experimento sempre, por assim dizer, indicam a presença de conteúdos emocionais (à exceção de influências externas incidentais, mas que neste caso foram cuidadosamente evitadas), esta regra se aplica naturalmente e com maior valia aos distúrbios máximos. 1.373

As associações com distúrbio máximo foram as seguintes: 1.374

Palavra-estímulo	Repetição interjeição ou compreensão errada	Tempo de reação	Reação	Movimento do dedo	Reprodução	Número de caract. de complexo na reação crítica e pós-crítica
1. suicídio	(sim)	5,0	cometer, morte	–	–	5/1
2. morrer	(suspiro)	8,8	morte	+	–	5/3
3. bobo	–	6,0	não inteligente	–	–	4/2
4. desprezar	+	9,4	não amar	–	–	4/2
5. cheiro	–	3,0	percebo nada (merk' nüt)	+	–	5/3
6. gás	–	3,2	veneno metano	+	–	5/5
7. vaca	++	6,8	mamífero	+	–	5/5
8. bêbado	+	5,2	embriaguez	–	–	4/2
9. mangueira	–	2,0	borracha	–	+	1/4
10. mês	+	5,8	florzinha do mês parte do ano	–	–	5/1
11. casar	–	2,6	querido, sim	–	–	4/2
12. verdade	–	3,6	é o melhor, sim	–	–	4/2
13. cerveja	–	6,0	gosto dela, quero dizer	+	–	6/2
14. garrafa	–	1,8	vinho, cerveja	–	+	2/6
15. ampola	–	4,0	adrenalina	+	–	5/2
16. herdar	–	4,0	deserdado	+	+	5/1
17. embriaguez	–	3,0	sensação boba	–	–	4/1
18. herança	–	4,0	sem	+	–	5/3
19. casamento	–	10,0	casado	–	–	3
20. cartão postal	–	5,2	para enviar	+	+	4/2
21. chão	–	3,2	ar etc.	–	–	4/2
22. vinte e dois	–	3,0	fevereiro	–	+	4/2
23. paz	–	3,0	sem paz	+	–	4/1

Palavra-estímulo	Repetição interjeição ou compreensão errada	Tempo de reação	Reação	Movimento do dedo	Reprodução	Número de caract. de complexo na reação crítica e pós-crítica
24. escova	+	4,0	limpar	−	+	3/5
25. sabão	−	4,0	gorduroso	−	+	2/4
26. torneira	−	2,8	latão	+	+	3/3
27. desesperar	+	8,8	não sei	+	−	5
28. secreto	−	2,8	não causa medo	+	−	4
29. ilustrado	−	10,0	não sei, como se chama?	−	−	5/2
30. medo	+	3,6	apertar	+	−	4/1
31. bezerro	+	4,8	vaca	+	−	4/1
32. sucesso	−	4,0	sem sucesso	−	−	4/1
33. matar	−	3,6	como posso dizer, desagradável, sofrer	+ + +		3/4
34. revista	+	2,8	assinatura	−	+	3/4
35. seringa	−	2,4	para injetar	+	−	4/3
36. injeção (Einspritzung)	−	3,6	injeção (Injektion)	+	−	5/1

1.375   Como já dissemos, das 36 palavras-estímulo 29 foram tiradas da ocorrência. Dessas, 18 são designações de conteúdos concretos da ocorrência como, por exemplo, *cheiro, gás, bêbado, mangueira, cerveja, garrafa, ampola, embriaguez, cartão-postal, chão, escova, sabão, torneira, ilustrado, matar, revista, seringa* e *injeção*. Elas representam 62,0% das reações referentes à ocorrência com distúrbio máximo. No experimento todo aparecem 96 palavras-estímulo relativas à ocorrência, sendo que 53,1% indicam conteúdos bem concretos da ocorrência. Portanto, as reações com distúrbio máximo ocorrem de preferência em resposta às palavras-estímulo referentes a conteúdos concretos da ocorrência e superam a expectativa em 9%. Em outras palavras, são precisamente os detalhes concretos da ocorrência que prevalecem sobre os aspectos mais gerais dela.

1.376   Em resumo, pode-se constatar:

1. As palavras-estímulo relativas à ocorrência prevalecem sobre as palavras-estímulo emocionais em 12,7%.

2. Entre as palavras-estímulo da ocorrência prevalecem aquelas que se referem a detalhes concretos, ou de outro modo relevantes, superando as demais em 9%.

5. As associações críticas com distúrbio mínimo

25% das palavras-estímulo referentes à ocorrência e a mesma porcentagem das palavras-estímulo emocionais apresentam efeito mínimo, ou seja, menos de duas características de complexo. Entre elas há palavras-estímulo em relação às quais se esperaria, sob condições normais, um certo efeito como, por exemplo, em relação ao prenome da mulher bem como em relação às palavras *mulher, abortar, cocaína, assassinar, morte, homicídio, morfina, apagar, acidente, dinheiro, venenoso, testamento, presídio, castigo, perda, julgamento* etc. À palavra-estímulo *total*, o examinando reagiu com *matar* num tempo de apenas 2,8 segundos. 1.377

Entre as palavras-estímulo da ocorrência, com efeito mínimo, encontram-se apenas 37,5% de palavras-estímulo que se referem a conteúdos concretos da ocorrência, ao passo que há 62,0% entre as de distúrbio máximo. Isso mostra novamente que as palavras-estímulo da ocorrência se distinguem das outras categorias por seu efeito bem mais forte. 1.378

III. O PARECER

É preciso afirmar de saída que um experimento de associações, realizado sob as atuais circunstâncias, não importando se o acusado é culpado ou inocente, há de produzir um número bem maior de distúrbios nas reações críticas. A razão é muito simples: as palavras-estímulo críticas revolvem infalivelmente, por assim dizer, as emoções já presentes que, por sua vez, perturbam a associação. Por isso, o quadro geral de distúrbios do examinando não significa necessariamente muita coisa. Mas seria um indício sumamente agravante se tratasse de um acusado que não tivesse sido colocado a par da ocorrência através de interrogatório prévio e que, portanto, não pudesse ter tomado conhecimento dos detalhes. No caso presente, porém, é conhecido cada detalhe da ocorrência, inclusive de maneira incriminadora; por isso o fato geral do distúrbio da reação crítica não é relevante para um julgamento da situação psicológica. Somente um modo diferenciado de observar pode prometer certo êxito. Por isso ordenei o experimento desde o início sob uma forma própria: foram selecionadas 1.379

palavras-estímulo gerais, que se supunham ter efeito emocional, para assim obter um parâmetro da emotividade geral do examinando; depois, foram selecionadas palavras-estímulo mais gerais e mais especiais, tiradas da ocorrência para determinar se estavam em primeiro plano do interesse sentimental o estado emocional geral ou a ocorrência mais precisa e concreta.

1.380 A experiência nos diz que um acusado que sabe ser inocente há de concentrar-se mais no fato geral da injustiça da suspeita do que nos detalhes especiais, para ele irrelevantes, da ocorrência. Especialmente os detalhes concretos não têm para ele nenhuma carga emocional, incriminadora ou perturbante, mas sim as palavras-estímulo que se referem ao seu exacerbado sentimento de justiça e ao medo de uma possível condenação. De acordo com os nossos resultados não paira dúvida de que no indiciado as palavras-estímulo da emoção geral desempenham papel bem menor do que as referentes à ocorrência; e nestas últimas predominam novamente os detalhes concretos e bem especiais que terão o maior peso na prova judicial da culpa.

1.381 A reação à palavra-estímulo *escova* transcorreu da seguinte forma: Quando pronunciei a palavra *escova*, o indiciado ficou surpreso, repetiu *escova*, como se não tivesse entendido bem a palavra, depois hesitou 4 segundos até conseguir dizer *limpar*. A palavra-estímulo subsequente *forçar* encontrou-o despreparado porque sua atenção estava ainda perturbada por *escova*, por isso repetiu também esta palavra-estímulo e precisou 6,2 segundos para reagir; ao contrário da instrução inicial, que sempre observou, empregou agora uma expressão do dialeto: *forciere wolle* (forçar). A palavra-estímulo *sabão*, que seria em si totalmente inofensiva, produziu tal efeito nele que não conseguiu encontrar reação alguma para a palavra-estímulo seguinte *importante*, ainda que tivesse um bom vocabulário e fosse capaz de reagir prontamente, tendo em vista seu nível cultural.

1.382 Por isso e por outras razões houve distúrbio em 62% das reações a fatos concretos da ocorrência. Disso tudo se conclui que a maior carga emocional está principalmente ligada às ideias do indiciado que se referem aos detalhes concretos da ocorrência, e que as outras emoções passam para segundo plano.

A prova de que este diagnóstico não está errado encontra-se no 1.383
fato de o indiciado afirmar espontaneamente, com todos os sinais de
emoção, que as associações, com distúrbio máximo, a *suicídio* e *morrer* atingiram suas ideias de suicídio. Assim como suas ideias giram
em torno do tema suicídio, movem-se também em torno dos detalhes
concretos da ocorrência. As estatísticas também confirmam os resultados que acima expusemos.

É preciso salientar ainda que das quatro palavras-estímulo relati- 1.384
vas à estupidez (*bobo, ovelha, vaca* e *bezerro*), três apresentam distúrbio
máximo. Isto só pode ser interpretado assim: devido a uma "estupidez", o indiciado experimenta agora um conflito interno muito forte.

O distúrbio máximo em *casar* e *casamento* indica a presença de 1.385
complicações, dando a entender que seu casamento não era um caso
simples, mas algo problemático.

Também as palavras-estímulo *herdar* e *herança* produziram dis- 1.386
túrbio máximo, indicando que estas palavras também tocaram num
pano de fundo complicado e conflitivo.

As palavras-estímulo *secreto* e *verdade*, ambas com distúrbio 1.387
máximo, indicam que o indiciado não tinha uma disposição clara
neste sentido.

Resumindo e respondendo à pergunta, formulada no início, é 1.388
preciso dizer que a situação psicológica do indiciado, revelada pelo
experimento, não corresponde de forma alguma ao que se esperaria
empiricamente de uma pessoa cônscia de sua inocência. Mas decidir
sobre os indícios de uma consciência culpada devo deixar ao critério
do juiz.

Referências

ASCHAFFENBURG, G. "Experimentelle Studien über Associationen". In: KRAEPELIN, E. *Psychologische Arbeiten*. Leipzig: [s.e.]. Vol. I, 1896, p. 209-299; vol. II, 1899, p. 1-83; vol. IV, 1904, p. 235-373.

BECHTEREW, W.M. von. "Über die Geschwindigkeitsveränderungen der psychischen Prozesse zu verschiedenen Tageszeiten". *Neurologisches Zentralblatt*, XII, 1893, p. 290-292. Leipzig.

_____. "Über zeitliche Verhältnisse der psychischen Prozesse bei in Hypnose befindlichen Personen". *Neurologisches Zentralblatt*, XI, 1892, p. 305-307. Leipzig.

BINSWANGER, L. Über das Verhalten des psychogalvanischen Phänomens beim Assoziationsexperiment. In: JUNG, C.G. (org.). *Diagnostische Assoziationsstudien*. Leipzig: [s.e.], 1910 [vol. I, p. 113-195].

BLEULER, E. *Affektivität, Suggestibilität, Paranoia*. Halle: [s.e.], 1906.

_____. Bewusstsein und Assoziation. In: JUNG, C.G. (org.). *Diagnostische Assoziationsstudien*. Leipzig: [s.e.], 1910 [vol. I, p. 229-257].

_____. Über die Bedeutung von Assoziationsversuchen. In: JUNG, C.G. (org.). *Diagnostische Assoziationsstudien*. Leipzig: [s.e.], 1910 [vol. I, p. 1-6].

_____. "Versuch einer naturwissenschaftlichen Betrachtung der psychologischen Grundbegriffe". *Allgemeine Zeitschrift für Psychiatrie und psychischgerichtliche Medizin*, L, 1894, p. 133-168. Berlim.

BONHÖFFER, K. *Der Geisteszustand des Alkoholdeliranten*. Breslau: [s.e.], 1897.

BOURDON, B. "Recherches sur la succession des phénomènes psychologiques". *Revue philosophique de France et de l'étranger*, XXXV, 1893, p. 225-260. Paris.

BREUER, J. & FREUD, S. *Studien über Hysterie*. Leipzig/Viena: F. Deuticke, 1895.

BREUKINK, H. "Über Ermüdungskurven bei Gesunden und bei einigen Neurosen und Psychosen". *Journal für Psychologie und Neurologie*, IV/3, 1904, p. 85-108. Leipzig.

BRILL, A.A. "A Case of Schizophrenia (dementia praecox)". *American Journal of Insanity*, LXVI, 1909/1910, p. 53-70. Baltimore.

_____. "Psychological Factors in Dementia Praecox, and Analysis". *Journal of Abnormal Psychology*, III, 1908/1909, p. 219-238. Boston.

CATTEL, J.M. Psychometrische Untersuchungen I e II. In: WUNDT, W. *Philosophische Studien*. Leipzig: [s.e.], 1885, p. 305-336, 452-492.

CLAPARÈDE, E. *L'Association des idées*. Paris:[s.e.], 1903.

_____. "Association médiate dans l'évocation volontaire". *Archives de psychologie de la Suisse romande*, III, 1904, p. 201-203. Genebra.

CLAPARÈDE, E. & ISRAÏLOVITCH, D. "Influence du tabac sur l'association des idées". *Comptes rendus hebdomadaires des séances et mémoires de la Société de Biologie*, LIV, 1902, p. 758-760. Paris.

COLLUCCI, C. "L'Allenamento ergographico nei normali e negli epilettici". *Riforma medica*, XVIII/I, 1902. Roma.

CORDES, G. Experimentelle Untersuchungen über Associationen. In: WUNDT, W. *Philosophische Studien*. XVII. Leipzig: [s.e.], 1901, p. 30-77.

DELABARRE, E.B. Über Bewegungsempfindungen. Friburgo em Brisgóvia: [s.e.], 1891 [Recensão em *Revue philosophique de France et de l'étranger*, XXXIII, 1892, p. 342-343. Paris].

FÉRÉ, C.S. "Note sur des modifications de la résistence électrique sous l'influence des excitations sensorielles et des émotions". *Comptes rendus hebdomadaires des séances et mémoires de la Société de Biologie*, XI, 3 de março de 1888, p. 217-219. Paris.

_____. "Note sur des modifications de la tension électrique dans le corps humain". *Comptes rendus hebdomadaires des séances et mémoires de la Société de Biologie*, 14 de janeiro de 1888, p. 28-33. Paris.

_____. *La Pathologie des émotions*. Paris: [s.e.], 1892.

FREUD, S. *Analyse der Phobie eines fünfjährigen Knaben*. (Análise da fobia de um menino de cinco anos). Viena: [s.e.], 1909a.

_____. "Bruchstück einer Hysterie-Analyse". *Sammlung kleiner Schriften zur Neurosenlehre*, segunda série, 1909b, p. 1-110. Leipzig/Viena.

_____. "Die Abwehr-Neuropsychosen. Versuch einer psychologischen Theorie der acquirierten Hysterie, vieler Phobien und Zwangsvorstellungen und gewisser halluzinatorischer Psychosen". *Sammlung kleiner Schriften.* 1893-1906. Leipzig/Viena.

_____. "Tatbestandsdiagnostik und Psychoanalyse". *Archiv für Kriminal-Anthropologie und Kriminalistik*, XXVI/1, 1906, p. 1-10. Leipzig.

_____. *Die Traumdeutung.* Leipzig/Viena: [s.e.], 1900.

_____. *Über Deckerinnerungen.* 1899.

_____. "Über Psychoanalyse. Fünf Vorlesungen, gehalten zur 20 jährigen Gründungsfeier der Clark University". Worcester, Mass. Setembro de 1909. Leipzig/Viena: [s.e.], 1910.

_____. *Der Witz und seine Beziehung zum Unbewussten.* Leipzig/Viena: [s.e.], 1905.

_____. *Zur Geschichte der psychoanalytischen Bewegung.* 1914.

_____. *Zum psychischen Mechanismus der Vergesslichkeit.* 1898.

_____. *Zur Psychopathologie des Alltagslebens.* Über Vergessen, Versprechen, Vergreifen, Aberglauben und Irrtum. Berlim: [s.e.], 1904.

FUHRMANN, M. *Analyse des Vorstellungsmaterials bei epileptischen Schwachsinn.* Diss. Giessen: [s.e.], 1902.

FÜRST, E. Statistische Untersuchungen über Wortassoziationen und über familiäre Übereinstimmung im Reaktionstypus bei Ungebildeten. In: JUNG, C.G. (org.). *Diagnostische Assoziationsstudien.* Leipzig: [s.e.], 1910 [vol. II, p. 77-112].

GALTON, F. "Psychometric Experiments". *Brain. A Journal of Neurology*, II, 1897, p. 149-162. Londres.

GRABOWSKY, A. "Psychologische Tatbestandsdiagnostik". *Allgemeine Zeitung*, suplemento, 15 de dezembro de 1905. Tübingen.

GROSS, A. "Die Assoziationsmethode im Strafprozess". *Zeitschrift für die gesamte Strafrechtswissenschaft*, XXVI, 1906, p. 19-40. Berlim.

_____. "Kriminalpsychologische Tatbestandsforschung". *Juristische-psychiatrische Grenzfragen*, V/7, 1907. Halle.

_____. "Zur psychologischen Tatbestandsdiagnostik". *Monatsschrift für Kriminalpsychologie und Strafrechtsreform*, II, 1905/1906, p. 182-184. Heidelberg.

_____. "Zur psychologischen Tatbestandsdiagnostik als kriminalistisches Hilfsmittel". *Beitrage zur Psychologie der Aussage*, II/3, 1905/1906, p. 150-153. Leipzig.

GROSS, H. "Zur Frage des Wahrnehmungsproblems". *Beitrage zur Psychologie der Aussage*, II/2, 1905/1906, p. 128-134. Leipzig.

_____. "Zur psychologischen Tatbestandsdiagnostik". *Archiv für Kriminal-Anthropologie und Kriminalistik*, XIX, 1905, p, 49-59. Leipzig.

HEILBRONNER, K. "Die Grundlagen der psychologischen Tatbestandsdiagnostik". *Zeitschrift für die gesamte Strafrechtswissenschaft*, XXVII, 1907, p. 601-656. Berlim.

_____. "Über epileptische Manie nebst Bemerkungen uber die Ideenflucht". *Monatsschrift für Psychiatrie und Neurologie*, XIII, 1903, p. 193-209, 269-290. Berlim.

HOCH, A. "Recensões dos trabalhos de Jung 'O tempo de reação no experimento de associações', 'Observações experimentais sobre a faculdade da memória'(capítulos III e IV deste volume) e 'Sobre o diagnóstico psicológico de fatos' (último capítulo de OC, 1)". *Journal of Abnormal Psychology*, 1/2, junho de 1906, p. 95-100. Boston.

ISSERLIN, M. "Über Jung's 'Psychologie der Dementia praecox' und die Anwendung Freud'scher Forschungsmaximen in der Psychopathologie". *Zentralblatt für Nervenheilkunde und Psychiatrie*, XXX, n. s. XVIII, 1° de maio de 1907, p. 329-343. Berlim.

JANET, P. *Les Obsessions et la psychasthénie*. 2 vols. Paris: [s.e.], 1903.

JERUSALEM, W. Ein Beispiel von Association durch unbewusste Mittelglieder. In: WUNDT, W. (org.). *Philosophische Studien*. Leipzig: [s.e.], 1892, p. 323-325.

JUNG, C.G. Allgemeine Aspekte der Psychoanalyse (Aspectos gerais da psicanálise), In: JUNG, C.G. *Freud e a psicanálise*. Petrópolis: Vozes, 2011 [OC, 4. Manuscrito de 1913].

_____. "Associations d'idées familiales". *Archives de psychologie de la Suisse romande*, t. VII/26, 1907, p. 160-168 [OC, 2].

_____. "Die Bedeutung des Vaters für das Schicksal des Einzelnen". *Jahrbuch für psychoanalytische und psychopathologische Forschungen*, I, 1909, p. 155-173. Viena/Leipzig. [Organizado como separata por Franz Deuticke, 1909, 1914, 1917 e 1927. – A importância do pai no destino do indivíduo. In: JUNG, C.G. *Freud e a psicanálise*. Petrópolis: Vozes, 2011. OC, 4].

_____. "Ein Fall von hysterischem Stupor bei einer Untersuchungsgefangenen". *Journal für Psychologie und Neurologie*, 1/3, 1902, p. 110-122. Leipzig. ["Um caso de estupor histérico em pessoa condenada à prisão". In: JUNG, C.G. *Estudos psiquiátricos*. Petrópolis: Vozes, 2011. OC, 1].

_____. "L'Analyse des revés". *L'Année psychologique*, XV, 1909, p. 160-167. Paris.["A análise dos sonhos". In: JUNG, C.G. *Freud e a psicanálise*. Petrópolis: Vozes, 2011. OC, 4].

_____. "Über Konflikte der kindlichen Seele". *Jahrbuch für psychoanalytische und psychopathologische Forschungen*, II, 1910, p. 33-58. Viena/Leipzig. ["Sobre os conflitos da alma infantil". In: JUNG, C.G. *Desenvolvimento da personalidade*. Petrópolis: Vozes, 2011. OC, 17].

_____. *Über die Psychologie der Dementia praecox*: Ein Versuch. Halle: Carl Marhold, 1907 ["A psicologia da *Dementia praecox*: um ensaio". In: JUNG, C.G. *Psicogênese das doenças mentais*. Petrópolis: Vozes, 2011. OC, 3].

_____. "Über Simulation von Geistesstörung". *Journal für Psychologie und Neurologie*, 11/5, 1903, p. 181-201. Leipzig. ["Sobre a simulação de distúrbio mental". In: JUNG, C.G. *Estudos psiquiátricos*. Petrópolis: Vozes, 2011. OC, 1].

_____. "Zur Psychologie und Pathologie sogenannter okkulter Phänomene". Leipzig, 1902. Dissertação. ["Sobre a psicologia e patologia dos fenômenos chamados ocultos". In: JUNG, C.G. *Estudos psiquiátricos*. Petrópolis: Vozes, 2011. OC, 1].

_____. "Zur psychologischen Tatbestandsdiagnostik". *Centralblatt für Nervenheilkunde und Psychiatrie*, XXVIII, 1905, p. 813-818. Berlim. ["Sobre o diagnóstico psicológico de fatos". In: JUNG, C.G. *Estudos psiquiátricos*. Petrópolis: Vozes, 2011. OC, 1].

KANT, I. Kritik der reinen Vernunft. 2. ed., Leipzig: Reclam, 1878 [Org. Karl Kehrbach].

KRAEPELIN, E. *Experimentelle Studien über Assoziationen*. Friburgo em Brisgóvia: [s.e.], 1883.

_____. *Psychiatrie*. Ein Lehrbuch für Studierende und Ärzte. 7. ed., 2 vols. Leipzig: [s.e.], 1903/1904.

_____. *Über die Beeinflussung einfacher psychischer Vorgänge durch einige Arzneimittel*. Jena: [s.e.], 1892.

_____. "Über den Einfluss der Übung auf die Dauer von Assoziationen". *St. Petersburger medizinische Wochenschrift*, VI, 1889, p. 9-10. São Petersburgo (Leningrado).

KRAEPELIN, E. (org.). *Psychologische Arbeiten*. Leipzig/Berlim: W. Engelmann/J. Springer, 1896/1928.

KRAFFT-EBING, R. von. *Psychopathia sexualis*. Eine klinisch-forensische Studie. Stuttgart: [s.e.], 1886.

KRAMER, F. & STERN, W. "Selbstverrat durch Assoziation". *Beiträge zur Psychologie der Aussage*, II/4, 1905/1906, p. 1-32 (457-488). Leipzig.

KRAUS, O. "Psychologische Tatbestandsdiagnostik". *Monatsschrift für Kriminalpsychologie und Strafrechtsreform*, II, 1905, p. 58-61. Heidelberg.

LEDERER, M. "Die Verwendung der psychologischen Tatbestandsdiagnostik in der Strafrechtspraxis". *Monatsschrift für Kriminalpsychologie und Strafrechtsreform* III, 1906, p. 163-172. Heidelberg.

_____. "Zur Frage der psychologischen Tatbestandsdiagnostik". *Zeitschrift für die gesamte Strafrechtswissenschaft*, XXVI, 1906, p. 488-506. Berlin.

LEHMANN, A. *Die Hauptgesetze des menschlichen Gefuhlslebens*. Leipzig: [s.e.], 1892.

LIEPMANN, H. *Über Ideenflucht*. Begriffsbestimmung und psychologische Analyse. Halle: [s.e.], 1904.

MARTIUS, G. & MINNEMANN, C. *Beiträge zur Psychologie und Philosophie*, I/4, 1905. Leipzig. [MARTIUS, G. "Über die Lehre von der Beeinflussung des Pulses und der Atmung durch psychische Reize", p. 411-513; MINNEMANN: "Atmung und Puls bei aktuellen Affekten", p. 514-551].

MAIER, A. & ORTH, J. "Zur qualitativen Untersuchung der Assoziationen". *Zeitschrift für Psychologie und Physiologie der Sinnesorgane*, XXVI, 1901, p. 1-13. Leipzig.

MEIGE, H. & FEINDEL, E. *Les Tics et leur traitement*. Paris: [s.e.], 1902.

MENTZ, P. Die Wirkung akustischer Sinnesreize auf Puls und Atmung. In: WUNDT, W. *Philosophische Studien*. XI, Leipzig: [s.e.], 1893, p. 61-124, 371-393, 563-603.

MEYER, A. *Psychological Bulletin*, II/7, 1905, p. 242-250. Lancaster/Nova York [Recensão de Jung e Riklin: Experimentelle Untersuchungen über Assoziationen Gesunder (cap. I deste volume). Outras recensões dos estudos de associações de Jung, Wehrlin e Riklin, p. 251-259].

MOSSO, A. *Über den Kreislauf des Blutes im menschlichen Gehirn*. Leipzig: [s.e.], 1881.

MÜLLER, E.K. "Über den Einfluss psychischer und physiologischer Vorgänge auf das elektrische Leitvermögen des menschlichen Körpers". *Verhandlungen der Schweizerischen Naturforschenden Gesellschaft*, LXXXVII, 1904, p. 79-80. Berna.

MÜLLER, G.E. & PILZECKER, A. "Experimentelle Beitrage zur Lehre vom Gedächtnis". *Zeitschrift für Psychologie und Physiologie der Sinnesorgane*, volume complementar I, 1900. Leipzig.

MÜNSTERBERG, H. Die Assoziation sukzessiver Vorstellungen. *Zeitschrift für Psychologie und Physiologie der Sinnesorgane*, I, 1890, p. 99-107. Leipzig.

_____. *Beiträge zur experimentellen Psychologie*. 4 vols. Friburgo em Brisgóvia: [s.e.], 1889-1892.

NORDAU, M. *Entartung*. 2 vols. Berlim: [s.e.], 1892/1893.

NUNBERG, H. Über körperliche Begleiterscheinungen assoziativer Vorgänge. In: JUNG, C.G. (org.). *Diagnostische Assoziationsstudien*. Leipzig: [s.e.], 1910 [vol. II, p. 196-222].

PICK, A. "Zur Psychologie des Vergessens bei Geistes– und Nervenkranken". *Archiv für Kriminal-Anthropologie und Kriminalistik*, XVIII, 1905, p. 251-261. Leipzig.

PIÉRON, H. "L'Association médiate". *Revue philosophique de France et de l'étranger*, XXVIII, 1903, p. 147. Paris.

RAIMANN, E. *Die hysterischen Geistesstörungen*. Leipzig/Viena: [s.e.], 1904.

RANSCHBURG, P. & BÁLINT, E. "Über quantitative und qualitative Veränderungen geistiger Vorgänge im hohen Greisenalter. Experimentelle Üntersuchungen". *Allgemeine Zeitschrift für Psychiatrie und psychischgerichtliche Medizin*, LVII, 1900, p. 689-718. Berlim.

RANSCHBURG, P. & HAJÍS, L. *Beiträge zur Psychologie des hysterischen Geisteszustandes*. Leipzig/Viena: [s.e.], 1897.

RIKLIN, F. "Analytische Untersuchungen der Symptome und Assoziationen eines Falles von Hysterie (Lina H.)". *Psychiatrisch-neurologische Wochenschrift*, VI/46-52, 1904/1905, p. 449, 464, 469, 481, 493, 505, 521. Halle.

_____. "Die diagnostische Bedeutung der Assoziationen bei der Hysterie". *Psychiatrisch-neurologische Wochenschrift*, VI/29, 1904/1905, p. 275. Halle.

_____. Hebung epileptischer Amnesien durch Hypnose. *Journal für Psychologie und Neurologie*, I/5-6, 1902, p. 200-225. Leipzig.

_____. Kasuistische Beiträge zur Kenntnis hysterischer Assoziationsphänomene. In: JUNG, C.G. (org.). *Diagnostische Assoziationsstudien*. Leipzig: [s.e.], 1910 [vol. II, p. 1-30].

_____. *Wunscherfüllung und Symbolik im Märchen*. Viena: H. Heller, 1908 [Série: Schriften zur angewandten Seelenkunde, III].

_____. "Zur Psychologie hysterischer Dämmerzustände und des Ganser'schen Symptoms". *Psychiatrisch-neurologische Wochenschrift*, VI/22, 1904/1905, p. 185-190, 193-200. Halle.

RÜDIN, E. Über die Dauer der psychischen Alkoholwirkung. In: KRAEPELIN, E. (org.). *Psychologische Arbeiten*. IV/1. Leipzig/Berlim: W. Engelmann/J. Springer, 1901, p. 1-44.

_____. Auffassung und Merkfähigkeit unter Alkoholeinwirkung. In: KRAEPELIN, E. (org.). *Psychologische Arbeiten*. IV/3, 1902, p. 495-522.

SCHNITZLER, J.G. "Experimentelle Beiträge zur Tatbestandsdiagnostik". *Zeitschrift für angewandte Psychologie*, II, 1908/1909, p. 51-91. Leipzig [Excurso da dissertação médica, Utrecht 1907].

SCHÜLE, H. *Klinische Psychiatrie*. Leipzig: [s.e.], 1886.

SCRIPTURE, E.W. Über den assoziativen Verlauf der Vorstellungen. In: WUNDT, W. (org.). *Philosophische Studien*. VII. Leipzig: [s.e.], 1889, p. 50-146.

SMITH, W. Zur Frage der mittelbaren Assoziation. Leipzig, 1894 [dissertação].

SOMMER, R. *Lehrbuch der psychopathologischen Untersuchungsmethoden*. Berlim/Viena: [s.e.], 1899.

_____. *Zur Messung der motorischen Begleiterscheinungen psychischer Zustände*. Berlim/Viena: [s.e.], 1902, p. 143-164 [Beiträge zur psychiatrischen Klinik I].

SOMMER, R. & FÜRSTENAU, R. "Die elektrischen Vorgänge an der menschlichen Haut". *Klinik für psychische und nervöse Krankheiten*, I/3, 1906, p. 197-207. Halle.

STERN, W. "Psychologische Tatbestandsdiagnostik". *Beiträge zur Psychologie der Aussage*, II/2, 1905/1906, p. 145-147 (275-277). Leipzig.

STICKER, G. "Über Versuche einer objektiven Darstellung von Sensibilitätsstörungen". *Wiener klinische Rundschau*, II, 1897, p. 497-501, 514-518. Viena.

STRANSKY, E. "Über Sprachverwirrtheit". *Sammlung zwangloser Abhandlungen aus dem Gebiete der Nerven– und Geisteskrankheiten*, VI/4-5, 1905.

Halle [Cf. recensão de Lewandowsky em *Zentralblatt für Nervenheilkunde und Psychiatrie*, XXVIII, n. s. XVI, 15/11/l905, p. 879. Berlim. Com uma resposta de Stransky, p. 963-964].

_____. "Zur Auffassung gewisser Symptome der Dementia praecox". *Neurologisches Zentralblatt*, XXIII, 1904, p. 1074-1085, 1137-1143. Leipzig.

_____. "Zur Kenntnis gewisser erworbener Blödsinnsformen". *Jahrbuch für Psychiatrie und Neurologie*, XXIV, 1903, p. 1-149. Leipzig/Viena.

TARCHANOFF, J. "Über die galvanischen Erscheinungen an der Haut des Menschen bei Reizungen der Sinnesorgane und bei verschiedenen Formen der psychischen Tätigkeit". (*Pfüger's*) *Archiv für die gesamte Psychologie*, XLVI, 1890, p. 46-55. Bonn/Leipzig.

THUMB, A. & MARBE, K. *Experimentelle Untersuchungen über die psychologischen Grundlagen der sprachlichen Analogiebildung*. Leipzig: [s.e.], 1901.

TRAUTSCHOLDT, M. Experimentelle Untersuchungen über die Association der Vorstellungen. In: WUNDT, W. (org.). *Philosophische Studien*. I. Leipzig: [s.e.], 1883, p. 213-250.

VERAGUTH, O. "Das psycho-galvanische Reflex-Phänomen". *Monatsschrift für Psychiatrie und Neurologie*, XXI/5, 1907, p. 387-425. Berlim.

_____. "Le Réflexe psycho-galvanique". *Archives de psychologie de la Suisse romande*, VI, 1907, p. 162-163. Genebra [Trabalho apresentado no Congresso alemão de Psicologia Experimental e relatado por E. Claparède].

VIGOUROUX, A. *Étude sur la résistence électrique chez les mélancoliques*. Paris: [s.e.], 1890.

VIGOUROUX, R. "L'Electricité du corps humain". *Comptes rendus hebdomadaires des séances et mémoires de la Société de Biologie*, XL, 11/02/1888, p. 138-142. Paris.

_____. "Sur la résistence électrique considérée comme signe clinique". *Le Progrès médical*, XVI, 21/01 e 04/02/1888, p. 45-47, 86-88. Paris.

WALITSKY, M. "Contribution à l'étude des mensurations psychométriques des aliénés". *Revue philosophique de France et de l'étranger*, XXVIII, 1889, p. 583-595. Paris.

WEHRLIN, K. Über die Assoziationen von Imbezillen und Idioten. In: JUNG, C.G. (org.). *Diagnostische Assoziationsstudien*. Leipzig: [s.e.], 1910 [vol. I, p. 146-174].

WERTHEIMER, M. "Experimentelle Untersuchungen zur Tatbestandsdiagnostik". *Archiv für die gesamte Psychologie*, VI, 1905/1906, p. 59-131. Leipzig.

_____. "Zur Tatbestandsdiagnostik". *Archiv für die gesamte Psychologie*, VII/1, março de 1906, bibliografia p. 139-140. Leipzig.

WERTHEIMER, M. & KLEIN, J. "Psychologische Tatbestandsdiagnostik. Ideen zu psychologisch-experimentellen Methoden zum Zwecke der Feststellung der Anteilnahme eines Menschen an einem Tatbestande". *Archiv für Kriminal-Anthropologie und Kriminalistik*, XV, 1905, p. 72-113. Leipzig.

WEYGANDT, W. "Zur psychologischen Tatbestandsdiagnostik". *Monatsschrift für Kriminalpsychologie und Strafrechtsreform*, II, 1905, p. 335-438. Heidelberg.

WRESCHNER, A. "Eine experimentelle Studie über die Assoziation in einem Falle von Idiotie". *Allgemeine Zeitschrift für Psychiatrie und psychisch-gerichtliche Medizin*, LVII, 1900, p. 241-339. Berlin.

WUNDT, W. Sind die Mittelglieder einer mittelbaren Assoziation bewusst oder unbewusst? In: WUNDT, W. (org.). *Philosophische Studien*. X. Leipzig: [s.e.], 1892, p. 326-328.

WUNDT, W. (org.). *Philosophische Studien*. 20 vols., Leipzig: [s.e.], 1883-1902.

ZIEHEN, G.T. "Die Ideenassoziation des Kindes". *Sammlung von Abhandlungen aus dem Gebiete der pädagogischen Psychologie und Physiologie*, I/6, III/4), 1898/1900. Berlim.

_____. *Leitfaden der physiologischen Psychologie in 15 Vorlesungen*. 2. ed. Jena: [s.e.], 1893.

_____. (org.). *Sammlung von Abhandlungen aus dem Gebiete der pädagogischen Psychologie und Physiologie*. 8 vols., 1898-1906. Berlim.

ZONEFF, P. & MEUMANN, E. Über Begleiterscheinungen psychischer Vorgänge in Atem und Puls. In: WUNDT, W. (org.). *Philosophische Studien*. XVIII. Leipzig: [s.e.], 1903, p. 1-113.

Índice onomástico[*]

Aristóteles 868
Aschaffenburg, Gustav, 18, 22s., 41, 45, 57, 70, 75s., 80, 100[23], 115s., 132s., 157[41], 387s., 524, 551[22], 568, 577, 584s., 593, 599, 731, 866s., 870s., 1.079

Bálint, Emerich, cf. Ranschburg, Paul Baroncini, L. 1.316[*1]
Bechterew, W.M. von 638 (ref.)
Binswanger, Ludwig 1.035, 1.044, 1.094, 1.136, 1.182, 1.304[7], 1.326[7]
Bleuler, Paul Eugen 1, 169, 492, 523[12], 619[48], 664, 731, 762[23], 827[15], 1.036, 1.048, 1.080, 1.111, 1.355[6]
Bonhöffer, Karl 450[68]
Bourdon, B. 24, 105
Breuer, Joseph (cf. tb. Freud, S.) 640
Breukink, H. 501
Brill, A.A. 1.036[*]

Cattel, James McKeen 638 (ref.)
Claparède, Edouard 23s., 451, 560, 564, 868[3], 1354
Colucci, Cesare 501
Cordes, G. 14, 20, 86, 451[76], 730

Davidson, Andrew 1.349[*]
Delabarre, E.Burke 1.058, 1.187, 1.311 (ref.)

Ellis, Havelock 1.349[*]
Feindel 394
Féré, Charles Samson 569, 1.179s., 1.311 (ref.)
Ferrari, G.Cesare 1316[1]
Freud, Sigmund (cf. tb. Jung, C.G.) 323, 451, 490[87], 547[20], 610, 611, 619[48], 639s., 657s., 658-665, 675s., 690, 692, 703, 712, 717, 725s., 733[10], 762s., 816, 839, 843, 846, 851s., 910[20], 919, 939[*], 950, 998[*], 1.013, 1.067, 1.082, 1.111, 1.335, 1.348, 1.349[*], 1.351, 1.353[2,4]
– e Breuer, Joseph 490[87], 761[21]
Fuhrmann, M. 502s., 539
Fürer, - 116[32]
Fürst, Emma 886[12], 999
Fürstenau, Robert, cf. Sommer, Robert

Galton, Francis 569, 638 (ref.), 730, 868, 1.079
Ganser, Sigbert 611, 657
Goethe, Johann Wolfgang von 212, 315
Grabowsky, Adolf 664[7], 1.035 (ref.)
Gross,-100[24]
Gross, Alfred 640[5], 664, 758, 765[24], 791, 907, 1.317[2]

---

[*] 1) Os números indicam o parágrafo do texto. 2) O número das notas de rodapé vem indicado como expoente.

Gross, Hans 640, 664, 755, 758
Gross, Otto 662

Hajós, Lajos, cf. Ranschburg, Paul
Heilbronner, Karl 116, 450[68], 918, 1.317
Hellpach, Willy 662
Herbart, Johann Friedrich 128
Hoch, August 1.020[1]

Isserlin, Max 918

Jaffé, Aniela 1.072[19]
Janet, Pierre 850, 949, 1.066s., 1.354
Jerusalem, W. 451
Jung, Carl Gustav (cf. tb. médico-paciente, psiquiatra)
- como objeto de sonhos 832-841
- obras (menos as que foram incluídas neste volume):
- *Aspectos gerais da psicanálise* 1.355[6]
- *Associations d'idées familiales* 999*
- *Um caso de estupor histérico em pessoa condenada à prisão* 657[9]
- *Erinnerungen, Träume, Gedanken*, org. por Aniela Jaffé 1.072[19]
- *O conteúdo da psicose* 1.072[19], 1.356
- *Símbolos da transformação* 1.356
- *Tavistock Lectures* 999*
- *Os fundamentos da psicologia analítica* 999*
- *Sobre os conflitos da alma infantil* 939*
- *A psicologia da dementia praecox* 451[71], 916[21], 1.036*, 1.072[19], 1.096[21], 1.349, 1.356
- *Sobre a simulação de distúrbio mental* 193[44], 298[53], 455[77], 504, 657[9]
- *Sobre a psicologia e patologia dos fenômenos chamados ocultos* 712[26], 851[19]

- *Sobre o diagnóstico psicológico de fatos* 769[26], 1.357[1]
- e Freud, S. *Troca de correspondência* 1.335[10]
- Organizador de *Diagnostische Assoziationsstudien* I/II 499*, 560*, 638 (ref.), 660*, 762[23], 793*, 918*
Jung, Emma 492

Kant, Immanuel 46
Kaposi, Moritz 616[47]
Klein, Julius, cf. Wertheimer
Kraepelin, Emil 22, 45, 70, 115, 132, 388, 503, 570, 585[23], 638 (ref.), 669, 730s., 772[30], 815, 864s., 871, 878, 882, 1.066, 1.079, 1.092, 1.348, 1.353[3]
Kraft-Ebing, Richard von 718[20]
Kramer, F. e Stern, W. 1.035 (ref.)
Kraus, O. 762s.
Külpe, Oswald 756

Lederer, Max 1.035 (ref.)
Lehmann, Alfred 1.058s.
Lessing, Gotthold Ephraim 212[46]
Liepmann, Hugo 387
Löwenfeld, Leopold 662

Marbe, Karl, v. Thumb, Albert
Martius, Götz e Minnemann, C. 1.059, 1.187, 1.191
Mayer, A. e Orth, J. 23, 563s., 602, 638 (ref.), 889
Meier, C.A. 563[3]
Meige, Henry 794
Mentz, Paul 1.058s., 1.187[4], 1.187, 1.311 (ref.)
Meumann, E. v. Zoneff, P.
Meyer, Adolf 1.020[1]
Mill, James 21
Minnemann, C. v. Martius, Götz
Möbius, Paul Julius 661

Mosso, Angelo 1.058, 1.187[4], 1.187, 1.311 (ref.)
Müller, E.K. 1.043
Müller, Georg E. e Pilzecker, A. 100[24], 605[35, 37], 638 (ref.)
Münsterberg, Hugo 24, 65, 88[21], 451, 585[23], 638 (ref.), 876

Näf, Hans, v. tribunal do júri, processo de
Nordau, Max Simon 132[35]

Orth, J. v. Mayer, A.

Peterson, Frederick 1.036*
Pick, Arnold 657[8]
Piéron, H. 451
Pilzecker, A. v. Müller, Georg E.
Platão 868
Pulve, Max 1.358

Raimann, Emil 1.068[18]
Ranschburg, Paul e Bálint, Emerich 20[4], 145[40], 392, 577[15], 638 (ref.), 884[10]
– e Hajós, L. 116[29]
Rickscher, Charles 1.180*
Riklin, Franz 1, 507s., 520, 566, 684, 611[44], 621[49], 638 (ref.), 657, 658[11], 662, 754[15], 762[23], 793[1], 901[18], 1.350
Rüdin, Ernst 116[32]

Schnitzler, J.G. 1.317[3]
Schüle, Heinrich 731[7]
Scripture, Edward Wheeler 451, 730
Smith, William 116[32], 451
Sommer, Robert 9, 501, 564, 638 (ref.), 730, 864, 1.035, 1.041, 1.079, 1.181, 1.311 (ref.)
– e Fürstenau, R. 1.035 (ref.)

Spiegel, H.W. 1.357*
Stern, William (cf. tb. Kramer, F. 640[5], 728, 759, 761, 1.035 (ref.)
Sticker, Georg 1.035, 1.040, 1.181, 1.310 (ref.)
Störing, Gustav 662
Stransky, Erwin 1.066
Sudermann, Hermann 127
Suttner, Bertha von 31

Tarchanoff 1.035, 1.040, 1.042, 1.048, 1.050, 1.056, 1.179, 1.181, 1.311 (ref.)
Thumb, Albert 564, 638 (ref.)
Trautschodt, Martin 21[6], 70, 569, 584, 638 (ref.), 730, 868[5]

Ulrich, – 511s.

Veraguth, Otto 1.015s., 1.035, 1.043s., 1.181, 1.311 (ref.), 1.356
Vigouroux, A. 1.180, 1.311 (ref.)
Vigouroux, R. 1.311 (ref.)
Vogt, Heinrich 662

Walitsky, Marie 638 (ref.)
Warda, W. 662
Weber, Carl Maria von 212[47]
Wehrlin, K. 504, 509, 513, 638 (ref.), 684, 762[23], 775[37], 885[11]
Wertheimer, Max 664[5], 758, 762, 791, 1.035 (ref.)
– e Klein, Julius 640[5], 664, 755s., 758s., 1.035 (ref.), 1.317[5], 1.357[1]

Weygandt, Wilhelm 767, 887
Wreschner, Arthur 73, 95, 564, 638 (ref.)
Wundt, Wilhelm 29[10], 103, 385, 451, 730, 864, 871, 1.079

Zahn, Ernst 314
Ziehen, Georg Theodor 22s., 29[10], 46, 70, 186, 471[81], 560[1], 562, 571, 577, 581, 590, 599, 602, 621, 638 (ref.), 730, 733[10], 889
Zola, Emil 605
Zoneff, P. e Meumann, E. 1.058s., 1.061, 1.187[4], 1.187, 1.311 (ref.)

Índice analítico

"Aabaissement du niveau mental" 850
Abasia 914
Abstinência 1.031
Abulia 798
Acareação (cf. tb. juízo, ocorrência) 992
Acaso, casualidade 868, 886, 920, 923, 1.005
Adaptação psicológica 1.067, 1.071
Adultério 643
Alcoolismo (cf. tb. embriaguez) 116, 132s., 388, 450[68], 474[83], 491, 518, 611, 685, 864, 882, 1.230, 1.271, 1.302, 1.311, 1.315
Além, o 656, 752
Alemão clássico (cf. tb. dialeto) 10, 446, 624
Aliteração, v. Associação
Alma, v. psique
Alucinação 793, 816, 1.067, 1.072, 1.178, 1.249, 1.251, 1.354
Amnésia 518, 650s., 726, 744, 816
Amor (cf. tb. erotismo, sexualidade) 823, 835, 843, 905
Análise (cf. tb. psicanálise, psicologia) 622, 634, 649-658, 668, 695, 761, 772, 780, 800, 814, 816-822, 826-857, 890, 899s., 919s., 927, 938, 998, 1.024, 1.067, 1.178, 1.326, 1.332-1.347
Anamnese 666, 815, 846, 996, 1.351
Anatomia 560
Anormal (cf. tb. associação, doença mental, tipo reativo) 3, 499, 557, 1.083
Apatia, apático 1.070, 1.072, 1.282
Apercepção 26, 88, 120, 385
Associação (cf. tb. reação) 1s., 12s., 20-498, 499-559, 560-638, 639-659, 664, 675, 718s., 730[2], 731, 780, 793-822, 833, 846, 850, 868, 887, 925, 1.020, 1.067s., 1.197, 1.333, 1.352
- acústica (cf. tb. estímulo) 25, 472
- aliteração na 110, 111, 113, 114-381, 394-400, 434-439, 463-471, 586, 611
- anomalias da 157
- características da 1.002
- consonância na 110s., 115-381, 393-400, 434-439, 463-471
- constelação de complexos na 607, 613, 621, 645-659, 664, 733-751, 771-792, 816, 818, 919, 984, 1.177, 1.354
- constelação na 182-207, 271-381, 508s., 539, 548[21], 552, 555, 605, 611s., 616, 650, 687, 716, 816, 844, 919
- coordenação na 29-44, 115-381, 393-419, 434-474, 1.000
- da ocorrência 1.371, 1.375s.

- de coexistência 9, 32, 43, 46, 55, 66, 111, 115-381, 393-474, 596, 780
- de determinação do objeto 64, 111
- de doentes 1, 641, 794-862, 924
- de julgamento (cf. tb. valor) 23
- de pessoas sadias, normais 1-498, 640s., 908, 924, 944, 994
- de som, v. reação
- definição de 20s.
- erótica, sexual 692, 696
- externa 29[10], 32, 42s., 66-75, 111, 113, 115-381, 391, 437, 444s., 473, 475-498, 599, 637, 796-815, 871s., 889
- forma linguístico-motora da 89, 113, 115-381, 393-474, 1.000
- incorreta, v. experimento, reação
- indireta 82-91, 111, 113, 115-381 393-474, 489, 605, 796-815, 829[16]
- - exemplos de 451, 605
- - parafásica 85
- interna 20[4], 21[5], 29-65, 86, 111, 115-381, 391-399, 437s., 444, 469, 473, 475-498, 580, 582, 589, 596, 599s., 637, 796-815, 871,.877s., 889
- intrapsíquica 21, 26
- livre 451, 640, 662, 704
- maníaca 387
- mecânica 117, 128, 385
- método da 640, 757s., 776, 792, 907, 939-998, 1.020, 1.079, 1.089, 1.350[1]
- patológica 1, 640
- perseverante, v. reação
- perturbada, v. reação
- por "semelhança de flexão" 73
- primitiva 169, 174
- relação predicativa na (cf. tb. tipo reativo) 45s., 111s., 115-381, 393-474, 502

- reproduzida, v. reprodução
- rima na, v. Lá
- saltadora 23
- sem sentido, v. reação
- superficialidade da 132, 882
- técnica da (cf. tb. método da associação) 515s., 1.319
- teoria da 37
- teste de, v. experimento
- vazio de 509
Assonância 93
Ataque (de doentes psíquicos) 500
Atenção 3, 14, 86, 88[20], 115, 119, 132, 134, 138, 147, 207, 236, 305, 356, 382, 407, 410, 419, 419[64], 444, 451, 461, 471s., 484, 488s., 611, 777, 798, 803, 807, 816, 882, 885, 984, 1.048, 1.058, 1.060, 1.062, 1.067, 1.080, 1.093, 1.138, 1.187, 1.302s.
- distúrbio da (cf. tb. distração) 132s., 160, 165, 168s., 237, 387s., 419, 450, 450[68], 470, 491, 563, 605, 731, 798, 882, 1.040, 1.067, 1.322, 1.381
- divisão da 74, 269, 329, 357, 441, 444, 462, 470, 472, 490
"atrofia emocional" 1.066
Audição colorida, v. sinestesia
Ausência 518
Auto-hipnose (cf. tb. hipnose) 134
Automatismo 136, 451, 611, 847, 849s., 857, 1072
- exemplos de 451, 611[45]
Azar, número de 41

Basedow (doença) 793
Bloqueio 640, 655, 659, 716, 816, 826, 829, 831s., 841, 844, 854, 908
Bunau-Varilla, v. automatismo, exemplo de

Burghölzli, v. clínica psiquiátrica, Zurique

Cachorro (no sonho) 827-833
Câmara escura 563
Cansaço, fadiga 13, 115s., 132s., 165-219, 252-266, 318, 388, 474[83], 491, 813, 816, 864, 878s.
caráter
- da pessoa experimental, v. lá
- epiléptico 500, 509, 518
Casamento, casar 997, 1.002, 1.006, 1.009s., 1.385
- complexo de (cf. tb. noiva) 226, 914
Catalepsia 1.072
Catatonia, catatônico 116, 450[68], 659, 924, 1.062, 1.065s., 1.072, 1.074s., 1.248s., 1.301, 1.353
- e estupor 1.072-1.074, 1.248s., 1.311
"Causa-encobridora" 662
Cenestésico 1.352
"Censura" (Freud) 611
Centro acústico (cf. tb. experimento) 560
Cérebro, cerebral 100[24], 539, 1.062, 1.067, 1.071, 1.187
- mecanismo cerebral 21, 116
- sífilis cerebral 924
Chave labial 563, 593
Chiste, pilhéria 718, 882
Coreia, v. dança de S. Guido
Cinestesia 132
Citação 42, 72, 111, 212s., 229, 273s., 290, 314s., 621
Clínica
- de doentes mentais, manicômio (cf. tb. clínica psiquiátrica) 1.008
- como complexo 648-649, 833, 1.165
- psiquiátrica, Burghölzli, Zurique 1,

511, 573, 626, 731, 762, 833, 837, 857, 1.036, 1.044s., 1.079s., 1.094, 1.181, 1.188, 1.348, 1.358
- suíça para epilépticos 510
Coexistência, v. associação, reação
Coito, acasalamento 716s., 827, 829, 833, 839, 844
Compensação 950, 989
Complexo (cf. tb. associação, reação) 103, 136, 167, 178, 182-207, 208-266, 269-381, 383, 414, 417, 428s., 430, 451, 455, 462, 473, 490s., 529, 539, 544, 547, 548[21], 552, 555s., 602s., 605-611, 622[51], 626, 634, 637, 640, 643, 645-659, 664-704, 712, 718, 727, 733-757, 762, 772-778, 780-792, 816, 817s., 833, 843 , 844s., 848s., 857s., 861s., 892-901, 916[21], 919s., 926s., 942, 983s., 990s., 997, 1.062, 1.067s., 1.096, 1.177s., 1.302, 1.322[4], 1.335, 1.343, 1.351-1.356
- características de, fenômenos de, indícios de 619, 640, 644, 649, 659, 675, 777, 813, 816, 818s, 919s., 926, 935, 937s., 972, 977, 983, 994, 1.024, 1.082, 1.084, 1.087, 1.324s., 1.329, 1.339, 1.352, 1.360-1.376
- com carga emocional 891, 908, 915, 917, 956, 974, 991, 1.024s., 1.031, 1.043, 1.060, 1.064, 1.067, 1.085, 1.104, 1.111, 1.135, 1.149, 1.192, 1.207, 1.326, 1.350s., 1.352, 1.365
- constelação do, v. associação
- de culpa (cf. tb. sentimento de, culpa-inocência) 974, 1.023, 1.329, 1.332s.
- de dinheiro 611-614, 892, 906

- de doença 794, 798s., 803, 813, 816, 819s., 827, 835, 862
- de escola 226, 229s., 374, 816, 820, 847s.
- de ideias 1.081, 1.106, 1.178, 1.351s.
- de inteligência 985s.
- de pai 692, 717, 721, 912s.
- definição de 167[42], 733[9], 1350
- distúrbio de 676-703, 772, 816, 1.024, 1.332s.
- do eu 610, 611, 664, 827, 846, 862
- erótico (cf. tb. sexualidade) 816, 835, 851, 905s.
- ideias de 846, 893, 909, 1.022, 1.067, 1.084, 1.324, 1.352
- inconsciente 983, 1.136, 1.138, 1.197
- independência, autonomia do 1.067, 1.086, 1.352s.
- patogênico 800, 803, 1.351
- psicológico 1.071
- reprimido 659, 994, 1.352
- sexual (cf. tb. erótico) 698, 702, 718, 820, 827, 829-835, 844, 849s., 857
- teoria dos 1.349-1.356
Concentração 165, 172
Consciência 5, 21, 86, 88[21], 119s., 143, 167, 266, 329s., 383s., 419, 430, 451, 461, 605, 607s., 611, 619[48], 621, 628, 640, 659, 661, 664, 713, 719, 724, 744, 759, 793, 816, 822, 868, 920, 1.062, 1.083, 1.101, 1.192, 1.322, 1.352, 1.388
- conteúdo da 82, 384, 461, 524, 602, 1.363
- divisão da 720
- do eu 609, 661, 901
- limiar da 385
Consciente-inconsciente 82, 84s., 88[21], 136, 195, 287, 298, 323, 385, 417, 451, 471[81], 490, 502, 548[21], 846, 983, 1.062, 1.067, 1.082, 1.087, 1.106, 1.311
Consonância, v. associação
Constelação (cf. tb. associação) 1.067, 1.087,1.142
- emocional 1.067
- familiar 940, 999-1.014
- psicológica 1.094, 1.100, 1.108s., 1.116, 1.129, 1.309
Contração muscular, v. tensão muscular
Contraste, v. reação
Coordenação, v. Reação
Corpo, corporal 1.180s., 1.351
- e espírito (cf. tb. fator físico, fenômenos psicofísicos) 3
Criança 851, 940, 998, 1.007, 1.014
Crime, criminoso (cf. tb. furto) 640, 664, 755, 770, 775, 907, 956, 1.034, 1.313, 1.317, 1.327, 1.350
Criminalística (cf. tb. juízo, psicologia criminal, crime) 767, 1.023, 1.317s.
Cronoscópio 593
Culpa-inocência, culpado-inocente 760, 777-792, 956, 962, 964s., 1.328-1.334, 1.357, 1.360, 1.379s., 1.388
Curva galvânica 1.017, 1.025s., 1.036s., 1.047-1.077, 1.090-1.178, 1.189-1.311
- média aritmética da 1.090-1.178

Dança de São Guido 793, 794, 816, 845-850
Debilidade mental (cf. tb. idiotia, imbecilidade) 499, 510, 512s., 525, 530, 538s., 547, 549, 775, 885, 1.313
Degeneração psíquica 499s., 1.313

Delírio 1.068, 1.352
Delusão 1.067, 1.178, 1.354
- de grandeza 1.072
Dementia paranoides 1.065, 1.072, 1.076, 1.301
- praecox 611, 620, 754, 839, 916, 916[21], 924, 1.009, 1.045, 1.062, 1.065-1.077, 1.157-1.179, 1.230, 1.247-1.311, 1.350, 1.353
-senil 1.230, 1.295s.
Demônio 1.352
Depoimento 728, 762
Depressão 856, 1.072, 1.082, 1.248, 1.251, 1.311
- hebefrênica 1.072
Desgosto, desprazer, com carga
Desagradável 639, 650, 657, 661, 733, 816, 890, 913, 920
Destino 1.009s.
Determinismo 868
Deus (no sonho) 1.011
Diagnóstico (cf. tb. diagnóstico da ocorrência) 390, 500, 664, 668, 730, 792, 990, 1326
- psicológico 728-792, 1.317
Dialeto (suíço-alemão) 11, 356, 375, 408[60], 427, 429, 575, 616, 624, 682, 1.381
Disposição emocional 499
Distração (cf. tb. atenção, distúrbio) 399, 402 436-498, 780, 798, 803, 806, 829 , 882, 1.058, 1.062
- externa 15, 114-381, 382, 437-449, 464-471, 495-498, 600
- interna 14, 114-381, 382s., 419, 419[64], 439-448
Distúrbio, perturbação (cf. tb. distração, atenção, complexo) 16, 114, 118, 419, 541, 563s., 600, 605, 637s., 649, 664s., 676, 685, 689, 704, 719, 747, 754, 767, 772, 775s., 780, 791, 796s., 803, 808s.,
816, 859, 883, 926-935, 944, 984, 990, 993, 1.023, 1.060, 1.066, 1.081, 1.105, 1.134s., 1.178, 1.324, 1.332, 1.342s., 1.350s., 1.370s., 1.379s.
- acústico 288
- físico 1.108
- orgânico 1.067
- psicológico 1.326
- psíquico (cf. tb. dementia) 731, 1.067s., 1.246, 1.284, 1.294, 1.353s.
Divisão (cf. tb. atenção, consciência) 132
- da personalidade 712, 719s., 1.352
Doença estomacal 1.315
Doença mental (cf. tb. doente) 563, 573, 624, 689s., 731, 793, 882, 896, 916, 924, 944, 1.008, 1.011, 1.067, 1.072, 1.165, 1.178, 1.180-1.311, 1.352
Doente, doença (cf. tb. complexo, Doença mental) 662, 670, 793s., 798, 801, 816, 820, 833, 835, 843s., 846, 856s., 861, 944, 994, 1.066s., 1.072, 1.350
Duelo (complexo) 648s.

Ego (cf. tb. eu) 1.067
Egocentrismo, atitude egocêntrica 415, 427-433, 499s., 529s., 539, 544, 551
Elétrico, efeito, v. estímulo, resistência
Embriaguez 649, 680, 699, 1.006s., 1.032
Emoção, emocional, emotividade (cf. tb. sentimento) 11, 92, 125, 207, 298, 453, 516, 539, 564, 613, 635, 694, 751, 772, 813, 976, 984, 992, 1.040, 1.050, 1.053, 1.055, 1.058s., 1.061, 1.063s., 1.080,

1.093, 1.118, 1.132, 1.165, 1.179,
1.180, 1.185, 1.192, 1.328, 1.343,
1.380
Emoção, emotivo, emocional (cf. tb.
sentimento) 3, 11, 92, 103, 120,
125,132,136, 166s., 172, 194, 207,
234, 237, 266, 298, 314s., 400,
417, 419, 430, 453, 490, 516, 520,
529, 539, 564, 602, 611, 613, 616,
635, 637, 694, 747, 751, 761, 772,
798, 803, 813, 816, 846, 882, 891,
900, 909, 976, 984, 992, 1.006,
1.017, 1.022, 1.027, 1.040, 1.048,
1.050, 1.053, 1.055, 1.058s.,
1.061s., 1.063s., 1.066s., 1.074,
1.079, 1.083, 1.094, 1.111, 1.118,
1.132, 1.147, 1.165, 1.179s., 1.185,
1.187, 1.192, 1.197, 1.210, 1.302,
1.328, 1.343, 1.352, 1.356, 1.379s.
"Energia associativa" 116
Engano no falar, no ouvir, no ler
118, 547, 611, 616, 621, 640, 772,
816, 829[16], 935, 996, 1.324, 1.350,
1.363
Epilepsia, epiléptico 116, 450[68],
499-559, 1.232-1.246, 1.254, 1.301
Erotismo, erótico (cf. tb. complexo,
sexualidade) 245s., 270, 295s., 312,
374, 381, 610, 611-614, 616, 621,
629, 643, 658, 673, 676, 685s.,
716, 722s., 816, 819, 833, 839,
843, 851, 1.008
Escola, complexo de, v. lá
Esgotamento (cf. tb. cansaço) 116,
133
Espada, v. duelo
Esquecimento, esquecer 639, 646,
657s., 662
Estado crepuscular 657
Estereotipia 499, 621, 1.072
Estímulo 1.015, 1.018, 1.061s.,
1.074, 1.103, 1.106, 1.108, 1.125,
1.146, 1.181, 1.188, 1.194, 1.196,
1.203-1.311
- acústico 14, 21, 120, 868, 1.015,
1.058, 1.187
- de luz 868, 1.062
- do meio ambiente (cf. tb.
Adaptação) 1.068
- elétrico 868, 1.038
- emocional 1.051, 1.061, 1.064,
1.184s.
- imagem-estímulo (cf. tb. imagem)
31-42, 45, 51, 55, 66, 103, 120, 128,
148, 270, 414, 444, 451, 462, 868
- intelectual 1.051, 1.058
- limiar do 120, 133, 382
- - muscular 132
- misto 1.051s., 1.058, 1.060,
1.074s., 1.186, 1.207-1.229
-nervoso 1.042, 1.046s.
- ótico 1.015
- perturbador 16
- psíquico 1.036, 1.042, 1.043[3],
1.048-1.057, 1.071, 1.207, 1.233,
1.301s.
- sensório (cf. tb. impressões dos
sentidos) 1.036, 1.038s., 1.043,
1.048, 1.051, 1.058, 1.179s.,
1.185, 1.196, 1.207, 1.232s.,
1.271-1.310
- verbal 1.051-1.057, 1.060, 1.196,
1.237-1.301
Estupidez 103, 207, 298[53], 455,
504, 1.313[1]
Estupor 116, 1.062, 1.072
- catatônico, v. lá
Eu, referência ao (cf. tb.
consciência, ego, complexo, reação
egocêntrica) 46, 51, 97, 111, 456s.,
462, 508s., 530s., 539, 649, 816,
846, 861, 1.352
Euforia 1.282, 1.294, 1.302, 1.311
Eva 127, 843

Exagero 499
Excitação (cf. tb. curva galvânica) 132, 605, 816, 1.123, 1.138, 1.311, 1.333
Exibicionismo 1.072
Experimento, teste, experimental 730s., 863s.
- acústico-linguístico 46, 91, 388, 408, 450[68], 575
- aparelhagem para (cf. tb. galvanômetro) 1.015s., 1.036-1.045, 1.181s.
- com doentes 502-559, 793-862, 924, 1.036-1.171, 1.180-1.311
- com pessoas sadias, normais 1-498, 510, 520, 529, 539, 541, 547, 548[21], 552s., 558, 566, 573, 924, 992, 1.036-1.178, 1.180-1.311
- da ocorrência 1360-1376
- de associações de palavras 1-498, 516-559, 560-638, 639-659, 664s., 667-699, 728-792, 793, 795-822, 831, 833, 844, 858s., 863-917, 918-938, 941-998, 999-1.006, 1.015-1.035, 1.036, 1.044, 1.051, 1.056, 1.067, 1.075, 1.079-1.178, 1.181, 1.330-1.347, 1.350s., 1.360-1.388
- de conteúdos com carga emocional (cf. tb. complexos) 1.348
- de depoimento 728
- de determinação do sintoma 1.348
- do mecanismo psicógeno 1.348
- falha no (cf. tb. reação) 25, 94, 393-419, 434-473, 796-815, 944
- fatigabilidade da vontade no 1.348
- fidelidade de reprodução no 1.348
- galvano-psicofísico 1.015-1.035, 1.036-1.178, 1.192-1.311
- medição no (cf. tb. método da medição) 1.061
- parte física do 1.035
- parte fisiológica do 1.035
- psicológico (cf. tb. psicologia das associações) 944, 1.049, 1.062. 1.348
- rapidez de percepção no 1.348
- técnica do, v. método da associação
Expressão
- mímica, v. reação
- motora, excitação 26, 116s., 132s., 136, 176, 388, 882, 1.062

Falha, v. experimento, reação, reprodução
Família, familiar (cf. tb. constelação) 999-1.014
Fantasia 499, 718, 1.040, 1.050, 1.354
Fator
- físico 383, 388, 1.046-1.057, 1.063, 1.093, 1.108
- somático-fisiológico, v. fisiologia
fenômeno
- A 14
- de atitude 169, 174
- galvânico (cf. tb. experimento) 1.180-1.311
- patogênico (cf. tb. complexo patogênico) 727, 1.351
- psicofísico (cf. tb. experimento, galvanômetro, método) 100, 383, 388, 1.015-1.035, 1.352
Fetichismo 718[20]
Fisiologia, fisiológico 13, 115, 134, 868, 1.046, 1.058
Fogo (sonho) 793, 823, 829, 833, 839, 843, 851
Forma gramatical, v. palavra-estímulo
Frequência (cf. tb. habitualidade) 481, 587s.
- lei da 384, 475, 477, 587
Furto, roubo 770-778, 781s., 785, 792, 907, 957-981, 1.319s., 1.332s., 1.350, 1.356

Galvanômetro 1.015, 1.025, 1.036-1.178, 1.181
Genitais 687, 697, 716, 839
Gesto, v. reação
Gravidez 605, 610, 612, 851, 905

Habitualidade, costume 16, 21, 382, 468
Hebefrenia 924, 1.065, 1.072, 1.257s., 1.301
Hereditário, orgânico 513, 525, 539, 924
Hipermnésia 712
Hipnose 658, 666, 704, 770, 868[6], 901, 914
Hipnotismo 451[76]
Histeria, histérico 157, 193, 198, 207, 289, 298, 417, 430, 451, 531, 539, 541, 577, 603, 605, 611, 619[48], 620, 637, 640, 655, 657, 659, 660s., 703, 727, 744, 751, 754, 766, 780, 793, 794, 798, 808, 813, 816, 827, 833, 839, 845-862, 901, 908s., 915s., 924, 943-946, 953, 992, 1.008, 1.011, 1.067s., 1.073, 1.082, 1.232, 1.234, 1.352
- sintoma da 845-857, 913, 950, 952, 1.067, 1.352, 1.354
Homem
- preto (no sonho) 793, 833, 856
- como pessoa experimental, v. lá
Homossexualidade 843

Ideia (cf. tb. complexo) 499s., 529, 547, 560, 602s., 605, 611s., 616, 621, 631, 637, 639s., 657, 661s., 666, 675, 701, 718s., 761, 868, 893, 1.327, 1.350
- cobertura 846
- fuga de 28, 116, 387, 450[68], 539[16]

Idiotia, idiota (cf. tb. imbecilidade, debilidade mental) 408[59], 506, 509, 523, 684, 985, 989
Imbecilidade (cf. tb. idiotia, debilidade mental) 499s., 523-539, 539[16], 547, 558, 924, 985, 1.313
Impotência (cf. tb. potência) 955
Impressões dos sentidos (cf. tb. estímulo) 66, 127, 136, 471s., 563, 1.039
Inconsciente (cf. tb. Consciente - inconsciente) 136, 208-257, 323, 385, 450s., 504, 605, 611, 619[48], 621, 626, 637, 658, 662s., 755, 782, 803, 816, 983, 1.007s., 1.013, 1.062, 1.086s., 1.106, 1.192, 1.323
Indivíduo, v. pessoa experimental
Infância 849, 868, 939, 998
Infantilidade, infantil 794, 1.008s.
- da consciência, v. lá
- emocional (cf. tb. complexo com carga emocional) 1.373
- psíquica 1.351
Inibição, bloqueio 120, 128, 195, 247, 417, 450s., 605, 611, 616, 624, 629, 635, 640, 656, 659, 661s., 713, 777, 800, 803, 815, 822, 827s., 833, 920, 1.063, 1.086, 1.111, 1.187
Inocência, v. Culpa
Insanidade moral 924
Insônia 666, 692, 704
Inteligência (cf. tb. complexo) 1.079, 1.101
Irmã e irmão, v. lá
-e irmã 1.002s., 1.006
Irmão e irmão 1.002
- e irmã 842-843s., 1.008
Irritabilidade 499

Juízo, corte judicial (cf. tb. psicologia criminal, processo judicial) 759s., 1.318
Julgamento (cf. tb. valor)
- analítico 46
- sintético 46
Jurista (cf. tb. ocorrência) 1.316

Laudo, parecer
- grafológico 1.358
- psiquiátrico 1.313, 1.358, 1.379s.
Law of frequency, v. frequência, lei da libido (cf. tb. sexualidade) 716
- reforçada pelo objeto 950
Linguagem, fala (cf. tb. dialeto, neologismo) 10s., 20s., 42, 46s., 66s., 91s., 105-113, 114-381, 382s., 408, 450⁶⁸, 465s., 475s., 490, 499, 539, 547, 575, 587s., 682s., 703,776, 935, 1.062, 1.324s, 1.363

Mãe (cf. tb. pais)
- e filho, filha 1.001-1.014
Magnetismo 1.042
Mania, maníaco 28, 116, 132s., 387s., 450⁶⁸, 491, 524, 731, 882, 1.073
Masturbação (cf. tb. onanismo) 716
Matrimônio, v. casamento
Mecanismo (cf. tb. processo
Mecânico-linguístico) 550, 611
Medição
- da curva galvânica, v. lá
- do pneumógrafo, v. lá
- do tempo de reação, v. lá
Médico (cf. tb. psicoterapia) 662
- e paciente (cf. tb. psicanálise) 640, 703, 769, 816, 819, 833, 835, 837s., 857, 944, 950, 993, 1.351
Medo 642s., 666, 675, 760, 833s., 891, 1.040, 1.380
Megafone 563
Meio ambiente 1.007, 1.067

Melancolia 1.181
Memória, recordação, lembrança 46, 127, 190s., 247, 270, 273, 312, 344, 366, 373, 378, 386, 414, 427, 530, 605, 611s., 616, 618, 639-659, 664, 673s., 690,715s., 732, 744, 747, 752, 780, 816, 827s., 831, 848, 889s., 919, 974, 991, 1.040, 1.064, 1.252s., 1.352, 1.371s.
- distúrbios orgânicos da 641, 1.352
- encobridora 611, 658
Meteorismo 851
Método, técnica
- da associação livre 640
- da medição (cf. tb. tempo de reação) 1.078, 1.194s.
- da medicina 1.317
- das associações, v. lá
- do diagnóstico da ocorrência 1.316-1.347, 1.357-1.388
- do processo de reprodução 641,745, 919, 923, 928s., 991, 1.020, 1.086, 1.322, 1.352
- psicanalítico (Freud) 662, 703s., 761s., 846, 919s., 1.067, 1.082, 1.096, 1.348, 1.351
- psicofísico 1.152
- psicológico 792, 1.024, 1.348
Metrônomo, v. distração externa
Mitologia 1.354
Morte, morrer 656, 752, 816, 833
Motilidade 26, 116³⁴, 136, 176
Mutismo 1.072

Narcose 134
Nefrite 1.315
Neologismo 1.072, 1.167
Nervos 868
- condução pelos 560
- sistema simpático dos 1.046, 1.185
Neurastenia 924, 1.009

Neurose, neurótico 665, 727, 816, 949, 994, 1.008s., 1.010, 1.013, 1.350s., 1.354, 1.356
Noiva (complexo) 227s., 363, 643s., 648
Noivado, v. relação amorosa
Nome próprio 200

Objetivo-subjetivo 13, 97s., 115, 144, 175, 177s., 412, 462
Obsceno 715s., 719
Obsessão, compulsão 642, 665s., 672, 687, 692, 701, 708s., 715, 720s.
- de limpeza e ordem 713, 839s.
- de pensamento autocentrado 713
- de tocar em objetos 793
- v. possessão
Ocorrência (jurídica) 728-792, 956
- diagnóstico psicológico da 1.316-1.347, 1.357-1.388
Onanismo 678, 689, 697, 713, 716, 816
"Oscilação de expectativa" 1.016
Ótico, v. visibilidade
Ouvido (cf. tb. estímulo acústico) 560, 868, 1.038

Paciente, v. psicoterapia
- e médico, v. lá
Pai (cf. tb. pais, complexo)
- e filho/filha 717, 1.002-1.014
Pais (cf. tb. mãe) 717, 1.006s., 1.010, 1.014
Palavra-estímulo 8s., 11, 20, 31-374, 382-498, 502-559, 560-638, 639s., 643-659, 664s., 667-699, 730-792, 795-822, 829[16], 868, 871s., 885-890, 919, 941-997, 1.004s., 1.020-1.032, 1.043, 1.050s., 1.056, 1.079-1.178, 1.196, 1.320-1.345, 1.350s., 1.360-1.387

- complementação da 77, 113, 115-381, 393-422, 434-474
- compreensão errada da 943, 946, 1.363,1.374
- crítica 1.085, 1.322-1.347, 1.360s., 1.379s.
- da ocorrência 1.372, 1.375s.
- emocional 1.360s., 1.372, 1.376s.
- forma gramatical da 8, 34, 55s., 124, 475-487, 508s., 585s., 594-598, 637, 776[38], 885, 942
- repetição da 95 111, 113, 115-381, 393-400, 420[66], 454s., 463-474, 539, 541s., 555s., 605, 621, 643, 676, 935, 943, 946, 954, 996, 1.093s., 1323s., 1.344s., 1.350, 1.363, 1.374, 1.381
Paralisia 1.230, 1.282-1.302, 1.311
Paranoia 529, 924, 1.008, 1.072, 1.263
Patologia, patológico (cf. tb. reação) l, 6, 23, 100[24], 119, 193, 208, 319, 410, 455, 491, 522, 553, 573, 620, 692, 792, 813, 944, 1.062, 1.078, 1.177s.
Pecado (cf. tb. culpa) 780
Pedagogia 1.013
Pênis 839
Pensar (cf. tb. ideia) 1.354
Percepção 14, 26
Perseguição, ideias de 1.072
Perseveração, v. reação
Personalidade 719, 887, 897, 901, 908, 1.007, 1.023, 1.081, 1.352
- divisão da, v. lá
Perverso 718
Pessoa experimental 7-27, 61, 82, 86, 95, 97-113, 114-381, 382-498, 502-559, 563-638, 639-659, 664, 730s., 732s., 761s., 765s., 868, 878-882, 919, 924, 935, 944, 946, 947-955, 970, 983s., 995s., 999,

1.015, 1.020s., 1.043, 1.048-1.179,
1.186-1.311, 1.322-1.347, 1.350s.
- caráter da 412s., 990, 1.052s.,
1.056s., 1.082, 1.125-1.134, 1.199
- criança como 46
- culta-inculta 7s., 20s., 82,
114-381, 391-498, 520s., 551s.,
558, 560s., 577-602, 622s., 633s.,
642-646, 647-656, 684, 767, 772,
775s, 797, 811[9], 884, 890, 899,
983s., 994s., 1.065, 1.080,
1.091-1.179, 1.188
- homem como 7, 133[36], 138[38,39],
165-266, 275, 314s., 358-381,
393-490, 518-559, 567, 577s.,
593-598, 611-620, 626, 633s.,
642-646, 648-656, 732-750,
770-792, 906s., 986, 1.000s.,
1.028s., 1.053, 1.060, 1.062,
1.072, 1.075s., 1.090-1.138,
1.158-1.166, 1.199
- indiciada 1.380-1.388
- mulher como 115-164, 171, 212,
267-357, 370, 380, 393-490, 516,
530, 569, 577s., 593-598, 605-610,
612, 624, 633s., 655, 666-702,
751s., 777, 793-862, 863s., 988,
996, 1.000s., 1.062, 1.072, 1.074,
1.076, 1.139-1.145, 1.167-1.179,
1.190
Pessoa normal, sadia 1-498, 619[48],
620, 659
Pleonasmo, v. reação
Pneumógrafo, curva pneumográfica
(cf. tb. Respiração) 1.036-1.178,
1.180-1.311
Polineurite 1.315
Possessão 1.352s.
Potência (cf. tb. impotência) 642
Prazer-desprazer (cf. tb. desgosto)
816
Processo

- intracerebral 561
- judicial (cf. tb. juízo, ocorrência)
728, 747, 759
- linguístico-motor (cf. tb.
Associação) 46, 70, 75, 89, 105s.,
128, 388, 451, 560, 797
- mecânico-linguístico 70, 86, 143,
165, 176, 385, 465, 547
Profissão, escolha da 1.009
Projeção 997
Provérbios 72, 111
Psicanálise (cf. tb. Freud, S.) 640,
642, 645s., 656s., 660-727, 761,
765, 816, 846, 859, 876[7], 1.008s.,
1.014, 1.068, 1.094, 1.100, 1.333
- método da, v. lá
Psicofisiologia 1.180
Psicógeno, mecanismo 661s., 665,
727, 1.348, 1.351
Psicologia, psicológico 2, 14, 20,
46, 115, 132, 135, 137, 145, 168,
171, 383, 387, 414[61], 416, 421,
439, 444, 474, 478, 487, 489, 559,
615, 622, 657, 659, 661s., 715,
727, 730s., 737, 759, 761, 766,
785, 792, 798, 813, 851, 863-917,
920, 923, 940, 944, 950, 993,
1.012, 1.015, 1.066s., 1.074,
1.102, 1.178, 1.316, 1.351s.,
1.356, 1.379, 1.388
- analítica 1.355[6]
- criminal 640, 659, 755,
1.316-1.347
- da consciência 619[48]
- das associações 692, 754
- de Freud, v. psicanálise
- experimental 863, 982, 1.015,
1.038, 1.079
- filosófica 864
- individual 137, 603, 955, 1.116
- médica 728
- método da, v. lá

- prática 999, 1.317
- profunda 1.355[6]
Psicólogo (cf. tb. médico, psiquiatria) 903, 1.316
Psiconeurose 944
Psicopatia 924
Psicopatologia, psicopatológico 24, 298, 761, 792, 863-917, 1.111
- experimental 864
Psicose, psicótico 1, 133, 955, 1.067, 1.350, 1.353, 1.356
Psicoterapia (cf. tb. psicanálise) 640, 648-656, 665s., 813, 826s., 835, 909, 1.008, 1.068, 1.351
Psique 609[40], 759, 897, 916, 944, 983, 1.005, 1.007, 1.009, 1.014, 1.062, 1.067, 1.352, 1.360
Psiquiatria, psiquiatra (cf. tb. laudo) 499, 657, 730, 754, 910[20], 1.313, 1.316
Psíquico, a 3s., 13s., 20s., 26, 28, 42, 115, 270, 348, 388, 430, 451[76], 499, 615, 619[48], 662s., 694, 718, 727, 730[2], 731, 736, 759, 772, 833, 846, 868, 878, 883, 920, 925, 944, 1.036, 1.041, 1.058-1.065, 1.067, 1.071, 1.083, 1.313
- doença (cf. tb. epilepsia, doença mental, histeria, mania) 499s., 555s., 643, 662, 666, 793
puberdade 512, 848, 1.007
- pré- 661

Quimógrafo, v. experimento (aparelho)

Raptus 1.072
Reação (cf. tb. associação) 9, 12, 15, 20s., 31-498, 499-559, 560-638, 640s., 643-659, 664, 667-702, 716s., 730-792, 795-822, 826, 829[16], 831, 868, 871, 885s., 893, 895s., 908, 919, 935, 943-998, 1.006, 1.020-1.032, 1.073, 1.081-1.179, 1.192, 1.215-1.311, 1.322, 1.340s., 1.350s., 1.353[4], 1.374
- anormal 600, 621, 1.068
- coexistência na 46, 1.000
- como definição 1.000, 1.165
- complementação da, interjeições na 948s., 951s., 1.000, 1.324, 1.363
- complexo (cf. tb. associação) 646, 816
- composição de palavras na 1.000
- contraste 44, 1.000, 1.026
- coordenação na, v. associação
- crítica, pós-crítica 920s., 925, 969s., 971s., 977s., 1.322-1.329, 1.343, 1.367-1.388
- de julgamento 46
- de som 76-96, 111, 113, 114-381, 385-406, 419, 419[64], 434-498, 599s., 605, 611, 616, 621, 637, 689, 692, 731, 796-815, 874, 877, 880s., 882, 1363
- deficiente 1.067
- egocêntrica 51, 111, 113, 115-381, 393-404, 417, 430-439, 456-474, 490
- emocional 1.054, 1.067, 1.074, 1.328
- expressão mímica na (cf. tb. gestos) 772, 1.323
- falha na, ausência de 342, 547, 751[14], 804, 1.074, 1.324, 1.352, 1.363, 1.381
- fatores linguísticos na, v. linguagem
- gaguejar na 1.363
- gestos na (cf. tb. expressão mímica) 541, 1.323, 1.364, 1.374
- identidade na 1.000

- indireta, v. associação
- mecânica 388, 1.363
- normal 943
- patológica 421, 1.311
- perseveração na 93, 100-103, 111, 114-381, 393-422, 434-439, 458-474, 509, 541, 552, 554[23], 558, 585, 605[16], 605, 611, 616, 620s., 624, 638, 643-649, 657, 671, 684s., 695[16], 750, 757, 771s., 780, 785, 816, 923, 926, 935, 1.026s., 1.083, 1.096, 1.324, 1.343, 1.352, 1.363, 1.366s.
- pleonasmo na 536
- predicado (cf. tb. tipo reativo, associação) 1.000
- repetição na (cf. tb. palavra-estímulo) 621
- sem sentido 80, 92, 111, 114-381, 393-405, 434-439, 452, 454s., 463-474, 504, 1.324, 1.363
- sub e supraordenação na 44, 1.000
- tautológica 525
- valor limiar da 450
- verbal 1.060s., 1.062

Recrutamento 1.312-1.315
Reflexo galvano-psicofísico (cf. tb. curva galvânica, galvanômetro) 1.036, 1.087
Regularidade, de acordo com leis 2, 641, 662, 764, 868, 1.024, 1.081
Relação amorosa, caso de amor, noivado (cf. tb. noiva) 642, 648, 649, 716, 733, 780, 1.008, 1.011, 1.028
Religiosidade 499, 558, 616, 629, 771[27], 816, 1.011
Reminiscência, v. memória
Remissão, fase de 1.282, 1.294, 1.301
Repetição no experimento (cf. tb. Repetição da palavra-estímulo) 104, 111, 113, 115-381

Repressão, reprimir (cf. tb. complexo) 118, 136, 168, 171, 174, 229, 287, 298, 329s., 385, 417s., 450, 490, 605, 610, 611, 613, 616, 619[48], 639s., 657s., 661s., 697, 718s., 724, 800, 816, 827, 833, 849s., 852, 854, 900, 920, 1.007, 1.111
Reprodução 641, 643-659, 664, 667-699, 716, 719, 728, 745s., 748s., 771-792, 795-822, 846, 919s., 929-938, 943-998, 1.020, 1.086s., 1.091-1.178, 1.344, 1.374s.
- distúrbio da, perturbada 918-938, 974, 980, 1.341s.
- incorreta, deficiente, errônea 809, 918-938, 974, 976s., 992, 996, 1.021, 1.086, 1.094, 1.100, 1.341s., 1.344, 1.352, .1.363s.
- método da, v. lá
- modificada 1.094, 1.100, 1.113, 1.126-1.135, 1.140, 1.154, 1.159, 1.163, 1.168, 1.172, 1.174s.
- tempo da 919, 1.112
Resistência
- da pele 1.041, 1.046, 1.182
- do corpo 1.043, 1.046, 1.181s., fig. 1 e 4, 1.229, 1.311, 1.326
Respiração, curva da (cf. tb. pneumógrafo) 1.037, 1.047s., 1.058-1.078, 1.106, 1.122s., 1.138, 1.180-1.311
Rima, mesma terminação 42, 80, 110s., 115-381, 393-419, 434-439, 463, 605, 611
Rir 816s., 824, 996, 1.363

Sangue (no sonho e na representação) 793, 823s., 829, 833, 839, 843a, 851
Sentimento (cf. tb. emoção, complexo) 100, 273, 380, 499,

539, 611, 661, 950, 988, 990,
1.006, 1.016, 1.058, 1.111, 1.197,
1.332, 1.352
- cinestético 132
- de culpa (cf. tb. complexo) 611,
780, 1.327
- de justiça 1.380
Sexo, v. pessoa experimental:
homem, mulher
Sexualidade, sexual (cf. tb.
erotismo, complexo) 196, 297, 381,
611s., 629s., 661, 666, 678s.,
682s., 692s., 696s., 706-722, 816,
833-844, 848-853, 899-906, 996s.
Símbolo, simbolismo (cf. tb. sonho)
661s., 727, 839, 846, 891
- dos animais 839
Simulação 658
Simultaneitas-similitudo 871
Sinestesia 139, 141
Sintoma (cf. tb. histeria) 661, 697,
727, 759, 772, 800, 845-862,
915s., 994, 1.008, 1.066s., 1.178,
1.313, 1.35[34]
Sintomatologia 499, 509s., 910
Sonambulismo 157, 451, 851[19]
Sonho, sonhar 157, 309, 611, 640,
716, 793, 823-844, 891
- análise do (cf. tb. interpretação
do) 816, 826-857, 1.082
- constelado 844
- interpretação do (v. tb.
psicanálise) 692, 765s.
- isolado 823-844, 1.011
- simbolismo do 824, 833, 843a
Sono 165
Sonolência, cf. tb. cansaço 18,
133s., 165-169, 259, 264
Subconsciente 323, 330, 450s.
Subjetivo, v. objetivo
Sugestão 903, 1.068

suicídio 643, 656, 744, 751s.,
1.008, 1.022, 1.082, 1.383
suor, glândulas sudoríparas 1.040,
1.043, 1.045, 1.185
superficialidade, v. reação
superficial

Taganrog, v. automatismo
Tannhäuser 127
Técnica do experimento, v. método
da associação
Tempo de reação 12, 147, 198,
208, 216, 266, 293s., 312,
316-381, 417 , 418, 419 , 517,
524, 541s., 543s., 546s., 555s.,
558, 560-638, 643-659, 667-699,
748-752, 772-792, 795-822,
888-892, 908, 919, 922-936,
943-998, 1.010s., 1.079-1.178,
1.200, 1.322s., 1.337s., 1.350,
1.363-1.376, 1.381
- definição do 560s.
- mediado 1.367
- - aritmética 570s., 783s., 920-937,
1.092s., 1.103, 1.126
- - provável 551s., 570s., 669, 772,
779s., 804, 806, 808s., 815,
923-937, 966s., 1.092-1.178,
1.324[6], 1.337
- medição do 551, 563-576, 637,
743s., 757, 1.018, 1.092s., 1.363
Tempo, medição do 12, 1.018,
1.037-1.179, 1.181, 1.322
- de latência 1.015, 1056s., 1.075s.,
1.208s., 1.234s., 1.263s., 1.284s.
- psicológico 12
Tensão muscular 383, 388, 1.041,
1.197
Terapia, v. psicoterapia
Tipo intelectual (cf. tb. tipo reativo)
984, 1.350

Tipo reativo 1, 37, 148, 153,156s., 411, 482s., 519s., 810s., 815, 876, 886, 924, 979, 986s, 989s., 1.000s.
- anormal 169, 172, 430, 455
- constelação 414, 424,427s., 490
- constelação de complexos 414, 417, 429-431, 490, 520s., 984, 990, 995
- definição 984-990
- na fadiga 388
- objetivo 162, 301s., 334, 370, 415, 423-426, 490, 611, 984, 1.003
- predicado, predicado-avaliativo 153-158, 164, 178, 260, 269, 307, 344, 356, 367, 372, 376, 414, 432s., 444, 453, 462s., 469-474, 475-490, 497s., 521, 529, 797, 886, 987s., 989s., 995, 1.003s., 1.006s.
-subjetivo 150, 156, 158
- superficial 119, 132s., 138, 143, 165, 168s., 171s., 389, 395-402, 435, 437, 477, 489, 491, 797s., 810[8]

Tique 794
Tomar consciência 86, 607
Transitivismo 816
Tratamento, v. terapia
Trauma 661s., 839, 843
Tribunal do júri, processo de Näf 1.357-1.388

Valor 5, 46, 51s., 64, 99, 111, 125, 146s., 150, 153, 158, 234, 349, 397, 405, 433, 439, 462, 521, 529, 573, 880, 885
Vaso sanguíneo, sistema capilar 1.040, 1.043, 1.183
Visão 793, 833
Visibilidade, visual 28, 84, 143, 148, 206, 450[68], 471s.
Vontade 868, 901, 1.067, 1.352
- liberdade da 868, 896

Conecte-se conosco:

f facebook.com/editoravozes

⊙ @editoravozes

🐦 @editora_vozes

▶ youtube.com/editoravozes

🟢 +55 24 2233-9033

www.vozes.com.br

Conheça nossas lojas:
www.livrariavozes.com.br

Belo Horizonte – Brasília – Campinas – Cuiabá – Curitiba
Fortaleza – Juiz de Fora – Petrópolis – Recife – São Paulo

EDITORA VOZES LTDA.
Rua Frei Luís, 100 – Centro – Cep 25689-900 – Petrópolis, RJ
Tel.: (24) 2233-9000 – E-mail: vendas@vozes.com.br